四川省繁荣发展哲学社会科学2004年重点课题
重修《四川通史》编委会

名誉主任：
  陶武先 王少雄 黄新初
顾 问：
  杨析综 何郝炬 章玉钧 陈 文 殷建中 贾松青
主 任：
  侯水平 郑晓幸 张邦凯
副 主 任：
  孙成民 罗 鸣 贾大泉 陈世松 罗韵希
委 员：（以姓氏笔画为序）
  王 炎 王 素 王庭科 向宝云 孙成民 吴康零
  张邦凯 李绍明 李敬洵 陈世松 林 向 罗 鸣
  罗开玉 罗韵希 郑晓幸 侯水平 段 渝 胡昭曦
  贾大泉 隗瀛涛 温贤美 解 伟 谭继和

主 编：
  贾大泉 陈世松
副 主 编：
  吴康零

卷一 先秦   段 渝 著
卷二 秦汉三国   罗开玉 著
卷三 两晋南北朝隋唐 李敬洵 著
卷四 五代两宋   贾大泉 主编
卷五 元明   陈世松 主编
卷六 清   吴康零 主编
卷七 民国   贾大泉 主编

主　编　贾大泉　陈世松
副主编　吴康零

四川通史

SI CHUAN TONG SHI

卷三 两晋南北朝隋唐

李敬洵　著

四川人民出版社

图书在版编目（CIP）数据

四川通史. 卷三，两晋南北朝隋唐 / 贾大泉，陈世松主编；李敬洵著. —2版. —成都：四川人民出版社，2018.12
ISBN 978-7-220-11028-3

Ⅰ.①四… Ⅱ.①贾…②陈…③李… Ⅲ.①四川－地方史－魏晋南北朝时代 ②四川－地方史－隋唐时代 Ⅳ.①K297.1

中国版本图书馆CIP数据核字（2018）第232065号

SICHUAN TONGSHI

四川通史（卷三　两晋南北朝隋唐）

李敬洵　著

责任编辑	江　澄
封面设计	敬人书籍设计
技术设计	杨　潮
责任校对	袁晓红
责任印制	祝　健
部分图片	罗韵希　帅初阳　武　韵
摄影作者	黄晓帆　帅黎明　胡翠兰
出版发行	四川人民出版社（成都市槐树街2号）
网　　址	http://www.scpph.com
E-mail	scrmcbs@sina.com
新浪微博	@四川人民出版社
微信公众号	四川人民出版社
发行部业务电话	（028）86259624　86259453
防盗版举报电话	（028）86259624
照　　排	四川胜翔数码印务设计有限公司
印　　刷	成都东江印务有限公司
成品尺寸	170mm×230mm
印　　张	40.25
字　　数	660千
插　　页	10
版　　次	2018年12月第2版
印　　次	2018年12月第1次印刷
书　　号	ISBN 978-7-220-11028-3
定　　价	1280.00元（全套共七卷）

■版权所有·侵权必究

本书若出现印装质量问题，请与我社发行部联系调换
电话：（028）86259453

珙县悬棺

剑门关

乐山大佛

巴中水宁寺释迦说法图

广元千佛崖大云古洞

万州唐代冉仁才墓出土瓷俑

成都成汉墓出土陶俑

成都万佛寺出土唐代佛像

南朝石刻造像

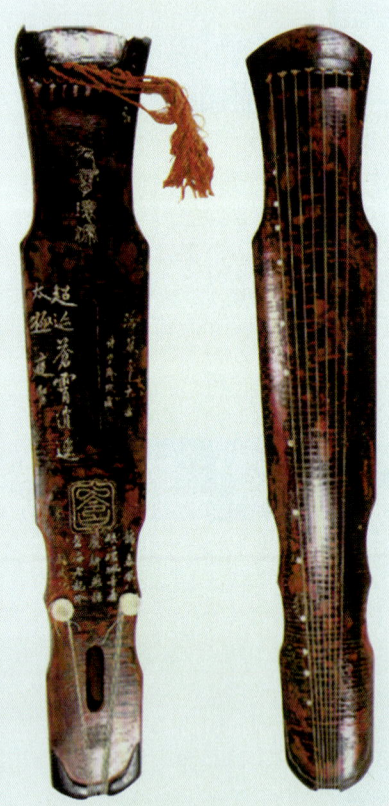
传世雷氏琴

梁令瓒《五星二十八宿神形图》（局部）

梁令瓒《五星二十八宿神形图》（局部）

梁令瓒《五星二十八宿神形图》（局部）

梁令瓒《五星二十八宿神形图》（局部）

邛崃花置寺千佛龛

唐代蜀锦

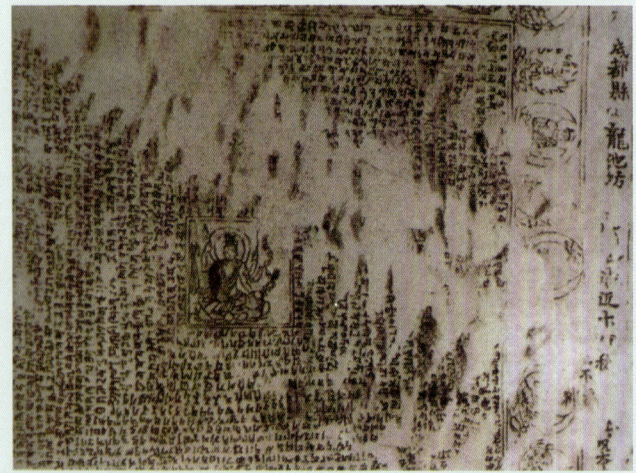

唐代雕印陀罗尼经咒

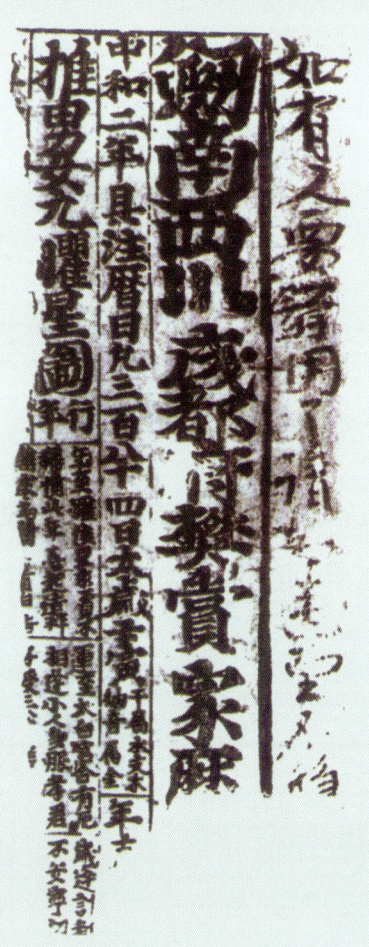

剑南西川成都府樊赏家历

目 录

前 言	（1）
第一章　两晋南北朝时期的巴蜀政局	（1）
第一节　西晋在巴蜀地区的统治	（2）
第二节　成·汉政权	（10）
第三节　东晋南北朝时期巴蜀地区的动乱	（16）
一、前秦取蜀	（16）
二、东晋谯纵之乱	（20）
三、刘宋赵广之乱	（23）
四、南齐刘季连之乱	（26）
五、梁、魏争汉中	（29）
六、西魏伐蜀	（32）
七、北周王谦之乱	（35）
八、巴蜀长期动乱评述	（37）
第二章　隋、唐王朝对巴蜀地区的统治	（42）
第一节　杨秀镇蜀	（43）
第二节　巴蜀归唐	（47）
第三节　唐代前期的巴蜀政治	（51）
第四节　唐代后期的巴蜀政治	（59）
一、藩镇跋扈	（59）

· 1 ·

二、藩镇的衰落 ……………………………………………（75）
三、阡能、韩秀昇之乱 ……………………………………（83）
四、陈敬瑄的败亡 …………………………………………（89）

第三章 政治军事制度 ……………………………………（98）
第一节 行政建置 ……………………………………………（98）
一、实土州、郡、县 ………………………………………（99）
二、侨州、郡、县 …………………………………………（122）
三、羁縻州、县 ……………………………………………（132）
第二节 剑南三川 ……………………………………………（162）
第三节 军事制度 ……………………………………………（166）
一、外军和州郡兵 …………………………………………（166）
二、巴蜀地区的府兵 ………………………………………（171）
三、边防军和方镇兵 ………………………………………（174）
四、民兵和义军 ……………………………………………（182）
第四节 职官制度 ……………………………………………（186）

第四章 巴蜀地区的少数民族 ……………………………（196）
第一节 僚人入蜀 ……………………………………………（196）
第二节 盘瓠蛮 ………………………………………………（204）
第三节 党项的变迁 …………………………………………（209）
第四节 白兰和西山八国 ……………………………………（215）
第五节 附国和东女国 ………………………………………（222）
第六节 东蛮和西蛮 …………………………………………（228）

第五章 少数民族政权与巴蜀的关系 ……………………（237）
第一节 仇池政权与巴蜀的关系 ……………………………（237）
第二节 吐谷浑与巴蜀的关系 ………………………………（245）
第三节 吐蕃与巴蜀的关系 …………………………………（254）
一、吐蕃与剑南三川的关系 ………………………………（254）
二、吐蕃在川西高原的统治 ………………………………（266）
第四节 南诏与巴蜀的关系 …………………………………（270）
一、南诏与剑南三川的关系 ………………………………（270）

二、南诏在川西南地区的统治 …………………………… (282)

第六章　农业和土地制度 ………………………………………… (284)
　第一节　农作物的分布 ……………………………………… (284)
　第二节　农业生产技术 ……………………………………… (292)
　第三节　水利灌溉 …………………………………………… (297)
　第四节　农业生产的发展 …………………………………… (303)
　第五节　土地制度 …………………………………………… (308)
　　一、大土地私有制 ………………………………………… (308)
　　二、均田制的施行问题 …………………………………… (319)
　　三、寺庙土地 ……………………………………………… (328)
　　四、屯　田 ………………………………………………… (330)

第七章　手工业 …………………………………………………… (336)
　第一节　纺织业 ……………………………………………… (336)
　　一、布的种类和产地 ……………………………………… (336)
　　二、丝、毛织品的种类和产地 …………………………… (340)
　　三、纺织技术 ……………………………………………… (345)
　　四、纺织业的发展 ………………………………………… (350)
　第二节　盐　业 ……………………………………………… (357)
　　一、井盐产地 ……………………………………………… (357)
　　二、井盐生产 ……………………………………………… (362)
　　三、盐　法 ………………………………………………… (366)
　第三节　茶　业 ……………………………………………… (372)
　　一、茶叶产区 ……………………………………………… (372)
　　二、茶叶生产 ……………………………………………… (376)
　　三、茶　法 ………………………………………………… (383)
　第四节　造纸业 ……………………………………………… (388)
　第五节　印刷业 ……………………………………………… (393)
　第六节　造船业 ……………………………………………… (398)
　第七节　制糖业 ……………………………………………… (402)

第八章　商　业 …………………………………………………… (408)

目录

第一节　城市商业 …………………………………………………（408）
第二节　农村商业 …………………………………………………（416）
第三节　对外贸易 …………………………………………………（419）

第九章　交通运输 …………………………………………………（426）
第一节　水上交通运输 ……………………………………………（426）
　一、岷江—长江航线 ……………………………………………（427）
　二、其他水运路线 ………………………………………………（437）
第二节　巴蜀与关中的交通 ………………………………………（443）
第三节　巴蜀西北地区交通路线 …………………………………（454）
第四节　巴蜀西南地区交通路线 …………………………………（463）

第十章　人口和赋役 ………………………………………………（474）
第一节　人口的数量和分布 ………………………………………（474）
第二节　赋役制度 …………………………………………………（486）
　一、租调之制和租庸调 …………………………………………（487）
　二、两税法的施行 ………………………………………………（494）
　三、商　税 ………………………………………………………（507）

第十一章　宗　教 …………………………………………………（511）
第一节　道　教 ……………………………………………………（511）
第二节　佛　教 ……………………………………………………（525）

第十二章　艺　术 …………………………………………………（533）
第一节　绘　画 ……………………………………………………（533）
第二节　雕　刻 ……………………………………………………（539）
　一、佛教石刻造像 ………………………………………………（539）
　二、道教石刻造像 ………………………………………………（549）
第三节　佛教石刻与绘画的关系 …………………………………（553）
第四节　建　筑 ……………………………………………………（557）
　一、成都的城市建筑 ……………………………………………（557）
　二、民居建筑 ……………………………………………………（560）
　三、交通建筑 ……………………………………………………（566）
第五节　音乐、舞蹈、杂剧 ………………………………………（569）

一、音　乐 …………………………………………………………(569)
　　二、舞蹈与杂剧 ……………………………………………………(575)
第六节　文学与史学 …………………………………………………(578)
　　一、神话传说 ………………………………………………………(578)
　　二、变文与小说 ……………………………………………………(584)
　　三、诗　歌 …………………………………………………………(585)
　　四、史　学 …………………………………………………………(591)

第十三章　民　俗 ………………………………………………………(594)
第一节　婚　姻 ………………………………………………………(596)
　　一、汉族婚俗 ………………………………………………………(596)
　　二、少数民族婚俗 …………………………………………………(598)
第二节　丧　葬 ………………………………………………………(600)
　　一、汉族丧葬 ………………………………………………………(600)
　　二、少数民族葬俗 …………………………………………………(602)
第三节　服　饰 ………………………………………………………(606)
　　一、汉族服饰 ………………………………………………………(606)
　　二、少数民族服饰 …………………………………………………(613)

大事年表 ………………………………………………………………(618)
后　记 …………………………………………………………………(634)

前　言

　　本书是《四川通史》第三卷，记述的是两晋南北朝和隋唐时期的巴蜀历史。本书的巴蜀地理范围，包括目前的四川省和重庆市。

　　从公元265年司马炎建立晋朝，至公元907年唐朝最终覆亡，在这长达642年的时期内，巴蜀地区在政治、民族、经济和文化等方面，均发生了巨大的变化。这个变化体现在政治上就是治、乱的交替。公元263年，司马氏控制下的曹魏平定占据巴蜀的蜀汉政权。两年之后，司马炎篡夺曹魏政权建立晋朝，史称"西晋"。不久，西晋武帝司马炎又灭掉占据江东的孙吴政权，统一全国。然而西晋的统一极为短暂。西晋武帝死后，统治集团内部随即爆发争夺权力的斗争，而以少数民族为主的反晋战争则推翻了西晋王朝，其中最早形成的割据政权，就是賨人李雄在成都建立的大成国。西晋的覆亡，使得中国经历了将近300年的分裂，史称"东晋南北朝时期"。在这个分裂的时代，巴蜀地区政局动荡，战争连绵不断，从而对蜀人形成"乐祸贪乱"的看法。公元6世纪末，隋朝重新统一全国后，吸取了历史的教训，一方面加强对巴蜀地区的控制，另一方面则减轻对该地区的剥削和搜刮，因此在隋末天下大乱的形势下，惟独巴蜀地区没有发生变乱，这和两晋南北朝时期的情况截然不同。入唐以后，巴蜀地区仍然是全国最安定的地区之一，也是唐王朝始终能够控制的一个地区，所以每当京师长安发生变故时，唐朝的皇帝往往就要逃到这里避难。直到公元907年，唐朝彻底覆亡，这里才又形成割据的前蜀政权。

前言

两晋南北朝时期的长期动乱，隋唐时期的相对安定，导致巴蜀地区的民族构成发生巨大变化。在巴蜀地区的东部，即今四川盆地，土著居民曾在两晋南北朝时期大量外徙，众多的少数民族则相继迁入，从而使非汉族居民在数量上超过汉族居民。隋唐时期，巴蜀地区相对安定的政局又吸引着众多汉族移民相继迁入，既加快了少数民族与汉族的融合，也使得该地区的民族构成呈现出新的特点。在巴蜀地区的西北部，即今川西北高原，出自辽东鲜卑族的吐谷浑在西晋末年占据着今甘肃、青海、四川三省之间的地区。唐代前期，吐谷浑亡国，川西北地区基本上被吐蕃王朝控制。在吐谷浑与吐蕃的统治下，该地区的民族构成发生显著变化，其影响一直延续到近代。在川西南地区，汉晋之际有昆明族的迁入。中唐以后，该地区逐渐被纳入南诏版图，又有白蛮诸姓的迁入。昆明族与白蛮，相继成为该地区居支配地位的部族。

政治上的治与乱，人口和民族构成的变化，对巴蜀地区的经济、文化均产生直接影响。在社会经济方面，东晋南北朝时期的长期动乱和大批少数民族的迁入，使得巴蜀地区的社会经济基本上处于停滞状态。隋唐时期，由于少数民族逐渐汉化，大批汉族人口相继迁入，以及国家经济政策的变化，巴蜀地区的社会经济有了明显发展，但是各地的发展程度又存在着巨大的差别。其中位于成都平原的益州是当时全国经济最发达的地区，而地处长江河谷的万州则被认为是全国最贫困的地方。在川西北高原，由于地理条件的制约，种植业不发达，畜牧业始终居于支配地位，其社会经济结构与巴蜀地区东部明显不同；地处横断山脉北段的川西南地区，由于部分外来的部族生产力水平低下，社会经济长期停滞不前，少数地区与汉代相比较，似乎还有所倒退。在文化方面，动乱的两晋南北朝时期使得佛教在巴蜀地区的影响不断扩大，唐王朝崇重道教的做法则使巴蜀地区逐渐出现道、佛、儒"三教合一"的倾向。而民族的迁徙与融合，更使得这个时期巴蜀地区的文学艺术与民俗风情，较之秦汉时期，更加丰富多彩。

概而言之，两晋南北朝时期的巴蜀地区，历经剧烈变化，是四川历史中承前启后的重要时期。入唐以后，巴蜀在两晋南北朝演变的基础上，发展成为社会相对稳定，经济快速发展，多元文化繁荣的地区，是继汉代以后，四川历史上又一个辉煌的时代。

第一章 两晋南北朝时期的巴蜀政局

公元263年，司马氏控制下的曹魏政权灭蜀汉。265年，司马炎篡夺曹魏政权，以洛阳为都城，建立晋朝，史称"西晋"。280年，西晋灭吴，统一全国。290年，西晋武帝司马炎去世，其子司马衷继位，是为西晋惠帝。由于惠帝昏庸愚痴，外戚、宗室争权，最终酿成"八王之乱"，而各地的流民和内迁的少数民族也相继起兵反晋，最终导致大一统的西晋王朝分崩离析，其中来自秦、雍二州的六郡流民在巴蜀地区建立起割据的成·汉政权。

316年，西晋王朝被匈奴人建立的汉国消灭。318年，晋王司马睿在建康（今江苏省南京）称帝，史称"东晋"。420年，东晋亡国，宋、齐、梁、陈四个王朝又相继建都建康，史称"南朝"。与南朝相对峙的则是北魏、北齐、北周诸政权，史称"北朝"。东晋南北朝时期，巴蜀地区的西北部被仇池、吐谷浑等少数民族政权控制；巴蜀地区的东部，则是东晋、南朝与北方诸政权的用兵之地，多次爆发大规模战争。与此同时，巴蜀民众反抗暴政的斗争，地方豪强与地方官员图谋割据巴蜀的叛乱，此起彼伏，连绵不断。东晋南北朝是巴蜀历史上的政治大动乱时期。

第一节 西晋在巴蜀地区的统治

曹魏灭蜀汉之后,权臣司马昭采取措施,加强对巴蜀地区的控制。首先,将益州(治今四川省成都)分为益州和梁州(治今陕西省汉中),使其相互牵制,分而治之。其次,将蜀后主刘禅全家迁到都城洛阳,前蜀汉政权的大臣宗预、廖化、诸葛显和跟随刘备入蜀的荆楚人士及其子孙3万余家,则被迁移到关中、河东等地居住,使其不能再影响巴蜀地区的政局。

265年,司马昭去世,其子司马炎篡夺曹魏政权,建立西晋王朝。西晋武帝司马炎即位之后,改变前蜀汉政权在政治上压抑土著人士的政策,奖拔巴蜀地区土著士人为官,从而成功地争取到巴蜀大姓对西晋王朝的支持,使巴蜀地区的政治局势迅速地稳定下来。接着,西晋武帝便利用巴蜀地区占据长江上游的有利位置,将该地区作为征讨东吴的重要战略基地。泰始八年(272),王濬出任益州刺史,"武帝谋伐吴,诏濬修舟舰。濬乃作大船连舫,方百二十步,受二千余人,以木为城,起楼橹,开四出门,其上皆得驰马来往"[①]。咸宁五年(279)十一月,西晋武帝发兵20余万伐吴,其中益州刺史王濬率领水陆军及三水胡共7万余人,顺长江而下。太康元年(280)二月,王濬率军攻克西陵(今湖北省秭归县境),进占荆门、夷道(今湖北省宜都市境),平定武昌。接着,乘胜东下,直趋吴国都城建业(今江苏省南京)。三月,巴蜀之兵占领石头城(今江苏省南京市境),迫使吴主孙皓投降,东吴亡国。在平定东吴的战争中,巴蜀军队起到了决定性的作用。

290年,西晋武帝去世,其子司马衷即皇帝位,是为西晋惠帝。由于惠帝昏庸愚痴,外戚与宗室诸王之间发生严重的权力斗争,从而削弱了中央对地方的控制能力,于是匈奴人郝散在惠帝元康六年(296)联合冯翊(治今陕西省大荔县境)、北地(治今陕西省铜川市耀州区境)的马兰羌和卢水胡,起兵反晋,秦(治今甘肃省甘谷县境)、雍(治今陕西省西安市境)二州的氐、羌亦起兵响应,并推举氐人豪帅齐万年为帝。晋廷派大将周处前去镇压,结果战败被杀。

---

① 《晋书》卷42《王濬传》。

与此同时，秦、雍二州又连续发生干旱，米斛万钱，疾疫流行。

元康八年（298），秦、雍二州所管辖的天水（治今甘肃省天水）、略阳（治今甘肃省秦安县境）、扶风（治今陕西省泾阳县境）、始平（治今陕西省兴平县境）、武都（治今甘肃省成县境）、阴平（治今甘肃省文县境）等六郡之民数万家，因战乱、饥馑而流亡到梁州的汉中郡（治今陕西省汉中）就食。到达汉中之后，六郡流民又上书朝廷，请求寄食巴蜀。晋廷认为，流民入蜀，可能会影响该地区的稳定，因而拒绝六郡流民的请求，并派侍御史李苾以慰劳为名前往汉中，监视流民动向，不准他们经由剑阁道

图 1-1　晋武帝

（在今四川省剑阁县境）进入益州境内。然而李苾到达汉中后，接受流民贿赂，不仅不阻止流民入蜀，反而上表为流民求情："流民十余万口，非汉中一郡所能振赡。东下荆州，水湍迅险，又无舟船。蜀有仓储，人复丰稔，宜令就食。"① 晋廷不得已而从之。于是大部分流民经剑阁入蜀，主要散布在益州的广汉（治今四川省广汉）、蜀（治今四川省成都）、犍为（治今四川省彭山县境）等 3 郡境内。

入蜀就食的六郡流民，种族复杂，大体上由三个集团组成：一是祖籍在巴蜀地区的板楯蛮，秦汉时期，因板楯蛮将缴纳的赋税称为賨，所以又被称为"賨人"②，东汉末年，部分賨人辗转北迁，"散在陇右诸郡及三辅弘农，所在北土，复号之为巴氐"③，来自略阳郡的李特兄弟及其宗族亲党，都是这批北迁賨人的后裔；二是原居住在六郡的汉族，主要大姓有李、任、阎、赵、杨、上官，其中李氏出自阴平、扶风二郡，任氏、阎氏、赵氏、杨氏、上官氏均出自天水郡，随同流民入蜀的上邽令任臧、始昌令阎式、谏议大夫李攀、陈昌令李武、

---

① 《晋书》卷 120《李特载记》。
② 《晋书》卷 120《李特载记》。
③ 《十六国春秋补辑》卷 76《蜀录》。

阴平令李远、将兵都尉杨褒，就是这批汉族大姓的头面人物；三是来自扶风、始平、武都、阴平诸郡的氐叟，其渠帅出自梁、窦、苻、隗、董、费等氏族，其中窦氏为扶风人，费氏为始平人，苻氏为武都人。

当六郡流民入蜀就食之时，正值新任益州刺史赵廞走马上任之际。赵廞的祖籍是巴西郡安汉县（治今四川省南充市境），其先祖在东汉末年随张鲁内迁，居于赵。入晋以后，赵廞历任长安令及天门太守、武都太守，元康六年（296）被任命为益州刺史，元康八年（298）到任。赵廞就任益州刺史后，目睹朝纲紊乱，上下解体，遂阴怀异志，图谋割据巴蜀。因此，当六郡流民入蜀之后，他就开仓赈济，以收众心。同时还重用李特兄弟，使其招合六郡勇壮，将流民武装起来。

李特，字玄休，略阳郡临渭县人。祖世为巴西郡宕渠县（治今四川省渠县境）的賨人，东汉末年，因信奉五斗米道，迁到汉中投靠张鲁，住在杨车坂，号称"杨车巴"。曹操占领汉中后，李特的祖父李虎率领500家归降，拜为将军，移居略阳郡。李虎之子李慕有五子：长子李辅，次子李特，三子李庠，四子李流，五子李骧。由于李特兄弟皆以骁勇有武干而著称，州党多附之，从而成为略阳郡的望族。入蜀就食之时，长兄李辅留居略阳故宅，入蜀的李氏四兄弟，李特年长，遂成为入蜀就食的略阳郡流民首领。入蜀之后，因李氏家族的祖籍是巴西郡，与益州刺史赵廞祖籍同郡，由此受到赵廞的重用，命其掌管流民武装，从而使李特兄弟逐步控制了入蜀的六郡流民。

惠帝永康元年（300），晋廷发生宫廷政变，赵王司马伦诱使贾皇后杀死废太子，随即起兵废贾皇后，并矫诏收捕贾氏亲党。益州刺史赵廞是贾皇后的姻亲，于是征赵廞为大长秋，以成都内史耿滕为益州刺史。诏下益州，赵廞大惧，遂起兵反叛，攻杀耿滕，又杀西夷校尉陈总。李特兄弟亦率领流民武装参与叛乱，为赵廞守卫成都北门。然而赵廞生性多疑，李氏兄弟中，李庠最有才干，号称"东羌良将"，在六郡流民中有很高的威望，赵廞虽重用之，但心存疑忌，欲杀而未言。同年十二月，赵廞自称大都督、大将军、益州牧，署置僚属，改易令守。为了防止晋军讨伐，赵廞派李庠率兵前去阻断由关中入蜀的北道。长史杜淑、张粲以为不可，遂言于赵廞："将军起兵始尔，而遂遣李庠握强兵于外。非我族类，其心必异。此倒戈授人也，宜早图之。"① 赵廞由此决定除去李

---

① 《资治通鉴》卷84，惠帝永宁元年正月。

第一章 两晋南北朝时期的巴蜀政局

庠。于是，当李庠前来辞行，劝赵廞称帝时，赵廞便借口李庠劝他称帝是大逆不道，斩李庠及其子侄10余人。这次事变，使得李氏家族与赵廞反目为仇。就在李庠被杀的当天晚上，李特兄弟就带领流民武装退到绵竹县（治今四川省德阳市境）。惠帝永宁元年（301）正月，赵廞改派长史费远等人率兵万余人前去阻断北道，途经绵竹县石亭，李特率领流民武装乘夜偷袭，大败费远诸军，并乘胜南下，攻占成都。赵廞与妻子乘小船顺水逃到广都县（治今四川省双流），被下人朱竺所杀。李特进入成都后，纵兵大掠，又杀西夷护军姜发等人。接着，李特派牙门王角、李基到洛阳，表述平叛之状。晋廷亦不追究李特曾参与赵廞叛乱之事，而是对李特平定赵廞的功劳加以褒奖。

赵廞之乱平定后，因秦、雍二州氐羌叛乱已在元康九年（299）就被晋军镇压下去，为了防止流民在巴蜀地区制造动乱，晋廷决定将入蜀的六郡流民遣返回原居住地。永宁元年（301）三月，新任益州刺史罗尚领兵万人到达成都，随即开始遣返流民。此时，晋室诸王内讧的"八王之乱"已经爆发，李特的兄长李辅，见此形势，立即由略阳故宅赶赴蜀中，告诉李特："中国方乱，不足复还。"① 李特深以为然，遂有雄据巴蜀之意。为了争取时间，待机而动，李特想方设法拖延遣返。他派人反复向罗尚陈述流民的具体困难，并贿赂罗尚等人，请求延期到秋收以后起程。罗尚受贿后，答应在七月份开始遣返流民。到了七月，李特又要求延至冬季。由于广汉太守辛冉和犍为太守李苾的坚决反对，罗尚拒绝了李特的请求，并决定强行遣返入蜀就食的六郡流民，于是移书梓潼太守张演，在交通要道之处设置关卡，搜查流民在赵廞之乱期间掠夺的财货。八月，诸关卡皆筑城，以防流民冲关。九月，罗尚又派军队进驻绵竹，扬言种麦，实际上是准备用武力强行遣返流民。

当罗尚、辛冉等人准备强行遣返流民时，李特也在聚集力量。由于六郡流民都不愿返回贫瘠的故乡，李特又多次请求罗尚延期遣返，"流民皆感而恃之，多相帅归特"②。于是李特在绵竹设立大营，聚集六郡流民。与此同时，李特又移书广汉太守辛冉，再次请求延期遣返，使流民得以自宽。辛冉得知李特还想拖延时间，大为愤怒，立即悬赏购买李特、李流兄弟的首级。李特见其榜，悉

---

① 《晋书》卷120《李特载记》。
② 《资治通鉴》卷84，惠帝永宁元年九月。

第一章 两晋南北朝时期的巴蜀政局

取以归,改其榜文为:"能送六郡大姓阎、赵、任、杨、李、上官及氐叟梁、窦、苻、隗、董、费等首级,百匹。"① 流民中的豪族大姓和氐羌渠帅见榜大惧,相继率领部众投奔李特,旬月之间,众逾2万。十月,李特、李流兄弟率领流民进驻赤祖(在今四川省德阳市境),分为北、东二营,李特居北营,李流居东营,缮甲厉兵,严阵以待。

益州刺史罗尚虽然早在七月份就开始进行强制遣返流民的部署,但是对于是否采取军事行动,一直犹豫不决。到了十月,仍然无所动作。广汉太守辛冉眼看流民正在武装起来,再拖延下去,将危及自己的安全,于是决定不征求罗尚的意见,自行采取军事行动。十月,辛冉派广汉都尉曾元,牙门张显、刘并等人,率兵3万,偷袭李特所在的北营。由于李特早有防备,设伏大败晋军,杀曾元等人。于是六郡流民共推李特为镇北将军,承制封拜。李氏宗族亲党及诸用事者,皆封以官号。至此,入蜀的六郡流民为反对遣返回乡,终于在李特的率领下,与西晋王朝公开决裂。

李特在率领入蜀的六郡流民打败广汉太守辛冉派来偷袭的军队之后,随即发起反攻,围辛冉于雒城(今四川省广汉)。益州刺史罗尚发兵救援,又被打败,辛冉力穷,突围东奔,投奔荆州刺史刘弘,结果被刘弘所杀。辛冉逃走后,李特遂占领广汉郡。接着,李特又率兵南下,企图夺取成都。罗尚屡战不利,退至郫水以南,沿河构筑防御工事,以成都为中心,西北至今都江堰市,南到今彭山县,绵延七百余里,固守待援。李特面对这条防线,一时无法突破,只得退回广汉郡。

惠帝太安元年(302),执掌朝政的河间王司马颙,派遣督护衙博率兵入蜀讨伐李特,军于梓潼;晋廷新任命的广汉太守张徵,率兵据守德阳(今四川省遂宁);益州刺史罗尚在得到南夷校尉李毅的增援后,派督护张龟领兵进驻繁城(在今成都市新都区境)。当晋军在三个地方集中军队,准备三路合击流民武装时,李特则采取各个击破的策略,首先集中兵力打败衙博,接着攻杀张徵,然后击溃罗尚的军队。太安二年(303)正月,李特在先后打败三路晋军之后,再次率兵南下,突破郫水防线,进逼成都,蜀郡太守徐俭投降,李特遂入据成都少城,益州刺史罗尚则退保大城。此时,晋廷再次派来救援罗尚的荆州刺史宗

---

① 《华阳国志》卷8《大同志》。

岱,已经率领3万水军入蜀。罗尚为了争取时间,便遣使向李特求和。罗尚的缓兵之计,本来不难识破,但是李特自起兵以来,屡败罗尚,遂有轻敌之意,加之军中乏食,荆州兵的前锋已经到达德阳郡,于是李特决定暂时停止进攻大城,派李荡等人领兵前往德阳,加强对荆州兵的防御,同时又将六郡流民分散到诸村坞就食。罗尚得知李特分散兵力,疏于防范,遂派人联络诸村坞,同时起兵,内外夹击,消灭李特。诸村坞皆从之。在约定的二月十五日,罗尚遣兵掩袭李特营寨,诸村坞则捕杀就食的流民。李特大败,收拾余众向广汉方向退却,在繁县的官桑,李辅、李特、李远皆被追兵所杀。残部退到赤祖大营后,由李特之弟李流防守赤祖东营,李特的长子李荡、少子李雄守卫赤祖北营。三月,罗尚发兵进攻赤祖,结果被李流等人击败,但是在追击逃敌时,李荡为氐叟长矛刺死。罗尚军队对赤祖的进犯虽然被击退,但是李特、李荡父子相继战死,荆州兵又攻占德阳郡,这就使得在李特死后担任六郡流民首领的李流深感恐惧。五月,李流在其妹夫李含的劝说下,向率领荆州兵前锋部队的建平太守孙阜投降。然而李特的少子李雄却坚决反对投降,并独自率兵袭破孙阜军,杀伤甚众。正在此时,荆州刺史宗岱病死于垫江(今重庆市合川)。荆州兵既遭新败,又失主帅,只得退回荆州(治今湖北省荆州市境)。至此,益州境内再也没有一支军队可以与六郡流民相抗衡了。六月,李雄攻占郫城(今四川省郫县)。九月,李流病死,李雄成为六郡流民的首领,自称大将军、大都督、益州牧。罗尚见李流病死,以为有机可乘,遂遣兵进攻郫城。李雄则派朴素诈降,约为内应。罗尚中计,结果导致进攻郫城的军队大败。李雄在击败进攻郫城的罗尚诸军后,乘胜追击,夜至成都,骗开城门,入据少城。罗尚发现上当,急忙退保大城。接着,李雄派其叔父李骧进攻犍为郡,断罗尚的粮道。十二月,罗尚断粮,弃城逃往江阳郡(治今四川省泸州),李雄完全占领成都城。西晋惠帝光熙元年(306)六月,李雄在成都正式称帝。其后,经过数年的征战,李雄完全占领梁、益二州,西晋王朝在巴蜀地区的统治也随之土崩瓦解。

西晋王朝在巴蜀地区的统治,自265年司马炎建立西晋王朝,至306年李雄割据称帝,仅有41年。在这短暂的41年中,巴蜀地区经历了西晋武帝时期政局相对稳定到西晋惠帝时期发生大规模战乱的变化。究其原因,主要与西晋统治巴蜀地区的政策和全国政治形势的演变有着密切关系。

西晋武帝立国之初,巴蜀作为新征服的地区,政局并不稳定,先后数次爆发叛乱。泰始四年（268），故中军士王富诈称前蜀汉政权的都护诸葛瞻，纠集亡命刑徒，起兵反叛。泰始七年（271），汶山守兵吕臣等人，杀其督将以叛。泰始八年（272），益州刺史皇甫晏征讨汶山白马胡，牙门张弘等人，畏惧胡人强悍，遂起兵作乱，杀皇甫晏，并抄掠百姓①。虽然这些叛乱很快都被平定下去，但是足以说明巴蜀地区存在着不稳定因素。面对这样的形势，西晋武帝决定任用、奖拔巴蜀地区的土著士人为官，利用土著世族大姓的势力和影响，从内部稳定巴蜀地区。据《华阳国志》记载，晋代的梁、益二州俊伟倜傥之士有51人，其中巴郡临江人文立，蜀郡成都人柳隐、杜轸、寿良，蜀郡郫县人何随、何攀，蜀郡江原人常忌，广汉郡郪县人王化、王长文、李毅，犍为郡武阳人杨邠，犍为郡南安人费立等人，都是在西晋武帝时入仕，一些人还先后担任梁、益二州的郡太守和县令。西晋武帝"弘纳梁、益，引援方彦"②的政策，使得在蜀汉统治期间受到压抑的巴蜀地区世族大姓全力支持西晋王朝，从而使巴蜀地区的政局得以相对安定，社会经济也有所恢复，西晋人左思在《蜀都赋》中所描述的富庶，大体上也反映了西晋初年巴蜀地区的实际情况。

西晋惠帝时期的动乱，始于宗室的"八王之乱"，究其渊源，则与晋初分封诸王有关。西晋武帝在篡夺曹魏政权之后，认为曹魏对宗室控制太严，委权异姓，由此导致亡国，因而大封宗室诸王，其中武帝第十六子司马颖被封为成都王，以蜀郡、广汉郡、犍为郡、汶山郡（治今四川省汶川）十万户为王国，并改蜀郡太守为成都内史。西晋武帝分封的诸王，不仅有自己的王国，而且其中一些宗王还被任命为都督，掌握军权，从而重权在握，其中成都王司马颖都督冀州，镇守邺城（在今河南省临漳县境）。惠帝即位之后，皇后贾氏专权，引起重权在握的诸王不满，最终酿成"八王之乱"，而内迁的少数民族亦乘乱起兵，由此导致天下大乱。巴蜀地区的动乱就是在这样的政治背景下展开的。然而从巴蜀地区动乱的具体情况看，对六郡流民处置失当，益州主要军政长官的贪残和无能，以及晋廷因内乱而无力救援，则是西晋王朝最终丧失巴蜀地区的直接原因。常璩在《华阳国志》卷8《大同志》中认为，在流民起事之前，有三点处置不当：一是当六郡流民请求入蜀就食之时，应当按照诏书的要求，关闭剑

---

① 《华阳国志》卷8《大同志》。
② 《华阳国志》卷8《大同志》。

阁关，不准流民入蜀，而不应允许李苾开关放流民进入益州；二是征赵廞为大长秋时，当由朝廷选派大臣取代赵廞，不应任命与赵廞构怨甚深的成都内史耿滕为益州刺史，以此避免赵廞反叛，使六郡流民难以坐大；三是罗尚就任益州刺史时，应当听从牙门将王敦的计谋，乘李特前来拜见的机会，将其杀掉。由于处置不当，致使入蜀的六郡流民通过平定赵廞之乱，形成尾大不掉之势。而六郡流民的公开反叛和取得军事胜利，则与益州主要军政长官的贪残和无能有关。其中广汉太守辛冉，贪残凶暴，欲利用遣返流民回原籍的机会，杀死流民首领，取其资货，因此派遣一批无能的将领攻打流民，结果导致六郡流民公开叛乱。当六郡流民起兵反叛之后，直接负责镇压流民武装的益州刺史罗尚，则是昏庸无能、贪污狼籍之人，以至蜀人造作歌谣："尚之所爱，非邪则佞；尚之所憎，非忠则正。富拟鲁卫，家成市里；贪如豺狼，无复极已。"① 如此唯利是图，既无军事才干，又祸害百姓的益州刺史，在与六郡流民的斗争中，屡遭挫败，也就不足为怪。面对巴蜀地区不断恶化的局势，晋廷却因内乱而不能倾全力救援。永宁元年（301），当入蜀流民起兵之时，拥有重兵的成都王司马颖和镇守关中的河间王司马颙却率兵讨伐自立为皇帝的赵王司马伦，完全没有顾及巴蜀地区的安危。加之益州刺史罗尚优柔寡断，下有悍将，不能控驭，从而使流民武装迅速取得军事胜利。太安元年（302），河间王司马颙派遣督护衙博征讨李特。然而衙博之兵，仅为偏师，完全不是流民武装的对手，在李特之子李荡的攻击下，衙博战败，"死者太半。荡追博至汉德，博走葭萌。……荡进攻葭萌，博又远遁，其众尽降于荡"②。而河间王司马颙的主力，号称10万，则东趋洛阳，与执掌朝政的齐王司马冏混战。太安二年（303），晋廷派遣荆州刺史宗岱率领3万水军入蜀，救援益州刺史罗尚。在入蜀的荆州兵被李雄打败之后，荆州因征发武勇赴益州征讨六郡流民而爆发张昌之乱，自顾不暇，再也无力继续派兵入蜀救援。与此同时，河间王司马颙、成都王司马颖发兵约30万人，攻打在洛阳的长沙王司马乂。永兴元年（304），长沙王司马乂被杀，东海王司马越又起兵讨伐成都王司马颖，匈奴人刘渊亦自立为大单于，建都离石，中原大乱，晋廷再也无力顾及梁、益二州，最终导致李雄割据巴蜀。

---

① 《晋书》卷57《罗尚传》。
② 《晋书》卷120《李特载记》。

第二节 成·汉政权

西晋惠帝永兴元年（304）十月，占据成都的李雄，自称成都王，改元建兴，废除晋法，约法七章，并设置百官。西晋惠帝光熙元年（306）六月，李雄正式称帝，改元晏平，国号大成。由于大成"建国草创，素无法式，诸将恃恩，各争班位。其尚书令阎式上疏曰：'夫为国制法，勋尚仍旧。汉、晋故事，惟太尉、大司马执兵；太傅、太保，父兄之官，论道之职；司徒、司空，掌五教九土之差。秦置丞相，总领万机，汉武之末，越以大将军统政。今国业初建，凡百未建，诸公大臣，班位有差，降而兢请施置，不与典故相应，宜立制度以为楷式。'雄从之。"① 于是阎式杂采汉晋职官，为大成政权建立职官制度。其后，李寿改国号为汉，但是仍然沿袭阎式所创立的职官制度。（详见表1—1）

除了设官分职之外，成·汉政权还沿袭汉晋的分封制，封宗室亲贵为王、公、侯。其中李寿先后被封为建宁王、汉王，李广也曾经被封为汉王，李越曾封为建宁王；李载曾封为武宁公，李期曾封为邛都公，景骞被封为河南公；范长生被封为西山侯。不过，成·汉政权所分封的王、公、侯，并不掌握封地的军事、行政权力，财赋也不能自擅，只是"食封"而已，即封地内民户交纳的租调，部分归王、公、侯所有。

表1—1　　　　　　　　成·汉政权职官表

官　名	渊源②	任　职　人　名
太师	汉官	李国、范长生、董皎
太傅	晋官	李骧
太保	晋官	李始、李奕
太尉	晋官	李离、张宝

---

① 《晋书》卷121《李雄传》。
② 凡采纳晋朝设置的职官，其渊源为晋官；采纳曹魏设置的职官，渊源为魏官；采纳汉代的职官，渊源为汉官。

续表

官 名	渊源	任 职 人 名
司徒	晋官	李云、王达、何点、王瓌
司空	晋官	李璜、上官惇
丞相	汉官	范长生、范贲、尹奉、杨褒
相国	汉官	李越、董皎
侍中	晋官	李玲、杨发、李艳、张烈
中常侍	晋官	许涪、王广,散骑常侍王嘏、常璩、王幼
太史令	晋官	韩约、韩皓
尚书	晋官	尚书令阎式、王瓌、景骞、马当、罗恒,尚书仆射杨褒、李载、罗演、任颜、蔡兴、李嶷,尚书杨珪、姚华、田褒
大将军	晋官	李寿、李势、李广
骠骑将军	汉官	尹奉
车骑将军	晋官	李越、王韬
卫将军	晋官	尹奉
中领军	魏官	李玲、李霸、李都
中护军	魏官	李寿
四征将军	晋官	征东将军李恭、李寿、李始、李闳,征南将军费黑,征西将军李遐,征北将军李凤、李寿、李玗
四镇将军	晋官	镇东将军李奕、李位,镇南将军徐舆、任回、李权,镇西将军李保、李奕,镇北将军任调
四安将军	晋官	安东将军李期,安西将军徐舆,安北将军李稚、李攸
校尉	晋官	东羌校尉李寿、李奕、任调,西夷校尉李寿、李保、李奕,南蛮校尉李恭,南夷校尉李权,司隶校尉景骞、费黑
刺史	晋官	益州刺史严柽,梁州刺史李凤、李寿、李骧、李玗、任调,宁州刺史任回、李寿、霍彪、李权,荆州刺史李恭、李闳,交州刺史爨深
太守	晋官	蜀郡太守严柽,广汉太守李超、解思明,德阳太守蹇硕,犍为太守李溥,巴西太守马脱,汶山太守李保

李雄在称王、称帝之后,不断对外用兵,开拓疆土。西晋怀帝永嘉五年(311),最终占领梓潼(治今四川省梓潼)、巴西(治今四川省阆中)二郡,同时还夺得江阳郡和巴郡(治今重庆)。西晋愍帝建兴元年(313),攻占巴东(治

今重庆市奉节县境)、涪陵(治今重庆市酉阳县境)二郡,彻底消灭晋朝在巴蜀境内的残余势力。建兴二年(314),汉中亦纳入大成版图。东晋明帝太宁元年(323),李骧又攻占汉嘉(治今四川省芦山)、越嶲(治今四川省西昌)二郡。东晋成帝咸和八年(332),李寿底定宁州(治今云南省曲靖),尽有南中之地。益、梁、宁三州的大部分地区,相继被大成政权占有①。

在内政方面,李雄为了使流民尽快定居下来,采取轻赋薄徭的政策,鼓励农耕;为了改变"流民刚戆"②的愚昧状态,李雄还兴文教,立学官,教化其民。据《华阳国志》记载,李雄统治期间,宽和政役,远至迩安;事少役稀,民多富实;狱无滞囚,刑不滥及。在当时天下大乱的情况下,巴蜀地区的政局,尚属安定。但是大成政权始终具有明显的流民性质,"为国威仪无则,官无秩禄,职署委积,班序无别,君子小人服章不殊;货贿公行,惩劝不明;行军无号令,用兵无部伍;其战,胜不相让,败不相救,攻破城邑,动以虏获为先"③。这样一个政权,自然不能做到长治久安。

李雄称王、称帝共30年,其妻任氏无子,只有诸妾所生庶子十五人。李雄不立自己的儿子为皇储,而是以战死的长兄李荡之子李班为太子,其理由是:"本之基业,功由先帝。吾兄嫡统,丕祚所归,恢懿明睿,殆天损命,大事垂克,薨于戎战。(李)班姿性仁孝,好学夙成,必为明器。"虽然李雄的叔父李骧和司徒王达进谏说:"先王树冢嫡者,所以防篡夺之谋,不可不慎。吴子舍其子而立其弟,所以有专诸之祸;宋宣不立与夷而立穆公,卒有宋督之变。犹子之言,岂若子也?深愿陛下思之。"④然而李雄却坚持立李班为太子,由此埋下祸根。东晋成帝咸和九年(334)六月,李雄病死,李班继立。九月,李雄之子李越从江阳郡回到成都奔丧,以李班不是李雄的亲生子,意甚不平,遂与其弟李期密谋作乱。十月,李越、李期杀李班,由李期即皇帝位。

李期即位之后,李班的舅舅罗演与上官澹又密谋杀死李期,拥立李班之子李幽为皇帝。谋泄,罗演、上官澹等人皆被杀。李期"自以谋大事既果,轻诸旧臣。外则信任尚书令景骞,尚书姚华、田褒。褒无他才艺,雄时劝立期,故

---

① 《华阳国志》卷9《李特雄期寿势志》。
② 《华阳国志》卷8《大同志》。
③ 《华阳国志》卷9《李雄传》。
④ 《晋书》卷121《李雄载记》。

宠待甚厚。内则信宦竖许涪等。国之刑政，希复关之卿相，庆赏威刑，皆决数人而已，于是纲维紊矣"①。东晋成帝咸康四年（338），大成政权的汉王李寿，起兵涪城（今四川省绵阳），偷袭成都，其子李势开门纳之，遂克成都，废李期为邛都县公。李寿自立为皇帝，并且改国号为汉。

李寿，字武考，李雄叔父李骧的长子。李骧死后，代其父统兵，都督中外诸军事，屡立战功。李雄临死时，李寿受遗诏辅政。李期自立为皇帝后，徙封李寿为汉王，屯守涪城。由于李寿担心李期会对自己不利，遂向巴西郡的高人龚壮请教自安之术，而龚壮的父亲和叔父皆被李特杀害，欲假手报仇，于是献策攻占成都，然后称藩于晋，李寿从之。但是李寿在偷袭成都得手后，虽诛杀李雄诸子10余人，又纵兵奸淫李雄公主及李氏诸妇，却没有称藩于晋，而是自称汉皇帝，改元汉兴。

李寿称帝之后，完全任用自己的故旧亲信，斥废李雄时期的旧臣及六郡人士。咸康七年（341），王嘏出使后赵归来，盛赞邺都的繁庶及宫殿的壮丽，又称后赵石虎以刑杀御下，故能控制境内。李寿闻之，大为钦慕，遂步石虎的后尘，"人有小过，辄杀以立威。又以郊甸未实，都邑空虚，工匠器械，事未充盈，乃徙旁郡户三丁已上以实成都。兴尚方御府，发州郡工巧以充之，广修宫室，引水入城，务于奢侈。又广太学，起谦殿。百姓疲于使役，呼嗟满道，思乱者十室而九矣"②。东晋康帝建元元年（343），李寿在一片怨恨声中死去，年仅44岁。其子李势继立。

李势，字子仁，李寿长子，继位为皇帝后，其弟李广以李势无子为理由，请求立自己为太弟，李势不许。重臣马当、解思明执意要李势答应李广的请求，李势怀疑他们相互勾结，图谋不轨，遂斩杀马当、解思明，又遣太保李奕偷袭李广于涪城，李广自杀。接着，李奕又在晋寿（在今四川省广元市境）起兵反叛，拥众数万，直逼成都。李势登城拒战，李奕恃勇，单骑突门，为守门者射杀，其众遂溃。李势在统治集团内部发生严重分裂的情况下，不是励精图治，以求长治久安，而是与他父亲一样，骄奢淫逸，"性爱财色，常杀人而取其妻，荒淫不恤国事。夷僚叛乱，军守离缺，境宇日蹙。加以荒俭，性多忌害，诛残

---

① 《晋书》卷121《李期载记》。
② 《晋书》卷121《李寿载记》。

大臣，刑狱滥加，人怀危惧。斥外父祖臣佐，亲任左右小人，群小因行威福。又常居内，少见公卿"①。李势就这样走上了自取灭亡的道路。

东晋穆帝永和元年（345），执掌东晋军政大权的桓温，见李势无道，内外交困，于是决定灭汉国以立功。当时东晋朝廷的大臣和桓温的部将都认为巴蜀险远，不宜征讨，只有江夏相袁乔认为："今为天下之患者，胡、蜀二寇而已。蜀虽险固，比胡为弱，将欲除之，宜先其易者。李势无道，臣民不附，且恃其险，不修战备。宜以精卒万人，轻赍疾趋。比其觉之，我已出其险要，可一战擒也。"② 桓温采纳了袁乔长途奔袭的取蜀方略，于永和二年（346）十一月亲自率兵伐蜀，命袁乔领兵二千为先锋。由于李势毫无防备，晋军顺利通过长江三峡，溯江而上，行千里如入无人之境。永和三年（347）二月，桓温到达青衣（在今四川省乐山市境）。直到此时，李势才发觉晋军已经抵达成都附近，急忙调集军队，由其叔父李福、从兄李权、前将军昝坚等人率领，前去抵御晋军。三月，桓温进至彭模（今四川省彭山），留参军孙盛等人带领羸兵守卫辎重，自率步卒，直趋成都。李势军队，则分为三路迎战：李福率兵进攻彭模，结果被孙盛击退；李权与桓温遭遇，三战皆败，逃回成都；昝坚走错道路，直到犍为才发觉，急忙回军，行至新津县的沙头津，其众见大势已去，不战自溃。桓温率兵进逼成都，李势悉众出战，桓温大破汉军于笮桥，乘胜前进，直抵成都，纵火焚烧成都少城，汉人惶惧，无复斗志。李势乘夜逃往葭萌（在今四川省广元市境），派王幼送降表于桓温。接着，李势又舆榇面缚，前往桓温军前投降。至此，成·汉政权覆亡。

自李雄于西晋惠帝光熙元年（306）正式称帝，至东晋穆帝永和三年（347）李势降晋，成·汉政权割据巴蜀地区，共计42年。

成·汉政权是"五胡十六国"中最早建立的割据政权之一，也是秦灭巴蜀之后，第一个以成都为中心的少数民族割据政权，鼎盛时期，占有梁、益、宁三州的大部分地区。成·汉政权的基础是来自秦、雍二州的六郡流民，统治集团则是以賨人李氏宗族亲党为核心的六郡流民上层人士。原梁、益二州的土著居民，一直与流民存在着尖锐的矛盾。早在六郡流民入蜀就食之时，由于益州

---

① 《晋书》卷121《李势载记》。
② 《资治通鉴》卷97，穆帝永和二年十月。

刺史赵廞的纵容，流民"专为劫盗，蜀民患之"①。在平定赵廞的叛乱中，李特又率领流民洗劫成都，这就更加激起蜀人对六郡流民的仇恨。当李特公开起兵反晋之时，为了争取蜀人的支持，曾经"与蜀民约法三章，施舍赈贷，礼贤拔滞，军政肃然"②。在占领成都少城后，又禁止流民抢劫。这些做法，一度获得蜀人的好感。然而自西晋武帝以来，蜀中政局相对安定，社会经济也有所发展，因此蜀人并不愿意参加叛乱。对此，益州刺史罗尚非常清楚，早在赵廞叛乱时，他就上书朝廷，指出："蜀人不愿为乱，必无同者，事终无成，败亡可计日而俟。"③ 正是由于罗尚的这番分析得到验证，惠帝才任命他为益州刺史。也正是由于蜀人不愿参与六郡流民的叛乱，所以蜀郡诸村坞才会配合罗尚，大杀散在诸村坞就食的流民，李特也因此败死。李特之死，导致六郡流民的疯狂报复，李雄反对李流降晋的理由就是："吾属前已残暴蜀民，今一旦束手，便为鱼肉。"④ 在这种情况下，当李雄逐渐在军事上取得胜利时，为了逃避流民的报复，三蜀之民便开始大规模逃亡，其中一部分南入宁州，而绝大多数则是跟随援蜀的荆州军队逃到荆湘地区。永兴元年（304），当李雄攻占成都时，流亡在荆州的梁、益二州之民已有10余万户。这些巴蜀流民主要来自当时被六郡流民所控制的益州蜀郡、犍为郡，以及梁州的梓潼、巴西、广汉（治今四川省射洪县境）、新都（治今四川省广汉）四郡。据《晋书·地理志》记载，上述六郡的总户数为11.18万户。由此可知，在六郡流民攻占的地方，土著居民几乎全部逃走，以致"城邑皆空，野无烟火"⑤。由于成·汉政权始终未能争取到巴蜀土著居民的支持，因而在成·汉统治时期，来自秦、雍二州的六郡流民，以及在成·汉末年从牂牁方向迁入的僚人，成为巴蜀地区的主要居民，由此导致巴蜀地区的民族构成发生重大变化。而逃亡到荆湘地区的巴蜀流民，因与当地土著居民发生矛盾，于永嘉五年（311）起兵反叛。愍帝建兴三年（315），由蜀郡成都人杜弢率领的巴蜀流民武装被陶侃打败，残存的巴蜀流民或散居当地，或

---

① 《华阳国志》卷8《大同志》。
② 《资治通鉴》卷84，惠帝永宁元年十月。
③ 《华阳国志》卷8《大同志》。
④ 《资治通鉴》卷85，惠帝太安二年三月。
⑤ 《资治通鉴》卷85，惠帝太安二年七月。

"南入交州"①,再也未能返回巴蜀故乡。

成·汉政权的建立,不仅使巴蜀地区的民族构成发生重大变化,同时也使得东汉以来广布于巴蜀各地的世族大姓遭到毁灭性打击,取而代之的则是六郡流民中的汉族大姓与少数民族酋帅,以及入蜀僚人中的僚王。然而六郡流民中的汉族大姓多为没有世祚之资的豪强,氐叟渠帅多为部族(落)首领,而入蜀僚人中的僚王则是部落中的长者,他们与汉代以来逐渐形成的巴蜀世族大姓截然不同,故唐人柳芳在列举东晋以来全国各地的世族大姓时,惟独巴蜀地区没有世族大姓。这些取代原巴蜀地区世族大姓的豪强、渠帅和僚王,逐渐演变为新的豪族大姓,并成为巴蜀地区土著势力的中坚力量。

成·汉政权在以武力立国的过程中,还使巴蜀地区的社会经济遭到严重破坏,"李氏据蜀,兵连战接,三州倾坠,生民歼尽。府庭化为狐狸之窟,城郭化为熊罴之宿,宅游雉鹿,田栖虎豹,平原鲜麦黍之苗,千里蔑鸡犬之响,丘城芜邑,莫有名者。嗟乎三州,近为荒裔,桑梓之域,旷为长野"②。虽然李雄在其统治期间为恢复社会经济而采取轻赋薄徭的政策,然而巴蜀地区的社会经济始终未能恢复到原有的水平。而李寿时期大规模入蜀的僚人,则是以渔猎经济为主,基本上没有从事农耕,由此使得巴蜀地区的社会经济更加凋敝。

概而言之,成·汉政权割据期间,巴蜀地区的民族构成和社会结构均发生重大变化,社会经济也显著倒退,两汉时期繁荣的文化亦荡然无存,整个巴蜀地区进入一个严重衰退的时期,这种衰退在僚人聚居的地区尤为明显。

第三节 东晋南北朝时期巴蜀地区的动乱

一、前秦取蜀

东晋穆帝永和三年(347)三月,成·汉政权的末代皇帝李势,兵败投降,随即被送到建康,封为归义侯。然而成·汉国的遗民并不甘心接受东晋的统治,

---

① 《华阳国志》卷11《后贤志·常宽传》。
② 《华阳国志》卷12《序志》。

在李势降晋之后，前成·汉政权的尚书仆射王誓、镇东将军邓定、平南将军王润、将军隗文等人，皆举兵反叛，各拥众万人。桓温亲自率兵击败邓定，袁乔领兵打败隗文，镇守彭模的益州刺史周抚则斩杀王誓、王润。但是桓温取蜀，只是为了加强自己在东晋朝廷中的地位，因而不愿滞留在蜀中与成·汉政权的残余势力纠缠，仅在成都停留30天，便匆匆返回江陵。桓温一走，邓定、隗文等人立即占领成都，拥立范长生的儿子范贲为帝，与据守彭模的东晋益州刺史周抚相抗衡。东晋征房将军杨谦为了避免遭到占据成都的邓定、隗文攻击，被迫放弃涪城，退保德阳。十二月，东晋振威将军萧敬文见晋廷一时无力平定范贲之乱，也乘机起兵反叛，"杀征房将军杨谦，攻涪城，陷之，自称益州牧，遂取巴西，通于汉中"①。永和四年（348），桓温派督护邓遐协助益州刺史周抚征讨萧敬文，"不能拔，引退。（桓）温又令梁州刺史司马勋等会抚伐之。敬文固守，自二月至于八月，乃出降。抚斩之，传首京师"②。永和五年（349）四月，东晋益州刺史周抚击范贲，斩之，最终平定成·汉政权残余势力的反抗。

当成·汉政权的残余势力被肃清后，东晋梁州刺史司马勋又图谋割据巴蜀，只因畏惧益州刺史周抚，不敢起兵。东晋哀帝兴宁三年（365）六月，周抚去世，晋廷以周抚担任益州刺史长达30余年，甚有威惠，于是任命其子周楚为益州刺史。周抚既死，司马勋认为无人能与之抗衡，遂起兵反叛，自称成都王，率兵入剑阁，攻占涪城，进围周楚于成都。东晋权臣桓温立即派朱序率兵救援周楚，荆州刺史桓豁则遣兵溯汉水而上，进攻南郑。东晋废帝太和元年（366），桓豁入汉中，直捣司马勋的老巢，断其归路。朱序援军则进抵成都，会同周楚，击败围城的梁州军队，擒斩司马勋，传首建康。

东晋梁州刺史司马勋的反叛，使得成·汉遗民又产生一线复辟的希望。太和五年（370），蜀郡人李金银，自称是李势之子，伙同广汉人李弘，聚众起事，声称"当以圣道王，年号凤凰"③；陇西人李高，则诈称是李雄之子，聚众攻破涪城，打败东晋新任命的梁州刺史杨亮。但是这些起事，很快就被益州刺史周楚镇压下去。

---

① 《资治通鉴》卷97，穆帝永和三年十二月。
② 《晋书》卷59《周抚传》。
③ 《晋书》卷59《周楚传》。

就在梁、益二州相继发生变乱的时候，以关中为根基的前秦政权日益强大。东晋简文帝咸安元年（371）三月，益州刺史周楚去世，秦王苻坚立即利用这个机会，派西县侯苻雅和杨安、王统等人，率领步骑7万，进攻位于今甘肃、陕西、四川三省交壤的仇池国，消除从侧翼威胁其攻占巴蜀的割据政权，并打通入蜀的道路。仇池国主杨纂率兵5万前去迎战，东晋梁州刺史杨亮亦派督护郭宝等人领兵前去相助，"与秦兵战于峡中，纂兵大败，死者十三四，宝等亦没，纂收散兵遁还。西县侯雅进攻仇池，杨统帅武都之众降秦。纂惧，面缚出降"①。仇池国的覆灭，使得巴蜀地区直接面临前秦的攻击。东晋权臣桓温见梁、益二州形势危急，认为周访、周抚、周楚三代镇守巴蜀，颇有威名，于是以周访的孙子周仲孙为益州刺史，监益、梁二州诸军事，抵御前秦的进攻。

东晋孝武帝宁康元年（373）七月，权臣桓温病死，孝武帝年幼，太后临朝摄政。由于继续执掌东晋军政大权的桓氏族党与朝廷矛盾重重，相互防范，无暇西顾，因而秦王苻坚决定利用这个机会，夺取巴蜀地区。十月，苻坚遣兵两路，大举入侵。一路由王统、朱彤率兵2万，进攻梁州的政治中心汉中；一路由毛当、徐成等人率步骑3万，攻打剑阁，进而夺取成都。朱彤在攻占汉中后，沿今嘉陵江而下，截断东晋援军入蜀之路，然后向西，直趋绵竹；毛当等人在攻克剑阁后，引兵南下，夺占成都。东晋益州刺史周仲孙见大势已去，率5000骑逃往南中，前秦军队遂占领梁、益二州。

周仲孙逃到宁州后，以坐失益州罪，免官。自周访于东晋元帝建武元年（317）在襄阳（今湖北省襄樊）遥领梁州刺史以来，周氏三代出任梁、益二州刺史，其中周抚、周楚、周仲孙相继担任益州刺史，时间长达40年。至此，周氏在益州的统治归于结束。周仲孙免官之后，东晋任命竺瑶为益州刺史，屯驻巴东，待机收复成都。

前秦夺占巴蜀地区之后，秦王苻坚任命杨安为益州牧，镇守成都；以毛当为梁州刺史，镇守汉中；以姚苌为宁州刺史，屯驻垫江；以王统为南秦州刺史，镇守仇池（在今甘肃省西和县境）。然而前秦在巴蜀地区的统治，却遭到土著居民的反对。宁康二年（374）五月，蜀人张育自称蜀王，拥众2万，起兵反抗前秦的统治，并与巴獠酋帅张重、尹万联兵，共计5万余人，攻围成都。秦王苻

---

① 《资治通鉴》卷103，简文帝咸安元年四月。

坚得知蜀人反叛，立即派邓羌率甲士5万，入蜀征讨。张育遂遣使称藩于东晋，并请求出兵救援。晋廷随即派遣屯驻在巴东的益州刺史竺瑶等人，率兵3万入蜀。然而东晋援军进至垫江时，却被前秦宁州刺史姚苌所阻，未能及时赶到成都。七月，张育与巴僚酋帅张重争权，举兵相攻。前秦益州刺史杨安与援蜀的邓羌，立即利用这个机会，各个击破。首先袭击张育，将其击败。然后攻击巴僚，大破于成都南郊，杀张重，斩首23000级，成都解围。接着，邓羌又进兵攻击退到绵竹的张育、杨光，大破其众，张育、杨光皆被杀。十一月，入蜀的晋军攻克垫江，行至涪西时，被邓羌率领的前秦军队打败，只得退回巴东。

东晋孝武帝太元三年（378）八月，继毛当之后担任前秦梁州刺史的韦钟，率兵进攻东晋占据的梁州魏兴郡，围太守吉挹于西城（今陕西省安康）。十月，巴西人赵宝乘前秦梁州兵力空虚的机会，起兵反秦，自称是晋朝任命的西蛮校尉、巴郡太守。太元四年（379）三月，东晋右将军毛武生利用赵宝起兵的机会，率兵3万进攻巴中，企图以"围魏救赵"的方式，解除秦军对魏兴郡的围攻。而蜀人李乌则利用毛武生进攻巴西郡的机会，聚众2万攻逼成都。毛武生进至巴郡，遣前锋赵福率水军1万，溯嘉陵江而上，结果在巴西郡南充国（治今重庆市南部县）被秦军击溃，损兵7000。毛武生不敢再战，借口粮草匮乏，退回巴东。晋军撤退后，进攻成都的李乌之众便成为孤军，最终被前秦破虏将军吕光消灭。四月，秦军攻克西城，生擒东晋魏兴太守吉挹。

太元八年（383），东晋权臣桓冲为了扭转对前秦作战的被动局面，决定以攻为守，全线出击。"桓冲帅众十万伐秦，攻襄阳；遣前将军刘波等攻沔北诸城；辅国将军杨亮攻蜀，拔五城，进攻涪城；鹰扬将军郭铨攻武当。"① 秦王苻坚则派遣慕容垂率兵救援襄阳，兖州刺史张崇率兵救援武当（治今湖北省丹江口市境），后将军张蚝、步兵校尉姚苌率兵救援涪城。当救援涪城的秦军刚出斜谷，东晋辅国将军杨亮就急忙引兵后撤。其余两路晋军，也在秦军的反击下退却。秦王苻坚早有吞并江东之志，于是利用这个机会，发兵80余万，大举入侵，企图消灭东晋，统一全国。其中巴、蜀之兵，沿长江水路，顺流而下，参与对东晋的进攻。结果在十一月的淝水之战中，秦军一败涂地，全线溃退。十二月，降于前秦的鲜卑人慕容垂起兵反叛，重建燕国，前秦大乱。

---

① 《资治通鉴》卷105，孝武帝太元八年五月。

前秦的内乱，为东晋收复巴蜀地区提供了机会。太元九年（384），东晋梁州刺史杨亮率兵5万伐蜀。杨亮进驻巴郡，遣巴西太守费统带领水陆兵3万为前锋，溯嘉陵江而上，经涪江攻逼涪城，前秦梓潼太守垒袭举城投降。而前秦梁州刺史潘猛则在东晋将军杨佺期的攻击下，放弃汉中，逃奔长安，晋军收复梁州。太元十年（385），前秦益州刺史王广见大势已去，遂以江阳太守李丕为益州刺史，守卫成都，自己则率领部属逃往陇西，蜀人随之而去者3万余家。东晋蜀郡太守任权随即攻占成都，斩李丕。至此，梁、益二州重新纳入东晋的版图。

自东晋孝武帝宁康元年（373）前秦夺占梁、益二州，至太元十年（385）晋军攻拔成都，前秦在巴蜀地区的统治，仅维持了12年。

二、东晋谯纵之乱

淝水之战以后，前秦政权崩溃，北中国再次陷入混乱之中。东晋方面，执掌朝政的司马道子、司马元显父子，与拥兵在外的节镇，矛盾尖锐。东晋安帝元兴元年（402），荆州刺史桓玄以讨伐司马元显为名，率兵沿长江东下，攻入建康，斩杀司马元显，东晋朝政，遂归桓玄。元兴二年（403），桓玄篡晋，自立为皇帝，改元永始。废晋安帝为平固公。

元兴三年（404）二月，桓玄遣使入蜀，加益州刺史毛璩为散骑常侍、左将军，希望以此得到毛璩的支持。然而毛璩却扣留桓玄的使者，拒绝接受对他的任命。于是桓玄任命桓希担任梁州刺史，委派诸将戍守三巴，以此防范毛璩。而毛璩则传檄远近，列举桓玄颠覆晋室的罪状，并派遣巴东太守柳约之、建平太守罗述、征虏司马甄季之，领兵打败桓希戍守三巴的将领，随即进驻白帝城（在今重庆市奉节县境）。接着，刘裕也以恢复晋室为名，起兵京口（今江苏省丹徒），进讨桓玄，大败其众。桓玄西奔，打算到汉中投靠梁州刺史桓希。然而担任桓玄屯骑校尉的益州刺史毛璩的侄子毛修之，"诱玄入蜀，玄从之。宁州刺史毛璠，璩之弟也，卒于官，璩使其兄孙祐之及参军费恬帅数百人送璠丧归江陵，壬午，遇玄于枚回洲，祐之、恬迎击玄，矢下如雨，玄嬖人丁仙期、万盖以身蔽玄，皆死。益州督护汉嘉冯迁抽刀，前欲击玄，玄拔头上玉导与之，曰：'汝何人，敢杀天子！'迁曰：'我杀天子之贼耳！'遂斩之，又斩桓石康、桓濬、庾颐之，执桓昇送江陵，斩于市。乘舆返正于江陵，以毛修之为骁骑将军"①。桓玄死后，巴东太守柳约之、建平太守罗述、征虏司马甄季之，由白帝城进军江陵，行至枝江，得知桓振又攻占江陵，并打败前去征讨的晋军，自知难敌桓振，只得退兵。接着，柳约之趁罗述、甄季之生病的机会，自作主张，诣桓振伪降，打算袭取桓振，结果谋泄被杀，柳约之的参军时延祖、涪陵太守文处茂收其余众，退保涪陵（治今重庆市彭水）。

元兴三年（404）六月，益州刺史毛璩攻占汉中，杀梁州刺史桓希，随即率兵3万南下，准备进讨占据江陵的桓振。同时，毛璩又遣其弟毛瑾、毛瑗率兵沿外水（即今岷江）而下，参军谯纵、侯晖率领巴西、梓潼二郡之兵沿涪水（即今涪江）而下，预计三路兵马，会合于巴郡，然后东征江陵。由于巴西、梓潼二郡的军队不愿东征，行至五城水口，侯晖便与巴西人阳昧阴谋作乱。谯纵亦为巴西人，而且为人谨慎，深得蜀人之心，于是侯晖、阳昧强迫谯纵为谋主。安帝义熙元年（405）二月，侯晖等人回兵袭击毛瑾于涪城，杀之，随即推举谯纵为梁、秦二州刺史。此时，毛璩正在略城，距离成都有四百里，得知发生变故，立即奔还成都。"遣参军王琼率三千人讨纵，又遣弟瑗领四千兵继琼后进。纵遣弟明子及晖拒琼于广汉。琼击破晖等，追至绵竹，明子设二伏以待之，大破琼众，死者十八九。"②王琼兵败之后，毛璩还想固守成都，殊不知益州营户李腾为谯纵所诱，开城门以应之，成都陷落。毛璩、毛瑗兄弟及其在蜀的子侄，皆为谯纵所杀。谯纵占领成都后，自称成都王。以从弟谯洪为益州刺史；以谯明子为巴州太守，率众5000人，进驻白帝城，防御东晋军队由长江水路进入巴蜀地区。

谯纵据蜀之后，东晋权臣刘裕任命毛璩的侄子毛修之为龙骧将军，配给兵力，命其会同新任益州刺史司马荣期，以及屯守涪陵的时延祖、文处茂，讨伐谯纵。义熙二年（406），司马荣期打败谯明子，占领白帝城。毛修之领兵继续前进，行至宕渠时，因益州刺史司马荣期被其参军杨承祖杀死，后继无援，只得退屯白帝。义熙三年（407），毛修之与汉嘉太守冯迁合兵，攻杀自称巴州太守的杨承祖，并准备再次率兵进讨谯纵，可是晋廷新任命的益州刺史鲍陋却逗

---

① 《资治通鉴》卷113，安帝元兴三年五月。
② 《晋书》卷100《谯纵传》。

留在白帝城，不肯进兵。于是毛修之上表朝廷，力主讨伐，以报家仇。刘裕哀其情事，遂遣刘敬宣率兵5000伐蜀。谯纵得知晋军前来讨伐，遂称藩于占据关中的后秦政权。

义熙四年（408）七月，刘敬宣率部经三峡进入巴蜀地区，随即兵分两路，继续前进。一路由巴东太守温祚领兵2000，溯外水而上；一路由刘敬宣自己统领，由垫江转战而前。面对晋军的进攻，谯纵求救于后秦，秦王姚兴发兵2万救援。刘敬宣率主力出垫江，进至遂宁郡（治今四川省蓬溪县境）的黄虎，距离成都五百里。谯纵的辅国将军谯道福据险固守，双方相持60余日，刘敬宣不得进，军中乏食，士卒染疾，死者大半，只得引军退走。刘敬宣因伐蜀无功而被免官。

义熙八年（412），刘裕决定再次伐蜀。十二月，以朱龄石为益州刺史，率兵2万，由江陵出发，西征谯纵。朱龄石汲取了刘敬宣伐蜀失败的教训，决定以主力从外水进攻，疑兵出内水（即今涪江），正好和刘敬宣的用兵路线相反。为了防止泄密，行至白帝城，朱龄石才公布作战计划："众军悉从外水取成都，臧熹、朱林于中水取广汉，使羸弱乘高舰十余，由内水向黄虎。"① 谯纵以为朱龄石的用兵路线和刘敬宣相同，因此，仍派谯道福率重兵据守涪城，防备晋军由内水方向进攻。同时，派遣侯晖等人率偏师万余人防守彭模，夹水筑南、北二城，以防晋军偷袭。

义熙九年（413）六月，朱龄石率主力抵达彭模。七月，朱龄石集中优势兵力攻打地险兵多的北城，克之，斩侯晖，南城不战自溃，于是朱龄石舍船步进，直逼成都。此时，溯中水（即今沱江）而上的臧熹、朱林，亦大破谯纵派来驻防牛鞞（在今四川省简阳市境）的大将谯抚之，进逼广汉。谯纵见诸军皆败，晋军从南、东两个方向合围成都，自知不敌，遂放弃成都，北奔涪城，投靠谯道福。此时，谯道福已经得知彭模失守，亲率精兵5000，兼程驰援，途中见到谯纵，得知他放弃成都，大怒，投剑刺谯纵，中其马鞍。谯纵走投无路，遂自杀，巴西人王志斩其首以送朱龄石。谯道福逼死谯纵之后，还想作困兽之斗，"谓其徒曰：'吾养尔等，正为今日。蜀之存亡，实系于我，不在谯王。我尚在，

---

① 《宋书》卷48《朱龄石传》。

犹足一战。'士咸许诺。乃散金帛以赐其众。众受之而走"①。谯道福见将士离散，知道大势已去，只好逃往僚人聚居地避难，结果被巴西人杜瑾擒获，执送朱龄石，斩于军门。

谯纵之乱平定后，朱龄石派遣沈叔任成守涪城。巴西、梓潼二郡的大姓侯产德和罗奥随即聚众作乱，并召引白水氐，进攻涪城，结果被沈叔任打败。这次变乱对朱龄石的治蜀政策产生很大影响。"初，龄石平蜀，所戮止纵一祖之后。产德事起，多所连结，乃穷加诛翦，死者甚众。"②

自东晋安帝义熙元年（405）谯纵自称成都王，至义熙九年（413）兵败自杀，谯纵割据巴蜀，共计8年。

三、刘宋赵广之乱

420年，东晋权臣刘裕强迫晋恭帝禅位，定国号为宋，改元永初，是为刘宋武帝，东晋遂亡。刘裕在位仅3年就去世，长子刘义符继位，年仅17岁，是为少帝，司空徐羡之、中书令傅亮、领军将军谢晦、镇北将军檀道济同受顾命。由于少帝"居丧无礼，好与左右狎暱，游戏无度"③，徐羡之等人遂废杀少帝，立刘裕第三子刘义隆为皇帝，是为刘宋文帝。

刘宋文帝元嘉六年（429），抚军司马刘道济出任益州刺史。"长史费谦、别驾张熙、参军杨德年

图1-2 刘宋武帝像

等，并聚敛兴利，而道济委任之，伤政害民，民皆怨毒……远方商人多至蜀土资货，或有直数百万者，谦等限布、丝、绵各不得过五十斤；马无善恶，限蜀钱二万。府又立冶，一断私民鼓铸，而贵卖铁器。商族吁嗟，百姓咸欲为乱。"④ 面对这种形势，在前秦政权崩溃后重建的仇池国主杨难当，企图利用蜀人的不满，占有蜀地，于是派遣司马飞龙入蜀，鼓动当地人起兵反抗。

---

① 《晋书》卷100《谯纵传》。
② 《宋书》卷48《朱龄石传》。
③ 《资治通鉴》卷120，文帝元嘉元年正月。
④ 《宋书》卷45《刘道济传》。

司马飞龙原名许穆之，晋、宋之际流徙到仇池，投靠杨难当，并改姓名为司马飞龙，自称是晋朝皇室的近亲。元嘉九年（432），司马飞龙由仇池来到绵竹，煽动蜀民反叛，得千余人，而杨难当又发兵前去支援，于是司马飞龙率兵攻杀刘宋的巴兴县令，驱逐阴平郡太守。但是司马飞龙领导的叛乱，很快就被刘道济派去镇压的军队打败，司马飞龙也被杀。然而蜀人的反抗，并未因此平息下去。

广汉郡五城县人帛氐奴，曾因益州长史费谦作梗，未能获得参军督护之职，心怀怨恨，遂纠集同党，暗中为盗贼。元嘉九年（432）七月，刘道济任命罗习为五城县令。帛氐奴担心自己暗中为盗的事情败露，于是煽动同乡人赵广，共同起兵反叛，并诈言司马飞龙没有被杀，而是藏身阳泉山中，可以与之共建大事。由此聚众数千人，进逼广汉。刘道济派参军陈展会、治中李抗之率兵500前去讨伐，结果兵败被杀。赵广打败前来讨伐的宋军后，乘胜进攻涪城。刘宋巴西、梓潼二郡太守王怀业遣兵拒守，为赵广所败，王怀业弃城逃跑，赵广遂占领涪城。刘宋涪陵太守阮惠、江阳太守杜玄起、遂宁太守冯迁等人，得知涪城失守，皆弃城而逃，于是蜀土人士，无论土著、侨居，一起反叛。

图1—3 刘宋文帝像

元嘉九年（432）九月，赵广率众数万人围攻成都，刘道济则以4000人婴城自守。赵广屯兵于坚城之下，其众又不见司马飞龙，皆欲散去。于是赵广亲自带领3000人，前往阳泉寺，威逼道人程道养冒充司马飞龙。程道养迫于无奈，只得答应。赵广遂诈称程道养就是司马飞龙，奉为蜀王，建号泰始元年，备置百官。其中程道养的弟弟程道助被封为骠骑将军、长沙王，镇守涪城；赵广自号镇军将军；帛氐奴被封为征虏将军，梁显则为镇北将军。赵广等人随即奉程道养至成都，拥众10万，四面围城。十一月，刘道济遣中兵参军裴方明出城作战，大破围城诸营寨，程道养带领7000人退至广汉，赵广率领5000人退到涪城。

元嘉十年（433）正月，赵广再次率兵攻围成都。益州刺史刘道济病死于围城中，裴方明秘不发丧，以安众心。二月，程道养在成都城外的毁金桥登坛郊天，疏于防范，裴方明率兵3000出击，大获全胜，斩首800余级，程道养被迫再次退回广汉。同月，刘宋巴东太守周籍之率领援兵2000到达成都，裴方明随即发起反击，大败赵广于郫县，追至广汉，赵广等人退到涪县及五城县（治今四川省中江）。五月，裴方明攻克涪城，活捉程道助。赵广等人各率部曲，分散行动：张寻攻破阴平，与程道养会合，领2000余户，逃入郪山；帛氏奴进攻广汉失利，亦入郪山；赵广率余众藏匿于山谷之中，不断出击。九月，刘宋新任命的益州刺史甄法崇到达成都，斩前任益州刺史刘道济的长史费谦。

元嘉十三年（436）六月，刘宋文帝遣宁朔将军萧汪之讨伐程道养。军至郪口，帛氏奴投降，程道养率军出战，兵败，复入郪山。元嘉十四年（437）四月，在刘宋军队的清剿下，赵广、张寻、梁显等人，各自率领部曲投降，别将王道恩则斩杀程道养。至此，赵广的反叛彻底失败。为了防止赵广等人再度起兵，刘宋文帝迁赵广、张寻等人至京师，以便控制。元嘉十六年（439），赵广、张寻与国山令司马敬琳谋反，被杀。

赵广的反叛，曾经得到蜀人的广泛支持。在其鼎盛时期，拥众10万。但是这支人数众多的军队却缺乏战斗力，加之赵广等人才能低下，屯兵于坚城之下，围而不攻，错失良机，终致失败。反观刘道济、裴方明等贪官，尽管为蜀人所仇视，但是他们却拥有一支训练有素，颇具战斗力的正规军。这支军队主要由吴兵组成，其政治态度与蜀人不同。加之在赵广起兵之时，刘道济又"免吴兵三十六营为平民"①，从而使世执兵役的军户成为民户，这就更使得吴兵竭尽全力支持刘道济。因此，裴方明虽然多次被赵广打败，但其军队始终没有溃散，最终以少胜多，取得军事胜利。正义的斗争，并不会必然胜利。非正义的强权，也可能得逞于一时。

蜀人的反叛被镇压下去后，裴方明调离益州，依然贪赃枉法②。继任的益州官员，也没有从这次变乱中汲取教训，继续依恃武力，实行高压政策。刘宋孝武帝大明八年（464），前废帝刘子业任命萧惠开为益州刺史。"惠开为治，多任刑诛，蜀土咸怀猜怨。"③景和元年（465），前废帝被弑，明帝继位，晋安王刘子勋不服，起兵反叛。益州刺史萧惠开随即起兵响应刘子勋，遣巴郡太守费

---

① 《宋书》卷45《刘道济传》。
② 《宋书》卷47《刘怀肃传》。
③ 《宋书》卷87《萧惠开传》。

欣寿率兵2000东下，结果被巴东人任叔儿的军队消灭。萧惠开又遣治中程法度领兵3000出梁州，亦为仇池国的杨僧嗣所阻断。蜀人一直对萧惠开滥杀无辜的暴行深恶痛绝，现在得知费欣寿全军覆没，程法度又陷入进退维谷的窘境，于是再次起兵反抗暴政。晋原郡（治今四川省崇州市）首举义旗，其余诸郡纷纷响应，合兵进攻成都。此时，成都城内的东兵只有2000人，其余皆为蜀兵。萧惠开知道蜀人不为己用，遂将蜀兵遣散出城，独与东兵拒守成都。不久，刘子勋的叛乱被平定。明帝以蜀土险远，征讨不便，于是派遣萧惠开的弟弟萧惠基到成都，赦免萧惠开的叛逆罪。萧惠基由陆路入蜀，到达涪县时，由于蜀人"志在屠城，不欲使王命远达，遏留惠基，不听进。惠基率部曲破其渠帅马兴怀等，然后得前。惠开奉旨归顺，城围得解"。与此同时，明帝又遣萧宝首从水路入蜀，慰劳益州。萧宝首欲以平蜀为功，遂煽动蜀人攻打萧惠开。"渠帅赵燕、句文章等，与宝首屯军于上，去成都六十里，众号二十万人。"① 萧惠开遣宋宁太守萧惠训等人，率兵出战，大破蜀人，生擒萧宝首。明帝诏令押萧宝首至建康，又将萧惠开调离益州。萧惠开自知不为蜀人所容，离蜀之际，将其资财二千余万，全部散施道俗，一无所留。

四、南齐刘季连之乱

479年，萧道成篡夺刘宋政权，定国号为齐，改元建元，史称"南齐"，萧道成即南齐高帝。在南齐23年的统治中，梁、益二州政局动乱，几无宁日。其中以汉中为中心的梁州，多次遭到北魏和仇池国的攻击；三峡地区，不断爆发少数民族的反叛；益州各地，蜀人的反抗，此起彼伏，连绵不断。加之朝政混乱，梁、益二州又多次卷入王朝内部争夺权力的混战，致使巴蜀地区的政治形势，更加动荡。

南齐高帝萧道成立国之后，鉴于刘宋时期益州多次爆发大规模的叛乱，"思振民瘼为政"②，于是擢山阴县令傅琰为益州刺史。傅琰任职3年，政绩平平，无所建树。建元三年（481），南齐高帝改派陈显达为益州刺史。"益部山险，多不宾服。大度村僚，前后刺史不能制。显达遣使责其租赕，僚帅曰：两眼刺史

---

① 《宋书》卷87《萧惠开传》。
② 《南齐书》卷53《良吏传序》。

尚不敢调我。遂杀其使。显达分部将吏，声将出猎，夜往袭之，男女无少长皆斩之。自此，山夷震服。广汉贼司马龙驹据郡反，显达又讨平之。"① 但是陈显达的武力镇压，并没有使益州的政局稳定下来。当此之时，劫帅韩武方聚众千余人，断流为暴，郡县不能制；巴西蛮夷，多为寇暴；成都附近，同样不稳，以致"州城北门，常闭不开"②。南齐武帝永明二年（484），始兴王萧鉴替代程显达为益州刺史。由于萧鉴采取宽容态度，招抚反叛的劫帅，益州的局势才没有进一步恶化。永明九年（491），刘悛替代萧鉴为益州刺史。刘悛"既藉旧恩，尤能悦附人主，承迎权贵。宾客闺房，供费奢广"。在蜀之时，大肆贪污，赃货巨万。为结主恩，又"作金浴盆，余金物称是。罢任，以本号还都，欲献之，而世祖晏驾。郁林新立，悛奉献减少，郁林知之，讽有司收悛付廷尉"③。主鄙臣贪，一至于此。

图1—4 南齐高帝像

494年，执掌南齐朝政的西乡侯萧鸾杀郁林王，迎其弟新安王萧昭文为帝。不久，萧鸾又废萧昭文为海陵王，自立为帝。南齐明帝萧鸾建武四年（497），刘季连被任命为益州刺史，用以牵制都督荆、雍等七州诸军事的荆州刺史萧遥欣。永泰元年（498），南齐明帝死，太子萧宝卷即位，是为东昏侯。永元元年（499），征刘季连为右将军。此时，萧遥欣病卒，其兄萧遥光在都城建康举兵反叛，中外戒严，道路不通，因此刘季连依然留守益州。"其年九月，季连因聚会，发人丁五千人，声以讲武，遂遣中兵参军朱买率之，以袭中水。穰人李托豫知之，设备守险，买与战不利，还州，郡县多叛乱矣。"④ 刘季连严愎酷狠，无故发兵征讨穰人，终于激起蜀人的大规模反叛。就在刘季连派兵袭击中水穰人失败之后，新城人赵续伯立即起兵反叛，杀五城县令，驱逐始平太守。"十月，晋原人乐宝称、李难当杀其太守，宝称号南秦州刺史，难当益州刺史。十二月，季连遣参军崔茂祖率众二千讨之，赍三日粮。值岁大寒，群贼相聚，伐

---

① 《南齐书》卷26《陈显达传》。
② 《南史》卷43《萧鉴传》。
③ 《南齐书》卷37《刘悛传》。
④ 《梁书》卷20《刘季连传》。

树塞路,军人水火无所得,大败而还,死者十八九。明年正月,新城人帛养逐遂宁太守谯希渊。三月,巴西人雍道晞率群贼万余逼巴西,去郡数里,道晞称镇西将军,号建义。巴西太守鲁休烈与涪令李膺婴城自守,季连遣中军参军李奉伯率众五千救之。奉伯至,与郡兵破擒道晞,斩之涪市。奉伯因独进巴西之东乡讨余贼。李膺止之曰:'卒惰将骄,乘胜履险,非良策也。不如小缓,更思后计。'奉伯不纳,悉众入山,大败而出,遂奔还州。六月,江阳人程延期反,杀太守何法藏。鲁休烈惧不自保,奔投巴东相萧慧训。十月,巴西人赵续伯又反,有众二万,出广汉,乘佛舆,以五彩裹青石,诳百姓云:'天与我玉印,当王蜀。'愚人从之者甚众。季连进讨之,遣长史赵越常前驱,兵败。季连复遣李奉伯由涪路讨之。奉伯别军自潺亭与大军会于城,进攻其栅,大破之。"①

就在益州一片混乱的时候,南齐雍州刺史萧衍又起兵襄阳,讨伐东昏侯。502年,萧衍篡夺南齐政权,定国号为梁,改元天监,是为梁武帝。同年六月,梁武帝萧衍任命邓元起为益州刺史,并遣使入蜀,告知刘季连。刘季连受命,准备离开益州,而新任益州刺史邓元起则派典签朱道琛到成都检校库物。邓元起是南郡人,当刘季连为南郡太守时,曾薄待邓元起;朱道琛曾是刘季连的部属,有罪,刘季连欲杀之,叛逃以免。二人皆与刘季连有隙。

图1—5 梁武帝像

朱道琛到达成都后,态度傲慢,强夺器物,"军府大惧,谓元起至,必诛季连,祸及党与,竟言之于季连,季连亦以为然"。于是刘季连以恢复南齐皇室为名,聚兵反叛,杀朱道琛。此时,邓元起已行至巴西郡,太守朱士略遣使表示归顺,开城门以待之。"先时,蜀人多逃亡,至是出投元起,皆称起义应朝廷。"② 对于归附的蜀中人士,邓元起皆许以官职,以致受别驾、治中檄者将近2000人。涪县令李膺又率富民上军资米,得3万斛,从而解决了军粮问题。

在蜀人的支持下,邓元起军势大振,遂向成都进发,打败刘季连之将李奉伯。刘季连驱赶士民入成都,闭城自守,邓元起率兵进围成都。"时益部兵乱日

---

① 《梁书》卷20《刘季连传》。
② 《梁书》卷20《刘季连传》。

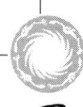

久，民废耕农，内外苦饥，人多相食，道路断绝。"困守成都的刘季连很快就断粮，"城中食尽，升米三千，亦无所粜，饿死者相枕，其无亲党者，又杀而食之。季连食粥累月，饥窘无计"①。天监二年（503）正月，梁武帝派遣赵景悦入蜀，宣诏允许刘季连投降，穷途末路的刘季连立即开城投降。邓元起将刘季连送到建康，梁武帝赦免其罪，废为庶人。但是刘季连并未逃脱其应得的惩罚。刘季连在益州时，曾杀蜀人蔺道恭的父亲，蔺道恭逃亡在外，伺机报仇。天监四年（505）正月，蔺道恭杀刘季连于京师建阳门。

五、梁、魏争汉中

梁武帝天监三年（504），益州刺史邓元起以母亲年事已高需要自己照顾为理由，请求调离成都。梁武帝答应了他的请求，征为右将军，同时任命萧渊藻为益州刺史。天监四年（505）正月，梁州发生变乱，汉中太守夏侯道迁叛归北魏，于是北魏宣武帝派遣尚书邢峦率兵征讨梁州，许以便宜从事。邢峦到达汉中后，遣将西征，屡败梁军，进而攻占晋寿（今四川广元市利州区南）。北魏宣武帝随即任命邢峦为梁、秦二州刺史。当北魏入侵梁州时，邓元起尚未离任。梁州告急，部属劝其救援，邓元起不仅不肯出兵，反而将粮储器械席卷一空，准备离任。四月，新任益州刺史萧渊藻到达成都，见此情景，大为愤恨，遂表奏邓元起逗留不忧军事，下州狱，迫使邓元起自缢而死。益州人焦僧护见邓元起死，立即聚众数万人，占据郫县、新繁（在今成都市新都区境）作乱。"萧渊藻年未弱冠，集僚佐议自击之，或陈不可，渊藻大怒，斩于阶侧。乃乘平肩舆，巡行贼垒，贼弓乱射，矢下如雨，从者举楯御矢，渊藻命去之，由是人心大安。击僧护等，皆平之。"②

就在梁朝统治下的益州发生内乱之时，北魏梁、秦二州刺史邢峦在攻占晋寿后，派统军王足领兵继续南下。王足屡破梁军，入剑阁，克梓潼，进逼涪城。"蜀人震恐，益州城戍降魏者十有二三，民自上名籍者五万余户。"③于是邢峦上表，请求朝廷增派军队，以便乘胜夺取蜀地。其理由是："扬州、成都，相去

---

① 《梁书》卷20《刘季连传》。
② 《资治通鉴》卷146，武帝天监四年四月。
③ 《资治通鉴》卷146，武帝天监四年十一月。

万里，陆途既绝，唯资水路。萧衍兄子渊藻，去年四月十三日发扬州，今岁四月四日至蜀，水军西上，非周年不达，外无援军，一可图也。益州顷经刘季连反叛，邓元起攻围，资储散尽，仓库空竭，今犹未复，兼民人丧胆，无复固守之意，二可图也。萧渊藻是裙屐少年，未洽治务，及至益州，便戮邓元起、曹亮宗，临戎斩将，则是驾驭失方。范国惠津渠败退，锁执在狱，今之所任，并非宿将重名，皆是左右少年而已，既不厌民望，多行残暴，民心离散，三可图也。蜀之所恃唯剑阁，今既克南安，已夺其险，据彼界内，三分已一。从南安向涪，方轨任意，前军累破，后众丧魂，四可图也。昔刘禅据一国之地，姜维为佐，邓艾既出绵竹，彼即投降。及苻坚之世，杨安、朱彤三月取汉中，四月至涪城，兵未及州，仲孙逃命。桓温西征，不旬月而平。蜀地昔来恒多不守，况渊藻是萧衍兄子，骨肉至亲，若其逃亡，当无死理。脱军克涪城，渊藻复何宜城中坐而受困？若其出斗，庸蜀之卒唯使刀稍，弓箭至少，假有遥射，弗至伤人，五可图也。"①但是北魏宣武帝却没有采纳他的建议。接着，宣武帝又以羊祉替代王足为益州刺史。王足不悦，引兵退还，遂不能定蜀。

当北魏统军王足逼近涪城时，梁武帝命宁州刺史李略据守涪城，许以破敌之后授予益州刺史之职。王足退兵后，梁武帝食言，改授它职，李略大怒，遂有异图，梁武帝遣人将其暗杀。李略的侄子李苗见叔父被杀，决心报仇，遂投奔北魏。蜀人淳于诞，曾任萧梁步兵校尉，因不满萧梁对蜀地的统治政策，也由汉中投奔北魏。二人共陈"图蜀之计"②，北魏宣武帝信之。延昌三年（514），以司徒高肇为平蜀大都督，率步骑15万，分兵三路伐蜀。延昌四年（515）正月，北魏宣武帝去世，孝明帝即位，罢伐蜀诸军，召高肇还京，杀之。北魏伐蜀，再次受挫。

在北魏伐蜀大军撤走后，萧梁企图收复被北魏占领的疆土，于是宁州刺史任太洪煽动梁州氐羌，起兵反魏，并攻占东洛、除口二戍，进围白水关（在今四川省广元市境）。北魏益州刺史傅竖眼遣成兴孙救援，为梁军攻杀。傅竖眼又遣姜喜、季元度迂回到梁军侧后，两面夹击，大败梁军，遂解白水关之围。延昌四年（515）三月，北魏孝明帝以元法僧替代傅竖眼为益州刺史，镇守武兴

---

① 《魏书》卷65《邢峦传》。
② 《魏书》卷71《李苗传》。

(今陕西省略阳)。元法僧"素无治干,加以贪虐,杀戮自任,威怒无恒。王、贾诸姓,州内人士,法僧皆召为卒伍,无所假纵。于是合境皆反"①。其中葭萌人任令宗杀北魏晋寿太守,以城降于萧梁。于是萧梁益州刺史萧恢,派遣巴西、梓潼二郡太守张齐率兵3万前去接应任令宗,大败元法僧之子元景隆,屠10余城,进围武兴。元法僧婴城自守,并遣使出间道,告急于魏廷。熙平元年(516)五月,北魏又任命傅竖眼为益州刺史,率步骑3000,救援武兴。傅竖眼出梁州,三日之中,转战二百余里,甲不去身,九战皆捷,斩萧梁任命的梁州刺史任太洪,迫使梁将张齐退守葭萌,遂解武兴之围。接着,傅竖眼挥师南下,夜渡白水,大破梁兵,收复白水旧城。随即分遣诸将,水陆并进,大破张齐,斩首万余。"张齐被重创,奔窜而退。小剑、大剑贼亦捐城西走,益州平。"②东益州复归于北魏。傅竖眼则被改任为梁州刺史,都督梁、西益、巴三州诸军事,镇守汉中。

梁武帝普通六年(525),萧梁利用北魏爆发六镇之乱的机会,再次出兵,企图夺回梁州和东益州。三月,梁武帝派遣北梁州刺史锡休儒等人,率兵3万,由魏兴郡入侵梁州,攻直城(在今陕西省汉阴县境)。北魏梁州刺史傅竖眼遣其子傅敬绍率兵赴援。傅敬绍倍道而进,与敌决战,大败梁军,擒斩3000余人,迫使锡休儒等人退回魏兴郡。五月,萧梁益州刺史萧渊猷又"遣其将樊文炽、萧世澄等将兵围魏益州长史和安于小剑,魏益州刺史邴虬遣统军河南胡小虎、崔珍宝将兵救之。文炽袭破其栅,皆擒之,使小虎于城下说和安,令早降。小虎遥谓安曰:'我栅失备,为贼所擒,观其兵力,殊不足言,努力坚守,魏行台、傅梁州援兵已至。'语未终,军士以刀殴杀之"③。接着,北魏西南道行台魏子建又遣淳于诞救援小剑。"诞勒兵驰赴,相对月余,未能摧殄。文炽军行之谷,东峰名龙须山,置栅其上以防归路。诞以贼众难可角力,乃密募壮士二百余人,令夜登山攻其栅。及时火起,烟焰涨天。贼以为还途不守,连营震怖。诞率诸军鸣鼓攻击,文炽大败,俘斩万计,擒世澄等十一人。文炽为元帅,先走获免"④。萧梁企图收复汉中和东益州的军事行动,均以彻底失败告终。

---

① 《魏书》卷16《元法僧传》。
② 《魏书》卷70《傅竖眼传》。
③ 《资治通鉴》卷150,武帝普通六年五月。
④ 《魏书》卷71《淳于诞传》。

第一章 两晋南北朝时期的巴蜀政局

北魏自爆发六镇之乱以来,战乱不断扩大,最终导致北魏政权的瓦解。永熙三年(534),北魏分裂为高欢所控制的东魏,以及宇文泰所控制的西魏。在这种有利的形势下,萧梁再次派兵前去夺取梁州和东益州。梁武帝大同元年(535)七月,萧梁益州刺史萧范、南梁州刺史樊文炽,合兵围攻晋寿,北魏东益州刺史傅敬和举城投降。同年十一月,萧梁北梁州刺史兰钦又引兵进攻南郑,北魏梁州刺史元罗亦投降。自梁武帝天监四年(505)北魏夺取梁州之后,萧梁经过30年的反复争夺,终于再次占据梁州。

六、西魏伐蜀

梁武帝大同三年(537),武陵王萧纪被任命为都督益、梁等十三州诸军事、安西将军、益州刺史,出镇成都。大同十一年(545),加授散骑常侍、征西大将军、开府仪同三司。萧纪"颇有武略,在蜀十七年,南开宁州、越巂,西通资陵、吐谷浑,内修耕桑盐铁之政,外通商贾远方之利,故能殖其财用,器甲殷积,有马八千匹"①,从而成为分封在外的梁武帝诸子中,实力最强的藩王。

梁武帝太清二年(548),投降萧梁的东魏大将侯景起兵反叛。太清三年(549),侯景攻占梁朝的都城建康,梁武帝被困饿而死,太子萧纲继位,是为简文帝。"自晋氏渡江,三吴最为富庶,贡赋商旅,皆出其地。及侯景之乱,掠金帛既尽,乃掠人而食之,或卖于北境,遗民殆尽矣。是时,唯荆、益所部尚完实。"② 然而镇守荆州的湘东王萧绎和镇守益州的武陵王萧纪,不是积极平定侯景之乱,而是以讨伐侯景为名,企图消灭对方,进而觊觎帝位。简文帝大宝元年(550),镇守成都的武陵王萧纪,率兵东下,以讨伐侯景为名,企图占有荆峡地区。而据有荆峡地区的湘东王萧绎,知其有异谋,遣使止之。正在此时,武陵王萧纪管辖的黎州(治今四川省广元)发生变乱,西魏入侵梁州,于是萧纪罢东征之兵,遣南梁州刺史谯淹回军救援。同年,侯景杀萧梁简文帝,自称汉帝。552年四月,萧纪在成都称帝,改元天正。八月,萧纪又亲率大军由外水东下,企图夺取荆州。湘东王萧绎则遣护军陆法和屯守巴峡以拒之。十一月,湘东王萧绎亦在江陵自称皇帝,改元承圣元年,是为萧梁元帝。承圣二年

---

① 《资治通鉴》卷164,元帝承圣元年四月。
② 《资治通鉴》卷163,简文帝大宝元年五月。

(553)五月,萧纪率军进至西陵,陆法和筑二城于峡口两岸,运石填江,又以铁锁断江道。萧纪遣将猛攻,频战不利,屯兵日久,师老粮尽,智力俱殚。七月,兵败,梁元帝萧绎的游击将军樊猛,杀萧纪于峡口。

当武陵王萧纪、湘东王萧绎兄弟为争夺帝位而兵戎相见之时,宇文泰控制下的西魏政权则乘虚而入,夺取位于西魏都城长安以南的巴蜀地区。

萧梁简文帝大宝二年(551)三月,占据梁朝都城建康的侯景,率兵西进,攻打湘东王萧绎。于是萧绎向西魏求援,并许诺将汉中之地割让给西魏。然而萧梁的梁、秦二州刺史萧循却认为,无故输城,非忠臣之节,因而拒绝割地。十月,西魏太师宇文泰以接收汉中为理由,遣大将军王雄出子午谷,攻上津(在今湖北省郧西县境)、魏兴(治今陕西省安康市境);遣大将军达奚武率兵3万,出散关(在今陕西省宝鸡市境),夺取汉中。西魏废帝元年(552)正月,王雄攻克上津、魏兴。达奚武则出散关,"经略汉川,梁将杨贤以武兴降,梁深以白马降,武分兵守其城。梁梁州刺史、宜丰侯萧循固守南郑,武围之数旬,循乃请服,武为解围。会梁武陵王萧纪遣其将杨乾运等将兵万余人救循,循于是更据城不出。恐援军之至,表里受敌,乃简精骑三千,逆击乾运于白马,大破之。乾运退走。武乃陈蜀军俘级于城下。循知援军被破,乃降,率所部男女三万口入朝"[1]。剑阁以北,遂归西魏。

当西魏大将军达奚武于废帝元年(552)四月占领梁州时,梁朝的武陵王萧纪也在成都称帝。八月,萧纪率主力东征湘东王萧绎,留萧㧑守成都,以杨乾运为梁州刺史,镇守潼州(治今四川省绵阳),以此防备西魏的进攻。然而萧㧑守备成都的军队尚不满万人,"仓库空竭,军无所资"[2],而镇守潼州的杨乾运则与西魏暗相交通,准备投降。在这种情况下,西魏太师宇文泰知蜀可图,遂与群公会议。诸将多有异同,唯尉迟迥认为,萧纪"尽锐东下,蜀必空虚,王师临之,必有征无战"。宇文泰深以为然,"谓迥曰:'伐蜀之事,一以委汝,计将安出?'迥曰:'蜀与中国隔绝百有余年,恃其山川险阻,不虞我师之至。宜以精甲锐骑,星夜袭之。平路则倍道兼行,险途则缓兵渐进,出其不意,冲其腹心。蜀人既骇官军之临速,必望风不守矣。'于是乃令迥督开府元珍、乙弗

---

[1] 《周书》卷19《达奚武传》。
[2] 《周书》卷42《萧㧑传》。

亚、侯吕陵始、叱奴兴、綦连雄、宇文昇等六军，甲士一万二千、骑万匹，伐蜀"①。

西魏废帝二年（553）三月，尉迟迥率军伐蜀。入散关，经故道，出白马，趋晋寿，开平林旧道，以侯吕陵始为前军，兵临剑阁。梁朝的剑阁守将杨略是杨乾运的侄子，早就准备降魏，见魏军至剑阁，遂退至安州（治今四川省剑阁），与杨乾运的女婿、安州刺史乐广举城投降。接着，杨乾运也以潼州降于西魏。六月，尉迟迥入潼州，大飨士卒，留叱罗兴守潼州，自率大军南下，直逼成都。萧纪任命的益州刺史萧㧑不敢出战，婴城自守，尉迟迥进兵围之。萧㧑走投无路，只得投降。西魏随即任命尉迟迥为大都督、益州刺史，自剑阁以南，得以承制封拜及黜陟。

图1—6 今剑阁翠云廊古道

尉迟迥伐蜀，几乎没有经过激烈的战斗便顺利占领成都。然而在西魏取代萧梁统治巴蜀地区的过程中，却引发了广泛的民变。就在尉迟迥离开潼州，前去攻打成都时，潼州就发生变乱。"时有五城郡氐酋赵雄杰等，煽动新、潼、始三州民反叛。聚集二万余人，在州南三里，隔涪水，据隗林山，置栅拒守。梓潼郡民邓朏、王令公等，招诱乡邑万余人，复在州南十里，涪水北，置栅以应之。同逼州城。"② 这次大规模的民变，不久即被叱罗兴击散。西魏废帝三年（554），宇文贵替代尉迟迥镇蜀，又有隆州人李光赐反于盐亭，与其党帛玉成攻金堂；原武陵王萧纪的大将谯淹等人则率兵进攻隆州（治今四川省阆中），州人李祏亦聚众反魏，开府张遁则举兵响应。宇文贵命叱奴兴率兵救隆州，遣成亚讨平李祏、张遁。由于"蜀人多劫盗，贵乃召任侠杰健者，署为游军二十四部，

---

① 《周书》卷21《尉迟迥传》。
② 《周书》卷11《叱罗兴传》。

令共督捕，由是颇息"①。

当此之时，不仅"蜀土初平，人情扰动"②，而且梁朝的信州刺史萧韶等人，"各据所部，未从朝化"③。萧纪大将谯淹则占据着南梁州（治今四川省阆中），与梁朝西江州刺史王开业互为表里，煽动群蛮，拒不接受西魏的统治。西魏废帝三年（554）三月，梁朝的信州刺史萧韶又夺取巴州。五月，直州人乐炽、洋州人田越、金州人黄国亦起兵作乱，西魏太师宇文泰遣田弘、贺若敦率军进讨。乐炽等人烧绝栈道，据守直谷，魏军受阻。宇文泰又遣李迁哲前往经略，遂平其乱。接着，李迁哲与贺若敦乘胜南下，徇地至巴州，"迁哲先至巴州，入其郭郭。梁巴州刺史牟安民惶惧，开门请降。安民子宗彻等犹据琵琶城，招谕不下，迁哲攻而克之，斩获九百余人。军次鹿城，城主遣使请降，迁哲谓其众曰：'纳降如受敌，吾观其使，视瞻犹高，得无诈也。'遂不许之。梁人果于道左设伏以邀迁哲。迁哲进击，破之，遂屠其城，获千余口。自此，巴濮之民降款相继"④。

西魏恭帝二年（555），益州刺史宇文贵遣谯淹从子谯子嗣前去诱降谯淹，许以大将军之职。"淹不从，斩子嗣。贵怒，攻之，淹自东遂宁徙屯垫江。"⑤恭帝三年（556），李迁哲、贺若敦率兵攻占信州（治今重庆市奉节县境），宇文泰命李迁哲镇守白帝。谯淹、王开业等人"率众七千、口累三万，自垫江而下，就梁王琳。（贺若）敦邀击，破之。淹复依山立栅，南引蛮帅向白彪为援。敦设反间离其党与，因其懈怠复破之，斩淹，尽俘其众"⑥。至此，梁朝在巴蜀地区的残余势力才被完全肃清。

七、北周王谦之乱

西魏恭帝三年（556），宇文泰病死，世子宇文觉继任太师、柱国、大冢宰。557年，宇文觉废西魏恭帝，自立为天王，改国号为周，史称"北周"。宇文觉

---

① 《周书》卷19《宇文贵传》。
② 《周书》卷11《冯迁传》。
③ 《周书》卷27《田弘传》。
④ 《周书》卷44《李迁哲传》。
⑤ 《资治通鉴》卷166，敬帝绍泰元年十二月。
⑥ 《周书》卷28《贺若敦传》。

在位不足1年，即被其从兄宇文护杀，由宇文泰的长子宇文毓继位。宇文毓在位4年，又被宇文护毒弑，临死之际，传位其弟宇文邕，是为北周武帝。在北周武帝统治期间，诛杀宇文护，灭北齐，统一北方，又夺得陈朝长江以北之地，国势强盛。578年，北周武帝去世，太子宇文赟继位，是为宣帝。立皇后杨氏，又以后父杨坚为上柱国、大司马。

大象二年（580），北周宣帝宇文赟去世，其子宇文衍继位，年仅8岁，不能亲理政事，于是小御正刘昉、领内史郑译矫诏引外戚杨坚入主朝政。杨坚辅政之后，为了控制地方军政大权，以韦孝宽为相州总管，前往邺城，取代尉迟迥；以梁睿为益州总管，前往成都，取代王谦。杨坚的这种做法，导致部分地方军政长官的反叛。六月，相州总管尉迟迥首先发难，举兵邺城。旬日之间，众至10万。梁睿行至汉中，益州总管王谦也以匡复为辞，起兵巴蜀，拒不受代。接着，郧州总管司马消难亦起兵响应。关东、巴蜀、淮南三个地区，相继反叛。他们南联陈朝，北通突厥，又和京师的北周五王相呼应，给杨坚造成极大威胁。

益州总管王谦起兵之后，杨坚立即任命梁睿为行军元帅。但这时杨坚正集中力量对付关东的尉迟迥，无暇西顾，因此梁睿无力进讨，只能据守汉中，屏障京师。这种态势导致沙州氐帅杨永安对形势作出错误估计，于是煽动利、兴、武、文、沙、龙等六州的氐羌发动叛乱。王谦利用这个有利时机，挥师北上。首先攻占始州（治今四川省剑阁），屯重兵于剑阁，扼蜀之险。接着，又派大将达奚惎、高阿那肱、乙弗虔等人，率兵10万，进攻利州（治今四川省广元）。这时的利州守军不足2000人，势单力薄，可是利州总管豆卢勣却拼死抵抗，"昼夜相拒。经四旬，势渐迫，勣于是出奇兵击之，斩数千级，降二千人。梁睿军且至，贼因而解去"①。利州的顽强防守，挫败了王谦的北进计划，从而使杨坚各个击破的战略决策得以顺利实施。八月，尉迟迥兵败自杀，司马消难也败逃到江南的陈朝，关东和淮南的叛乱，相继平定。东征大军，开始向汉中方向集结。十月，梁睿率领步骑20万，进讨王谦。其主力由汉中南下，达奚长儒则以偏师西讨沙州氐帅杨永安。与此同时，信州总管王长述亦率兵溯长江而上，以长孙炽为前军，配合梁睿作战。

---

① 《隋书》卷39《豆卢勣传》。

梁睿率领的主力，由汉中出发，行至通谷镇（在今陕西省宁强县境），击溃王谦守将李三王，擒斩4000余人。军次龙门（在今四川省广元市境），又为王谦守将赵俨、秦会所阻。龙门位于利州绵谷县东北八十二里，地形极为险要，号称"天险龙门道"①。赵俨、秦会以10万之众，连营三十里，守此天险，如果正面进攻，部队难以展开，自然是万夫莫向。因此，梁睿采取迂回穿插的战术，"令将士衔枚出自间道，四面奋击"②，使敌首尾不顾，以分其势。然后命先锋张威凿山开路，自西岭攻其背。诸将分道夹击，经过一番苦战，终于击败赵俨、秦会之兵。龙门天险的失守，使得蜀人惊恐万状，闻风丧胆。王谦的剑阁守将和平林守将相继投降。此时，王谦又派达奚惎率大军来争利州。由于剑阁、平林失守，达奚惎只得分兵防守开远。梁睿则兵分四路，大举进攻。一路直趋剑阁，据蜀之险；一路南下巴西，截断达奚惎的退路。此时，溯江而上的王长述军已攻占楚、合等五州，于是梁睿派大将军赵达率水军沿嘉陵江而下，接应王长述；梁睿亲率主力攻击达奚惎，大破其众，达奚惎逃回成都。梁睿乘胜追击，直逼成都。此时，成都守军尚有数万人，王谦还想负隅顽抗，遂命达奚惎守城，亲率精兵5万出城迎战。然而守城的达奚惎见大势已去，遂举城投降。王谦落荒而逃，行至新都县，被县令王宝活捉，押回成都，梁睿斩之。十一月，达奚长儒击破沙州氐帅杨永安，最后平定利、兴、武、文、沙、龙等6州的氐羌叛乱。

王谦之乱平定后，梁睿被任命为益州总管。为了稳定巴蜀地区的局势，他做了大量工作，恩威并施，民夷悦服。然而梁睿本是北周重臣，并非杨坚心腹，他在西蜀的治理，引起杨坚的猜疑，梁睿深感不安，"遂大受金以自秽"③。在这种情况下，梁睿也就不可能有更多的作为了。

八、巴蜀长期动乱评述

自东晋穆帝永和三年（347）桓温灭成·汉政权，至北周大象二年（580）梁睿平定益州总管王谦之乱，在230多年的时间里，巴蜀地区反对暴政的起义，

---

① 陆游：《再过龙洞阁》，《剑南诗稿》卷3。
② 《隋书》卷37《梁睿传》。
③ 《隋书》卷37《梁睿传》。

割据巴蜀的叛乱，卷入王朝内部的混战，南、北政权对该地区的争夺，此起彼伏，连绵不断，由此对蜀人形成"乐祸贪乱"的看法，并逐渐演变为对巴蜀地区政治形势的一种基本估计。然而，东晋南北朝时期巴蜀地区长期动乱的主要原因，并不是蜀人"乐祸贪乱"，而是统治巴蜀地区的南、北政权，在政治上排斥巴蜀人士，在经济上进行掠夺，从而使得巴蜀地区的民众普遍仇视统治集团，而统治巴蜀地区的各个王朝，因内部争权夺利而不断爆发的战乱，以及南、北政权对该地区的争夺，又为巴蜀民众以暴力方式改善自己的生存环境提供了机遇，从而导致巴蜀地区的政局长期动荡不安。

东晋南北朝对巴蜀人士的排斥，与这个时期用人制度有着密切的关系。东晋南北朝用人，最重门阀，世代簪缨的衣冠世族，拥有政治特权，经过州郡中正的品第，即可入仕为官，而先世"既无高官，又无俊秀"[①]的寒门之士，大多只能做郡县掾属，少数人即使被举荐而任官，也不过是外方小郡的"寒官"[②]而已，至于得不到中正品第的庶士，通常只能担任郡县佐史，并依靠长官的提拔才有获得仕进的可能。衣冠世族入仕之后，仕途坦荡，而寒门庶士除了以军功升至高位之外，罕有显达的机会，所谓"高门华阀，有世及之荣；庶姓寒人，无寸进之路"，正是当时的实际情况。在巴蜀地区，经过成·汉政权的统治，东汉时期形成的世族大姓，已经荡然无存，而以六郡流民中的大姓、氐羌酋帅和僚人首领为主的新兴豪族大姓，虽然有财有势，但是却没有世袭之资，因此在"门选"盛行的东晋南北朝，基本上被排斥在统治集团之外。《南史》卷55《罗研传》就说："蜀土以文达者，唯（罗）研与同郡李膺。"而罗研与李膺的官职，不过是益州别驾而已，仅为州刺史的僚佐。不仅如此，由于豪族大姓势力强大，统治巴蜀地区的各个王朝，基本上对其采取压抑和打击的政策，希望通过削弱地方势力以巩固对梁、益二州的控制。例如东晋梁州刺史司马勋，"为政酷暴，治中、别驾及州之豪右，言语忤意，即于坐枭斩之，或亲射杀之"[③]。由此导致巴蜀地区的豪族大姓对统治集团极端不满，一有机会，便聚众叛乱。其中东晋时期割据巴蜀长达8年之久的谯纵，以及在这次反叛中首倡其乱的侯晖，都是

---

① 《北史》卷26《宋弁传》。
② 《南史》卷23《王琨传》。
③ 《资治通鉴》卷101，哀帝兴宁三年十月。

巴西郡的大姓，在谯纵之乱被东晋平定后，又有巴西、梓潼"二郡强宗侯励、罗奥聚众作乱，四面云集，遂至万人"①；刘宋时期，广汉郡的豪强帛氏奴、梁显被益州刺史刘道济辟引为参军督护，然而长史费谦却"固执不与"②，最终导致帛氏奴与赵广起兵反叛；萧梁时期，"彼土民望，严、蒲、何、杨，非唯一族，虽率居山谷，而豪右甚多，文学风流，亦为不少，但以去州既远，不获仕进，至于州纲，无由厕迹，是以郁怏，多生异图"③，因此，当北魏邢峦率兵进攻梁州时，当地的豪族大姓或降附北魏，或割据自立，其中属于严氏家族的严玄思，还自立为巴州太守；而北魏益州刺史元法僧，"素无治干，加以贪虐，杀戮自任，威怒无恒。王、贾诸姓，州内人士，法僧皆召为卒伍，无所假纵，于是合境皆反"④。西魏在夺取巴蜀地区时，也曾遭遇到巴蜀豪族的普遍反对，只是在平定叛乱的过程中，对巴蜀土豪采取招抚措施，授予开府、仪同等官职，从而在一定程度上缓和了与巴蜀地方势力的关系。北周基本上沿袭西魏的政策，对归顺的巴蜀豪强进行招抚，因此，在北周时期，巴蜀地区豪族大姓的反叛，主要是直接遭受北周政权打击和歧视的氐人酋帅和蛮僚首领。东晋南北朝时期，巴蜀地区豪族大姓因政治上受到歧视而多次起兵反叛，是巴蜀地区长期动乱的一个重要原因。

东晋南北朝时期，巴蜀地区被视为"土境丰富"⑤、"民物殷阜"⑥的地方，因此南、北政权都力图控制该地区，以便掠夺财富，用以增强自己的实力。所谓"益州殷阜，军国所资"⑦，就是当时南、北政权占据巴蜀地区的主要目的，北魏邢峦甚至说："益州殷实，户余十万，比寿春、义阳，三倍非匹，可乘可利。"⑧ 在这种思想的指导下，不仅官府加重对民众的榨取，以至农业生产水平甚低的僚人也要交纳"租赕"⑨，而且梁、益二州的主要军政长官，亦乘机进行

---

① 《宋书》卷63《沈演之传》。
② 《宋书》卷45《刘道济传》。
③ 《资治通鉴》卷146，梁武帝天监四年十一月。
④ 《魏书》卷16《元法僧传》。
⑤ 《宋书》卷81《刘秀之传》。
⑥ 《宋书》卷92《陆徽传》。
⑦ 《周书》卷39《辛昂传》。
⑧ 《魏书》卷65《邢峦传》。
⑨ 《南齐书》卷26《陈显达传》。

搜刮，中饱私囊。《宋书》卷81《刘秀之传》就说："梁、益二州土境丰富，前后刺史，莫不营聚蓄，多者致万金。所携宾僚，并京邑贫士，出为郡县，皆以苟得自资。"在南齐统治期间，"益州刺史刘悛、梁州刺史阴智伯，并赃货巨万"①。萧梁统治下的巴蜀地区，仍然是"牧守无良，专行劫剥，官由财进，狱以贿成，士民思化，十室而九"②，其中益州刺史邓元起，更是"崇于聚敛，财货山集，金玉珍帛为一室，名为内藏；绮縠锦罽为一室，号曰外府"③。而北朝治理巴蜀地区的官员，其掠夺民财，亦不逊于南朝的贪官。如北魏的梁、秦二州刺史邢峦，"初至汉中，从容风雅，接豪民以礼，抚细民以惠。岁余之后，颇因百姓去就，诛灭齐民，藉为奴婢者二百余口，兼商贩聚敛，清论鄙之"④；北魏梁州刺史傅竖眼之子傅敬绍，"险暴不仁，聚货耽色，甚为民害，远近怨望焉"，而傅敬绍的兄弟傅敬和在被任命为益州刺史后，"至州，聚敛无已，好酒嗜色，远近失望"⑤。甚至平定王谦之乱的北周益州总管梁睿也"大受金贿"⑥。官府的压榨和地方官员的掠夺，迫使巴蜀民众不断以武力进行反抗。梁武帝中大通五年（533），江阳人齐苟儿起兵反叛，益州刺史萧猷对蜀人罗研说："卿蜀人，乐祸贪乱，一至于此。"罗研回答道："蜀中积弊，实非一朝。百家为村，不过数家有食，穷迫之人，什有八九，束缚之使，旬有二三。贪乱乐祸，无足多怪。若令家畜五母之鸡、一母之豕，床上有百钱布被，甑中有数升麦饭，虽苏、张巧说于前，韩、白按剑于后，将不能使一夫为盗，况贪乱乎。"⑦罗研的这番分析，一针见血地道出了所谓蜀人"乐祸贪乱"背后的经济原因。

自东晋权臣桓温灭成·汉政权之后，巴蜀地区曾经长期处于东晋、刘宋、南齐、萧梁等南方诸政权的统治之下。由于巴蜀地区毗邻北方诸政权控制的关中地区，因而控制巴蜀地区的南方诸政权，都在梁、益二州部署较多的军队，用以防范北方政权对该地区的入侵。然而巴蜀地区远离南方诸政权的政治中心建康，而且主要的交通是长江水路，途程遥远，一旦梁、益二州发生动乱，很

---

① 《梁书》卷14《江淹传》。
② 《魏书》卷71《李苗传》。
③ 《南史》卷51《萧藻传》。
④ 《魏书》卷65《邢峦传》。
⑤ 《魏书》卷70《傅竖眼传》。
⑥ 《隋书》卷37《梁睿传》。
⑦ 《南史》卷55《罗研传》。

难及时救援。加之巴蜀地区形势险要,易守难攻,因而在握有军权的梁、益二州刺史中,具有政治野心的人,往往利用朝廷对巴蜀地区控制较弱的态势,起兵作乱。南齐益州刺史刘季连在起兵反叛时就说:"据天险之地,握此盛兵,进可以匡社稷,退不失做刘备,欲以此安归乎?"① 刘季连起兵作乱的动机,应当是大多数卷入王朝内乱的梁、益二州主要军政长官的想法。甚至北周的益州总管王谦在起兵反对执掌朝政的杨坚时,其想法也是"以地有江山之险,进可以立功,退可以自守"②。由于东晋南北朝时期,统治巴蜀地区的各个王朝都曾发生内乱,其中南方各王朝的内乱尤为频繁,许多梁、益二州的军政长官,正是怀着进可以立功、退可以割据自立的动机,不断卷入王朝内乱,这也是巴蜀地区不断发生战乱的重要原因。至于前秦、北魏、西魏和北周为夺占巴蜀地区而发动的战争,更是直接导致巴蜀地区政局的剧烈震荡。

  概而言之,东晋南北朝时期,巴蜀地区政局的长期动荡,主要有内、外两个方面的原因。其中外部原因是天下分裂,南、北对峙,而巴蜀地区又是南、北政权争夺的重要地区之一,南、北政权多次在该地区用兵,从而导致战乱频繁;内部原因主要是东晋和刘宋、南齐、萧梁等南方政权对该地区实行殖民统治,在政治上排斥和压制地方势力,在经济上实行掠夺政策,从而使得巴蜀民众对外来统治集团极端仇视,不断以武力进行反抗。加之东晋和刘宋、南齐、萧梁政权并不稳定,多次爆发内战,镇守巴蜀的地方军政长官,出于多种原因,不断卷入王朝内部争夺权力的混战,从而使巴蜀地区内乱不息。因此,将这个时期巴蜀地区的长期动乱简单地归咎于蜀人"乐祸贪乱"是不恰当的。

---

① 《南史》卷13《刘季连传》。
② 《周书》卷21《王谦传》。

第二章 隋、唐王朝对巴蜀地区的统治

581年，杨坚篡夺北周政权，建立隋朝。589年，隋文帝杨坚发兵消灭以建康为都城的陈朝，最终结束了自西晋末年以来将近3个世纪的动乱与分裂，使中国重新归于统一。隋文帝曾努力地将隋王朝建成强有力的中央集权国家，然而在他的儿子杨广继承帝位之后，为了征服朝鲜半岛北部的高丽国，数次发动劳民伤财却又徒劳无功的战争，致使国力丧失殆尽，并引发国内大规模叛乱，隋王朝也由此分崩离析。在隋末群雄逐鹿的纷争中，建立唐朝的李渊取得最后胜利，荡平群雄，重新统一全国。唐朝289年的统治，经历了从兴盛到衰亡的变化。当唐王朝的统治最终崩溃后，中国再次进入分裂割据时代，即五代十国时期。

隋唐时期，以今四川盆地为中心的巴蜀东部地区，始终处于中央政权的统治之下。由于隋、唐王朝均实行中央集权，而巴蜀地区历史上曾多次出现割据政权，东晋南北朝时期，又不断爆发大规模的叛乱，因此隋、唐王朝一直注意加强对巴蜀地区的控制。然而巴蜀地区的豪族大姓，始终是一股强大的地方势力，加之巴蜀地区为多民族杂居之地，民族关系极为复杂，地方势力又与少数民族有着千丝万缕的联系，由此导致地方势力与中央政权复杂多样的关系。而这种多样的关系又直接影响着这个时期的巴蜀政治格局。当唐王朝对巴蜀地区的统治瓦解后，在巴蜀土豪的支持下，许州人王建又在巴蜀地区建立起新的割据政权，这就是五代十国时期的前蜀政权。

第一节　杨秀镇蜀

581年，杨坚强迫北周恭帝禅位，从而建立起隋朝。为了统一全国，隋文帝杨坚借鉴西晋平定东吴的历史经验，利用巴蜀地区占据长江上游的有利位置，将该地区作为征讨长江中下游地区陈朝的重要作战基地。开皇五年（585），上柱国杨素因数次献平陈之计，被隋文帝任命为信州总管。"素居永安，造大舰，名曰五牙，上起楼五层，高百余尺，左右前后置六拍竿，并高五十尺，容战士八百人，旗帜加于上。次曰黄龙，置兵百人。自余平乘、舴艋等各有差"①，由此逐步建立起伐陈的水军。开皇八年（588）十月，隋文帝决定大举伐陈，"命晋王广、秦王俊、清河公杨素并为行军元帅，以伐陈。于是晋王

图2-1　隋文帝像

广出六合，秦王俊出襄阳，清河公杨素出信州，荆州刺史刘仁恩出江陵，宜阳公王世积出蕲春，新义公韩擒虎出庐江，襄邑公贺若弼出吴州，落丛公燕荣出东海，合总管九十，兵五十一万八千，皆受晋王节度。东接沧海，西拒巴、蜀，旌旗舟楫，横亘数千里"②。其中由信州沿长江东下的杨素，"引舟师趣三峡。军至流头滩，陈将戚欣，以青龙百余艘、屯兵数千人守狼尾滩，以遏军路。其地险峭，诸将患之。素曰：'胜负大计，在此一举。若昼日下船，彼则见我，滩流迅急，制不由人，则吾失其便。'乃以夜掩之。素亲率黄龙数千艘，衔枚而下，遣开府王长袭引步卒从南岸击欣别栅，令大将军刘仁恩率甲骑趣白沙北岸，

---

① 《隋书》卷48《杨素传》。
② 《隋书》卷2《高祖纪下》。

迟明而至,击之,欣败走。悉虏其众,劳而遣之,秋毫不犯,陈人大悦。素率水军东下,舟舻被江,旌甲曜日。素坐平乘大船,容貌雄伟,陈人望而惧曰:'清河公即江神也。'陈南康内史吕仲肃屯岐亭,正据江峡,于北岸凿岩,缀铁锁三条,横截上流,以遏战船。素与仁恩登陆俱发,先攻其栅。仲肃军夜溃,素除去其锁。仲肃复据荆门之延洲。素遣巴蜑卒千人,乘五牙四艘,以柏樯碎贼十余舰,遂大破之,俘甲士二千余人。仲肃仅以身免。陈主遣其信州刺史顾觉,镇安蜀城,荆州刺史陈纪镇公安,皆惧而退走。巴陵以东,无敢守者。湘州刺史、岳阳王陈叔慎遣使请降。"① 接着,杨素继续率兵顺流而下,与秦王杨俊会师于汉口(今湖北省武汉)。与此同时,晋王杨广统领的主力部队,则在陈朝都城建康附近成功渡过长江,进逼建康。开皇九年(589)正月,隋军攻入建康,陈后主被俘,陈朝覆灭。在平定陈朝的战争中,巴蜀军队不仅平定荆湘地区,而且牵制了较多的陈军,使得隋军主力能够较为顺利地攻克陈朝都城建康,完成全国统一的大业。

  隋文帝不仅充分利用巴蜀地区的有利地理位置,完成统一全国的大业,同时也非常注意加强对巴蜀地区的控制。早在北周益州总管王谦之乱尚未完全平定的时候,他就以"巴蜀险阻,人好为乱"② 为理由,下令毁剑阁道,另开平路,以便去蜀之险。梁睿平定王谦之乱以后,他又因梁睿威震西川,声望逾重,担心形成尾大不掉之势,于是在利州、潼州、汶州(治今四川省茂县)、信州等地设置总管府,以掣其肘。开皇元年(581),隋文帝终于将梁睿调离益州,征还京师,闲居家中。接着,他又派遣于宣敏以抚慰巴蜀为名,前去了解该地区的政治形势。同年九月,于宣敏返回京师,奏称:"蜀土沃饶,人物殷阜,西通邛僰,南属荆巫。周德之衰,兹土遂成戎首。炎政失御,此物便为祸先。"基于这种认识,他建议,要防止巴蜀地区发生政治动乱,应当树建藩屏,封植子孙。"若使利建合宜,封树得所,巨猾息其非望,奸臣杜其邪谋。盛业洪基,同天地之长久;英声茂实,齐日月之照临。"③ 于宣敏对巴蜀地区政治形势的分析,符合隋文帝"巴蜀阻险,人好为乱"的看法,因此他采纳了于宣敏的建议,以第

---

① 《隋书》卷48《杨素传》。
② 《隋书》卷1《高祖纪上》。
③ 《隋书》卷39《于宣敏传》。

四子杨秀出任益州刺史、总管，改封蜀王，掌管西南24州诸军事。

蜀王杨秀在开皇元年（581）出任益州刺史后，于开皇二年（582）又担任新设置的西南道行台尚书省尚书令。开皇十二年（592），隋文帝一度将蜀王杨秀调回京师，但是时间很短，寻复出镇于蜀。此后，直到隋文帝仁寿二年（602），杨秀始终镇守在成都。隋文帝时期，蜀王杨秀前后镇蜀长达20余年。

杨秀容貌瑰伟，美须髯，是一个英俊的男子，但是性好奢侈，才识亦在中人以下，只因是亲王，故得以专制方面。杨秀镇蜀之初，隋文帝以其年少，管束甚严，"纲纪所选，咸属正人"①。杨异为人刚直，"拜益州总管长史，赐钱二十万、缣三百匹、马五十匹而遣之"②。设置西南道行台尚书省的时候，更是"盛选贞良有重望者为之僚佐"③。兵部尚书元岩以骨鲠知名，才能亦不亚于宰相高颎，由此拜为益州总管府长史。杨异则被任命为西南道行台兵部尚书。元岩临行之时，隋文帝还对他说："公宰相大器，今屈辅我儿，如曹参相齐之意也。"④杨坚择人以辅其子，可谓用尽心机。元岩到官之后，亦不辜负隋文帝的重托，法令明肃，管束甚严。"蜀王性好奢侈，尝欲取僚口以为阉人，又欲生剖死囚，取胆为药。岩皆不奉教，排阁切谏，王辄谢而止。惮岩为人，每循法度。蜀中狱讼，岩所裁断，莫不悦服。"⑤在元岩的严格管束下，蜀王杨秀每事必咨而后行，不敢违犯法纪。开皇十三年（593），元岩卒于成都，"益州父老莫不殒涕，于今思之"⑥。而杨异担任西南道行台兵部尚书的时间也不长，"数载，复为宗正少卿。未几，擢拜刑部尚书。岁余，出除吴州总管"⑦。几年之后亦去世。

元岩死后，继任的蜀王僚佐皆不称职，杨秀有如解开了捆绑的绳索，"竟行其志，渐至非法。造浑天仪、司南车、记里鼓，凡所被服，拟于天子。又共妃出猎，以弹弹人，多捕山僚，以充宦者，僚佐无能谏止"⑧。杨秀的胡作非为，

---

① 《隋书》卷56《令狐熙传》。
② 《隋书》卷46《杨异传》。
③ 《资治通鉴》卷175，宣帝太建十四年正月。
④ 《隋书》卷62《元岩传》。
⑤ 《隋书》卷62《元岩传》。
⑥ 《隋书》卷62《元岩传》。
⑦ 《隋书》卷46《杨异传》。
⑧ 《隋书》卷62《元岩传》。

第二章 隋、唐王朝对巴蜀地区的统治

使得隋文帝大起猜疑之心，经常对独孤皇后说："秀必以恶终，我在当无虑，至兄弟必反。"①为了防患于未然，隋文帝逐渐削弱蜀王杨秀的兵权。同时，凡在西南地区的军事行动，均由朝廷直接派遣将领指挥，不让杨秀染指。因此，在杨秀镇守巴蜀地区的后期，只是在名义上总管西南地区诸军事，实际上已经被架空。

隋文帝开皇二十年（600），太子杨勇被废，晋王杨广被立为太子。杨秀对此颇为不平，杨广担心杨秀"终为后患，阴令杨素求其罪而谮之"②。杨秀因此获罪。仁寿二年（602），隋文帝下诏，将杨秀征还京师。杨秀犹豫未发，朝廷恐其生变，以独孤楷为益州刺史，赶赴成都，勒兵为备。杨秀果然有异志，行至兴乐，"去益州四十余里，将反袭楷，密令左右觇其所为，知楷不可犯而止"③。一场动乱，就此消弭于无形之中。杨秀返回京师后，被废为庶人，幽禁于内侍省。接着，隋文帝又派司农卿赵仲卿前往益州进行清洗，"穷按秀事。秀之宾客经过之处，仲卿必深文致法，州县长吏坐者太半"④。因牵连到杨秀一案而受到贬斥的地方官员，多达百余人。隋文帝对赵仲卿的这种做法非常满意，"赏奴婢五十口，黄金二百两，米粟五千石，奇宝杂物称是"⑤，以资奖励。

在隋朝对巴蜀地区的36年统治期间，最重要的政治举措就是派遣蜀王杨秀镇守成都。然而派遣亲王镇守巴蜀地区的做法，并非始于隋代，早在南北朝时期的南齐高帝建元二年（480），裴叔业就上疏说："成都沃野，四塞为固，古称一人守隘，万夫赵趄。雍、齐乱于汉世，谯、李寇于晋代，成败之迹，事载前史。顷世以来，绥驭乖术，地惟形势，居之者异姓，国实武用，镇之者无兵，致寇掠充斥，赋税不断。宜遣帝子之尊，临抚巴蜀，总益、梁、南秦为三州刺史。率文武万人，先启岷汉，分遣郡戍，皆配精力，搜荡山源，纠虔奸蠹。威令既行，民夷必服。"⑥裴叔业的奏议为南齐武帝所采纳，永明二年（484），以始兴王萧鉴为益州刺史。自此以后，南齐和萧梁均曾多次派遣亲王镇守梁、益

---

① 《隋书》卷45《庶人秀传》。
② 《资治通鉴》卷179，文帝仁寿二年七月。
③ 《隋书》卷55《独孤楷传》。
④ 《资治通鉴》卷179，文帝仁寿二年十二月。
⑤ 《隋书》卷74《赵仲卿传》。
⑥ 《南齐书》卷40《裴叔业传》。

二州，其中最为著名的便是梁武帝时期出任益州刺史长达17年的武陵王萧纪。北周占有巴蜀地区之后，仍然沿袭南朝的做法，任命谯王宇文俭为益州总管，汉王宇文赞为益州刺史，并以柳带韦为益州总管府长史，"领益州别驾，辅弼二王，总知军民事"①。由此可知，隋文帝采纳于宣敏的建议而以蜀王杨秀镇守成都，不过是沿袭南北朝时期的做法而已。然而亲王长期镇蜀，虽然有助于皇权控制地势险要的巴蜀地区，减少异姓割据的可能性，但是据有形胜之地的亲王同样会产生政治野心，觊觎帝位，并由此引发动乱。南北朝时期镇守成都的武陵王萧纪就是利用侯景之乱，为争夺皇位而起兵征讨湘东王萧绎，而萧绎则勾引西魏入侵巴蜀地区，以此牵制武陵王萧纪，由此造成巴蜀地区的政治大动乱。隋文帝时期镇守巴蜀地区的蜀王杨秀，亦介入皇位之争，并阴谋作乱，只是由于新任益州刺史独孤楷预有准备，才没有酿成大乱。同时，从总体上来看，隋文帝派遣杨秀镇蜀，对巴蜀地区政局的稳定，并没有起到太大的作用。相反，在元岩死后，蜀王杨秀的所作所为，还在一定程度上造成巴蜀地区的不稳定。因此，隋文帝最终决定将杨秀征还京师，并对蜀王杨秀的党羽进行清洗，实际上消除了可能造成巴蜀地区政治动乱的最大隐患。

在隋文帝末年，巴蜀地区因清查蜀王杨秀的党羽，多数州县长官均遭清洗。隋炀帝杨广继位之后，又"颇惜名位，群臣当进职者，多令兼假而已；虽有阙员，留而不补"②。大业元年（605），隋炀帝又废诸州总管府，地方军权，统归中央。因此，在隋炀帝统治时期，巴蜀各地的郡县长官，位卑权小，又无兵权，难以有所作为。同时，隋炀帝的暴政对巴蜀地区影响不大，社会相对稳定，因此在隋末的大动乱中，巴蜀地区既没有形成割据政权，也没有爆发大规模的战争，是当时全国最安定的地方。流寓之民，往往入蜀避乱。而巴蜀地区的郡县长官则勾结地方豪强和少数民族的上层人物，保境自守，坐观时局的变化。

第二节 巴蜀归唐

隋炀帝大业十三年（617）六月，隋朝太原留守李渊起兵晋阳（今山西省太

---

① 《周书》卷22《柳带韦传》。
② 《资治通鉴》卷180，炀帝大业二年六月。

第二章 隋、唐王朝对巴蜀地区的统治

原)。随即挥师南下,夺取关中。同年十一月,李渊率兵攻克长安,立隋炀帝的孙子杨侑为傀儡皇帝。

当李渊攻占长安的时候,毗邻关中的巴蜀地区,西北有割据陇西的薛举,东面是占据荆湖的萧铣,山南诸郡则不断遭到朱粲部队的剽掠。为了防止这些割据势力侵占巴蜀地区,进而威胁关中的安全,同时也为了抢夺富庶的巴蜀地区,增强自己的实力,李渊迅速作出底定巴蜀的决策。正在此时,汉中的李袭誉归附李渊,使得由长安经汉中进入巴蜀的道路得以畅通,于是李渊遣书发使,招谕巴蜀。然而巴蜀各地的郡县长官和地方豪强仍持观望态度,不予理会。而薛举和萧铣又虎视眈眈,有鲸吞巴蜀之志。在此关键时刻,李渊决定采取军事行动,迫使巴蜀地区就范。大业十三年(617)十二月,李渊任命李孝恭为山南招慰大使,经略巴蜀。李孝恭由关中南下,首先击溃在山南地区进行剽掠的朱粲部队。接着,"自金川出巴蜀,檄书所至,降附者三十余州"①。李渊利用这一有利形势,再次派云阳县令詹俊、武功县正李仲衮出使巴蜀,招抚尚未归顺的郡县。在强大的军事压力下,巴蜀各地的郡县长官、豪族大姓、氐羌酋帅,纷纷表示归顺,"竞遣子弟献款,络绎而至,所司报答,日有百余,梁、益之间宴如也"②。巴蜀地区就此以和平的方式,纳入李唐王朝的版图。

大业十四年(618)三月,隋炀帝在江都(今江苏省扬州)被弑。五月,李渊废除傀儡皇帝杨侑,称帝于长安,定国号为唐,改元武德。这时的李唐王朝,只占有关中、巴蜀和河东的南部地区。为了巩固后方,唐高祖李渊十分重视对巴蜀地区的控制。武德元年(618),置益州总管府,以外戚窦琎为总管。"时蜀中尚多寇贼,琎屡讨平之。"③ 武德二年(619),又以"益部新开,刑政未洽,长吏横恣,赃污狼籍",命御史大夫皇甫无逸持节巡抚,承制除授,专制方面。皇甫无逸"宣扬朝化,法令严肃,蜀中甚赖之"④。武德三年(620),置益州道行台尚书省,加秦王李世民为行台尚书令,以窦琎为行台仆射,具体主持军政事务。不久,窦琎与皇甫无逸产生矛盾,窦琎暗中唆使邪佞之徒诬告皇甫无逸与割据荆湖地区的萧铣暗相交通,而皇甫无逸则检举窦琎怨望,并贿赂朝廷派

---

① 《资治通鉴》卷184,恭帝义宁元年十二月。
② 温大雅:《大唐创业起居注》卷3。
③ 《旧唐书》卷61《窦琎传》。
④ 《旧唐书》卷62《皇甫无逸传》。

来的使者,结果窦琎被撤职,皇甫无逸也被调离益州,改由窦琎的堂兄弟窦轨担任益州道行台左仆射,并授予便宜从事之权。窦轨前后镇蜀6年,"时蜀土寇往往聚结,悉讨平之"①,又西击党项、吐谷浑,巩固了唐朝在西蜀的统治。然而窦轨性格残暴,"其部众无贵贱长少,不恭命即立斩之。每日吏士多被鞭挞,流血满庭,见者莫不重足股栗。轨初入蜀,将其甥以为心腹,尝夜出,呼之不以时至,怒而斩之。每诫家僮不得外出。尝遣奴就官厨取浆而悔之,谓奴曰:'我诫使汝,要当斩汝头以明法耳!'遣其部将收奴斩之。其奴称冤,监刑者犹豫未决,轨怒,俱斩之。行台郎中赵弘安,知名士也,轨动辄榜箠,岁至数百。后征入朝,赐坐御榻,轨容仪不肃,又坐而对诏,高祖大怒,因谓曰:'公之入蜀,车骑、骠骑从者二十人,为公所斩略尽,我陇种车骑,未足给公。'诏下狱,俄而释之,还镇益州"②。唐高祖就

图2-2 唐高祖像

是以窦轨这样凶悍的武将,镇守西蜀,足见其对西蜀的戒心。与此同时,为了扼制长江航线,对付割据荆湖的萧铣,武德元年(618),置信州总管府,以李瑗为总管,封庐江王。武德二年(619),改由李孝恭为信州总管,承制拜假,专制方面。武德三年(620),改信州为夔州,封李孝恭为赵郡王,依旧镇守夔州。唐高祖就是以益州道行台尚书省和夔州总管府这两个军事机构为支柱,控制着巴蜀地区。

唐高祖一方面委派亲贵重臣担任巴蜀地区的主要军政长官,并对该地区实行军事管制,另一方面又利用巴蜀丰富的人力、物力资源,支持其统一全国的战争。在平定薛举、萧铣等割据势力的战争中,巴蜀地区发挥了重要作用。

隋炀帝末年,陇西群盗蜂起,金城府校尉薛举,利用金城县令派他讨捕盗贼的机会,起兵反叛,数日之间,尽占陇右之地,众至13万。大业十三年(617)七月,薛举自称秦帝,遣太子薛仁杲攻占天水,以为新都。接着,兵分

---

① 《旧唐书》卷61《窦轨传》。
② 《旧唐书》卷61《窦轨传》。

两路，向东进犯：太子薛仁杲进攻关中，企图夺取长安，结果在扶风郡（治今陕西省凤翔）为隋朝扶风太守窦琎所拒，未能继续前进；晋王薛仁越率兵数万，经汉阳郡（治今甘肃省成县境）进攻剑阁，图谋抢占巴蜀地区，行至河池郡（治今甘肃省徽县境），被隋朝河池太守萧瑀击退，亦未得逞。同年十一月，李渊抢先攻占长安，窦琎、萧瑀相继降附李渊，于是李渊派其次子李世民救援遭到薛举军队围攻的扶风太守窦琎，大破薛仁杲，追至陇坻而还。十二月，巴蜀归附李渊。为了对付当时直接威胁关中地区的薛举，李渊随即命令蜀军从侧翼西讨薛举，捣其腹心。在蜀军的攻击下，武都、临洮（治今甘肃省临潭）等五郡相继归降。唐高祖武德元年（619），薛举被迫放弃都城天水，悬军东进，深入关中，以求一逞。同年八月，薛举卒，太子薛仁杲继立，亦不敢回天水，只好留在泾州折墌城（治今甘肃省泾川县境），进退失据，一战被擒。在征讨薛举、薛仁杲父子的战争中，虽然蜀军没有参与正面作战，但是对薛氏后方的进攻，使得孤军深入关中的薛家军"粮馈不属，将士稍离，其内史令翟长孙以其众来降，仁杲妹夫伪左仆射钟俱仇以河池归国"①，实力大为削弱，从而有力地支持了正面作战的秦王李世民。当唐军在浅水原打败薛仁杲的军队后，既无粮草又无退处的薛仁杲只好投降，陇西之地也就因此而纳入了李唐王朝的版图。

隋末，梁宣帝的后裔萧铣起兵巴陵（今湖南省岳阳），自称梁王，遣将掠地。仅半年时间，"西至三峡，南交趾，北距汉水，皆附属，胜兵四十余万"②，从而成为巴蜀地区东面的最大割据势力。为了防止萧铣西犯巴蜀，唐高祖于武德元年（618）在信州设置总管府，以从父兄子李瑗为总管。武德二年（619）初，隋朝夷陵丞许绍，率领黔安（治今重庆市彭水）、武陵（治今湖南省常德）、澧阳（治今湖南省澧县）等郡降唐。李渊任命许绍为峡州刺史，与信州互为表里，扼制长江航线。同年八月，"萧铣遣其将杨道生寇峡州，刺史许绍击破之。铣又遣其将陈普环帅舟师上峡，规取巴、蜀。绍遣其子智仁及录事参军李弘节等追至西陵，大破之，擒普环"③。武德三年（620）二月，开州蛮冉肇则攻占通州（治今四川省达州），并以开、通二州归附萧铣，于是萧铣派东平王萧阇提

---

① 《旧唐书》卷55《薛仁杲传》。
② 《新唐书》卷87《萧铣传》。
③ 《资治通鉴》卷187，高祖武德二年八月。

率兵助之。接着，冉肇则又率兵进犯夔州，打败总管李孝恭。在此紧要关头，唐高祖派来协助李孝恭经略夔州的李靖，"率兵八百，袭破其营。后又要险设伏，临阵斩肇则，俘获五千余人"①。李孝恭乘胜追击，收复通、开二州，斩萧阇提。同年十二月，许绍攻拔萧铣派兵戍守的荆门镇（在今湖北省荆门市境）。武德四年（621）正月，黔州刺史田世康又攻占萧铣五州、四镇。唐军在三峡地区，逐渐占据优势，于是李靖建议发兵消灭萧铣，唐高祖从之。同年二月，唐高祖令李孝恭大造舟舰，教习水战，准备征讨萧铣。同时任命李靖为行军总管，"兼摄孝恭行军长史。高祖以孝恭未更戎旅，三军之任，一以委靖"②。然而此时关东战事正急，益州道行台左仆射窦轨率领巴蜀军队奔赴洛阳前线，随同秦王李世民对付王世充。五月，窦建德、王世充相继被消灭。七月，窦轨率部返回蜀中。经过短暂的休整，巴蜀军队便投入征讨萧铣的战争，"其年八月，集兵于夔州"③。九月，"诏发巴蜀兵，以赵郡王孝恭为荆湘道行军总管，李靖摄行军长史，统十二总管，自夔州顺流东下；以庐江王瑗为荆郢道行军元帅，出襄州道；黔州刺史田世康出辰州道；黄州总管周法明出夏口道。以击萧铣"④。四路兵马中，李孝恭和李靖率领的巴蜀军队是征讨萧铣的主力部队。此时，正值江水泛涨，三峡路险，萧铣认为唐军不会在这个时候出动，因而休兵为农，疏于防范。李孝恭抓住这一有利战机，率战舰2000余艘，冒险顺长江东下，攻克荆门、宜都，打败萧铣的骁将文士弘。接着，李靖率轻兵5000为前锋，直逼江陵，入据外郭，拔其水城，萧铣惧而投降。荆湘、岭南，相继平定。在平定萧铣的战争中，巴蜀军队起到了决定性的作用。

第三节　唐代前期的巴蜀政治

唐高祖武德七年（624），辅公祏、高开道相继败亡，除了依附于突厥的梁师都以外，隋末形成的割据势力，相继被唐朝消灭，全国基本统一。唐高祖以

---

①　《旧唐书》卷67《李靖传》。
②　《旧唐书》卷67《李靖传》。
③　《旧唐书》卷67《李靖传》。
④　《资治通鉴》卷189，高祖武德四年九月。

第二章 隋、唐王朝对巴蜀地区的统治

天下大定,宣布大赦,并颁行新律令。然而在平定天下中战功卓著的秦王李世民,却与太子李建成矛盾重重,最终演变为你死我活的权力斗争。武德九年(626)六月四日,秦王李世民发动政变,杀死太子李建成、齐王李元吉,史称"玄武门之变"。这场争夺储位的政变,立即在巴蜀地区引起反响。益州道行台左仆射窦轨,素与行台尚书韦云起不和。"行台仆射窦轨多行杀戮,又妄奏僚反,冀得集兵,因此作威,肆其凶暴,云起多执不从。云起又营私产,交通生僚,以规其利,轨亦对众言之,由是构隙,情相猜贰。"① 而韦云起的弟弟韦庆俭、堂弟韦庆嗣及其亲族,皆为太子李建成所用。窦轨则是秦王李世民的舅舅,支持李世民。玄武门之变发生后,诏下益州,通报情况。窦轨乘机诬陷韦云起与李建成同反,执而杀之。同样与窦轨相处不和的行台尚书郭行方,得知韦云起被杀,大惧,逃奔京师,窦轨遣人追斩不及,郭行方才得以生还。同年八月,唐高祖将皇位传给李世民,这就是历史上著名的唐太宗。

唐太宗李世民即位之后,大规模的国内战争基本结束,对巴蜀地区的军事管制也随之逐步取消。原设在嘉陵江以东的总管府,在改称都督府之后,相继裁撤,行政权力,归于州、县长官。位于嘉陵江以西的剑南道,因地处边陲,西抗吐蕃,南抚蛮僚,因而在裁撤益州道行台尚书省之后,改设益州大都督府,掌管军政事务,但是不再任用窦轨那样的武将专制剑南,而是改用文臣出任益州大都督府长史。唐太宗贞观元年(627),窦轨被调离巴蜀地区,由文臣高士廉担任益州大都督府长史。高士廉入蜀之后,提倡孝道,厘革陋习;于都江堰外,别更疏决,发展农业生产;又因暇日汲引辞人,以为文会,兼命儒生讲论经史,勉励后进,蜀中学校粲然复兴。蜀人朱桃椎,澹泊为事,隐居不仕,披裘带索,沉浮人间。窦轨镇守益州时,闻其名而招之,遗以衣物,逼为乡正。然而朱桃椎却一言不发,弃衣于地,逃入山中,结庵涧溪。高士廉入蜀以后,以礼致之。"近代以来,多轻隐逸,士廉独加褒礼,

图2—3 唐太宗像

---

① 《旧唐书》卷75《韦云起传》。

蜀中以为美谈"①。贞观五年（631），以高士廉为吏部尚书，改由民部尚书皇甫无逸出任益州大都督府长史。此后的继任者，或为六部尚书，或为宗室贵戚，或由州刺史中遴选，极少任用行武出身的武将。唐太宗任用文臣治理巴蜀地区，结束了唐高祖对巴蜀地区的军事管制，也使得唐朝对巴蜀地区的统治，由此进入官僚政治时代。

唐代的官僚政治是建立在高度集权的基础上，不仅中央的权力高度集中，地方权力也同样集中在个人手中。自唐太宗以后，益州大都督府的都督职务，均由亲王遥领，大都督府长史实际上掌握了整个剑南地区的军政大权。州、县的权力，则集中在刺史、县令手中。权力的过度集中，必然导致滥用权力。只是在唐太宗时期，朝政尚属清明，中央对地方官员的管理也较为严格，滥用权力的事件还比较少，巴蜀地区的多数地方官员也能廉洁自律。如皇甫无逸在出任益州大都督府长史后，谨小慎微，"闭门自守，不通宾客，左右不得出门。凡所货易，皆往他州。每按部，樵采不犯于人。尝夜宿人家，遇灯炷尽，主人将续之，无逸抽佩刀断衣带以为炷，其廉介如此。然过为审慎，所上表奏，惧有误失，必读之数十遍，仍令官属再三披省。使者就路，又追而更审，每遣一使，辄连日不得上道"②。在这样的文官治理下，巴蜀地区的政局，尚属安定。虽然在唐太宗时期，巴蜀地区也曾发生僚人的反叛，但是从总体上看，并未造成政局的动荡。

649年，一代英主唐太宗去世，太子李治继位，是为唐高宗。由于唐高宗是一位懦弱无能的皇帝，在其统治期间，皇后武曌逐渐掌握政权。"上每视事，则后垂帘于后，政无大小，皆与闻之。天下大权，悉归中宫，黜陟杀生，决于其口，天子拱手而已，中外谓之二圣。"③而皇后武曌最信任的两名宰相李义府和许敬宗，皆有贪污腐化的劣迹。其中李义府"贪冒无厌，与母、妻及诸子、女婿卖官鬻狱，其门如市"④；许敬宗为贪图财货，"嫁女与蛮酋冯盎之子，多纳金宝"⑤，在编修国史时，又收受贿赂，任意篡改史实。朝廷重臣对权力的滥

---

① 《旧唐书》卷65《高士廉传》。
② 《旧唐书》卷62《皇甫无逸传》。
③ 《资治通鉴》卷201，高宗麟德元年十二月。
④ 《旧唐书》卷82《李义府传》。
⑤ 《旧唐书》卷82《许敬宗传》。

第二章 隋、唐王朝对巴蜀地区的统治

用，使得唐太宗时期相对清明的官僚政治逐渐变得混浊起来。唐高宗死后，武曌又自立为皇帝，改国号为周，这就是中国历史上唯一的女皇武则天。为了巩固自己的统治，武则天重用酷吏打击政治对手，鼓励平民检举官员，并对官僚集团的构成进行改造，由此导致官僚政治发生重大变化。"咸亨、垂拱之后，淳风渐替。征赋将急，调役颇繁，选吏举人，涉于浮滥。省阁台寺，罕有公直，苟贪禄秩，以度岁时。中外因循，纪纲弛紊，且无惩革，弊乃滋深。为官既不择人，非亲即贿；为法又不按罪，作孽宁逃。贪残放手者

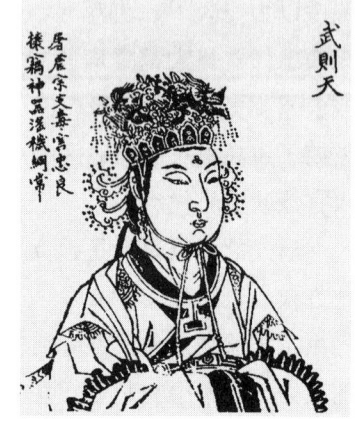

图2—4　武则天像

相仍，清白洁己者斯绝。盖由赏罚不举，生杀莫行。更以水旱时乖，边隅未谧，日损一日，征敛不休，大东小东，杼轴为怨，就更割剥，何以克堪。昔闻当官，以留椟还珠为上。今之从职，以充车联驷为能。或交结富豪，抑弃贫弱；或矜假典正，树立腹心。邑屋之间，囊箧俱委，或地有椿干梓漆，或家有畜产资财，即被暗通，并从夺取。若有固吝，即因事以绳，粗杖大枷，动倾性命，怀冤抱痛，无所告陈。比差御史，委令巡察，或有贵要所嘱，未能不避权豪；或有亲故在官，又罕绝于颜面。载驰原隰，徒烦出使之名；安问狐狸，未见埋车之节。扬清激浊，泾、渭不分；嫉恶好善，萧、兰莫别。官守既其若此，下人岂以聊生。"①

巴蜀地区自唐高宗将宰相长孙无忌流放到黔州（治今重庆市彭水）安置之后，便成为政治流放地，相当多的地方官职都是由受到贬斥的官员担任。这些官员中，不少是由于为政残暴，或因贪赃枉法而被贬到巴蜀地区做官。在当时整个官僚集团急剧腐败的情况下，这些有着各种劣迹的地方官员，或继续为政残暴，或继续贪赃枉法，罕有改过自新者，由此使得巴蜀地区的吏治极为败坏，以致武则天都不得不承认，蜀中"氓俗殷杂，久缺良守，弊于浸渔，政以贿成，人无措足"②。尽管如此，武周政权并没有采取任何理性的措施来改善吏治。因

---

① 《旧唐书》卷100《毕构传》。
② 《旧唐书》卷89《姚璹传》。

此，益州大都督府长史李崇真，敢于诈称吐蕃企图入寇松州（治今四川省松潘），转饷以备之，从中大肆贪污。梓州司法参军杨炯，"为政残酷，人吏动不如意，辄榜杀之"①。对于掠卖人口的梓州通泉县尉郭元振，武则天还大加赏识，予以重用。

在官僚政治严重败坏的情况下，也有个别地方官员企图进行整饬。武周神功元年（697），纳言姚璹坐事，左迁益州大都督府长史。"蜀中官吏多贪暴，璹屡有发摘，奸无所容。"然而受到惩罚的，多半是低级官吏，惩罚的手段，则是滥施暴力。"时新都丞朱待辟坐赃至死，逮捕系狱。待辟素善沙门理中，阴结诸不逞，因待辟以杀璹为名，拟据巴蜀为乱。人密表告之者，制令璹按其狱。璹深持之，事涉疑似引而诛死者，仅以千数。则天又令洛州长史宋元爽、御史中丞霍献可等重加详覆，亦无所发明。逮系狱数百人，不胜酷毒，迭相附会，以就反状。因此籍没者复五十余家，其余称知反配流者亦十八九，道路冤之。"②姚璹扩大打击面的做法，受害者多为无辜之人，而对于真正残害百姓的官吏，姚璹也束手无策。武周圣历元年（698），蜀人陈子昂在《上蜀川安危事》中就指出："蜀中诸州百姓所以逃亡者，实缘官吏贪暴，不奉国法，典吏游容，因此侵渔。剥夺既深，人不堪命，百姓失业，因即逃亡。凶险之徒，聚为劫贼。今国家若不清官人，虽杀获贼，终无益。"③ 正是由于官僚政治的严重败坏，武周时期，巴蜀成为全国人口脱籍逃亡最严重的地区，经济停滞，社会动荡，各种矛盾十分尖锐。

705年，张柬之等人发动政变，推翻武周政权，迎奉唐中宗复位。然而中宗庸弱无能，大权落入武则天的侄子武三思手中。707年，中宗的太子李重俊起兵攻杀武三思，中宗为其妻韦后、其女安乐公主挟持，发兵杀死太子李重俊。710年，韦后和安乐公主又毒弑中宗，韦后临朝称制。中宗的弟弟李旦之子李隆基与其姑母太平公主联合，率禁军攻杀韦后和安乐公主，立李旦为皇帝，是为睿宗。接着，李隆基又与太平公主产生矛盾。712年，睿宗李旦传位于太子李隆基，这就是著名的唐玄宗。713年，唐玄宗李隆基率领禁军杀死依附太平

---

① 《旧唐书》卷190上《杨炯传》。
② 《旧唐书》卷89《姚璹传》。
③ 《陈子昂集》卷8。

公主的宰相窦怀贞等人,太平公主也被赐死。至此,武周末年以来频繁发生的宫廷政变,基本结束,唐王朝进入一个新的相对稳定时期。

巴蜀地区吏治的好转,始自睿宗时期。景云二年(711),毕构出任益州大都督府长史,兼充剑南道按察使,"在蜀中尤革旧弊,政号清严"。他的做法,得到睿宗的大力支持,"卿孤洁独行,有古人之风。自临蜀川,弊化顿易。览卿前后执奏,何异破柱求奸。诸使之中,在卿为最。并能尽节似卿如此,百郡何忧乎不理,万人何虑乎不

图 2-5 唐玄宗像

安。卿当益坚,勿为后顾。朕嘉卿直道,今赐袍带并衣一副"。其后,毕构因在蜀中政绩突出,升任户部尚书,不久又转任吏部尚书。在毕构先后担任中央政府的户部尚书、吏部尚书期间,一直"遥领益州大都督府长史"①,从而使他能够继续整饬巴蜀地区的吏治。玄宗即位之后,励精图治,对于前代弊政,大加厘革。巴蜀地区,素以吏治败坏著称,因此多以重臣入主其事。开元元年(713),以中书侍郎、同平章事陆象先为益州大都督府长史,兼剑南道按察使。鉴于蜀中官吏多贪暴,陆象先以身作则,尽量不滥用权力,"在官务以宽仁为政"。司马韦抱真要他"稍行杖罚,以立威名,不然恐下人怠堕无所惧也"。陆象先回答说:"为政者,理则可矣,何必严刑树威,损人益己,恐非仁恕之道。"② 开元四年(720),玄宗又以礼部尚书苏颋知益州大都督府长史事。苏颋以蜀中经济凋敝,人口流亡,非常注意减轻人民的负担。他尽量减轻力役,又罢织新样锦。为了不增加赋税,他招募成人,给予工值,使其开盐井,冶炼铁,以其收入解决地方财政和军费的支出③。除了以清廉正直的大臣主持川事以外,玄宗还采取一系列措施,加强对都督、刺史等中级地方官员的管理,惩治贪官,罢废酷吏,任命京官出任地方官员,选拔政绩突出的都督、刺史为京官,逐步解决地方官员整体素质不高的问题。由于国家政权加强了总体上的控制,苟娆

---

① 《旧唐书》卷 100《毕构传》。
② 《旧唐书》卷 88《陆象先传》。
③ 《旧唐书》卷 88《苏颋传》。

之风渐革，巴蜀地区的政治又开始变得清明起来。在唐玄宗开元年间，巴蜀地区的政局一直较为安定，没有发生明显影响社会稳定的重大事件。

玄宗晚年，数次从巴蜀地区征调军队讨伐占有今云南地区的南诏政权，结果均以失败告终，伤亡惨重，由此引起巴蜀民众的强烈不满。当范阳节度使安禄山起兵反唐时，巴蜀民众对朝廷的不满便演变为蜀军的兵变，由此拉开了巴蜀地区再次陷入社会动荡的序幕，整个巴蜀地区的政治形势也因此进入一个新的发展演变时期。

自李渊建立唐朝至玄宗末年爆发安史之乱期间，即唐代前期，高度集权的唐王朝与巴蜀地方势力之间，始终存在着矛盾与斗争。在唐代前期，依然实行东晋南北朝在巴蜀地区的用人政策，即不任用巴蜀人士在巴蜀地区做官。新、旧唐书为之立传的巴蜀人士共有 17 人，其中唐代前期的 10 人之中，只有益州成都人袁天纲在高祖武德元年（618）被"蜀道使詹俊赤牒授火井令"[①]。从当时的政治形势看，这显然是李唐王朝招抚隋朝官员的权宜之计。当唐朝在巴蜀地区的统治巩固后，原则上就不再让巴蜀人士在其原籍所在地任职。因此，唐代前期的巴蜀地方官员，基本上是外籍人士。不仅如此，由于在东晋南北朝时期，巴蜀人士在政治上长期遭受歧视，被排斥在统治集团之外，因而逐渐形成不乐仕进的风气。《隋书》卷 29《地理志》就说，巴蜀地区的人，"多溺于逸乐，少从宦之士，或耆年白首，不离乡邑"。唐代前期，基本上还是如此。玄宗天宝年间，阆州新政县的豪右鲜于仲通就说："仲通蜀人，未尝游上国。"[②] 重乡土，耽逸乐，缺乏政治抱负，这就使得唐代前期的巴蜀地区没有产生雄才大略的政治家。有唐一代，共有 369 名宰相，除 7 人籍贯无考之外，其余 362 人的籍贯皆可大致确定。在出过宰相的 13 道中，剑南道为 1 人，是人数最少的一道；而山南西道和黔中道，终唐世都没有出过一名宰相[③]。由此可知，剑南三川是唐代产生宰相最少的地区。因此，巴蜀人士在整个官僚集团中的地位和影响，也是微不足道的。

虽然巴蜀人士在唐代的官僚集团中没有什么地位和影响，但是巴蜀地区却

---

① 《旧唐书》卷 191《袁天纲传》。
② 《资治通鉴》卷 215，玄宗天宝四载八月。
③ 华林甫：《论唐代宰相的地理分布》，《史学月刊》1995 年第 3 期。

有一股强大的豪族势力。早在汉晋时期，巴蜀的豪族大姓就已经成为强大的地方势力，《华阳国志》就有许多这方面的记载。成·汉政权割据巴蜀时期，旧有的大姓衰落了，但是新的强宗大族却又相继登上历史舞台。在东晋南北朝的长期动乱中，巴蜀地区的豪族势力得到进一步发展。入隋以后，他们依然是"规固山泽，以财物雄使夷僚，故轻为奸藏，权倾州县"①。隋唐之际，巴蜀地区既没有爆发大规模的战乱，也没有形成割据政权，豪族大姓与隋朝的郡县长官相互勾结，保境自守，坐观时局的变化。在李渊的军事压力下，巴蜀各地的豪族相继归附李唐王朝。对于这些归顺的豪族，唐王朝主要是采取笼络政策，以便反侧自消。高祖武德四年（621），夔州总管李孝恭就"召巴蜀首领子弟，量才授用，致之左右，外示引擢，而实以为质"②。因此，巴蜀各地的豪族，并没有因为王朝的更迭而遭受打击。例如梓州射洪县的陈氏，自刘宋以来，"世为豪族"③。爰及唐代，依然是巴蜀地区著名的豪族，号称"西南大豪"④。正是由于巴蜀地区豪族势力强大，所以唐人封演说："蜀汉风俗，县官初临，豪家必先馈饷，令丞以下，皆与平交。"⑤ 有些势力强大的豪族，甚至州县长官都感到惧怕。

豪族大姓代表地方势力，也是封建王朝权力组织以外的政治势力。对于高度集权的专制王朝家来说，这股政治势力削弱了权力的集中，影响了国家权力对各方面的严格控制，因而专制王朝总是要控制、削弱地方势力。唐代前期，对于巴蜀地区的豪族，基本上是采取压抑和打击的政策。例如尹思贞任隆州参军时，"晋安县有豪族蒲氏，纵横不法，前后官吏莫能制。州司令思贞推按，发其奸赃万计，竟论杀之。远近称庆，刻石以纪其事"⑥。号称西南大豪的梓州射洪县人陈元敬，亦为县令段简所辱，其子陈子昂得知这一消息，"遽返乡里。简乃因事收系狱中，忧愤而卒"⑦。而汉州雒县令崔立则擅自杖杀本县豪族陈氏，籍没其家财。巴蜀地方官员对豪族的打击，不少是属于滥用权力，但是削弱地

---

① 《隋书》卷29《地理志》。
② 《旧唐书》卷60《河间王孝恭传》。
③ 卢藏用：《陈子昂别传》，《全唐文》卷238。
④ 《陈子昂集》卷6《我府君有周文林郎陈公墓志铭》。
⑤ 封演：《除蠹》，《封氏闻见记》卷9。
⑥ 《旧唐书》卷100《尹思贞传》。
⑦ 《旧唐书》卷190中《陈子昂传》。

方势力，符合专制王朝的政治利益，因而总是得到朝廷的支持，许多官员还因此得到升迁。

第四节 唐代后期的巴蜀政治

一、藩镇跋扈

唐玄宗天宝十四年（755），范阳节度使安禄山起兵反唐。在安禄山死后，其部将史思明继续领导叛军与唐廷为敌，因而通常把这场叛乱称之为"安史之乱"。延续8年之久的安史之乱，没有直接波及巴蜀地区，但是在其影响下，巴蜀地区不断发生各种变乱，而吐蕃和南诏也利用唐朝发生内乱的机会，多次对唐朝控制的剑南地区发动大规模进攻。在内忧外患纷至沓来的情况下，唐王朝只得依靠军事力量维持对巴蜀地区的控制。然而这种做法却导致藩镇的跋扈，并由此产生一系列的叛乱事件。巴蜀政局，由唐代前期的相对安定，逐渐变得动荡不安。

玄宗天宝十四年（755）安史之乱爆发后，宰相杨国忠因为兼领剑南节度使的职务，乃"布置腹心于梁、益间，以图自全之计"①。剑南节度留后崔圆，得知杨国忠有行幸之计以后，"乃增修城池，建置馆宇，储备什器"②，以备朝廷应急时使用。天宝十五年（756）六月九日，唐朝大将哥舒翰兵败潼关（在今陕西省潼关县境），安禄山的军队直逼长安。十日，杨国忠首倡幸蜀之策，为玄宗所接受。十二日凌晨，玄宗仓皇逃出长安。十三日，行至马嵬驿（在今陕西省兴平县境），从驾军士哗变，杀死杨国忠，玄宗宠爱的杨贵妃也被缢杀。太子李亨乘乱与玄宗分道扬镳，逃到灵武（在今宁夏灵武县境），自立为帝，是为唐肃宗，奉玄宗为太上皇。玄宗则经陈仓（今陕西省宝鸡），过散关，取道斜谷路入蜀，七月抵达成都，史称"玄宗幸蜀"。随同玄宗到达成都的扈从官吏军士，共计1300人，另有宫女24人。

---

① 《旧唐书》卷106《杨国忠传》。
② 《旧唐书》卷108《崔圆传》。

第二章　隋、唐王朝对巴蜀地区的统治

图 2—6　唐人李昭道绘《明皇幸蜀图》

肃宗至德二年（757），郭子仪率领唐军收复长安，玄宗随即离开成都，同年十二月回到京师。玄宗逃亡到成都以躲避安史之乱，共计 18 个月。

玄宗天宝年间，数次从剑南道抽调军队前去征讨南诏政权，结果屡遭挫败，伤亡惨重，蜀军早就心怀不满。玄宗逃到成都之后，"中官及禁军人相继到蜀，多所侵暴，号为难理"①，于是部分蜀军相继发动兵变。肃宗至德二年（757）正月，"剑南兵贾秀等五千人谋反，将军席元庆、临邛太守柳奕讨诛之"②。同年七月，驻扎在成都的蜀兵，在郭千仞等人的率领下，再次发动兵变。玄宗登玄英楼招谕，不从。于是六军兵马使陈玄礼、剑南节度使李峘，率兵进讨。和政公主的丈夫柳潭，亦"率折冲张义童等殊死斗，主彀弓授潭，潭手斩贼五十级，平之"③。这两次兵变虽然很快就被镇压下去，但是分别掌管剑南东、西两川军队的兵马使却先后发动更大规模的叛乱。

① 《册府元龟》卷 719《幕府部·清廉》。
② 《资治通鉴》卷 219，肃宗至德二载正月。
③ 《新唐书》卷 83《和政公主传》。

肃宗上元二年（761）四月，剑南东川节度兵马使段子璋起兵反叛。段子璋素以骁勇著称，因扈从玄宗入蜀有功，被授予剑南东川节度兵马使的职务。但是剑南东川节度使李奂却奏请以他人担任剑南东川节度兵马使，这就使得段子璋大为愤恨，于是举兵攻击李奂，"道过遂州，刺史虢王巨苍黄修属郡礼迎之，子璋杀之。李奂战败，奔成都。子璋自称梁王，改元黄龙，以绵州为龙安府，置百官，又陷剑州"①。同年五月，剑南西川节度使崔光远率部攻克绵州（治今四川省绵阳），擒斩段子璋。在平定段子璋的叛乱中，剑南西川牙将花惊定纵容将士，大肆剽劫，"妇女有金银臂钏，兵士皆断其腕以取之，乱杀数千人，光远不能禁"②。由于西川军队滥杀无辜，肃宗以崔光远不能戢军，遣监军按其罪。十月，崔光远恚恨而死，唐廷随即任命兵部侍郎严武为剑南西川节度使。

图 2—7 唐肃宗像

严武是中书侍郎严挺之的儿子，出身名门，颇自矜大，禀性严酷，为人骄暴，蜀中诸将不欲受其节制。宝应元年（762）四月，肃宗去世，长子李豫继位，是为唐代宗。七月，剑南西川兵马使徐知道发动叛乱，派兵扼守剑阁，阻止严武入蜀。彭州刺史高适采取分化瓦解的办法，使得参加叛乱的李忠厚重新归顺唐廷。八月二十三日，李忠厚率领邛南之兵攻杀徐知道，从而结束了这场叛乱。为了安抚蜀中诸将，代宗改任高适为剑南西川节度使。

高适是文人，"喜言王霸大略，务功名，尚气节。逢时多乱，以安危为己任，然言过其术"③。面对吐蕃、南诏的大规模进攻，志大才疏的高适只能侈谈"宣扬皇化，镇抚蕃蛮"④。因此，当吐蕃攻陷陇右，进逼长安的时候，代宗命他出兵进攻吐蕃南境以牵制之，结果师出无功。代宗广德元年（763）十二月，

---

① 《资治通鉴》卷 222，肃宗上元二年四月。
② 《旧唐书》卷 111《崔光远传》。
③ 《旧唐书》卷 111《高适传》。
④ 高适：《谢上剑南节度使表》，《全唐文》卷 357。

第二章 隋、唐王朝对巴蜀地区的统治

吐蕃攻占松、维（治今四川省理县境）、保（治今四川省理县境）三州，高适又不能救，终于被免去剑南西川节度使职务，并被调离巴蜀地区。同年，史朝义为部将李怀仙所杀，安史之乱被平定。然而安史之乱的平定，并没有使巴蜀地区的动乱停息下来。

高适丢失松、维、保等州所在的西山地区后，吐蕃对成都构成了直接威胁。为了抵御吐蕃入侵，代宗广德二年（764），合剑南东、西两川为一道，以严武为剑南节度使。严武入蜀之后，立即率兵反击，大破吐蕃于西山，攻拔当狗、盐川二城，遏制了吐蕃在西山地区的攻势。然而严武极为骄横跋扈，"在蜀累年，肆志逞欲，恣行猛政。梓州刺史章彝初为武判官，及是小不副意，赴成都杖杀之，由此威震一方。蜀土颇饶珍产，武穷极奢靡，赏赐无度，或由一言赏至百万。蜀方间里以征敛殆至匮竭，然蕃虏亦不敢犯境"①。代宗永泰元年（765）四月，严武暴卒于成都。诸将在向朝廷推举新任节度使的人选上，发生严重分歧。都知兵马使郭英干提议以自己的哥哥郭英乂为节度使，西山都知兵马使崔旰却与军众共请大将王崇俊为节度使。朝廷不欲蜀中诸将坐大，决定以郭英乂为剑南节度使。

郭英乂是陇右节度使郭知运之子，自幼习知武艺。肃宗时期，以将门之子被重用，累官至尚书右仆射，封定襄王。朝廷派他镇守剑南，目的是控制巴蜀军队。但是郭英乂本为一介武夫，并无将帅之才，只因时事多故，遂至高位。入蜀之后，"肆行不轨，无所忌惮。玄宗幸蜀时旧宫，置为道士观，内有玄宗铸金真容及乘舆侍卫图画。先是，节度使每至，皆先拜而后视事。英乂以观地形胜，乃入居之，其真容图画，悉遭毁坏。见者无不愤怒，以军政苛刻，无敢发言。又颇恣狂荡，聚女子骑驴击毯，制钿驴鞍及诸服用，皆侈靡装饰，日费数万，以为笑乐。未尝问百姓间事，人颇怨之"②。同时，郭英乂还因崔旰曾与军众推举王崇俊为节度使，心怀不满，蓄意报复。抵达成都仅数日，就诬杀王崇俊。当时崔旰正在西山地区，郭英乂要他返回成都。崔旰见王崇俊被杀，大为惊恐，借口防备吐蕃，拒不回成都。于是郭英乂绝其馈饷以困之，随即借口讨伐吐蕃，亲率大军，进攻崔旰，结果大败而归。永泰元年（765）十月，崔旰自

---

① 《旧唐书》卷117《严武传》。
② 《旧唐书》卷117《郭英乂传》。

西山率领麾下5000余人偷袭成都，郭英乂出军拒战，其众皆叛，反攻英乂。郭英乂战败，逃奔简州（治今四川省简阳），普州刺史韩澄斩郭英乂，将其首级送交崔旰，并杀其妻子。郭英乂死后，山南西道观察使张献诚、邛州牙将柏茂琳、泸州牙将杨子琳、剑州牙将李昌巙，分别起兵讨伐崔旰，剑南大乱。

代宗大历元年（766）正月，唐廷任命宰相杜鸿渐为剑南三川副元帅，兼剑南西川节度使，入蜀平定崔旰之乱。杜鸿渐由长安行至骆谷（在今陕西省周至县境）时，谋士向他献策说："相公驻车阆州，遥制剑南，数移牒述英乂过失，言旰有方略。旰腹心摄诸州刺史者皆奏正之，令旰及将校不疑怨。然后与东川节度使张献诚及诸贼帅合议，数出兵攻旰。既数道连兵，未经一年，兵势减耗，旰穷，必束身归朝，此上策也。"① 然而杜鸿渐既无远图，又不谙军戎，故犹豫不决。崔旰则利用这个机会，大败张献诚于梓州（治今四川省三台），然后卑辞重贿，迎杜鸿渐至成都。杜鸿渐贪其利，遂入成都，不仅不追究崔旰反叛之罪，反而表奏朝廷，请求任命崔旰为剑南西川节度使。"时西戎寇边，关中多事，鸿渐孤军陷险，兵威不振。"② 在这种情况下，代宗不得已，只好任命崔旰为剑南西川行军司马，并赐名崔宁。同时，任命讨伐崔宁的邛州牙将柏茂琳为邛州刺史，泸州牙将杨子琳为泸州刺史，剑州牙将李昌巙为剑州刺史，令其各自罢兵，从而结束对崔宁的征讨。

大历二年（767）初，代宗召杜鸿渐还京，以崔宁为剑南西川节度使。四月，杜鸿渐带领崔宁入朝，以崔宁的弟弟崔宽为剑南西川节度留后，镇守成都。五月，泸州刺史杨子琳利用崔宁入朝的机会，率精骑数千，袭取成都，崔宽屡战不胜。七月，崔宁之妾任氏，出家财十万，招募勇士攻城，杨子琳弃城而逃。指挥收复成都的任氏就是著名的浣花夫人。

据宋人吴中复《冀国夫人任氏祠碑记》说，任氏出生于成都浣花溪畔，长大之后信奉佛教，"会崔宁节度西川，微服行民间，见女心悦之，赠其家纳为妾。宁妻死，遂以继室。累封至冀国"。前蜀王建封任氏为佑圣夫人，并"于浣花龙兴寺修（佑）圣夫人堂"③。入宋以后，又在草堂寺中立"冀国夫人祠"。

---

① 《旧唐书》卷117《崔宁传》。
② 《旧唐书》卷108《杜鸿渐传》。
③ 《益州名画录》卷上《房中真》。

第二章 隋、唐王朝对巴蜀地区的统治

明末毁于兵燹,清光绪十二年(1886)重建,有《重建唐冀国夫人任氏祠碑记》。"文革"期间,该祠被拆毁,今重建,称"浣花祠"。

杨子琳本为泸南贼帅,受唐廷招安,担任泸州牙将,因参加讨伐崔旰,升任泸州刺史。奔

图2—8 今浣花祠

袭成都失败后,杨子琳逃回泸州。由于担心崔旰进讨,遂招集亡命之徒数千人,"沿江东下,声言入朝。涪州守捉使王守仙伏兵黄草峡,子琳悉擒之,击守仙于忠州,守仙仅以身免。子琳遂杀夔州别驾张忠,据其城。荆州节度使卫伯玉欲结以为援,以夔州许之,为之请于朝。阳曲人刘昌裔说子琳遣使诣阙请罪,子琳从之"①。唐廷随即赦免杨子琳所犯罪行,并任命他为峡州团练使。

因攻杀郭英义而夺得剑南西川节度使职务的崔宁,卫州人,本名旰,"宁"是后来代宗赐予的名字,为儒家子,喜纵横之术。曾任徐州符离县令,在任职届满后,由于一直没有新的职任,遂客游剑南,"从军为步卒,事鲜于仲通。又随李宓讨云南,宓战败,旰归成都。行军司马崔论见旰,悦其状貌,又以其宗姓厚遇之,荐为衙将"。当严武在宝应元年(762)被任命为剑南西川节度使时,崔旰始受重用。"宝应初,蜀中乱,山贼拥绝县道,代宗忧之。严武荐旰为利州刺史,既至,山贼遁散,由是知名。严武为剑南节度,赴镇过利州,心欲辟旰为部将,以利非部属,旰难离去,俾旰筹之。旰曰:'节度使张献诚见忌,且又好利,诚能重赂之,旰可以从大夫矣。'武至剑南,遗献诚奇锦珍贝,价兼百金,献诚大悦。武乃遗献诚书求旰,献诚然之,令旰移疾去郡。旰乃之剑南,武奏为汉州刺史。久之,吐蕃与诸杂羌寇陷西山柘、静等州,诏严武收复。武

---

① 《资治通鉴》卷224,代宗大历四年二月。

遣旰统兵西山。旰善抚士卒,皆愿致死命。始次贼城,周围皆石砾,攻具无所设。唯东南隅环丈之地,壤土可穴,谍知之以告。旰昼夜穿地道攻之,再宿而拔其城。因拓地数百里,下城寨数四。番众相与曰:'崔旰,神兵也。'将更前进,以粮尽还师。武大悦,装七宝舆迎旰入成都。"①崔宁以一介文士,放弃文职仕途,投笔从戎,从普通士兵做起,通过自己的才干,逐步升至西山都知兵马使,并最终夺得剑南西川节度使职务。这样的经历,在唐代剑南三川节度使中,仅此一人。崔宁在担任剑南西川节度使之后,一方面厚敛财货,交通权贵,依附权相元载,以固其位;另一方面又重用诸将,托为腹心,以安反侧。故朝廷对他叛乱夺位之事,虽然始终耿耿于怀,而他却能镇守蜀中10余年,"地险兵强,肆侈穷欲,将吏妻妾,多为所淫污,朝廷患之而不能诘"②。相反,为了笼络崔宁,使其不至于反叛,唐廷还不断地给他加官晋爵,累加至尚书左仆射。

大历十四年(779)五月,代宗去世,长子李适即位,是为唐德宗。九月,崔宁入朝,随即与德宗新任命的宰相杨炎产生矛盾。十月,南诏与吐蕃合兵20万,大举入侵剑南地区,"连陷郡邑,士庶奔亡山谷。属宁在朝,军中无帅,德宗促宁还镇。炎惧宁怨己,入蜀难制,谓德宗曰:'蜀川天下奥壤,自宁擅置其中,朝廷失其外府十四年矣。今宁来朝,尚有全师守蜀,货利之厚,适中奉给,贡赋所入,与无地同。始宁与诸将等夷,独因叛乱得位,不敢自有,以恩柔煦育,威令不行。今虽归之,必无功,是徒遣也;若有功,义不可夺。则西川之奥,败固失之,胜亦非国家所有。陛下熟察。'帝曰:'卿策何从?'炎曰:'请无归宁。今朱泚所部范阳劲兵,戍在近甸,促令与禁兵杂往,举无不捷。因是役得置亲兵内其腹中,蜀将必不敢动。然后换授他帅,以收其权,得千里肥饶之地,是因小祸受大福也。'帝曰:'善',即止宁

图2-9 唐德宗像

---

① 《旧唐书》卷117《崔宁传》。
② 《旧唐书》卷117《崔宁传》。

不行"①。同时，德宗按照杨炎的谋划，发禁兵4000、范阳兵5000，驰援剑南三川，大破南诏、吐蕃联军。

崔宁被羁留在京师之后，德宗任命张延赏出任剑南西川节度使。张延赏是中书令张嘉贞之子，出自范阳大姓，历任中外要职。德宗任命他为剑南西川节度使，目的是扭转军人专权的局面。张延赏入蜀后，由于剑南西川"自天宝末杨国忠用事南蛮，三蜀疲惫，属车驾迁幸。其后，郭英乂淫崔宁之室，遂纵崔宁、杨（子）琳交乱。及崔宁得志，复极奢靡，故蜀土残弊，荡然无制度"②。面对这样的局面，张延赏薄赋约事，动遵法度，颇多厘革。然而他的这些做法却引起蜀中诸将的不满。德宗建中四年（783）十月，泾原兵变，乱兵占据长安，拥立朱泚为皇帝，围德宗于奉天城（在今陕西省乾县）。在这种形势下，剑南西川军队又发动叛乱，企图驱逐张延赏。同年十一月，剑南西山兵马使张朏率部袭取成都，张延赏弃城逃到汉州（治今四川省广汉）。张朏占领成都后，自以为大功告成，置酒酣歌，无所防备。张延赏乘机派鹿头关戍将叱干遂奔袭成都，斩杀张朏及其同党，这才使叛乱未能进一步扩大。德宗兴元元年（784）三月，由于前往奉天救驾的朔方节度使李怀光与朱泚暗中勾结，密谋叛乱，德宗在山南西道节度使严震派遣的军队护送下，由奉天经傥骆路南下，逃到汉中避难。"山南地薄民贫，自安史以来，盗贼攻剽，户口减耗太半，虽节制十五州，租赋不及中原数县。及大驾驻跸，粮用颇窘。上欲西幸成都，严震言于上曰：'山南地接京畿，李晟方图收复，藉六军以为声援。若幸西川，则晟未有收复之期也。'众议未决，会李晟表至，言：'陛下驻跸汉中，所以系亿兆之心，成灭贼之势。若规小舍大，迁都岷、峨，则士庶失望，虽有猛将谋臣，无所施也！'上乃止。严震百方以聚财赋，民不至困穷而供亿无乏。"③ 同时，剑南西川节度使张延赏也"贡奉供亿，颇竭忠力焉。驾在梁州，倚剑南蜀川为根本"④。同年五月，李晟率兵收复长安，七月，德宗返回京师，从而结束了在汉中的流亡生活。

德宗贞元元年（785），张延赏升任宰相，由韦皋出任剑南西川节度使。韦皋，字城武，京兆人。朱泚之乱，不受伪命，又诛杀朱泚旧将，因功迁大将军。

---

① 《旧唐书》卷117《崔宁传》。
② 《旧唐书》卷129《张延赏传》。
③ 《资治通鉴》卷230，德宗兴元元年三月。
④ 《旧唐书》卷129《张延赏传》。

韦皋在担任剑南西川节度使的21年中，南结南诏，西破吐蕃（详见第五章第四节），功绩卓著，时人比之为诸葛亮再生。然而，为了巩固自己的地位，韦皋亦在蜀中大肆进行搜刮，"重加赋敛，丰贡献以结主恩"①。同时，又厚待将士，"军士将吏婚嫁，则以熟彩衣给其夫，以银泥衣给其女氏，又各给钱一万；死葬称是，训练称是。内附者富赡之，远来者将迎之。极其聚敛，坐有余力，以故军府浸盛，而黎氓重困"②。韦皋的赫赫武功，是以"蜀土虚竭"③为代价的。不仅如此，韦皋还以骄横跋扈，独断专行而著称，"其从事累官稍崇者，则奏为属郡刺史，或又署在府幕，多不令还朝，盖不欲泄所为于阙下故也"④。韦皋不仅将剑南西川经营成独立王国，同时还觊觎剑南东川和山南西道两个节度使职务。永贞元年（805）正月，德宗去世，长子李诵继位，是为唐顺宗。由于顺宗疾病缠身，不能临朝听政，于是韦皋派支度副使刘辟前往京师，游说执掌朝政的王叔文，要求朝廷任命韦皋为剑南三川节度使，但是遭到王叔文的拒绝。八月，顺宗因病不能视事，传位于太子李纯，是为唐宪宗。同月，韦皋在成都暴卒。韦皋死后，刘辟步其后尘，企图兼有剑南三川，结果导致唐廷以武力打破韦皋苦心经营21年的独立王国。

刘辟，字太初。德宗贞元年间，进士擢第，韦皋辟为从事，累迁至御史中丞、支度副使。永贞元年（805）八月，韦皋去世，刘辟自立为剑南西川节度留后，并率领成都将校上表朝廷，请求正式任命他为节度使。"朝廷不许，除给事中，便令赴阙。辟不奉诏。时宪宗初即位，以无事息人为务，遂授辟检校工部尚书，充剑南西川节度使。辟益凶悖，出不臣之言，而求都统三川。与同幕卢文若相善，欲以文若为东川节度使，遂举兵围梓州。"⑤ 在这种情况下，宪宗决定以武力解决刘辟。于是令左神策行营节度使高崇文、山南西道节度使严砺、剑南东川节度使李康，率兵进讨。宪宗元和元年（806）正月，刘辟攻占梓州，活捉剑南东川节度使李康。二月，严砺攻拔剑州（治今四川省剑阁），斩刘辟任命的刺史文德昭，沿驿道南下，直指绵州。高崇文则由汉中至阆州（治今四川

---

① 《资治通鉴》卷236，顺宗永贞元年八月。
② 李肇：《韦太尉设教》，《唐国史补》卷中。
③ 《旧唐书》卷140《韦皋传》。
④ 《旧唐书》卷140《韦皋传》。
⑤ 《旧唐书》卷140《刘辟传》。

省阆中），进而攻击梓州。三月，高崇文收复梓州。刘辟闻之大惧，立即把俘获的前剑南东川节度使李康交给高崇文，以求自雪。高崇文以李康败军失守，斩之，同时拒绝刘辟的请求，继续向西进攻，占领玄武县（治今四川省中江），兵锋直指汉州鹿头山（在今四川省德阳市境）。鹿头山在成都以北一百五十里，扼东、西两川之要，刘辟筑城防守，旁连八屯。高崇文率部力战，八战皆捷，守军开始动摇。接着，河东大将阿跌光颜又率兵深入，断敌粮道，守军大骇，相继投降，"降卒投戈面缚者弥十数里。遂长驱而直指成都，德阳等县城皆镇以重兵，莫不望旗率服，师无留行。辟大惧，以亲兵及逆党卢文若赍重宝西走吐蕃。吐蕃素受其赂，且将启之。崇文遣高霞寓、郦定进倍道追之，至羊灌田及焉。辟自投岷江，擒于涌湍之中。西蜀平。乃槛辟送京师伏法。文若赴水死"①。刘辟之乱平定后，宪宗任命高崇文为剑南西川节度使。

自安史之乱爆发到唐宪宗平定刘辟之乱，不仅剑南西川基本上是处于军人控制之下，山南西道和剑南东川，大体上也是由将帅出任节度使。山南西道在肃宗时期，始置防御守捉使。代宗广德二年（764），以张献诚为山南西道观察使。张献诚是幽州节度使张守珪之子，出身将门，曾经参与安史之乱，代宗宝应元年（762）降唐，代宗宠赐甚厚，遂出镇梁州，担任山南西道节度使。张献诚颇有心计，自知为安史降将，遂广结主恩，以固其位。"永泰二年正月，献名马二、丝绢杂货共十万匹。是月，兼充剑南东川节度观察使，封邓国公。"② 张献诚在兼任剑南东川节度使之后，率兵进讨杀死剑南西川节度使郭英乂的崔旰，结果大败而归。代宗大历三年（768）四月，张献诚因病辞职，举荐其堂弟张献恭替代自己出任节度使。诏许之。张献恭担任山南西道节度使10年，无所建树，唯贪财好利，广置亲党。代宗时期，山南西道实际上是被张氏家族控制。大历十四年（779），贾耽取代张献恭出任山南西道节度使，但是时间不长，德宗建中三年（782），贾耽被任命为山南东道节度使，由兴凤团练使严震担任山南西道节度使。严震在任将近18年，德宗贞元十五年（799）卒。临死之际，以其从祖弟严砺"权留府事，兼遗表荐砺才堪委任"③，于是德宗任命严砺为山

---

① 《旧唐书》卷151《高崇文传》。
② 《旧唐书》卷122《张献诚传》。
③ 《旧唐书》卷117《严砺传》。

南西道节度使。严砺在任7年，宪宗元和元年（806）以平定刘辟有功，被任命为剑南东川节度使。德宗时期，山南西道基本上是处于严氏家族的统治之下。

剑南东川始置于肃宗时期，以后又并入剑南西川。代宗大历元年（766）再次设置剑南东川，以山南西道节度使张献诚兼领剑南东川节度使。张献诚被崔旰打败后，朝廷任命原崔旰的上级、前剑南西川行军司马杜济为剑南东川节度使，以此牵制崔旰。大历三年（768），又以邛州刺史、邛南招讨都团练使鲜于叔明为剑南东川节度使。鲜于叔明在任将近20年，德宗贞元二年（786）调任太子太傅，以剑南东川兵马使王叔邕为剑南东川节度使。贞元十八年（802），又以剑南东川行军司马李康替代王叔邕为剑南东川节度使。由此可以看出，剑南东川皆由军将出任节度使。

唐玄宗天宝十四年（755）爆发的安史之乱，是唐代最重要的政治事件，也是唐朝历史的一个重要转折，通常以安史之乱为界线，将唐朝历史分为前、后两个时期。这场大叛乱所引起的一个主要变化就是中央政府的力量被严重削弱，而在平定安史之乱中崛起的节度使，则拥有远比中央政府更为强大的军事力量。在节度使控制下的地方政府，通常称之为"藩镇"，已经不像唐代前期的地方政府那样唯朝廷之命是从，相反，大多数的藩镇都是自行其是，并要求朝廷给予更多的自治权。而在安史之乱中挣扎生存下来的唐廷，已经无力重新恢复高度集权的中央政府，只得将大部分原来由中央政府掌控的权力下放给藩镇，以求保持国家的统一，由此使得唐代前期建立在高度集权基础上的政治制度名存实亡，而适应新的分权体制的政治结构则逐步形成。在这样的政治背景下，巴蜀地区出现了两个显著的变化，一是以节度使为代表的军人控制了巴蜀地区的军政大权，这与唐代前期主要以文臣出任巴蜀地区军政长官截然不同；二是唐代前期备受压抑的巴蜀豪族，在政治上崛起，并开始左右巴蜀地区的政局，这也是唐代前期不曾有过的现象。

巴蜀地区设立节度使，始于唐玄宗开元元年（713），当时只设有一个剑南节度使。安史之乱爆发后，唐廷先后在巴蜀地区设置剑南西川、剑南东川、山南西道三个节度使。唐代制度，节度使的职责是"掌总军旅，颛诛杀"[①]，因此剑南三川节度使，皆掌管本道的军队。其中：管辖范围以今成都平原为中心的

---

① 《新唐书》卷49下《百官下》。

剑南西川节度使,管辖驻扎在成都的天威军,驻扎在西山地区防御吐蕃的天宝、平戎二军,驻扎在邛崃防备南诏入侵的镇南军,实力最为强大;控制今四川盆地中部丘陵地区的剑南东川节度使,主力部队是驻扎在遂州(治今四川省遂宁)的静戎军,实力远不如剑南西川节度使;管辖范围以今汉中盆地为中心的山南西道节度使,主要军队是兴州(治今陕西省略阳)、凤州(治今陕西省凤县境)的团练,在巴蜀地区的三个节度使中,实力最弱。剑南三川节度使统领的军队,无论是正规军或者是团练,基本上都是由本地人组成,因此,军队与地方利益,关系密切。当地方利益与中央利益发生矛盾时,军队往往率先代表地方利益反对中央,这在军事实力最为强大的剑南西川,表现尤为明显。当玄宗为躲避安史之乱而逃到成都时,驻扎在成都的团结营士兵之所以发动兵变,就是因为玄宗天宝年间屡次征讨南诏失败,"凡举二十万众,弃之死地,只轮不还,人衔冤毒"①;代宗时期,剑南西山兵马使崔旰则是利用蜀人怨恨节度使郭英乂骄奢淫逸,不问民间疾苦,"因蜀人之怨,自西山率麾下五千余众袭成都"②,打败郭英乂,并夺得节度使职务。同时,剑南三川节度使掌管的军队,特别是剑南东、西两川的各个正规军,主要是由终身为兵的军士组成,"蜀兵羸疾老弱者,从来终身不简"③,他们实际上构成了一个共同的利益集团,而节度使则通过给予他们丰厚的物质待遇,并纵容他们的违法行为,以获得这个利益集团的支持。肃宗时期,剑南西川的军队在平定剑南东川兵马使段子璋叛乱的过程中,大肆抢劫剑南东川的城镇,而剑南西川节度使崔光远却不予制止,其原因就在于此。由于节度使管辖的军队已经成为拥有一定特权的既得利益集团,因此他们反对任何改变现状的做法。肃宗时期,剑南西川兵马使徐知道派兵扼守剑阁,阻止朝廷新任命的节度使严武入蜀;德宗时期,剑南西山兵马使张朏率部袭取成都,驱逐节度使张延赏,都是拥有既得利益的军人集团为阻止改变现状的具体表现。至于剑南东川和山南西道的军队,在肃宗、代宗、德宗三朝时期,除了剑南东川节度兵马使段子璋的叛乱之外,基本上没有发生严重的军队叛乱事件,其原因不仅在于这两个藩镇的军事实力较弱,更为重要的是长期担任山南西道节度

---

① 《旧唐书》卷106《杨国忠传》。
② 《旧唐书》卷117《崔宁传》。
③ 《资治通鉴》卷244,文宗大和五年八月。

使的严震、严砺兄弟,以及担任剑南东川节度使将近20年的鲜于叔明,皆为巴蜀地区的土著豪族(详下),他们均能较好地处理地方与中央的关系。例如在德宗因躲避朱泚、李怀光的叛乱而逃到汉中时,因山南西道地薄民贫,粮食供应困难,时任山南西道节度使的严震,"设法劝课,鸠聚财赋,以给行在,民不至繁,供亿无阙"①。而鲜于叔明在担任剑南东川节度使期间,"时东川兵荒之后,凋残颇甚,叔明理之近二十年,招抚甿庶,夷落获安"②。他们的这些做法,与外来节度使大多贪婪凶残形成鲜明对比,因而更容易获得本地民众的支持,政局也就相对地更加稳定。

在唐代前期,巴蜀地区的州、县政府是独立于剑南节度使管辖范围之外的行政机构,其主要官员由中央的吏部任命。而拥有兵权的剑南节度使,主要职责是保卫边疆,控制占有今云南地区的南诏政权,并与吐蕃王朝争夺今四川省西部地区。地方行政机构与军事机构,基本上是各自独立地行使职权。玄宗开元二十一年(733),由剑南节度使兼任本道采访使,"以六条检察非法"③,从而使剑南节度使拥有行政监察的权力。然而这个时期的剑南节度使,只是监督地方政府履行其职责,并不能直接干预州、县的行政事务,更无权任命州、县行政长官。安史之乱爆发后,肃宗于乾元元年(758)停采访使,改置观察使。而观察使则是具有行政、监察双重权力的使职(见第三章第一节),由此使得节度使不仅能够直接插手州、县的行政事务,而且还可以自行任命地方行政长官。例如剑南节度使严武,就曾先后任命严震担任合州刺史,任命崔旰为汉州刺史。而崔旰在打败剑南西川节度使郭英乂后,更是直接任命自己的亲信"摄诸州刺史"④。其后,相继担任剑南西川节度使的韦皋和刘辟,也都是自行任命州刺史。而先后担任山南西道节度使的严震、严砺兄弟,以及剑南东川节度使鲜于叔明,则是大量安排自己的亲属担任州、县长官。虽然剑南三川的节度使通过兼任观察使,获得了对地方政府的控制权,但是唐廷并没有明确界定节度使与地方政府之间的关系,也没有明确规定州、县是附属于藩镇,因此,剑南三川节度使任命的州、县长官,通常还要得到朝廷的确认,而唐廷也一直在自行任

---

① 《旧唐书》卷117《严震传》。
② 《旧唐书》卷122《李叔明传》。
③ 《资治通鉴》卷213,玄宗开元二十一年十二月。
④ 《旧唐书》卷117《崔宁传》。

第二章 隋、唐王朝对巴蜀地区的统治

命州、县长官，以此与节度使争夺对巴蜀地方政府的人事任免权。只是节度使位高权重，即使是朝廷任命的州、县行政长官，也因位卑权轻，几乎不可能与节度使相抗衡。因而朝廷在名义上继续拥有唐代前期所确定的地方行政官员任免权，并没有改变剑南三川节度使控制巴蜀地方行政机构的现状。

面对以军事实力为后盾而掌握着巴蜀地区军政实权的剑南三川节度使，唐肃宗和唐代宗，基本上是采取姑息迁就的政策，只要节度使表示效忠于朝廷，就不过多地干预其内部事务。因此严武、郭英义、张献诚等节度使可以肆意妄为，甚至滥杀朝廷命官以泄私愤。而当崔旰杀死朝廷任命的剑南西川节度使郭英义之后，表示要继续效忠于朝廷，唐廷也就放弃对他的讨伐，转而接受其篡夺权位的既成事实。唐德宗继位后，企图扭转藩镇跋扈的局面，结果造成藩镇的大叛乱，德宗被迫流亡到汉中，并下诏罪己，最终与藩镇妥协，继续采取姑息政策。"德宗自艰难之后，事多姑息。贞元中，每帅守物故，必先命中使侦伺其军动息，其副贰大将中有物望者，必厚赂近臣以求见用，帝必随其称美而命之，以是因循，方镇罕有特命帅守者。"① 在巴蜀地区，这种姑息政策就具体表现在对山南西道节度使严砺的任命上。德宗贞元十五年（799），山南西道节度使严震去世，临死之际，向朝廷推荐其从祖弟严砺继任为山南西道节度使。朝廷满足了严震的要求，破格提拔严砺为山南西道节度使。"诏下，谏官御史以为除拜不当。是日，谏议、给事、补阙、拾遗并归门下省共议：砺资历甚浅，人望素轻，遽领节旄，恐非允当。既兼杂话，发论喧然。"② 然而朝廷以无事息人为要务，拒绝撤销对严砺的任命，并将谏议大夫苗拯贬为万州刺史，拾遗李繁则被贬为播州参军。德宗对藩镇的姑息迁就，使得剑南三川成为高度自治的地区，其中韦皋控制下的剑南西川，尤为明显。

概而言之，安史之乱的爆发，以及吐蕃、南诏对剑南三川的攻击，使得巴蜀地区在肃宗、代宗、德宗三朝，始终处于战时状态，唐王朝基本上是依靠军队来控制巴蜀地区，由此使得巴蜀军队成为拥有一定特权的既得利益集团。为了有效控制巴蜀军队，唐廷又主要任命武将担任剑南三川节度使，并赋予他们行政职权，从而形成以节度使为头面人物的藩镇。同时，肃宗、代宗、德宗对

---

① 《旧唐书》卷 147《杜黄裳传》。
② 《旧唐书》卷 117《严砺传》。

节度使的姑息政策，更使得巴蜀地区的藩镇拥有高度的自治权。

安史之乱不仅使得剑南三川成为自治的藩镇，同时也使得以豪族为代表的巴蜀地方势力，迅速崛起。唐代前期，巴蜀地区的豪族颇受地方官吏的压抑和打击。安史之乱爆发后，部分豪族乘乱起兵，反对唐廷。肃宗至德二年（757），"南充土豪何滔作乱，执本郡防御使杨齐鲁，剑南节度使卢元裕发兵讨平之"①。不过，巴蜀地区"本非反侧之地"②，大多数的豪族大姓还是利用这次大叛乱的机会，以其财富支持唐王朝，从中谋取政治利益。其中梓州盐亭县的严氏和阆州新政县的鲜于氏，就是这类豪族大姓中的典型代表。

梓州盐亭县的严氏，"世为田家，以财雄于乡里"。安史之乱爆发后，严震"屡出家财以助边军，授州长史、王府咨议参军。东川节度判官韦收荐震才用于节度使严武，遂授合州长史。及严武移西川，署为押衙，改恒王府司马。严武以宗姓之故，军府之事多以委之。又历试卫尉、太常少卿。严武卒，乃罢归。东川节度使又奏为渝州刺史，以疾免。山南西道节度使又奏为凤州刺史，加侍御史，丁母忧罢。起复本官，仍充兴、凤两州团练使，累加开府仪同三司，兼御史中丞。为政清严，兴利除害，远近称美。建中初，司勋郎中韦桢为山剑黜陟使，荐震理行为山南第一，特赐上下考，封郧国公。在凤州十四年，能政不渝。建中三年，代贾耽为梁州刺史，兼御史大夫、山南西道节度观察等使"③。当严震在政治上逐渐兴起时，严氏家族的成员，也随之大批进入各级政府机构。严震的从父兄严伾，"剖符卢山。同气曰坚、曰雳、曰霆，皆卿才也。坚为盛山、咸安二郡守，雳以殿中侍御史介于岷峨，霆四为尚书郎。犹子聱雅，皆以文雅筮仕，有名于时"④，故杜甫说："全蜀多名士，严家聚德星"⑤。德宗贞元十五年（799），严震死于任所，其从祖弟严砺又继任为山南西道节度使。兄弟二人，前后镇守山南西道长达 24 年。宪宗元和元年（806），严砺在参与平定剑南西川节度使刘辟之乱以后，调任剑南东川节度使，元和四年（809）病死于任所。严震的子孙，受严震投资仕宦而获得成功的影响，也先后弃农为官。其中

---

① 《资治通鉴》卷 219，肃宗至德二载六月。
② 《李深之文选》卷 3《又上镇州事》。
③ 《旧唐书》卷 117《严震传》。
④ 权德舆：《严公墓志铭》，《全唐文》卷 505。
⑤ 《杜工部集》卷 13《行至盐亭县聊题四韵奉简严遂州蓬州两使君咨议诸昆弟》。

第二章 隋、唐王朝对巴蜀地区的统治

严震的长子严诚为河中府士曹参军,次子严协为剑南西川节度推官,嗣子严公弼为国子监主簿,袭封会稽县男。严震的从孙严撰,懿宗咸通年间,官至江西节度使。

阆州新政县的鲜于氏,原籍渔阳郡(治今河北省蓟县),"代为豪族"①。唐初,鲜于匡绍出任隆州刺史,遂移居新政县(治今四川省南部县境)。鲜于匡绍的侄子鲜于士简、鲜于士迪兄弟,"皆魁岸英伟,以财雄巴蜀。招徕宾客,名动当时,郡中惮之,呼为北房"。鲜于士简之子鲜于令征,亦"倜傥豪杰,多奇画,尝倾万金之产,周济天下士大夫"。鲜于令征之子鲜于仲通,"少好侠,以鹰犬射猎自娱,轻财尚气,果于然诺,年二十余,尚未知书"。其后发愤读书,年近40,始举乡贡。剑南节度使章仇兼琼"引为采访支使,委以腹心"②。然而鲜于仲通在政治上的发迹,则与杨国忠在政坛上的崛起有着直接的关系。

杨国忠,原名杨钊,"国忠"是后来唐玄宗赐予的名字,蒲州永乐人,因爱好赌博,行为放荡,不为宗党所容,30岁时前往巴蜀地区从军。由于屯田成绩突出,被任命为新都县尉。任期届满后,家贫不能自归,"蜀大豪鲜于仲通颇资给之。从父玄琰死蜀州,国忠护视其家"③。其后,当杨玄琰之女杨玉环成为玄宗的宠妃时,与宰相李林甫关系不好的剑南节度使章仇兼琼企图通过结纳杨玉环,即杨贵妃,以固其位,但是苦无合适的人选,于是鲜于仲通又将杨国忠推荐给章仇兼琼。"兼琼大喜,即辟为推官,往来浸亲密。乃使之献春绨于京师,将别,谓曰:'有少物在郫,以具一日之粮,子过,可取之。'钊至郫,兼琼使亲信大赍蜀货精美者遗之,可直万缗。钊大喜过望,昼夜兼行,至长安,历抵诸妹,以蜀货遗之,曰:'此章仇公所赠也。'时中女新寡,钊遂馆于其室,中分蜀货以予之。于是诸杨日夜誉兼琼,且言钊善樗蒲,引之见上,得随供奉官出入禁中"④。当杨国忠攀附杨贵妃而在政坛上崛起之后,非常感激鲜于仲通在他尚未显达时给予的经济、政治帮助,于是举荐鲜于仲通为剑南节度使。天宝十二年(752),杨国忠自己兼领剑南节度使,又举荐鲜于仲通代替自己出任京兆尹。鲜于仲通在政治上发迹之后,广引亲党为官,其中鲜于星为壁州刺史,

---

① 颜真卿:《鲜于公神道碑铭》,《全唐文》卷343。
② 颜真卿:《鲜于公神道碑铭》,《全唐文》卷343。
③ 《新唐书》卷206《杨国忠传》。
④ 《资治通鉴》卷215,玄宗天宝四载八月。

第二章 隋、唐王朝对巴蜀地区的统治

鲜于呈先后担任万州、巴州刺史。安史之乱爆发后,鲜于仲通的弟弟鲜于叔明又先后担任京兆尹和剑南东川节度使。鲜于叔明之子李昇则为禁军军将,德宗贞元年间迁太子詹事。自鲜于仲通之后,鲜于氏便成为政治上显赫一时的家族,"蜀人推为盛门"①。

除了像严氏和鲜于氏这样的政治暴发户以外,巴蜀各地的豪族大姓也纷纷设法钻进各级军政机构。杜甫在《东西两川说》一文中就指出:"今富儿非不缘子弟职掌,尽在节度衙府州县长官手下哉。"因此他建议:"两川县令、刺史有假摄者,须尽罢免。"② 据张延赏说,他在担任剑南西川节度使的时候,"所管州县厥官员者,少不下十数年,吏部未尝补授,但令一官假摄,公事亦理"③。由此可知,安史之乱以后,巴蜀地区多数州县都没有正授的刺史、县令,州县事务都是由假摄其职的人处理。这些代理州、县事务的人,除了军将之外,主要就是当地豪族大姓的"子弟",这和唐代前期实行的"回避"政策完全不同,故严震、严砺、鲜于叔明等人能以巴蜀土著人士长期在本地任职,并最终担任籍贯所在地的最高军政长官。而严氏和鲜于氏家族的众多成员,也可以在巴蜀地区担任州刺史等职务。此外,唐廷对招安的盗贼,也任命其头领担任本地的军、政职务。代宗永泰元年(765)起兵攻打崔旰的邛州牙将柏茂琳、泸州牙将杨子琳、剑州牙将李昌巙,皆为招安后被授予军职的"贼帅"④。其后,他们又因讨伐崔旰有功,分别被任命为本州刺史。大批巴蜀人士在本地担任各级军、政职务,使得巴蜀地方豪强的势力迅速膨胀,从而进一步削弱了中央对巴蜀地区的直接控制。

二、藩镇的衰落

唐宪宗于元和元年(806)平定刘辟之乱以后,任命高崇文为剑南西川节度使。由于高崇文是目不识丁的武将,不知道在平定叛乱之后应该如何治理剑南西川,加之宪宗亦不放心继续由武将担任剑南西川节度使,因此在元和二年(807),改由宰相武元衡出任剑南西川节度使。高崇文离任之时,"恃其功而侈

---

① 《新唐书》卷147《李叔明传》。
② 《全唐文》卷360。
③ 《旧唐书》卷129《张延赏传》。
④ 《旧唐书》卷108《杜鸿渐传》。

心大作，帑藏之富，百工之巧，举而自随，蜀都一罄"①。武元衡入蜀以后，面对遭到高崇文洗劫的剑南西川，"庶事节约，务以便人。比三年，公私稍济。抚蛮夷，约束明具，不辄生事，重慎端谨，虽淡于接物，而开府极一时之选"②。武元衡能够以一介文臣而控制住剑南西川，除了自身谨慎行事之外，主要还是与当时全国的政治形势有关。自刘辟之乱被唐廷平定之后，蜀人震恐。元和二年（807），宪宗又平定镇海节度使李锜之乱，朝廷声威大振。武元衡挟其声势，以宰相出镇剑南西川，故蜀中诸将颇惮之。加之剑南西川的"四面皆是国家兵镇"③，蜀军即使有所不满，亦不敢轻举妄动。在这种形势下，宪宗成功地以文臣取代武将，镇守剑南西川。元和八年（813），武元衡"复入中书知政事"④。而继任的李夷简，则是郑惠王李元懿的四世孙，属于唐朝的宗室。在其担任剑南西川节度使期间，"巂州刺史王颙积奸赃，属蛮怒，叛去。夷简逐颙，占檄谕祸福，蛮落复平。始，韦皋作《奉圣乐》、于頔作《顺圣乐》，常奏之军中，夷简辄废之，谓礼乐非诸侯可擅制"⑤。大体上也是沿袭武元衡的治蜀思路，对内谨慎行事，对外不轻易挑起事端，以此求得剑南西川的政局稳定。自武元衡、李夷简之后，直到唐僖宗即位，剑南西川节度使基本上是由重臣、亲贵担任，"故非上将贤相、殊勋重德，望实为人所归伏者，则不得居此"⑥，从而扭转了安史之乱以来军人专权于剑南西川的局面。

剑南东川在节度使严砺于元和四年（809）死后，宪宗随即任命与武元衡关系甚好的潘孟阳为剑南东川节度使，由此结束了地方豪强和军人长期控制剑南东川的局面。自此以后，再也没有剑南东川的人士出任剑南东川节度使。山南西道的情况，基本上类似于东、西两川，主要由外来的文臣担任节度使。只是由于兴元府（治今陕西省汉中）直接拱卫京师南面，并且控制着京师与剑南东、西两川的交通要道，其间也有军将出任节度使。不过，唐廷对于任命职业军人担任山南西道节度使，除了主要考虑其忠诚程度之外，也很注意其德行，因此

---

① 《旧唐书》卷151《高崇文传》。
② 《旧唐书》卷158《武元衡传》。
③ 李绛：《论镇州事宜状》，《全唐文》卷646。
④ 《旧唐书》卷15《宪宗本纪下》。
⑤ 《新唐书》卷131《宗室宰相·李夷简传》。
⑥ 《全唐文》卷744卢求《成都记·序》。

担任山南西道节度使的军将,不仅对朝廷忠诚,而且大多较为廉洁。例如元和三年(808)出任山南西道节度使的裴玢,"颇以公清苦节为政,不交权幸,不务贡献,蔬食敝衣,居处才避风雨,而廪库饶食,三军百姓安业,近代将帅无比焉"①。

唐廷除了主要任用文臣出任剑南三川节度使以外,也主要从剑南三川节度使和淮南节度使中遴选朝廷的宰相。自宪宗元和元年(806)至僖宗乾符六年(879),在担任剑南三川节度使的93人②中,先后有40人成为宰相,大约每二名节度使中就有一人成为宰辅,因此当时的人把剑南三川视为宰相回翔之地。

唐宪宗是唐代后期最有政治作为的君主。由于他削弱了地方藩镇的势力,并在一定程度上重新恢复了中央政府的权威,因而也被称为是唐朝的中兴之主。唐宪宗在以武力平定剑南西川并重新确立朝廷对剑南三川节度使的选派和任命权之后,还采取多种政策措施,加强对剑南三川的控制。在政治上,为了扭转军人专权的局面,主要任用文臣出任剑南三川节度使,力图恢复唐代前期的官僚政治体制。在经济上,宰相裴垍于元和四年(809)对地方财政的分配进行改革。"先是,天下百姓输赋于州府:一曰上供,二曰送使,三曰留州。建中初定两税时,货重钱轻,是后货轻钱重,齐人所出,固已倍其初征。而其留州、送使,所在长吏又降省估,使就实估,以自封殖而重赋于人。及(裴)垍为相,奏请天下留州、送使物,一切令省估,其所在观察使,仍以其所莅之郡租赋自给,若不足,然后征于支郡。其诸州送使额,悉变为上供"③,以此削弱藩镇的财政基础。在军事上,宪宗完善了监军制度,由宦官出任监军使,对节度使及其掌握的军队进行监视;取消了节度使对州兵的控制权,改由州刺史统领州兵。同时,为了防范军人集团作乱,还尽力削弱剑南三川的

图2-10 唐宪宗像

---

① 《旧唐书》卷146《裴玢传》。
② 据吴廷燮《唐方镇年表》统计。
③ 《旧唐书》卷148《裴垍传》。

军队。唐宪宗的这些政策措施，基本上为后来的唐朝诸帝所继承，由此形成中央与巴蜀地区新的政治、经济、军事关系，曾经跋扈一时的藩镇也随之衰落。不过唐宪宗并没有建立起像唐代前期那样高度集权的政治体制，而是在中央与地方分权的格局下，重新分配权力，增强中央对地方的控制力，并削弱地方的权力。

元和十五年（820）正月，宪宗被两名对他不满的宦官王守澄和陈弘庆弑杀，其子李恒继位，是为唐穆宗。在穆宗刚登上皇位之时，宰相萧俛和段文昌就"屡献太平之策，以为兵以静乱，时已治矣，不宜黩武，劝穆宗休兵偃武。又以兵不可顿去，请密诏天下有兵处，每年百人之中，限八人逃、死，谓之'消兵'。帝既荒纵，不能深料，遂诏天下，如其策而行之"①。穆宗长庆元年（821），段文昌"拜章请退。朝廷以文昌少在西蜀，诏授西川节度使、同中书门下平章事。文昌素洽蜀人之情，至是以宽政为治，严静有断，蛮夷畏服"②。同时，段文昌也按照他向穆宗提出的"消兵"办法，不再补充蜀军因开小差和死亡造成的减员，以此减少蜀军数量。由于段文昌了解剑南西川的政情，恩威并用，群蛮震服，因此，在长庆二年（822），"黔中蛮叛，观察使崔元略以闻，文昌使一介开晓，蛮即引退"③，并未因蜀军遭到削弱而造成严重后果。然而继段文昌之后出任剑南西川节度使的杜元颖，却因削弱蜀军而遭到南诏的大规模入侵，给巴蜀地区造成严重破坏。

杜元颖是唐太宗时期著名宰相杜如晦的五世孙，穆宗即位后，因杜元颖多识朝章，被提拔为宰相。长庆三年（823），替代段文昌出任剑南西川节度使。长庆四年（824），穆宗病死，长子李湛继位，是为唐敬宗。由于敬宗荒淫无道，杜元颖"每欲中帝意以固幸，乃巧索珍异献之，踵相蹑于道，百工造作无程。敛取苛重，至削军食以助哀畜，又给与不时，戍人寒饥，乃仰足蛮徼。于是人人咨苦，反为蛮内间，戎备不修"④。宝历二年（826），敬宗被其狎昵的群小弑杀，其弟李昂即位，是为唐文宗。由于杜元颖在剑南西川大量削减军费开支，造成蜀军的普遍不满，只因此时蜀军的战斗力已经遭到严重削弱，无力以自身

---

① 《旧唐书》卷172《萧俛传》。
② 《旧唐书》卷167《段文昌传》。
③ 《新唐书》卷89《段文昌传》。
④ 《新唐书》卷96《杜元颖传》。

的武力驱逐节度使，因此转而利用南诏的力量来反对杜元颖。文宗太和三年（829），南诏在蜀军的招引下，大举入侵，"以蜀卒为乡导，袭陷巂、戎二州"①，而"诸屯闻贼至，辄溃，戍者为乡导，遂入成都。已傅城，元颖尚不知，乃率左右婴牙城以守，贼大掠，焚郛郭，残之，留数日去，蜀之宝货、工巧、子女尽矣。初，元颖计迫，将挺身走，会救至乃止。文宗遣使临抚南诏，南诏曰：'蜀人祈我诛虐帅，不能克，请陛下诛之，以谢蜀人。'由是贬邵州刺史。议者不厌，斥为循州司马"②。在南诏退兵之后，又爆发兴元兵变。"南诏之寇成都也，诏山南西道发兵救之。兴元兵少，节度使李绛募兵千人赴之，未至，蛮退而还。兴元兵有常额，诏募兵悉罢之。"③ 监军使杨叔元与节度使李绛素来不和，于是利用募兵不愿被遣散而进行挑拨，由此激起兵变，节度使李绛也为乱兵所杀。不过，这次兵变很快就被新任节度使温造平定下去。

　　自文宗太和三年（829）南诏大规模入侵成都之后，南诏便成为影响剑南三川政局稳定的重要外部因素。然而自唐宪宗以来，朝廷一直采取削弱蜀军的政策，"每岁发卒戍南者，皆成都顽民，饱稻饫豕，十九如瓠，虽知征鼓之数，不习山川之险"④。同时，在宪宗元和四年（809）对地方财政的分配进行改革后，节度使的收入基本上只有其治所所在的州府租赋，而节度使管辖诸州原送交节度使的租赋则改为上缴中央政府，由此使得节度使的收入大幅度减少，无力为军队提供必要的财政支持，因此大多数的蜀军将领，只有官职而没有俸禄，"多虚职名，亦无廪给"⑤。于是"为将者刻薄以自入，馈运者纵吏而鼠窃。县官当给帛则以苦而易良，当贩粟则以沙而参粒（自注：每岁当给帛，主将辄先市轻帛以易其重帛，然后散诸边卒；当给粮，丁吏必先盗其米，然后以沙补其数以给。边卒常以为怨）。如此则边卒将怨望之不暇，又安能殊死而力战乎？此巴蜀所以为忧也"⑥。在这种情况下，蜀军人心涣散，作战能力也随之下降。文宗太和三年（829）南诏入侵时，取代杜元颖出任剑南西川节度使的郭钊，就是因为

---

① 《资治通鉴》卷244，文宗大和三年十一月。
② 《新唐书》卷96《杜元颖传》。
③ 《资治通鉴》卷244，文宗大和四年正月。
④ 《孙樵集》卷3《书田将军边事》。
⑤ 《资治通鉴》卷252，懿宗咸通十一年正月。
⑥ 《孙樵集》卷3《书田将军边事》。

"兵寡弱，不能战"①。其后，在李德裕、李固言等人担任剑南西川节度使期间，虽然加强兵备，但是并没有从根本上改变"蜀兵脆弱"② 的状况，所以直到懿宗咸通二年（861），剑南西川节度使杜悰仍然说："今西川兵食单寡。"③

由于在文宗太和三年（829）南诏大规模入侵成都之后，唐廷继续采取削弱蜀军的政策，不仅使得蜀军人心涣散，缺乏作战能力，而且还造成蜀军内部贪污盗窃成风，"蜀之将帅鲜不好货"④，因此一些官员也希望能到巴蜀地区担任节度使，以便敛财。懿宗咸通九年（868），凤翔少尹李师望欺骗朝廷说："嶲州控扼南诏，为其要冲，成都道远，难以节制，请建定边军，屯重兵于嶲州，以邛州为理所。"⑤ 朝廷信以为真，于是割剑南西川的邛（治今四川省邛崃）、眉（治今四川省眉山）等6州置定边军，以李师望为节度使。其实，邛州距成都只有一百六十里，离嶲州（治今四川省西昌）上千里，一旦嶲州有事，设在邛州的定边军同样难以迅速作出反应。李师望奏置定边军，其实是为了私利，因此到任之后，大肆贪污，"聚私货以百万计，戍卒怨怒，欲生食之，师望以计免，朝廷征还，以太府少卿窦滂代之。滂贪残又甚于师望"，而"西川大将恨师望分裂巡属，阴遣人致意南诏，使入寇"⑥，由此导致咸通十年（869）南诏大规模入侵，给剑南西川造成严重破坏。（详见第五章第四节）

唐廷采取削弱蜀军的政策，不仅导致蜀军与外敌勾结，招引南诏入侵，同时也使得蜀军与节度使之间关系紧张，矛盾重重，最终引发流血冲突。在咸通十年（869）南诏大规模入侵成都时，为了抵御南诏对成都的进攻，剑南西川节度使卢耽招募西川将士中的骁勇之士，补以实职，厚给粮赐，得选兵3000，号称突将。卢耽的这种做法，虽然是在紧急情况下的权宜之计，但是却有悖于朝廷的既定政策，因此在僖宗乾符二年（875）出任剑南西川节度使的高骈，又转而按照朝廷削弱蜀军的既定政策，薄待突将，"悉令纳牒，又托以蜀中屡遭蛮寇，人未复业，停其廪给，突将皆忿怨。骈好妖术，每发兵追蛮，皆夜张旗立

---

① 《资治通鉴》卷244，文宗大和三年十一月。
② 《资治通鉴》卷244，文宗大和四年九月。
③ 《资治通鉴》卷250，懿宗咸通二年七月。
④ 《太平广记》卷172《许宗裔》。
⑤ 《资治通鉴》卷251，懿宗咸通九年六月。
⑥ 《资治通鉴》卷251，懿宗咸通十年十月。

队,对将士焚纸画人马,散小豆,曰:'蜀兵懦怯,今遣玄女神兵前行。'军中壮士皆耻之。又索阖境官有出于胥吏者,皆停之。令民间皆用足陌钱,陌不足者皆执之,劾以行贿,取与皆死。刑罚严酷,由是蜀人皆不悦"[1]。高骈的这些做法,终于使得突将发生骚乱,"大噪突入府廷,(高)骈走匿于厕间,突将索之,不获。天平都将张杰率所部数百人被甲入府击突将,突将撤牙前仪注兵杖,无者奋梃挥拳,乘怒气力斗,天平军不能敌,走归营。突将追之,营门闭,不得入"[2]。于是监军使前去慰抚,"皆曰:'州虽更蛮乱,户口尚完,府库方实,公削军廪以自养,不堪其虐,故乱。'监军惧,讲解之。取役夫数百,名叛卒,籍斩其首,乃定"[3]。然而在突将的骚乱结束后,高骈却"阴籍突将之名,使人夜掩捕之,围其家,挑墙坏户而入,老幼孕病,悉驱去杀之,婴儿或扑于阶,或击于柱,流血成渠,号哭震天,死者数千人"[4]。高骈滥杀突将,固然是为了发泄私忿,但是他薄待突将的做法,却是符合朝廷削弱蜀军的政策,因此朝廷并没有追究他滥杀无辜的行为。

唐僖宗中和元年(881),因京师长安被反叛的黄巢军队占领,僖宗在其亲信的宦官田令孜挟持下,逃到成都避难。由于田令孜薄待蜀军,又导致黄头军哗变。"初,车驾至成都,蜀军赏钱人三缗。田令孜为行在都指挥处置使,每四方贡金帛,辄颁赐从驾诸军无虚日,不复及蜀军,蜀军颇有怨言。丙寅,令孜宴土客都头,以金杯行酒,因赐之,诸都头皆拜而受,西川黄头军使郭琪独不受,起言曰:'诸将月受俸料,丰赡有余,常思难报,岂敢无厌,顾蜀军与诸军同宿卫而赏赉悬殊,颇有觖望,恐万一致变。愿军容减诸将之赐以均蜀军,使土客如一,则上下幸甚。'"郭琪的这番话,反映了当时蜀军普遍存在的不满,但也使得田令孜大为恼怒,遂赐毒酒给郭琪。"琪知其毒,不得已,再拜饮之。归,杀一婢,吮其血以解毒,吐黑汁数升,遂帅所部作乱。丁卯,焚掠坊市。令孜奉天子保东城,闭门登楼,命诸军击之。琪引兵还营,陈敬瑄命都押牙安金山将兵攻之,琪夜突围出,奔广都,从兵皆溃。"[5] 郭琪最终逃到扬州投归高

---

[1]《资治通鉴》卷252,僖宗乾符二年三月。
[2]《资治通鉴》卷252,僖宗乾符二年四月。
[3]《新唐书》卷224下《高骈传》。
[4]《资治通鉴》卷252,僖宗乾符二年六月。
[5]《资治通鉴》卷254,僖宗中和元年七月。

第二章 隋、唐王朝对巴蜀地区的统治

骈。

在唐宪宗至唐僖宗时期,由于唐廷加强了对剑南三川的控制,从而使巴蜀地区的政治格局在两个方面发生变化。

首先是节度使逐渐官僚化。自唐宪宗重新恢复中央政府对剑南三川的控制之后,节度使的构成便发生了显著变化,由朝廷自行任命的官员,取代了因安史之乱而在政治上崛起的职业军人和地方豪强,出任剑南三川的节度使。其中剑南西川节度使都是具有行政经验的文官,剑南东川节度使和山南西道节度使则是文官和军事将领兼而有之,但是文官节度使的人数远多于军事将领。这些节度使在剑南三川的任期,通常不会超过6年,因此基本上没有与地方势力建立起盘根错节的共同利益,加之他们中的大多数人同时兼任中央职务或曾经在中央的行政和军事部门任过职,并有可能通过在剑南三川担任节度使而成为朝廷的宰相,因此这些节度使都是按照中央的政策治理巴蜀地区。当中央利益与地方利益发生冲突时,他们基本上都是站在中央政府的立场,压抑地方利益,这和此前先后在剑南三川担任节度使的严震、严砺、鲜于叔明、崔宁、韦皋等人更多地体现地方利益截然不同。同时,唐廷还采取设置监军使,取消节度使对州兵的控制权,削弱节度使对地方财政的控制,限制节度对僚属的任命等多种措施,强化中央对节度使的监督,并削弱其权力。由此使得这个时期的剑南三川节度使,再也不具有类似崔宁、韦皋那样高度自治的权力,也没有出现类似张献诚、张献恭和严震、严砺那样的家族式统治。节度使的权力和地位发生了根本性的变化。

其次是蜀军逐渐衰落。自宪宗以后,为了削弱在安史之乱爆发后一度左右巴蜀政局的蜀军集团,唐廷采取削减军事预算,减少蜀军人数和分散军队指挥权等多种措施,不断削弱蜀军战斗力,使其不能与中央相抗衡,从而使得曾经有着优厚物质待遇,并影响巴蜀地区政治进程的蜀军,逐渐沦落为缺衣少食,战斗力低下,备受朝野诟病的弱势群体。然而唐廷的这种做法,虽然使得巴蜀地区再也没有出现像崔宁那样因得到蜀军支持而取得权力的节度使,但也使得蜀军完全无力像韦皋治蜀时期那样有效地抵御外敌入侵,由此导致南诏多次对剑南三川的大规模入侵,并给巴蜀地区的社会经济造成严重破坏。

至于因安史之乱而在政治上崛起的巴蜀土豪,虽然由于"回避"政策的再度实施,不能担任剑南三川的节度使,但是他们通过担任州军中的牙将和州、

县政府中的胥吏,仍然掌握着巴蜀地区的基层军、政权力,并形成联系广泛的地方利益集团。这个以巴蜀土豪为代表的地方利益集团,与唐廷任命的节度使、州刺史及其僚属一直存在着矛盾。在唐僖宗继位之后,随着中央政府权力的再度衰落,巴蜀土豪与官僚集团的矛盾便演变为直接冲突。

三、阡能、韩秀昇之乱

唐僖宗乾符元年(874),山东爆发王仙芝、黄巢领导的反唐叛乱。乾符五年(878),王仙芝战死,黄巢率部继续作战。广明元年(880)三月,掌握中央军权的宦官田令孜,"见关东群盗日炽,阴为幸蜀之计"①,于是奏请僖宗在陈敬瑄、杨师立、牛勖和罗元杲四人中,遴选剑南三川节度使。僖宗喜好击毬,因而令四人击毬,获胜者即被任命为节度使。结果陈敬瑄拔得头筹,被任命为剑南西川节度使。杨师立被任命为剑南东川节度使,牛勖则出任山南西道节度使。同年七月,黄巢大军在采石戍(在今安徽省当涂县境)北渡长江,十一月攻占洛阳,十二月攻占潼关,兵锋直指长安。僖宗在田令孜带领的五百名神策军将士护卫下,仓皇逃出长安,昼夜奔驰,直抵兴元府。中和元年(881)正月,僖宗又逃到成都,史称"僖宗幸蜀"。

图2—11 唐僖宗像

僖宗在宦官田令孜的挟持下逃到成都,这时的剑南西川节度使陈敬瑄就是田令孜的兄长。二人表里相结,挟僖宗以自重。为了加强对各地的控制,陈敬瑄"多遣人历县镇诇事,谓之寻事人"②。这种寻事人,实际上就是陈敬瑄派往各地的秘密警察。前蜀时期,改称寻事团,亦称中团,有百余人,"每人各养私名十余辈,或聚或散,人莫能别,呼之曰狗。至于深坊僻巷,马医酒保,乞丐佣作,及贩卖儿童辈,并是其狗。民间有偶语者,官中罔不知。又有散在州郡

---

① 《资治通鉴》卷253,僖宗广明元年三月。
② 《资治通鉴》卷254,僖宗中和二年三月。

及勋贵家,当庖看厩,御车执乐者,皆是其狗"①。陈敬瑄的寻事人,也是通过控制由三教九流人物组成的走狗,刺探公私动静。由于陈敬瑄广置寻事人以监视县镇,致使人人自危,常怀恐惧之心,最终导致阡能之乱。

阡能是邛州安仁县的土豪,出自当地少数民族,为邛州首望,本为邛州牙将,因公事违期,害怕受到杖罚,遂亡命为盗。统领寻事人的捕盗使杨迁,诱骗他自首,阡能也打算投案自首,希望获得宽大处理。正在此时,资州(治今四川省资中)发生谢弘让事件,致使事态发生逆转。陈敬瑄派往县镇的寻事人,大多向当地官员索取贿赂,以饱私囊,其中有二名寻事人经过资阳镇(今四川省资阳),既不索要财物,也不接受镇将谢弘让的邀请,这种反常的廉洁举动,使得谢弘让大为恐慌,自疑有罪,连夜逃至群盗之中。"明旦,二人去,弘让实无罪也。捕盗使杨迁诱使弘让出首而执之以送使,云讨击擒获,以求功。敬瑄不之问,杖弘让脊二十,钉于西城二七日,煎油泼之,又以胶麻掣其疮,备极惨酷,见者冤之。"②阡能得知此事,大骂杨迁,发愤为盗,一场大规模的公开叛乱就这样爆发了。

阡能于僖宗中和二年(882)三月起事。驱掠良民参与叛乱,"不从者举家杀之"③。仅一个月时间,众至万人。于是立部伍,署职级,以安仁县失意进士张荣为孔目官,推为谋主,横行于邛、雅(治今四川省雅安)二州之间。剑南西川节度使陈敬瑄派牙将杨行迁等人前去讨伐,结果屡战屡败。六月,阡能大败唐军于乾溪(在今四川省崇州市境)。杨行迁等人担心因讨伐无功而获罪,于是乱抓村民作为俘虏送到成都,"日数十百人。敬瑄不问,悉斩之。其中亦有老弱及妇女,观者或问之,皆曰:'我方治田绩麻,官军忽入村,系虏以来,竟不知何罪。'"④这种滥杀无辜的暴行,造成普遍的恐惧和仇恨,从而使得叛乱迅速扩大。七月,韩求反于蜀州(治今四川省崇州),率众数千人响应阡能。接着,涪州刺史韩秀昇也举兵反叛。在这种情况下,陈敬瑄把正在长安附近与占领长安的黄巢军队作战的高仁厚调回来,任命他为都招讨指挥使,督兵讨伐巴蜀各地的叛乱。高仁厚的第一个打击目标,就是已经进入蜀州的阡能军队。

---

① 《太平广记》卷126《萧怀武》。
② 《资治通鉴》卷254,僖宗中和二年三月。
③ 《资治通鉴》卷254,僖宗中和二年三月。
④ 《资治通鉴》卷254,僖宗中和二年六月。

中和二年（882）十一月四日，高仁厚在出发征讨阡能的前夕，下令释放军中抓获的一名阡能派来的间谍，并告诉他："所欲诛者，阡能、罗浑擎、句胡僧、罗夫子、韩求五人耳，必不使横及百姓也。"① 十一月五日，高仁厚引兵至双流，"把截使白文现出迎。仁厚周视堑栅，怒曰：'阡能役夫，其众皆耕民耳，竭一府之兵，岁余不能擒，今观堑栅重复劳密如此，宜其可以安眠饱食，养寇邀功也！'命引出斩之。监军力救，久之，乃得免。命悉平堑栅，才留五百兵守之，余兵悉以自随，又招诸寨兵，相继皆集。阡能闻仁厚将至，遣罗浑擎立五寨于双流之西，伏兵千人于野桥箐以邀官军。仁厚诇知，引兵围之，下令勿杀，遣人释戎服入贼中告谕，如昨日语谍者。贼大喜，呼噪，争弃甲投兵请降，拜如摧山。仁厚悉抚谕，书其背，使归语寨中未降者，寨中余众争出降。罗浑擎狼狈逾寨走，其众执以诣仁厚。仁厚曰：'此愚夫，不足与语。'械以送府。悉命焚五寨及其甲兵，惟留旗帜，所降凡四千人"②。十一月六日，高仁厚"谓降者曰：'始欲即遣汝归，而前途诸寨百姓未知吾心，或有忧疑，藉汝曹为我前行，过穿口、新津寨下，示以背字告谕之，比至延贡，可归矣。'乃取浑擎旗倒系之，每五十人为队，扬旗疾呼曰：'罗浑擎已生擒，送使府，大军行将至。汝曹居寨中者，速如我出降，立得为良人，无事矣！'至穿口，句胡僧置十一寨，寨中人争出降，胡僧大惊，拔剑遏之，众投瓦石击之，共擒以献仁厚，其众五千余人皆降"③。十一月七日，高仁厚烧毁句胡僧设在穿口（在今四川省新津县境）的十一寨，继续前进，"使降者执旗先驱，一如双流。至新津，韩求置十三寨皆迎降。求自投深堑，其众钩出之，已死，斩首以献"④。十一月八日，高仁厚把双流、穿口投降的人全部遣散回家，"使新津降者执旗先驱，且曰：'入邛州境，亦可散归矣。'罗夫子置九寨于延贡，其众前夕望新津火光，已不眠矣。及新津人至，罗夫子脱身弃寨奔阡能，其众皆降"。十一月九日，罗夫子逃到阡能寨，二人商议，打算悉众决战，"计未定，日向暮，延贡降者至，阡能、罗夫子走马巡寨，欲出兵，众皆不应。仁厚连夜引兵逼之"⑤。十一月十日清晨，阡

---

① 《资治通鉴》卷255，僖宗中和二年十一月。
② 《资治通鉴》卷255，僖宗中和二年十一月。
③ 《资治通鉴》卷255，僖宗中和二年十一月。
④ 《资治通鉴》卷255，僖宗中和二年十一月。
⑤ 《资治通鉴》卷255，僖宗中和二年十一月。

能所立诸寨得知高仁厚已经率兵逼近,于是"呼噪争出,执阡能。阡能窘急赴井,为众所擒,不死。又执罗夫子,罗夫子自刭,众挈罗夫子首,缚阡能,驱之前迎官军。见仁厚,拥马首大呼泣拜曰:'百姓负冤日久,无所控诉。自谍者还,百姓引领,度顷刻如期年。今遇尚书,如出九泉睹白日,已死而复生矣。'欢呼不可止"①。阡能等人设在其他地方的寨所,亦相继投降。

高仁厚采取胁从不问的态度,只用6天时间,未打一仗,阡能的2万大军就几乎全部投降,韩求、罗夫子相继自杀,罗浑擎、句胡僧、阡能则被部下活捉。这个事实充分说明,参与阡能之乱的人,绝大多数是受到阡能等极少数人的胁迫,不得已而参加叛乱。高仁厚正是看到这一点,"知蜀民之心非乐于从乱,而胁于五贼之威,因其心而诱之,故胁从者皆望风降服,师不留行而五贼平矣"②。

阡能之乱的直接导因是由于陈敬瑄以寻事人监视县镇所致,而其根本原因则在于巴蜀土豪与唐王朝之间的矛盾。在安史之乱期间急剧膨胀起来的巴蜀地方势力,自宪宗平定刘辟之乱以后,再次受到唐廷的排斥。从宪宗元和四年(809)到僖宗乾符元年(874)的65年之间,没有一位巴蜀人士出任剑南三川节度使。同时,随着官僚政治体制的重建,"回避"制度再次施行,巴蜀地区的州刺史和县令,也很少任用巴蜀人士。由此使得巴蜀人士重新被排斥在官僚政治体制之外。但是自文宗以后,由于南诏多次入侵巴蜀地区,急需增强巴蜀的军事力量,而唐廷又不愿蜀军坐大,因此大力发展民兵,利用土豪势力,抵御南诏入侵,这就使得土豪武装逐渐成为巴蜀地区的一支强大军事力量。掌握民兵的土豪大多被授予牙将、镇将等头衔,但是这些军职均为"虚职名,亦无廪给",实际上是一种"有职无官"③的职役。故阡能为邛州牙官,而高仁厚却说他是"役夫"④。僖宗即位之后,内外交困,天下骚然。巴蜀各地的土豪纷纷拥兵自保,割据地方,"足食足兵,以杀去杀"⑤。但是在名义上,他们仍然接受唐廷所授予的军职。例如泸州马骁镇的土豪赵师儒,就是因"巴蜀离乱",纠集

---

① 《资治通鉴》卷255,僖宗中和二年十一月。
② 《资治通鉴》卷255,僖宗中和二年十一月。
③ 《资治通鉴》卷252,懿宗咸通十一年正月。
④ 《资治通鉴》卷255,僖宗中和二年十一月。
⑤ 《金石续编》卷10《唐韦君靖碑》。

乡兵数千人,"凭高立寨,刑讼生杀,得以自专,本道署以军职"①。阡能、谢弘让之流的牙官、镇将,实际上和赵师儒一样,都是被节度使署以军职的土豪。陈敬瑄出任剑南西川节度使以后,面对"巴蜀多故,土豪崛起"②的局面,继续实施唐宪宗以来压制巴蜀地方势力的做法,僵硬地采取高压政策,以寻事人监视县镇土豪,并用酷刑处死谢弘让这样并无过错之人,企图杀一儆百,震慑巴蜀各地的土豪,结果适得其反,终于激起阡能的反叛。可以认为,阡能之乱,实质上是巴蜀土豪反抗唐廷的一次叛乱。

阡能之乱发生在邛州,亦非偶然。自南北朝以来,邛州地区一直是多民族杂居之地,豪族势力强大。刘宋、萧齐和萧梁前期,"不置郡县,唯豪家能服僚者名为保主,总属益州"③。梁武帝时期,出任益州刺史的武陵王萧纪始置邛州。隋炀帝废其州。唐高祖武德元年复置邛州,但是遭到豪家的反对,他们煽动僚人,不断发动叛乱。唐廷在以武力镇压该地区僚人反叛的同时,也对这里强大的豪族势力作了一些让步,在邛州设置镇防团结兵,由当地夷、汉豪族统领,纳入州兵系统。安史之乱期间,邛州兵就曾参与反对唐廷的叛乱。肃宗宝应元年(762)的剑南西川兵马使徐知道之乱,其主力就是由李忠厚率领的邛南之兵。代宗永泰元年(765),又有邛州牙将柏茂琳,伙同泸州牙将杨子琳、剑州牙将李昌巙,起兵攻打西山都知兵马使崔旰。柏茂琳最后还被任命为邛州刺史。文宗以后,由于邛州正当南诏入侵成都的要冲,历任剑南西川节度使大多注意加强邛州的防御,广置民兵,从而使当地的土豪势力左右着邛州的局势。因此,当陈敬瑄打击地方豪族势力时,反叛就首先在这里爆发。作为邛州首望的阡能,显然就是当地土豪的头面人物,所以他的反叛得到各镇寨土豪的响应和支持。高仁厚在平定阡能之乱的过程中,不仅对参加叛乱的普通民众采取招抚政策,同时对土豪也广为招抚,"每下县镇,辄补镇遏使,使安集户口"④。从《韦君靖碑》可以得知,担任镇遏使的人基本上就是当地的土豪。同时,在阡能之乱被平定之后,为了进一步消除邛州土豪的疑虑,"陈敬瑄榜邛州,凡阡能等亲党皆不问。未几,邛州刺史申捕获阡能叔父行全家三十五人系狱,请准

---

① 《北梦琐言》卷4《赵师儒与柳大夫唱和》。
② 《北梦琐言》卷4《柳玭大夫赏牟酢》。
③ 《元和郡县图志》卷31《剑南道·邛州》。
④ 《资治通鉴》卷255,僖宗中和二年。

法。敬瑄以问孔目官唐溪，对曰：'公已有榜，令无问，而刺史复捕之，此必有故。今若杀之，岂惟使明公失大信，窃恐阡能之党纷纷复起矣！'敬瑄从之，遣押牙牛晕往，集众于州门，破械而释之，因询其所以然，果行全有良田，刺史欲买之，不与，故恨之。敬瑄召刺史，将按其罪，刺史以忧死"①。因此，阡能之乱虽然被平定下去，但是巴蜀地区的土豪势力并没有因此遭到打击。相反，通过招抚并大量任命镇将、镇遏使，使得土豪武装完全合法化，这对唐末巴蜀地区政局的变化，产生了极其重要的影响。

有学者认为，参与阡能反叛的基本群众是农民，因此阡能之乱属于农民起义。参与阡能之乱的基本群众，固然如高仁厚所说，"其众皆耕民耳"②，然而这些农民却是在阡能的胁迫下参与叛乱，"不从者举家杀之"③。阡能派去刺探军情的间谍，亦自称："某村民，阡能因其父母妻子于狱，曰：'汝诇事归，得实则免汝家。不然，尽死。'（高）仁厚曰：'诚知汝如是，我何忍杀汝！今纵汝归，救汝父母妻子，但语阡能云：'高尚书来日发，所将止五百人，无多兵也。'然我活汝一家，汝当为我潜语寨中人云：'仆射愍汝曹皆良人，为贼所制，情非得已。尚书欲拯救湔洗汝曹，尚书来，汝曹各投兵迎降，尚书当使人书汝背为'归顺'字，遣汝复旧业。所欲诛者，阡能、罗浑擎、句胡僧、罗夫子、韩求五人耳，必不使横及百姓也。'谍曰：'此皆百姓心上事，尚书尽知而赦之，其谁不舞跃听命！一口传百，百传千，川腾海沸，不可遏也。比尚书之至，百姓必尽奔赴如婴儿之见慈母，阡能孤居，立成擒矣。'"④ 其后，高仁厚征讨阡能的经过，完全证实了这名间谍所预言的"百姓必尽奔赴如婴儿之见慈母，阡能孤居，立成擒矣"。由此可以看出，参与阡能反叛的大多数农民，并不是自愿参与反对唐廷的叛乱，而是在地方豪强的裹胁下，被迫为了地方豪强的利益而反对唐朝政府。把这种叛乱视为"农民起义"，歪曲了唐朝末年巴蜀土豪反对唐王朝的性质。

高仁厚在平定阡能之乱以后，出任眉州防御使。与此同时，涪州刺史韩秀

---

① 《资治通鉴》卷255，僖宗中和二年。
② 《资治通鉴》卷255，僖宗中和二年十一月。
③ 《资治通鉴》卷254，僖宗中和二年三月。
④ 《资治通鉴》卷255，僖宗中和二年十一月。

昇的叛乱却在不断扩大。韩秀昇本为"贼帅"①，在担任涪州刺史后，因陈敬瑄采取遏制地方势力的政策，颇不自安，于是利用阡能之乱的机会，起兵反叛。韩秀昇在中和二年（882）发动叛乱后，得到活动于长江三峡一带的贼帅屈从行的响应。二人联兵攻占黔州（治今重庆市彭水），"劫害黔府，俘掠帅臣，占据涪陵，扼截江路，遽怀僭妄，求作察廉"②。由于"求作察廉"的要求遭到拒绝，韩秀昇随即又溯长江而上，进攻渝州（治今重庆），结果被当地土豪韦君靖率领的"义军"③击败，只好退回涪州（治今重庆市涪陵）。中和三年（883）二月，峡路招讨指挥使庄梦蝶率兵讨伐韩秀昇，战败，退保忠州（治今重庆市忠县）。于是陈敬瑄任命高仁厚为剑南西川行军司马，率兵3000，前去讨伐韩秀昇。三月，"庄梦蝶与韩秀昇、屈行从战，又败。其败兵纷纷还走，所在慰谕，不可遏。遇（高）仁厚于路，叱之。即止。仁厚斩都虞侯一人，更令修娖部伍。乃召耆老，询以山川蹊径及贼寨所据，喜曰：'贼精兵尽在舟中，使老弱守寨，资粮皆在寨中，此所谓重战轻防，其败必矣！'乃扬兵江上，为欲涉之状。贼昼夜御备，遣兵挑战。仁厚不与交兵，潜发勇士千人，执兵负藁，夜，由间道攻其寨，且焚之。贼望见，分兵往救之，不及，资粮荡尽，众心已摇。仁厚复募善游者凿其舟，相继皆沉，贼往来惶惑，不能相救，仁厚遣兵于要路邀击，且招之，贼众皆降。秀昇、行从见众溃，挥剑乱砍，欲止之，众愈怒，共执二人诣仁厚，仁厚诘之曰：'何故反？'秀昇曰：'自大中皇帝晏驾，天下无复公道，纽解纲绝。今日反者，岂惟秀昇！成是败非，机上之肉，惟所烹醢耳！'仁厚愀然，命善食而械之"④。四月，韩秀昇被押解到成都斩首。

四、陈敬瑄的败亡

陈敬瑄，"许州人"⑤，少贱，为饼师。懿宗咸通年间，其弟随义父入内侍

---

① 《资治通鉴》卷255，僖宗中和二年十月。
② 《资治通鉴》卷255，僖宗中和三年四月，引《郑畋集·复黔南观察使陈侁奏涪州韩秀昇谋乱已收管在州侯敕旨状》。
③ 《金石续编》卷10《唐韦君靖碑》。
④ 《资治通鉴》卷255，僖宗中和三年三月。
⑤ 《资治通鉴》卷253，僖宗广明元年三月。《新唐书》卷208《田令孜传》则说"田令孜字仲则，蜀人也"。如此，则陈敬瑄亦为蜀人。然而据《北梦琐言》卷4《妖人伪称陈仆射》记载，当陈敬瑄被任命为剑南西川节度使时，蜀人"不知为何许人"。疑《新唐书》记载有误，故不取其说。

省为宦官,改姓名为"田令孜"。僖宗即位后,以田令孜为左神策军中尉。陈敬瑄遂依附田令孜,隶籍于左神策军,累迁至左神策大将军。僖宗广明元年(880),田令孜估计在黄巢的军事打击下,唐廷有可能被迫撤出京师,于是通过"击毬赌三川"①的方式,安排陈敬瑄替代崔安潜出任剑南西川节度使。由于自宪宗以后,担任剑南西川节度使的人,皆为重臣、亲贵,而陈敬瑄却是出身低微的人,因此诏书下达后,中外惊骇。报状至蜀,蜀人亦惊,不知为何许人。蜀州青城县(治今四川省都江堰市境)的弥勒会之人,窥此声势,乃诈称陈敬瑄,走马赴任。"察事者觉其非常,乃羁縻之。未供承向,而真仆射亦连辔而至,其妖人等悉擒缚,而俟命颍川,俾隐而诛之。"②陈敬瑄就是在这种情况下来到成都。

陈敬瑄"性畏慎,善抚士。黄巢乱,僖宗幸奉天,敬瑄夜召监军梁处厚,号恸奉表迎帝,缮治行宫,令孜亦倡西幸,敬瑄以兵三千护乘舆。冗从内苑小儿先至,敬瑄知其暴横,遣逻士伺之。诸儿连臂谨咋行宫中,士捕系之,呼曰:'我事天子者!'敬瑄杀五十人,尸诸衢,由是道路不哗。帝次绵阳,敬瑄谒于道,帝三举觞,进检校左仆射、同中书门下平章事。时云南叛,请遣使以和亲,乃听命。敬瑄奉行在百官诸吏无敢乏,帝欲命判度支,固让,再加检校司徒兼侍中,封梁国公。以弟敬珣为阆州刺史。讨定邛州首望阡能、涪州叛将韩秀昇,再进兼中书令,封颍川郡王,实封四百户,赐一岁上输钱及上都田宅邸碇各十区,铁券恕十死"③。由此可以看出,陈敬瑄对僖宗,可以说是竭尽忠诚,而僖宗对陈敬瑄也是赏赐有加。在这种情况下,陈敬瑄企图任用自己的部属控制剑南东川,因此在派遣高仁厚前去征讨韩秀昇的时候,就许诺说:"公能破贼,当以东川待公。"④此时的剑南东川节度使杨师立,亦是田令孜的心腹,同样是通过"击毬赌三川"的方式,获得剑南东川节度使职务。当僖宗在中和元年(881)逃到成都后,杨师立见陈敬瑄兄弟权宠太盛,心态就已经不平衡,现在陈敬瑄又将剑南东川节度使的职务许诺给高仁厚,大为恼怒,遂与陈敬瑄反目成仇。田令孜得知杨师立与陈敬瑄不和,担心杨师立会起兵作乱,于是在中和

---

① 《资治通鉴》卷253,僖宗广明元年三月。
② 《北梦琐言》卷4《妖人伪称陈仆射》。
③ 《新唐书》卷224下《陈敬瑄传》。
④ 《新唐书》卷189《高仁厚传》。

四年（884）正月，征杨师立为右仆射，名为升迁，实夺其权。二月，杨师立接到诏书，愤恨不已，遂杀死宣告使和监军使，以讨伐陈敬瑄为名，率兵进驻涪城。三月，"杨师立移檄行在百官及诸道将吏士庶，数陈敬瑄十罪，自言集本道将士、八州坛丁共十五万人，长驱问罪"①。陈敬瑄则奏请僖宗任命高仁厚"为东川节度留后，杨茂言为行军副使，杨棠为诸军都虞侯，率兵二万讨之。师立遣大将张士安、郑君雄守鹿头关"②。高仁厚在打败前来偷袭的东川兵之后，进逼鹿头关，"郑君雄等悉众出战。仁厚设伏于陈后，阳败走，君雄等追之，伏发，君雄等大败。是夕，遁归梓州，陈敬瑄发兵三千以益仁厚军，进围梓州"③。被围困在梓州的杨师立督军力战，十战皆败，于是郑君雄等人率兵哗变，逼杨师立自杀，举城投降。僖宗随即任命高仁厚为剑南东川节度使。与此同时，在沙陀人李克用的军队追击下，起兵反唐的黄巢在泰山附近的狼虎谷自刎而死，其首级被送到成都，献给唐僖宗，"诏以首献于庙"④。

光启元年（885）正月，僖宗由成都起程，返回长安，田令孜也带领在巴蜀地区招募的新军随同僖宗前往京师，并将这些新军纳入神策军的编制。三月，僖宗到达长安。此时，黄巢的反叛虽然被镇压下去，但是藩镇之间却相互混战，天下无复统一。"朝廷号令所行者，惟河西、山南、剑南、岭南数十州而已。"⑤由于各地的藩镇基本上都不再将赋税上缴中央政府，从而使得唐廷无力供养驻扎在京师的神策军，也无力支付南衙、北司1万多名官员的俸禄。为了解决财政危机，田令孜企图从河中节度使王重荣手中夺得对安邑、解池两处池盐的控制权，"收其利以赡军"⑥，结果导致王重荣联合李克用，与支持田令孜的邠宁节度使朱玫、凤翔节度使李昌符相互混战。十二月，李克用大败朱玫和李昌符的军队，进逼长安。田令孜再次带着僖宗逃离长安，前往凤翔。光启二年（886）正月，"李克用还军河中，与王重荣同表请大驾还宫，因罪状田令孜，请诛之。上复以飞龙使杨复恭为枢密使"。而田令孜则要求僖宗前往山南西道的治

---

① 《资治通鉴》卷255，僖宗中和四年三月。
② 《新唐书》卷189《高仁厚传》。
③ 《资治通鉴》卷255，僖宗中和四年五月。
④ 《新唐书》卷225下《黄巢传》。
⑤ 《资治通鉴》卷256，僖宗光启元年三月。
⑥ 《资治通鉴》卷256，僖宗光启元年四月。

所兴元府,"上不从。是夜,令孜引兵入宫,劫上幸宝鸡,黄门卫士从者才数百人,宰相朝臣皆不知"①。田令孜的这种做法,引起宰相萧遘和一些朝臣的不满,于是要求朱玫和李昌符派兵阻止僖宗前往兴元府。而朱玫和李昌符这两个曾经支持田令孜的节度使,此时既耻于为田令孜所用,"且惮李克用、王重荣之强,更与之合"②,于是派兵前往宝鸡,企图夺取对僖宗的控制权。而田令孜则胁持僖宗逃到兴元府。朱玫、王重荣随即表奏僖宗,请"诛令孜,安慰群臣。诏以令孜为剑南监军使,留不去。重荣请幸河中,令孜沮而止。丞相萧遘率群臣在凤翔者,表令孜颛国煽祸,惑小人计,交乱群帅,请诛之"③。正当田令孜处于内外交困之时,剑南东川节度使高仁厚决定与田令孜兄弟划清界限,自谋发展,遂据守梓州,与陈敬瑄断绝往来,并鼓动遂州刺史郑君雄攻陷汉州,进取成都。但是高仁厚低估了田令孜兄弟的力量。郑君雄攻成都,被陈敬瑄大将李顺之击溃,郑君雄败死。接着,陈敬瑄"又发维、茂二州羌军击仁厚,斩之"④。

光启二年(886)四月,"田令孜自知不为天下所容,乃荐枢密使杨复恭为左神策中尉、观军容使,自除西川监军使,往依陈敬瑄"⑤。杨复恭掌权之后,立即排斥田令孜党羽,并在光启三年(887)正月,以右卫大将军顾彦朗为剑南东川节度使,以养子杨守亮为山南西道节度使,用以钳制盘踞在剑南西川的陈敬瑄兄弟。而陈敬瑄则企图阻止顾彦朗就任剑南东川节度使。当顾彦朗行至剑门时,"陈敬瑄使吏夺其节,彦朗不得入,保利州。敬瑄诬劾彦朗擅兴兵掠西境,僖宗下诏申晓讲和,乃得到军"⑥。陈敬瑄的这种做法,使得剑南东川节度使顾彦朗和利州刺史王建大为愤恨,于是二人相互勾结,共同对付陈敬瑄。

王建,字光图,许州舞阳人。少无赖,横行乡里,人称"贼王八"。曾被官府捕获,判处死刑,幸被狱卒私自释放,死里逃生。后弃贼从军,在镇压王仙芝、黄巢的反叛中累获迁升。中和三年(883),随鹿晏弘入汉中。中和四年(884),王建率部投奔流亡成都的唐僖宗,被田令孜收为义子,擢为卫将军,属

---

① 《资治通鉴》卷256,僖宗光启二年正月。
② 《资治通鉴》卷256,僖宗光启二年正月。
③ 《新唐书》卷208《田令孜传》。
④ 《新唐书》卷189《高仁厚传》。
⑤ 《资治通鉴》卷256,僖宗光启二年四月。
⑥ 《新唐书》卷186《顾彦朗传》。

随驾五部之一。光启元年（885），僖宗返回长安，王建随同田令孜至京师，担任神策军将领。光启二年（886），王建又追随田令孜，将僖宗胁持到兴元府。当田令孜由兴元府跑到成都投靠其兄陈敬瑄之后，执掌兴元流亡政府大权的杨复恭立即排斥田令孜党羽，将王建贬斥到利州担任刺史。光启三年（887），因陈敬瑄诬陷王建与顾彦朗侵掠剑南西川，致使王建与陈敬瑄反目为仇，而管辖利州的山南西道节度使杨守亮亦深忌王建骁勇，打算将他除掉。在这困难时刻，"前龙州司仓周庠说（王）建曰：'唐祚将终，藩镇互相吞噬，皆无雄才远略，不能戡济多难，公勇而有谋，得士卒心，立大功者非公而谁！然葭萌四战之地，难以久安。阆州地僻人富，杨茂实，陈、田之腹心，不修职贡，若表

图2—12 今成都永陵内王建塑像

其罪，兴兵讨之，可不战而擒也。'建从之，召募溪洞酋豪，有众八千，沿嘉陵江而下，袭阆州，逐其刺史杨茂实而据之，自称防御使，招纳亡命，军势益盛，守亮不能制"[1]。而剑南东川节度使顾彦朗则积极支持王建占据阆州，并向王建提供军需物资。

王建占领阆州后，陈敬瑄见顾彦朗与王建关系密切，"恐其合兵图己。谋于田令孜。令孜曰：'建，吾子也，不为杨兴元所容，故作贼耳。今折简召之，可致麾下。'乃遣使以书召之，建大喜，诣梓州见彦朗曰：'十军阿父见召，当往省之，因见陈太师，求一大州，若得之，私愿足矣！'乃留其家于梓州，帅麾下精兵二千"，前往成都。当王建到达鹿头关时，"西川参谋李乂谓敬瑄曰：'王建，虎也，奈何延之入室？彼安肯为公下乎！'敬瑄悔，亟遣人止之，且增修守备。建怒，破关而进，败汉州刺史张顼于绵竹，遂拔汉州，进军学射山，又败

---

[1] 《资治通鉴》卷256，僖宗光启三年三月。

西川将句惟立于蚕此,又拔德阳。敬瑄遣使让之,对曰:'十军阿父召我来,及门而拒之,重为顾公所疑,进退无归矣。'田令孜登楼慰谕之,建与诸将于清远桥上髡发罗拜,曰:'今既无归,且辞阿父作贼矣!'顾彦朗以其弟彦晖为汉州刺史,发兵助建,急攻成都,三日不克而退,还屯汉州。敬瑄告难于朝,诏遣中使和解之,又令李茂贞以书谕之,皆不从"①。

文德元年(888)二月,僖宗回到长安。三月,病死,年仅27岁,其弟李杰在宦官杨复恭的扶持下登上帝位,并更名为李敏,是为唐昭宗。同月,王建大举进攻彭州(治今四川省彭州),陈敬瑄出兵增援,王建惧而解围,纵兵大掠,剑南西川十二州皆被其患。王建见陈敬瑄实力尚强,决定利用昭宗对田令孜的不满,争取得到唐廷的支持,消灭陈敬瑄。"建曰:'吾在军中久,观用兵者不倚天子之重,则众心易离,不若疏敬瑄之罪,表请朝廷,命大臣为帅而佐之,则功庶可成。'乃使(周)庠草表,请讨敬瑄以赎罪,因求邛州。顾彦朗亦表请赦建罪,移敬瑄他镇,以靖两川。初,黄巢之乱,上为寿王,从僖宗幸蜀,时事出仓猝,诸王多徒行至山谷中,寿王疲之,不能前,卧礓石上。田令孜自后至,趣之行,王曰:'足痛,幸军容给一马。'令孜答曰:'此深山,安得马!'以鞭抶王使前,王顾而不言,心衔之。及即位,遣人监西川军,令孜不奉诏。上方恨藩镇跋扈,欲以威制之。会得彦朗、建表,以令孜所恃者敬瑄耳,六月,以韦昭度兼中书令,充西川节度使,兼两川招抚制置等使,征陈敬瑄为龙武统军。"②十月,韦昭度到达成都,陈敬瑄以兵守城,拒不受代。十二月,昭宗以韦昭度为行营招讨使,山南西道节度使杨守亮为副使,剑南东川节度使顾彦朗为行军司马,又以王建为永平节度使,充行营诸军都指挥使,大举讨伐陈敬瑄。

韦昭度统兵10余万人讨伐陈敬瑄,王建最为卖力,屡战屡胜,实力不断扩大。剑南西川所属诸州,相继投降王建。但是陈敬瑄死守成都,三年不克。昭宗大顺二年(891)二月,朝廷以"馈运不继"为理由,决定罢兵。三月,复陈敬瑄官爵,诏令顾彦朗、王建各自率兵归镇。此时,成都因遭长期围困,城中乏食,饿殍狼藉,死者相继,吏民日窘,多谋出降,已是危在旦夕。因此,当王建看到罢兵诏书时就说:"大功垂成,奈何弃之。"遂谋于幕僚周庠。周庠力

---

① 《资治通鉴》卷257,僖宗光启三年闰月。
② 《资治通鉴》卷257,僖宗文德元年五月。

劝王建请韦昭度还朝,独攻成都,克而有之。于是王建一面上表称:"陈敬瑄、田令孜罪不可赦";另一方面,软硬兼施,逼走韦昭度,独攻成都。八月,陈敬瑄、田令孜相继投降,王建入据成都,"自称西川留后"①。十月,朝廷正式任命王建为剑南西川节度使。"建以敬瑄居新津,食其租赋,累表请诛,不报。景福二年,阴令左右告敬瑄、令孜养死士,约杨晟等反,于是斩敬瑄于家。初,敬瑄知不免,尝置药于带,至就刑,视带,药已亡矣,自是建尽有两川、黔中地。"②

唐哀帝天祐四年(907)三月,朱全忠篡唐。九月,王建在成都即皇帝位,国号大蜀,唐朝在巴蜀地区的统治完全结束,一个新的割据政权在巴蜀地区形成,这就是王建创立的大蜀国,史称"前蜀政权"。

陈敬瑄在唐末剑南三川节度使中,曾经是实力最为强大的节度使,然而他却在节度使之间的混战中以失败告终,究其原因,主要有以下三点:

首先,陈敬瑄的败亡,与其弟田令孜在政坛上的兴衰有着直接的关系。田令孜在懿宗时期,只是一名普通的宦官,但是他"颇知书,有谋略"③,与后来的僖宗关系密切。当僖宗继位之后,因其"为王时,与令孜同卧起,至是以其知书能处事,又帝资狂混,故政事一委之,呼为父"④。僖宗乾符二年(875),田令孜被任命为右军中尉,掌管神策军,即唐廷直接控制的中央军。田令孜掌握军权之后,随即提拔其兄陈敬瑄。"敬瑄因令孜得隶左神策军,数岁,累迁至大将军。"⑤僖宗广明元年(880)三月,在田令孜的安排下,陈敬瑄通过"击毬赌三川"的方式而成为剑南西川节度使。可以认为,陈敬瑄是被田令孜一手扶上剑南西川节度使的位置。而陈敬瑄在担任剑南西川节度使之后,也一直处在田令孜的庇护之下。僖宗时,田令孜控制着朝政,掌握着神策军,因此陈敬瑄的地位牢不可破。但是昭宗继位后,企图重整朝纲,由于和田令孜有宿怨,而"令孜所恃者敬瑄耳"⑥,因此将陈敬瑄作为重整朝纲的打击对象,派宰相韦昭度统兵10余万进行讨伐,最终导致陈敬瑄的败亡。所谓一荣俱荣,一损俱

---

① 《资治通鉴》卷258,昭宗大顺二年八月。
② 《新唐书》卷224下《叛臣·陈敬瑄传》。
③ 《旧唐书》卷184《田令孜传》。
④ 《新唐书》卷208《田令孜传》。
⑤ 《资治通鉴》卷253,僖宗广明元年三月。
⑥ 《资治通鉴》卷257,僖宗文德元年五月。

损,陈敬瑄、田令孜兄弟的兴衰成败就是一个典型的例证。

其次,陈敬瑄的败亡,还与当时巴蜀土豪的政治态度有关。唐末,在皇权再次式微的情况下,巴蜀土豪重新崛起。陈敬瑄不能审时度势地争取巴蜀土豪对自己的支持,反而继续僵硬地执行唐廷遏制地方政治势力的政策,企图用高压手段压服巴蜀土豪,由此导致邛州安仁县的土豪阡能起兵反叛。而阡能之乱又进一步激化了巴蜀土豪与唐廷之间的矛盾。"先是,蜀中少盗贼,自是纷纷竞起,州县不能制。"① 其后,虽然高仁厚采取招安的办法,平息了阡能之乱,但是陈敬瑄却因此失去了巴蜀土豪的支持。文德元年(888),当王建由阆中率兵攻击陈敬瑄时,首先就得到邛州安仁县土豪的支持。"王建军新都,时绵竹土豪何义阳、安仁费师憝等所在拥兵自保,众或万人,少者千人,建遣王宗瑶说之,皆帅众附于建,给其资粮,建军复振。"② 正是由于邛州土豪对陈敬瑄执反对态度,所以王建采纳了谋士周庠、綦毋谏的建议,请求唐廷将邛州交给他管辖,"据之以为根本"③。其后,随着王建不断在军事上取得胜利,原来持观望态度的巴蜀土豪,以及被陈敬瑄授予军职的蜀将,亦相继归附王建。昭宗大顺元年(890),简州将杜有迁擒刺史员虔嵩降于王建,资州将侯元绰也执刺史杨戡降于王建。王建则分别委任杜有迁、侯元绰知本州事。而"㶚道土豪文武坚执戎州刺史谢承恩降于建"。随即又有蜀州将李行周驱逐刺史徐公钺,"举城降建"④。由于剑南西川境内的土豪相继公开支持王建,从而使陈敬瑄陷入孤立无援的绝境,最终难逃覆灭的命运。

第三,陈敬瑄的败亡,还与他个人的能力不足有关。陈敬瑄出身于社会底层,原来不过是一个卖麦饼的人,只因其弟为权阉,得以获得军政要职。然而从他隶属于神策军直到担任剑南西川节度使以后的经历看,陈敬瑄既缺乏政治经验,亦无军事才干,完全不能应对唐末群雄逐鹿的复杂形势。尤其是以下三件事情的处理失当,直接导致他的败亡。一是在光启三年(887),陈敬瑄为阻止顾彦朗出任剑南东川节度使,派人夺其节钺,而当顾彦朗逃到原来在神策军的同僚王建处避难时,陈敬瑄不仅没有利用王建是田令孜养子这一有利条件,

---

① 《资治通鉴》卷254,僖宗中和二年三月。
② 《资治通鉴》卷257,僖宗文德元年六月。
③ 《资治通鉴》卷257,僖宗文德元年六月。
④ 《资治通鉴》卷257,昭宗大顺元年四月、十月。

除去顾彦朗，反而诬陷王建与顾彦朗擅自兴兵掠夺剑南西川，结果非但没有阻止顾彦朗出任剑南东川节度使，反而使王建与顾彦朗联合起来与己为敌。这一事件充分反映出陈敬瑄政治上的不成熟，也为陈敬瑄最后的败亡埋下祸根。其二是处置高仁厚。当陈敬瑄因采取高压政策而激起巴蜀土豪的反叛时，重用高仁厚督兵四讨，为其平息各地的反叛。然而当高仁厚担任剑南东川节度使并出现脱离他控制的倾向时，陈敬瑄却没有采取适当措施重新争取高仁厚对他的支持，而是简单地使用武力解决的办法，杀掉高仁厚。对于陈敬瑄的这种做法，张彭在《耆旧传》中将其作为陈敬瑄所犯的一项重要错误，并认为："高仆射权谋智勇，累有大功于太师，又极忠孝，若在，王司徒不过梓潼"①。高仆射即高仁厚，太师即陈敬瑄，王司徒即王建。其三，当王建与顾彦朗在昭宗继位后，联合起来奏请讨伐陈敬瑄并获得昭宗同意时，陈敬瑄又将军事指挥权拱手交给同样没有军事才能，并且在政治上臭名昭著的田令孜，由此丧失最后一线可以自救的希望。"陈敬瑄之拒朝命也，田令孜欲盗其军政，谓敬瑄曰：'三兄尊重，军务繁劳，不若尽以相付，日具记事咨呈，兄但高居自逸而已。'敬瑄素无智能，忻然许之。自是军务皆不由己，以至于亡。"②

---

① 《资治通鉴》卷 256，僖宗光启二年三月条引。
② 《资治通鉴》卷 258，昭宗大顺二年八月。

第三章 政治军事制度

第三章 政治军事制度

政治军事制度是统治集团实施统治的组织形式。两晋南北朝隋唐时期，除了割据的成·汉政权曾经建立起完整的中央和地方政治、军事制度以外，巴蜀地区的政治军事制度，皆属封建王朝统治下的地方政治军事制度①。由于巴蜀在当时属于边疆地区，而且地域辽阔，民族众多，历代封建王朝虽然主要采用通常统治地方的政治军事制度，但也制定了一些较为特殊的制度，用以加强对该地区的控制，由此使得巴蜀地区的政治军事制度有别于一般的地方政治军事制度。

第一节 行政建置

两晋南北朝时期的地方行政建置，分为州、郡、县三级。隋文帝开皇三年（583），河南道行台兵部尚书杨尚希见天下州郡过多，于是上表说："窃见当今郡县，倍多于古，或地无百里，数县并置，或户不满千，二郡分领。具僚以众，资费日多，吏卒人倍，租调岁减。清干良才，百分无一，动须数万，如何可觅？

---

① 东晋时期割据巴蜀达8年的谯纵，并未建立完整的中央政治、军事制度。其他反对封建王朝的叛乱，虽然也设官分职，但同样没有建立起完整的中央政治、军事体制。

所谓民少官多，十羊九牧。琴有更张之义，瑟无胶柱之理。今存要去闲，并小为大，国家则不亏粟帛，选举则易得贤才。"① 隋文帝接受了他的建议，罢天下诸郡，以州统县。地方行政建置，遂由州、郡、县三级，省并为州、县二级。隋炀帝大业三年（607），改州为郡，以郡统县。唐高祖武德元年（618），重新恢复隋文帝时期的州、县二级地方行政建置。唐玄宗天宝元年（742），改天下诸州为郡，以郡统县。唐肃宗乾元元年（758），又将郡更名为州。自此以后，以州统县的二级地方行政建置，终唐世而不改。

两晋南北朝隋唐期间，巴蜀地区的行政建置，也经历了从州、郡、县三级到州（郡）、县两级的变化。除此之外，在两晋南北朝时期，由于长期动乱，人口流动频繁，为了安置流民和一些特殊的移民，还在巴蜀境内设有侨州、侨郡和侨县。隋唐时期，虽然在巴蜀地区不再设立侨州、侨郡和侨县，但是在边远的少数民族地区，却大量设置羁縻州、县。这些羁縻州、县的组织结构与一般的州、县完全不同。

一、实土州、郡、县

两晋南北朝时期，有着具体管辖地域和民户的州、郡、县被称为实土州、郡、县，用以区别于专门管理流民和特殊移民的侨州、郡、县。入唐以后，这类州、县又被称为正州、正县，用以区别在少数民族聚居地设立的羁縻州、县。实土州、郡、县的地方行政建置，不仅有着具体的管辖地域和民户，而且还有单独的行政机构驻地，即治所，主要行政长官也有一定的任期。

巴蜀地区设置实土州，始于汉代。西汉武帝元封五年（前106），分天下为十三州部，巴蜀地区属益州部。最初的州部只是监察区划，东汉时期，逐渐演变为行政建置。曹魏元帝景元四年（263）灭蜀汉国，以其地设置益州和梁州。西晋武帝立国之后，巴蜀地区仍然分属梁、益二州。泰始七年（271），"武帝以益州地广，分益州之建宁、兴古、云南，交州之永昌，合四郡为宁州"②。但是宁州设置的时间不长。武帝咸宁五年（279），"诏问朝臣以政之损益，司徒左长史傅咸上书，以为：'公私不足，由设官太多。旧都督有四，今并监军乃盈于

---

① 《隋书》卷46《杨尚希传》。
② 《晋书》卷14《地理志·宁州》。

十。禹分九州，今之刺史几向一倍；户口比汉十分之一，而置郡县更多；虚立军府，动有百数，而无益宿卫；五等诸侯，坐置官。诸所廪给，皆出百姓，此其所以困乏者也。当今之急，在于并官息役，上下务农而已。'"① 由于大多数朝臣都赞成傅咸的意见，认为有必要将一些州、郡、县加以合并，用以减轻百姓的负担，因此武帝在太康五年（284）"罢宁州入益州，置南夷校尉以护之"②。然而在西晋惠帝太安元年（302），负责管理永昌郡（治今云南省保山市境）的部从事孙辨上书言南中形势，认为：南中"七郡斗绝，晋弱夷强，加其土人屈塞，应复宁州，以相镇慰"③。西晋惠帝采纳了孙辨的建议，复置宁州④。至此，基本形成梁州管辖巴地，益州管辖蜀地，宁州管辖南中地区的格局。西晋末年至东晋穆帝初年割据巴蜀和南中部分地区的成·汉政权，先后设置司隶、益、梁、荆、宁、交、安、汉等8州。东晋穆帝永和三年（347），桓温灭成·汉政权，裁撤成·汉统治期间设置的诸州，巴蜀地区依旧分属梁、益二州。东晋孝武帝宁康元年（373），前秦政权占领巴蜀地区，设立梁、益、宁三州，其中梁州刺史镇守汉中，益州刺史镇守成都，宁州刺史镇守垫江。孝武帝太元十年（385），东晋收复巴蜀地区后，在巴蜀地区仍然只设置梁、益二州，宁州依旧管辖南中地区。刘宋因之不改。南齐高帝建元二年（480），因"群蛮数为叛乱"⑤，分荆州的巴东、建平（治今重庆市巫山县境）二郡和益州的巴郡、梁州的涪陵郡，立为巴州。不过巴州设置的时间很短，"永明元年省，各还本属"⑥。萧梁时期，开始在梁、益二州境内大量析置新州，先后在齐基郡置东益州（治今四川省彭州）；在平兴郡置北益州（治今四川省青川县境）；在汶山郡置绳州（治今四川省茂县）；在隆山郡置江州（治今四川省彭山）；在巴东郡置信州；分巴郡置巴州（治今四川省巴中）、东巴州（治今四川省南江县境）和楚州（治今重庆）；在巴西郡置南梁·北巴州（治今四川省阆中）；在梓潼郡置南梁州，后改为安州；在新城郡置新州（治今四川省三台）；在金山郡置潼州；开夷僚之地

---

① 《资治通鉴》卷80，武帝咸宁五年十二月。
② 《资治通鉴》卷81，武帝太康五年十二月。
③ 《华阳国志》卷4《南中志》。
④ 《晋书·地理志》记载复置宁州是在太安二年，与《华阳国志·南中志》和《资治通鉴》记载的太安元年，略有出入。
⑤ 《资治通鉴》卷135，高帝建元二年二月。
⑥ 《南齐书》卷15《州郡志·巴州》。

置泸州（治今四川省泸州）、邛州；开通僚外置青州（治今四川省眉山）、戎州（治今四川省宜宾市境）、巂州；以北魏南梁州置渠州（治今四川省渠县）、邻州（治今四川省大竹县境）、万州（治今四川省达州），改北魏设在晋寿郡的（东）益州为黎州。西魏时期，又改萧梁设置的青州为眉州，改黎州为利州，改安州为始州，改万州为通州。同时，继续设立新州，其中在普宁县置陵州（治今四川省仁寿），在阳安县置资州（治今四川省简阳市境），在临江郡置临州（治今重庆市忠县），在临清郡置迁州（治今四川省宣汉县境），在巴渠郡置石州（治今四川省宣汉），在南普郡置并州（治今四川省万源），在新宁县置开州（治今四川省开江县境），在平兴郡置沙州（治今四川省青川县境），在江油县置龙州（治今四川省江油市境），在方义县置遂州，在东宕渠郡置合州（治今重庆市合川）。北周时期，先后裁撤东益州、江州、迁州、邻州、石州，改绳州为汶州，改眉州为嘉州，改南梁·北巴州为隆州，在难江县置集州（治今四川省南江），在普慈郡置普州（治今四川省乐至），在武宁县置南州（治今重庆市万州区），在永康县置万州（治今四川省达州市境），割巴州、隆州之地置蓬州（治今四川省仪陇县境），在七顷山置翼州（治今四川省茂县境），在通轨县置覃州（治今四川省红原县境），在龙涸置扶州（治今四川省松潘），在沈黎置黎州（治今四川省汉源县境）；开越巂地置严州，后改为西宁州（治今四川省西昌）；因涪陵蛮帅田思鹤内附，即其地置奉州，后改为黔州。萧梁、西魏、北周三朝，是巴蜀地区大量设置州一级行政建置的时期。隋朝建立后，隋文帝又对北周在巴蜀地区设立的诸州进行调整。隋炀帝继位后，继续对州一级行政建置进行调整，随即又改州为郡。据《隋书·地理志》记载，隋炀帝时期，包括巴蜀地区在内的梁州之域，共有34郡。入唐以后，州（郡）的设置，屡有变化，据《新唐书·地理志》记载，剑南三川共领有55州。

在唐代，除了沿袭前代制度设置诸州之外，还在巴蜀地区设置被称为"府"的行政建置。当唐玄宗因躲避安史之乱而逃到成都后，于"至德二年十月，驾回西京，改蜀郡为成都府"①；在唐德宗因躲避朱泚之乱而逃到南郑后，又于兴元元年（784），升梁州为兴元府②。唐代的府和州是同一级行政建置，只是府

① 《旧唐书》卷41《地理志·剑南道》。
② 《旧唐书》卷39《地理志·山南西道》。

的地位高于州而已。

巴蜀地区设立实土郡,始于秦代。最初的郡是地方最高一级行政建置。自东汉以后,郡降为州以下的行政建置。曹魏灭蜀汉国,即其地设置益州和梁州,依旧以州统郡。晋代相沿不改,只是郡的设置,逐渐增加。西晋武帝泰始年间,梁州统汉中、梓潼、广汉、新都、涪陵、巴、巴西、巴东等8郡;益州统蜀、犍为、汶山、汉嘉、江阳、朱提(治今云南省昭通市境)、越嶲、牂牁(治今贵州省瓮安县境)等8郡。"太康六年九月,罢新都郡并广汉郡。惠帝复分巴西置宕渠郡,统宕渠、汉昌、宣汉三县,并以新城、魏兴、上庸合四郡,以属梁州。"① 由此使得梁州的属郡增至10个。而益州的属郡,则随着宁州的兴废亦有所变动。成·汉割据巴蜀期间,郡的设置和归属,前后颇多变化,李寿汉兴五年(342),共设有8州、37郡②。桓温平定成·汉政权后,又对成·汉统治期间设置的郡进行调整,保留广汉、德阳(治今四川省遂宁)二郡,裁撤汉原(治今四川省崇州市境)、沈黎(治今四川省汉源县境)二郡,增设遂宁、晋原(治今四川省崇州市境)和始宁郡。东晋孝武帝宁康元年(373),前秦苻坚夺占巴蜀地区后,置梁州于南郑,统汉中、梓潼、广汉、德阳、遂宁、宕渠(治今四川省渠县境)等6郡;置益州于成都,统蜀、犍为、汶山、汉嘉、江阳、越嶲、晋原、始宁等8郡;置宁州于垫江,统巴、巴西、涪陵、朱提、牂牁、夜郎(治今贵州省关岭县境)、平蛮(治今贵州省毕节)、平乐(治今贵州省盘县境)等8郡。东晋孝武帝收复巴蜀地区后,分梓潼北界立晋寿郡(治今四川省广元市境),又"分巴西、梓潼为金山郡"③。其后,在谯纵于东晋安帝义熙元年(405)割据巴蜀时,郡一级行政建置再次发生变化。当东晋平定谯纵之乱以后,又对巴蜀地区的诸郡进行调整,增设新巴郡(治今四川省剑阁县境)和巴渠郡(治今四川省达州)。刘宋时期,郡的设置,十分紊乱,"名号骤易,境土屡分,或一郡一县割成四、五,四、五之中,亟有离合"④。加之"省置交加,日回月徙,寄寓迁流,迄无定托,邦名邑号,难或详书"⑤。根据《宋书·州郡

---

① 《晋书》卷14《地理志·梁州》。
② 徐文范:《东晋南北朝舆地表》。
③ 《晋书》卷14《地理志·梁州》。
④ 《宋书》卷35《州郡志》。
⑤ 《宋书》卷11《志序》。

志》记载,并参考《晋书·地理志》和《南齐书·州郡志》,益州领有实郡12个,梁州也领有实郡12个。南齐时期的郡一级行政建置,比刘宋还要混乱。据《南齐书·州郡志》记载,梁州统68郡,其中45郡,或为空荒之地,或者没有民户;益州统33郡;巴州统4郡。而梁州管辖的实郡仅有11个,益州辖有实郡10个,巴州辖有实郡4个。东晋、刘宋和南齐时期,是巴蜀地区大量设置郡一级行政建置的时代,也是置郡最为混乱的时期。萧梁、西魏、北周三朝,在大量增设新州的同时,逐步将侨郡实土化,由此导致实土郡的数量继续增加。隋文帝时期,最终废除郡一级行政建置,以州统县。其后,隋炀帝和唐玄宗、唐肃宗曾改州为郡,但这只是名称上的变动,实际上二者皆为同一级行政建置。

两晋南北朝隋唐时期,县始终是巴蜀地区的基层行政建置。根据《晋书·地理志》记载统计,西晋武帝泰始年间,益州和梁州共辖有88县。其后,县的设置,不断增加。刘宋时期,益州和梁州共辖有107县。萧齐时期,益州、梁州和巴州,共辖有122县。梁代的巴蜀地区,可考的县有92个。北周时期,巴蜀地区可考的县有157个。隋炀帝时期,包括巴蜀地区在内的梁州之域,共有220县。入唐以后,县的设置,屡有变化,据《新唐书·地理志》记载统计,剑南三川共领有288县。关于县的设置情况,大体上可以分为三种类型,一类是沿袭前代已经设置的县,相沿不改,如唐代的成都、郫、雒(治今四川省广汉),皆为汉县;二是将原有的县分割为新县,如隋代分邛都置越巂县(治今四川省西昌),割平羌、龙游二县地置夹江县,唐代分成都置华阳、犀浦(治今四川省成都市境)二县,以雒、新都、金水三县之地置金堂县;三是设置新县,如西魏以邓至羌之地置甘松县(治今甘肃省迭部),隋代平定夷僚置汉源县,唐代以逃户聚居地置璧山县。

两晋南北朝隋唐时期,同一级的州、郡、县,其重要性并不一样。西晋时期,诸州分为轻州和重州。轻州刺史只理庶务,重州刺史兼统军事。晋武帝太康三年(282),以梁、益二州为轻州,刺史三年一入奏事。惠帝元康六年(296),又以梁、益二州为重州。此后,相沿不改。梁武帝时,由于大量析置新州,大同五年(539),"散骑常侍朱异奏:'顷来置州稍广,而大小不伦,请分为五品,其位秩高卑,参僚多少,皆以是为差。'诏从之。于是上品二十州,次品十州,次品八州,次品二十三州,下品二十一州。时上方事征伐,恢拓境宇,北逾淮、汝，东距彭城，西开牂柯，南平俚洞，纷纶甚众，故异请分之。其下品皆异国之人，徒有州名而无土地，或因荒僻之民所居村落置州及郡县，刺史守令皆用彼人为之，尚书不能悉领，山川险远，职贡罕通。五品之外，又有二十余州不知处所。凡一百七州。又以边境镇戍，虽领民不多，欲重其将帅，皆建为郡，或一人领二三郡太守，州郡虽多，而户口日耗矣"①。北周按照户数的多少，分州为四等，分郡、县为五等。隋朝建立之后，曾沿用北齐制度，分州、县为九等，隋文帝开皇十四年（594）改为四等。入唐以后，又改为上、中、下三等。在唐代，除了依据户数的多寡来确定州、县等级之外，还按照府、辅、雄、望、紧来确定州的重要程度，按照赤、次赤、畿、次畿、望、紧来确定县的地位。其中巴蜀地区的绝大多数州、县是按照户口的多少来确定等级。而在一些政治、军事中心，则按照府、辅、雄、望、紧和赤、次赤、畿、次畿、望、紧的标准来区别州、县的重要性。其中益州（成都府）是西南地区的政治、军事中心，因而唐廷以成都府为赤府，所领10县，或为次赤县，或为次畿县，其建置与东、西两京相同，故唐人卢求在《成都记·序》中说："赤府畿县，与秦、洛并。"② 山南西道的兴元府亦为赤府，所领5县，或为次赤，或为次畿，地位与成都府相当。然而作为剑南东川政治中心的梓州，其地位却在成都府和兴元府之下，因此在相当长的时间内，一直是按户口数量定为上州。只是作为州治的郪县（治今四川省三台），因为是节度使的治所而被定为望县。直到武宗会昌四年（844），梓州才升为紧州。巴蜀地区其余的紧、望州县，主要集中在彭、蜀、汉三州。此外，位于岷江中游的邛、眉（治今四川省眉山）、嘉（治今四川省乐山）三州，位于涪江中游的绵、遂二州，以及嘉陵江中游的剑、阆二州，亦有少数县被列为紧县或望县。位于汉中盆地的洋州（治今陕西省洋县）则被定为雄州。由此可以看出，唐代的益州（成都府）、梁州（兴元府）是巴蜀地区最重要的行政建置，其次则是毗邻益州的彭、蜀二州，毗邻梁州的洋州，以及位于四川盆地中部的梓州。

---

① 《资治通鉴》卷158，武帝大同五年十一月。
② 《全唐文》卷744。

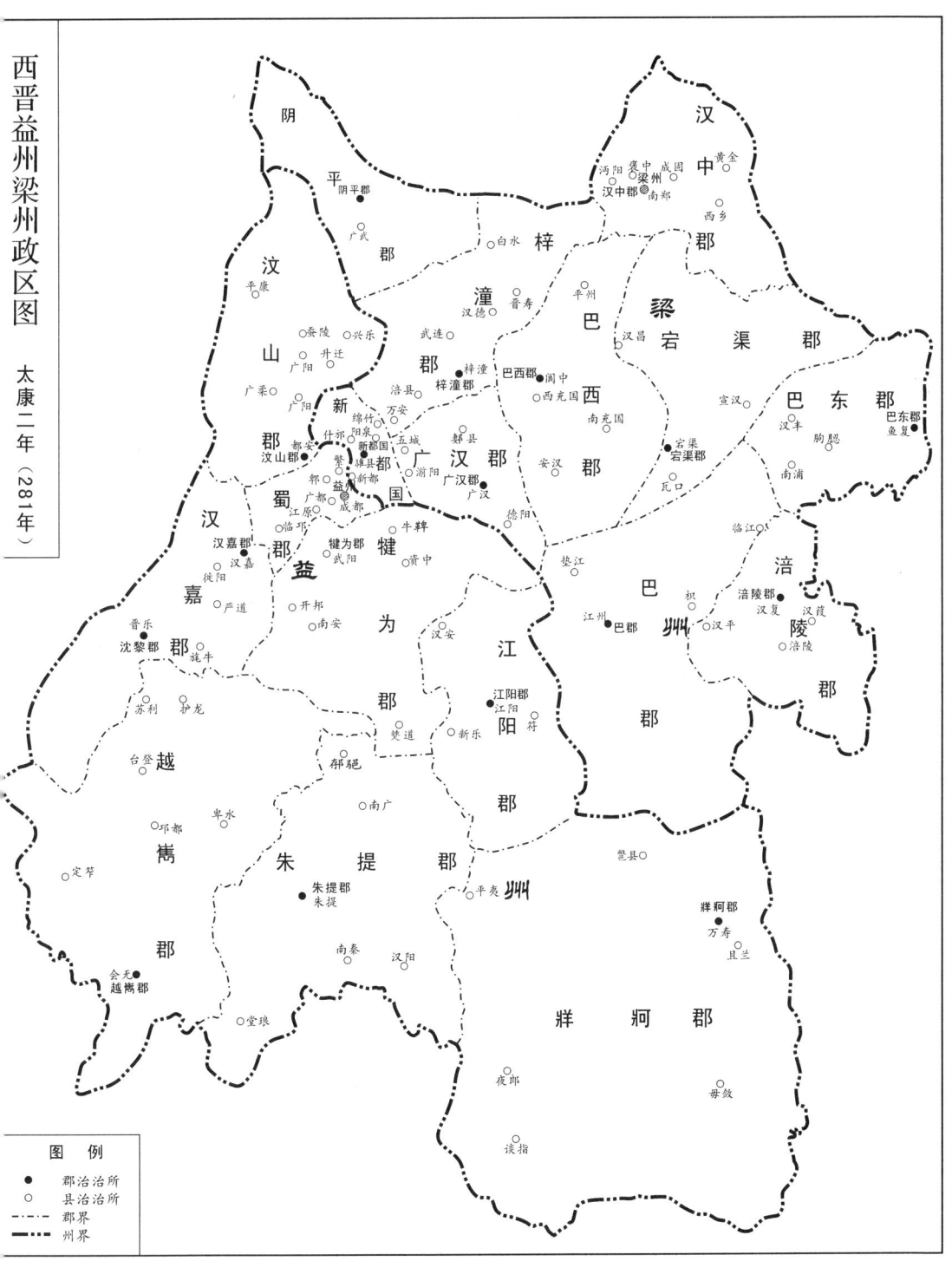

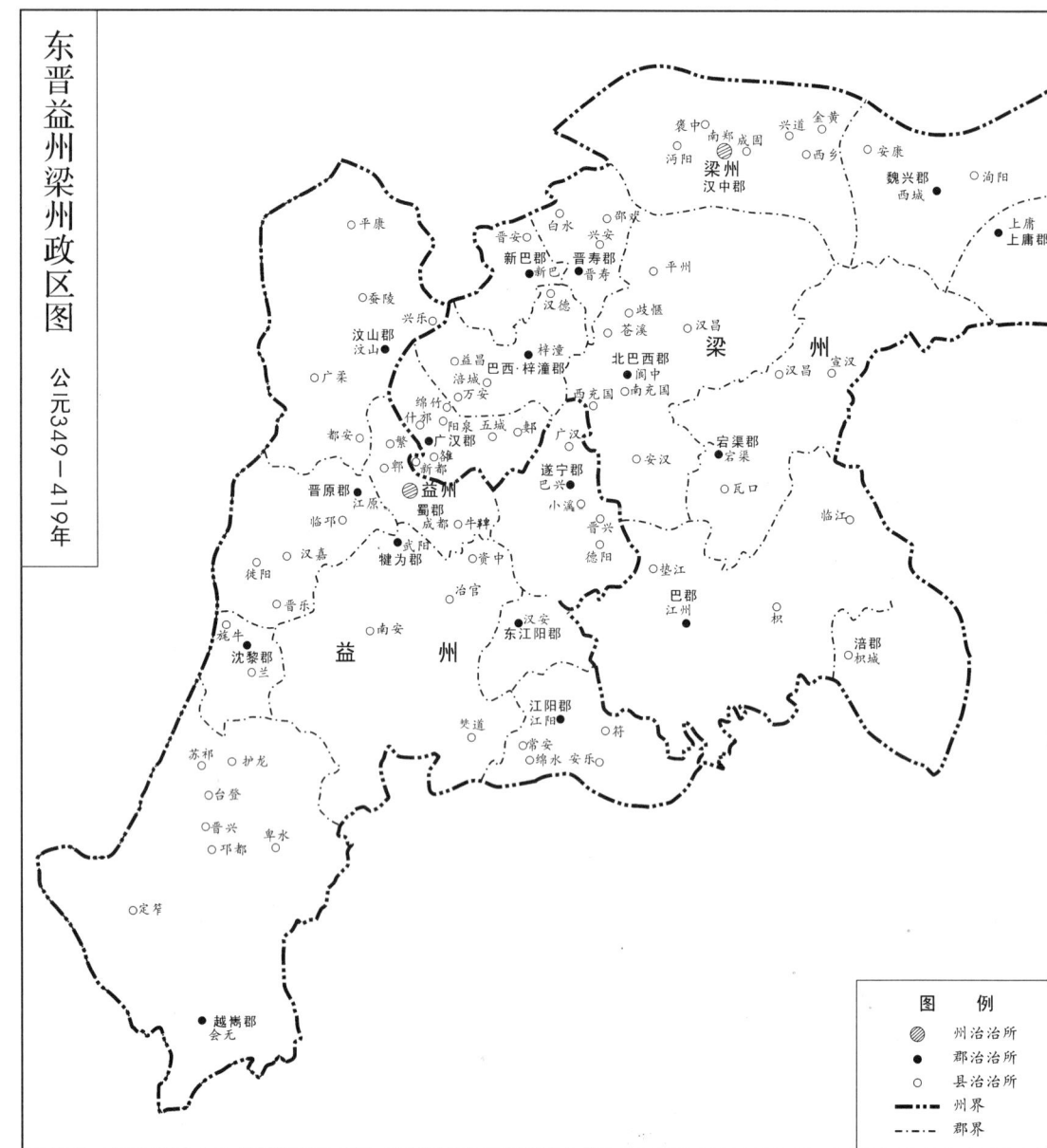

表 3－1　　　　　　　　晋代益州和梁州所辖实土郡县表

州名	治所（今地名）	辖郡	辖县
益	成都（成都）	蜀	成都、广都、繁、江原、临邛、郫
		晋原	江源、临邛、徙、汉嘉、晋乐
		犍为	武阳、南安、僰道、资中、牛鞞、冶官
		汶山	汶山、升迁、都安、广阳、兴乐、平康、蚕陵、广柔
		汉嘉	汉嘉、徙阳、严道、牦牛
		江阳	江阳、符、汉安、常安、新乐
		朱提	朱提、汉阳、南秦、堂狼
		南广	南广、临利、常迁、新兴
		越巂	会无、邛都、卑水、定莋、台登
		遂宁①	晋兴、巴兴、德阳、广汉、小溪
		牂柯	万寿、且兰、谈指、夜郎、毋敛、并渠、鳖、平夷
梁	苞中（陕西省褒城）②	汉中	南郑、蒲池、褒中、沔阳、城固、西乡、黄金、兴道
		梓潼	梓潼、涪城、武连、黄安、汉德、晋寿、剑阁、白水
		广汉	广汉、德阳、五城
		新都	雒、什方、绵竹、新都
		涪陵	汉复、涪陵、汉平、汉葭、万宁
		巴	江州、垫江、临江、枳
		北巴西	阆中、汉昌
		巴东	鱼复、朐、南浦
		宕渠	宕渠、汉昌、宣汉
		晋寿	晋寿、白水、邵欢、兴安
		金山	益昌、晋兴
		新巴	新安、晋安、晋城
		宋熙	兴乐、归安、宋安、元寿、嘉昌
		巴渠	晋兴
		新城	房陵、绥阳、昌魏、沶乡
		魏兴	晋兴、安康、西城、锡、长利、洵阳
		上庸	上庸、安富、北巫、武陵、上廉、微阳

① 《晋书·地理志》称，遂宁郡属梁州。《太平寰宇记》说，东晋分置遂宁郡，属益州。今取《太平寰宇记》说法。

② 据《宋书》卷37《州郡志·梁州》记载，曹魏设置梁州时，州刺史的治所设在汉中郡南郑县。西晋相沿不改。东晋平定成·汉国，梁州刺史依旧治汉中南郑。东晋安帝义熙年间，谯纵割据巴蜀，占领汉中，东晋将梁州刺史的治所移至魏兴郡。平定谯纵之乱以后，梁州刺史的治所移至汉中的苞中县。

表 3－2　　　　　　　刘宋时期益州和梁州所辖实土郡县表

州名	治所（今地名）	辖郡	辖　县
益	成都（成都）	蜀	成都、郫、繁、鞞
		晋原	江原、临邛、晋乐、徙阳、汉嘉
		犍为	武阳、南安、资中、僰道、冶官
		汶山	都安、晏官
		越巂	邛都、新兴、台登、晋兴、会无、卑水、定莋、苏利
		广汉	雒、什邡、郪、新都、阳泉、伍城
		新城	北五城、怀归
		梓潼	涪、梓潼、西浦、万安
		沈黎	城阳、兰、牦牛
		遂宁	巴兴、德阳、广汉、晋兴
		巴	江州、临江、垫江、枳
		东江阳	汉安、绵水
梁	南郑（陕西省汉中）①	汉中	南郑、城固、沔阳、西乡
		魏兴	西城、郧乡、锡、广城、兴晋、旬阳、上廉、广昌
		新城	房陵、绥阳、昌魏、祁乡、阆阳、乐平
		上庸	上庸、安富、北巫、微阳、武陵、吉阳
		晋寿	晋寿、白水、邵欢、兴安
		新巴	新巴、晋城、晋安
		北巴西	阆中、安汉、南国、西国、平州、宋寿、汉昌
		巴渠	宣汉、始兴、巴渠、东关、始安、下蒲、晋兴
		宋熙	兴乐、归安、宋安、元寿、嘉昌
		安康	安康
		怀汉	永丰、绥来、预德
		南安	南安、梓潼、白水、华阳

---

①　据《宋书》卷 37《州郡志·梁州》记载，刘宋初期，梁州刺史治汉中郡苞中县，即南城。文帝元嘉十年（433），因仇池国攻占苞中，刘宋新任梁州刺史萧思话移治南郑。《资治通鉴》则载其事在元嘉十一年（434）。此后，梁州的治所就一直设在南郑。

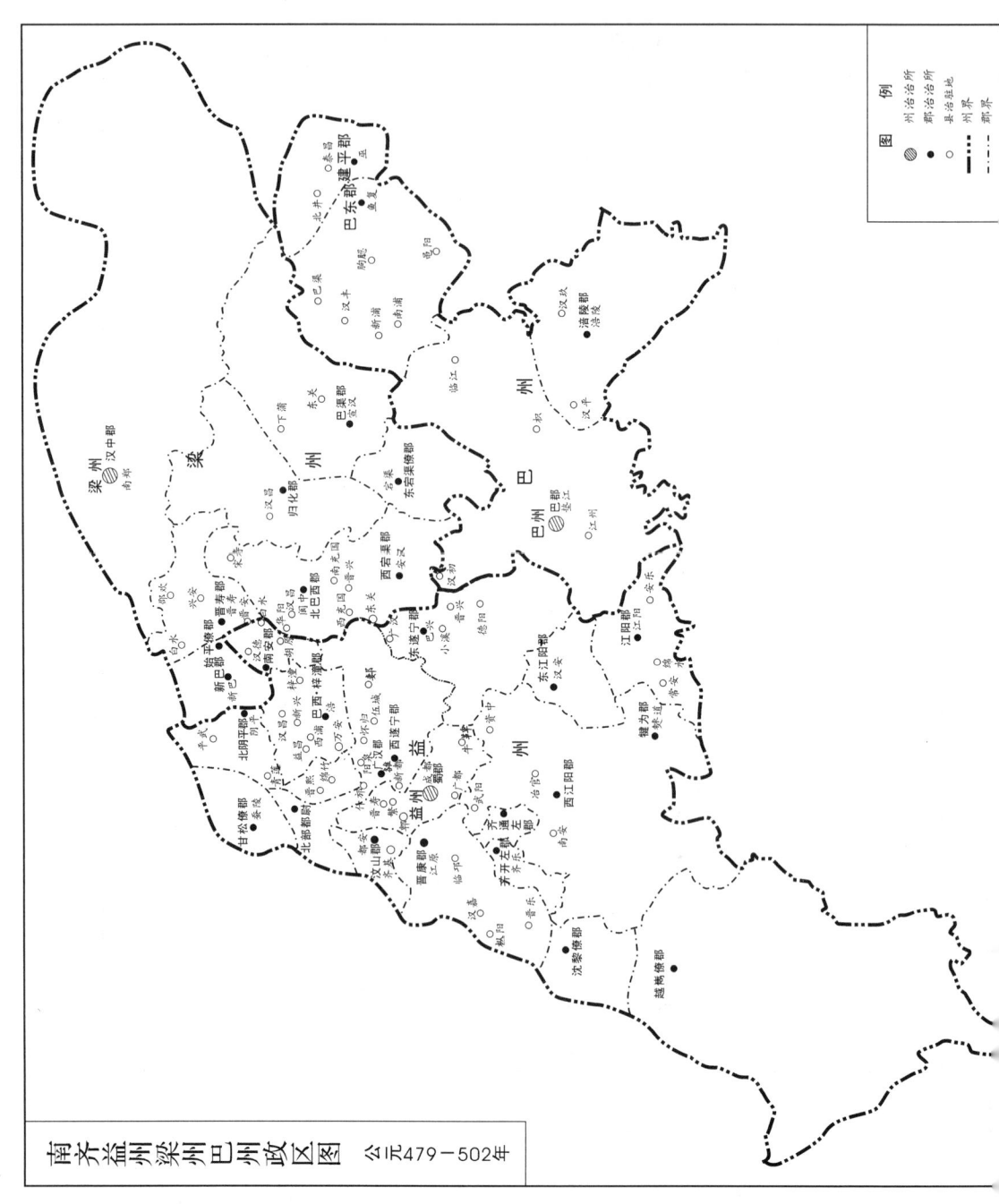

表 3-3　　　　　　南齐时期益州、梁州和巴州所辖实土郡县

州名	治所（今地名）	辖郡	辖县
益	成都（成都）	蜀	成都、郫、牛鞞、繁
		广汉	雒、什方、新都、郪、伍城、阳泉
		晋康	江原、临邛、枞阳、晋乐、汉嘉
		汶山	都安、齐基、晏官
		东遂宁	巴兴、小汉、晋兴、德阳
		犍为	僰道、南安、资中、冶官、武阳
		江阳	江阳、常安、汉安、绵水
		梓潼	涪、梓潼、汉德、新兴、万安、西浦
		东江阳	汉安、安乐、绵水
		南安	南安、华阳、白水、乐安、桓道
梁	南郑（陕西省汉中）	汉中	南郑、城固、沔阳、西乡
		魏兴	西城、旬阳、兴晋、广昌、南广城、广城
		上庸	上庸、武陵、齐安、北巫、上廉、微阳、新丰、新安、吉阳
		晋寿	晋寿、邵欢、兴安、白水
		新巴	新巴、晋城、晋安
		北巴西	阆中、安汉、宋寿、南国、西国、平州、汉昌
		巴渠	宣汉、晋兴、始兴、巴渠、东关、始安、下蒲
		宋熙	兴平、宋安、阳安、元寿、嘉昌
		安康	安康
		怀汉	永丰、绥成、预德
		晋昌	安晋、宣汉、吉阳、长寿、东关、新兴、延寿、安乐
巴	鱼复（重庆市奉节·白帝）	巴东	鱼复、朐、南浦、聂阳、巴渠、新浦、汉丰
		建平	巫、秭归、北井、泰昌、沙渠、新乡
		巴	江州、枳、垫江、临江
		涪陵	汉平、涪陵、汉玫

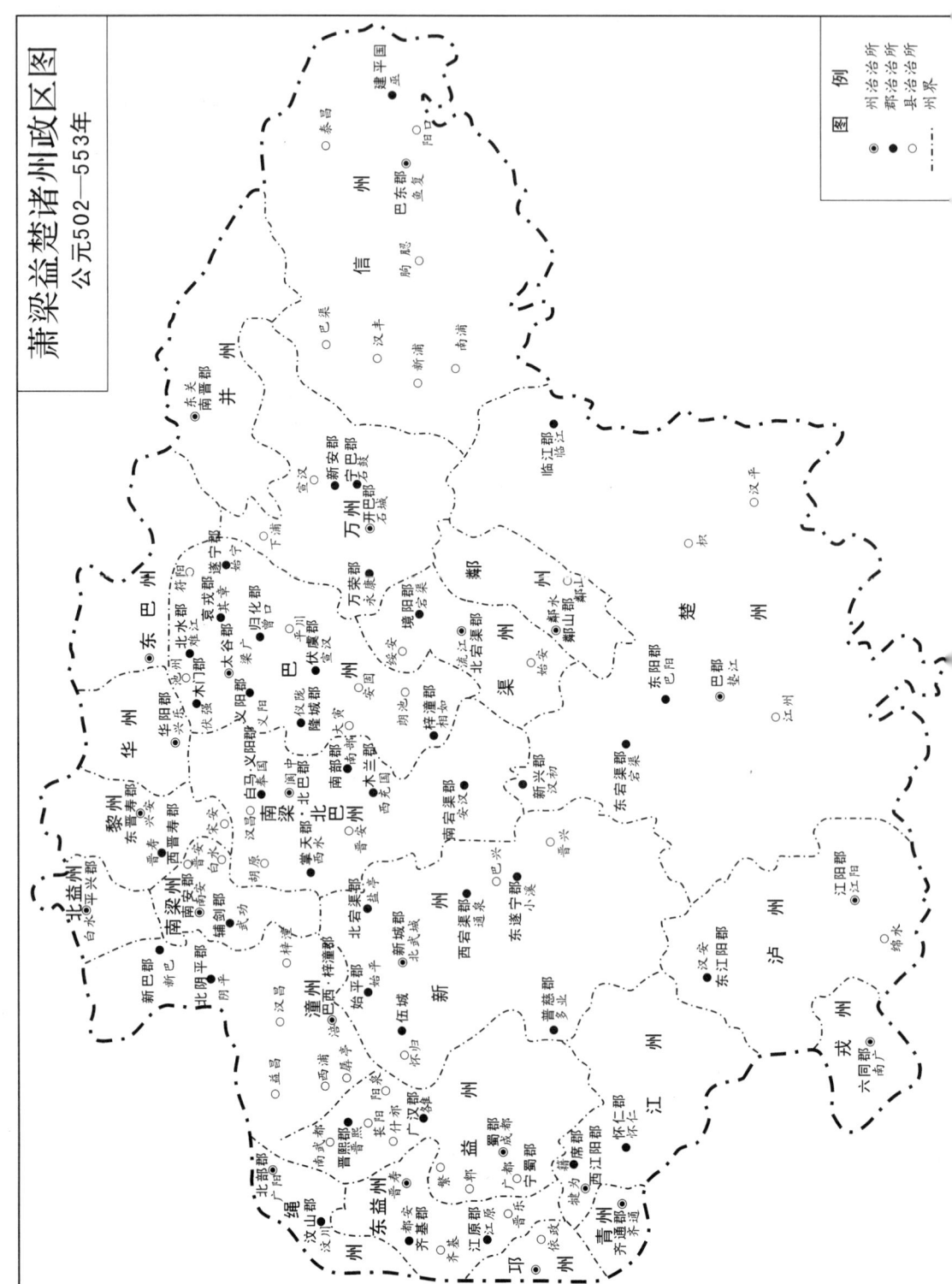

表 3—4　　　　　　　　　　梁朝巴蜀地区行政区划表

州名	治所（今地名）	辖郡	辖县
益	成都（成都）	蜀	成都、郫、繁、牛鞞、广都
		广汉	雒、什邡、新都、武城
东益	晋寿（彭州）	南晋寿	晋寿
		齐基	都安、齐基
绳	广阳（茂县）	北部	广阳
		汶山	汶川
江	犍为（彭山）	西江阳	犍为
		怀仁	怀仁
		席	籍
青	齐通（眉山）	齐通	齐通
泸	江阳（泸州）	江阳	江阳、泸川、汉安、绵水
戎	南广（宜宾·南广）	六同	南广
楚	垫江（重庆市）	巴	垫江、枳、江州
		临江	临江
信	鱼复（重庆市奉节·白帝）	巴东	鱼复、朐忍、新浦、南浦、汉丰、阳口
		建平	巫、泰昌
巴	梁广（巴中）	太谷	梁广
		归化	曾口
		义阳	义阳
		哀戎	其章
		遂宁	始宁、平川
		伏虞	宣汉、安固
万	石城（达州）	开巴	石城
		新安	三冈
		宁巴	石鼓
		巴中	新安、巴渠
		寿阳	——
		万荣	永康

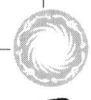

续表

州名	治所（今地名）	辖郡	辖县
东巴	伏疆（南江·木门）	木门	伏疆、池川
		北水	难江
渠	流江（渠县）	北宕渠	流江、始安
		境阳	宕渠、绥安
邻	邻山（大竹·牌坊坝）	邻山	邻山、邻水
黎	兴安（广元）	东晋寿	兴安、晋安、宋安
		新巴	新巴
北益	白水（青川·白水）	平兴	白水
安	南安（剑阁）	南安	南安、华阳
		辅剑	武功
新	北武城（三台）	新城	北武城
		始平	始平
潼	涪（绵阳）	巴西	涪
		梓潼	
		晋熙	晋熙、苌阳、南武都
		北宕渠	盐亭
		西宕渠	通泉、广汉
南梁、北巴	阆中（阆中）	北巴	阆中、汉昌
		南部	南部
		白马	奉国
		义阳	西水
		掌天	
		木兰	西充、晋安
		南宕渠	安汉
		梓潼	相如、朗池
		隆城	仪陇、大寅
		东遂宁	小溪、巴兴、晋兴
		东宕渠	宕渠
		新兴	汉功

续表

州名	治所（今地名）	辖郡	辖县
邛	依政（邛崃·固依）	依政	
巂	——（西昌）	——	

表 3-5　　　　　　　　　北周时期巴蜀地区行政区划表

州名	治所（今地名）	辖郡	辖县
益	成都（成都）	蜀	成都、郫、温江、新繁、晋原、广都
		广汉	雒、方宁、阳泉、怀中
		九陇	九陇、清城
		武康	阳安、婆闰、金泉
嘉	平羌（乐山）	平羌	平羌、峨眉
		齐通	齐通、通义、齐乐
		青神	青神
		犍为	僰道、新津
		隆山	隆山、江阳
陵	普宁（仁寿）	怀宁	普宁、蒲、井研
		和仁	贵平、籍
资	资阳（资阳）	资中	资阳、盘石、中江
普	多业（乐至）	普慈	多业、安岳、永康
		安居	柔刚
泸	江阳（泸州）	江阳	江阳、汉安、绵水、合江
戎	外江（宜宾）	——	外江
		沈犀	武阳
		洛原	富世
楚	巴（重庆市）	巴	巴
		七门	江阳
		涪陵	涪陵
信	人复（重庆市奉节·白帝）	永安	人复、巫山
		巴东	云安
		永昌	大昌

续表

州名	治所（今地名）	辖郡	辖县
南	万川（重庆市万县）	万川	万川、梁山
		怀德	武宁
临	临江（重庆市忠县）	临江	临江、魏安
巴	化成（巴中）	归化	化成、曾口
万	永康（达州·桥湾河）	万荣	永康
		遂宁	始宁、同昌、诺水
		哀戎	其章
		其章	符阳、白石
		义阳	义阳
蓬	安固（仪陇·立山）	——	安固
		伏虞	宣汉
		隆城	仪陇、大寅
通	石城（达州）	开巴	石城
		新宁	三冈、新宁
		临清	石鼓
		三巴	东乡、下蒲
并	宣汉（宣汉·大城寨）	和昌	宣汉
开	永宁（开县）	万安	永宁、万
		周安	西流、新蒲
渠	流江（渠江）	流江	流江、始安
		邻山	邻山、邻水
		境阳	宕渠、绥安
		容山容川	魏安
集	难江（南江）	平桑	难江
利	兴安（广元）	晋寿	兴安、益昌、义城
		新巴	新巴、晋城、晋安
沙	白水（青川·白水）	平兴	白水

续表

州名	治所（今地名）	辖郡	辖县
龙	阴平（江油·马角坝）	静龙	阴平
		建阳	秦兴
		马盘	马盘
汶	汶川（汶川）	汶山	汶川、北川、广阳、江源
翼	翼针（茂汶·较场）	翼针	翼针
		广年	广年
		左封	江源
		清江	龙求
覃	通轨（红原·色既）	覃川	通轨
		荣乡	——
扶	嘉诚（松潘）	龙涸	嘉城、交川、平康
始	普安（剑阁）	普安	普安、永归
		黄原	黄安
		安都	武连、胡原
潼	巴西（绵阳）	巴西	巴西、昌隆、晋城
		安城	涪城、金山
		晋熙	阳泉
		万安	万安、益昌
新	昌城（三台）	昌城	昌城、射洪
		盐亭	盐亭
		高渠	高渠
		涌泉	涌泉、通井、广汉
		玄武	伍城
隆	阆中（阆中）	盘龙	阆中、汉昌、南部
		南宕渠	安汉
		金迁	普安、晋城、西水
		白马	奉国

续表

州名	治所（今地名）	辖郡	辖县
遂	方义（遂宁）	石山	方义、始兴
		怀化	长江
合	石镜（合川）	垫江	石镜
		清居	汉初、清居
邛	始阳（雅安）	蒙山	始阳、蒙山
		蒲阳	依政
		临邛	临邛
		蒲原	广定、临溪
黎	沈黎（汉源·文武坡）	——	沈黎
严	越巂（西昌）	——	越巂
		宣化	可泉
		白沙	台登
		邛部	邛部
		平乐	——
		亮善	苏祈
黔	黔阳（彭水）	——	——

表3-6　　　　　　隋炀帝时期巴蜀地区行政区划表

郡名	治所（今地名）	辖县
蜀	成都（成都）	成都、双流、新津、晋原、清城、九陇、绵竹、郫、玄武、雒、阳安、平泉、金泉
临邛	严道（邛州）	严道、名山、卢山、依政、临邛、蒲江、蒲溪、沈黎、汉源
眉山	龙游（乐山）	龙游、平羌、夹江、峨眉、通义、青神、丹棱、洪雅
隆山	仁寿（仁寿）	仁寿、贵平、井研、始建、隆山
资阳	盘石（资中）	盘石、内江、威远、大牢、安岳、普慈、安居、隆康、资阳
泸川	泸川（泸州）	泸川、富世、江安、合江
犍为	僰道（宜宾）	僰道、犍为、南溪、开边
越巂	越巂（西昌）	越巂、邛都、苏祗、可泉、台登、邛部
牂柯	牂柯（贵州省瓮安）	牂柯、宾化

续表

郡名	治所（今地名）	辖县
黔安	彭水（彭水）	彭水、涪川
汉川	南郑（陕西省汉中）	南郑、西、褒城、城固、兴势、西乡、黄金、难江
西城	金川（陕西省安康）	金川、石泉、洵阳、安康、黄土、丰利
房陵	光迁（湖北省房县）	光迁、永清、竹山、上庸
清化	化成（巴中）	化城、曾口、清化、盘道、永穆、归仁、始宁、其章、恩阳、长池、符阳、白石、安固、伏虞
通川	通川（达州）	通川、三冈、石鼓、东乡、宣汉、西流、万世
宕渠	流江（渠县）	流江、賨城、邻水、宕渠、咸安、垫江
汉阳	上禄（甘肃省礼县）	上禄、潭水、长道、
临洮	美相（甘肃省临潭）	美相、叠川、合川、乐川、归政、洮源、洮阳、临潭、临洮、当夷、和政
宕昌	良恭（甘肃省宕昌）	良恭、和戎、怀道
武都	将利（甘肃省武都）	将利、建威、覆津、盘堤、长松、曲水、正西
同昌	尚安（九寨沟）	尚安、钳川、帖夷、同昌、嘉诚、封德、常芬、金崖
河池	梁泉（陕西省凤县）	梁泉、两当、河池、同谷
顺政	顺政（陕西省略阳）	顺政、鸣水、长举、修城
义城	绵谷（广元）	绵谷、益昌、义城、葭萌、歧坪、景谷、嘉川
平武	江油（平武·南坝）	江油、马盘、平武、方维
汶山	汶山（茂县）	汶山、北川、汶川、交川、左封、平康、翼水、翼针、江源、通轨
普安	普安（剑阁）	普安、永归、黄安、阴平、梓潼、武连、临津
金山	巴西（绵阳）	巴西、昌隆、涪城、魏城、万安、神泉、金山
新城	郪（三台）	郪、射洪、盐亭、通泉、飞鸟
巴西	阆内（阆中）	阆内、南部、苍溪、南充、相如、西水、晋城、奉国、仪陇、大寅
遂宁	方义（遂宁）	方义、青石、长江
涪陵	石镜（合川）	石镜、汉初、赤水
巴	巴（重庆市）	巴、江津、涪陵
巴东	人复（重庆市奉节·白帝）	人复、云安、南浦、梁山、大昌、巫山、秭归、巴东、新浦、盛山、临江、武陵、石城、务川

第三章 政治军事制度

· 119 ·

表 3-7　　　　　　　　　　唐代剑南三川行政区划表

州（郡）名	治所（今地名）	辖　　县
成都府（蜀）	成都（成都）	成都、华阳、新都、犀浦、新繁、双流、广都、郫、温江、灵池
彭（濛阳）	九陇（彭州）	九陇、导江、唐昌、濛阳
蜀（唐安）	晋原（崇州）	晋原、青城、唐安、新津
汉（德阳）	雒（广汉）	雒、德阳、什邡、金堂、绵竹
嘉（犍为）	龙游（乐山）	龙游、平羌、峨眉、夹江、玉津、绥山、罗目、犍为
眉（通义）	通义（眉山）	通义、彭山、丹棱、洪雅、青神
邛（临邛）	临邛①（邛崃）	临邛、依政、安仁、大邑、蒲江、临溪、火井
简（阳安）	阳安（简阳）	阳安、金水、平泉
资（资阳）	盘石②（资中）	盘石、资阳、清溪、内江、月山、龙水、银山、丹山
嶲（越嶲）	台登③（冕宁·泸沽）	台登、越嶲、邛部、苏祁、西泸、昆明、和集、昌明、会川
雅（卢山）	严道（雅安）	严道、卢山、名山、百丈、荥经
黎（洪源）	汉源（汉源·九襄）	汉源、飞越、通望
茂（通化）	汶山（茂县）	汶山、汶川、石泉、通化
翼（临翼）	卫山（茂县·较场）	卫山、翼水、峨和
维（维川）	薛城（理县·薛城）	薛城、通化、归化
戎（南溪）	南溪④（南溪·李庄）	南溪、僰道、义宾、开边、归顺
姚（云南）	姚城（云南省姚安）	姚城、泸南、长明
松（交川）	嘉诚（松潘）	嘉诚、交川、平康、盐泉
当（江源）	通轨（黑水·扎窝）	通轨、和利、谷和
悉（归诚）	左封（黑水·木苏）	左封、归诚
静（静川）	悉唐（黑水·西尔）	悉唐、静居、清道
柘（蓬山）	柘（黑水·芦花）	柘、乔珠
恭（恭化）	和集（黑水·知木林）	和集、博恭、烈山
保（天保）	定廉（理县·沙坝）	定廉、归顺、云山、安居

①　邛州初治依政，高宗显庆二年徙治临邛。
②　懿宗咸通六年，资州曾徙治内江，咸通七年复治盘石。
③　嶲州本治越嶲，文宗大和五年，南诏攻占越嶲，大和六年，徙治台登。
④　太宗贞观年间徙治僰道，穆宗长庆年间复治南溪。

续表

州（郡）名	治所（今地名）	辖县
真（昭德）	真符（黑水·色尔古）	真符、鸡川、昭德、昭远
霸（静戎）	安信（理县·危关）	安信、牙利、保宁、归化
梓（梓潼）	郪（三台）	郪、射洪、通泉、玄武、盐亭、飞乌、永泰、铜山、涪城
遂（遂宁）	方义（遂宁）	方义、长江、蓬溪、青石、遂宁
绵（巴西）	巴西（绵阳）	巴西、昌明、魏城、罗江、神泉、盐泉、龙安、西昌
剑（普安）	普安（剑阁）	普安、普城、永归、梓潼、阴平、临津、武连、剑门
合（巴川）	石镜（合川）	石镜、新明、汉初、赤水、巴川、铜梁
龙（应灵）	江油（平武·南坝）	江油、清川
普（安岳）	安岳（安岳）	安岳、安居、普慈、乐至、普康、崇龛
渝（南平）	巴（重庆）	巴、江津、万寿、南平、壁山
陵（仁寿）	仁寿（仁寿）	仁寿、贵平、井研、始建、籍
荣（和义）	旭川（荣县）	旭川、应灵、公井、资官、威远、和义
昌（——）	大足①（大足）	大足、静南、昌元、永川
泸（泸川）	泸川（泸州）	泸川、富义、江安、绵水
兴元府（汉中）	南郑（陕西省汉中）	南郑、褒城、城固、西、三泉
洋（洋川）	兴道（陕西省洋县）	兴道、西乡、黄金、真符
利（益昌）	绵谷（广元）	绵谷、葭萌、益昌、嘉川、胤山、景谷
凤（河池）	梁泉（陕西省凤县）	梁泉、两当、河池
兴（顺政）	顺政（陕西省略阳）	顺政、长举
成（同谷）	同谷②（甘肃省成县）	同谷、上禄、汉源
文（阴平）	曲水（甘肃省文县）	曲水
扶（同昌）	同昌（九寨沟）	同昌、帖夷、万全、钳川
集（符阳）	难江（南江）	难江、大牟、嘉川
壁（始宁）	通江（通江）	通江、广纳、符阳、白石、东巴
巴（清化）	化城（巴中）	化城、盘道、清化、曾口、归仁、始宁、其章、恩阳、七盘

① 昌州本治昌元，僖宗光启元年徙治大足。
② 成州本治上禄，懿宗咸通七年徙治宝井堡，后徙治同谷。

续表

州（郡）名	治所（今地名）	辖　县
蓬（蓬山）	蓬池（仪陇·立山）	蓬池、良山、仪陇、伏虞、宕渠、蓬山、朗池
通（通川）	通川（达州）	通川、永穆、三冈、石鼓、东乡、宣汉、新宁、巴渠、阆英
开（盛山）	开江（开县）	开江、新浦、万岁
阆（阆中）	阆中（阆中）	阆中、晋安、南部、苍溪、西水、奉国、新井、新政、歧坪
果（南充）	南充（南充·五里店）	南充、相如、流溪、西充、岳池
渠（潾山）	流江（渠县）	流江、渠江、潾山
夔（云安）①	奉节（奉节·白帝）	奉节、云安、巫山、大昌
忠（南宾）	临江（忠县）	临江、丰都、南宾、垫江、桂溪
涪（涪陵）	涪陵（涪陵）	涪陵、宾化、武龙、乐温、温山
万（南浦）	南浦（万县）	南浦、武宁、梁山
黔（黔中）	彭水（彭水）	彭水、黔江、洪杜、信宁、都濡

二、侨州、郡、县

　　侨州、侨郡和侨县是两晋南北朝时期专门管理流民和特殊移民的一种行政建置。在西晋末年的战乱中，由于北方人口大规模南迁到相对安定的江淮地区，为了安置这些被称为侨人的流民和移民，晋王朝便在侨人集中的地方设立侨州、侨郡、侨县，对其进行管理。这些侨州、郡、县大多采用侨人原籍所在的州、郡、县名称。"晋自中原丧乱，元帝寓居江左，百姓之自拔南奔者，并谓之侨人，皆取旧壤之名，侨立郡县。"② 南北朝时期，南朝各政权依然沿袭东晋的做法，通过设立侨州、郡、县，安置和招徕流民③。然而，侨州、郡、县的设置，

---

　① 夔、忠、涪、万四州属山南东道，黔州属黔中道，但这五州与剑南三川关系密切，故附录于此。
　② 《隋书》卷24《食货志》。
　③ 与东晋、南朝相对峙的十六国和北朝，亦设有侨州、郡、县，见洪吉亮《十六国疆域志》、温日鉴《〈魏书·地形志〉校录》。

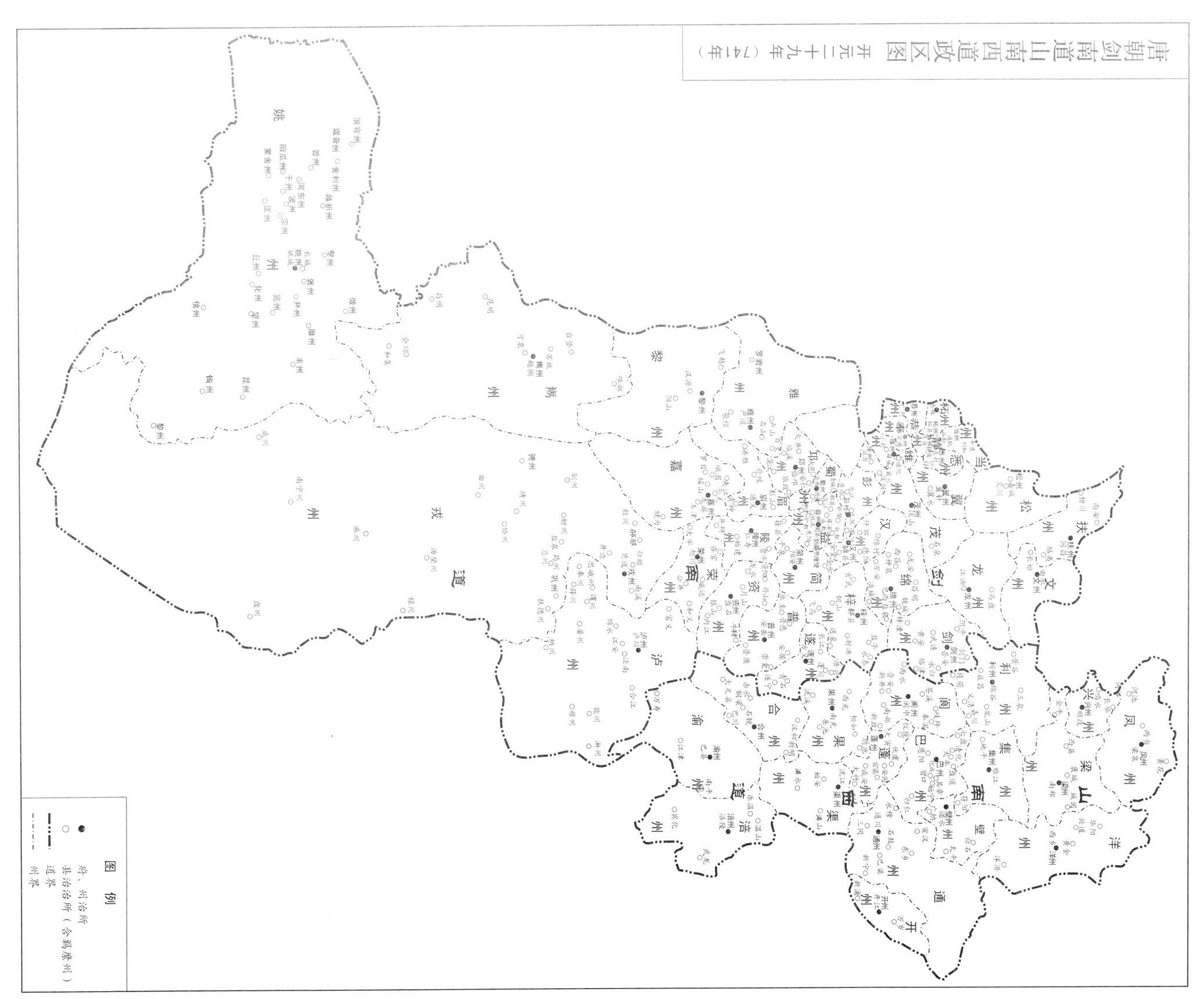

唐朝剑南道山南西道政区图 开元二十九年（741年）

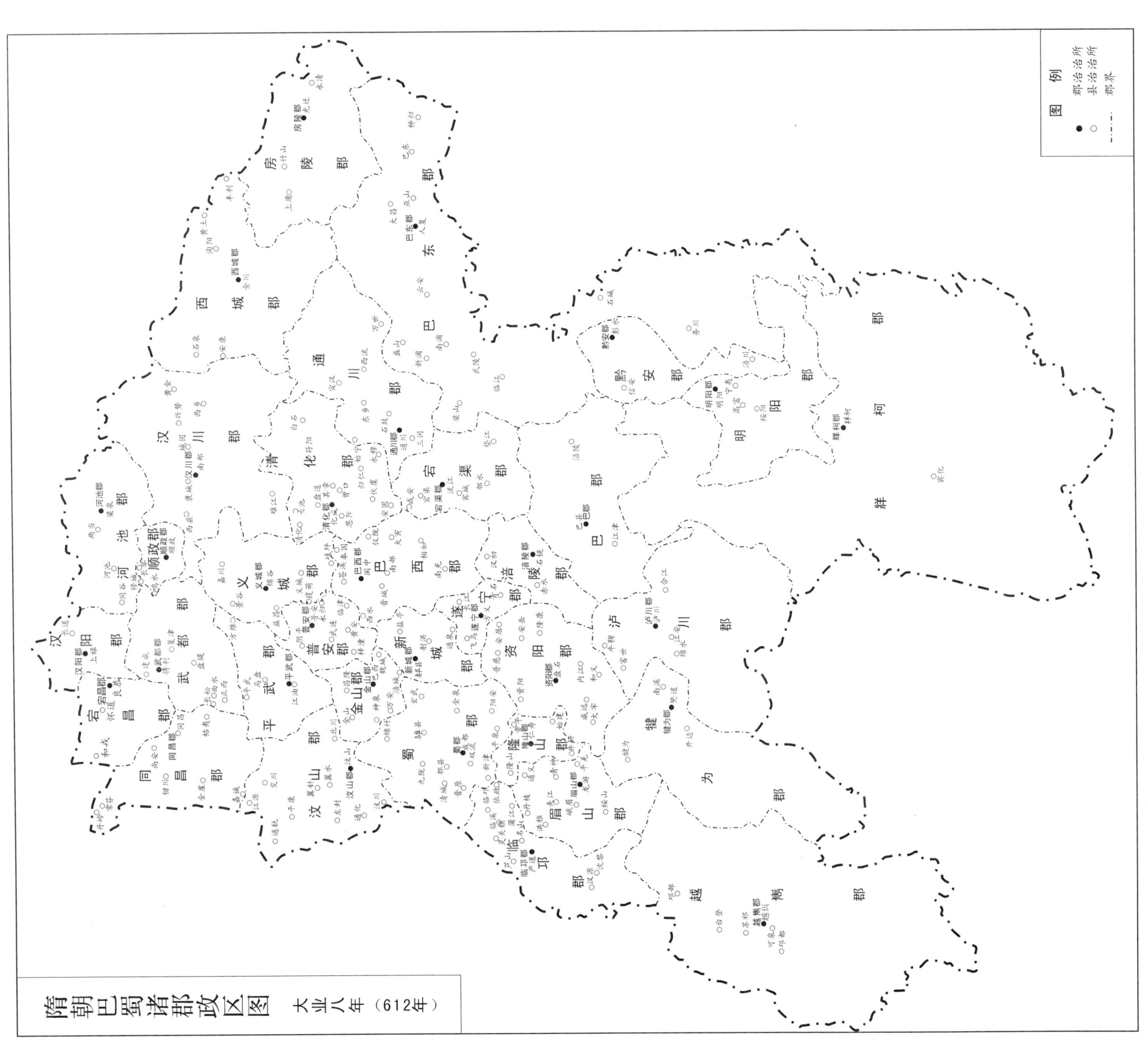

隋朝巴蜀诸郡政区图 大业八年（612年）

也出现一些问题,"魏晋以来,迁徙百计,一郡分为四五,一县割为两三,或昨属荆、豫,今隶司、兖,朝为零、桂之士,夕为庐、九之民,去来纷扰,无暂止息,版籍为之混淆,职方所不能记。自戎狄内侮,有晋东迁,中土遗氓,播徙江外,幽、并、冀、雍、兖、豫、青、徐之境,幽沦寇逆。自扶莫而裹足奉首,免身于荆、越者,百郡千城,流寓比室。人佇鸿燕之歌,士蓄怀本之念,莫不各树邦邑,思复旧井。既而民单户约,不可独建,故魏邦而有韩邑,齐县而有赵民。且省置交加,日回月徙,寄寓迁流,迄无定托,邦名邑号,难或详书"①。因此,有的侨州、郡、县辖有实土,管有民户;有的侨州、郡、县寄治于本地原有的州、郡、县,只是管理流民的政府机构,并无寸土;有的侨州、郡、县因侨人流徙,无民可管,成为徒有虚名的州、郡、县。同时,东晋南朝对侨人的管理也较为宽松,因此侨人所承担的赋役,比实土州、郡、县民户的赋役轻得多,由此使得大批实土州、郡、县的民户诈称侨人,逃避赋役。针对侨州、郡、县的这些问题,东晋南朝主要通过推行"土断之法",令侨人著籍于所在的州、郡、县,从而使"诸流寓郡县,多被并省"②。而未被省并的侨州、郡、县,往往与实土州、郡、县混合组成侨、实兼有的州、郡、县,从而成为一种新的地方行政建置。

涉及巴蜀地区的侨州、郡、县,大体可以分为两种类型。一类是为了安置外逃的巴蜀流民而设立的侨州、郡、县。这类侨州、郡、县始置于西晋末年。当李特、李雄父子先后率领入蜀就食的六郡流民起兵反晋,并逐渐取得军事胜利时,因"益州民流移在荆、湘州及越巂、牂柯",当时的益州刺史罗尚在怀帝永嘉元年(307)表奏朝廷,请求"置郡县,就民所在"③。晋廷采纳了他的建议,侨立郡县,用以安置益州流民,故"益州郡县虽没李氏,江左并遥置之"④。其中荆州"割南郡之华阳、州陵、监利三县别立丰都,合四县置成都郡,为成都王颖国,居华容县"⑤,而益州的州治则侨治于巴东。同时,在入蜀的六郡流民占领梁州后,"江左于襄阳侨立梁州。李氏灭,复旧。谯纵时,又没

---

① 《宋书》卷11《律志序》。
② 《宋书》卷2《武帝纪》。
③ 《华阳国志》卷8《大同志》。
④ 《晋书》卷14《地理志·益州》。
⑤ 《晋书》卷15《地理志·荆州》。

汉中，刺史治魏兴。纵灭，刺史还治汉中之褒中县，所谓南城也"①。刘宋和萧齐时期，"每失汉中，刺史辄镇魏兴"②。梁武帝天监年间，北魏宣武帝在夺得今广元地区后，"益州城戍降魏者什二三，民自上名籍者五万余户"③，于是设立益州，下辖东晋寿、西晋寿、新巴、南白水、宋熙五郡④。在平定仇池氐人的反叛之后，北魏又设置东益州，领有武兴、仇池、槃头、广苌、广业、梓潼、洛丛等7郡⑤。

另一类是在梁、益两个实土州的管辖范围内设立侨州、侨郡和侨县，用以安置进入巴蜀地区的流民和巴蜀地区内部逃离原籍所在地的难民。其中侨置的州一级行政建置为南秦州。西晋武帝泰始五年（269），"分陇右五郡及凉州金城、梁州阴平并七郡为秦州，治天水冀县。太康三年并雍州，惠帝元康七年复立"⑥。这是西晋时期设置的实土秦州。其后，"中原乱，没胡。穆帝永和八年，胡伪秦州刺史王擢降，仍以为刺史，寻为苻健所破。十一年，桓温以氐王杨国为秦州刺史，未有民土"。通常称其为"北秦州"。东晋孝武帝时期，侨置秦州，寄治襄阳，通常称其为"南秦州"。安帝隆安二年（398），"郭铨始为梁、南秦州刺史，州寄治汉中"⑦。故《晋书·地理志》说："江左分梁为秦，寄居梁州，又立氐池为北秦州。"刘宋和萧齐时期，秦州始终"寄治汉中南郑，不曰南、北"⑧，但是为了区别于以仇池氐人设置的北秦州，寄治梁州南郑的秦州往往还是被称为南秦州，并由梁州刺史兼任南秦州刺史。这种两个州的治所同处一地，并由一人担任二州刺史的州被称为"双头"州。

除了在汉中侨立（南）秦州之外，在梁、益二州的管辖范围内，还先后设有侨郡和侨县。西晋惠帝时期，"梁州郡县没于李特，永嘉中又分属杨茂搜，其晋人流寓于梁、益者，仍于二州立南、北二阴平郡。及桓温平蜀之后，以巴汉流人立晋昌郡，领长乐、安晋、延寿、安乐、宣汉、宁都、新兴、吉阳、东关、

---

① 《宋书》卷37《州郡志·梁州》。
② 《南齐书》卷15《州郡志·梁州》。
③ 《资治通鉴》卷146，武帝天监四年十一月。
④ 《魏书》卷106《地形志·益州》。
⑤ 《魏书》卷106《地形志·东益州》。
⑥ 《宋书》卷37《州郡志·秦州》。
⑦ 《南齐书》卷15《州郡志·秦州》。
⑧ 《南齐书》卷15《州郡志·秦州》。

永安十县"①。东晋孝武帝又侨立南汉中郡。安帝时期,因谯纵割据巴蜀,致使梁、益二州流民大增,而东晋权臣刘裕北伐后秦,又导致关陇民户的流亡。为安置巴蜀和关陇流民,晋廷在梁、益二州境内大量增设侨郡、侨县。刘宋时期,在基本保留晋朝设置的侨郡、侨县基础上,又在梁、益二州增设侨郡、侨县,用以安置新流民和改为民户的军户。其中刘宋文帝元嘉年间,由于巴蜀地区爆发的赵广之乱造成人口大规模流徙,因此这个时期设置的侨郡、侨县最多。萧齐统治期间,巴蜀地区的主要军政官员,大多贪残酷狠,不仅导致巴蜀民众的大规模反叛,同时也造成人口的大规模脱籍逃亡,至使许多侨郡、侨县成为"荒或无民户"②的郡县,其中梁州就有45个这种徒有其名的郡。

萧梁时期,继续设置侨郡、侨县。同时,通过将侨郡、侨县组建为实土州的方式,使侨郡、侨县逐渐实土化。西魏、北周沿袭梁朝的做法,最终将巴蜀地区的侨郡、侨县全部转化为实土州、郡、县。

表 3—8　　　　　　　　晋代益州和梁州侨置州郡县表

州名	郡名	辖　县	备　注
益	怀宁	始平、西平、万年	晋安帝以秦、雍流民侨立
	始康	始康、新城、谈、晋丰	晋安帝以关陇流民侨立
	晋熙	晋熙、苌阳	晋安帝以秦州流民侨立
	宁蜀	广汉、升迁、西乡、西垫江	
	南阴平	阴平、绵竹	以流寓梁、益二州的晋人侨立
	武都	武都、下辩、汉阳、略阳、安定	以流民侨立
	(西)江阳	江阳、绵水、汉安、常安	寄治武阳

---

① 《晋书》卷14《地理志·梁州》。
② 《南齐书》卷15《州郡志·梁州》。

续表

州名	郡名	辖县	备注
梁	南汉中	南长乐、南郑、南苞中、南沔阳、南城固	晋孝武帝以北汉中流民侨立
梁	巴西①	阆中、西充国、南充国、汉昌、安汉、苍溪、平州、益昌、晋兴	寄治涪城
梁	晋昌	长乐、安晋、延寿、安乐、宣汉、宁都、新兴、吉阳、东关、永安	以巴汉流人侨立
梁	华阳	华阳、兴宋、宕渠、嘉昌	寄治南郑
梁	南阴平	阴平	以阴平旧民流寓者侨立
梁	北阴平	阴平、绵竹、平武、资中、胄旨	以流寓晋人侨立
梁	怀安	怀安、义存	
梁	白水	新巴、汉德、晋寿、益昌、兴安、平周	以仇池流寓氐人侨立
梁	上洛	上洛、商、流民、丰阳、渠阳、义阳	侨寄魏兴
梁	北上洛	北上洛、丰阳、流民、阳亭、拒阳、商、西丰阳	
梁	南宕渠	宕渠、汉兴、宣汉	以南中流民侨立
梁	新兴	吉阳、东关	以益州、建平流民侨立
梁	汶阳	汶阳、僮阳、沮阳、高安	
南秦（寄治梁州）	武都	下辩、上禄、陈仓、河池、故道	
南秦（寄治梁州）	安固	桓陵	晋哀帝以凉州流民侨立
南秦（寄治梁州）	略阳	略阳、上邽、清水	
南秦（寄治梁州）	西京兆	杜、鄠	晋末以三辅流民侨立
南秦（寄治梁州）	南太原	平陶、清河、高堂	
南秦（寄治梁州）	西扶风	郿、武功	晋末以三辅流民侨立

① 巴西郡本为实土郡，东晋时期寄治实土的梓潼郡，由一人兼任巴西、梓潼二郡太守，是为"双头"郡。

表 3-9　　　　　刘宋时期益州和梁州侨置州郡县表

州名	郡名	辖县	备注
益州	蜀①	永昌	刘宋孝武帝以侨户立
	怀宁	始平、西平、万年	寄治成都
	宁蜀②	广汉、广都、升迁、西乡	寄治广都
	南阴平	阴平、绵竹	寄治苌阳
	始康	始康、新城、谈、晋丰	寄治成都
	巴西	阆中、西充国、南充国、安汉、汉昌、晋兴、平州、怀归、益昌	
	晋熙	晋熙、苌阳	
	宋宁	欣平、宜昌、永安	刘宋文帝免吴营侨立
	安固	略阳、桓陵、临渭、清水、下邽、兴固	刘宋文帝元嘉十六年划归益州
	南汉中	南长乐、南郑、南苞中、南沔阳、南城固	刘宋文帝元嘉十六年划归益州
	北阴平	阴平、南阳、桓陵、顺阳	以南阳、安固流民侨立
	江阳	江阳、绵水、汉安、常安	寄治武阳
	武都	武都、下辩、汉阳、略阳、安定	以秦州流民侨立
	南新巴	新巴、晋城、晋安、汉昌、桓陵、绥归	刘宋文帝以新巴郡流民侨立
	南晋寿	晋寿、兴安、兴乐、邵欢、白马	刘宋文帝以流民侨立
	宋兴	南汉、建昌、永川	刘宋文帝免吴营侨立
	南宕渠	宕渠、汉兴、宣汉	以南中流民侨立
	天水	宋兴、上邽、西	

---

① 蜀郡为实土郡。
② 宁蜀郡广都县为实土县。

续表

州名	郡名	辖县	备注
梁州	魏兴	长乐、安晋、延寿、宣汉	以蜀郡和建平流民侨立
	新兴	吉阳、东关	以益州和建平流民侨立
	上庸	新安	以建平流民侨立
	华阳	华阳、兴宋、宕渠、嘉昌	寄治南郑
	北阴平	阴平、平武	寄治南郑
	南阴平	阴平、怀旧	
	怀安	怀安、义存	寄治南郑
	白水	新巴、汉德、晋寿、益昌、兴安、平周	以仇池流寓氐人侨立
	南上洛	上洛、商、流民、丰阳、渠阳、义阳	侨寄魏兴
	北上洛	北上洛、丰阳、流民、阳亭、拒阳、商、西丰阳	
	安康	宁都	以蜀郡流民侨立
	东宕渠	宕渠	
南秦（寄治梁州）	武都	下辩、上禄、陈仓	
	略阳	略阳、临汉、上邽	
	西京兆	蓝田、杜、鄠	
	南太原	平陶	
	南安	桓道、中陶	
	冯翊	莲勺、频阳、高陆、万年	刘宋文帝以三辅流民侨立
	陇西	襄武、临洮、河关、狄道、大夏、首阳	刘宋文帝以关中归化之民侨立
	始平	槐里、宋熙	
	金城	金城、榆中	
	安定	朝那、宋兴	
	天水	阿阳、新阳	
	西扶风	郿、武功	
	北扶风	武功、华阴、始平	刘宋孝武帝以秦、雍流民侨立

表 3—10　　　　　　南齐时期益州和梁州侨置州郡县表

州名	郡名	辖　　县	备　　注
益	蜀①	永昌	
	宁蜀	广汉、升迁、广都、垫江	
	南阴平	阴平、绵竹、南郑、南长乐	
	始康	康晋、谈、新成	
	永宁	欣平、永安、宜昌	
	巴西	阆中、安汉、西充国、南充国、汉昌、平州、益昌、晋兴、东关	
	安兴	南汉、建昌	
	江阳	江阳、常安、汉安、绵水	
	安固	桓陵、临渭、兴固、南褒、清水、沔阳、南城固	
	怀宁	万年、西平、怀道、始平	
	南晋寿	南晋寿、白水、南兴	
	西宕渠	宕渠、宣汉、汉初、东关	寄治盐亭
	天水	西、上邽、冀、宋兴	
	南新巴	新巴、晋熙、桓陵	寄治阴平
	北阴平	阴平、南阳、北桓陵、扶风、慎阳、京兆、绥归	
	新城	下辩、略阳、汉阳、安定	
	扶风	武江、华阴、茂陵	
梁	汉中	西上庸	
	新兴	吉阳、东关	
	南新城	房陵、绥阳、昌魏、祁乡、阆阳、乐平	
	华阳	宕渠、华阳、兴宋、嘉昌	
	怀安	怀安、义存	
	白水	晋寿、新巴、汉德、益昌、兴安、平周	
	南上洛	上洛、商、流民、北丰阳、渠阳、义阳	

① 蜀郡为实土郡。

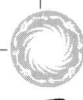

续表

州名	郡名	辖　县	备　　注
梁	北上洛	上洛、商、丰阳、流民、柤阳、阳亭、齐化、西丰阳、东邺阳、齐宁、京兆、新宁	
	安康	宁都	
	齐兴	齐兴、安昌、鄎乡、锡、安富、略阳	
	南宕渠	宕渠、汉安、宣汉、宋康	
	北阴平	阴平、平武	
	南阴平	阴平、怀旧	
	晋昌	长乐、安晋、宣汉、吉阳、苌寿、东关、新兴、延寿、安乐	
	东晋寿		县邑事亡
	弘农		空荒
	东魏昌		空荒
	略阳		空荒
	北梓潼		空荒
	广长		空荒
	三水		空荒
	思安		空荒
	宋昌		空荒
	建宁		空荒
	南泉		空荒
	三巴		空荒
	江陵		空荒
	怀化		空荒
	归宁		空荒
	东犍		空荒
	北宕渠		空荒
	宋康		空荒
	南汉		空荒

续表

州名	郡名	辖县	备注
梁	南梓潼		空荒
	始宁		空荒
	江阳		空荒
	南部		空荒
	南安		空荒
	建安		空荒
	寿阳		空荒
	南阳		空荒
	宋宁		空荒
	归化		空荒
	始安		空荒
	平南		空荒
	怀宁		空荒
	新兴		空荒
	南平		空荒
	齐兆		空荒
	齐昌		空荒
	新化		空荒
	宁章		空荒
	邻溪		空荒
	京兆		空荒
	义阳		空荒
	归复		空荒
	安宁		空荒
	东宕渠		空荒
	宋安		空荒
	齐安		空荒

续表

州名	郡名	辖县	备注
南秦（寄治梁州）	武都	下辩、上禄、陈仓	
	略阳	略阳、临汉	
	安固	安固、南桓陵	
	西扶风	郿、武功	
	京兆	杜、蓝田、鄠	
	南太原	平陶	
	始平	始平、槐里、宋熙	
	天水	新阳、河阳	
	安定	宋兴、朝那	
	南安	桓道、中陶	
	金城	金城、榆中、临洮、襄	
	冯翊	莲勺、频阳、下邦、万年、高陵	
	陇西	河关、狄道、首阳、大夏	
	仇池	上辩、仓泉、白石、夷安	
	东宁	西安、北地、南汉	

三、羁縻州、县

秦汉时期，在传统羁縻思想的指导下，封建王朝逐渐形成对周边少数民族实施羁縻的政策。西汉人司马相如就说："盖闻天子之于夷狄也，其义羁縻勿绝而已。"司马贞《索隐》称："羁，马络头也；縻，牛韁也。《汉官仪》云，马之羁，牛之縻，言制四夷如牛马之受羁縻也。"① 两晋南北朝时期，部分割据政权亦曾实施羁縻政策，前秦国主苻坚就曾对部将吕光说："西戎荒俗，非礼仪之邦。羁縻之道，服而赦之，示以中国之威，道以王化之法，勿极武穷兵，过深残破。"② 在唐代，则建立起较为完备的羁縻制度。"自太宗平突厥，西北诸蕃及蛮夷稍稍内附，即其部落列置州县。其大者为都督府，以其首领为都督、刺

---

① 《史记》卷117《司马相如传》。
② 《晋书》卷114《苻坚载记下》。

史，皆得世袭，虽贡赋版籍多不上户部，然声教所暨，皆边州都督、都护所领，著于令式。"①

两晋南北朝和唐代，在巴蜀地区推行的羁縻政策，从管理体制方面看，主要是以军事性质的机构控制少数民族。其中两晋和南朝，通常是设立校尉府。西晋武帝太康三年（282），"以蜀多羌夷，置西夷府，以平吴军司张牧为校尉，持节统兵。"②同年，罢宁州，诸郡还属益州，另置南夷校尉府，"以天水李毅为校尉，持节，统兵镇南中，统五十八部夷族都监行事"③。至此，益州的少数民族便分别由西夷校尉府和南夷校尉府管理，其中西夷校尉府统领巴蜀地区西部的羌夷，南夷校尉府则统领南中的五十八部夷族。西晋惠帝永宁元年（301）以后，西夷校尉通常由益州刺史兼任。太安元年（304）复置宁州后，则由宁州刺史兼南夷校尉。成·汉政权割据期间，也先后设有南夷校尉、南蛮校尉和东羌校尉④。东晋时期，依旧设置西夷校尉府，只是改由梓潼太守兼任西夷校尉。同时，改南夷校尉为镇蛮校尉，并在汉中设立西戎校尉府⑤。刘宋时期，将西夷校尉作为赐予北凉国主的官职⑥，因此，益州不再设立西夷校尉府。而设在汉中的西戎校尉府，则由梁、南秦二州刺史兼任西戎校尉。镇蛮校尉依旧由宁州刺史兼任。同时，由于分布在长江三峡地区的盘瓠蛮，"屯据三峡，断遏水路，荆、蜀行人有至假道者"⑦，刘宋明帝于泰始五年（469），"分荆州之巴东、建平，益州之巴西、梓潼郡，置三巴校尉，治白帝"⑧，用以加强对三峡地区少数民族的控制。南齐高帝建元二年（480），省三巴校尉，改置巴州。武帝永明三年（485），另立平蛮校尉，后改为北部都尉，重点控制巴蜀地区西部的少数民族。此外，萧齐时期，还先后在益州境内的僚人等少数民族聚居地区设立齐通左郡、齐开左郡和甘松僚郡、始平僚郡，并改东宕渠郡为东宕渠僚郡，改越

---

① 《新唐书》卷43下《地理志》。
② 《华阳国志》卷8《大同志》。
③ 《华阳国志》卷4《南中志》。
④ 《华阳国志》卷9《李特雄期寿势传》。
⑤ 《宋书》卷40《百官志》。
⑥ 《宋书》卷98《氐传》。
⑦ 《魏书》卷101《蛮传》。
⑧ 《资治通鉴》卷132，明帝泰始五年十二月。而《宋书》卷8《明帝纪》则说："分荆、益州五郡置三巴校尉。"与《资治通鉴》所记载的分荆、益四郡置三巴校尉不同。

第三章 政治军事制度

巂郡为越巂僚郡,改沈黎郡为沈黎僚郡。这些左郡、僚郡,皆由部落首领担任郡太守和县令(长)。萧梁时期,在益州设置的北部都尉被改为"绳州、北部郡"①,而设在梁州的平戎校尉,设在宁州的镇蛮校尉,"皆立府,随府主号轻重而不为定"②。

西魏、北周和隋文帝时期,通常是由统领诸州军事的总管府控制少数民族。唐高祖开国之后,依旧设立总管府。武德七年(624),改总管府为都督府。唐太宗时期,设在今四川盆地内的都督府大多被裁撤,分布在该地域范围内的绝大多数少数民族,先后被纳入正州、正县的管辖之下,成为国家的编户齐民。然而在今川西北高原、川西南山地和四川盆地的长江以南地区,则以归附的部族设置羁縻州、县,分别由松州、茂州、雅州、黎州、巂州、戎州、泸州和黔州都督府管辖。

松州都督府 松州原为邓至羌之地,西魏平定邓至羌,即其地置宁州,后

图 3—1 今松潘古城

---

① 《隋书》卷29《地理志》。
② 《隋书》卷26《百官志上》。

改为邓州。北周武帝天和元年（566），分邓州之地，另立扶州，置总管府。隋文帝开皇初年，废扶州总管府。开皇七年（587），废扶州，以其地分属会州和邓州。同时，改邓州为扶州。唐高祖武德元年（618），以会州交川县、扶州嘉诚县置松州，"取州界甘松岭为名"①，其治所在今松潘县。太宗贞观二年（628），设立松州都督府，先后"督崌、懿、嵯、阔、麟、雅、丛、可、远、奉、岩、诺、蛾、彭、轨、盍、直、肆、位、玉、嶂、祐、台、桥、序二十五羁縻等州"②。这些羁縻州，分别由招抚的党项和生羌部落所置。贞观十三年（639），将松州都督府管辖的序、台、祐、嶂、玉、盍、位、桥等羁縻州，划归新成立的叠州都督府管辖③。其后，这些羁縻州的归属，又有所变化。高宗时期，由于吐蕃的东侵，原归附于唐朝的党项和诸羌部落，或叛或降，羁縻州也随之屡有废置。高宗仪凤二年（677），复加整比，松州都督府督文、扶、当、柘、静、翼六州，都督研、剑等 30 个羁縻州④。玄宗时期，因唐军加强对剑南西山地区的攻击，部分降附吐蕃的部落，又转而归附唐朝，由此使得松州都督府管辖的羁縻州大量增加。玄宗天宝十二年（753），松州都督府共领有 104 个羁縻州，"其二十五州有额户口，但多羁縻逃散，余七十九州皆生羌部落，或臣或否，无州县户口，但羁縻统之"⑤。安史之乱爆发后，在吐蕃的攻击下，由党项部落设置的"懿、盖（盍）、嵯、诺、嶂、祐、台、桥、浮、宝、玉、位、儒、归、恤及西戎、西沧、乐容、归德等州皆内徙，余皆没于吐蕃"⑥。松州也在"广德二年没吐蕃。其后，松、当、悉、静、柘、恭、保、真、霸、乾、维、翼为行州，以部落首领世为刺史、司马"⑦。作为行州的松州，已经不再领有羁縻州县。

　　唐太宗时期，松州都督府曾经管辖的 25 个羁縻州，分布在今四川、甘肃、青海三省交壤的地域范围内。由于《旧唐书》卷 41《地理志》记有松州，以及嵯州以外的 24 个羁縻州至京师的里程，因而可以大致推定这些羁縻州的地理位

---

① 《旧唐书》卷 41《地理志》。
② 《旧唐书》卷 41《地理志》。
③ 《旧唐书》卷 40《地理志》。
④ 《旧唐书》卷 41《地理志》。
⑤ 《旧唐书》卷 41《地理志》。
⑥ 《新唐书》卷 43 下《地理志》。
⑦ 《新唐书》卷 42《地理志》。

置。

松州至京师的里程，《旧唐书》卷41《地理志》记为2250里。在唐代，由松州前往京师长安，主要有南、北两条道路（详见第九章第三节）。其中南路经翼州入京，据《旧唐书》卷41《地理志》记载，松州南至翼州180里，翼州至京师2930里，松州若取此道入京，其里程当超过3000里；另一条道路是北经扶州入京，由松州"东至扶州三百三十八里"，而扶州"在京师西南一千六百九十里"①，松州经扶州入京为2028里。由此看来，《旧唐书·地理志》记载的松州至京师里程，应当是取道扶州入京，只是具体的里程有200余里的差异。同时，松州都督府管辖的各羁縻州至京师的里程，也应当是取道扶州入京。另据《元和郡县图志》卷32《剑南道·松州》记载，松州"东北至上都一千九百里"，与《旧唐书》的记载差别甚大，然而从羁縻丛州的情况看，《元和郡县图志》记载的1900里更为可信。今以松州至长安为1900里，分别推定各羁縻州与松州理所嘉诚县（治今松潘）的距离。（见表3—11）

表3—11　　　　　唐太宗时期松州都督府所领羁縻州简表

州名	领　县　名	至京师里程（里）	至松州里程（里）
丛州	宁远、临泉、临河	1800	100
可州	义诚、清化、静方	2040②	140
岩州	金池、甘松、丹岩	2100	200
奉州	奉德、思安、永慈	2106	206
台州	—	2135	235
祐州	廓川、归定	2190	290
崌州	江源、洛稽	1964	64
懿州	吉当、唐位	2250	350
远州	罗水、小部川	2360	460
嵯州	相鸡	—	—
轨州	通川、玉城、金源、俄彻	2290③	390

① 《旧唐书》卷41《地理志》。
② 《旧唐书》卷41《地理志》记为1040里，《太平寰宇记》卷82《剑南道·松州》记为2040里。由于松州及邻近的叠州、洮州距京师里程皆远于1040里，羁縻可州无论取道哪条路，至长安都不止1040里，故取《太平寰宇记》的记载。
③ 《太平寰宇记》卷81《剑南道·松州》。

续表

州名	领 县 名	至京师里程（里）	至松州里程（里）
桥州	—	2400	500
序州	—	2400	500
位州	位丰、西使	2410	510
直州	集川、新川	2500	600
阔州	阔源、落吴	2510	610
肆州	归唐、芳丛、盐水、磨山	2600	700
盍州	湘水、河唐、曲岭、枯川	2630	739
诺州	诺川、归德、篱位	2643	743
雅州	新城、三泉、石陇	2660	760
娥州	常平、那川	2700	800
彭州	洪川、归远、临津、归正	2780	880
玉州	玉山、带河	2878	978
嶂州	洛平、显川、桂川、显平	2900	1000
麟州	硖川、和善、敛具、硖源、三交、利恭、东陵	4500	2900

丛州，在长安西南1800里，"贞观三年置。县三：宁远、临泉、临河。"① 其中宁远县的治所，应当就是《元和郡县图志》卷32《剑南道·松州》记载的松州宁远镇，其地在松州嘉诚县以北100里。由此可知，丛州在今松潘县北部，位于松州至扶州的驿道上，南至松州100里，北经扶州至长安1800里。

崏州，"贞观元年，招慰党项置州处也。领县二，与州同置，江源、洛稽"②。其中江源县的治所在松州交川县西北30里的江源镇，洛稽县在松州交川县西北75里的洛稽山一带③。由此可知，崏州在今松潘县西南的大姓沟地区。由于交川县位于松州以南34里，④崏州取道交川县至松州，应为64里，距离京师1964里。《旧唐书》卷41《地理志》记载的崏州"至京师西南二千二百五十

---

① 《新唐书》卷43下《地理志》。
② 《新唐书》卷43下《地理志》。
③ 《元和郡县图志》卷32《剑南道·松州》。
④ 《元和郡县图志》卷32《剑南道·松州》。

里"，应当有误。

可州，在长安西南2040里，位于松州以西140里。在松州以西100里有故通轨县①，其地在今毛尔盖河与黑河的分水岭一带。可州应在故通轨县以西40里，即今红原县色既一带。

岩州，在长安西南2100里，领金池、甘松、丹岩三县。其中甘松县应在故通轨县境内的甘松山②一带。如此，岩州当在故通轨县以西100里，即可州以西60里，也就是今红原县麦洼一带。

奉州，在长安西南2106里，位于岩州以西6里，即今红原县麦洼与瓦切之间。

懿州，在长安西南2250里，位于奉州以西144里，即今红原县瓦切一带。

轨州，原为党项细封氏之地。"贞观三年，南会州都督郑元璹遣使招谕，其酋长细封步赖举部内附，太宗降玺书慰抚之。步赖因来朝，宴赐甚厚，列其地为轨州，拜步赖为刺史。仍请率所部讨吐谷浑。其后诸姓酋长相次率部落皆来内属。请同编户，太宗厚加抚慰，列其地为崌、奉、岩、远四州，各拜其首领为刺史。"③轨州在长安西南2290里，位于懿州以北40里，即今若尔盖县的唐克一带。

远州，在长安西南2360里。"本西怀州，贞观四年置，八年更名。"④其地当在轨州以东70里，即今若尔盖一带。

嵯州，"贞观五年置。县一：相鸡。相鸡本隶西怀州，贞观十年来属"⑤。由此可知，嵯州毗连远州，其地可能在今若尔盖县的班佑一带。

直州，亦称羌直州，在芳州西南160里⑥。同时，直州又在长安西南2500里，位于远州以东140里。以里程计，其地当在今若尔盖县的求吉一带。

---

① 据《通典》卷176记载，当州"西北至通轨县故城二百里"。又据《元和郡县图志》卷32《剑南道·当州》记载，当州"东北至松州三百里"。由此可知，由当州北行200里至故通轨县，由故通轨县东行100里至松州。

② 《隋书》卷29《地理志》。另据《元和郡县图志》卷32《剑南道·松州》记载，松州嘉诚县西南15里有甘松岭。若岩州甘松县在其地，则岩州至松州不应有200里之遥。

③ 《旧唐书》卷198《西戎·党项传》。

④ 《新唐书》卷43下《地理志》。

⑤ 《新唐书》卷43下《地理志》。

⑥ 《元和郡县图志》卷39《陇右道·芳州》。

阔州，在长安西南2510里，位于懿州西南260里，境内有阔水。太宗贞观九年（635），李靖率兵击吐谷浑，"厚赂党项，使为乡导。党项酋长拓跋赤辞来，谓诸将曰：'隋人无信，喜暴掠我。今诸军苟无异心，我请供其资粮；如或不然，我将据险以塞诸军之道。'诸将与之盟而遣之。赤水道行军总管李道彦行至阔水，见赤辞无备，袭之，获牛羊数千头。于是群羌怨怒，屯野狐峡，道彦不得进。赤辞击之，道彦大败，死者数万，退保松州"。胡三省注称："阔水在党项羁縻阔州界。"① 以里程计，阔州大约在今红原县龙壤一带，阔水即今白河。

肆州，距离长安2600里，位于阔州以南90里，即今红原县安曲牧场一带。

诺州，"贞观五年，处降羌置"②。太宗贞观十二年（638），吐蕃在打败吐谷浑之后，又"进破党项、白兰诸羌，帅众二十余万屯松州西境，遣使贡金帛，云来迎公主。寻进攻松州，败都督韩威，羌酋阎州刺史别丛卧施、诺州刺史把利步利并以州叛归之"③。阎州为阔州之误④。由此可知，阔州、诺州皆在松州以西，毗邻白兰，且在松州西通青海的道路上。其地在长安西南2643里，位于肆州以南43里，即今红原县安曲一带。

雅州，"贞观五年，处生羌置西雅州。八年，去'西'字"⑤。其地在长安西南2660里，位于诺州西南17里，即今红原县龙日一带。

娥州，"贞观五年，处降羌置"⑥。其地在长安西南2700里，位于雅州西南40里，即今红原县的龙日坝一带。

彭州，"贞观三年，处降党项置洪州。七年，改为彭州"⑦。由于改名之后的羁縻彭州，与设在今成都平原的彭州同名，因而唐人往往称其为"故洪州"⑧。玄宗天宝八年（749），剑南节度使鲜于仲通改故洪州为保宁都护府。其地在长安西南2780里，位于娥州西南80里，即今红原县的壤口一带。

① 《资治通鉴》卷194，太宗贞观九年七月。
② 《旧唐书》卷41《地理志》。
③ 《资治通鉴》卷195，太宗贞观十二年八月。
④ 《册府元龟》卷989《外臣部》。
⑤ 《旧唐书》卷41《地理志》。
⑥ 《旧唐书》卷41《地理志》。
⑦ 《旧唐书》卷41《地理志》。
⑧ 颜真卿：《中散大夫京兆尹汉阳郡太守赠太子少保鲜于公神道碑》，《全唐文》卷343。

序、台、祐、嶂、玉、盍、位、桥等8州,于太宗贞观十三年(639)划归叠州都督府管辖,其地当在松州与叠州之间。其中序州至京师2400里,距离轨州110里,同时又在叠州以西280里的黄河岸边①。以里程计,序州应在今甘肃省玛曲县境内。桥州距离京师2400里,与序州距离京师的里程相同,也应当在今玛曲一带。位州距离京师2410里,位于序州以西10里,亦当在今玛曲县境内。盍州距离京师2630里,当在序州以西230里,即今甘肃省玛曲县与青海省河南县交壤的地区。玉州距离京师2878里,当在序州以西478里,即今青海省河南县境内。嶂州距离京师2900,位于序州以西500里,距离玉州仅22里,亦当在今河南县境内。祐州至京师2190里,当在序州以东210里,叠州以西70里,即今若尔盖县的崇尔一带。台州至京师2135里。由于台州初置时名为西沧州,贞观八年(534)"更名台州,后复故名"②,而在今甘肃省碌曲县有西仓乡,台州或许就在该地区。

麟州,据《旧唐书》卷41《地理志》记载:"贞观五年,置西麟州,处生羌归附。八年,去'西'字。领县七,与州同置。硖川、和善、敛具、硖源、三交、利恭、东陵。无户口,至京师四千五百里。"其地距离松州2900里,远离其他羁縻州。由于《旧唐书》记载的松州都督府所管诸羁縻州至京师里程,除麟州外,皆不超过3000里,疑《旧唐书》记载的4500里,可能是2500里之误。若以麟州距离京师2500里推测,其地应在阔州以北10里。另据唐人李筌所著《太白阴经》卷3《关塞四夷》称,陇右道,"南出关,党项杂羌置据(当为'崛'之误)、丛、麟、可等四十州,分隶沿边等诸州,西距吐蕃,去西京一万二千里。"从诸州的排序看,麟州或许在丛州与可州之间。

茂州都督府 茂州位于今岷江上游,其地有"六夷、羌胡、羌虏、白兰峒,九种之戎"③。西晋在此设立西夷校尉府④,重点控制该地区的少数民族。南齐时期,改置北部都尉。萧梁武帝普通三年(522),即其地置绳州。北周武帝保定四年(564),改绳州为汶州。隋文帝开皇五年(585),改汶州为蜀州,开皇六年(586)又改为会州,置总管府。隋炀帝废总管府,并改会州为汶山郡。唐

---

① 《太平寰宇记》卷155《陇右道·叠州》。
② 《新唐书》卷43下《地理志》。
③ 《华阳国志》卷3《蜀志》。
④ 《资治通鉴》卷83,惠帝永康元年十一月,胡三省注。

高祖武德元年（618）复置会州，武德三年（620）置总管府，武德四年（621）改称南会州总管府，武德七年（624）改总管府为都督府。太宗贞观八年（634），改南会州为茂州，以州境内茂湿山为名，依旧置都督府。太宗时期，茂州都督府领有翼、向、维、涂、冉、穹、炎、彻、笮等9个羁縻州，均为诸羌州。"维、翼两州，后进为正州。"① 高宗永徽二年（681），"特浪生羌董悉奉求、辟惠生羌卜檐莫等种落万余户内附，又析置州三十二"②，皆隶属于茂州都督府。由于《旧唐书》卷41《地理志》记有涂、炎、彻、向、冉、穹、笮等7州距离京师的里程，因而可以大致推定这7州的地理位置。

茂州至京师的里程，《旧唐书》卷41《地理志》记为2794里。而茂州"南至成都府三百七十里"③，成都府至京师2379里④，由茂州取道成都府入京为2749里。据此，《旧唐书》记载的茂州至京师里程，应该是由茂州南行，取道成都府入京，只是总计与分段合计有45里的差异。同时，从各羁縻州至京师的里程，也可以得知其与茂州理所汶山县（治今茂县）之间的距离。（见表3—12）

表3—12　　　　唐太宗时期茂州都督府所领羁縻州简表

州名	领　县　名	至京师里程（里）	至茂州里程（里）
向州	贝左、向贰	2869	75
涂州	端源、临涂、悉怜（邻）	2689	105
笮州	遂都、亭劝、北思	2945	152
穹州	小川、彻当、璧川、当博、恭耳⑤	3267	473
炎州	大封、慕仙、义川	3376	582
彻州	文彻、俄耳、文进	3418	624
冉州	冉山、磨山、玉溪、金水	3739	945

向州，唐太宗"贞观五年，生羌归化置也"⑥，距离京师2869里，位于茂州以北75里，即今茂县石大关以东地区。入宋以后，向州仍见于记载。

---

① 《旧唐书》卷41《地理志》。
② 《新唐书》卷43下《地理志》。
③ 《元和郡县图志》卷32《剑南道·茂州》。
④ 《旧唐书》卷41《地理志》。
⑤ 今本《旧唐书》缺穹州所领5县名称，据《太平寰宇记》卷78《剑南道·茂州》的记载补入。
⑥ 《旧唐书》卷41《地理志》。

涂州，唐高祖"武德元年，以临涂羌内附置，领临涂、端源、婆览三县。贞观元年州废，县亦省。二年，析茂州之端源戍复置，县三：端源、临涂、悉邻"①。涂州至京师2689里，少于茂州至京师的2794里，由此可知，涂州应当位于茂州以南105里，未经茂州而直接取道成都府入京。然而《太平寰宇记》卷78《剑南道·茂州》却说，茂州"西南至羁縻涂州三百七十一里"。造成这种差异的原因在于涂州的迁治。《旧唐书》记载的涂州至京师里程，应当是唐高祖初置涂州时，由临涂县至京师的里程，而《太平寰宇记》所记载的茂州至涂州距离，应该是太宗贞观年间以端源戍复置涂州后，茂州汶山县至端源县的距离。端源县不仅在汶山县西南371里，而且在维州以东230里②，其地在今汶川县卧龙一带。临涂县在汶山县西南105里，距端源县266里，即今汶川县绵虒以西地区。入宋以后，涂州仍见于记载。

笮州，在京师西南2945里，位于茂州西南152里。"贞观七年，白苟羌降附，置西恭州。八年，改为笮州也"③。白苟即白狗，原居住在今杂谷脑河地区，后为小左封生羌所逼，西迁至白狗岭西南，即今小金县的结斯河上游一带（见第四章第四节），笮州应当就在该地区。

穹州，在京师西南3267里，"贞观五年，生羌归附，置西博州。八年，改为穹州"④。以茂州西行的交通路线推测，穹州应在茂州西南经涂州端源县前往今小金川流域的路线上，位于端源县以西105里，即今小金县的日隆一带。

炎州，在京师西南3376里，"贞观五年，生羌归附，置西封州。八年，改为炎州"⑤。其地在茂州以西582里，位于穹州以西109里，即今小金县的沃日一带。

彻州，在京师西南3418里，"贞观五年，西羌首领董凋贞归化置"⑥。其地在茂州以西624里，位于炎州以西60里，即今小金县城附近。

冉州，在京师西南3739里，"本徼外敛才羌地。贞观五年，置西冉州。九

---

① 《新唐书》卷41《地理志》。
② 《太平寰宇记》卷78《剑南道·维州》。
③ 《旧唐书》卷41《地理志》。
④ 《旧唐书》卷41《地理志》。
⑤ 《旧唐书》卷41《地理志》。
⑥ 《旧唐书》卷41《地理志》。

年，去'西'字"①。其地在茂州以西945里，位于彻州以北321里，即今小金县的两河口一带，地处抚边河上游。

以上7州，后来皆升为正州。而茂州都督府所管辖的其他羁縻州，则先后被吐蕃占领。在唐代后期，茂州都督府基本上不再领有羁縻州。

雅州都督府 唐代的雅州，原为西晋汉嘉郡之地。"自晋永嘉崩离，李雄窃据，此地荒废，将二十纪，夷僚居之。后魏废帝二年置蒙山郡于此。隋开皇十三年置蒙山县并镇，仁寿四年罢镇，改置雅州，因州境雅安山为名。大业三年，以雅州为临邛郡。武德元年，复为雅州。"②其州治在严道县，即今雅安。唐玄宗开元三年（715），置雅州都督府。在玄宗天宝年间以前，雅州都督"十九州，并生羌、生僚羁縻州，无州县"③。德宗贞元年间，先后有7个吐蕃部落降附，其中"吐蕃笼官杨矣蓬、费东君等部落六十人在蛮宿川安置，吐蕃业城首领笼官刘矣本等部落在本部安置，吐蕃会野首领笼官高万唐等部落在本部安置，吐蕃逋租首领笼官马东煎等部落在夏阳路安置，吐蕃国师马定德并笼官马德唐三部落在欠马州安置，吐蕃嘉良州降户首领笼官刘定等部落在下（夏）阳路安置，吐蕃鬼龙城首领铄乐荠酒等部落在和川路安置"④。吐蕃诸部的降附，使得雅州都督府管辖的羁縻州大量增加。唐文宗以后，又把原属黎州都督府管辖的4个羁縻州划归雅州都督府。据《新唐书》卷43下《地理志》记载，雅州都督府先后领有57个羁縻州。入宋以后，雅州仍领有羁縻州。

雅州都督府所管辖的羁縻州中，有46个州距离雅州及临近州的里程见于《太平寰宇记》卷77《剑南西道·雅州》，现根据其记载，列表如下：

表3—13　　　　　　　　唐代雅州都督府所领羁縻州简表

羁縻州名	至雅州里程（里）	至邻近州里程（里）
罗岩	480	—
当马	478	罗岩200

---

① 《旧唐书》卷41《地理志》。
② 《元和郡县图志》卷32《剑南道·雅州》。
③ 《旧唐书》卷41《地理志》。而《新唐书》卷43下《地理志》称，天宝以前，雅州都督府领有21个羁縻州，与《旧唐书》记载不同。
④ 《太平寰宇记》卷77《剑南道·雅州》。

续表

羁縻州名	至雅州里程（里）	至邻近州里程（里）
三井	475	罗岩5
东绛	478	罗岩2
名配	478	罗岩2
甘恭	475	罗岩2
斜恭	475	罗岩5
尽重	478	罗岩2
罗林	478	罗岩3
龙羊	479	罗岩1
林波	440	罗岩60
林峨	440	罗岩40
龙蓬	440	罗岩40
索古	430	罗岩50
敢川	440	罗岩40
惊川	430	罗岩50
祸眉	410	罗岩70
木烛	440	罗岩40
百坡	440	罗岩40
当品	375	百坡5
岩城	360	百坡20
中川	375	百坡5
钳矣	355	百坡25
昌磊	360	百坡20
钳并	355	百坡25
百频	377	百坡3
会野	630	百坡60
当仁	625	会野3
推梅	620	会野10
作重	610	会野20
祸林	620	会野10

续表

羁縻州名	至雅州里程（里）	至邻近州里程（里）
诺莋	590	会野 40
金林	610	会野 40
二恭	580	会野 50
布岚	570	会野 60
欠马	625	会野 5
罗蓬	620	欠马 10
论川	580	—
让川	570	论川 5
远南	560	让川 25
卑庐	560	夔龙 20
夔龙	560	卑卢 20
耀川	565	金川 15
金川	565	耀川 15
东嘉梁	560	金川 15
西嘉梁	565	东嘉梁 15

根据《太平寰宇记》卷77《剑南西道·雅州》的记载，上表所列46州中的罗岩至罗蓬等37州，分布在和川路；论川至西嘉良等9州分布在夏阳路。唐代的和川路是由雅州西经和川镇（在今天全县），沿今天全水通往大渡河以西地区的道路；夏阳路是由雅州西北经芦山县，出灵关（在今宝兴县境），沿今宝兴河西源通往丹巴县的道路（详见第九章第三节）。由此可知，罗岩等37州应分布在今天全县及其以西的泸定、康定县境内，论川等9州则分布在今宝兴县及其西北的丹巴、泸定县境。同时，从上表可以看出，和川路的37州，主要集中在罗岩、百坡、会野三州附近。其中有18州分布在罗岩州附近，"去雅州近者四百余里，远者不及五百里。去罗岩，自一里至六十里为极，惟当马去罗岩二百里焉"；有7州分布在百坡州附近，"去雅州近者二百六十里，远者六百三十里。去白（百）坡近者三里，远者六十里"；当仁等9州布在会野州附近，"去

第三章 政治军事制度

雅州近者五百七十里，远者六百二十五里。去会野近者三里，远者六十里"①。因此，确定罗岩、百坡、会野三州的地理位置，就可以大体得知和川路各羁縻州的具体方位。罗岩州距离雅州 480 里，在今泸定县的岚安，距离罗岩州 1～70 里的 18 个羁縻州，应分布在今泸定县冷碛、泸城和康定县的姑咱一带。百坡州距离雅州 440 里，去罗岩州 40 里，应当在罗岩州以东 40 里，即今天全县境内的昂州河地区，毗邻百坡州的当品等 7 州，应分布在今昂州河及其东南地区。会野州距离雅州 630 里，应当在罗岩州以西 150 里，即今康定县境内的雅拉河流域，距离百坡州 190 里。《太平寰宇记》卷 77《剑南西道·雅州》记载的"会野州去百坡州四十里"当有误。同时，该书记载的当马州"去罗岩州二百里，至（雅）州四百七十八里"，亦有误。罗岩州距离雅州 480 里，当马州距离雅州 478 里，二州距离应为 2 里，而不是 200 里。

夏阳路有东、西嘉良州，应当是以嘉良夷之地设置的羁縻州，其地在今丹巴县。西嘉良州在大渡河以西，即今水子一带，其西南 15 里为论川州，其地当在今丹巴县东谷一带。壤川、远南二州在西嘉良州与论川州之间；东嘉梁州在大渡河以东，即今丹巴县川口。东嘉良州以北 5 里是耀川州，其地在今丹巴县巴旺一带。耀川州以北 15 里是金川州，即今丹巴县金川。夔龙、卑庐二州至雅州的里程，与东嘉良州至雅州的里程相同，皆为 560 里，其地当毗临东嘉良州，可能在今丹巴县岳扎一带。

黎州都督府 唐代的黎州，原来也是西晋汉嘉郡之地，其主要居民为夷人，亦称"杂夷"②。成·汉时期，分汉嘉郡立沈黎郡。东晋权臣桓温灭成·汉政权，裁撤沈黎郡，以其地入晋原郡。刘宋复置沈黎郡，南齐称为沈黎僚郡。北周武帝天和三年（568）改置黎州，隋文帝又改称登州。隋炀帝废登州，将其地并入临邛郡。唐高祖武德元年（618）复置登州，武德九年（626）州废，其地分属雅州和巂州。武周大足元年（701）置黎州，中宗神龙三年（707）州废。玄宗开元三年（715）复置黎州，"取蜀南沈黎地为名"③。同时设立都督府，将原来属于巂州都督府管辖的奉上等 22 个羁縻州划归黎州都督府。开元十七年

---

① 《蜀中广记》卷 35《边防记·雅州》。
② 《太平御览》卷 750 引《华阳国志》。
③ 《旧唐书》卷 41《地理志》。

(729)，新置28个羁縻州。其后，又置索古、诺莋、柏（百）坡三州，故《旧唐书》卷41《地理志》说："黎州，统制五十四州，皆徼外生僚。无州，羁縻而已。"其后，罗岩、索古、诺莋、柏（百）坡4州，相继划归雅州都督府。安史之乱以后，在吐蕃与南诏的攻击下，黎州都督府所管辖的羁縻州，先后废弃。

《旧唐书》卷41《地理志》记有黎州都督府管辖的54个羁縻州名称：罗岩州、索古州、秦（奉）上州、辄荣州、剧川州、合钦州、（下）蓬州、柏坡州、博庐州、明川州、胣脆州、蓬矢州、大渡州、米川州、木属州、河东州、诺莋州、甫岚州、昌明州、归化州、象川州、丛夏州、和良州、和都州、附树州、东川州、上贵州、滑川州、比川州、吉川州、甫蕚州、比地州、苍荣州、野川州、邛陈州、贵林州、护川州、牒琮州、浪弥州、郎郭州、上钦州、时蓬州、俨马州、橛查州、邛川州、护邛州、脚川州、开望州、上蓬州、比蓬州、剥重州、久护州、瑶剑州、明昌州。

以上54州中的罗岩、索古、诺莋、柏（百）坡4州，因后来划归雅州都督府管辖，因而在《太平寰宇记》中有各州至雅州的里程，在前面叙述雅州都督府所管辖的羁縻州时，已据此大致推定其地理位置。米川州在今泸定县的冷碛。（见第四章第三节）其余诸州的地理位置，据郭声波研究，秦上州在嘉州罗目县以西120里的秦水（今名雅安河）上部地区，博庐州、合钦州是以台登北谷的东钦蛮两姓所置，上钦州在合钦州以北，下蓬州、蓬矢州、时蓬州、上蓬州、比蓬州在婆笼川（今名马边河）流域，大渡州在今石棉县安顺场，河东州在今石棉县王大坪，象川州可能在今美姑县牛牛坝，邛陈州、邛川州、护邛州在邛部川，即今越西、甘洛县境内的普雄－漫滩－尔觉－尼日河流域，郎郭州在曩贡川（今名雅砻江）流域①。

嶲州都督府 嶲州本为西晋越嶲郡之地。"魏晋以还，蛮僚恃险钞窃，乍服乍叛。"②刘宋设有越嶲郡，南齐称为越嶲僚郡。萧梁时期始置嶲州。北周武帝天和三年（568）改称严州。隋文帝开皇六年（586）又改称西宁州，开皇十八年（595）复称嶲州，隋炀帝时期更名越嶲郡。唐高祖武德元年（615）又改为

---

① 郭声波：《唐代黎属羁縻州研究》，载《中国历史地理研究》第1辑，暨南大学出版社2005年版。

② 《元和郡县图志》卷32《剑南道·嶲州》。

嶲州，治越嶲县，即今西昌。武德三年（620）置总管府，武德七年（624）改为都督府，先后领有思亮、杜、初汉、孚川、渠川、丘庐、祐、计、龙施、月乱、浪弥、月边、团、柜、米羌等 16 个羁縻州。据郭声波研究，思亮州在西晋越嶲郡的卑水县，即今昭觉县境内；杜州或许是在今雷波县境内；初汉州在今冕宁县境内；孚川州可能在西晋越嶲郡卑水县的治所一带，即今昭觉县境内；渠川州可能在今喜德县境内；丘庐州可能在曲罗，即今冕宁县境内；祐州或许在今喜德县境内；计州可能在今喜德县境内；龙施州为龙池州之误，其地在今雷波县境内；月乱州可能在今普格县境内；浪弥州可能是以浪稽部所置，其地在今喜德县境内；月边州毗邻月乱州，亦在今普格县境内；团州可能在今布拖县境内；柜州是以亏望部所置，其地在今昭觉县境内；米羌州是以弥羌等部所置，其地在今石棉县境内①。

肃宗时期，嶲州为吐蕃与南诏攻占，羁縻诸州皆罢废。德宗贞元年间，剑南西川节度使韦皋又招抚嶲州部落，但是没有设置羁縻州，而是改封东蛮三部落首领为郡王，置三部落总管以统之。其后，又置剑山招讨使，领弥羌、铄羌、胡丛、东钦、磨些五部落。懿宗以后，嶲州完全被南诏占领，嶲州境内的部落，先后脱离唐王朝的控制。

戎州都督府 戎州本为西晋犍为郡之地。"李雄窃据，此地空荒。梁武帝大同十年，使先铁讨定夷僚，乃立为戎州。"② 唐太宗贞观四年（630）置戎州都督府，并将州治由南溪移至僰道。穆宗"长庆中，复治南溪"③，即今南溪县境。唐太宗时期，戎州都督府领有协、曲、郎、昆、盘、黎、匡、髳、尹、曾、钩、蘮、哀、微、姚等 16 个羁縻州。其后，屡有兴废。玄宗天宝年间对南诏作战失败后，部分羁縻州被南诏夺占。德宗贞元年间，剑南西川节度使韦皋又奏置驯、骋、浪三州。据《新唐书》卷 43 下《地理志》记载，戎州都督府先后领有 64 个羁縻州。今以《新唐书》卷 43 下《地理志》、《旧唐书》卷 41《地理志》、《太平寰宇记》卷 79《剑南西道·戎州》的相关记载，将戎州都督府所领羁縻州的基本情况，整理如表 3—14。同时，以《旧唐书》卷 41《地理志》记

---

① 郭声波：《唐代嶲属羁縻州研究》，《中国历史地理研究》第 1 辑，暨南大学出版社 2005 年版。
② 《元和郡县图志》卷 31《剑南道·戎州》。
③ 《新唐书》卷 42《地理志》。

载的戎州至京师 3104 里为准，分别推定各羁縻州至戎州的里程，至于其中的差异，在确定各羁縻州的地理位置时加以说明。

表 3—14　　　　　唐代戎州都督府所领羁縻州简表

羁縻州名	领　县　名	至京师里程（里）	至戎州里程（里）
驯州	驯禄、天池、方陀、罗藏、播骋	—	733
骋州	斛木、罗相	—	1032
浪州	郎浪、郎违、何度、郎仁、因阁	—	1343
钳州	—	—	457
播陵州	—	—	577
协州	东安、西安、湖津	4000	896
靖州	靖川、分协	—	510
曲州	朱提、唐兴	4330	1226
轲连州	轲连、罗名、新成	—	907
滴州	拱平、扫宫、罗谷	—	910
武昌州	洪武、罗虹、琅林、夷朗、来宾、罗新、绮婆	—	1217①
碾卫州	麻金、碾卫、涪麻	—	997
切骑州	柳池、奏禄、縻托、通识	—	1100
南唐州	—	—	1107
泸慈州	—	—	1346
哥灵州	—	—	1400
武德州	—	—	507
英州	—	—	1707
武镇州	—	—	1842
威州	—	—	1939
归武州	—	—	2007
声州	—	—	2277
麻州	—	—	2480

---

①　《太平寰宇记》卷 79《剑南西道·戎州》称，武昌州在戎州以南 2317 里，疑其有误。今据《蜀中广记》卷 36《边防记下·川南道》记载，更正为 1217 里。

续表

羁縻州名	领县名	至京师里程（里）	至戎州里程（里）
朗州	味、同乐	5670	2566
盘州	附唐、平夷、盘水	5030	1926
黎州	梁水、绛	—	—
昆州	益宁、晋宁、安宁、秦臧	5370	2276
钩州	望水、唐封	5650	2546
从州	从花、昆池、武安、罗林、梯山、南宁	—	2642
奏龙州	—	—	2695
严州	—	—	2007
汤望州	—	—	2707
品州	八秤、松花、牧	—	2395
襃州	阳彼、乐强	4970	1866
微州	深利、十部	4970	1866
縻州	磨豫、七部	4945	1841
諾罗州	—	—	—
髳州	濮水、青蛉、歧星、铜山	4850	1746
尹州	马邑、天池、盐泉、甘泉、涌泉	—	—
宗州	宗居、石塔、河西	5010	1906
匡州	勃弄、匡川	5165	2061
曾州	曾、三部、神泉、龙亭、长和	5145	2041
览州	—	—	—
傍州	—	—	—
望州	—	—	—
丘州	—	—	—
求州	—	—	—
悦州	甘泉、青宾、临川、悦水、夷邻、胡瑶	—	217
移州	移当、临河、汤陵	—	587
播朗州	播胜、从颜、顺化	—	289
镜州	夷郎、宾唐、溪琳、琮连、池临、野并	—	396
洛州	临津、宾夷、曾城、葱药	—	420

续表

羁縻州名	领县名	至京师里程（里）	至戎州里程（里）
筠州	盐水、筠山、罗余、临居、澄澜、临昆、唐川、寻源	—	417
连州	当为、都宁、逻游、罗龙、加平、清坎	—	—
志州	浮萍、鸡惟、夷宾、河西	—	456
德州	罗连、万岩	—	564
盈州	盈川、涂塞、播陵、施燕	—	567
南州	播政、百荣、洪庐	—	535
献州	—	—	606
扶德州	宋水、扶德、阿阴	—	457
为州	扶、罗僧	—	490
勤州	—	—	—
信州	—	—	—
居州	—	—	—
炎州	—	—	—

　　戎州都督府所管辖的羁縻州，大体分布在三个区域内，一是位于戎州以西的马湖江沿岸，二是位于戎州西南通往云南的道路沿线，三是位于戎州以南的南广河流域。

　　分布在马湖江沿岸的羁縻州是唐德宗贞元年间设置的驯、骋、浪3州。驯州距离戎州733里，境内有天池，"亦曰文池，此马湖蛮王所居也"①，今名马湖，在雷波县。据此，驯州应在今雷波县境内。骋州距离戎州1032里，位于驯州以西299里，即今金阳县境内。浪州，亦称浪川州，距离戎州1343里，位于驯州以西311里，即今金阳与宁南二县之间。

　　分布在戎州通往云南的石门道沿线的羁縻州中，钳州在戎州"西南四百五十七里，元无县，从开边县析出"②。据《元和郡县图志》卷31《剑南道戎州》记载，戎州"西南至石门镇三百里"。以此而论，钳州应在石门镇以南157里，

---

① 《建炎以来朝野杂记·乙集》卷20《辛未利店之变》。
② 《太平寰宇记》卷79《剑南西道·戎州》。

即今云南省盐津县与大关县之间。

播陵州，在戎州西南577里，位于钳州以南100里，即今云南省大关县境内。

协州，"本隋置，隋乱废。武德元年开南中复置。"① 其地在戎州西南896里，距离播陵州319里，即今云南省彝良县与贵州省威宁县交壤的地区。玄宗天宝年间，协州"因云南离叛被破，今移置在（戎）州西南四百九十三里"②，即钳州西南36里。

靖州，"隋属协州，古夜郎地，武德初，分协州置靖州"③。其地在戎州西南720里④，位于播陵州以南142里，即今云南省昭通市境内。其后，靖州移至戎州西南510里⑤，位于移徙后的协州以南17里，即今云南省大关县境内。

曲州，隋置恭州，隋末州废。唐高祖武德元年（615）开南中，复置恭州。武德八年（622）改名曲州。其地在戎州西南900里⑥。据《蛮书》卷1《云南界内途程》记载："从戎州南行十日至石门……石门外……第九程至鲁望，即蛮、汉两界，旧曲、靖之地也。曲州、靖州废城及邱墓碑阙皆在。"鲁望在今云南省鲁甸。据此，曲州应毗邻靖州，亦在今昭通市境内。其后，曲州于"天宝年中，因云南破，移在开边县界，去县一百二十七里"⑦，即今云南省盐津县境内。

轲连州，在戎州以南907里。由于轲连州在马湖南境⑧，其地应在原曲州以西，靠近今金沙江，即今云南省鲁甸县境内。

滴州，在戎州以南912里。据《读史方舆纪要》卷73《四川方舆纪要·马湖府》记载："废滴州，在府南，亦唐所置羁縻州也，领拱平等三县。"既然滴州位于马湖府以南，其地应在轲连州以南，即今云南省巧家县境内。

---

① 《新唐书》卷43下《地理志》。
② 《太平寰宇记》卷79《剑南西道·戎州》。
③ 《资治通鉴》卷216，玄宗天宝十载四月，胡三省注。
④ 《太平寰宇记》卷79《剑南西道·戎州》古靖州条。
⑤ 《太平寰宇记》卷79《剑南西道·戎州》。另据《新唐书》卷42《地理志》记载，开边县南"七十里至曲州，又四百八十里至石门镇"，与《太平寰宇记》记载的移徙后的曲州至开边县距离，有57里的差异。
⑥ 《太平寰宇记》卷79《剑南西道·戎州》。
⑦ 《太平寰宇记》卷79《剑南西道·戎州》。
⑧ 《读史方舆纪要》卷73《四川方舆纪要·马湖府》。

武昌州，在戎州以南1217里。据《太平寰宇记》卷79《剑南西道·戎州》记载，武昌州在"羁縻马湖江蛮界"。由此看来，武昌州应在滈州以南305里，即今云南省巧家与会泽之间，西临金沙江，北接滈州。

碾卫州，在戎州西南997里，位于唐初的曲州以南97里，即今云南省会泽县境内。

切骑州，在戎州西南1100里，位于碾卫州以南103里，即云南省会泽与东川之间。

南唐州，在戎州西南1107里，位于切骑州以南7里，亦在今云南省东川市境内。

泸慈州，在戎州西南1346里，位于南唐州以南239里，应在今云南省东川与寻甸之间。

哥灵州，在戎州西南1400里，位于泸慈州以南54里，即今云南省寻甸县境内。哥灵州东南有羁縻长州，新、旧唐书及《太平寰宇记》失载，然而《元史》卷61《地理志》称，嵩明州，"汉人尝立长州，筑金城、阿葛二城。蒙氏兴，改长州为嵩盟部，段氏因之"。其地在今云南省嵩明县。长州以南即为昆州。

在唐代，由戎州都督府管辖的曲州前往朗州（南宁州）的道路沿线，有以下羁縻州：

武德州，《太平寰宇记》卷79《剑南西道·戎州》称其在戎州以西507里，同时又将该州列入"益州郡界内"的15州之一。然而被列为益州郡界的15州，除武德州之外，其他14州距离戎州皆在1000里之外，疑《太平寰宇记》的记载可能脱漏"一千"二字。若以武德州在戎州以西1507里计，其地应在曲州东南607里，即今云南省昭通与贵州省威宁之间。

英州，在戎州西南1707里，位于武德州以南200里，即今贵州省威宁县境内。

武镇州，在戎州西南1842里，位于英州以南135里，即今贵州省威宁县与云南省宣威市之间。

威州，在戎州西南1939里，位于武镇州以南97里，即今云南省宣威市境内。

归武州，在戎州西南2007里，位于威州以南68里，亦当在今云南省宣威市境内。

汤望州，原为昆明蛮之地。唐高宗"龙朔三年，矩州刺史谢法成招慰比楼等七千户内附。总章三年，置禄州、汤望州"①。据清道光《大定府志》考证，禄州在贵州省毕节；汤望州在大定府西南百里的陇卧虎场，旧名卧这，其辖境包括今贵州省赫章县东部、毕节县西部和水城北部。《太平寰宇记》卷79《剑南西道·戎州》将汤望州记为汤州，在戎州以西2707里。若汤望州在今赫章、毕节之间，以里程计，汤望州至戎州没有2707里，疑《太平寰宇记》所记载的里程有误。

声州，在戎州西南2277里，位于归武州以南270里，即今云南省宣威与沾益之间。

麻州，在戎州西南2480里，位于声州以南203里，即今云南省沾益县境内。

朗州，即南宁州。唐高祖武德元年（615）开南中，设置南宁州。"武德四年，置总管府，管南宁、恭、协、昆、尹、曾、姚、西濮、西宗九州。五年，罢总管。其年冬，复置，寄治益州。七年，改为都督府，督西宁、豫、西利、南云、磨、南笼七州，并前九州，合十六州。仍割南宁州之降县属西宁州，八年，自益州移都督府于今治。贞观六年，罢都督府，置刺史。八年，改南宁州为朗州。"②其地在戎州西南2650里，位于麻州以南170里，即今云南省曲靖市境内。玄宗"开元五年复故名。天宝末没于蛮，因废。唐末复置州于清溪镇，去黔府二十九日行"③。唐末复置的南宁州，在黎州清溪镇，即今四川省汉源县境。

据《资治通鉴》卷200记载，唐高宗显庆元年（566），"西洱蛮酋长杨栋附，显和蛮酋长王郎祁，郎、昆、梨、盘四州酋长王伽冲等率众内附"。由此可知，朗、昆、梨、盘四州之地，应当相互毗连。

盘州，在戎州以西2007里，"北接郎州，南接交州"④。据《元史》卷61《地理志》记载，普安路，"古夜郎地。秦为黔中地，两汉隶牂牁郡，蜀隶兴古

---

① 《新唐书》卷222下《南蛮传》。
② 《旧唐书》卷41《地理志》。
③ 《新唐书》卷43下《地理志》。
④ 《旧唐书》卷41《地理志》。

郡，隋立牂州。唐置西平州，后改兴古郡为盘州。蒙氏叛唐，其地为南诏东爨，东爨乌蛮七部落居之"。据此，盘州应在今贵州省普安一带。

黎州，其地原属南宁州，唐高祖"武德七年，析南宁州置西宁州。贞观八年，改为黎州"①。据《蛮书》卷2《山川江源》记载："量水川在滇池南两日程，汉旧黎州也。"《嘉庆一统志》卷479《临安府》将黎州定在云南省华宁。

昆州，"本隋置，隋乱废。武德元年开南中，复置"②。其地在长安西南5370里，距离戎州2276里，即今云南省昆明。

由昆州前往安南的道路沿线，属于戎州都督府管辖的羁縻州，有以下各州：

钩州，在长安西南5650里，距离戎州2546里，"北接昆州"③，其地在今云南省晋宁与易门二县之间。

从州，在戎州西南2642里，距离昆州366里。据《新唐书》卷43下《地理志》记载，由安南前往南诏羊苴咩城的道路，经过洞噪水之后，"又经南亭，百六十里至曲江，剑南地也。又经通海镇，百六十里渡梅河、利水至绛县。又八十里至晋宁驿，戎州地也。又八十里至柘东城"。柘东城即昆州。以里程计，从州应在今云南省曲江一带。

奏龙州，在戎州以西2690里，距离从州42里。以里程计，应在由安南前往南诏羊苴咩城道路中的南亭一带，即今云南省建水县境内。

严州，在戎州以西2700里，距离奏龙州仅10里。其地应毗邻奏龙州，大约在安南前往南诏羊苴咩城道路中的洞噪水一带，即今云南省建水县境。

品州，据《新唐书》卷43下《地理志》记载，由安南前往南诏羊苴咩城的道路上有"八平城"，其地距离柘东城560里。据方国瑜先生考证，八平城即八秤县，为品州州治之城，其地在今云南省蒙自县新安所附近④。以此而论，品州应在戎州西南2955里。

戎州都督府所管辖的部分羁縻州，分布在巂州经姚州通往西洱河地区的道路沿线。其中姚州在长安西南4900里，即今云南省姚安。

---

① 《旧唐书》卷41《地理志》。
② 《新唐书》卷43下《地理志》。
③ 《旧唐书》卷41《地理志》。
④ 方国瑜：《中国西南历史地理考释》，中华书局1987年版。

第三章　政治军事制度

襃州在长安西南4970里，"武德七年置。本弄栋地，南接姚州"①，其地在姚州以北70里，即今云南省大姚县境内。②

微州，在长安西南4970里，与襃州距离长安的里程相等。据《新唐书》卷42《地理志》记载："自巂州南至西泸，经阳蓬、鹿谷、菁口、会川，四百五十里至泸州。乃渡泸水，经襃州、微州，三百五十里至姚州。"由此可知，微州正当巂州至姚州的道路上。以此推测，微州可能在襃州以北，即今云南省大姚与永仁之间。

麽州，在长安西南4945里，"本西豫州，武德七年置，贞观三年更名。南接姚州。初为都督府，督麽（麋）、望、谚罗三州，后罢都督"③。其地距离姚州45里，位于微州东北④，即今云南省元谋一带。曾经隶属于羁縻麽州都督府的望州、谚罗州，应当在麽州以东，即今云南省武定与禄劝二县之间。

髳州，在长安西南4850里，"汉越巂郡地，南接姚州"⑤，距离姚州50里，亦当在大姚县境内。《元史》卷61《地理志》就说："大姚，下。唐置西濮州，后更名髳州，南接姚州，统县四，一曰青蛉，即此地。夷名大姚堡，与桥栋川相接。"

尹州，"武德四年置，北接髳州"⑥，其地可能在今云南省姚安与牟定之间。

宗州，在长安西南5010里，"本西宗州，武德七年置，贞观十一年更名宗州。北接姚州"⑦，其地在姚州以南110里，即今云南省南华县境内。

匡州，在长安西南5165里，唐高祖"武德七年，开置云南州。贞观三年，改名匡州也"⑧，其地当在宗州以西155里。据《读史方舆纪要》卷117《云南方舆纪要·大理府》记载："云南县，州东南百里。东南至楚雄府定远县一百二十里。汉元封初，置云南县，隶益州郡。后汉改属永昌郡。蜀汉建兴二年，置云南郡治焉。晋、宋至梁，皆因之。唐为匡州匡川县地。后张仁果据之，号白

---

① 《新唐书》卷43下《地理志》。
② 《读史方舆纪要》卷116《云南方舆纪要·姚安府》。
③ 《新唐书》卷43下《地理志》。
④ 《太平寰宇记》卷79《剑南西道·戎州》。
⑤ 《新唐书》卷43下《地理志》。
⑥ 《新唐书》卷43下《地理志》。
⑦ 《新唐书》卷43下《地理志》。
⑧ 《旧唐书》卷41《地理志》。

子国。蒙氏改为云南州，段氏因之。"以此而论，匡州应在今云南省祥云县境内。

曾州，在长安西南 5145 里，唐高祖"武德四年置，西接匡州"①。以里程计，曾州应在匡州以东 20 里，宗州以西 135 里，即今云南省祥云县境内。

览州，据《蛮书》卷 6《云南城镇》记载："云南东第二程有欠舍川，第三程至石鼓驿，旧化川也。第四程至曲驿，有大览赕、小览赕，汉旧览州也。"由此可知，曲驿在览州，而曲驿又在曲水。由柘东城"经安宁井三百九十里至曲水。又经石鼓二百二十里渡石门至佉龙驿。又六十里至云南城"②。据此，览州所在的曲水，位于云南城以东 280 里，柘东城以西 390 里，即今云南省楚雄一带。据《新唐书》43 下《地理志》记载："贞观二十三年，诸蛮末徒莫祇、俭望二种落内附，置傍、望、求、丘、览五州。"由此可知，傍、望、求、丘四州，应毗邻览州。其中望州曾隶属于羁縻靡州都督府，可能在靡州与览州之间，即今云南省牟定一带。傍、求、丘三州，大体在今云南省牟定一楚雄一双柏以东，武定一禄丰一易门以西的地域范围内。

据《太平寰宇记》卷 79《剑南西道·戎州》记载，戎州都督府管辖的羁縻州中，有 16 州"在南广溪洞内，并是诸僚"。其中巩州在唐代属于泸州都督府管辖；武昌州位于石门道上，故归于石门道沿线的羁縻州叙述。因此，戎州都督府所管辖的羁縻州中，位于南广河流域的实为 14 州。

悦州，在戎州以南 217 里。据《武经总要·前集》卷 20《东西川峡路·梓夔路》记载："淯井监，西控悦江口，隋富世县地……东戎州百里，西悦江口，至蛮界悦州，西乌蛮界，南晏州界。"宋代的淯井监即唐代的淯州，其地在今长宁县内；晏州在今兴文县境内（详下）。悦江"源出兴文县之诺武箐。《志》云：以流经废羁縻悦州而名。又有思晏江，在卫西四里，源亦出兴文县界，以径故羁縻思晏县而名。皆北流径江门驿，至纳溪而注于大江"③。江门驿在悦江口，其地属悦州。据此，悦州应在今兴文县江门一带，西至淯井监 117 里，南邻晏州。由于悦州实际上在纳溪（今名永宁河）流域而不在南广溪洞内，因而

① 《新唐书》卷 43 下《地理志》。
② 《新唐书》卷 42《地理志》。
③ 《读史方舆纪要》卷 73《四川方舆纪要·泸州》。

入宋以后,将悦州划归泸州管辖。

移州,在戎州西南587里,"析悦州置"①,距离悦州370里。其地可能在悦州以东,即今贵州省赤水一带。

播朗州,在戎州以南289里,"析巩州置"②。巩州在今珙县(详下),播朗州应在巩州以北,位于淯州西南189里,即今长宁县与珙县之间。

镜州,在戎州以南396里,位于播郎州西南107里,即今高县境内。

洛州,在戎州以南420里,"析镜州置"③。其地距离镜州24里,亦当在今高县境内。

筠州,在戎州以南417里,位于镜州以南21里。其地"本夜郎属境,唐置羁縻筠、连二州,属戎州都督府。宋因之。元并为筠连州,属永宁路。明初降州为县"④。据此,筠州应在今筠连县境内。

连州是由"筠州析出"⑤,其地亦当在今筠连县境内。

志州,亦称总州。在戎州西南456里,位于筠州以南39里,即今筠连与云南省威信之间。

德州,在戎州以南564里,"析志州置"⑥。其地在志州以南108里,即今云南省威信县境。

盈州,在戎州以南567里,位于德州以南7里,亦当在今云南省威信县境内。

南州,在戎州西南535里,"析盈州置"⑦。其地距离盈州32里,当在盈州西北。

献州,在戎州以南606里,位于盈州以南39里,即今云南省威信与镇雄之间。

扶德州,原属泸州都督府,唐玄宗开元十八年(730)割入戎州⑧。其地在

---

① 《新唐书》卷43下《地理志》。
② 《新唐书》卷43下《地理志》。
③ 《新唐书》卷43下《地理志》。
④ 《读史方舆纪要》卷70《四川方舆纪要·叙州府》。
⑤ 《太平寰宇记》卷79《剑南西道·戎州》。
⑥ 《新唐书》卷43下《地理志》。
⑦ 《新唐书》卷43下《地理志》。
⑧ 《太平寰宇记》卷88《剑南东道·泸州》。

泸州以南457里，毗邻泸州都督府管辖的晏州，即今叙永与兴文二县之间。

为州，"析扶德州置"①，其地在泸州以南490里，位于扶德州以南33里，与扶德州在同一地域。

泸州都督府 泸州本为西晋江阳郡之地，梁武帝大同年间，设立泸州。隋文帝仁寿年间，置总管府。隋炀帝废总管府，又改泸州为泸川郡。唐高祖武德元年（615）复称泸州，治泸川县，即今泸州。武德三年（620）置总管府，后改为都督府。太宗贞观年间，泸州都督府领珍、溱二州。高宗时期，增领晏、纳、奉、浙、巩、萨六州。武周时期，又置顺、思峨、淯、能四州。玄宗时期，珍、溱二州割属黔州都督府，故《旧唐书》卷41《地理志》说："泸州，都督十州，皆招抚夷僚置，无户口、道里，羁縻州。"然而《新唐书》卷43下《地理志》记载泸州都督府共管辖14个羁縻州，其中不见于《旧唐书》记载的高、宋、长宁、定等4州，应置于唐代后期。

长宁州，设置时间不详，领有婆员、波居、青庐、罗门4县②。其地在今长宁县境③。

淯州，武周"久视元年置。县四：新定、淯川、固城、居牢"④，其地在泸州西南450里⑤，即今长宁县境。

思峨州，武周"天授二年置。县二：多溪、洛溪"⑥。据《舆地纪胜》卷153《潼川府路·泸州》记载，距离泸州200里有"思峨洞"。"相传为故思峨州地也"⑦，距离宋代的长宁军60里⑧，即今珙县境内。

巩州，唐高宗"仪凤二年，开山洞置。县五：哆楼、都檀、波婆、比求、播郎"⑨。其地在泸州西南600里⑩，西北与淯州接壤。明代人曹学佺认为，唐代的巩州"即珙县地也。巩州者，今之罗星渡；哆楼者，今在城之高楼坊；波

---

① 《新唐书》卷43下《地理志》。
② 《新唐书》卷43下《地理志》。
③ 《读史方舆纪要》卷70《四川方舆纪要·叙州府》。
④ 《新唐书》卷43下《地理志》。
⑤ 《武经总要·前集》卷20《东西川峡路·梓夔路》。
⑥ 《新唐书》卷43下《地理志》。
⑦ 《读史方舆纪要》卷72《四川方舆纪要·泸州》。
⑧ 《舆地纪胜》卷166《潼川府路·长宁军》。
⑨ 《新唐书》卷43下《地理志》。
⑩ 《武经总要·前集》卷20《东西川峡路·梓夔路》。

婆，今江安县界之波婆村；比求，今之九塞；播郎，今贵州界之安静长官司；都善，一名都坛，今名梅得。此本志所载也"①。据此，巩州在今珙县境内。

萨州，《旧唐书》记为薛州，唐高宗"仪凤二年，招生僚置。天宝元年改为黄池郡，乾元元年复为萨州。领县三：枝江、黄池、播陵"②。其地在泸州西南760里③。明代的"珙县图有萨州，即上、下罗计"④。据此，萨州应在今珙县境内。

定州，设置时间不详，领有支江、扶德二县⑤。据《元史》卷61《地理志》记载，马湖路戎州的"四十六囤蛮夷千户所，领豕蛾夷地，在庆符，向南抵定川，古夜郎之属，唐羁縻定州之支江县也"。据此，定州应在庆符县境，今属高县。

高州，设置时间不详，领有轲巴、移甫、徒西3县。其地在泸州西南780里⑥。据《元史》卷61《地理志》记载，叙州路的高州，"古夜郎之属境，邻乌蛮，与长宁军地相接，均为西南羌族，前代以为化外，置而不论。唐开拓边地，于本部立高州"。据此，唐代的羁縻高州在今高县境内。

奉州，唐高宗"仪凤二年置。领县三，与州同置：轲理、轲巴、罗蓬"⑦。其中轲巴县后来划归高州，故《新唐书》卷43下《地理志》将轲巴县列为高州的属县。据此，奉州应毗邻高州，亦在今高县境内。

晏州，唐高宗"仪凤二年，开山洞置。天宝改为罗阳郡。乾元元年，复为晏州也。领县七，与州同置：思峨、柯阴、新宾、扶来、思晏、多岗、罗阳"⑧。其地在泸州东南530里⑨，北接淯州。据《元史》卷61《地理志》记载，马湖路的戎州，"本夜郎国西南蛮种，号大坝都掌，分族十有九，前代以化外，置而弗论。唐武后时，恢拓蛮徼，设十四州、五团、二十九县，于本部置晏

---

① 《蜀中广记》卷36《边防记》。
② 《太平寰宇记》卷88《剑南东道·泸州》。
③ 《武经总要·前集》卷20《东西川峡路·梓夔路》。
④ 《蜀中广记》卷36《边防记》。
⑤ 《新唐书》卷43下《地理志》。
⑥ 《武经总要·前集》卷20《东西川峡路·梓夔路》。
⑦ 《旧唐书》卷41《地理志》。
⑧ 《旧唐书》卷41《地理志》。
⑨ 《武经总要·前集》卷20《东西川峡路·梓夔路》。

州"。元朝以其地置戎州，明代改为兴文县。据明代人曹学佺说："按兴文县有晏峰，即思晏县也。七县今为砦也。"① 如此，晏州应在今兴文县境内。

宋州，设置时间不详，领有轲龙、轲支、宋水、庐吾4县②，在泸州东南330里③，即旧古宋县，今属兴文县。

纳州，唐高宗"仪凤二年，开山洞置。县八：罗围、播罗、施阳、都宁、罗当、罗兰、都（掌）、胡茂。先天二年，与萨、晏、巩皆降为羁縻"④。玄宗天宝元年（742）改为都宁郡，肃宗乾元元年（758）复为纳州。其地在泸州东南450里⑤，即今叙永县境内。

顺州，武周"载初二年置。县五：曲水、顺山、灵岩、来猿、龙池"⑥。其地在泸州东南450里⑦，据谭其骧先生考证，顺州在叙永县⑧。

浙州，唐高宗"仪凤二年，开山洞置。县四：浙源、越宾、洛川、鳞山"⑨。据谭其骧先生考证，浙、鳛同音，浙州应在鳛水流域⑩，即今贵州省习水县境。

能州，武周"大足元年置。县四：长宁、来银、菊池、猿山"⑪，由于能州与浙州皆"连接黔府"⑫，其地应相互毗连，可能在今贵州省赤水县境。

黔州都督府 黔州本为西晋涪陵郡之地。西晋末年，"地没夷僚，经二百五十六年，至宇文周保定四年，涪陵蛮帅田思鹤以地内附，因置奉州，建德三年改为黔州，隋大业三年又改为黔安郡"⑬。唐高祖武德元年（618），复称黔州，治彭水县，即今彭水县。太宗贞观四年（630）置都督府，武州圣历元年（693）罢都督府，玄宗先天二年（713）复置都督府。玄宗"天宝元年，改黔州为黔安

---

① 《蜀中广记》卷36《边防记》。
② 《新唐书》卷43下《地理志》。
③ 《武经总要·前集》卷20《东西川峡路·梓夔路》。
④ 《新唐书》卷43下《地理志》。
⑤ 《太平寰宇记》卷88《剑南东道·泸州》。
⑥ 《新唐书》卷43下《地理志》。
⑦ 《武经总要·前集》卷20《东西川峡路·梓夔路》。
⑧ 谭其骧：《播州杨保考》，《长水集》，人民出版社1987年版。
⑨ 《新唐书》卷43下《地理志》。
⑩ 谭其骧：《播州杨保考》，《长水集》，人民出版社1987年版。
⑪ 《新唐书》卷43下《地理志》。
⑫ 《太平寰宇记》卷88《剑南东道·泸州》。
⑬ 《元和郡县图志》卷30《江南道·黔州》。

第三章 政治军事制度

郡,依旧都督施、夷、播、思、费、珍、溱、商九州。又领充、明、劳、羲、福、犍、邦、琰、清、庄、峨、蛮、牂、鼓、儒、琳、鸾、令、那、晖、郝、总、敦、侯、晃、柯、樊、稜、添、普宁、功、亮、茂龙、延、训、卿、双、整、悬、抚水、矩、思源、逸、殷、南平、勋、姜、袭等五十州。皆羁縻,寄治山谷"①。黔州都督府统领的50个羁縻州,皆不在巴蜀地域范围内。

唐王朝对于羁縻州县,除了设置都督府,实行军事控制之外,也提供各种经济援助,以此笼络归附的部落。其中"松、茂等州诸羌首领,二十年来,利得此军财帛粮饷,以富己润屋"②。黎州西南的三王蛮,"岁察节度府帛三千匹"③。其他的羁縻部落,或"以其远边徼,户给米二斛、盐五斤"④;或"无税赋以供管,每年使司须有优赏"⑤。由于唐王朝实施的羁縻制度,没有改变归附部落的社会结构与权力构成,绝大多数羁縻州县又不承担赋役,少数承担赋役的羁縻州县,赋役也极轻,而唐廷向这些归附部落提供的经济援助和军事保护,远远超过他们对唐王朝所承担的义务,因而大多数的少数民族部落都能够接受唐廷的羁縻制度,组成羁縻州县。

第二节　剑南三川

两晋南北朝时期,巴蜀地区的最高行政建置是州。北朝开始在州以上设置行台一级建置。北魏孝明帝正光五年(524),始置山南道行台,以东益州刺史魏子建为行台尚书,节度梁、巴、东益、益、秦、南秦六州。当萧梁夺回梁汉地区以后,废除北魏设置的行台,依旧以州为最高行政建置。隋文帝开皇二年(582),设置西南道行台尚书省,以蜀王杨秀为尚书令,镇守成都,总管西南24州。杨秀获罪后,西南道行台尚书省也随之被裁撤。唐高祖开国之后,沿袭隋文帝的做法,于武德三年(620)在成都设置西南道行台尚书省,亦称益州道

---

① 《旧唐书》卷40《地理志》。
② 陈子昂:《上蜀川安危事》,《全唐文》卷210。
③ 《新唐书》卷222下《南蛮传》。
④ 《新唐书》卷222下《南蛮传》。
⑤ 《太平寰宇记》卷79《剑南西道·戎州》。

· 162 ·

行台尚书省，统领益、利、会、鄘、泾、遂六总管，以秦王李世民遥领行台尚书令，由窦琎任行台仆射，具体主持行台事务。行台尚书省，是在州一级行政建置逐渐演变成基层政权机构之后，新设置的一级军事、行政机构。但是西南道行台尚书省的设置时间很短，武德九年（626），秦王李世民通过政变而登上帝位之后，随即下诏，罢益州道行台尚书省。

唐太宗贞观元年（627），将全国分为10道，其中剑门关以南的地区称为剑南道，"东连牂牁，西界吐蕃，南接群蛮，北通剑阁"①。即今剑阁县以南，嘉陵江中下游以西的地区，皆属剑南道。位于剑南道西北的龙、扶、松等州，太宗时期属陇右道，高宗永徽年间，以松、当、文、扶、龙等州，"据梁州之境，割属剑南道"②；剑南道的东面，即今嘉陵江以东、长江以北的地区，属山南道；山南道以南的地区，属江南道。玄宗开元二十一年（733），分天下为15道。剑南道不变；原山南道则分为东、西两道，其中位于今秦岭山脉以南的汉中盆地和嘉陵江以东的四川盆地东部地区，属于山南西道；位于长江沿线的涪、忠、万、夔四州，则划归山南东道；涪、忠、万、夔四州以南的地区，原属江南道，现划归新设

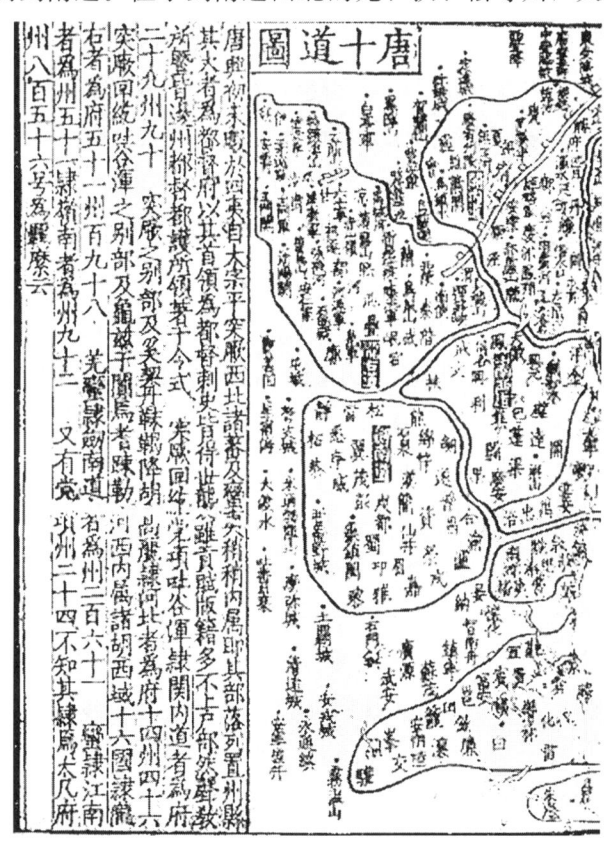

图3—2 唐十道图

---

① 《大唐六典》卷3《尚书户部·户部尚书》。
② 《旧唐书》卷41《地理志》。

立的黔中道。肃宗至德二年（757），分剑南道为东、西两道。代宗广德二年（764），合为一道。大历元年（766），再次分为东、西两川。此后，相沿不改。剑南东川、剑南西川、山南西道，就是唐人所说的"剑南三川"，有时也称为"山剑西道"。其地域范围，基本涵盖了传统的巴蜀地区。

唐太宗划分10道时，是按照山川形势来确定各道的范围。从巴蜀地区的情况来看，基本上是以江河作为各道的疆界。其中，嘉陵江上游是陇右道和山南道的分界线，嘉陵江中下游是剑南道和山南道的界河，渝州以东的长江则成为山南道和黔中道、江南道的分界线。其后，剑南三川的划分，大体上也是以江河流向来确定其范围：岷江及其以西地区是剑南西川，岷江以东至嘉陵江为剑南东川，渠江以西至嘉陵江属山南西道，渠江流域以东至汉水中下游地区属山南东道，位于山南东、西两道南界的长江以南地区分属黔中道和江南西道。概言之，最初划分10道时，主要是依据嘉陵江和长江来确定巴蜀地区的归属。其后的剑南三川，大体上是按照岷江、嘉陵江、渠江来划定各自的范围。

由于剑南三川是以江河作为划分疆界的主要依据，因而位于这些界河沿线的诸州，除了岷江流域各州始终属于剑南西川之外，其余诸州的归属，前后变化甚大。位于嘉陵江中游的果、阆二州，"贞观中属剑南道，开元中又属山南道，天宝中属剑南道，乾元中又属山南道。若据地势言之，且嘉陵江既在剑门之外，流历果、阆、合三州，而合涪江；且三州同是汉巴郡之地。以山川论定，合属山南道"①。然而果、阆二州最后划归山南西道，则是在德宗兴元元年（784）。地处嘉陵江下游的合州，原属剑南道，玄宗时期划归山南西道②，肃宗乾元二年（759）又划归剑南东川，故《旧唐书·地理志》把合州列入山南西道，而《新唐书·地理志》和《元和郡县图志》则将其归入剑南道，《太平寰宇记》又将合州划入山南西道。至于长江沿线诸州，因各自地理位置不同，归属也就大不一样。戎州位于岷江与马湖江（即今金沙江）汇合处，属岷江流域，因而划归剑南西川。戎州以东的泸州，位于中江水（即今沱江）与汶江（即今长江）汇合处，中江水在岷江以东，故泸州属剑南东川。泸州以东的渝州，地处嘉陵江与长江汇合处，是山南道与剑南道的接合部，最初属山南道，玄宗开

---

① 《太平寰宇记》卷86引贾耽《贞元十道录》。
② 《大唐六典》卷3《尚书户部·户部尚书》。

元年间划归山南西道,肃宗乾元二年(759)又属剑南东川。渝州以东的涪州,是山南道和江南道的接合地区,初分10道时,属江南道,"开元中改属山南道,天宝中复属江南道,乾元中又属山南东道"①,宪宗元和三年(808)划归黔中道,"以涪州疆理与黔州接近故也。至大中初,又隶荆南道。地理遥远,甚不便,寻复隶黔中"②。涪州以东的忠、万、夔三州,位于渠江以东,因而始终属于山南东道。

唐太宗按照山川形势划分的10道,既非单纯的地理区域,亦非行政建置,而是朝廷督察州县的监察区域。太宗贞观八年(634),遣萧瑀等13人,分道巡行天下,观风俗之得失,察政刑之苛弊。此后,唐廷一直不定期地按道分遣大使,巡察诸州。"宜察官人善恶,其有户口流散,籍帐隐没,赋役不均者;不务农桑,仓库减耗者;妖讹宿宵,奸猾盗贼,不事生业,为公私蠹害者;德行孝弟,茂才异等,藏器晦迹,堪应时用者。并访察闻奏。"③玄宗开元二十一年(733),"分天下为十五道,每道置采访使,检察非法,如汉刺史之职"④。各使皆置印,"理于所部大郡"⑤。至此,不定期派遣的大使便成为分驻各道,有印信、治所的地方监察官。开元二十五年(737),又"命诸道采访使考课官人善绩,三年一奏,永为常式"⑥。开元末年,"许其专停刺史务,废置由己"⑦。采访使权力的增大,必然导致对诸州行政事务的干预,故玄宗在天宝九年(750)下诏说:"本置采访使,亦举大纲。若大小必由一人,岂能兼理数郡。自今已后,采访使但察访善恶,举其大纲。自余郡务,所有奏请,并委郡守,不须干及。"⑧由此可知,玄宗时期,采访使的职责,始终是监察所部诸州(郡),并不具有行政权力。因此,按道设置采访使以后,道依然是监察区划,不是行政建置。肃宗乾元元年(758),停采访使,改置观察使。"掌察所部善恶,举大

---

① 《太平寰宇记》卷120《江南西道·黔州》。
② 《太平寰宇记》卷120《江南西道·黔州》。
③ 《唐会要》卷77《巡察按察巡抚等职》。
④ 《旧唐书》卷38《地理志》。
⑤ 《通典》卷32《职官·州牧刺史》。
⑥ 《唐会要》卷78《诸使·采访处置使》。
⑦ 《唐会要》卷78《诸使·采访处置使》。
⑧ 《唐会要》卷78《诸使·采访处置使》。

纲"①，名义上依然是监察诸州。然而观察使的主要职责，却是掌管所部的行政事务，因此，对观察使的考核是："以丰稔为上考，省刑为中考，办税为下考"②。由此可知，观察使才是兼有行政、监察权力的使职。

玄宗开元二十一年（733）设置采访使的时候，以剑南节度使王昱为剑南道采访使，兼山南西道采访使，称为"山剑西道"采访使。其后，剑南道采访使或兼山南西道采访使，或者不兼，亦无定制。据《大唐六典》卷3《尚书户部·户部尚书》记载，剑南道采访使治益州，领33州；山南西道采访使治梁州，领17州。肃宗置观察使时，以剑南节度使兼本道观察使。剑南道分为东、西两川后，剑南西川始终是以节度使兼本道观察使，剑南东川基本上是以节度使兼观察使。山南西道初置防御、观察使，其后，或单独设置观察使，或以节度使兼观察使。唐代制度，使职属于差遣，常设的采访使、观察使只是职务，不是本官。在设置采访使期间，剑南道采访使的本官是益州刺史（成都府尹），山南西道采访使的本官是梁州刺史。在采访使改为观察使之后，剑南西川观察使的本官是成都府尹，剑南东川观察使的本官是梓州刺史，山南西道观察使的本官是梁州刺史（兴元府尹）。代宗、德宗以后，观察使通常还要带御史中丞的官衔，以便行使监察诸州的权力。

第三节　军事制度

一、外军和州郡兵

西晋沿袭曹魏的军事制度，置中军、外军和州郡兵。中军是朝廷直接控制的军队，平时驻守在京城内外，有事则出征；外军是相对于中军而言，通常屯驻在京城以外的地区，由都督或校尉统领；州郡兵是由州刺史、郡太守掌管的地方军。"晋武帝之制，大抵内强宿卫，领之贵戚；外削州牧，统于宗藩。"③

---

① 《新唐书》卷49下《百官志》。
② 《新唐书》卷49下《百官志》。
③ 宋·陈傅良：《历代兵制》卷3。

因此，在西晋武帝时期，中军十分强大，足以威慑内外。西晋末年爆发的"八王之乱"，导致中军衰亡，"禁兵外散于四方"①，而外军和州郡兵则在混战中不断发展壮大。东晋时期，中军寡弱，外军强盛，统领外军的都督，拥兵自重，跋扈一方。南朝军制，大体上因袭晋朝制度而又有所损益。

两晋南北朝时期，巴蜀地区的军队，主要由外军和州郡兵组成，而其组织机构，前后不尽相同。

曹魏灭蜀汉的军队，由中军、外军和州郡兵组成。西晋武帝时，原邓艾的部属段灼就指出："昔伐蜀，募取凉州兵马、羌胡健儿，许以重报，五千余人随艾讨贼，功皆第一。而乙亥诏书，州郡将督不与中、外军同，虽在上功，无应封者。唯金城太守杨欣所领兵以逼江油之势，得封者三十人。自金城以西，非在欣部，无一人封者。苟在中军之例，虽下功必侯。如在州郡，虽功高不封。"② 平蜀之后，部分中军便留守蜀中。西晋武帝泰始四年（268），"故中军士王富有罪逃匿，密集亡命刑徒，得数百人，自称诸葛都护，起临邛，转侵江原。江原方略吏王高、间术缚富送州，刺史童策斩之"③。这个招集亡命刑徒反晋的王富便是留守蜀地的中军兵。同时，曹魏在灭蜀汉的过程中，也收编原蜀汉军队。曹魏元帝咸熙元年（264），以原蜀汉世袭兵于巴郡置二部守军，又以蜀汉降将罗宪为陵江将军、监巴东军事、使持节④。

西晋武帝立国之后，基本保留曹魏在巴蜀地区的驻军，不过益州和梁州的情况，略有不同。在益州，除了保留曹魏时期的驻军之外，也从外地派兵戍守蜀地，这些外来的士兵通常被称为"中州兵"⑤。同时，为了征服占据江南地区的吴国，又将益州的军队交由益州刺史统领。泰始八年（272），以王濬为益州刺史，加轻车将军。益州刺史始带将军称号，都督诸军事。在梁州，曹魏灭蜀汉之后，分益州置梁州，屯重兵于巴东和巴郡，用以防范东吴的侵扰。入晋以后，巴东驻军由都督统领，属外军；巴郡的二部守军由郡太守统领，属郡兵。咸宁二年（276），以益州刺史王濬监梁、益二州诸军事，于是梁州诸军，皆由

---

① 《昭明文选》卷49引干宝《晋纪总论》。
② 《晋书》卷48《段灼传》。
③ 《华阳国志》卷8《大同志》。
④ 《晋书》卷57《罗宪传》。
⑤ 《华阳国志》卷8《大同志》。

王濬节度。故王濬在太康元年（280）受命伐吴时统领的军队，既有益州的水陆军，亦有"梁州三水胡"①组成的州郡兵，而巴东监军唐彬亦受其指授②。在平定东吴之后，西晋武帝为了加强中央对地方的控制，"普减州郡兵"③，梁、益二州的军队也遭到大幅度削减，其中一部分军队被编入中军。"太康中伐吴还，欲以王濬为五官校尉而无缺，始置翊军校尉，班同长水、步兵，以梁、益所省兵为营。"④翊军校尉所统领的营兵，职掌京城宿卫，属中军。太康三年（282），又"罢刺史将军官"⑤，于是益州刺史不再加将军称号，重新成为专理庶政的行政长官。驻守在益州的外军，由同年设置的西夷校尉府掌管。

西晋惠帝元康六年（296），因毗邻梁、益二州的秦、雍二州爆发以齐万年为首的氐、羌大叛乱，于是晋廷任命栗凯为梁州刺史，加材官将军，都督诸军事。由于原屯守巴东的诸军在平吴之后已被裁撤，故梁州刺史实际上只管辖州郡兵。同时，任命赵廞为益州刺史，加折冲将军，亦都督诸军事。但此时的西夷校尉仍然持节统兵，自成体系，于是形成益州刺史统领州郡兵，西夷校尉都督外军的格局。赵廞反叛失败后，晋廷任命罗尚为平西将军，假节，领护西夷校尉，益州刺史。至此，益州地区的州郡兵和外军，皆由益州刺史掌管。由于平西将军、西夷校尉、益州刺史皆开府署，置僚佐，因此当时的人称之为"三府"⑥。

成·汉政权割据巴蜀期间，基本上按照魏晋制度，置中军、外军和州郡兵。其中的中军，由中领军掌管；外军，由中护军统领；州刺史通常授予将军、校尉称号，都督诸军事，其中大成皇帝李雄曾任命李凤为征北大将军、梁州刺史，任回为镇南大将军、南夷校尉、宁州刺史，李恭为征东大江军、南蛮校尉、荆州刺史。而汉国皇帝李寿亦曾任命任调为镇北大将军、梁州刺史、知北事、东羌校尉，李权为镇南大将军、南夷校尉、宁州刺史⑦。

桓温平蜀之后，东晋重新在巴蜀地区设置梁、益二州。刺史皆都督诸军事，

---

① 《华阳国志》卷8《大同志》。
② 《晋书》卷42《王濬传》。
③ 《晋书》卷57《陶璜传》。
④ 《太平御览》卷242引王隐《晋书》。
⑤ 《北堂书钞》卷72引王隐《晋书》。
⑥ 《华阳国志》卷8《大同志》。
⑦ 《华阳国志》卷9《李特雄期寿势传》。

诸郡太守亦多领郡兵。其中梁州刺史，通常是都督梁、（南）秦二州诸军事；益州刺史，通常是都督益、宁二州诸军事。但是原由益州刺史兼领的西夷校尉，一般不再兼领，而是另立西夷校尉，通常兼任梓潼太守，镇守涪城。此外，行政建置上属于梁州的巴西、梓潼、宕渠三郡，在军事上却归益州刺史管辖。

刘宋时期，梁、益二州刺史仍带将军称号，都督诸军事。梁州刺史通常兼南秦州刺史，都督梁、南秦二州军事。东晋安帝义熙年间，置西戎校尉于汉中。入宋以后，多由梁州刺史兼西戎校尉。益州刺史仍然都督益、宁二州军事。文帝元嘉十六年（439），"割梁州之巴西、梓潼、南宕渠、南汉中，南秦州之南安、怀宁，凡六郡属益州"①。其中巴西、梓潼二郡，原由西夷校尉兼任郡太守，因文帝将西夷校尉作为赐予北凉国主的官职，因而改由小号将军出任郡太守。萧齐制度，略同于刘宋。梁州刺史亦都督梁、南秦二州军事，领护西戎校尉。益州刺史都督益、宁二州军事，永明三年（485）以后，又领平蛮校尉。大郡太守，亦带小号将军，统领郡兵。齐高帝建元二年（480）置巴州，以三巴校尉明惠昭为刺史，亦加将军称号，都督巴州军事。萧梁时期，梁、益二州刺史皆都督诸军事，其中武陵王萧纪出任益州刺史时，则"持节，都督益、梁等十三州军事"②。梁、益二州的大郡太守，亦领郡兵。至于新设诸州，多为单车刺史，不带将军称号，因而没有兵权。即使带有将军称号，按照萧梁制度，六品以下的将军担任州刺史、郡太守、县令，一般也不领兵；其杂号将军称号，类似于隋唐时期的武散官，亦无领兵之权。

西晋时期的巴蜀军队，基本上是由世兵组成。世兵是指世代为兵的兵户，亦称士家，他们的户籍称为兵籍，亦称士籍。早在蜀汉时期，世兵制就已经形成。入晋以后，原蜀汉政权的世兵依然世执兵役。晋武帝咸宁五年（279）下诏伐吴："今调诸士家，有二丁、三丁取一人；四丁取二人；六丁以上三人。限年十七以上，至五十以还。先取有妻息者。其武勇散将家亦取如此。"③ 由此可知，伐吴的军队，皆来自征发士家。当时，益州刺史王濬统领的梁、益二州伐吴诸军，共计八万，皆为巴蜀之人④。若按二丁取一计算，当时梁、益二州的

----

① 《宋书》卷5《文帝纪》。
② 《梁书》卷55《武陵王纪传》。
③ 《文馆词林》卷662。
④ 《晋书》卷42《王濬传》。

世兵大约有16万,而蜀汉亡国时,兵、吏共计14.2万人①。由此看来,西晋时期梁、益二州的士家,基本上就是晋朝所接纳的蜀汉世袭兵。西晋惠帝时期,梁、益二州的军队在和入蜀的六郡流民作战中,伤亡惨重。随着晋朝势力被大成政权逐步赶出梁、益二州,不仅原蜀汉的士家随同民户一起逃亡,就连戍守蜀地的中州兵,也举家逃离巴蜀地区。《晋书》卷66《陶舆传》:"张奕本中州人,元康中被差西征,遇天下乱,遂留蜀。至是率三百余家欲就杜弢,为侃所获。诸将请杀其丁壮,取其妻息。舆曰:'此本官兵,数经战阵,可赦之以为用。'侃赦之以配舆。"由于西晋末年巴蜀地区的世兵大批战死和外逃,在成·汉统治时期,巴蜀地区基本上已经没有世兵。成·汉政权的军队,主要是由六郡流民组成,诸将所统领的军队,基本上都是属于部曲武装。

东晋与南朝时期,梁、益二州皆置军府,以统其兵。由于巴蜀地区多次发生变乱,遂形成蜀人"乐祸贪乱"②的看法,因而历朝都从巴蜀以外的地区调兵入蜀,作为军府的主力。梁武帝天监十三年(514),鄱阳王萧恢由荆州刺史改任益州刺史,就曾率领"军府五万人"③入蜀。这些军队有时被称为"东兵"④,或称"吴兵"⑤,通常驻扎在军府所在地,由中兵参军统领,其中不少是世兵。东晋安帝义熙元年(405),谯纵攻成都,"益州营户李腾开城以纳纵"⑥。营户就是军户,亦即世兵。刘宋文帝时期发生赵广之乱后,当时的益州刺史刘道济为了守卫成都,"乃免吴兵三十六营以为平民,分立宋兴、宋宁二郡"⑦。据《宋书》卷38《州郡志》记载,宋兴郡是免建平营而立,领496户、1943口,寄治成都;宋宁郡是免吴营侨立,领1036户、8342口,寄治成都。合计二郡人口,超过1万人,可知当时屯驻益州的世兵不在少数。此外,州刺史和郡太守以部曲自随,或募兵入蜀,也相当普遍。

除了外地调来的部队,东晋、南朝也以巴蜀之人为兵。由于成·汉亡国后,巴蜀地区基本上不存在世兵,所以通常是征发民丁为兵,有时也采用募兵的方

---

① 《资治通鉴》卷78,元帝景元四年十月。
② 《南史》卷55《罗研传》。
③ 《八琼室金石补正》卷11《梁鄱阳王萧恢题名》。
④ 《宋书》卷87《萧惠开传》。
⑤ 《宋书》卷45《刘道济传》。
⑥ 《晋书》卷100《谯纵传》。
⑦ 《宋书》卷45《刘道济传》。

式集兵。不过总的来看，由于朝廷和州郡官员对蜀人执不信任态度，因而以巴蜀之人为兵并不普遍，有的州刺史和郡太守，宁愿在外地募兵入蜀，也不用本地人为兵。东晋南朝，巴蜀之兵始终不是梁、益二州军队的主力。

二、巴蜀地区的府兵

府兵制形成于西魏文帝时期。"西魏大统八年，宇文泰仿周典，置六军，合为百府。十六年，籍民之有材力者为府兵"①，分属二十四军。府兵是禁军，由六柱国统领。每一柱国督二大将军，每一大将军统开府二人，每一开府统一军，是为二十四军。开府辖仪同二人，仪同之下则有大都督、帅都督、都督、子都督等督将。北周武帝时期，统领一军的将领多为大将军，开府则降为军以下的一级建制，从而形成以军统府的格局。隋文帝开国之后，沿袭府兵制度，置卫、府以统禁卫之兵。隋炀帝置十二卫，分统诸府。其中每卫置大将军一人，将军二人；诸府通称鹰扬府，置鹰扬郎将、鹰扬副郎将；改大都督为校尉，改帅都督为旅帅，改都督为队正。唐高祖置十二军以统关内诸府。太宗贞观十年（636），改诸府为折冲府，置折冲都尉以主府事，其副贰为左、右果毅都尉。诸府分隶十卫及六率。其后，直到玄宗时期，唐朝的府兵制度，基本上没有什么大的变化。

西魏平定巴蜀的军队，主要由属于禁军的府兵组成。大统十七年（551），宇文泰遣大将军王雄率兵攻取梁朝的上津、魏兴；遣大将军达奚武经略汉川。王雄和达奚武，都是统领府兵的大将军。西魏废帝三年（553），大将军尉迟迥率领开府元珍、乙弗亚万、侯吕陵始、叱奴兴、綦连、宇文异等六军伐蜀。开府元珍等六人所统领的六军，显然就是"每一开府统一军马"②的府兵。由此可知，大将军尉迟迥统领的伐蜀大军，也是由府兵组成。在平定梁、益二州后，部分府兵遂留守巴蜀地区。西魏废帝三年（554），大将军宇文贵代尉迟迥镇蜀，隆州发生变乱，"贵乃命开府叱奴兴救隆州"③。开府叱奴兴就是跟随尉迟迥伐蜀的六军将领之一，他所统率的军队当属府兵。同年，西魏改梁州南郑县为光

---

① 《玉海》卷137《兵制》引《后魏书》。
② 《周书》卷16《传论》。
③ 《周书》卷19《宇文贵传》。

义县，置光义府①以统府兵。北周武帝天和元年（566），又"筑武功、郿、斜谷、武都、留谷、津坑诸城，以置军人"②。诸城皆是府兵聚居的军坊。直到隋文帝开皇十年（590），始废军坊。"凡是军人，可悉属州县，垦田籍帐，一与民同。军府统领，宜依旧式。"③ 至此，原本为"自相督率，不编户贯"④ 的府兵，遂隶属于州县。

西魏、北周时期，除了属于禁军的府兵之外，还有属于地方武装的乡兵。"大统十二年，初选当州首望，统领乡兵。"⑤ 西魏平定巴蜀，亦有乡兵参战。见于记载的有兰田人王悦领乡兵从达奚武征梁汉，"及梁州平，太祖即以悦行刺史事"⑥；上洛人泉仲遵率领乡兵随王雄讨平上津、魏兴，"遂于上津置南洛州，以仲遵为刺史"⑦；南安豪族任果率领乡兵2000从尉迟迥征蜀，"及成都平，除始州刺史"⑧。统领乡兵的"当州首望"，通常也被授予开府、仪同等官号。其后，在被征服的巴蜀地区，亦以本地人士为开府、仪同。西魏废帝三年（554），"隆州人开府李光赐反于盐亭，与其党帛玉成寇金堂；谯淹、蒲皓、马术等攻围隆州，州人李祐亦聚众反，开府张遁举兵应之"⑨。开府李光赐、张遁等人均为蜀人，他们统领的军队，当为乡兵，而不是属于二十四军的府兵。《大隋开府仪同三司龙山公墓志》亦称："周朝授大都督、龙门公，选补兼仪同，领乡团五百人守隘三峡。"这位龙山公的郡望是青州乐安，实际上是巴州人，他就是以仪同之职统领乡兵。北周武帝建德二年（573），"改军士为侍官，募百姓充之，除其县籍。是后，夏人半为兵矣"⑩。巴蜀地区的乡兵，可能就是在此时开始被纳入府兵系统。"隋初，左右卫、左右武卫、左右武侯，各领军坊、乡团，以统戎卒"⑪，于是乡兵完全被纳入府兵系统，而且要番上宿卫。自唐太宗确立折冲府

---

① 《太平寰宇记》卷133《山南西道·兴元府》。
② 《周书》卷5《武帝纪上》。
③ 《隋书》卷2《高祖纪下》。
④ 《北史》卷60《传论》。
⑤ 《北史》卷60《传论》。
⑥ 《周书》卷33《王悦传》。
⑦ 《周书》卷44《泉仲遵传》。
⑧ 《周书》卷44《任果传》。
⑨ 《周书》卷19《宇文贵传》。
⑩ 《隋书》卷24《食货志》。
⑪ 《通典》卷29《职官·折冲府》。

制度后,军坊完全被废弃,"始一寓之于农"①,即三时务农,一时教战,实际上是将职业军人的府兵完全转变为耕战结合的乡兵。

府兵是属于军府的兵。西魏、北周在巴蜀地区设置的军府,可知的只有设在梁州光义县的光义府。隋代可知的也只有设在巴东郡的东阳府。唐代在巴蜀地区设置的折冲府,可知的有 23 府,其分布如下:

益州:威远府 归德府 二江府 武威府②

蜀州:金堰府 唐隆府 灌口府 金堤府 广汉府

  彭州:天水府 唐兴府

  汉州:玉津府

  邛州:兴化府

  翼州:如和府

  松州:交川府

  扶州:安川府 会川府

  利州:嘉川府

  夔州:东阳府

  梁州:丽水府 汉川府

  凤州:归昌府

  成州:平阴府

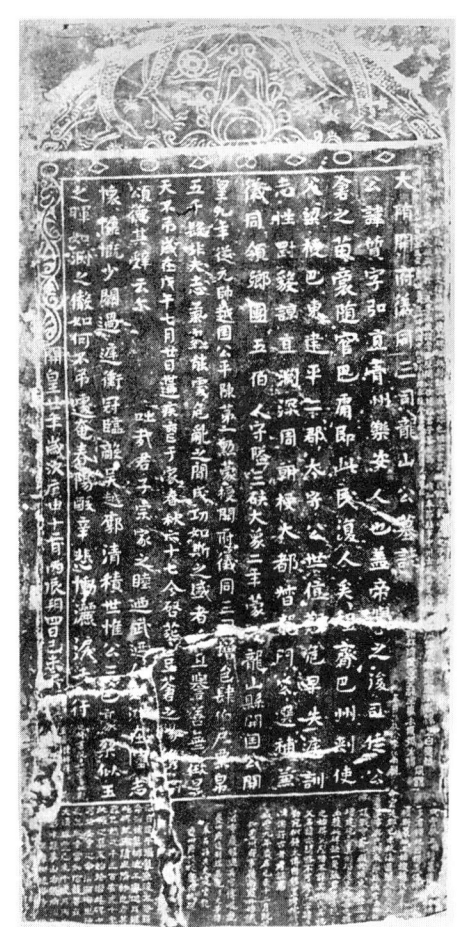

图 3—3 大隋开府仪同三司龙山公墓志

武周垂拱年间定制,折冲府分为三等,上府 1200 人,中府 1000 人,下府 800 人。若平均以中府计算,巴蜀地区的府兵总数,大约为 23000 人。

---

① 《玉海》卷 138《兵制》。
② 参见刘思怡:《唐折冲府新考》,《中国历史地理论丛》2007 年 22 卷 3 辑。

第三章 政治军事制度

唐代的府兵，通常是在设置军府的地域内取兵，以六品以下子孙及白丁无职役者点充，每三年简点一次。"简点之法：财均者取强，力均者取富，财力又均，先取多丁。"① 巴蜀地区的府兵，大体上分为两种情况。在汉族聚居的地区，由于军府大多设在户口殷实的地方，加之军府数目不多，所以基本上是在品官子孙和富强多丁之家进行简点。在翼、松、扶等少数民族聚居的州，则在当地部落中征兵，基本上是每户出一兵。在这些地区，府兵来自普遍征兵。

府兵的任务，主要有两项：一是番上宿卫；一是出征作战。府兵分番宿卫京师，称作番上，这是府兵的一项经常性任务。唐令："凡当宿卫者番上，兵部以远近经番。五百里为五番，千里七番，一千五百里八番，三千里十番，外为十二番，皆一月上。"② 巴蜀各地的折冲府，除利州嘉川府为八番之外，其余诸府均在十番至十二番之间。十番是把一个折冲府的府兵分为十组，每年一组宿卫京师，轮流番上。因此，十番的府兵，每十年才承番一次。若以服役四十年计算，总计番上四次。十二番的府兵，最多只承番三次。加之高宗以后，又可纳资代番。因此，巴蜀地区府兵所承担的宿卫任务并不重。

除了宿卫之外，巴蜀地区的府兵也直接参加军事行动。武周初年，姚州（治今云南省姚安县境）破设蒙俭，其中就有临源府的"精兵九百"③。姚州破杨虔柳时，见诸记载的就有8个折冲府的军队参战。不过总的来看，由于巴蜀地区设置的折冲府较少，兵力有限，较大规模的军事行动，通常是由镇兵承担，甚至从巴蜀以外地区调来军队作为主力，府兵只是配合作战。

府兵制度的弛废，是在唐玄宗时期。天宝八年（749），"折冲诸府至无兵可交，李林甫遂请停上下鱼书。其后，徒有兵额官吏，而戎器、驮马、锅幕、糗粮并废矣"④。至此，府兵制名存而实亡。

三、边防军和方镇兵

西魏、北周时期，巴蜀地区除了府兵、乡兵之外，还有州兵。北周明帝时，利州总管赵刚请发兵讨伐信州，"诏刚率利、沙等十四州兵，兼督仪同十人，马

---

① 《唐律疏议》卷16《擅兴》。
② 《新唐书》卷50《兵志》。
③ 骆宾王：《兵部奏姚州破贼设蒙俭等露布》，《文苑英华》卷647。
④ 《新唐书》卷50《兵志》。

· 174 ·

步一万，往经略焉"①。北周武帝保定二年（562），"资州磐石民反，杀郡守，据险自守，州军不能制"②。这些州兵最初是由都督诸州军事的州刺史统领，周明帝武成元年（559），"改都督诸州军事为总管"③，于是州兵便由总管统领。在巴蜀地区，先后设有梁州总管、益州总管、隆州总管、潼州总管、利州总管、扶州总管、信州总管和宕州总管。其中梁州总管，通常督梁、兴等19州军事；益州总管，通常督益、潼等18州军事。此外，在一般情况下，总管还兼任州刺史，只有益州较为特殊。北周明帝武成初年，曾任命宇文宪为"益州总管、益宁巴泸等二十四州诸军事、益州刺史"④，也是由一人同时兼任益州总管和益州刺史。但是在宇文宪之后，益州总管通常不再兼任益州刺史。北周武帝天和五年（570），以谯王宇文俭为益州总管，又以汉王宇文赞为益州刺史。建德六年（577），以王谦为益州总管，另以达奚惎为益州刺史。

隋代沿袭北周制度，置总管府以统领地方军。总管府分为上、中、下三等，总管兼刺史，加使持节。据《隋书》卷29《地理志》记载，隋文帝时期，在巴蜀地区先后设有益州、利州、宕州、信州、会州、叠州、遂州、泸州等8总管府。隋炀帝大业元年（605），"罢诸总管"⑤，巴蜀地区的总管府也随之全部被裁撤。

唐高祖李渊起兵之后，复置总管府。武德元年（618），诸州总管皆加号使持节。武德七年（624），改总管府为都督府，改总管为都督。太宗时期，逐渐裁撤设在内地的都督府，只在沿边地区和襟带之地设置都督府。其后，在沿边地区设立都督府以统领边防军，成为唐王朝的基本防务政策，其中巴蜀地区都督府的设置情况见表3—15。

---

① 《周书》卷33《赵刚传》。
② 《周书》卷28《陆腾传》。
③ 《周书》卷4《明帝纪》。
④ 《周书》卷12《齐炀帝宪》。
⑤ 《隋书》卷28《百官志下》。

第三章 政治军事制度

表3—15 唐代巴蜀地区的都督府

名　　称	治所（今地名）	备　　注
益州大都督府	成都（成都）	唐高祖武德元年（618）置益州总管府，武德三年（620）罢总管府，置西南道行台，武德九年（626）罢行台，置都督府。高宗龙朔二年（662）升为大都督府。玄宗天宝元年（742），督剑南三十八郡。
梁州都督府	南郑（陕西省汉中）	唐高祖武德元年（618）置梁州总管府，武德七年（624）改为都督府。太宗贞观六年（632）废都督府，贞观八年（634）又置，贞观十七年（643）又罢。高宗显庆元年（656），复置都督府，督梁、洋、集、壁四州。
夔州都督府	奉节（重庆市奉节）	唐高祖武德元年（618）置信州总管府，武德二年（619）改为夔州总管府。武德七年（624）改置都督府。太宗至玄宗时期，督归、夔、忠、万、涪、渝、南七州。肃宗时期罢都督府①。
利州都督府	绵谷（广元）	唐高祖武德二年（619）置利州总管府，武德七年（624）改为都督府，督利、龙、隆、始、沙、南安、静八州。太宗贞观六年（632）罢都督府，代宗大历十四年（779）又升为都督府。
遂州都督府	方义（遂宁）	唐高祖武德二年（619）置遂州总管府。太宗继位后，罢总管府。贞观十年（636）复置都督府，督遂、果、普、合四州。贞观十七年（643）罢都督府，代宗大历二年（767）又升为中都督府。
通州都督府	通川（达州）	唐高祖武德三年（620）置通州总管府，管通、开、蓬、渠、万、南并、南石、南邻八州。武德七年（624）改为都督府，太宗贞观五年（631）废都督府。
泸州都督府	泸川（泸州）	唐高祖武德三年（620）置泸州总管府。后改为都督府。先后都督泸、荣、溱、珍四州诸军事。
嶲州都督府	越嶲（西昌）	唐高祖武德三年（620）置嶲州总管府，武德七年（624）改为都督府，只管辖嶲州。

---

① 据《旧唐书》卷39《地理志》记载："至德元年，于云安置七州防御使。乾元元年，复为夔州。二年，刺史唐论请升为都督府，寻罢之。"

续表

名　称	治所（今地名）	备　注
茂州都督府	汶山（茂县）	唐高祖武德三年（620）置茂州总管府，武德七年（624）改为都督府。先后管辖茂、翼、维、涂、炎、彻、向、冉、穹、笮十州。
松州都督府	嘉诚（松潘）	唐太宗贞观三年（629）置松州都督府。先后管辖松、文、扶、龙、当、悉、静、柘、恭、真、保、霸十二州。
戎州都督府	南溪（南溪）	唐太宗贞观四年（630）置戎州都督府，管辖戎州。
黔州都督府	彭水（重庆市彭水）	唐太宗贞观四年（630）置黔州都督府。后罢都督府，先后另设庄州都督府、播州都督府。玄宗先天二年（713），复置黔中都督府。
翼州都督府	左封（黑水·木苏）	唐高宗咸亨三年（672），移翼州于悉州城内，置都督府。上元二年（675），罢都督府。
雅州都督府	严道（雅安）	唐玄宗开元三年（715）置雅州都督府，管辖雅州。
黎州都督府	汉源（汉源）	唐玄宗开元四年（716）置黎州都督府，管辖黎州。
嘉州都督府	龙游（乐山）	唐肃宗乾元元年（758），剑南节度使卢元裕奏请升嘉州为中都督府，寻罢。
龙州都督府	江油（平武）	龙州原为茂州都督府管辖的羁縻州。武周垂拱年间升为正州，穆宗长庆四年（824）又升为都督府。
昌州都督府	大足（大足）	唐肃宗乾元二年（759），分资、泸、普、合四州地置昌州。代宗大历六年（771）州废。大历十年（775）复置昌州，大历十三年（778）升为都督府。先后管辖昌、普、渝、合四州。

唐代前期，都督府统率的边防军，按照军、守捉、城、镇的序列进行编组。"兵之戍边者，大曰军，小曰守捉，曰城，曰镇，而总之者曰道。"① 其中剑南道的军、守捉、城、镇的设置，前后变化甚大。据《新唐书》卷50《兵志》记载，自高祖武德年间至玄宗天宝以前，剑南道有"威戎、安夷、昆明、宁远、

---

① 《新唐书》卷50《兵志》。

第三章 政治军事制度

洪源、通化、松当、平戎、天保、威远军十，羊灌田等守捉十五，新安等城三十二，犍为等镇三十八"。其中：威戎军在茂州；安夷军在资州；昆明军在巂州昆明县（治今四川省盐源县境），玄宗开元十七年（729）置；宁远军在巂州昆明县以西，玄宗开元年间置；洪源军，玄宗开元三年（715）置，初属雅州，后属黎州；通化军在维州；松当军在松州，初名通轨军，武周改置松当军；平戎军在恭州以南，玄宗开元二十八年（740）置；天保军在平戎军以东，玄宗开元二十九年（741）置；威远军在荣州威远县。除了上述十军，扶州还曾设置同昌军，武周圣历元年（698）废；彭州九陇县（治今四川省彭州）有镇静军，玄宗开元年间置；汉州有威胜军，遂州有静戎军，兴废不详。至于守捉、城、镇之数，据《新唐书》卷42《地理志》的记载统计，剑南道总计有24守捉、36城、47镇，多于《新唐书·兵志》之数。

唐代边防军的领兵将领，早期的军、守捉和城、镇是不一样的。军、守捉分别由差遣的军使、守捉使统领；城、镇原本是沿袭隋代制度而置①，故领兵将领依旧为戍主、镇将。其后，军、守捉、城、镇皆置使。其中军设军使1人，5000人以上置副使1人，万人以上置营田副使1人；镇亦设镇使1人，副使1人。"凡诸军镇使、副使以上，皆四年一替。"② 由于诸使皆为差遣而非官职，故无品秩。军使、守捉使的本官多为都督或州刺史，镇使、城使的本官则为镇将、戍主。

唐玄宗时期，为了加强边境地区的防务，又在剑南道设置节度使，统一指挥该地区的边防军。玄宗开元二年（714），以益州大都督府长史领剑南道支度营田、松当姚巂州防御处置兵马经略使。开元七年（719），升剑南支度营田处置兵马经略使为节度使，兼昆明军使，于是剑南道的边防军，统一由剑南节度使掌管。然而剑南节度使仍为差遣性质的职务，其本官则是益州大都督府长史。开元末年，剑南节度使统领昆明军使、松州当州防御使、邛崃守捉使、姚巂州经略使。玄宗天宝年间，剑南节度使"统团结营及松、维、蓬（当为'柘'之误）、恭、雅、黎、姚、悉等八州兵马，天宝、平戎、昆明、宁远、澄川、南江

---

① 《旧唐书》卷44《职官志》。
② 《大唐六典》卷5《尚书兵部·兵部尚书》。

等六军镇"①。这些军队集中分布在三个地区：团结营在成都，管兵14000人、马1800匹，大约为边军总数的一半，是剑南地区边防军的主力，这支部队是由从蜀人中招募而来的健儿组成，玄宗幸蜀时，先后发动兵变的贾秀、郭千仞等人，都是团结营的健儿；松、维、柘、恭、悉等州兵马及天宝、平戎二军，分布在西山地区，管兵7500人左右，由都知兵马使统领，其本官为茂州刺史，副贰为都知西山子弟兵马副使，本官为翼州刺史，西山地区的边防军由汉兵和羌兵组成，最初的汉兵也是从蜀人中招募而来，以后皆以"关辅山东劲卒"② 戍守西山，羌兵出自西山诸部落，通常称为子弟兵，由世袭的州刺史押领，玄宗天宝年间，西山八国内附，又置八国招讨使，统领八国子弟兵；雅、黎、姚等州兵马及昆明、宁远、澄州、南江诸军，分布在今四川西南及云南境内，管兵9300人、马200匹，其中：姚州兵马及诸军，由戍守的蜀兵及当地的部落兵组成；雅、黎二州兵马又称镇防团结兵，由当地部落兵组成，州刺史押领，总属邛崃守捉使。

自唐玄宗末年爆发安史之乱以后，在内忧外患纷至沓来的情况下，由剑南节度使统一指挥巴蜀地区边防军的格局发生重大变化。剑南道被分为东、西两道，各置节度使，山南西道亦置节度使，于是剑南三川分别设置节度使以掌兵权，边防军遂演变成节度使之兵，即方镇兵。

剑南西川节度使兼成都府尹。自德宗以后，其使号有三：剑南西川节度使、云南安抚使、统押西山八国及近界羌蛮等使。剑南西川节度使一职由亲王遥领，以节度副大使知节度事。唐制："持节为节度副大使知节度事者，正节度也。诸王拜节度大使者，皆留京师。"③ 剑南西川节度使基本上接管了原剑南道的边防军，而其建置则屡有变化。驻在成都的团结营，因多次发生兵变，肃宗乾元二年（759）改置天威军，宪宗元和三年（808）更名为天征军。西山地区的驻军，原来是由都知西山兵马使统领，代宗大历元年（766）改"置剑南西山防御使，治茂州，未几废"④，依旧置都知西山兵马使。邛、雅、黎三州的镇防团结兵，原来由邛崃守捉使统领，代宗宝应元年（762），于邛州置镇南军。大历元年

---

① 《旧唐书》卷38《地理志》。
② 杜甫：《东西两川说》，《全唐文》卷360。
③ 《新唐书》卷49下《百官下》。
④ 《新唐书》卷67《方镇·剑南》。

(766),"置邛南防御使,治邛州,寻升为节度使,未几废"①,依旧置镇南军。雅、黎二州则以州刺史充本州经略使,统领州兵及子弟兵。德宗贞元年间收复巂州,亦置巂州经略使。此外,嘉州刺史亦充本州经略使。自宪宗平定剑南西川节度使刘辟之乱以后,采取削弱蜀军的政策,"边兵又不宜多,须力可临制。崔旰之杀郭英义,张朏之逐张延赏,皆镇兵也"②。然而这一政策的实施,虽然有效地遏制了蜀军的反叛,但也导致蜀军战斗力的急剧下降。自文宗以后,面对南诏多次大规模入侵剑南西川,蜀兵皆望风披靡,无力抵抗,由此导致对剑南西川

图 3-4 李德裕像

军队的改革,重点是组建能够有效抵御南诏入侵的精锐部队。文宗大和四年(830),李德裕出任剑南西川节度使。此时,剑南西川刚遭受南诏的大规模入侵,为增强蜀兵的战斗力,李德裕首先"料择伏瘴旧僚与州兵之任战者,废遣狞毳什三四"。接着,"又请甲人于安定,弓人河中,弩人浙西。由是蜀之器械皆犀锐"。在此基础上,组建了一支精锐部队,"其精兵曰南燕保义、保惠,两河慕义,左右连弩;骑士曰飞星、鸷击、奇锋、流电、霆声、突骑。总十一军"③。这十一军是在原天征军的基础上,重新组建的部队。前已述及,玄宗天宝年间,驻在成都的团结营有 14000 人。肃宗改团结营为天威军,宪宗又更名为天征军。由于"蜀兵羸疾老弱者,从来终身不简",团结营改为军以后,兵额没有变化,李德裕简汰其中的老弱 4400 余人,"复简募少壮者千余人以慰其心。所募北兵已得千五百人,与土兵参居,转相训习,日益精练"④。这样,以北兵和蜀兵混合编成的精锐部队共有 12000 人左右,编成十一军,平均每军 1000 余人。其中南燕保义、保惠二军,是由陈许之兵和蜀兵混合编成的步兵,土客各半;两河慕义,是由五百名郑滑之兵和蜀兵混编的步兵;左右连弩,是由河中弓人和浙西弩人分别训练出来的两支弓弩军;飞星等六支骑兵军,是在原有的

---

① 《新唐书》卷 67《方镇·剑南》。
② 《资治通鉴》卷 244,文宗大和四年十月。
③ 《新唐书》卷 180《李德裕传》。
④ 《资治通鉴》卷 244,文宗大和五年八月。

骑兵部队基础上组建而成，完全是蜀兵。文宗开成二年（837），李固言出任剑南西川节度使，再次加强骑兵部队。"始置騄军千匹，又募锐士三千，武备雄完。"① 宣宗大中六年（852），白敏中担任剑南西川节度使以后，又增强骑兵部队②。据卢求《成都记·序》记载，在白敏中任职剑南西川节度使的时候，有"兵士五万"③，其中以骑兵部队为主的精锐之师，大约占总兵力的三分之二。然而，尽管蜀军的数额在不断增加，装备也有所改善，但是军队的待遇却很差，"西川将士多虚职名，亦无廪给"④，因此兵无斗志，战斗力不断下降。懿宗咸通十一年（870），南诏入侵成都，"至是，揭榜募骁勇之士，补以实职，厚给粮赐，应募者云集"，其中大多数为军中子弟。经简汰，"得选兵三千人，号曰突将"⑤，编为左、右二厢。每厢设有虞侯，诘火督盗贼；有兵马虞侯，主调发。于是剑南西川又有了一支精锐部队。然而在僖宗乾符二年（875），剑南西川节度使高骈却收缴突将职牒，停其廪给，由此导致突将作乱。高骈依靠从交州（治今越南河内）带来的天平等军，大杀突将，死者数千人，于是蜀军的这支精锐部队，基本上被消灭。乾符五年（878），崔安潜替代高骈出任剑南西川节度使，"以蜀兵怯弱，奏遣大将赍牒诣陈、许募壮士，与蜀人相杂，训练用之，得三千人，分为三军，亦戴黄帽，号黄头军。又奏乞洪州弩手，教蜀人用弩走丸而射之，选得千人，号神机弩营，蜀兵由是浸强"⑥。黄头军分为左、右二军，由左、右黄头军使各领一军，神机弩营则由神机营使统领。僖宗中和元年（881），剑南西川节度使陈敬瑄"奏遣左黄头军使李铤将兵击黄巢"⑦。接着，又遣神机营使高仁厚将兵2000增援李铤。留在成都的右黄头军使郭琪，因不满权阉田令孜薄待蜀军，为田令孜所毒，遂率部作乱。陈敬瑄派遣都押牙安金山将兵攻之，郭琪部队溃散。其后，李铤所统领的部队被编入神策军，而神机营使高仁厚则为陈敬瑄所杀，蜀军中的精锐部队黄头军和神机营也就不复存在。在唐末的混战中，剑南西川节度使陈敬瑄的军队，主要是由蜀人组成的州兵和

---

① 《新唐书》卷182《李固言传》。
② 《新唐书》卷119《白敏中传》。
③ 《全唐文》卷744。
④ 《资治通鉴》卷252，懿宗咸通十一年正月。
⑤ 《资治通鉴》卷252，懿宗咸通十一年正月。
⑥ 《资治通鉴》卷253，僖宗乾符六年四月。
⑦ 《资治通鉴》卷254，僖宗中和元年三月。

边军。

剑南东川节度使兼梓州刺史、静戎军使,仍然由亲王遥领节度使,以节度副大使知节度事。剑南东川节度使所统领的军队,除了设在遂州的静戎军之外,其余皆为州兵。其军事建置,大体上和僖宗时期的昌州刺史兼静南军使韦君靖的军事建置(详下)相同。

山南西道于肃宗至德元年(756)始置防御守捉使。乾元二年(759),又设置兴州、凤州都团练守捉使,治凤州,于是山南西道便有二守捉使。代宗广德元年(763),升山南西道防御守捉使为节度使,随即又降为观察使。德宗建中元年(780),升山南西道观察使为节度使。兴元元年(784),以梁州为兴元府,山南西道节度使便兼任兴元府尹,领兴、凤二州都团练守捉使。此后,直至僖宗光启元年(885),均无变化。山南西道所领十三州,地瘠民贫,军府穷困。僖宗时,"中官用事,急于贿赂。属徐方用兵,两中尉讽诸藩贡献助军",山南西道节度使牛蔚,"尽索军府之有三万端匹,随表进纳"①。中官怒其进纳甚少,立即以吴行鲁取代牛蔚为山南西道节度使。由于军府财力有限,山南西道的方镇兵不多,有事则临时招募新军,事毕即遣散。文宗大和四年(830)的兴元兵变,起因就是遣散新募诸军。僖宗光启元年(885),在山南西道的洋州置武定军节度使。光启二年(886),又在凤州置感义军节度使,昭宗景福四年(897)改名昭武军节度使。光化三年(903)置利州节度使,天佑三年(906)改称利阆节度使,同年还设置兴文节度使②。山南西道节度使所统领的十三州,就这样逐渐被肢解,从而形成多个节度使并存的局面。各个节度使所拥有的军队,基本上是由州兵和民兵组成。

四、民兵和义军

唐代前期,在缘边的黎、雅、邛、翼、茂五州,设有镇防团结兵③。其中位于西山地区的翼、茂二州,镇防团结兵是由当地的部落兵组成,通常称为羌兵。安史之乱爆发后,西山地区的羌兵大量增加。据杜甫《东西两川说》记载,

---

① 《旧唐书》卷172《牛蔚传》。
② 《新唐书》卷67《方镇列表》。
③ 《旧唐书》卷43《职官志》。

"堪战子弟，向二万人"①。自宪宗以后，西山地区的唐蕃之战，逐渐趋于平息，加之西山地区的驻军曾先后两次发动大规模叛乱，一次是代宗永泰元年（765）西山都知兵马使崔旰率兵攻杀剑南西川节度使郭英义，一次是德宗建中四年（783）剑南西山兵马使张朏率部驱逐剑南西川节度使张延赏，因而唐廷大幅度削减驻防西山地区的蜀军，由此使得该地区的驻军主要由当地的部落兵组成。武宗以后，吐蕃政权崩溃，西山地区驻军的主要任务转为维持社会治安，因此改由州刺史押领，称为州兵。僖宗光启二年（888），剑南西川节度使陈敬瑄就是"发维、茂羌军击（高）仁厚，杀之"②。西山地区的羌军，无论是称镇防团结兵，或者是改称州兵，实质上都是属于部落兵。由于当地部落是计户出兵，平时从事农耕或畜牧，战时为兵出征，因而具有民兵的性质。

邛州的镇防团结兵，在代宗宝应元年（762）设置镇南军时，被改编为镇兵。黎、雅二州的镇防团结兵，在文宗大和三年（829）的南诏入侵中，伤亡惨重。据李德裕说，南诏俘虏的8900余人，"皆是黎、雅百姓，半杂葛僚"③。太和四年（830），李德裕出任剑南西川节度使，遂对黎、雅二州的镇防团结兵进行大规模调整。他认为，要抵御南诏入侵，"惟重兵镇守，可保无虞。但黎、雅以来得万人，成都得二万人，精加训练，则蛮不敢动矣"④。其中黎、雅二州的1万人，是"料择伏瘴旧僚与州兵之任战者"⑤。州兵就是由州刺史押领的镇防团结兵，伏瘴旧僚当出自黎、雅二州所领的羁縻部落。这支新组建的部队被称为雄边子弟兵，"使习战，贷勿事，缓则农，急则战，谓之雄边子弟"⑥，实际上就是民兵。懿宗咸通十年（871），南诏再次大规模入侵成都，黎、雅二州皆遭蹂躏，雄边子弟兵亦遭到重创。咸通十一年（870），南诏撤离该地区。咸通十二年（871），路岩出任剑南西川节度使，再次重建黎、雅二州的民兵，"米点坛丁子弟，教之斫刺刀，补义军将，主管教练士兵"⑦。坛丁是"蜀中边郡民兵

---

① 《全唐文》卷360。
② 《资治通鉴》卷256，僖宗光启二年三月。
③ 《李卫公文集》卷12《故循州司马杜元颖二状之第二状》。
④ 《资治通鉴》卷244，文宗大和四年七月。
⑤ 《新唐书》卷180《李德裕传》。
⑥ 《新唐书》卷180《李德裕传》。
⑦ 《资治通鉴》卷252，懿宗咸通十四年五月注引《锦里耆旧传》。

也"①，义军则是由豪强控制的乡兵，义军将则是节度使授予乡兵头目的军职。由此可知，路岩的做法，实际上是把坛丁兵纳入镇兵的体制中。僖宗乾符二年（875），剑南西川节度使高骈又在雅州置金汤军、静寇军，雅州的民兵基本上被纳入方镇兵的系统。

唐代前期的镇防团结兵，肃、代时期的子弟兵，文宗以后的雄边子弟、坛丁，都是唐朝设置在缘边地区的民兵，用以抵抗吐蕃、南诏的入侵。僖宗以后，剑南三川大乱，各节度使为增强自己的军事力量，遂在内地诸州广置民兵。僖宗中和四年（884），剑南东川节度使杨师立兴兵讨伐剑南西川节度使陈敬瑄，"集本道将士、八州坛丁，共十五万人，长驱问罪"②。据《九国志》记载，石处温曾补万州管内诸坛点指挥使，故胡三省说："见得蜀中诸郡皆有坛丁"③。入宋以后，四川地区仍然有雄边子弟和坛丁。

除了官方组建的民兵之外，在唐末的动乱中，巴蜀各地的土豪纷纷组织乡兵，"凭高立寨，刑讼生杀，得以自专"④。这些以镇、寨为据点的乡兵，通常称为义军。阡能叛乱之时，响应阡能的数十寨，就是土豪掌握的乡兵。高仁厚在平定阡能之乱的过程中，"每下县镇，辄补镇遏使，使安集户口"⑤，实际上就是把降附的乡兵纳入镇兵系统。关于唐末巴蜀地区义军的组织结构，以韦君靖的部队最为典型。

僖宗乾符年间，天下骚乱，兵戈四起，民不聊生，于是韦君靖在渝州"合集义军，招安户口，抑强抚弱，务织劝农，足食足兵，以杀去杀"⑥。僖宗中和二年（882），涪州刺史韩秀昇反叛，攻围渝州城。韦君靖统帅义军，前去征讨，大败韩秀昇，渝州刺史田某备录奏闻，以功授普州刺史。中和四年（884），剑南东川节度使杨师立率兵攻打剑南西川节度使陈敬瑄，韦君靖乘东、西两川混战的机会，攻占合州。光启二年（886），东、西两川战事再起。剑南西川节度使陈敬瑄发维、茂羌军，攻杀剑南东川节度使高仁厚。光启三年（887）正月，

---

① 《资治通鉴》卷255，僖宗中和四年三月条，胡三省注。
② 《资治通鉴》卷255，僖宗中和四年三月。
③ 《资治通鉴》卷255，僖宗中和四年三月条，胡三省注。
④ 《北梦琐言》卷4《赵师儒与柳大夫唱和》。
⑤ 《资治通鉴》卷255，僖宗中和二年十一月。
⑥ 《金石续编》卷10《唐韦君靖碑》。

唐廷任命顾彦朗为剑南东川节度使,"至剑门,陈敬瑄使吏夺其节,彦朗不得入,保利州"①。于是顾彦朗频召韦君靖起兵。此时,剑南西川大将山行章正攻围昌州,威胁到合州的安全,韦君靖遂率精锐 2 万余人,救援昌州,大破山行章,拔二十七寨,杀万余人。顾彦朗奏闻,诏以韦君靖为使持节,都督昌州诸军事,守昌州刺史,充昌普渝合四州都指挥,静南军使。昭宗景福元年(892),韦君靖在昌州大足县西北的龙岗山建永昌寨。乾宁二年(895),前静南县令胡密撰文记其事,镌之贞石。其碑今存,上半部分是正文,下半部分是韦君靖麾下的将校题名,共 101 行,分为四类:应管诸镇寨节级、当州军府官节级、军曹孔目院、县官。从这份将校题名,可以大致了解韦君靖的军政组织结构。

应管诸镇寨节级。这是分布在昌、普、渝、合四州的各镇寨义军将题名。其中最大的镇寨是进云寨,主将为四州指挥都虞侯、进云寨都团练义勇镇遏使韦君迁,副贰为进云镇副兵马使韦君意,部属有进云镇判官毋从政和赵乾浼、进云寨镇义军都虞侯罗从顺和韦义迁。其次是安溪镇,主将为四州都指挥兵马副使、安溪镇遏使贾文洁,部属为安溪镇副将王公进、安溪义军将袁公会。其余各镇寨将领,大的为义军镇遏使,其次为义军镇遏将、义军将。

当州军府官节级。这是昌州军府的将校题名。昌州的治所本来在静南县②,静南军亦在静南县,州治和军府同在一处。大约在僖宗光启元年(885),州治移至獭波溪以南,而以昌元县为倚郭,于是州治和静南军遂各在一地。昭宗景福元年(892),韦君靖在大足县西北的龙岗山筑永昌寨。同年,昌州治所又"移就大足县"③。因此,碑文中的"当州军府",是指设在大足县的昌州军府,而不是静南军府。正因为如此,在"当州军府官节级"中,没有静南军的将校。相反,在"应管诸镇寨节级"中,却有节度押衙、充静南军先锋都知兵马使、兼三州捕盗使韦君政。昌州军府统领的军队是韦君靖的主力,从题名中可以看出,这支部队是由两部分组成。一是由义军将、义勇军将、龙水镇将等率领的土豪武装,由义军使韦君□、王彦芝统领。二是韦君靖的牙兵,包括左右两厢、左右后院、左右内院、左右元随,以及主兵十将、牢城使、壕寨使等率领的部

---

① 《新唐书》卷 186《顾彦朗传》。
② 《元和郡县图志》卷 33《剑南道·昌州》。
③ 《太平寰宇记》卷 88《剑南道·昌州》。

队。

军曹孔目院。这是昌州军府的文职人员。孔目院的长官是厅头开拆书状孔目官，副贰为书状孔目官、开拆孔目官，僚属有军事押衙专知迴易务、驱使官。

县官。有前守静南县令胡密，前守录事参军裴镇、文廊，试左武卫兵曹参军赵处谦，基本上就是唐代后期一个县的主要官员。由此看来，这部分县级官员，很可能是景福元年（892）昌州治所移至大足县后，从静南县调到大足县的官员。由于他们还没有被正式任命为大足县的官员，因而题名中仍用静南县的官衔，只是加上一个"前"字，以示差别。原大足县则为"当州军府官节级"中的龙水镇将王伯章所控制。据《元丰九域志》卷7《梓州路·昌州》记载，龙水镇在大足县。从韦君靖碑的题名中可以看出，只有龙水镇属"当州军府官节级"，其余诸镇，无一例外地在"应管诸镇寨节级"。由此可知，原大足县实际上已经镇寨化，因此韦君靖要从静南县调来官员，重新组建大足县。唐末，由于巴蜀地区的土豪武装大量出现，县的镇寨化十分明显。《元丰九域志》所记载的宋代四川各县的镇，相当一部分就是在唐末形成的。

韦君靖以纠集义军起家，逐渐发展，最后被朝廷任命为使持节，都督昌州诸军事，守昌州刺史，充昌、普、渝、合四州都指挥，静南军使，实际上就是节度使，从而成为割据昌、普、渝、合四州的方镇。在唐代后期，特别是僖宗以后，剑南三川有不少这样的小方镇，《新唐书·方镇表》中就有许多记载。这些方镇的军事制度，应当同韦君靖的军事系统，大同小异。因此，韦君靖碑中的将校题名，不仅反映出当时义军的组织结构及义军的方镇化倾向，同时也较为具体地反映出当时方镇的军事系统。

第四节 职官制度

两晋南北朝隋唐时期，州是最重要的地方行政机构，其长官称为刺史，而其僚属，各朝不尽相同。在晋代，"州置刺史、别驾、治中从事、诸曹从事等员。所领中郡以上及江阳、朱提郡，郡各置部从事一人，小郡亦置一人。又有主簿、门亭长、录事、记室书佐、诸曹佐、守从事、武猛从事等。凡吏四十一人，卒二十人。诸州边远，或有山险，滨近寇贼羌夷者，又置弓马从事五十余人。徐州又置淮海,凉州置河津,诸州置都水从事各一人。凉、益州置吏八十五人,卒二十人"①。刘宋基本沿袭晋代制度,每州置刺史一人,其僚属则有"别驾从事史、治中从事史、主簿、西曹书佐、祭酒从事史、议曹从事史、部郡从事史。自主簿以下,置人多少,各随州,旧无定制也"②。其中别驾、西曹主管吏及选举事,治中职掌众曹文书事,祭酒则分掌诸曹兵、贼、仓、户、水、铠之属。南齐亦置州刺史以治民,其僚属则有别驾、治中、议曹、文学祭酒、诸曹部从事史等。萧梁时期,依旧置州刺史,其僚属有"别驾、治中从事各一人,主簿、西曹、议曹从事、祭酒从事、部传从事、文学从事,各因其州之大小而置员"③。北周同样设置州刺史,其僚属有长史、司马、司录、别驾、治中、列曹参军等。隋文帝时期,按照州的等级确定官吏人数,其中"上上州,置刺史,长史,司马,录事参军事,功曹,户、兵等曹参军事,法、士曹等行参军,行参军,典签,州都光初主簿,郡正,主簿,西曹书佐,祭酒从事,部郡从事,仓督,市令,丞等员。并佐史,合三百二十三人"④。其余等级的州,比照上上州的编制,依次递减吏属人数。隋炀帝时期,"罢州置郡,郡置太守"。同时,"罢长史、司马,置赞务一人以贰之。次置东、西掾曹,主簿,司功、仓、户、兵、法、士、曹等书佐,各因郡之大小而为增减。改行参军为书佐。"⑤又置通守,其职位仅次于太守。改郡赞务为丞,位在通守之下。唐代亦按照州的等级设官分职。其中户满4万户以上为上州,置"刺史一员,别驾一人,长史一人,司马一人,录事参军事一人,录事三人,司功、司仓、司户、司兵、司法、司士六曹参军事各一人,参军事四人,典狱十四人,问事八人,白直二十四人,市令一人,丞一人,佐一人,史二人,帅三人,仓督二人,经学博士一人,助教二人,学生六十人,医学博士一人,助教一人,学生十五人"。户满2万户以上为中州,置"刺史一员,别驾一人,长史一人,司马一人,录事参军事一人,录事一人,司功、司仓、司户、司兵、司法、司士六曹参军事各一人,参军事三人,执刀十人,典狱十二人,问事六人,白直十六人,

---

① 《晋书》卷24《百官志》。
② 《宋书》卷40《百官志下》。
③ 《隋书》卷26《百官志上》。
④ 《隋书》卷28《百官志下》。
⑤ 《隋书》卷28《百官志下》。

市令一人，丞、佐各一人，史、帅、仓督各二人，经学博士一人，助教一人，学生五十人，医学博士一人，助教一人，学生十二人"。户不满二万为下州，置"刺史一员，别驾一人，司马一人，录事参军事一人，录事一人，司仓、司户、司法三曹参军事各一人，参军事一人，典狱八人，问事四人，白直十六人，市令一人，佐、史各一人，帅二人，仓督一人，经学博士一人，助教一人，学生四十人，医学博士一人，学生十人"。州政府各级官吏的职责是："都督、刺史，掌清肃邦畿，考核官吏，宣布德化，抚和齐人，劝课农桑，敦敷五教。每岁一巡属县，观风俗，问百年，录囚徒，恤鳏寡，阅丁口，务知百姓之疾苦。部内有笃学异能闻于乡间者，举而进之。有不孝悌，悖礼乱常，不率法令者，纠而绳之。其吏在官公廉正己，清直守节者，必谨而察之。其贪秽谄谀，求名狗私者，亦谨而察之。皆附于考课，以为褒贬。若善恶殊尤者，随即奏闻。若狱讼疑议，兵甲兴造便宜，符瑞尤异，亦以上闻。其常则申于尚书省而已。若孝子顺孙，义夫节妇，精诚感通，志行闻于乡间者，亦具以申奏，表其门闾。其孝悌力田，颇有词学者，率与计偕。其所部有须改更，得以便宜从事。若亲王典州，及边州都督刺史不可离州局者，应巡属县，皆委上佐行焉。尹、少尹、别驾、长史、司马掌贰府州之事，以纲纪众务，通判列曹。岁终则更入奏计。司录、录事参军掌勾稽，省署钞目，监符印。功曹、司功掌官吏考课、祭祀、祯祥、道佛、学校、表疏、医药、陈设之事。仓曹、司仓掌公廨、度量、庖厨、仓库、租赋、征收、田园、市肆之事。户曹、司户掌户籍、计帐、道路、逆旅、婚田之事。兵曹、司兵掌武官选举、兵甲器仗、门户管钥、烽候传驿之事。法曹、司法掌刑法。士曹、司士掌津梁、舟车、舍宅、百工众艺之事。市令掌市厘交易、禁斥非违之事。经学博士掌《五经》，教授诸生。医药博士以百药救民疾病。下至执刀、白直、典狱、佐史，各有其职。州府之任备焉。"① 巴蜀地区先后被晋朝、刘宋、南齐、萧梁、北周和隋、唐王朝统治，基本上是按照各朝所确定的制度，设官分职，用以保证州政府的正常运转。其中较为特别的有东晋南北朝时期设置的"双头"州，即两个州同治一地，并由一人兼任两州刺史，见于记载的有同治于南郑的梁、南秦二州，同治于阆中的南梁、北巴二州，同治于涪城的西益、潼二州；在唐代，巴蜀地区设置的羁縻州、行州，其行政机

---

① 《旧唐书》卷44《职官志》。

构的组成，亦与上述正州不同。

两晋南北朝时期设置的郡，是州以下的一级行政建置。其长官称为太守。此外，诸王分封的王国则设置内史，其地位相当于郡太守。在晋代，"郡皆置太守，河南郡京师所在，则曰尹。诸王国以内史掌太守之任，又置主簿、主记室、门下贼曹、议生、门下史、记室史、录事史、书佐、循行、干、小史、五官掾、功曹史、功曹书佐、循行小史等员。郡国户不满五千者，置职吏五十人，散吏十三人；五千户以上，则职吏六十三人，散吏二十一人；万户以上，职吏六十九人，散吏三十九人。郡国皆置文学掾一人"①。由于西晋武帝封其子司马颖为成都王，因而"易蜀郡太守为成都内史"②。直到成都王"改封，乃复旧"③。刘宋时期，沿袭晋代制度，置郡太守，同时恢复东晋成帝裁撤的郡丞。其余掾属则有户曹、仓曹、贼曹、功曹、五官掾、主记史等，"诸郡各有旧俗，诸曹名号，往往不同"④。南齐基本沿刘宋制度。萧梁时期，"郡置太守，置丞。国曰内史。郡丞，三万户以上，置佐一人"⑤。郡吏的设置，大体比照州吏的设置情况，按照郡的大小确定其编制。同时，在巴蜀地区还设有"双头"郡，即两个郡同治一地，并由一人兼任两个郡的太守，见于记载的有同治于涪城的巴西、梓潼二郡，同治于汶山的安固、汶山二郡，同治于义阳的白马、义阳二郡，以及侨立的北巴西、南新巴二郡。北周在巴蜀地区取消"双头"郡，隋代则废除郡一级行政建置。

县是地方基层行政机构。在晋代，大县的行政长官称为县令，小县称为县长，其僚属，"有主簿、录事史、主记室史、门下书佐、干、游徼、议生、循行功曹史、小史、廷掾、功曹史、小史书佐干、户曹掾史干、法曹门干、金仓贼曹掾史、兵曹史、吏曹史、狱小史、狱门亭长、都亭长、贼捕掾等员。户不满三百以下，职吏十八人，散吏四人；三百以上，职吏二十八人，散吏六人；五百以上，职吏四十人，散吏八人；千以上，职吏五十三人，散吏十二人；千五百以上，职吏六十八人，散吏一十八人；三千以上，职吏八十八人，散吏二十

---

① 《晋书》卷 24《职官志》。
② 《华阳国志》卷 8《大同志》。
③ 《华阳国志》卷 3《蜀志》。
④ 《宋书》卷 40《百官志》。
⑤ 《隋书》卷 26《百官志上》。

六人"①。刘宋时期，依旧置县令或县长，"其余诸曹，略同郡职。以五官掾为廷掾，后则无复丞，唯建康有狱丞，其余众职，或此县有而彼县无，各有旧俗，无定制也"②。南齐基本沿袭刘宋制度。萧梁时期，"县为国曰相，大县为令，小县为长，皆置丞、尉。郡县置吏，亦各准州法，以大小而制员。郡县吏有书僮，有武吏，有医，有迎新、送故等员。亦各因其大小而置焉"③。隋文帝将县的行政长官统一称为县令，其僚属有"丞，尉，正，光初功曹，光初主簿，功曹，主簿，西曹，金、户、兵、法、士等曹佐，及市令等员"④。同时，还具体确定县的官吏人数。其中上上县的编制为99人，以下依照县的等级，逐级递减人数，至最低一级的下下县，官吏编制为47人。隋炀帝改"县尉为县正，寻改正为户曹、法曹，分司以承郡之六司"⑤。唐代亦按照县的等级设置官吏。其中"诸州上县，令一人，丞一人，主簿一人，尉二人，录事二人，司户、司法、仓督二人，典狱十人，问事四人，白直十人，市令一人，博士一人，助教一人，学生四十人。诸州中下县，令一人，丞一人，主簿一人，尉一人，录事一人，司户、司法、仓督一人，典狱八人，问事四人，白直八人，博士一人，助教一人，学生二十五人。诸州中下县，令一人，丞一人，主簿一人，尉一人，录事一人，司户、司法、典狱六人，问事四人，白直八人，市令一人，博士一人，助教一人，学生二十五人。诸州下县，令一人，丞一人，主簿一人，尉一人，录事一人，司户、司法、典狱六人，问事四人，白直八人，市令一人，博士一人，助教一人，学生二十人。京畿及天下诸县令之职，皆掌导扬风化，抚字黎氓，敦四人之业，崇五土之利，养鳏寡，恤孤穷。审察冤屈，躬亲狱讼，务知百姓之疾苦"⑥。巴蜀地区，基本上是按照各朝所确定的制度，设置县政府的各级官吏。

两晋南北朝时期，巴蜀地区的州刺史，不仅仅是行政长官，而且在大多数情况下，还是地方军事首长。西晋武帝为了征服占据江南地区的吴国，于泰始

---

① 《晋书》卷24《百官志》。
② 《宋书》卷40《百官志》。
③ 《隋书》卷26《百官志上》。
④ 《隋书》卷28《百官志下》。
⑤ 《隋书》卷28《百官志下》。
⑥ 《旧唐书》卷44《职官志》。

八年（272）任命王濬为益州刺史，加轻车将军，于是益州刺史始带将军称号，执掌军事。咸宁二年（276），又以益州刺史王濬为龙骧将军，假节，监梁、益二州诸军事，由此使得益州刺史成为巴蜀地区的最高军事长官。晋朝制度，持节都督分为三个等级，"都督诸军为上，监诸军次之，督诸军为下；使持节为上，持节次之，假节为下。使持节得杀二千石以下；持节杀无官位人，若军事，得与使持节同；假节唯军事得杀犯军令者"①。然而在平定东吴之后，西晋武帝为了加强对地方的控制，于太康三年（282）"罢刺史将军官，刺史依汉制三年一入奏事"②，于是益州刺史只负责行政事务，不再都督诸军事。西晋惠帝元康六年（296），晋廷任命粟凯为梁州刺史，加材官将军，任命赵廞为益州刺史，加折冲将军，梁、益二州的刺史又分别带将军称号，掌管军事。永宁元年（301），晋廷任命罗尚为"平西将军，假节，领护西夷校尉，益州刺史，给卫节兵一千"③，益州刺史因此又持节都督诸军事。东晋平定割据巴蜀的成·汉政权后，梁、益二州刺史皆带将军称号，掌管军事，其中益州刺史通常还持节都督益、梁二州军事④。刘宋、南齐沿袭晋代制度，梁、益二州刺史仍带将军称号，掌管军事。同时，自南齐武帝于永明二年（484）任命始兴王萧鉴为"持节、都督益宁二州军事、前将军、益州刺史"⑤ 之后，凡亲王出任梁、益二州刺史，皆持节都督诸军事。萧梁时期，梁、益二州刺史依旧带将军称号，掌管军事，而亲王出任梁、益二州刺史时，则持节都督诸州军事。至于在梁、益二州境内析置的新州，刺史通常只负责行政事务，但在一些冲要之地设立的新州，刺史亦都督诸军事。如梁武帝在天监十七年（518）就任命张齐为"持节、都督南梁州诸军事、智武将军、南梁州刺史"⑥。西魏、北周占有巴蜀地区之后，仍然由重要的州刺史都督诸军事。其中平定巴蜀地区的尉迟迥被任命为大都督、益潼等十八州诸军事、益州刺史，"自剑阁以南，得承制封拜及黜陟"⑦。替代尉迟

---

① 《晋书》卷 24《百官志》。
② 《北堂书钞》卷 72 引王隐《晋书》。
③ 《华阳国志》卷 8《大同志》。
④ 见《晋书》卷 38《周抚、周楚传》，《晋书》卷 62《毛璩传》。
⑤ 《南齐书》卷 25《萧鉴传》。
⑥ 《梁书》卷 17《张齐传》。
⑦ 《周书》卷 21《尉迟迥传》。

迥镇蜀的宇文贵，亦"都督益潼等八州诸军事、益州刺史"①。北周明帝武成初年，又任命宇文宪为"益州总管、益宁巴泸等二十四州诸军事、益州刺史"②。而在其他设有总管府的州，亦由州刺史兼任总管，都督诸军事。隋文帝时期，以蜀王杨秀为益州刺史、总管，都督西南二十四州诸军事。而在设有总管府的州，则由"总管刺史加使持节"③，都督诸军事。

概而言之，两晋南北朝和隋文帝时期，主要是以武力控制巴蜀地区，作为地方最高行政长官的州刺史，大多由此获得军事指挥权，从而成为一州的军政首长。而梁、益二州的刺史则分别或统一指挥设在巴、蜀地区诸州的地方军。但在隋炀帝即位之后，为了削弱地方势力，裁撤总管府，改州为郡，并剥夺郡太守的军事指挥权，"旧有兵处，则刺史带诸军事以统之，至是别置都尉、副都尉。都尉正四品，领兵，与郡不相知"④。由此使得巴蜀地区的郡太守只负有行政职责，而军事指挥权则归于新设立的郡都尉。

入唐以后，高祖"武德初，边要之地置总管以统军，加号使持节，盖汉刺史之任。有行台、大行台。其员有尚书省令一人，正二品，掌管内兵民，总判省事。有仆射一人，从二品，掌贰令事。自左右丞以下，诸司郎中略如京省。又有食货监一人，丞二人，掌膳羞、财物、宾客、帐具、音乐、医药；有农圃监一人，丞四人，掌仓廪、园圃、薪炭、刍藁、运漕；有武器监一人，丞二人，掌兵械、厩牧；有百工监一人，掌舟车、营作。监皆正八品下，丞正九品下。七年，改总管曰都督，总十州者为大都督。贞观二年，去'大'字，凡都督府有刺史以下如故，然大都督又兼刺史，而不检校州事。其后，都督加使持节，则为将，诸将亦通以都督称，唯朔方犹称大总管"⑤。在巴蜀地区，唐高祖时期设有西南道行台尚书省，由秦王李世民遥领行台尚书令，具体事务则由行台仆射掌管。同时，设立多个总管府，由州刺史兼任总管。武德七年（624）之后，设在巴蜀地区的总管府先后改称都督府，由"都督掌督诸州兵马、甲械、城隍、镇戍、粮廪，总判府事"。武德九年（626），裁撤西南道行台尚书省，另立益州

---

① 《周书》卷19《宇文贵传》。
② 《周书》卷12《齐炀王宪传》。
③ 《隋书》卷28《百官志下》。
④ 《隋书》卷28《百官志下》。
⑤ 《新唐书》卷49下《百官志下》。

都督府。高宗龙朔二年（662），益州都督府升为大都督府。唐代制度，大都督府的大都督一职，由亲王遥领，"大都督府之政，由长史主之"①。同时，自太宗以后，通常只在巴蜀地区的缘边诸州设立都督府，而内地诸州的刺史，只负责行政事务，不再掌握军权。至于掌握军权的都督府，其职官按照大、中、下三类配置，其中大都督府设都督一人，长史一人，司马二人，录事参军事一人，录事二人，功曹参军事、仓曹参军事、户曹参军事、田曹参军事、兵曹参军事、法曹参军事、士曹参军事各一人，参军事五人，市令、文学、医学博士各一人；中都督府设都督一人，别驾一人，长史一人，司马一人，录事参军事一人，录事二人，功、仓、户、田、兵、法、士曹参军事各一人，参军事四人，市令、文学、医学博士各一人；下都督府设都督一人，别驾一人，长史一人，司马一人，录事参军事一人，录事二人，功、仓、户、田、兵、法、士曹参军事各一人，参军事三人，文学、医学博士各一人②。唐玄宗开元二年（714），为了抵御吐蕃对剑南地区的侵犯，并加强对沿边少数民族的控制，以益州大都督府长史兼剑南道按察兵马使。开元七年（719），又将剑南道按察兵马使升为节度使，其职责是"掌总军旅，颛诛杀"③，属于军事性质的使职。节度使的副手为节度副使，僚属则有行军司马、判官、掌书记、参谋和随军。

唐玄宗末年爆发的安史之乱，使得唐朝的地方行政长官迅速军事化。"至德之后，中原用兵，大将为刺史者，兼制军旅，遂依天宝边将故事，加节度使之号，连制数郡"，而在没有设置节度使的"大郡要害之地，置防御使，以治军事，刺史兼之"④。肃宗乾元元年（758），又设置"团练守捉使、都团练守捉使，大者领州十余，小者二、三州。代宗即位，废防御使，唯山南西道如故。元载秉政，思结人心，刺史皆得兼团练守捉使。杨绾为相，罢团练守捉使，唯澧、朗、峡、兴、凤如故。建中后，行营亦置节度使、防御使、都团练使。大率节度、观察、防御、团练使，皆兼所治州刺史"⑤。在巴蜀地区，安史之乱爆发后，剑南道被分为东、西两道，各置节度使。山南西道也在肃宗至德元年

---

① 《新唐书》卷49下《百官志下》。
② 《新唐书》卷49下《百官志下》。
③ 《新唐书》卷49下《百官志下》。
④ 《旧唐书》卷44《职官志》。
⑤ 《新唐书》卷49下《百官志下》。

(756)设置防御守捉使。乾元二年(759)又在山南西道设置兴、凤二州都团练守捉使。在夔州,亦曾设置"七州防御使"①。除了这些统领一道或数州军事的节度使、防御使、团练使之外,一些州也开始设置防御使,统领本州军事。至德二年(757),南充土豪何滔作乱,就曾"执本州防御使杨齐鲁"②。代宗即位后,先后废除防御使和都团练使,但是山南西道却作为一个例外,依旧设置防御守捉使和兴、凤二州都团练守捉使。同时,州刺史虽然不再普遍地兼有防御、都团练等军事使职,但仍然被赋予军事职能。代宗大历十二年(777)五月十日,中书门下奏:"诸州团练守捉使,请一切并停。其刺史自有持节诸军事,司马即同副使之任。其判司既带军事,望令司兵判兵案,司仓判军粮案,司士判甲杖案。"③诏可。宪宗元和十四年(819)四月丙寅,诏"诸道节度、都团练、防御、经略等使所管支郡,除本军州外,别置镇遏、守捉、兵马者,并合属刺史。如刺史带本州团练、防御、镇遏等使,其兵马额便隶此使。如无别使,即属军事。其有边于溪洞连接蕃蛮之处,特建城镇,不关州郡者,不在此限"④。由于州刺史兼有行政、军事两个方面的职责,因而其僚属也就分为政、军两个系统。其中行政方面的僚属,基本沿袭唐代前期设置的州县职事官,但是各种临时性质的摄官大量出现;军事方面的僚属,"刺史领使,则置副使、推官、衙官、州衙推、军衙推"⑤。这些属于军事性质的僚属,不仅管理军务,而且还广泛参与行政事务,由此导致州县负责行政事务的职事官呈减少趋势。

两晋南北朝时期,地方官员中的州刺史和郡太守由朝廷任命,州郡佐吏,自别驾以下,由刺史、太守自辟。隋文帝时期,完全取消州郡辟士之权,州郡僚属的任命,统归中央,由吏部掌管。唐承隋制,品官均由中央任命,视品及流外官则判补之。唐代后期,朝廷也允许方镇有条件地任命品官。具体对巴蜀地区官员的任用,前后变化甚大。西晋时期,由于晋武帝采取"弘纳梁、益,引援方彦"⑥的政策,益、梁二州的刺史及其属郡太守,杂用巴蜀人士,特别

---

① 《旧唐书》卷 39《地理志》。
② 《资治通鉴》卷 219,肃宗至德二载六月。
③ 《唐会要》卷 78《诸使·杂录上》。
④ 《旧唐书》卷 15《宪宗本纪下》。
⑤ 《新唐书》卷 49 下《百官志下》。
⑥ 《华阳国志》卷 8《大同志》。

是诸郡太守，相当一部分是由土著的士人担任。至于州郡僚属，亦以梁、益二州人士居多。自桓温平定割据巴蜀的成·汉政权后，用人政策发生很大变化，原则上不再任用巴蜀人士担任梁、益二州刺史。南齐、萧梁时期，为加强对巴蜀地区的控制，又杂用亲王出任益州刺史。而大多的郡太守和县令、长，则由州刺史的宾僚担任，只有极少数的巴蜀人士得以出任郡太守和县令、长。西魏和北周，沿袭东晋南朝政策，以武臣、诸王控制巴蜀。诸州刺史，多为军将，仅有少数州刺史和郡太守由巴蜀地区的豪强担任。隋文帝亦以亲王镇蜀，诸州刺史也多为武臣。隋炀帝即位后，开始较为普遍地任用文臣出任巴蜀地区的郡守县令。李唐开国之际，传檄以定巴蜀，州县官员，杂用隋代旧臣和地方豪强，而多数官员，则为武夫、勋人。太宗时期，在巴蜀地区推行文治，州、县行政长官，原则上由文臣担任。同时，实施"回避"政策，基本上不再任用巴蜀人士在其籍贯所在地担任行政长官。高宗、武周时期，以左迁贬谪之人出任巴蜀地区的州县长官，几乎成为惯例。玄宗即位之后，采取一系列措施，从制度上确立内外官的任用，从而改变了巴蜀地区长期以贬累之人担任州刺史和县令的状况。安史之乱爆发后，方镇跋扈，土豪崛起，刺史、县令，多为武夫和地方豪强。同时，大批巴蜀人士相继进入地方政权机构，从而打破了"回避"制度的限制。自宪宗平定刘辟之乱以后，改用文人出任州县长官。但因地处僻远，待遇又低，多数选人不肯前往剑南三川，致使州县官员大量阙员，用人浮滥。"比来山剑、湖岭间刺史，多居周行散位。日久而选县佐，率是诸曹官吏，年满则授。"[1] 僖宗以后，剑南三川大乱，州县长官，基本上是武夫与巴蜀地区的土豪。

---

[1] 《全唐文》卷78武宗《加尊号后郊天赦文》。

第四章　巴蜀地区的少数民族

两晋南北朝是中国历史上分裂割据的时期，也是各民族大规模迁徙与融合的时代。在巴蜀地区，经过两晋南北朝300多年的变迁，民族的构成和分布均发生巨大变化，秦汉时期的诸多部族，已不再见于记载，而新的部族则大量出现。爰及隋唐，在隋唐王朝、吐蕃政权和南诏政权的统治下，巴蜀地区的民族构成再次发生显著变化，民族融合也呈现出新的特点，由此形成全然不同于秦汉时期的巴蜀地区少数民族。

第一节　僚人入蜀

僚人，旧史写作"獠人"，原集中分布在牂牁、兴古（治今云南省砚山县境）等郡，即今贵州及云南地区。三国时期，蜀汉政权曾将牂牁、兴古的2000僚人迁往汉中[①]。入晋以后，割据巴蜀的成·汉政权又招引牂牁郡的僚人入蜀，由此导致僚人大举北进，迁入巴蜀地区，从而使今四川盆地及其周边地区的民族构成发生巨大变化。

---

① 《三国志》卷43《蜀书·张嶷传》裴松之注引《益部耆旧传》。

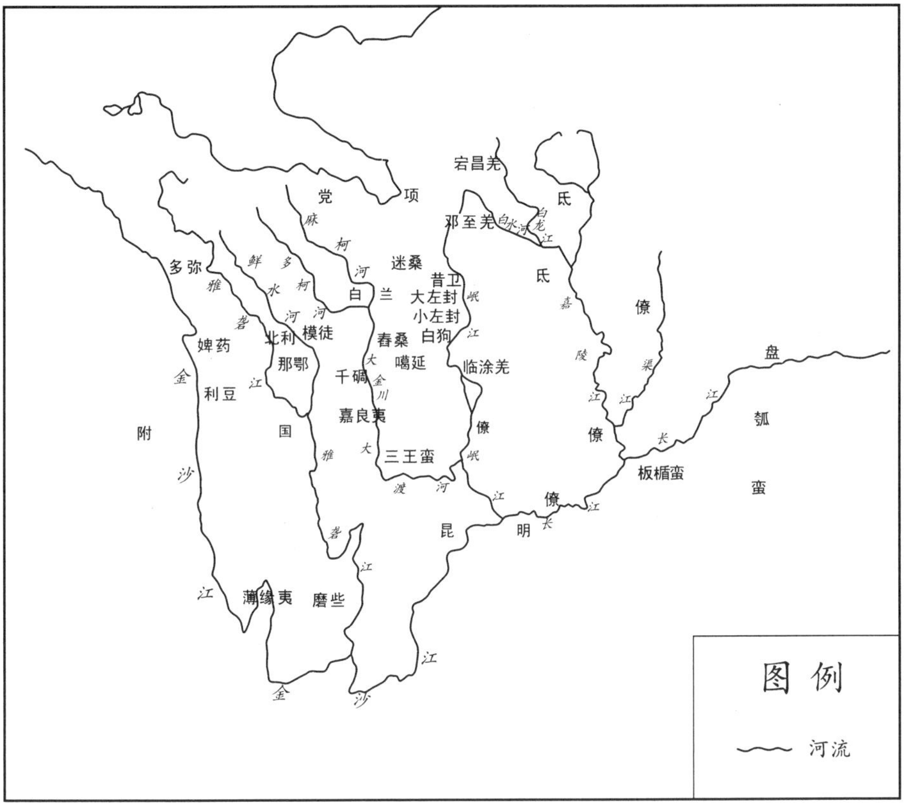

图 4—1 两晋南北朝时期巴蜀地区少数民族分布示意图

  僚人大举入蜀与昆明族的东迁有着直接的关系。昆明族原分布在今云南省境内,始祖叫祝明,亦称仲蒙由,或作仲牟由,彝语称为觉慕乌乌(teyu mu wu wu),居住在罗业,即今云南东川的落雪一带。祝明有六子,分为六部。其中慕济济为德施部的始祖,原居住在楚吐,以后向东北方向发展。蜀汉时期,已经进入今贵州省西部。诸葛亮南征时,庲降都督李恢由平夷县(治今贵州省毕节)"案道向建宁,诸县大相纠集,围恢军于昆明"①。这里提到的"昆明",就是分布在黔西的昆明族聚居之地。与此同时,祝明的另一支后裔德额家则进入今川、滇、黔三省交壤的地区。据《大定志·水乌世系通考》记载,祝明的一支后裔由协移居到窦地(今云南省昭通)之后,"窦地君有俄海者,生德辉。

---

① 《三国志》卷43《蜀志·李恢传》。

第四章 巴蜀地区的少数民族

德辉有二子，长曰隆，少曰辉。德辉，及其卒也，以位让于辉，辉让于隆而去之。邑人义辉，从者九千人，乃东渡白水，击都掌、羿子及土僚而降之。依鳛水而居。因自号鳛部"。东进到鳛水的辉，即德额辉，晋代人，其后裔一直生活在鳛水地区，即今习水河流域。

汉晋之际进入今川南、黔西的昆明族，与当地土著部落发生激烈冲突。据《西南彝志》记载，东侵的昆明族，占领山川，攻陷城池，掠夺财富、牲畜，把大部分被征服的部落作为奴隶。其结果，迫使当地的僚人向外迁徙，另谋生存发展之路。

西晋末年，南中大姓、晋王朝、大成政权，为了争夺宁州，又在包括牂牁在内的南中之地相互混战。东晋成帝咸和八年（333），大成李寿攻克宁州，占有南中之地，然而牂牁太守谢恕却举郡降晋。咸康四年（338），李寿篡位，改大成为汉，"遣其镇东大将军李奕征牂牁，太守谢恕保城拒守者积日，不拔，会粮尽，引还"①。为了使东晋不能得牂牁之民，李寿决定"从牂牁引僚入蜀境"②。牂牁的僚人，既受东侵的昆明族侵略，又饱受西晋末年以来的战乱之祸，成·汉政权统治下的巴蜀地区，相对稳定，正是理想的聚居之地。于是，在李寿的招引下，居住在牂牁的僚人便大规模地向北迁徙，进入今四川盆地。"蜀本无僚，至是始出巴西、渠川、广汉、阳安、资中、犍为、梓潼，布在山谷，十余万家。"③爰及隋唐，僚人仍广布于巴蜀地区。其具体分布如下：

邛州，本为西晋蜀郡临邛县地。成·汉时期，为僚人所占。刘宋、萧齐、萧梁前期，均"不置郡县，唯豪家能服僚者，名为保主，总属益州。梁益州刺史萧范于蒲水口立栅为城，以备生僚，名为蒲口顿。武陵王萧纪于蒲口顿改置邛州，南接邛来山，因以为名"④。入唐以后，邛州的僚人多次起兵反叛。直到宋代，"此郡与夷僚相杂，愈于诸郡"⑤，依然是僚人聚居地区。

雅州，位于邛州西南，本为西晋汉嘉郡严道县地。"自晋末大乱，夷僚据

---

① 《晋书》卷 121《李寿载记》。
② 《蜀鉴》卷 4 引李膺《益州记》。
③ 《蜀鉴》卷 4 引李膺《益州记》。
④ 《元和郡县图志》卷 31《剑南道·邛州》。
⑤ 《太平寰宇记》卷 75《剑南西道·邛州》。

第四章 巴蜀地区的少数民族

之。后魏开生僚，于此置蒙山郡。"① 隋文帝改为雅州。其地为羌蛮夷僚混杂之处，僚人主要分布在今名山、芦山、雅安三县境内。入宋以后，芦山县新安乡尚有500余户僚人。雅州以南的黎州，自"魏晋以还，蛮僚恃险抄窃，乍服乍叛"②，南齐设置沈黎僚郡以统之。隋文帝仁寿二年（602），"平夷僚，于此置汉源镇，因汉川水为名。四年，罢镇立县"③。其地在今汉源县。僚人主要分布在汉川水以东，其西为三王蛮之地（详见第四章第六节）。唐文宗大和五年（831），南诏入侵剑南西川，虏掠百姓8900余人，"皆是黎、雅百姓，半杂葛僚"④。可知在唐代后期，黎、雅二州仍是僚人聚居之地。

在邛、雅、黎三州以东的眉、嘉二州，位于岷江中下游，原是西晋犍为郡之地。其后，为"夷僚所侵"⑤。梁武帝太清二年（548），武陵王萧纪平定夷僚，以其地置青州。以后又分为眉、嘉二州。隋唐时期，先后开生僚，以其地置眉州洪雅、青神二县，以及嘉州绥山（治今四川省峨眉山市境）、罗目（治今四川省峨眉山市境）二县。在唐代，有关眉、嘉二州僚人反叛之事，史不绝书。

眉、嘉二州以东的简、资、荣、陵、昌、普、遂等州，位于今四川盆地中部的丘陵地带，亦为僚人聚居之地。简州本是西晋蜀郡牛鞞县，自"李雄据蜀，夷僚内侵，因兹荒废"⑥。隋文帝仁寿二年（602），始置简州。其地有僚人、僰人、夷子。简州以南的资州，本为西晋犍为郡资中县，"李雄之乱，夷僚居之"⑦。北周闵帝始置资州。隋文帝仁寿年间，资州山僚作乱，资州刺史卫玄采用招抚政策，"前后归附者十余万口"⑧。隋唐时期，又先后以夷僚之地设置资州和义（治今四川省威远县境）、清溪（治今四川省内江市境）、龙水（治今四川省资中县境）三县。资州以西的陵州，本为犍为郡武阳县地。东晋孝武帝时，益州刺史毛璩始置西城戍，北周武帝改置陵州。其地有木笼僚。"魏恭帝三年，

---

① 《旧唐书》卷41《地理志》。
② 梁载言：《十道志》，《汉唐地理书钞》。
③ 《元和郡县图志》卷31《剑南道·黎州》。
④ 《李卫公文集》卷12《故循州司马杜元颖二状之第二状》。
⑤ 《元和郡县图志》卷31《剑南道·嘉州》。
⑥ 《元和郡县图志》卷31《剑南道·简州》。
⑦ 《元和郡县图志》卷31《剑南道·资州》。
⑧ 《隋书》卷63《卫玄传》。

第四章 巴蜀地区的少数民族

陵州木笼僚反。诏开府陆腾讨破之，俘斩万五千人。"① 隋唐时期，陵州僚人仍不断反叛。直到五代，仍然有"陵、荣州僚反"② 的记载。陵州以南的荣州，自"李雄据蜀后，夷僚居之，所谓铁山生僚也"③。北周武帝保定二年（562），"铁山僚抄断内江路，使驿不通"，隆州总管陆腾讨击之，"下其三城，斩其魁帅，俘获三千人，招纳降附者三万户"④。唐高祖武德元年（618）始置荣州。入宋以后，荣州仍是"夏人少，夷僚多"⑤。资州东南的昌州，唐肃宗乾元元年（758）置，寻废。代宗大历十年（775）复置，"以镇押夷僚"⑥。宣宗大中年间，"昌、泸二州刺史贪沓，以弱缯及羊强僚市"，激起僚人的反叛，"立酋长始艾为王"⑦。资州东北的普州，"李雄乱后，为僚所据，梁招抚之，置普慈郡"⑧，北周武帝改置普州。位于普州东北的遂州，本为广汉郡之地，东晋析置遂宁郡，"其地多僚，官长力弱，不相威摄"⑨。北周闵帝始置遂州。隋文帝仁寿年间，"遂州僚叛"⑩，于是置总管府以震慑之。唐高祖武德年间，以韦云起为遂州都督，"怀柔夷僚，咸得众心"⑪。

位于今渠江上游的巴、蓬、集、壁、渠等州，也是僚人集中分布的地区。巴州本为西晋巴西郡之地。成汉时期，"有群僚十余万从南越入蜀，散居山谷，此地遂为僚所有"⑫。东晋时期，巴西、宕渠二郡，"为群僚所复，城邑空虚，士庶流亡，要害膏腴，皆为僚有"⑬。刘宋末年，"乃于巴岭南置归化、北水二郡，以领僚户"⑭。萧梁"增立巴州，镇静夷僚。梁州藉利，因而罢"⑮。北魏复

---

① 《周书》卷49《异域志·僚》。
② 《资治通鉴》卷295，世宗显德三年十二月。
③ 《元和郡县图志》卷33《剑南道·荣州》。
④ 《周书》卷28《陆腾传》。
⑤ 《太平寰宇记》卷85《剑南道·荣州》。
⑥ 《元和郡县图志》卷33《剑南道·昌州》。
⑦ 《新唐书》卷222下《南蛮传》。
⑧ 《旧唐书》卷41《地理志》。
⑨ 《太平寰宇记》卷87《剑南道·遂州》。
⑩ 《隋书》卷65《周法尚传》。
⑪ 《旧唐书》卷75《韦云起传》。
⑫ 《舆地纪胜》卷139《利州路·巴州》。
⑬ 《晋书》卷84《殷仲堪传》。
⑭ 《太平寰宇记》卷139《山南西道·巴州》。
⑮ 《魏书》卷65《邢峦传》。

置巴州,"以统诸僚。后以巴酋严始欣为刺史,又立隆城镇,所绾僚二十万户,彼谓北僚,岁输租布,又与外人交通贸易。巴州生僚,并皆不顺。其诸头王,每于时节,谒见刺史而已"①。北周武帝天和三年(568),梁州总管府长史赵文表平定恒棱僚,置蓬州,其地在巴州以南。蓬州东南的渠州,本为巴西郡宕渠县地,"自李寿乱后,地为诸僚所侵,郡县悉废"②。梁武帝大同三年(537),始置渠州。巴州以北的集州,本为宕渠县地,"晋自李特窃据,至李寿时,夷僚散居其地。梁武帝大同中,于此立东巴州。西魏恭帝二年,改东巴州为集州"③。巴州以东的壁州,也是在"李雄乱后,为夷僚所据"④。唐高祖武德八年(625),始置壁州。唐代前期,巴、集、壁三州的僚人多次起兵反叛。

位于四川盆地南缘的长江沿线诸州,为民族杂居之地。僚人主要分布在戎、泸、南、溱等州境内。戎州本为犍为郡僰道县之地,"李雄窃据,此地空废。梁武帝大同十年,使先铁讨定夷镣,乃立戎州"⑤。唐太宗贞观年间,群僚归服,以其地置归顺镇,武周圣历二年(699),改置归顺县(治今四川省宜宾市境),以处生僚,由戎州管辖。位于戎州以南的南广河流域,"并是诸僚"⑥。其西则有昆明族,因部落首领为董氏,因而又称董蛮,由于地处马湖江沿岸,亦称马湖蛮;南广河流域以东,为戎、泸二州交壤之处,其地有葛僚,"居依山谷林箐,逾数百里。俗喜叛,州县抚视不至,必合党数千人,持牌而战,奉酋帅为王,号曰'婆能',出入前后植旗"⑦。戎州以东的泸州,亦曾"为僚所没"⑧。梁武帝大通年间,始置泸州。唐太宗贞观元年(627),又"以夷僚户置思隶、思蓬、施阳三县,寻省入江安"⑨,为泸州属县。泸州诸县以南,为夷僚和昆明族杂居之地。泸州以东的溱、南二州,位于今綦江流域,同样是招抚生僚所置⑩。

---

① 《魏书》卷101《僚传》。
② 《太平寰宇记》卷139《山南西道·渠州》。
③ 《舆地纪胜》187《巴州·难江县》。
④ 《舆地纪胜》187引《元和郡县图志》。
⑤ 《太平寰宇记》卷79《剑南西道·戎州》。
⑥ 《新唐书》卷222下《南蛮传下》。
⑦ 《新唐书》卷222下《南蛮下》。
⑧ 《元和郡县图志》卷33《剑南西道·泸州》。
⑨ 《元一统志》卷5《重庆路·建置沿革》。
⑩ 《元和郡县图志》卷122《江南西道·南州、溱州》。

第四章 巴蜀地区的少数民族

综上所述，由牂牁北迁到巴蜀地区的僚人，主要分布在今四川盆地及其周缘的山区。其中岷、沱二江的中下游，以及渠江上游，是僚人最集中的地区。

迁徙到巴蜀地区的僚人，"种类甚多，散居山谷，略无氏族之别。又无名字，所生男女，唯以长幼次第呼之。其丈夫称阿謩、阿段，妇人阿夷、阿等之类，皆语之次第称谓也。依树积木，以居其上，名曰'干栏'，干栏大小，随其家口之数。往往推一长者为王，亦不能远相统摄。父死子继，若中国之贵族也。僚王各有鼓角一双，使其子弟自吹击之。好相杀害，多不敢远行。能卧水底，持刀刺鱼。其口嚼食并鼻饮。死者竖棺而埋之。性同禽兽，至于忿怒，父子不相避，惟手有兵刃者先杀之。若杀其父，走避，求得一狗以谢其母。母得狗谢，亦不嫌恨。若报怨相攻击，必杀而食之。平常劫掠，卖取猪狗而已。亲戚比邻，指授相卖，被卖者号哭不服，逃窜避之，乃将买人捕逐，指若亡叛，获便缚之。但经被缚者，即服为贱隶，不敢称良矣。亡失儿女，一哭便止，不复追思。惟执盾持矛，不识弓矢。用竹为簧，群聚鼓之，以为音节。能为细布，色至鲜净。大狗一口，买一生口。其俗畏鬼神，尤尚淫祀。所杀之人，美鬓髯者，必剥其面皮，笼之于竹，及燥，号之曰'鬼'，鼓舞祀之，以求福利。至有卖其昆季妻奴尽者，乃自卖以供祭焉"①。由此看来，进入巴蜀地区的僚人，大体上还处于原始社会向奴隶社会过渡的阶段。

成·汉时期的李寿引僚入蜀，主要目的是充实户口。"寿既篡位，以郊甸未实，都邑空虚，乃徙旁郡户三千（当为'丁'之误）以上实成都。又从牂牁引僚入蜀境，自象山以北，尽为僚居。"② 李寿死后，其子李势即位，骄淫不恤国事，中外离心，因而失去对僚人的控制。"诸僚始出巴西、渠川、广汉、阳安、资中，攻破郡国，为益州大患。"东晋权臣桓温灭成·汉国以后，"力不能制。又蜀人东流，山险之地多空，僚遂挟山傍谷。"③ 东晋王朝，基本上是"羁縻而已，未能制服其民"④。刘宋始置三巴校尉，重点控制三峡地区的蛮、僚。萧齐则设置平蛮校尉，主要管辖益州境内的僚人，同时又在僚人聚居地设立左郡和僚郡，用以加强对僚人的控制。萧梁、北魏时期，逐渐在僚人聚居的地区开置

---

① 《魏书》卷101《僚传》。
② 《蜀鉴》卷4引李膺《益州记》。
③ 《魏书》卷101《僚传》。
④ 《魏书》卷96《僭伪·司马叡传》。

州、郡。及西魏宇文泰"平梁、益之后,令所在抚慰,其与华民杂居者,亦颇从赋役。然天性暴乱,旋致扰动。每岁命随近州镇出兵讨之,获其口以充贱隶,谓之为压僚焉。后有商旅往来者,亦资以为货,公卿达于民庶之家,有僚口者多矣。魏恭帝三年,陵州木笼僚反,诏开府陆腾讨破之,俘斩万五千人,虏获三千人,降其种三万落。语在腾传。天和三年,梁州恒棱僚叛,总管长史赵文表讨之。……文表顿军大蓬山下,示以祸福,遂相率来降。文表皆抚慰之,仍征其租税,无敢动者。后除文表为蓬州刺史,又大得人和。建德初,李晖为梁州总管,诸僚亦并从附。然其种类滋蔓,保据岩壑,依林走险,若履平地,虽屡加兵,弗可穷讨。性又无知,殆同禽兽,诸夷之中,最难以道义招怀者也"①。隋、唐王朝因袭北周政策,恩威并施,剿抚相间,广置州县,以统诸僚。"皆列为郡县,同之齐人。"② 除了长江以南地区,巴蜀境内的僚人,相继被置于封建王朝的统治之下,成为国家的编户齐民。对于长江以南的僚人,仍然沿用羁縻政策,设置羁縻州县以处之。这些羁縻州县分属戎、泸二总管(都督)府管辖。

随着州郡县的设置,僚人与汉族的关系日益密切,从而导致僚人逐渐接受汉族文化和生产方式,最终与汉族相融合。

最早与汉族接触的僚人,分布在渠江上游。自桓温灭成·汉政权后,大批汉族流民相继进入今大巴山地区,东晋王朝侨置晋昌郡以处之。这些流民主要来自蜀郡、巴东郡和建平郡。东晋安帝时期,因谯纵割据巴蜀和桓温北伐关中,又导致巴蜀和关陇流民进入汉中盆地及其以南的渠江上游。汉族流民大量迁入,使得该地区的僚人与汉族的关系逐渐密切起来,其中不少僚人相继为汉族大姓所控制。东晋孝武帝宁康二年(374),蜀人张育起兵反抗前秦在巴蜀地区的统治,巴僚酋帅张重、尹万曾率兵三万响应。僚人没有名字,作为巴僚酋帅的张重、尹万,显然是当时控制着巴僚的汉族大姓。其后,北魏的邢峦也说:"彼土民望,严、蒲、何、杨,非唯三五族落,虽在山居,而多有豪右。"③ 其中严氏最为著名。梁武帝时,严玄思自称巴州刺史。北魏则重用严始欣,以其为巴州

---

① 《周书》卷49《僚传》。
② 《隋书》卷82《南蛮传》。
③ 《魏书》卷65《邢峦传》。

刺史，管北僚20万户。在汉族大姓的控制下，大巴山以南的僚人逐渐汉化。入隋以后，该地区僚人中的"富室者，颇参夏人为婚，衣服、居住、言语，殆与华不别"①。唐初，又以武力征服尚未归化的僚人。"大抵剑南诸僚，武德、贞观间数寇暴州县者不一。巴州山僚王多馨叛，梁州都督庞玉枭其首，又破余党符阳、白石二县僚"。贞观十二年（638），"巴、洋、集、壁四州山僚叛，攻巴州，遣右武侯将军上官怀仁破之于壁州，虏男女万人。明年遂平。"② 高宗、武周以后，又有大批汉族居民相继迁至渠江流域定居③，从而使该地区的僚人迅速与汉族融合。入宋以后，除蓬州还有少数僚人之外，已经见不到该地区有僚人活动的记载。可以认为，在唐代，渠江流域的僚人已经基本上与汉族相融合。

岷、沱二江中下游的僚人，大体上是在北周和隋唐时期才被纳入封建统治之下，他们和汉族的融合，大约到了南宋才基本完成。至于长江以南的僚人，由于唐朝主要采取羁縻政策，所以直到唐末，该地区的僚人基本上还是与汉族及其他少数民族杂居，并没有与汉族相融合。

第二节 盘瓠蛮

两晋南北朝隋唐时期，长江三峡及其以南地区，为多民族杂居之地，其中居支配地位的是盘瓠蛮，主要大姓有向氏、田氏和冉氏。

向氏最初活动于荆州建平郡及其以北的南郡临沮县（治今湖北省当阳市境）西界，其地"西北接梁州新城，东北接南襄城，南接巴、巫二边"。东晋元帝大兴三年（320），建平夷王向弘等人"诣台求拜除，尚书郎张亮议'夷貊不可假以军号。'元帝诏特以弘为折冲将军、当平乡侯，并亲晋王，赐以朝服"④。桓温平定割据巴蜀的成·汉政权后，"以临沮西界，水陆迁险，行径裁通，南通巴、巫，东南出州治，地带蛮、蜒，田土肥美，立为汶阳郡，以处流民"⑤，隶

---

① 《隋书》卷29《地理志》。
② 《新唐书》卷222下《南蛮下》。
③ 《陈子昂集》卷8《上蜀川安危事》。
④ 《南齐书》卷58《蛮传》。
⑤ 《南齐书》卷14《州郡志上》。

属于梁州。刘宋文帝元嘉十一年（434），汶阳郡改隶荆州。刘宋孝明帝时，田氏利用巴东、建平、宜都（治今湖北省宜都市境）、天门（治今湖北省石门）四郡蛮寇掠刘宋诸郡的机会，开始向西发展。"世祖大明中，建平蛮向光侯寇暴峡川，巴东太守王济、荆州刺史朱修之遣军讨之，光侯走清江。清江去巴东千余里。"① 此后，进入清江流域的这一支田氏，不断北进，企图控制长江三峡。刘宋明帝"泰始以来，巴建蛮向宗头反，刺史沈攸之断其盐米，连讨不克"②。向宗头就是东晋元帝时期建平夷王向弘的后裔。南齐武帝永明初年，向宗头又联合黔阳蛮入侵，结果被巴东太守王图南击退。梁武帝末年，爆发侯景之乱，向氏乘乱进入长江三峡地区。西魏废帝二年（553），尉迟迥伐蜀，攻占成都，梁朝大将谯淹退守南梁州，"煽动群蛮，以附于梁。蛮帅向镇侯、向日彪等应之，向五子王又攻陷信州"③。诏命田弘、贺若敦、李迁哲等人率兵击之。西魏恭帝三年（556），贺若敦、李迁哲带兵进攻信州，向五子王弃城遁走，宇文泰以李迁哲为信州刺史，镇守白帝城。北周明帝武成元年（559），李迁哲入朝京师，向五子王又乘机攻陷白帝城，杀开府杨长华。北周多次发兵进讨，均无功而还。周武帝天和元年（566），"信州蛮蜑据江峡反叛，连接二千余里，自称王侯，杀刺史守令等"④，诏令陆腾督兵进讨。向五子王得知北周发兵讨伐，遂退守石默城，令其子向宝胜守双城。石默城，亦作石墨城，在今奉节县东北；双城在今奉节县以北。石默城和双城，相距十里，相传是三国时期所筑，为向氏巢穴。陆腾率兵围之，"擒五子王于石默，获宝胜于双城。悉斩诸向首领，生擒万余口"⑤。向氏在长江三峡的势力，基本上被消灭。此后，向氏的活动，主要集中在清江流域。周武帝建德二年（573），向邹四兄弟率众内附，置施州，治今湖北恩施。隋炀帝大业五年（609），"黔安夷向思多反，杀将军鹿愿，围太守萧造，（周）法尚与将军李景分路讨之。法尚击思多于清江，破之，斩首三千级"⑥。遭此重创，向氏的势力进一步衰落。在唐代，向氏始终未能进入巴蜀地

---

① 《宋书》卷97《荆雍州蛮传》。
② 《南齐书》卷58《蛮传》。
③ 《周书》卷49《异域上·蛮传》。
④ 《周书》卷49《异域上·蛮传》。
⑤ 《周书》卷49《异域上·蛮传》。
⑥ 《隋书》卷65《周法尚传》。

第四章 巴蜀地区的少数民族

区。

田氏原活动于黔阳县地,因而又被称为黔阳蛮。刘宋时期,田氏逐渐由黔阳向北发展,进入长江三峡地区。宋后废帝元徽四年(476),荆州刺史沈攸之"遣军入峡讨蛮帅田五郡等"①。此后,田氏和向氏,多次联合,侵扰三峡地区。萧齐武帝永明初年,巴建蛮向宗头"与黔阳蛮田豆渠等五千人为寇"②。萧梁、西魏之际,谯淹煽动群蛮附梁,向氏、田氏又联合采取行动:向五子王攻陷信州,"田乌度、田都唐等抄断江路"③。据《周书》卷44《李迁哲传》记载,田乌度、田都唐均为黔阳蛮,"抄掠江中,为百姓患,(李)迁哲随机出讨,杀获甚多。由是诸蛮畏威,各送粮饩。又遣子弟入质,千有余家"。当占据长江三峡的向氏被陆腾剿灭后,田氏又退缩到黔阳之地。周武帝保定四年(564),"涪陵蛮帅田思鹤以地内附,因置奉州,建德三年改为黔州"④。隋文帝开皇十三年(593),黔阳田氏亦内附,以黔阳县地置彭水县,为黔州治所,其地在今彭水县。隋炀帝大业三年(607),改黔州为黔安郡。大业五年(609),黔安首领田罗驹又联合向思多,"阻清江作乱,夷陵诸郡民夷多应之,诏(郭)荣击平之"⑤。入唐以后,田氏仍集中在黔中地区。唐高祖武德元年(618),改黔安郡为黔州,以黔州豪帅田世康为刺史。黔州以南的思州(治今贵州省沿河县境),本为僚人之地,其后亦为田氏所控制。北宋徽宗时期的思州刺史田祐恭,其"祖父母坟墓在黔州彭水县盐井镇"⑥。可知思州田氏是出自黔州田氏。

冉氏是巴东郡的蛮夷酋帅,其中心在云安县(治今重庆市云阳县境),故称"云安冉氏"⑦。萧齐时期,冉道周尚南康公主。其后,冉道周之子冉伽轸,自号巴东王,仕梁,为南康太守。冉伽轸之子冉伯犁为萧梁云麾将军、湖州刺史。由于冉氏接受梁朝官爵,因而在西魏平蜀之后,冉氏便联合向氏,起兵反抗。《魏书》卷101《蛮传》就说:"又有冉氏、向氏者,陬落尤盛,余则大者万家,小者千户,更相崇僭,称王侯,屯据三峡,断遏水路,荆蜀行人至有假道者。"

---

① 《宋书》卷74《沈攸之传》。
② 《南齐书》卷58《蛮传》。
③ 《周书》卷49《异域上·蛮传》。
④ 《元和郡县图志》卷30《江南道·黔州》。
⑤ 《隋书》卷50《郭荣传》。
⑥ 《舆地纪胜》卷176《黔州·景物》。
⑦ 《元和姓纂》卷7。

北周明帝武成元年（559），冉令贤又与向五子王联兵，攻陷白帝城。周武帝天和元年（556），陆腾用兵三峡，首先就是进剿冉令贤。陆腾由益州出发，"水陆俱进，次于汤口，先遣喻之。而（冉）令贤方增浚城池，严设捍御。遣其长子西黎、次子南王领其支属，于江南险要之地置立十城，远结涔阳蛮为其声援。令贤率其精卒，固守水逻城。腾乃总集将帅，谋其进趣。咸欲先取水逻，然后经略江南。腾言于众曰：'令贤内恃水逻金汤之险，外托涔阳辅车之援，兼复资粮充实，器械精新。以我悬军攻其严垒，脱一战不克，更成其气。不如顿军汤口，先取江南，剪其羽毛，然后进军水逻。此制胜之计也。'众皆然之。乃遣开府王亮率众渡江，旬日攻拔其八城，凶党奔散。获贼帅冉承公并生口三千人，降其部众一千户。遂简募骁勇，数道入攻水逻。路经石壁城。此城峻岭，四面壁立，故以名焉。唯有一小路，缘梯而上。蛮蜒以为峭绝，非兵众所行。腾被甲先登，众军继进，备经危阻，累月乃得旧路。且腾先任隆州总管，雅知蛮帅冉伯犁、冉安西与令贤有隙。腾乃招诱伯犁等，结为父子，又多遗其金帛。伯犁等悦，遂为乡导。水逻侧又有石胜城者，亦是险要。令贤使兄子龙真据之。腾又密诱龙真云：若平水逻，使其代令贤处。龙真大悦，密遣其子诣腾。腾乃厚加礼接，赐以金帛。蛮贪利既深，仍请立效。乃谓腾曰：'欲翻所据城，恐人力寡少。'腾许以三百兵助之。既而遣二千人衔枚夜进。龙真力不能御，遂平石胜城。晨至水逻，蛮众大溃，斩首万余级，虏获一万口。令贤遁走，追而获之，并其子弟等皆斩之。司马裔又别下其二十余城，获蛮帅冉三公等。腾乃积其骸骨于水逻城侧，为京观。后蛮蜒望见，辄大号哭。自此狼戾之心辍矣"。天和六年（571），降附北周的冉祖喜、冉龙骧又反，"诏大将军赵䂮讨平之。自此群蛮慑息，不复为寇矣"[1]。虽然诸冉因拒绝接受西魏、北周的统治而遭到残酷的镇压，但是冉伯犁在归降陆腾以后，却始终与北周保持着较好的关系，历仕周、隋二朝。冉伯犁之子冉安昌亦"为巴东蛮帅"[2]。隋唐之际，占据巴东。唐高祖武德五年（622），冉安昌归顺唐朝。后因率兵助唐"平萧铣"[3]有功，封黄国公，历仕潭州刺史，死后赠夔州都督。冉安昌之子冉仁才，"婚皇室汉南县主，

---

[1]《周书》卷49《异域上·蛮传》。
[2]《太平御览》卷785引《唐书》。
[3]《册府元龟》卷973《外臣部·助国讨伐》。

泾、浦、沣、袁、江、永凡六州刺史"①。冉仁才的幼子冉寔,官至河州刺史。唐宋之际,冉仁才的后裔又南迁至思州,故思州冉氏奉冉仁才为始祖。

分布在长江三峡及其以南地区的冉氏、向氏、田氏,其族属,学术界有不同的看法。有学者认为,冉氏、向氏、田氏分布在先秦时期巴人所在的地域范围内,因而是巴人中的强宗大姓。有学者更进一步指出,川东向来为巴人聚居地,冉氏源于夔州的大姓,其族属为巴人之裔无疑;向氏主要活动于清江流域,而清江流域在先秦时期为廪君族的主要活动地,因此向氏属于巴人中的廪君族。然而先秦时期的巴人诸族,经过汉代的变迁和西晋末年的大规模迁徙,其分布已经发生巨大变化。据《宋书》卷97《夷蛮传》记载,被称为"蛮"的少数民族,其族属分为两类,一类是"荆、雍州蛮,盘瓠之后也。分建种落,布在诸郡县。……所在多深险,居武陵者有雄溪、樠溪、辰溪、酉溪、舞溪,谓之五溪蛮。而宜都、天门、巴东、建平、江北诸郡蛮,所居皆深山重阻,人迹罕至焉"。一类是"豫州蛮,廪君后也。盘瓠及廪君事,并具前史。西阳有巴水、蕲水、希水、赤亭水、西归水,谓之五水蛮,所在并深岨,种落炽盛,历世为盗贼。北接淮、汝,南极江汉,地方数千里"。由此可知,南北朝时期,属于盘瓠种的诸蛮,已经由沅江上游的五溪,向北进入宜都、天门、巴东、建平和长江以北诸郡,即今长江三峡及其以北地区;原活动于清江流域的廪君种,已经东移到汉水中下游,主要分布在西阳,其郡治在今湖北省黄冈。在这种情况下,依旧按照先秦时期盘瓠蛮与廪君蛮的活动范围来确定冉氏、向氏、田氏的族属,显然是不恰当的。在南北朝时期,冉氏、向氏、田氏皆被视为"蛮"②,然而其具体的族属,却没有明确的记载。唐人则将他们视为盘瓠蛮。《册府元龟》卷973《外臣部·助国讨伐》就说,冉安昌"槃瓠之苗裔,代为蛮帅"。《太平御览》卷785也引《唐书》说:"黄国公册(当为'冉'之误)安昌者,盘瓠之苗裔也,世为巴东蛮帅。"《元和姓纂》卷7亦称:"云安冉氏,盘瓠后。"不仅巴东的冉氏被视为盘瓠蛮,向氏和田氏,同样也被认为是盘瓠的苗裔。《蛮书》卷10引王通明《广异记》说,高辛氏之时,盘瓠立功,"帝妻以公主,封盘瓠为

---

① 张说:《河州刺史冉府君神道碑》,《全唐文》卷228。
② 见《宋书》卷97《夷蛮传》、《南齐书》卷58《蛮传》、《魏书》卷101《蛮传》、《周书》卷49《异域上·蛮传》。

定边侯。公主分娩七块肉,割之,有七男,长大各认一姓,今巴东田、雷、冉、向、蒙、文、叔孙氏也"。又称:"盘瓠皮骨,今见在黔中,田、雷等家祀之。"类似的说法,亦见于《太平御览》卷785所引《唐书》:"(冉氏)与田、李、向、邓,各分盘瓠之一礼(当为'体'之误),世传其皮,盛以金函,四时致祭。"如此明确而肯定的记载,不可能是泛指。祭祀盘瓠的向氏、田氏、冉氏,都是属于盘瓠蛮。

概而言之,经过西晋末年和南北朝时期的变迁,长江三峡及其以南地区,居支配地位的部族已经不是秦汉时期的巴人,而是由武陵山区北上的盘瓠蛮。原分布在该地区的巴人,除部分迁徙之外,留居原地的巴人,则与盘瓠蛮杂居①。而秦汉时期巴人中著名的板楯蛮,则集中分布在今重庆市的涪陵、綦江、南川之间,唐代称为南平僚。其地"东距智州,南属渝州,西接南州,北涪州,户四千余。多瘴疠。山有毒草、沙虱、蝮蛇,人居楼,梯而上,名为干栏。妇人横布二幅,穿中贯其首,号曰通裙。美发髻,垂于后,竹筒三寸,斜贯其耳,贵者饰以珠珰。俗女多男少,妇人任役。昏法,女先以货求男,贫者无以嫁,则卖为婢。男子左衽,露发,徒跣。其王姓朱氏,号剑荔王。贞观三年,遣使内款,以其地隶渝州"②。据宋人说,"渝州蛮者,古板楯七姓蛮,唐南平僚也"③。

第三节 党项的变迁

党项之名,始见于西魏、北周之际,因其主要分布在"古析支之地"④,与汉代西羌所在的地理位置相同,因而被认为是西羌的别种,称为党项羌。北周武帝天和元年(566),党项羌寇扰边境,翼州刺史杨文思率州兵讨平之。翼州治所在今茂县较场。由此可知,北周时期,党项已经进入今岷江上游地区。隋文帝开皇五年(585),党项首领拓跋宁丛率部诣旭州内附。开皇十六年(596),

---

① 见《蛮书》卷10。
② 《新唐书》卷222下《南蛮下》。
③ 《宋史》卷496《蛮夷传》。
④ 《通典》卷190《边防·党项传》。

"复寇会州，诏发陇西兵以讨之，大破其众"①。旭州在今甘肃省碌曲县与四川省若尔盖县之间，会州治所在今茂县。由此可知，隋文帝开皇年间，党项拓跋部已经进入今四川境内。入唐以后，党项的分布，"东至松州，西接叶护，南杂春桑、迷桑等羌，北连吐谷浑"②。松州治所在今四川省松潘县；叶护是指西突厥，其地在今新疆以西；春桑即春桑，在今四川省金川县的周山；迷桑即麦桑，在今四川省阿坝县；此时的吐谷浑在今青海省北部，其南界为雪山，即今阿尼玛卿山。以此而论，唐代党项在今四川的地理分布，主要集中在川西高原东部，即今若尔盖、红原、松潘等县境内。

党项按氏族组成部落，"每姓别为部落，大者五千余骑，小者千余骑"③。唐人则把党项分为两部分。位于析支河曲及其东南的党项诸部，按其姓氏，"别自为部落。一姓之中，复分为小部落。大者万余骑，小者数千骑，不相统一。

图 4－2　今若尔盖花湖

---

① 《隋书》卷83《西域·党项传》。
② 《旧唐书》卷198《西戎·党项传》。
③ 《隋书》卷83《西域·党项传》。

有细封氏、费听氏、往利氏、颇超氏、野辞氏、房当氏、米擒氏、拓跋氏"①。这就是通常所说的党项八部,其中拓跋氏最为强大。在今四川境内,主要有拓跋氏和细封氏。其中拓跋氏控制着今岷山山脉北段与阿尼玛卿山南端之间的地区,包括四川省若尔盖县大部,以及红原、松潘二县的北部地区。细封氏在拓跋氏以南,即今白河流域。党项八部以西,有黑党项和雪山党项。黑党项在赤水之西,酋长号称"敦善王"②。这里的赤水,是指赤水城,隋炀帝大业五年(609),以吐谷浑的赤水城置河源郡,其地在今青海省兴海县境内。黑党项位于河源郡的西南,即今阿尼玛卿山西南。雪山党项"姓破丑氏,居于雪山之下"③。这里所说的雪山,是指吐谷浑南界的雪山,即今阿尼玛卿山。由此可知,黑党项与雪山党项均在今阿尼玛卿山的西南地区,北邻吐谷浑,东接党项八部。

  早期的党项与中原王朝之间,隔着宕昌、邓至两个羌人政权,因而没有直接的联系和交往。自北周灭宕昌、邓至之后,党项便与中原王朝发生关系,"数来扰边"④。隋文帝杨坚在担任北周丞相时,相州总管尉迟迥、郧州总管司马消难、益州总管王谦相继起兵反叛,"中原多故,因此大为寇掠。蒋公梁睿既平王谦,请因还师以讨之,高祖不许"⑤。隋朝建立后,党项又会同吐谷浑,于开皇元年(581)寇掠凉州(治今甘肃省武威),结果被隋朝大将元谐击退⑥。在隋朝的军事压力下,开皇四年(584),党项千余家归附隋朝。开皇五年(585),党项首领拓跋宁丛等人,"各率众诣旭州内附,授大将军,其部下各有差。十六年,复寇会州,诏发陇西兵以讨之,大破其众。又相率请降,愿为臣妾,遣子弟入朝谢罪"⑦。自此以后,党项便臣属于隋朝,并且朝贡不绝。

  隋、唐之际,党项利用中原大乱的机会,不断侵扰沿边诸州。唐高祖武德三年(620),党项入侵松州,诏命益州道行台左仆射窦轨率兵救援,"又令扶州刺史蒋善合与轨连势。时党项引吐谷浑之众,其锋甚锐。轨师未至,善合先期

---

① 《旧唐书》卷198《西戎·党项传》。
② 《旧唐书》卷198《西戎·党项传》。
③ 《旧唐书》卷198《西戎·党项传》。
④ 《隋书》卷83《西域·党项传》。
⑤ 《隋书》卷83《西域·党项传》。
⑥ 《隋书》卷40《元谐传》。
⑦ 《隋书》卷83《西域·党项传》。

至钳川，遇贼力战，走之。轨复军于临洮，进击左封，破其部众"①。武德七年（624），党项又联合吐谷浑，再次入寇松州，扶州刺史蒋善合击之于松州赤磨镇（在今四川省松潘县境），破之。唐太宗继位后，恩威并施，逐渐将党项置于唐王朝的控制之下。"贞观三年，南会州都督郑元璹遣使招谕，其酋长细封步赖举部内附，太宗降玺书慰抚之。步赖因来朝，宴赐甚厚，列其地为轨州，拜步赖为刺史。仍请率所部讨吐谷浑。其后诸姓酋长相次率部落皆来内属。请同编户，太宗厚加抚慰，列其地为崌、奉、岩、远四州，各拜其首领为刺史。"② 贞观五年（631），太仆寺丞李世南又开党项之地，置十六州、四十七县③。"时河西党项破丑氏常为边患，又阻新附，（刘）师立总兵击之。军未至，破丑氏大惧，遁于山谷，师立追之，至恤于真山而还。"④ 在唐朝的军事压力下，破丑氏亦遣使朝贡。而党项拓跋部的首领拓跋赤辞，"初臣属吐谷浑，甚为浑主伏允所昵，与之结婚。及贞观初，诸羌归附，而赤辞不至。李靖之击吐谷浑，赤辞屯狼道坡以抗官军。廓州刺史久且洛生遣使谕以祸福，赤辞曰：'我被浑主亲戚之恩，腹心相寄，生死不贰，焉知其他。汝可速去，无令污我刀也。'洛生知其不悟，于是率轻骑袭之，击破赤辞于肃远山，斩首数百级，虏杂畜六千而还。太宗又令岷州都督李道彦说谕之，赤辞从子思头密送诚款，其党拓跋细豆又以所部来降。赤辞见其宗党离，始有归化之意。后岷州都督刘师立复遣人招诱，于是与思头并率众内属，拜赤辞为西戎州都督，赐姓李氏。自此职贡不绝"⑤。黑党项亦与吐谷浑关系密切，贞观九年（635）李靖率军征讨吐谷浑时，"浑主伏允奔黑党项，居以空闲之地。及吐谷浑举国内属，黑党项酋长号敦善王因贡方物"⑥。至此，党项诸部皆为唐朝所控制。唐朝对于内附的党项部落，置羁縻州以处之，拜其首领为刺史、都督，世袭其职，部落的权力结构并没有发生变化。然而当兴起于西藏高原的吐蕃向外扩张时，情况就完全不同了。

吐蕃与党项之间的直接联系，始于吐蕃赞普松赞干布（Srong btsan sgam

---

① 《旧唐书》卷61《窦轨传》。
② 《旧唐书》卷198《西戎·党项传》。
③ 《资治通鉴》卷193，太宗贞观五年十二月。
④ 《旧唐书》卷57《刘师立传》。
⑤ 《旧唐书》卷198《西戎·党项传》。
⑥ 《旧唐书》卷198《西戎·党项传》。

po）时期。据汉文史料记载，唐太宗贞观十二年（638），"吐蕃进破党项、白兰诸羌，帅众二十余万屯松州西境"①。藏文资料则说，松赞干布娶"弭药王之女茹雍妃洁莫尊"②。弭药即吐蕃对党项的称谓③。松赞干布去世后，噶尔家族执掌吐蕃国政，积极对外扩张，党项"及白狗、春桑、白兰等诸羌，自龙朔已后，并为吐蕃所破而臣属焉"④。由于吐蕃将征服的党项部落降为奴部，从而导致党项诸部发生巨大变化。

党项诸部的变迁，大体上分为三种情况。第一种情况是在吐蕃的侵逼下，先后内迁到唐朝的陇右道和关内道。"其在西北边者，天授三年内附，凡二十万口，分其地置朝、吴、浮、归等十州，仍散居灵、夏等界内。……其在泾、陇州界者，上元元年率其众十余万，诣凤翔节度使崔光远请降。宝应元年十二月，其归顺州部落、乾封州部落、归义州部落、顺化州部落、和宁州部落、和义州部落、保善州部落、宁定州部落、罗云州部落、朝凤州部落，并诣山南西道都防御使、梁州刺史臧希让请州印，希让以闻，许之。"其中党项中的强部拓跋氏，亦"内徙，始移其部落于庆州，置静边等州以处之。"⑤北宋时期，内迁党项中的拓跋氏建立了西夏政权，故《金史》卷134《西夏传》说："夏之立国旧矣，其臣罗世昌谱叙世次称，元魏衰微，居松州者因以旧姓为托跋氏。按《唐书》党项八部有托跋部，自党项入居银、夏之间者号平夏部。托跋思恭以破黄巢功赐姓李氏，兄弟相继为节度使，居夏州，在河南。继迁再立国，元昊始大，乃北渡河，城兴州而都之。"元昊建立的西夏政权，于1227年被蒙古国消灭。

第二种情况是留居故地的党项诸部。这部分党项被吐蕃征服后，部落酋帅被清除，"拓跋首领，并蒙诛刈"⑥，其部落则成为吐蕃贵族的奴部。唐德宗贞元九年（793），"西山松州生羌等二万余户，相继内附，其黏信部落主董梦葱、龙诺部落主董辟忽，皆授试卫尉卿"⑦。可知此时董氏诸部，已经成为松州地区的主要部族。而董氏与党项的关系极为密切，所以藏文典籍中往往称其为董弥

---

① 《资治通鉴》卷195，太宗贞观十二年八月。
② 《贤者喜宴》第七品。
③ 《旧唐书》卷198《西戎·党项传》。
④ 《旧唐书》卷198《西戎·党项传》。
⑤ 《旧唐书》卷198《西戎·党项传》。
⑥ 《新唐书》卷222上《南蛮上》。
⑦ 《新唐书》卷197《东女国传》。

药（IDong Mi nyag）。由此可知，今川西高原东部的党项，主要就是为董氏诸部所控制。同时，董氏又是构成吐蕃松如（Sum ru）的部族之一。吐蕃末年，松州的孙波（Sum po），即构成松如的部族，卷入落门川讨击使尚恐热的叛乱。当尚恐热失败之后，孙波残部逃到松州以西（见第五章第二节）。原作为孙波奴部的党项，或随孙波残部西行，或与其他奴部相互纠合，组成新的部落，唐人称之为"嗢末"①。然而，无论是成为孙波组成部分的党项人，或是融合了多种部族特征的嗢末诸部，已经不再是原来意义上的党项部落。

第三种情况是南迁到大渡河以西的党项诸部。据《世界广述》记载，理塘（Li thang）以东，瞻对（Nag rong）东南，嘉莫绒（rGyal mo rong）西南，为木雅（Mi nyag）之地，即今雅江、道孚、康定三县之间的木雅地区。木雅即弥药，皆为Mi nyag的音译，亦即吐蕃及藏族对党项的称谓。19世纪末至20世纪30年代，一些英、美学者在四川木雅地区进行民族调查，发现木雅人的语言与西夏语有着密切的亲缘关系，因而提出木雅人是蒙古军队征讨西夏时，南徙川康的西夏党项遗民。一些国内学者接受这种观点，并进一步提出，西夏亡国后，部分西夏王族南迁到四川木雅地区并建立新的邦国，其王称为西吴王，亦即西夏王。个别国内学者还具体描述了西夏党项移民的迁徙路线。然而木雅人为西夏党项移民的说法并不是史实，因为没有任何史料能够证明西夏亡国后，有党项移民迁徙到今四川木雅地区。事实上，早在西夏立国之前300多年，该地区就已经有党项人。据《新唐书》卷216上《吐蕃上》记载，武周如意元年（692），吐蕃"大首领曷苏率贵川部与党项种三十万降。后以右玉钤卫将军张玄遇为安抚使，率兵二万迎之。次大度水，吐蕃禽曷苏去。而它酉昝插又率羌蛮八千自来，玄遇即其部置叶州，用昝插为刺史"。大度水即今大渡河；叶州后来改称米川州，清代分属冷碛、沈边二土司，其地在今泸定县的大渡河以东；贵川部大约在今康定县折多河流域，位于叶州以西；"党项种"分布在贵川部以西，即今木雅地区。该地区最初是受东女国控制。8世纪末，朗氏（rLans）取代东女国，成为今大金川流域的支配部族，木雅地区的党项种便转而降附唐朝，属剑山招讨使管辖的五部落之一，称为"弥羌"②。由此可知，早在7世纪后期，

---

① 《资治通鉴》卷250，懿宗咸通三年二月。
② 《新唐书》卷222下《南蛮传·两爨蛮》。

今木雅地区已经被"党项种"占据。这批党项人是被吐蕃从原党项故地迁徙而来,由于他们与内附唐朝的党项诸部同源,因而在语言、习俗等诸多方面都有共同之处,这就是木雅与党项人建立的西夏有着亲缘关系的原因,而不是木雅人为西夏党项遗民。应当特别指出的是,早期的党项"无文字,但候草木以记岁时"①。而元昊建立西夏后,创立了西夏文字。在西夏亡国后,西夏文字继续在西北地区流行,直到明孝宗弘治十五年(1502),在今河北保定一带仍有人使用。若木雅人为西夏遗民,所谓西吴王即为西夏王,那么在木雅地区应当有西夏文字的遗存,然而迄今为止,并无这方面的发现。这也从一个侧面表明,木雅人属于早期党项人的后裔,而不是西夏党项遗民。

第四节　白兰和西山八国

白兰是一个古老的部族。据《华阳国志》卷3《蜀志》记载,位于今岷江上游的汶山郡"有六夷、羌胡、羌虏、白兰峒,九种之戎"。六夷是泛指岷江上游的夷种,"汶山曰夷,南中曰昆明,汉嘉、越嶲曰笮,蜀曰邛,皆夷种也"②;羌胡是指分布在汶山郡兴乐县的黄石、北地卢水胡③,其地在今松潘县镇江关一带,位于六夷以北;羌虏是指三河、槃于虏,其地在岷江上游的西南,亦即六夷的西南,故《后汉书》卷86《南蛮西南夷列传》说,汉武帝以冉駹夷之地置汶山郡,"其西又有三河、槃于虏,北有黄石、卢水胡"。然而关于白兰峒,《华阳国志》仅指出这是汶山郡境内的一个部族,并没有明确标示其具体的地理位置。西晋末年,当辽西鲜卑慕容部的吐谷浑率部西迁,建国于群羌之地以后,其疆域,"自枹罕以东千余里,暨甘松,西至河南,南界昂城、龙涸。自洮水西南,极白兰"。由此可知,白兰位于洮水西南,毗邻吐谷浑的南界昂城、龙涸,"其地东北接吐谷浑"④。白兰,应当就是《华阳国志》所记载的汶山郡白兰峒。

---

① 《隋书》卷83《西域·党项传》。
② 《华阳国志》卷3《蜀志》。
③ 《华阳国志》卷8《大同志》。
④ 《周书》卷49《异域·白兰传》。

昂城可能就是敦煌吐蕃文书记载的 rMa grom①，其地在今青海果洛州与四川阿坝州之间的黄河附近，原为羌人之地，吐谷浑之子吐延就是被"昂城羌酋姜聪所刺"②而亡；龙涸位于今松潘县，北周武帝天和元年（566），吐谷浑龙涸王莫昌率部落内附，北周以其地置扶州，"领龙涸郡。隋开皇三年，废龙涸郡，置嘉诚镇，与扶州同理焉。大业三年，改扶州为同昌郡，领嘉诚县"③。入唐以后，又以其地置松州，其治所在今松潘县。根据吐谷浑南界昂城、龙涸的位置推断，白兰当在今松潘西南的梭磨河流域，位于昂城以南，毗邻龙涸。在隋代，白兰位于党项以南、附国东北④，其地仍在今大金川上游的梭磨河流域。隋文帝开皇十四年（594），会州总管崔仲方西征诸羌，沿途讨平的部落中有"白男王"⑤。这个"白男王"应当就是"白兰王"。隋代会州的治所在今茂县。崔仲方西征，是由今茂县沿杂谷脑河而行，翻过鹧鸪山口进入大金川的东源梭磨河流域，白兰（男）王之地应当在这里展开。唐高祖武德六年（623），"白简、白狗羌并遣使入贡"。"白简"应当是"白兰"之误⑥。武德七年（624），"以白狗羌等地，置维、恭二州"⑦。维州是以白狗羌之地所置，其地在今理县薛城附近。如此，恭州就应当是以白兰之地而置。恭州在维州以北350里，即今马尔康县的马塘一带，位于梭磨河中游。由此可知，李唐开国之际，白兰仍在大金川上游，其地"左属党项，右与多弥接"⑧。位于白兰以东的党项，应当是指党项八部。白兰以北，则为黑党项。《剡源文集》卷4《唐画〈西域图〉记》就说："吐谷浑之南，白兰之北，弥罗国也。"这个弥罗国就是指黑党项。位于白兰以西的多弥，亦称当弥，吐蕃称其为难磨（Nam pa）⑨，地处犁牛河（hBri chu），即今金沙江上游，中心在今石渠县的邓柯，即《敦煌本吐蕃历史文书·编年史》所记载的 mDan。

---

① 关于 rMa grom，见［法］石泰安《汉藏边境的若干古部族》、［匈牙利］乌瑞《Khom——公元七至九世纪吐蕃帝国的行政单位》。
② 《宋书》卷96《鲜卑吐谷浑传》。
③ 《元和郡县图志》卷32《剑南道·松州》。
④ 《隋书》卷83《西域·党项传》。
⑤ 《隋书》卷60《崔仲方传》。
⑥ 《资治通鉴》卷190，高祖武德六年十二月庚申条及胡三省注。
⑦ 《资治通鉴》卷190，高祖武德七年正月。
⑧ 《新唐书》卷221上《西域·党项传》。
⑨ 《新唐书》卷221下《西域·多弥传》。

关于白兰的地理位置，学术界分歧较大，有学者认为白兰在今巴颜喀拉山一带，有学者认为在今青海省果洛藏族自治州境内，有学者认为在今柴达木盆地。其中以柴达木盆地之说较有影响。持这种观点的主要依据是，吐谷浑的活动地域，基本上是在今青海省北部，位于其西南的白兰正当在柴达木盆地。然而早期吐谷浑的主要活动地域不是在今青海省北部，而是在强台山地区，即今青海、甘肃、四川三省交壤的西倾山南北（见第五章第二节）。直到伏连寿继位之后，因北魏内乱，吐谷浑才大规模地向北发展，逐渐控制今青海省北部地区。伏连寿之子夸吕继位后，吐谷浑的政治中心才北移至今青海湖附近的伏俟城。因此，早期吐谷浑在遭到大规模入侵时，往往向南逃到白兰。而在夸吕将政治中心北移至伏俟城以后，吐谷浑在先后遭到西魏、北周、隋、唐王朝的攻击时，通常也是向南逃窜，但是从来就没有到达白兰，这说明白兰是在强台山的西南，而不是在伏俟城的西南。

白兰原为汶山郡的一个部族，自吐谷浑兴起之后，白兰就成为吐谷浑的属部，因此西秦国主乞伏乾归给予吐谷浑王的封号为"白兰王"①。直到北周时期，白兰才摆脱吐谷浑的控制，转而寻求中原王朝的庇护。北周武帝保定元年（561），"白兰遣使献犀甲、铁铠"②。在隋代，因白兰等部拒绝接受隋王朝的统治，由此遭到隋朝会州总管崔仲方的征讨。"时诸羌犹未宾附，诏令（崔）仲方击之，与贼三十余战，紫祖、四邻、望方、涉题、千碉、小铁围山、白男王、弱水等诸部悉平。"③入唐以后，白兰与白狗于武德六年（623），遣使入贡。吐蕃兴起后，白兰又遭到吐蕃的攻击。贞观十二年（638），吐蕃赞普松赞干布率兵东侵，"攻破党项及白兰诸羌，率其众二十余万，顿于松州西境"④。当唐朝发兵救援松州后，松赞干布便撤离该地区。在松赞干布去世之后，噶尔·东赞域松（mGar Stong rtsan yul zung）执掌吐蕃国政，不断向外扩张，于是白兰再次遭到吐蕃的大规模进攻。显庆元年（656），噶尔·东赞域松"率兵一十二万击白兰氏，苦战三日，吐蕃初败后胜，杀白兰千余人，屯军境上以侵掠之"⑤。

---

① 《资治通鉴》卷107，孝武帝太元十五年四月。
② 《周书》卷5《武帝纪上》。
③ 《隋书》卷60《崔仲方传》。
④ 《旧唐书》卷196上《吐蕃上》。
⑤ 《册府元龟》卷995《外臣部·交侵》。

第四章 巴蜀地区的少数民族

龙朔三年（663），吐蕃征服吐谷浑。遂由青海方向南下，深入大金川流域，雪山党项、白兰、白狗、春桑等部，"并为吐蕃所破而臣属焉"①。天宝十三年（754），吐蕃发生内讧，并牵连到白兰的董氏，于是"吐蕃白兰二品笼官董占庭等二十一人"② 降唐。广德元年（763），吐蕃利用唐朝爆发安史之乱的机会，攻占剑南西山诸州，归附于唐朝的白兰再次被吐蕃征服。自此以后，白兰这个名称就不再见诸唐人的记载，代之而起的则是西山八国。

唐人把今岷山和邛崃山统称为西山，位于该地区及其以西的8个部落，则称为"西山八国"。关于"八国"这一称谓，始见于唐玄宗天宝年间③。德宗贞元九年（793），"哥邻国王董卧庭、白狗国王罗陀忽、逋租国王弟邓吉知、南水国王侄薛尚悉曩、弱水国王董辟和、悉董国王汤息赞、清远国王苏唐磨、咄霸国王董邈蓬，各率其种落诣剑南西川内附。其哥邻国等，皆散居山川。弱水王即国初女国之弱水部落。其悉董国，在弱水西，故亦谓之弱水西悉董王。旧皆分隶边郡，祖、父例授将军、中郎、果毅等官，自中原多故，皆为吐蕃所役属。其部落，大者不过三二千户，各置县令十数人理之。土有丝絮，岁输于吐蕃。至是悉与之同盟，相率献款，兼赍天宝中国家所赐官诰共三十九通以进。西川节度使韦皋处其众于维、霸、保等州，给以种粮耕牛，咸乐生业"④。由此可知，西山八国是指哥邻、白狗、逋租、南水、弱水、悉董、清远和咄霸。

西山八国中的哥邻是 Go gling 的对音，其义为"哥国"。德宗贞元九年（793），"哥邻国王董卧庭来朝，至绵州卒，赠武德州刺史，命其子利罗为保宁都督府长史，袭哥邻王"⑤。保宁都督府亦称保宁都护府，原名洪州，玄宗天宝八年（749）"改洪州为保宁都护府"⑥，其地在剑南西山索磨川，位于恭州西北370里左右，即今梭磨河上游的壤口附近。既然唐廷以哥邻王为保宁都督（护）府长史，其地必与保宁都督（护）府相邻。据此，哥邻当在梭磨河及其以西地区，正当原白兰之地。根据"吐蕃白兰二品笼官董占庭等二十一人"降唐的记

---

① 《旧唐书》卷198《西戎·党项传》。
② 《册府元龟》卷977《外臣部·降附》。
③ 杨谭：《兵部奏剑南节度破西山贼露布》，《全唐文》卷377。
④ 《旧唐书》卷197《东女国传》。
⑤ 《册府元龟》卷965《外臣部·册封》。
⑥ 颜真卿：《鲜于公神道碑》，《全唐文》卷343。

载，可知白兰王族为董氏，而据《安多政教史》记载，董族有十八"大咱"（tsha chen），其中之一是哥咱（mGo tsha），意为"母族是哥氏"。这个哥咱就是唐人所说的哥邻，其地在果洛（mGo log）。据《世界广述》记载，"果洛祖先之地在麻尔柯"，即今大金川的西源麻尔科河流域。由此可知，果洛祖先活动的中心在今大金川上游，正当哥邻之地。在《敦煌本吐蕃历史文书·编年史》中，这个地区被称为 Gog yul，亦称 Kog yul。概言之，汉文史籍所记载的白兰、哥邻，藏文史籍所记载的 Gog yul、mGo log，基本上是在同一地域，即今大金川上游。由此看来，在白兰再次被吐蕃征服后，原为白兰王族的母族哥氏，实际上已经控制了白兰，但仍以原白兰王族董氏为王。由于吐蕃将该地域称为 Gog yul，而唐人亦沿用其称谓，故将其称为哥邻国。由于 Gog yul 有时也称为 Kog yul，因此唐人有时也将哥邻称为"诃陵"①。据此，唐代后期见诸汉文史籍的哥邻，实际上包括哥氏和白兰两个部族，而吐蕃则将该地区的人统称为金波（gyim po）②。

八国之一的咄霸是 Dam pa 的对音，清代称为党坝，其地在今马尔康县境内，位于哥邻以南。唐德宗贞元九年（793）内附的咄霸国王为董藐蓬，可知咄霸亦属董氏部族。

八国中的白狗，是一个古老的部族。刘宋文帝元嘉元年（434），"秦王（乞伏）炽磐遣镇南将军吉毗等帅步骑一万南伐白苟、车孚、崔提、旁为四国，皆降之"。白苟即白狗，故胡三省说："白狗国至唐犹存。"③ 唐高祖武德七年（624），"白苟羌酋邓贤佐内附，乃于姜维城置维州，领金川、定廉二县"④。姜维城在今理县薛城以西 10 里；金川县在维州以西 30 里，后改名小封县；定廉县在维州以西 160 里。由此可知，唐初的白狗，分布在今理县的杂谷脑河地区。但是白狗的地理位置很快就发生了变化。太宗贞观元年（627），白狗为小左封生羌所逼，举族西走，维州及其所领二县俱废。贞观七年（633），白狗再次归附唐朝，于是另置西恭州以处之，贞观八年（634）改名笮州⑤。其地在维州西

---

① 《旧唐书》卷 140《韦皋传》。
② 见《敦煌本吐蕃历史文书·编年史》745 年条、747 年条。
③ 《资治通鉴》卷 120，文帝元嘉元年四月。
④ 《旧唐书》卷 41《地理志》。
⑤ 《旧唐书》卷 41《地理志》。

第四章　巴蜀地区的少数民族

南115里，位于白狗岭西南52里，即今小金县的结斯河上游地区。原白狗所在的杂谷脑河地区，则为小左封所占据。太宗贞观二年（628），"小左封生羌酋董屈占等举族表请置吏，因复置维州及二县"①。玄宗开元二十八年（740），又析维州定廉县置奉州（在今四川省理县境），以董晏立为刺史。天宝元年（742），白狗就是取道奉州入朝。可知白狗已经不在原维州境内。

逋租位于白狗以南，其地属雅州夏阳路。德宗贞元十七年（801），剑南西川节度使韦皋分兵九路进击吐蕃，其中一路由"雅州经略使路惟明与三部落主赵日进等率兵三千攻逋租、偏松等城"②。逋租在偏松城以东，即今小金县沃日河一带。德宗贞元九年（793）逋租内附时，王族为邓氏，而白狗原来的首领也是邓氏。由此可知，逋租和白狗，原来都是属于邓氏部族。只是白狗在被吐蕃征服后，王族发生变化，故德宗贞元九年（793）白狗内附时，其王为罗陀忽。

南水、清远两部与白狗关系密切。唐玄宗开元二十九年（741），"白狗国四品笼官苏唐封，及狗冉川五品笼官薛阿封等至，各赐金紫玉帛以遣之"③。苏唐封显然和唐德宗时期的清远国王苏唐磨同族，薛阿封则与南水国王薛莫庭同族。可以认为，清远和南水，实际上是从白狗中分离出来的两个部落。关于清远国的地理位置，《唐十道图》在土霸城的西南标有清远城。土霸城当为咄霸的中心，清远城当为清远国的中心。据此推测，清远可能在今丹巴县境内，北接东女国，东邻逋租。至于南水国，可能在今小金县的抚边河流域，东接白狗，南连逋租，西北与咄霸相邻。

弱水部落在隋代即见诸记载，隋文帝开皇十四年（594），会州总管崔仲方西征诸羌，沿途讨平的部落中就有弱水部落。据藏文资料记载，弱水部落是指勃兰冈（rBra rgan），因臣属于杂绒王（Tsha rgyal），被讹称为弱冈（Rva rgan），其地在绰斯甲，即今金川县境内。据唐人说，"弱水王即国初女国之弱水部落"④，而这个女国是指来自象雄的东女国（见第四章第五节）。如此，弱水王应当与东女王同族，也是来自象雄。

---

① 《太平寰宇记》卷78《剑南道·维州》。
② 《旧唐书》卷196下《吐蕃下》。
③ 《唐会要》卷98《白狗》。
④ 《旧唐书》卷197《东女国传》。

悉董"在弱水西，故亦谓之弱水西悉董王"①。弱水是指弱曲（Rva chu），即今大金川，位于其西的悉董，当在今大金川以西的鲜水河流域，其中心可能就是《敦煌本吐蕃历史文书·编年史》中数次提到的rTe'u mkhar，即今道孚。据吐蕃历史文书记载，悉董氏原本为象雄阿尔巴（Zhang zhung nar pa）王的大臣，后来投靠吐蕃，成为最早担任大相的家族。由此看来，迁徙到今川西高原的悉董，亦出自象雄。

由上所述，西山八国是由三个不同的部族组成。哥邻、咄霸为董氏部族，白狗、逋租、南水、清远属邓氏部族，弱水和悉董则是来自象雄地区的部族。其中董氏和邓氏应当是藏族先民中最早形成的四大氏族 Se、dMu、lDong、sTong② 中的 sTong 和 lDong，而弱水和悉董则是随着吐蕃向东扩张而从象雄辗转迁徙而来。

西山八国之中，董氏居于支配地位。据杨谭《兵部奏剑南节度破西山贼露布》记载，玄宗天宝末年，吐蕃大军围攻万安、柔远、明威、平戎和保宁都护等五城，唐军分兵三路，以解五城之围，其中一路由"八国招讨副使、左羽林大将军董当，左羽林军将军董旁朗、董毕朗，左羽林董利、董哥弄，左骁卫将军董利峰，左武卫将军董奉仇，左威卫朔府中郎将、先锋党利才，统八国子弟八千余人"③。统帅八国军队的将领，除先锋党利才以外，均出自董氏，其支配地位，无可置疑。正因为如此，德宗贞元九年（793），八国内附时，唐廷以哥邻王为保宁都督府长史，统领八国。据《安多政教史》记载，占据着杂绒（Tsha rong）的杂绒王（Tsha rong rgyal po）是 Kho hpha。杂绒是指嘉莫杂瓦绒（rGyal mo Tsha ba rong），中心在杂瓦冈松（Tsha ba khag gsum），也就是汉文史籍所说的三杂谷，即卓克基、松岗和梭磨，其地在今梭磨河及其以西的足木足河之间，亦即哥邻之地。Kho hphan 就是 Go hphang，亦即汉文史籍所记载的哥邻。据此，藏文资料所说的杂绒王就是唐人所说的哥邻王，统领八国的董氏，就是哥邻，或者可以认为是在母族哥氏控制下的白兰王族董氏。

---

① 《旧唐书》卷 197《东女国传》。
② 《贤者喜宴》第七品。
③ 《全唐文》卷 377。

第五节　附国和东女国

附国之名，始见于隋代。其地在"蜀郡西北二千余里，即汉之西南夷也。有嘉良夷，即其东部，所居种姓自相率领，土俗与附国同，言语少殊，不相统一。其人并无姓氏。附国王字宜缯。其国南北八百里，东南千五百里，无城栅，近川谷，傍山险"。嘉良夷境内有水，阔六七十丈，"附国有水，阔百余丈，并南流，用皮为舟而济。附国南有薄缘夷，风俗亦同。西有女国。其东北连山，绵亘数千里，接于党项。往往有羌：大、小左封，昔卫，葛延，白狗，向人，望族，林台，春桑，利豆，迷桑，婢药，大硙，白兰，北利摸徒，那鄂，当迷，渠步，桑悟，千碉，并在深山穷谷，无大君长。其风俗略同于党项，或役属吐谷浑，或附国"①。据此，即可确定附国的地理位置。

附国东部的嘉良夷，于隋炀帝大业五年（609）遣使朝贡。唐高祖武德元年（618），以其地置嘉良县，属雅州。武德六年（623），县废。其后，改置东、西嘉梁州，属雅州都督府，位于雅州西北。其中东嘉梁州至雅州560里，"西嘉梁州去东嘉州一十五里，至（雅）州五百六十里"②。其地当在清代的章谷屯，即今丹巴县境内。大金川由北向南流贯其间，东嘉梁州当在河东，西嘉梁州当在河西。大金川就是嘉良夷境内南流之水。

附国东北诸部的地理位置，基本上都可以确定。大左封在隋代汶山郡左封县，即今黑水县西耳一带。大左封东北是昔卫，大约在清代叠溪营的昔鱼寨。大左封以北是渠步，清代称为七布。小左封在大左封以南，白狗又在小左封以南，即今理县的杂谷脑河地区。大左封以东是向人，唐代置羁縻向州，其地在今茂县石大关以东。向人以南有临涂羌，唐代置羁縻涂州，其地在茂州以南105里，即今汶川县绵虒以西地区。临涂，疑即"林台"。葛延就是清代的葛喇依，其地在今金川县的安宁镇，南接嘉良夷之地。葛延以北是春桑，亦即春桑，即今金川县的周山。春桑以西是望族，亦称望方。春桑东北是千碉，其地在今

---

① 《隋书》卷83《西域·附国传》。
② 《太平寰宇记》卷77《剑南西道·雅州》。

马尔康县境内。隋文帝开皇十四年（594），会州总管崔仲方西征，沿途讨平的部落中就有"千碉"①。唐人说："党项之西，千碉国也"②。严格地讲，千碉是在隋代党项的西南。千碉以北是白兰，在今大金川上游。迷桑即麦桑，也就是清代的中阿坝，其地在白兰东北。大硖，或许就是唐代党项拓跋氏所控制的麟州，其地有硖川、硖源③。如此，大硖当在迷桑以东，即今红原县境内。那鄂，亦称郁鄂，大约是 Brang mgo 的对音，其地在今炉霍县，位于白兰的西南。当迷是 Thong myis④ 的音译，地处犁牛河（hBri chu），即今金沙江上游，中心在今石渠县的邓柯。婢药是 Dpal yul 的对音，其地在今白玉县，位于那鄂以西，当迷以南。婢药以南是利豆，清代称为立登，今名义敦。北利摸徒应当是 Be ri mod 的对音，其地在今甘孜、德格二县之间，东邻白兰，南接婢药，北连当迷。桑悟，可能是清代蒙葛结以西的召悟。如此，桑悟应在当迷以北。由上所述，附国东北诸部的地理位置，大体上是在金沙江上游及其以东地区，北邻黄河上游，与唐人所说的黑党项与雪山党项之地相邻；东至岷江上游，与党项八部之地相连。

　　附国以南的薄缘夷，唐人称为"婆盐"⑤，有鬼主十人。据《蛮书》卷 6《云南城镇》记载，巂州昆明城西南有小婆城、大婆城，其西又有郎婆川。这些被称为"婆"的地名，显然和婆盐（薄缘）有关。昆明城在今四川盐源县，郎婆在今云南鹤庆，其北为罗婆九赕，即今巨甸。由此看来，婆盐（薄缘）分布在今川、滇之间的金沙江地区。据《元一统志》卷 7《丽江路·建置沿革》记载："其民本昔濮繲蛮，后磨些蛮叶古乍舒匿赤侵夺其地。"濮繲应当是唐人所说的婆盐，亦即隋代的薄缘。叶古乍即叶古年，据丽江《木氏宦谱》记载，摩娑（磨些）人居于定筰，其土长世为昆明军总管；传至叶古年，凡十七世，时当唐高祖武德年间；续传至秋阳，"高宗上元中，为三甸（三赕）总管"。由此看来，薄缘夷在唐代前期已经被居住在今盐源县的磨些人征服，所以唐人往往把该地区的部族泛称为磨些人。

----

① 《隋书》卷 80《崔仲方传》。
② 《剡源文集》卷 4《唐画〈西域图〉记》。
③ 《旧唐书》卷 41《地理志》。
④ 《敦煌本吐蕃历史文书·编年史》653 年条。
⑤ 《新唐书》卷 222 下《南蛮下》。

附国以西的女国，是指葱岭以南的苏伐剌拏瞿咀罗国（Suvarna gotra），其地"东西长，南北狭，即东女国也。世以女为王，因以女为国"①。这个东女国"又即名大羊同国"②。据《新唐书》卷216下《吐蕃传》记载，穆宗长庆二年（822），唐朝派往吐蕃会盟的使臣刘元鼎返回长安，奏称："河之上流，由洪济梁西南行二千里，水益狭，春可涉，秋夏乃胜舟。其南三百里三山，中高而四下，曰紫山，直大羊同国，古所谓昆仑者也。虏曰闷摩黎山，东距长安五千里，河源其间。"洪济梁即洪济桥，其地在廓州西南290里。位于其西南二千里的黄河上游，当在柏海一带。其南三百里的闷摩黎山，亦称"沫必力赤巴山"，明人宗泐《望河源》诗序中说："河源出自沫必力赤巴山，番人称黄河为沫处（rMachu），牦牛河为必力处（hBri chu）。赤巴者，分界也。其西南所处之水，则流入牦牛河，东北之水是为河源。"③由此看来，大羊同国（东女国）当在沫必力赤巴山西南。如此，附国的西界不超过今木鲁乌苏河。

综上所述，附国的地理位置当在今青海、西藏与四川交壤的地区，金沙江上游就是附国境内南流之水。

附国的"附"是 Bod 的对音。但是隋人所说的附国，不是唐代的吐蕃④，而是吐蕃文书中记载的藏蕃（rTsang Bod）。在雅隆王朝的墀伦赞（Khri slong btsan）时期，象雄的琼波·蚌色苏孜（Khyung po Spung sad zutse）"割藏蕃小王玛尔门之首级，以藏蕃二万户来献"⑤。据《隋书·附国传》记载，附国"有二万余家，号令自王出"，这和藏蕃的情况完全一致。其后，墀伦赞把藏蕃的西部，即下部藏（gTsang smad），赐给了蚌色苏孜，其中心在今西藏的丁青；藏蕃的东部，即蕃域（Bod yul），则赐给了宜氏（rNegs），因而又被称为宜域（rNegs yul），其地西接琼波氏的封地下部藏，东南则与嘉良夷相邻，中心在今青海玉树以南的隆布，王为宜王的拉章（rNegs rJehi la brang）⑥。据《隋书·附国传》记载，附国之王为"宜缯"，其弟子为"宜林"，均属宜氏。由此可知，

---

① 《大唐西域记》卷4。
② 《释迦方志》卷上。
③ 《列朝诗集·闰集一》。
④ 《广川画跋》卷2引《王会记》。
⑤ 《敦煌本吐蕃历史文书·赞普本纪》。
⑥ 《敦煌本吐蕃历史文书·小邦家臣表》。

汉文史籍所记载的附国,实际上是指宜氏的封地蕃域(Bod yul)。

宜氏原本就是蕃域的部族,因参与迎接聂墀赞普(Nya khri btsan po),遂为父王六族之一,故墀伦赞灭藏蕃之后,将蕃域赐给宜氏,使其成为附属于雅隆王朝的小邦国。墀伦赞晚年,即隋文帝开皇年间,雅隆王朝内部发生分裂,"父王属民怨望,母后属民叛乱"①,墀伦赞本人也被毒弑。作为父王六族之一的宜氏,在隋炀帝大业四年(608)"遣使素福等八人入朝。明年,又遣其弟子宜林率嘉良夷六十人朝贡。欲献良马,以路险不通,请开山道以修职贡,炀帝以劳人不许"②。这两次朝贡,显然和当时雅隆王朝的内乱有关。墀伦赞被毒弑后,其子松赞干布继立,采取果断措施,族灭进毒者。不久,又相继平定包括宜氏在内的反叛,宜氏之国,遂被罢废。隋唐之际,在原附国的东部地区,出现了一个新兴的东女国。

按照唐人的记载,当时有两个东女国。一个是在葱岭以南的苏伐剌拏瞿咀罗国。另一个是在今川西高原上,其地"东与茂州、党项接,东南与雅州接,界隔罗女蛮及白狼夷。其境东西九日行,南北二十日行。有大小八十余城。其王所居名康延川,中有弱水南流,用牛皮为船以渡"③。由此可知,这个东女国的中心是在茂州以西的弱水地区。在唐代,位于东女国境内的这条弱水屡见于记载。太宗贞观十九年(645),裴行方讨伐茂州叛羌黄郎弄,"西至乞习山,临弱水而归"④。玄宗天宝六年(747),剑南节度使郭虚已"将图弱水西之八国",以鲜于仲通为剑南行军司马,"收其八国,长驱至故洪州"。天宝八年(749),"改洪州为保宁都护府,埊弱水为蕃汉之界"⑤。前已述及,保宁都护府在今梭磨河上游的壤口一带。作为唐蕃分界的弱水,指的就是大金川上游。据《安多政教史》记载,流经三杂谷(Tsha ba khag gsum)之水,总称为弱曲(Rva chu),下游为大金川(Chu chen)。唐人所说的弱水,应当是指弱曲,即今大金川上游。东女王所在的康延川,就是隋代的葛延,亦即清代的噶喇依。其地素

---

① 《贤者喜宴》第七品。
② 《隋书》卷83《西域·附国传》。
③ 《旧唐书》卷197《东女国传》。
④ 《资治通鉴》卷198,太宗贞观十九年十二月。
⑤ 颜真卿:《鲜于公神道碑》,《全唐文》卷343。

为"金川巢穴，形势险要"①，大金川由北向南流经其前，这和康延川"岩险四缭，有弱水南流"②，完全一致。位于东女国和雅州之间的白狼夷，其地在灵关道的南段，与雅州芦山县相邻③，即今宝兴县境内。罗女蛮即罗汝蛮，其地在白狼夷西南，即今石棉、九龙及其东南地区。东女国之境，东西九日行，大约500里。据此，其西界不超过瞻对和理塘。概言之，位于今川西高原上的这个东女国是以大金川流域为中心，东北与白狗、白兰相邻，东南与白狼、罗汝诸部毗连，西北则与多弥之地相邻。

作为东女国中心的大金川地区，就是近代嘉绒的本部。嘉绒（rGyal rong）亦即嘉莫绒（rGyal mo rong），意为"女王的谷地"。由此可知，嘉绒和唐代川西高原上的东女国有关。

综合藏文资料的有关记载，嘉绒土司的祖先是出自康（Khams）的勃兰氏（sBra），原本臣属于隆若（Klum ro）的雅孙之王难磨之子森蒂（Nap pahi bu gsen ti）。后辗转迁徙，至克罗斯纳波（Klu bsher nag po）时，由于发生饥馑，遂移居杂绒，臣服于杂绒王（Tsha rong rgyal po）。勃兰氏是一个以女性为中心的部族，所以克罗斯纳波也被称为克罗斯夹莫（Klu bsher Icags mo）。当其臣服于杂绒王之后，便被称为勃兰冈（Bra rgan），因其居住在弱曲（Rye chu）地区，又被称为弱冈（Rvo rgan），汉文史籍则称之为弱水部落。这个弱水部落始见于隋文帝时期。从《隋书》卷60《崔仲方传》可以得知，当时占据着杂绒地区的是白男（兰）王。据此，克罗斯投靠的杂绒王就是汉文史籍所记载的白男（兰）王。隋文帝开皇十四年（594），会州总管崔仲方讨平白男（兰）王。这次战争的结果，使得以勃兰氏为首领的弱水部落摆脱了董氏白兰的控制，并且向南发展，最终占据今金川、小金、丹巴等地。由于勃兰氏是以女性为中心，所以唐人称其为"女国"，亦称"东女国"。

东女国的王族是属于象雄地区的部族，所以《安多政教史》称其为"象雄勃兰之王"（Zhang zhung sBra rgyal la）。这一族和早期吐蕃王室的关系极为密切，当吐蕃征服白兰、白狗等部之后，东女国的势力便急剧膨胀，从而成为

---

① 《大清一统志》卷423《懋功屯·形势》。
② 《新唐书》卷221上《西域·东女国传》。
③ 《太平寰宇记》卷77《剑南西道·雅州》。

"户四万余众,胜兵万余人"①的强部。据《旧唐书》卷 197《东女国传》记载,东女国"女王号为'宾就'。有女官,曰'高霸',平议国事。在外官僚,并男夫为之"。作为东女国女官的"高霸",应当是 Gog Pa 的对音,也就是指 Gog yul 的部族。如前所述,这个 Gog yul 就是汉文史籍所记载的哥邻。在藏文典籍中,哥邻所在的杂瓦绒就被称为"女王的杂瓦绒"(rGyal mo Tsha ba ron)②。由此可知,东女国的"高霸",实际上是出自臣服于东女国的哥邻。前已述及,哥邻是指董氏部族的"哥咱"。也就是说,哥邻是由父族董氏与母族哥氏组成的部落。从哥邻之地与白兰之地相重合来看,作为哥邻父族的董氏应当就是汉文史籍所记载的白兰。而哥邻的母族,显然就是世袭东女国女官"高霸"的贵族。高霸的地位,相当于唐朝的宰相。概言之,白兰为吐蕃征服之后,实际上成了东女国的属部。由于东女国是以女性为中心,"俗重妇人而轻丈夫"③,因而白兰的母族便世袭为东女国的宰相。在外官僚,则以男子为之。"凡号令,女官自内传,男官受而行"④,故哥邻国在降附唐朝时,皆以父族董氏接受唐廷的官爵。由于东女国是由女性居支配地位,所以藏文史料都是从母族的承继关系进行记载。其后,唐人亦采用其称谓。据此可知,东女国实际上是由两部分组成。出自象雄的女王以康延川为中心,直接控制着今大金川地区。以弱水为中心的西山八国,则由臣服于东女王的哥邻所控制。

位于今川西高原的东女国,与中原王朝的接触,始于隋代。"隋大业中,蜀王秀遣使招之,拒而不受。武德中,女王汤滂氏始遣使贡方物,高祖厚资而遣之。还至陇右,会突厥入寇,被掠于虏庭。及颉利平,其使复来入朝。太宗送令返国,并降玺书慰抚之。垂拱二年,其王敛臂遣大臣汤剑左来朝,仍请官号。则天册拜敛臂为左玉钤卫员外将军,仍以瑞锦制蕃服以赐之。天授三年,其王俄琰儿来朝。万岁通天元年,遣使来朝。开元二十九年十二月,其王赵曳夫遣子献方物。天宝元年,命有司宴于曲江,令宰臣已下同宴。又封曳夫为归昌王,授左金吾卫大将军,赐其子帛八十匹,放还。后复以男子为王"⑤。东女国以男

---

① 《新唐书》卷 221 上《西域·东女国传》。
② 贡却丹巴绕杰:《安多政教史》第 3 部。
③ 《旧唐书》卷 197《东女国传》。
④ 《新唐书》卷 221 上《西域·东女国传》。
⑤ 《旧唐书》卷 197《东女国传》。

子为王，可能是在唐德宗时期。唐德宗贞元九年（793），南诏王异牟寻遣使致书剑南西川节度使韦皋，其中就提到"西山女王，见夺其位"[①]。同年，东女国王汤立悉与西山八国投附唐廷[②]，这显然和女王失位有关。根据《安多政教史》的记载，嘉莫杂瓦绒有三个不同的部族，一是 rGyal nag 族，二是属于象甲（Zhang rgyal）系统的象雄勃兰之王，三是称为杂绒王的哥彭（Kho hphun）。最初的强部是象波（Zhang po），其后为拉色哥（Iha rigs sgo）。rGyal nag 应当是汉文史籍所记载的"嘉良"，这是分布在大金川地区的土著部族；杂绒王就是隋代所称的白男（兰）王，亦即唐人所说的哥邻王；勃兰王则是汉文史籍所记载的东女王，这是来自象雄地区的部族。最初的强部象波，应当是指出自象雄的勃兰氏，也就是唐人所说的东女王一族。后期的强部拉色哥则是属于朗氏的一支。据《朗氏族谱》记载，囊年柯勒勃（sNang gnyan khong sleb）的次子是哥拉哥谷（sGo la sgo sho）。sGo la 就是"哥王"。由此看来，大约在 8 世纪末，朗氏已经控制了哥邻，并且取代象雄的勃兰氏，成为近代嘉莫杂瓦绒的支配部族。这样，曾经在历史上一度活跃过的东女国便消失了，但是其以女性为中心的遗俗，至今还可以在嘉绒藏族中见到。

第六节　东蛮和西蛮

　　隋唐时期，在今四川的西南地区，分布着众多的少数民族部落。唐人按其地理位置，把他们分为东、西两部分。位于今雅砻江中下游地区的部落，总称为西蛮；雅砻江中下游以东的部落，称为东蛮。

　　关于西蛮，《蛮书》卷1《云南界内途程》有一个简要的概括："泸水从北来，至曲罗，萦回三曲。每曲中间皆有磨些部落，以其负阻深险，承上莫能攻讨。泸水从曲罗经剑山之西，又南至会同川。边水左右，总谓之西蛮。"这条泸水是指东泸水，即今雅砻江。东泸水由今雅江县南流至木里县百碉附近，折向东北，至冕宁县窝堡一带，又折而南流，此即"萦回三曲"的曲罗，为磨些部

[①]　《新唐书》卷 222 上《南蛮上》。
[②]　《旧唐书》卷 197《东女国传》。

落所居。东泸水由曲罗南下，流经剑山之西。"剑山当吐蕃大路，属石门、柳强三镇，置戍、守捉。以招讨使领五部落：一曰弥羌，二曰铄羌，三曰胡丛，其余东钦、磨些也。"① 剑山即今冕宁县境内的牦牛山。剑山以北，为铄羌、弥羌之地；剑山以西，即磨些蛮所居之曲罗；剑山以东，即今冕宁县北部的安宁河上游地区，为东钦蛮之地；剑山以南，有胡丛、显养、东鲁三部，其地在今德昌、米易二县境内。胡丛、显养、东鲁以西，"昆明、双舍至松外以东，边近泸水，并磨些种落所居之地"②。昆明城在东泸水以西，即今盐源县卫城，其地仍为磨些蛮所居。昆明城以南有松外城（在今四川省盐边县境），其地有松外蛮，首领为蒙氏。太宗贞观二十二年（648），"西洱河大首领杨同外、东洱河大首领杨敛、松外首领蒙羽皆入朝，授官秩"③。松外城以南有龙怯河，即今盐边县的鳡鱼河。龙怯河以南，磨些江以北，"其地总谓之双舍"④，即今盐边县的南部和攀枝花市的北部。其地有寻声部落，首领为杨氏⑤。

西蛮诸部中，磨些蛮最为强大。磨些亦写作"磨沙"、"磨娑"，皆为Mdzo的音译，其义为牦牛。汉代称其为"牦牛夷"，主要分布在汉嘉郡境内。位于汉嘉郡以南的越巂郡，亦有磨些蛮。《华阳国志》卷3《蜀志》称其为"摩沙夷"，居越巂郡定筰县，即今盐源县，酋帅为狼氏⑥。据丽江《木氏宦谱》记载："摩娑土长在定筰，世为昆明总兵官，传至祖叶古年，凡十七世"，时当唐高祖武德年间。据《资治通鉴》卷190记载，武德六年（625），"巂州人王摩沙举兵，自称元帅，改元进通，遣骠骑将军卫彦讨之"。在唐朝的武力镇压下，王摩沙的反抗以失败告终。定筰的摩沙人，大约就是在这次反叛失败之后，开始向西发展。据《元一统志》卷7《丽江路·建置沿革》记载，通安州"其民本昔濮㑩蛮，后磨些蛮叶古乍·舒匿赤侵夺其地，世袭据有三赕"。叶古乍·舒匿赤就是《木氏宦谱》所记载的叶古年；三赕在今云南丽江。据《木氏宦谱》记载，叶古年续传至秋阳。"秋阳，高宗上元中为三甸总管。"三甸即三赕。由此看来，定筰

---

① 《新唐书》卷222下《南蛮下》。
② 《蛮书》卷1《云南界内途程》。
③ 《新唐书》卷222下《南蛮下》。
④ 《蛮书》卷6《六诏》。
⑤ 《新唐书》卷222中《南蛮中》。
⑥ 《三国志》卷43《蜀书·张嶷传》。

磨些族的叶古年一支，是在唐高祖后期向西发展，侵入濮獬蛮之地，至唐高宗上元年间，秋阳已经确立了在今云南丽江地区的统治地位。至于留居定筰的磨些族，唐朝置昆明县以统之。其后，磨些蛮先后被吐蕃、南诏控制。

以磨些蛮为主的西蛮以东，是东蛮诸部，其中勿邓、两林、丰琶最为强大，其余诸部，大多依附于这三个部落。

"勿邓地方千里。有邛部六姓，一姓白蛮也，五姓乌蛮也。又有初裹五姓，皆乌蛮也，居邛部、台登之间，妇人衣黑缯，其长曳地。又有东钦蛮二姓，皆白蛮也，居北谷，妇人衣白缯，长不过膝。又有粟蛮二姓，雷蛮二姓，梦蛮三姓，散处黎、嶲、戎数州之鄙。"① 邛部六姓在邛部川，即今甘洛、越西二县之间的牛日河及其上游地区。初裹五姓在今喜德县境内的孙水一带，其地有初裹驿，位于邛部川西南。东钦蛮所在的北谷，位于台登城以北80里。台登城在今冕宁县泸沽镇，其北80里，即今冕宁县北部的安宁河上游地区。粟蛮二姓，又称粟粟两姓蛮，其地在黎州东南200里，即今甘洛县境内，位于邛部六姓东北。"雷蛮、梦蛮，皆在茫（当为'邛'之误）部、台登城东西散居"②。由此可知，构成勿邓部落的诸蛮，分布在大渡河以南地区，即今甘洛、越西、普雄、喜德、冕宁五县之间，东邻大凉山，西至安宁河上游。

两林部落在勿邓以南70里，"有十低三姓、阿屯三姓、亏望三姓隶焉"③。唐懿宗咸通六年（865），嶲州刺史喻士珍贪狯，"掠两林蛮以易金。南诏复寇嶲州，两林蛮开门纳之。南诏尽杀戍卒，士珍降之"④。嶲州治所本在越嶲县，文宗大和六年（832）徙治台登。懿宗咸通年间，嶲州治所仍在台登。由此可知，台登的主要居民应为两林蛮。据此推测，两林所属九姓，大约分布在今冕宁、喜德与昭觉三县之间，北接勿邓诸部。

丰琶蛮在两林蛮以南200里。唐德宗贞元年间，"大鬼主骠旁、阿诺两姓及诸蛮部落，皆为丰琶部落"⑤。从两林蛮聚居的台登县南行200里为西泸县姜磨戍，其地当为丰琶蛮所居。姜磨戍本为隋代可泉县治，唐高祖移县治于姜磨戍

---

① 《新唐书》卷222下《南蛮下》。
② 《蛮书》卷4《名类》。
③ 《新唐书》卷222下《南蛮下》。
④ 《资治通鉴》卷250，懿宗咸通六年五月。
⑤ 《蛮书》卷6《名类》。

东北 3 里，即今西昌县河西镇。玄宗天宝年间，改名西泸县。肃宗至德元年（756），为吐蕃所陷。德宗贞元年间收复，改置沙野城，为巂州治所，其地在原巂州城以南 80 里。文宗大和五年（831），南诏攻占其地，置沙野睑，为会同府的五睑之一。其后，又改置建昌城。故宋人云："建昌城山上又有风琶蛮"①。风琶蛮应当就是丰琶蛮。据此，唐代的丰琶蛮当在今西昌县境内。

东蛮以北有三王蛮，"盖笮都夷白马氏之遗种。杨、刘、郝三姓世为长，袭封王，谓之三王部落"。其地"皆去黎州百余里，限以飞越岭"②。飞越岭又称飞越山，在黎州汉源县西北 100 里，"山下有唐时所筑之三碉城，后讹为三交城"③。至今仍称飞越岭、三交城，位于汉源县西北，此为三王蛮的北界。三王蛮的南界位于黎州西南，因而被称为黎州南路廊清道部落。德宗贞元十九年（803），"授黎州廊清道蛮酋领、袭恭化郡王刘志宁复试太常卿"④。恭化郡王刘志宁即三王蛮首领之一，其余二人为和义郡王郝全信、遂宁郡王杨清远。廊清道有廊清城，德宗贞元年间，剑南西川节度使韦皋所建，其地在黎州汉源县以西 180 里，"其城西临大渡河，河西生羌、蛮界"⑤，即今石棉县王大坪一带。概言之，三王蛮位于今泸定、汉源、石棉三县交壤的大渡河与流沙河之间。

东蛮以东有凌蛮、董蛮。凌蛮在黎州和嘉州之间，德宗贞元年间，"嘉州绥山县婆笼川生僚首领甫枳兄弟诱生蛮为乱，剽居人，西川节度使韦皋斩之，招其首领勇于等出降。或请增栅东凌界以守之，皋不从，曰：'无戎而城，害所生也。'僚亦自是不扰境"⑥。婆笼川即婆笼江，今名马边河，其地为生僚所居。东凌为凌蛮的一支，其地当毗邻婆笼川。宪宗元和年间，剑南西川节度使武元衡奏："当管南界外生蛮、东凌六部落大鬼主苴春等，以所管子弟百姓等二千余户请内属黎州。"⑦ 由此可知，凌蛮当在嘉州与黎州之间，即今马边河以西的峨边县西溪河流域。《新唐书》卷 222 下《南蛮下》称凌蛮在"黎、邛二州之东"，实误。凌蛮当在黎州以东，嘉州西南。明清时期，称为"岭夷"，亦称"岭氏"。

---

① 《续资治通鉴长编》卷 10，太祖开宝三年六月。
② 《新唐书》卷 222 下《南蛮下》。
③ 《读史方舆纪要》卷 74《四川·黎州守御千户所》。
④ 《唐会要》卷 90《南诏蛮》。
⑤ 《元和郡县图志》卷 32《剑南道·黎州》。
⑥ 《新唐书》卷 222 下《南蛮下》。
⑦ 白居易：《与元衡书》，《全唐文》卷 664。

凌蛮以南有董蛮。其地"皆在马湖江岸"①，因而又称"马湖蛮"。德宗贞元年间，有大鬼主董嘉庆，因"累世内附，以忠谨称，封归义郡王"②，管驯、骋、浪三州。驯州管内有天池，"亦曰文池，此马湖蛮王所居也"③，今名"马湖"，在雷波县境内。如此，驯州当在今雷波县马湖一带。骋州约在驯州以西300里，即今金阳县境内。浪州又在骋州以西300里左右，即今金阳与宁南二县之间。驯、骋二州为董蛮之地，浪州则为狼蛮所居。德宗贞元十三年（797），狼蛮内附，剑南西川节度使韦皋奏置浪州，以狼蛮首领浪沙为刺史。然而浪沙"卒不出"，于是韦皋以董嘉庆"兼押狼蛮"④，领有浪州。故董嘉庆虽然领有驯、骋、浪三州，而浪州实为狼蛮之地。狼蛮为勿邓属部，董蛮则为"西爨昆明之别种也"⑤。

东蛮以南有苴郎蛮、狫獠蛮和乌蛮。苴郎蛮在元代德昌路德州，即今西昌、德昌之间。狫獠蛮在苴郎蛮以南，分为两部：一部在元代德昌路西北，"夷名玗甸。昔为荒僻之地，狫獠蛮世居之"⑥；一部在元代德昌路西南，"夷名巴翠部，领小部三，一曰沙娲普宗，二曰乌鸡泥祖，三曰娲诺龙菖蒲，皆狫獠蛮种也"⑦。其地在今德昌与米易二县之间。狫獠蛮以东即今安宁河中下游与金沙江之间，本为乌蛮和汉人杂居之地。南诏统治时期，又迁入白蛮十二姓。

东蛮是相对西蛮的地理概念。东蛮诸部的族属，并不尽同。勿邓是东爨乌蛮七部之一，为仲蒙由之裔。两林，据《元史》卷61《地理志》记载，泸沽县"昔罗落蛮所居。至蒙氏霸诸部，以乌蛮酋守此城，后渐盛，自号落兰部，或称罗落"。元代的泸沽县就是唐代的台登县，为两林蛮之地。由此可知，在南诏攻占台登以前，其地为罗落蛮所居。如此，两林应当属于罗落蛮。据《旧唐书》卷197《东女国传》记载，东女国的东邻有"罗女蛮"。罗女蛮就是罗汝蛮，亦即罗落蛮，均为 Lo lvo 的同音异译。丰琶蛮，"本出巂州百姓"⑧，应当是汉晋

---

① 《太平寰宇记》卷79《剑南西道·戎州》。
② 《新唐书》卷222下《南蛮传下》。
③ 《建炎以来朝野杂记·乙集》卷20《辛未利店之变》。
④ 《新唐书》卷222下《南蛮下》。
⑤ 《建炎以来朝野杂记·乙集》卷20《辛未利店之变》。
⑥ 《元史》卷61《地理志》。
⑦ 《元史》卷61《地理志》。
⑧ 《蛮书》卷4《名类》。

时期越巂叟的后裔。

勿邓的始祖仲蒙由,属昆明族,居住在罗业,即今云南东川的落雪一带。仲蒙由有六子,彝文典籍称为"六祖"。由六祖衍生成武、乍、糯、恒、布、默等六个氏族,其中次房的糯、恒二子,居住在罗白慕苦(Lo bua mu k′ue)①,其意为"北方的罗山"。后来,糯、恒二氏又迁至窦地的甸(t′u dr dr ndi),凉山彝族称为"滋祖蒲吾",汉文史籍称为"窦的甸",亦称"斗敌甸",即今云南昭通。"唐时乌蛮仲牟由之裔曰阿统者,始迁于此"②。阿统就是《西南彝志》卷6《扯勒世代兴起记》所记载的恒雅妥。凉山彝族的《勒俄特依》则称为阿吐:"仲牟由的后人波阿吐兄弟三人,驱苍牛黄马,并带着猎犬,经过许多地方才到了滋祖蒲吾"。波阿吐三兄弟中,长子阿吐又称古侯(gu xa),汉文称作孤纥,亦称耿恒;次子阿格又叫曲涅(tu′y ruie),三子结米绝嗣。古侯和曲涅由昭通继续北上,在永善县境内北渡金沙江,进入今雷波县。然后西循美姑河土行,到达利美莫姑(Li mi moa gu),即今美姑县的甲谷。由此分道扬镳。凉山彝族的《招魂经》和《指路经》都说:"左边是曲涅路,右边是古侯路,曲涅、古侯走两路"。古侯一支向北发展,占据邛部川,故《元史》卷61《地理志》说,邛部川"昔么些蛮居之,后仲由蒙之裔夺其地"。仲由蒙当为仲蒙由。唐代的勿邓,应当就是凉山彝经所记载的古侯后裔;曲涅支向西发展,进至安宁河流域,西接磨些之地,西北与东女国相邻。据凉山彝族系谱记载,古侯、曲涅的祖先有名"罗罗"者。大约曲涅支曾用祖名罗罗,故唐人称其为"罗女蛮",元代称为"罗落蛮"。唐代的两林,应当就是凉山彝经所记载的曲涅支的利利家。两林,可能就是指林林,亦即利利,是Li li的不同译名。据近代调查,利利兹莫(Li li dzi mua)的系谱,从尔普普到宜可阿波,共计四十八代,是凉山地区最古老的兹莫。其中心在利美甲谷,即今美姑的甲谷,管辖范围,东到龙头山,与乌蒙部相邻;西至安宁河;北到尔知咢甫家的地方,即今汉源一带;西南到列里可,即今布拖县境内;南到阿和穆地,即今金阳县③。基本上相当于唐代的东蛮三部之地。据《新唐书》卷222下《南蛮下》记载,东蛮三部中,

---

① 《西南夷志》卷1《六祖的起源》。
② 《蜀中广记》卷36《边防记·乌蒙军民府》。
③ 《四川彝族历史调查资料、档案资料选编》,四川省社科院出版社1987年版。

"两林地虽狭,而诸部推为长,号都大鬼主"。如此,两林都大鬼主实际上就是东蛮三部的最高统治者,亦即凉山彝族所说的利利兹莫。

东蛮三部是在唐玄宗天宝十二年(753)"遣使入贡"[1]。肃宗至德二年(757),吐蕃、南诏联兵,攻占嶲州,于是东蛮三部脱离唐朝的羁縻,"南倚阁罗凤,西结吐蕃,狙势强弱为患"[2]。德宗贞元初年,剑南西川节度使韦皋遣使招徕之,以勿邓大鬼主苴嵩兼部落团练使,封长川郡公。苴嵩死后,其子苴骠离年幼,遂以苴梦冲为大鬼主,封怀化郡王;两林大鬼主苴乌星亦因年幼,由叔父苴那时摄领其部,封苴那时为顺政郡王;以丰琶鬼主骠旁为和义郡王。东蛮归附唐朝后,虽于贞元五年(789)助唐大破吐蕃于台登,但是勿邓大鬼主仍与吐蕃暗中勾结,于是韦皋遣三部落总管苏峞率兵至琵琶川。贞元八年(792),擒斩勿邓大鬼主苴梦冲,"披其族为六部,以样弃主之。及苴骠旁长,乃命为大鬼主"[3]。从此,勿邓及其属部,又被称为六姓蛮:一曰蒙蛮,二曰夷蛮,三曰讹蛮,四曰狼蛮,五曰勿邓,六曰白蛮。唐德宗以后,吐蕃势力渐衰,六姓蛮又依违于唐朝和南诏之间,"常持两端,无寇则称效顺,有寇必为先锋"[4]。懿宗咸通八年(867),剑南西川节度使刘潼联合卑笼部,讨伐六姓蛮,焚其部落,斩首5000余级。僖宗以后,唐朝势力退缩到大渡河以北,六姓蛮遂归附南诏。南诏亡国后,六姓蛮又相对独立,奉勿邓首领为六姓蛮都大鬼主。后唐天成元年(926),封六姓蛮都首领、勿邓骠莎为定远将军。

两林蛮在唐德宗贞元年间,多次协助唐军,击败吐蕃。懿宗咸通年间,因嶲州刺史喻士珍贪狯,掠两林蛮以易金,从而导致两林蛮投降南诏。咸通六年(865),南诏发兵进攻台登,两林蛮开门纳之,尽杀成卒。这次事件,导致东蛮诸部的分裂。"初,南诏围嶲州,东蛮浪稽部竭力助之,遂屠其城。卑笼部怨南诏杀其父兄",遂于咸通七年(866)引唐忠武军"袭浪稽,灭之"[5]。咸通八年(867),卑笼部又在剑南西川节度使刘潼的配合下,讨伐六姓蛮,焚其部落。由

---

[1]《册府元龟》卷971《外臣部·朝贡》。
[2]《新唐书》卷158《韦皋传》。
[3]《新唐书》卷222下《南蛮下》。
[4]《资治通鉴》卷250,懿宗咸通八年二月。
[5]《资治通鉴》卷250,懿宗咸通七年三月。

于卑笼部"独尽心于唐，与群蛮为仇，朝廷赐姓李，除为刺史"①，从而在两林诸部中居于支配地位。后唐明宗天成元年（926），"山后两林百蛮都鬼主、右武卫大将军李卑晚差大鬼主傅能、阿花等来朝贡，明宗御文明殿引对，百官称贺，拜李卑晚为宁远将军"②。卑晚当出自卑笼部，称其为李卑晚，是因为唐朝曾赐姓李。由此可知，直到五代，两林蛮的都大鬼主，仍出自卑笼部。

两林蛮中的落兰部，原分布在台登一带，南诏攻占台登后，挟持落兰部，使其与卑笼部相抗衡，由此使得落兰部逐渐强盛起来。其后，"落兰部小酋阿都之裔"迁移至元代的里州，"因名阿都部"③。据近代调查，阿都为曲涅的后裔。与阿都同族的落兰部，亦当属曲涅一支。由此可知，落兰、阿都原本就是属于两林蛮，亦即曲涅的分支。自南诏攻占台登后，以卑笼部为主的两林退缩到利

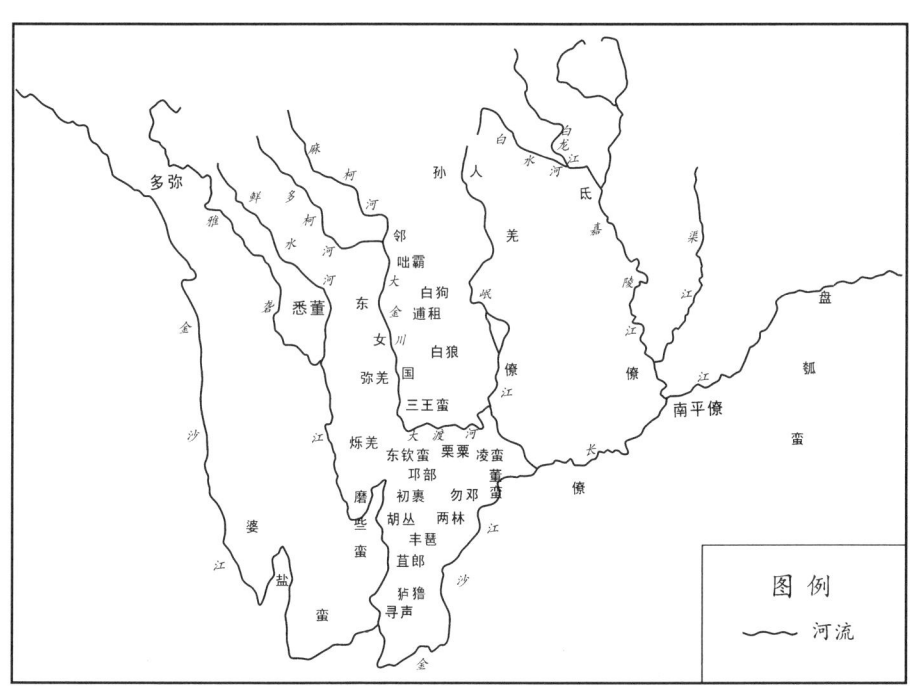

图 4—3　唐代巴蜀地区少数民族分布示意图

---

① 《资治通鉴》卷 250，懿宗咸通八年二月。
② 《五代会要》卷 30《南诏蛮》。
③ 《元史》卷 61《地理志》。

第四章 巴蜀地区的少数民族

美甲谷一带，而落兰部则在南诏的扶持下，以台登为中心，逐渐发展壮大，宋元时期，成为四川西南地区著名的强部。

丰琶本为巂州土著部落，虽然被列为东蛮三部之一，但是从未被称为乌蛮或罗落蛮。丰琶原本和唐朝关系密切。肃宗至德元年（756），吐蕃攻占巂州，被迫臣服于吐蕃。德宗贞元初，又归附唐朝，当时的丰琶大鬼主骠旁，"年少骁勇，数出兵攻吐蕃，吐蕃间道焚其居室、部落，亡所赐印章，（韦）皋为请，复得印"①。文宗大和五年（831），南诏攻占巂州，丰琶部落又为南诏所控制。自此以后，基本上与唐朝断绝了联系。

----

① 《新唐书》卷222下《南蛮下》。

第五章　少数民族政权与巴蜀的关系

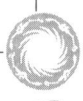

第五章　少数民族政权与巴蜀的关系

西晋末年的战乱，导致民族大迁徙，也导致部分少数民族首领，相继建立起割据政权。其中氐族首领杨茂搜从略阳郡迁徙到武都郡，以仇池为中心，割据今甘肃、四川、陕西三省交壤的地区，这就是仇池政权；辽东鲜卑族的吐谷浑则西越陇山，建国于群羌之故地，据有今甘肃、四川、青海三省交壤的地区，其子孙遂以吐谷浑为姓氏，亦为国号。两晋南北朝时期，仇池政权和吐谷浑国，与巴蜀地区的关系十分密切。入唐以后，发祥于今西藏的吐蕃王朝和兴起于今云南的南诏国，又相继控制了今四川省的西部和西南部地区。吐蕃、南诏与唐朝的复杂关系，对这个时期巴蜀历史的进程，产生了巨大影响。

第一节　仇池政权与巴蜀的关系

仇池位于今甘肃省西和县境内。其地有仇池山，亦称"仇维山"，也称作"瞿堆"。山高7里，四面壁立，形势极为险要。有小路自下而上，凡20余里。山下有沧谷、洛谷二水流经其东、西两面，山上地平如砥，面积约有百顷，因而仇池也被称为"百顷"。同时，山上不仅有百顷平地，而且水源充足，泉流交灌，其土还可以煮以为盐，是较为理想的据守之地。

东汉献帝建安年间，陇右氐帅杨驹首先迁徙到仇池。"驹后有名千万者，魏

第五章 少数民族政权与巴蜀的关系

拜为百顷氐王。千万子孙名飞龙，渐强盛，晋武假征西将军，还居略阳。无子，养外甥令狐氏为子，名戊搜。"① 戊搜亦即茂搜。西晋惠帝元康六年（296），秦、雍二州爆发齐万年的反晋战争，杨茂搜为了躲避战乱，"自略阳帅部落四千家，还保仇池，自号辅国将军、右贤王。关中人士避乱者多依之，茂搜迎接抚纳；欲去者，卫护资送之"②。元康八年（298），秦、雍二州的六郡流民亦因战乱而入蜀就食。不久，以李特为首的六郡流民起兵反晋，梁、益二州大乱。西晋惠帝光熙元年（306），李特之子李雄在成都即皇帝位，正式建立大成政权。愍帝建兴元年（313），西晋梁州刺史张光遣其子张孟苌攻击流民杨虎，互有胜负，于是张光、杨虎均向杨茂搜求援。"初，氐王杨茂搜之子难敌，遣养子贩易于梁州，私卖良人子一人，张光鞭杀之。难敌怨曰：'使君初来，大荒之后，兵民之命仰我氐活，氐有小罪，不能贳也？'及光与杨虎相攻，各求救于茂搜，茂搜遣难敌救光。难敌求货于光，光不与。杨虎厚贿难敌，且曰：'流民珍货，悉在光所，今伐我，不如伐光。'难敌大喜。光与虎战，使张孟苌居前，难敌继后。难敌与虎夹击孟苌，大破之，孟苌及其弟援皆死。"③ 张光亦愤恚而卒，杨难敌随即攻占州城，自称梁州刺史。建兴二年（314），杨虎掳掠汉中吏民，投奔大成李雄，于是汉中人张咸起兵攻打杨难敌。杨难敌自知不得民心，遂引兵退回仇池。这是仇池政权首次对梁州的侵扰。张咸随即以汉中之地归附大成。

东晋元帝建武元年（317），杨茂搜卒，长子杨难敌继立，与其弟杨坚头分领部曲。杨难敌自称左贤王，驻守下辨（在今甘肃省成县境）；杨坚头自称右贤王，驻守河池。作为一个弱小的割据政权，杨难敌既称藩于占据关中的前赵，又与割据秦州的陈安相勾结，以求自保。东晋明帝太宁元年（323），陈安被前赵消灭，杨难敌"闻陈安死，大惧，与其弟坚头南奔汉中，赵镇西将军刘厚追击，大获而还"④。杨难敌逃到晋寿后，为表明自己臣属于大成政权，遂遣子为质，同时厚赂大成的晋寿守将李稚，于是李稚没有把杨难敌送到成都。当前赵退兵之后，李稚又把杨难敌兄弟放走。杨难敌返回武都之后，不是知恩图报，而是发兵击走大成阴平太守罗演，占据阴平郡。李稚得知这一情况，大为愤恚，

---

① 《宋书》卷98《氐传》。
② 《资治通鉴》卷82，惠帝元康六年十二月。
③ 《资治通鉴》卷88，愍帝建兴元年八月。
④ 《资治通鉴》卷92，明帝太宁元年七月。

请求出兵讨伐,大成皇帝李雄许之。"遣稚兄玝以侍中、中领军统稚攻难敌,由白水入;遣(李)寿与稚弟玘由阴平入,二道讨氐"①。杨难敌先派兵据守阴平,李寿、李玘受阻,不得进。李稚报仇心切,孤军深入,长驱至武街城(在今甘肃省成县境)。杨难敌发兵断其归路,四面出击,成军大败,死者数千,李稚、李玝皆战死。李玝是大成皇帝李雄已去世的兄长李荡之嫡长子,"有名望志尚,(李)雄欲传以后嗣"②。李玝之死,对大成政权后来的皇位更迭,以及由此引起的政治动乱,均有着直接的影响。

东晋成帝咸和九年(334),杨难敌死,仇池诸杨,相互残杀,内乱不已。"难敌死,子毅立,自号使持节、龙骧将军、左贤王、下辨公。"③东晋成帝咸康三年(337),"仇池氐王杨毅族兄初,袭杀毅,并有其众,自立为仇池公,称臣于赵"④。东晋穆帝永和十一年(355),"故仇池公杨毅弟宋奴,使其姑子梁式王刺杀杨初。初子国诛式王及宋奴,自立为仇池公"⑤。杨宋奴的两个儿子杨佛奴、杨佛狗则逃到关中,前秦国主"苻坚以佛奴为右将军,佛狗为抚夷将军。后以女妻佛奴子定,以定为尚书、领军将军"⑥。杨初之子杨国,自立为仇池公只有一年,即为其从父杨俊所杀,杨国之子杨安亦投奔前秦。杨俊于东晋穆帝升平四年(360)去世,其子杨世继位为仇池公。东晋太和五年(370),仇池公杨世卒,其子杨纂继立,杨纂的叔父杨统企图废杨纂而自立,于是双方起兵相互攻击。仇池国的内乱,为前秦灭仇池提供了难得的机会。东晋简文帝咸安元年(371),前秦国主苻坚派遣"西县侯雅、杨安、王统、徐成及羽林左监朱彤、扬武将军姚苌,帅步骑七万伐仇池公杨纂"。秦兵进至仇池以北的鹫峡,"杨纂帅众五万拒之。梁州刺史弘农杨亮遣督护郭宝、卜靖帅千余骑助纂,与秦兵战于峡中,纂兵大败,死者十三、四,宝等亦没,纂收散兵遁还。西县侯雅进攻仇池,杨统帅武都之众降秦。纂惧,面缚出降,雅送纂于长安。以统为南秦州刺史,加杨安都督南秦州诸军事,镇仇池"⑦。杨安即前仇池公杨国之子。其

---

① 《华阳国志》卷9《李雄志》。
② 《华阳国志》卷9《李雄志》。
③ 《宋书》卷98《氐传》。
④ 《资治通鉴》卷95,成帝咸康三年十二月。
⑤ 《资治通鉴》卷100,穆帝永和十一年正月。
⑥ 《宋书》卷98《氐传》。
⑦ 《资治通鉴》卷103,简文帝咸安元年四月。

后，前秦又"徙其民于关中，空百顷之地"①。

东晋孝武帝太元八年（383），秦王苻坚兵败淝水，前秦瓦解，投靠苻坚的仇池氐杨定"尽力于（苻）坚。坚死，乃率众奔陇右。徙治历城，去仇池百二十里，置仓储于仇池。招夷、夏得千余家，自称藩骧将军、仇池公，称藩于晋"②。重建仇池国的杨定，以其叔父杨佛狗之子杨盛镇守仇池。太元十九年（394），杨定被西秦乞伏乾归杀，无子，杨盛遂自立为仇池公，"分诸四山氐、羌为二十部护军，各为镇戍，不置郡县"③。东晋安帝义熙元年（405），益州爆发谯纵之乱，杨盛乘机攻占汉中。然而后秦姚兴却遣将攻仇池，屡破杨盛之兵，于是杨盛转而降附后秦，汉中亦为后秦所夺。杨盛失去汉中，自然不会甘心。义熙二年（406），杨盛发兵从后秦手中夺回汉中。义熙九年（413），东晋平定谯纵之乱，以索邈为梁州刺史。此时，杨盛因归顺东晋而屡遭后秦攻击，为了继续得到东晋的援助，杨盛便把梁州还给东晋。

刘宋文帝元嘉二年（425），杨盛死，其子杨玄继立。元嘉六年（429），杨玄病死，其弟杨难当废杨玄之子杨保宗，自立为武都王。元嘉九年（432），"仇池大饥，益、梁州丰稔。梁州刺史甄法护在任失和，氐帅杨难当因此寇汉中"④。宋文帝随即以萧思话替代甄法护为梁州刺史。元嘉十年（433），杨难当乘甄法护已经解职，萧思话尚未到任的机会，"举兵袭梁州。破白马，获晋昌太守张范。（甄）法护遣参军鲁安期、沈法惠等拒之，并各奔还。难当又遣建忠将军赵进攻葭萌，获晋寿太守范延朗。其年十一月，法护委镇奔洋川，难当遂有汉中之地，以氐苻粟持为梁州刺史，又以其凶悍杀之，以司马赵温代为梁州"⑤。同年，杨难当又因蜀人不满益州刺史刘道济，遣司马飞龙入蜀，煽动蜀人起兵反晋，最终导致赵广之乱。元嘉十一年（434）正月，"杨难当以克汉中告捷于魏，送雍州流民七千家于长安"。刘宋新任梁州刺史萧思话"至襄阳，遣横野司马萧承之为前驱。承之缘道收兵，得千人，进据磝头。杨难当焚掠汉中，引众西行，留赵温守梁州；又遣其魏兴太守薛健据黄金山。（萧）思话遣阴平太

---

① 《魏书》卷101《氐传》。
② 《魏书》卷101《氐传》。
③ 《宋书》卷98《氐传》。
④ 《宋书》卷78《萧思话传》。
⑤ 《宋书》卷98《氐传》。

守萧坦攻铁城戍，拔之。二月，赵温、薛健与其冯翊太守蒲甲子合攻坦营，坦击破之，温等退保西水。临川王义庆遣龙骧将军裴方明将三千人助承之，拔黄金戍而据之。温弃州城，退据小城，健、甲子退保下桃城。思话继至，与承之共击赵温等，屡破之。行参军王灵济别将出洋川，攻南城，拔之，擒其守将赵英。南城空无所资，灵济引兵还，与承之合"。三月，"杨难当遣其子和将兵与蒲甲子等共击萧承之，相拒四十余日，围承之数十重，短兵接，弓矢无所施。氐悉衣犀甲，戈矛所不能入。承之断稍长数尺，以大斧椎之，一稍辄贯数人，氐不能当，烧营走，据大桃。闰月，承之等追击之，至南城。氐败走，斩获甚众，悉收汉中故地，置戍于葭萌水。初，桓希既败，氐王杨盛据汉中，梁州刺史范元希、傅歆皆治魏兴，唯得魏兴、上庸、新城三郡。及索邈为刺史，乃徙治南城。至是，南城为氐所焚，不可复固，萧思话徙治南郑"①。杨难当战败，随即遣使奉表谢罪，刘宋文帝以其边裔，特下诏恕宥其罪。元嘉十七年（440），仇池国大旱，民多饥馑，为了寻找出路，杨难当于元嘉十八年（441）倾国南侵，企图夺取益州，"虑汉中军出，遣建忠将军苻冲出东洛以防之。梁州刺史刘道真击斩冲。十一月，难当克葭萌，获晋寿太守申坦，遂围涪城。巴西太守刘道锡婴城固守，难当攻之十余日，不克，乃还"②。杨难当对益州的大规模进攻，以失败告终。

由于杨难当不断骚扰梁、益二州，宋文帝遂于元嘉十九年（442）发兵攻打仇池国。杨难当兵败，率千余骑奔上邽（治今甘肃省天水市境），投靠北魏。杨难当投靠北魏后，太武帝拓跋焘借口为杨难当报仇，发兵进攻仇池。元嘉二十年（443），魏将皮豹子进击乐乡，大破宋军。又至下辨，宋将弃城遁走，追而歼之。进至浊水，破刘宋北秦州刺史胡崇之，尽虏其众，遂克仇池。刘宋与仇池政权之间的战争，最终使北魏夺得仇池之地。

北魏占领仇池后，原仇池国的官属苻达、任朏等人，举兵拥立杨文德为主，进围仇池，结果被北魏军队击败。于是杨文德转而求援于刘宋，被封为武都王，戍守葭芦城（在今甘肃省武都县境）。元嘉二十五年（448），北魏仇池镇将皮豹子率兵进攻葭芦城，杨文德战败，弃城奔汉中，以丢失葭芦城被免官，削去爵

---

① 《资治通鉴》卷122，文帝元嘉十一年正月。
② 《宋书》卷98《氐传》。

土。元嘉二十七年（450），刘宋大举北伐，"起（杨）文德为辅国将军，率军自汉中西入，动摇沔、陇。文德宗人杨高率阴平、平武群氏，据唐鲁桥以距文德，文德水陆俱攻，大破之，众并奔散。高遁走奔羌，文德追之至黎卬岭，高单身投羌仇阿弱家，追斩之，阴平、平武悉平。又遣文德伐唊提氏，不克，梁州刺史刘秀之执送荆州，使文德从祖兄头戍葭芦"①。刘宋孝武帝孝建元年（454），荆州刺史刘义宣反叛，杨文德因拒绝参与叛乱而被杀。孝建二年（455），刘宋以故氏王杨保宗之子杨元和为征虏将军，以杨头为辅国将军。"其后，立（杨）元和为武都王，治白水。"② 刘宋明帝泰始二年（466），杨元和因微弱不能自立，弃国投奔北魏，其从弟杨僧嗣自立武都王，屯守葭芦。杨僧嗣死后，其从弟杨文度又自立为武都王。刘宋顺帝升明元年（477），北魏军队攻拔葭芦城，杀杨文度，立杨难当的族弟杨广香为阴平公、葭芦镇主；杨文度的弟弟杨文弘退守武兴（在今陕西省略阳），自称武兴王。于是仇池杨氏，又分别建立武兴、阴平二国。

南齐高帝萧道成建元元年（479）十月，前梁州刺史范伯年被杀，其军将李乌奴惧祸，叛归武兴王杨文弘，"引氏兵千余人寇梁州，陷白马戍"，随即被梁州刺史王玄邈击败，"乌奴挺身复走入氏"③。建元二年（480），"李乌奴数乘间出寇梁州，豫章王嶷遣中兵参军王图南将益州兵从剑阁掩击之；梁、南秦二州刺史崔慧景发梁州兵屯白马，与图南腹背击乌奴，大破之，乌奴走保武兴"④。接着，崔慧景又遣长史裴叔保攻李乌奴于武兴，结果为武兴王杨文弘所败。建元四年（482），杨文弘卒，诸子皆幼，其兄子杨后起继立。杨后起死后，杨文弘之子杨集始遂为武兴主。南齐武帝永明十年（492），杨集始率氐、蜀杂众入寇汉中，南齐梁州刺史阴智伯大破其众，杨集始惧而降于北魏。南齐明帝建武二年（492），北魏仇池镇将拓跋英入侵汉中，大败南齐梁州刺史萧懿，进围南郑。萧懿遣氐人杨元秀到仇池，煽动群氐起兵反魏，断拓跋英的运道及归路。武兴王杨集始支持北魏，遂发兵讨伐群氐，结果被沮水氐杨馥之击败。接着，北魏南梁州刺史杨灵珍亦叛归南齐，遣步骑万余攻武兴王杨集始，杀其二弟杨

---

① 《宋书》卷98《氐传》。
② 《宋书》卷98《氐传》。
③ 《资治通鉴》卷135，高帝建元元年十月。
④ 《资治通鉴》卷135，高帝建元二年五月。

集同、杨集众。杨集始窘急，只得降于南齐，入于汉中。南齐东昏侯永元二年（500），杨集始率其众出汉中，投奔北魏。北魏复其爵位，令其归守武兴。梁武帝天监二年（503），杨集始卒，其子杨绍先继立为武都王。杨绍先年幼，诸事皆决于其叔父杨集起、杨集义。天监四年（505），北魏邢峦取汉中，遣将攻涪城。"杨集义见梁、益既定，恐武兴不得久为外藩，遂煽动诸氐，推绍先僭称大号，集起、集义并称王，外引萧衍为援。安西将军邢峦遣建武将军傅竖眼攻武兴，克之，执绍先送京师，遂灭其国，以为武兴镇，复改镇为东益州。前后镇将唐法乐，刺史杜纂、邢豹，以威惠失众，氐豪仇石柱等相率反叛，朝廷以西南为忧。正光中，诏魏子建为刺史，以恩信招抚，风化大行，远近款附，如内地焉。后唐永代子建为州，未几，氐人悉反，永弃城东走，自此复为氐地。"① 北魏孝武帝永熙三年（534），杨绍先利用北魏发生内乱的机会，逃归武兴，又自立为武兴王。杨绍先死后，内部发生分裂，其子杨智慧率4000户投奔萧梁，被安置于东益州，其地在繁县。杨辟邪则留在武兴，其后降于西魏，被任命为东益州刺史。西魏废帝元年（552），留居武兴的东益州刺史杨辟邪据州反。次年，西魏大将叱罗协率部进讨，屡败氐兵，"辟邪弃城走，协追斩之，群氐皆伏"②。武兴国最终覆亡。

南齐高帝萧道成建元元年（479）七月，北魏葭芦镇主、阴平公杨广香降附南齐，"以广香为沙州刺史"③。建元二年（480），阴平公杨广香病死，内部发生分裂，"氐众半奔文弘，半诣梁州刺史崔慧景"④。南齐武帝永明元年（483），以杨广香之子杨炅为沙州刺史，封阴平王。杨炅死后，南齐明帝又在建武三年（496）以杨炅之子杨崇祖为沙州刺史，封阴平王。杨崇祖死后，梁武帝于天监元年（502）以杨崇祖之子杨孟孙为假节、督沙州刺史、阴平王。据《魏书》卷45《裴骏传》记载："阴平氐酋杨孟孙，拥户数万，自立为王，通引萧衍，数为边患。（裴）宣乃遣使招谕，晓以逆顺。孟孙感恩，即遣子诣阙。"杨孟孙死后，其子杨定继立，仍然归附北魏，被封为阴平王，但是不再授予沙州刺史之职。杨定死后，杨法琛继立。北魏孝明帝孝昌年间，杨法琛"举众内附，自是职贡

---

① 《魏书》卷101《氐传》。
② 《周书》卷11《叱罗协传》。
③ 《资治通鉴》卷135，高帝建元元年七月。
④ 《南齐书》卷59《氐传》。

不绝"①。梁武帝大同元年（535）收复汉中，于是杨法琛又转而降附梁朝。梁简文帝大宝元年（550），黎州发生民变，刺史张贲弃城逃走。黎州民引杨法琛入据黎州，同时遣人诣益州刺史萧纪，请以杨法琛为黎州刺史。萧纪不许，遣潼州刺史杨乾运率兵进讨，于是杨法琛又归附西魏。废帝元年（552），西魏任命杨法琛为黎州刺史。废帝二年（553），"杨法琛从尉迟迥平蜀。军回，法琛旋镇。寻与其种人杨崇集、杨陈俀各拥其众，迭相攻讨。赵昶时督成、武、沙三州诸军事、成州刺史，遣使和解之，法琛等从命。乃分其部落，更置州郡以处之"②。阴平国亦亡。

西魏废帝时期，氐族杨氏所建立的武都、阴平二国相继覆亡，但是氐人的反叛，直到北周末年也没有停止。"魏恭帝末，武兴氐反，围利州。凤州固道氐魏天王等亦聚众响应。大将军豆卢宁等讨平之。世宗时，兴州人（段）吒及下辨、柏树二县民反，相率破兰皋戍。氐酋姜多复率厨中氐、蜀攻陷落丛郡以应之。赵昶率众讨平二县，并斩段吒。而阴平、卢北二郡氐复往往屯聚，与厨中相应。昶乃简择精骑，出其不意，径入厨中。至大竹坪，连破七栅，诛其渠率，二郡并降。及昶还，厨中主氐复为寇掠。昶又遣仪同刘崇义、宇文琦率兵入厨中讨之，大破氐众，斩姜多及苻肆王等。于是群氐并平。及王谦举兵，沙州氐帅、开府杨永安又据州应谦，大将军达奚儒讨平之"③。自杨永安的反叛被平定以后，氐人基本上没有再爆发大规模的反叛。

氐人的割据政权被削平后，即其地列置州。巴蜀境内的氐人，集中分布在龙、沙、利三州，即今平武、江油、青川、广元四县（市）之间的地区。

龙州，原为西晋阴平郡平武县，西晋末年，阴平太守"王鉴粗暴，郡民毛深、左腾等逐出之，相率降李雄，晋民尽出蜀，氐羌为杨茂搜所占有"④。刘宋时期，平武又为群氐所据，称为"平武群氐"⑤。萧梁时期，有杨、李二姓大豪，分据其地。"梁末，李文智自立为蕃王"⑥。西魏平定诸氐，即其地置龙州，

---

① 《周书》卷49《氐传》。
② 《周书》卷49《氐传》。
③ 《周书》卷49《氐传》。
④ 《华阳国志》卷2《汉中志》。
⑤ 《宋书》卷98《氐胡传》。
⑥ 《隋书》卷29《地理志》。

隋唐因之。

沙州，本为梓潼郡白水县地，刘宋文帝元嘉十三年（436），"氐人杨难当自称大秦王，进军克葭萌，获晋寿太守申坦，因分白水置平兴县，属之沙州"①。南齐以后，沙州之地为阴平国的中心。西魏平定阴平国，改设州郡以处阴平诸氐部落，依旧置沙州。隋炀帝大业二年（606），废沙州，以其地入利州。唐高祖武德四年（621），又割利州景谷县置沙州。太宗贞观元年（627）废沙州，以景谷县属利州，于是原沙州诸氐便改由利州管辖。

隋唐以后，巴蜀境内的氐人逐渐与汉族相融合，只是融合的过程相当缓慢。直到明代，广元还是"民贫役重，壤杂氐羌"②。青川、平武一带，"土风习俗，半杂氐羌"③。可知在原氐人聚居的地区，仍然有部分氐人尚未完全汉化。

第二节 吐谷浑与巴蜀的关系

吐谷浑，"本辽东鲜卑徒河涉归子也。涉归一名亦洛韩，有二子，庶长曰吐谷浑，少曰若洛廆。涉归死，若洛廆代统部落，别为慕容氏。涉归之存也，分户七百以给吐谷浑。吐谷浑与若洛廆二部马斗相伤，若洛廆怒，遣人谓吐谷浑曰：'先公处分，与兄异部，何不相远，而马斗相伤！'吐谷浑曰：'马是畜耳，食草饮水，春气发动，所以斗。斗在马而怒及人，乖别甚易，今当去汝万里之外。'"④ 于是吐谷浑率领所属部落西迁至阴山。西晋怀帝永嘉末年，天下大乱，吐谷浑又率部南徙，"止于枹罕，自为君长"⑤。其活动范围，"自枹罕以东千余里，暨甘松；西至河南，南界昂城、龙涸。自洮水西南，极白兰，数千里中，逐水草，庐帐居，以肉酪为粮。"⑥ 枹罕在今甘肃临夏；甘松在今甘肃迭部境内，"秦、汉及魏、晋，皆诸羌所居。至后魏吐谷浑入侵据焉，周明帝武成中西

---

① 《元和郡县图志》卷22《山南道·利州》。
② 正德《四川通志》卷14。
③ 《寰宇通志》卷100。
④ 《魏书》卷101《吐谷浑传》。
⑤ 《周书》卷50《吐谷浑传》。
⑥ 《宋书》卷96《鲜卑吐谷浑传》。

逐诸戎，始有其地，乃于三交口筑城置甘松防，武帝建德中改为芳州"①，以其地多甘松芳草，因以为名；河南，是指黄河以南地区，其地在今青海省的海南州；昂城在今青海省果洛州；龙涸在今四川省松潘县；白兰在今四川的大金川上游。由此可知，早期吐谷浑部落活动于今甘肃、四川、青海三省交壤的地区，其主要驻牧之地应当是在洮水上游及其西南的强台山，即今洮河上游及西倾山地区。

东晋元帝建武元年（317），吐谷浑去世。长子吐延继立，在位十三年，"为昂城羌酋姜聪所刺，剑犹在体，呼子叶延，语其大将绝拔渥曰：'吾气绝，棺敛迄，便远去保白兰。白兰地既险远，又土俗懦弱，易为控御。叶延小，意乃欲授与余人，恐仓卒终不能相制。今以叶延付汝，汝竭股肱之力以辅之，孺子得立，吾无恨矣。'抽剑而死"②。这是吐谷浑部落首次因变乱而退保白兰。

吐延死后，其子叶延继立，因受汉文化影响，以《礼记》记载有"公孙之子得以王父字为氏"，遂"以吐谷浑为氏，尊祖之义也"③，亦以吐谷浑为国号，于是吐谷浑便由人名转化为姓氏和国名。

叶延在位23年而卒，长子辟奚嗣立。东晋简文帝咸安元年（371），前秦苻坚灭仇池国，吐谷浑辟奚惧而遣使于前秦，献马千匹、金银五百斤，"秦以辟奚为安远将军、漒川侯"④。据段国《沙州记》说："洮水出强台山东北，径吐谷浑中。自洮、强南北三百里中，地草皆是龙须，而无樵柴，谓之强川。"⑤洮水即今洮河，强台山即今西倾山。强川亦即漒川，分为东、西两部分，"羌人据漒川，分为东、西"⑥。其中东漒之地，包括今四川省若尔盖县北部。前秦封辟奚为漒川侯，可知此时的吐谷浑，中心在漒川，即今甘肃与四川交壤的地区。吐谷浑辟奚仁厚而无威断，"三弟皆专恣，长史钟恶地恐为国害，谓司马乞宿云曰：'昔郑庄公、秦昭王以一弟之宠，宗祀几倾，况今三孽并骄，必为社稷之患。吾与公忝当元辅，若获保首领以没于地，先君有问，其将何辞！吾今诛之

---

① 《元和郡县图志》卷39《陇右道·芳州》。
② 《宋书》卷96《鲜卑吐谷浑传》。
③ 《晋书》卷97《吐谷浑传》。
④ 《资治通鉴》卷103，简文帝咸安元年五月。
⑤ 《资治通鉴》卷114，安帝义熙元年，胡三省引。
⑥ 《资治通鉴》卷103，简文帝咸安元年五月，胡三省注。

矣。'宿云请白辟奚,恶地曰:'吾王无断,不可以告。'于是因群下入觐,遂执三弟而诛之"①。擅自诛杀辟奚三弟的长史钟恶地,即为"西澨羌豪也"②。辟奚素友爱,因三个弟弟被杀,恍惚成疾,遂以忧卒。在位25年。

辟奚死后,其子视连继立。东晋孝武帝太元年间,位于吐谷浑东北的西秦政权,不断向南扩张,视连被迫向西秦称臣纳贡,于是西秦国主乞伏乾归"拜视连沙州牧、白兰王"③。从这一封号可以得知,当时吐谷浑所控制的地区,主要由沙州和白兰两部分组成。其中白兰位于今大金川上游,是臣服于吐谷浑的部族;沙州,据段国《沙州记》说,在浇河郡西南170里,有一片沙漠,"都不生草木,荡然黄沙,周回数百里,沙州于是取号焉"④。其地在今青海省贵南县的穆格滩。虽然沙州得名于浇河郡西南的沙漠,但并不是只包括这块沙漠地带。事实上,号称"饥饿之原"的穆格滩(Muge thang),也不可能是沙州牧的治所。沙州,应当包括浇河郡以南的澨川,即当时人所说的沙、澨之地。

视连在位15年,因受西澨羌豪钟恶地的制约,碌碌无所作为,死后由长子视罴继位。"视罴性英果,有雄略,尝从容谓博士金城骞苞曰:'《易》云:动静有常,刚柔断矣。先王以仁宰世,不任威刑,所以刚柔靡断,取轻邻敌。当仁不让,岂宜拱默者乎!今将秣马厉兵,争衡中国,先生以为何如?'苞曰:'大王之言,高世之略,秦陇英豪所愿闻也。'于是虚襟抚纳,众赴如归。乞伏乾归遣使拜为使持节、都督龙涸已西诸军事、沙州牧、白兰王。视罴不受,谓使者曰:'自晋道不纲,奸雄竞逐,刘、石虐乱,秦、燕跋扈,河南王处形胜之地,宜当纠合义兵,以惩不顺,奈何私相假署,拟僭群凶!寡人承五祖之休烈,控弦之士二万,方欲扫氛秦陇,清彼沙凉,然后饮马泾渭,戮问鼎之竖,以一丸泥封东关,闭燕赵之路,迎天子于西京,以尽遐藩之节,终不能如季孟、子阳妄自尊大。为吾白河南王,何不立勋帝室,策名王府,建当年之功,流芳来叶邪!'乾归大怒,然惮其强,初犹结好,后竟遣众击之。"⑤ 东晋安帝隆安二年(398),西秦王乞伏乾归派遣乞伏益州"与武卫慕容允、冠军翟瑥率骑二万伐吐

---

① 《晋书》卷97《吐谷浑传》。
② 《资治通鉴》卷103,简文帝咸安元年五月。
③ 《资治通鉴》卷107,孝武帝太元十五年四月。
④ 《水经注》卷2引。
⑤ 《晋书》卷97《吐谷浑传》。

第五章 少数民族政权与巴蜀的关系

谷浑视罴，至于度周川，大破之。视罴遁保白兰山，遣使谢罪，贡其方物，以子宕岂为质"①。

东晋安帝隆安四年（400），"吐谷浑视罴卒，世子树洛干方九岁，弟乌纥堤立，妻树洛干之母念氏，生慕璝、慕延。乌纥堤懦弱荒淫，不能治国。念氏专制国事，有胆智，国人畏服之"②。当乞伏乾归入主长安时，"乌纥堤屡抄其境。乾归怒，率骑讨之，乌纥堤大败，亡失万余口，保于南凉，遂卒于胡国"③。

当乌纥堤败走南凉之时，视罴之子树洛干"率所部数千家奔归莫何川，自称大都督、车骑大将军、大单于、吐谷浑王。化行所部，众庶乐业，号为戊寅可汗，沙、漒杂种，莫不归附"。由于得到沙漒诸部的支持，树洛干遂有向沙漒以东扩张之志，"振威梁、益，称霸西戎，观兵三秦，远朝天子"④。这就必然与当时割据陇右的西秦政权发生冲突。东晋安帝义熙八年（412），西秦国王乞伏乾归率骑2万，攻吐谷浑于赤水，树洛干大败，遂降于西秦，乞伏乾归拜树洛干为平狄将军、赤水都护。这个赤水在今甘肃省岷县的茶埠一带，即《魏书》卷106《地形志》记载的临洮郡赤水县。义熙九年（413），新任西秦国主乞伏炽磐又从北、南两个方向进攻吐谷浑：乞伏智达等人从北面进攻，大败树洛干于浇河（治今青海省贵德），虏3000余户而还；乞伏炽磐率诸将出南路，"讨吐谷浑别统支旁于长柳川，掘达于渴浑川，皆破之，前后俘获男女二万八千"⑤。树洛干遭此重创，遂退保白兰，惭愤而死。

树洛干死于白兰之后，其弟阿豺继立。"谯纵乱蜀，阿豺遣其从子、西疆公吐谷浑敕来湜，拓土至龙涸、平康。"⑥ 龙涸在今松潘县，平康在今黑水县境内。由此可知，阿豺利用谯纵之乱的机会，由白兰之地向东扩张，重新占据今川西高原东部。北至漒川，东邻邓至，南接益州之地。为了阻止吐谷浑的扩张，西秦国主乞伏炽磐再次发动大规模进攻。东晋恭帝元熙元年（419），西秦征西将军乞伏孔子"帅骑五千讨吐谷浑觅地于弱水南，大破之，觅地率众六千降于

---

① 《晋书》卷125《乞伏乾归载纪》。
② 《资治通鉴》卷111，安帝隆安四年四月。
③ 《晋书》卷97《吐谷浑传》。
④ 《晋书》卷97《吐谷浑传》。
⑤ 《晋书》卷125《乞伏炽磐载纪》。
⑥ 《宋书》卷96《鲜卑吐谷浑传》。

秦，拜弱水护军"。同时，乞伏炽磐又派"左卫将军匹达等将兵讨彭利和于漒川，大破之，（彭）利和单骑奔仇池，获其妻子。徙羌豪三千户于枹罕，漒川羌三万余户皆安堵如故。冬，十月，以尚书右仆射王松寿为益州刺史，镇漒川"①。当西秦占据漒川之后，吐谷浑的疆土，基本上只有今大金川上游和川西高原东部。刘宋武帝永初二年（421），阿豺降附于西秦，受封为安州牧、白兰王。刘宋少帝景平元年（423），阿豺与刘宋通使，上表贡方物，欲引以为外援，结果又招致西秦的进攻。刘宋文帝元嘉元年（424），西秦国主乞伏炽磐遣吉毗率步骑1万南征，白狗、车孚、崔提、旁为四部落皆降。元嘉二年（425），吉毗又击黑水羌丘担，大破之，丘担亦降。于是川西高原东部的诸羌部落，大多为西秦所征服。西秦王乞伏炽磐在征服今川西高原东部诸羌部落之后，令吉毗镇守南漒。元嘉三年（426），阿豺病死。"阿柴（即阿豺——作者注）有子二十人，疾病，召诸子弟谓之曰：'先公车骑，以大业之故，舍其子拾虔而授孤，孤敢私于纬代而忘先君之志乎！我死，汝曹当奉慕璝为主。'纬代者，阿豺之长子；慕璝者，阿柴之母弟、叔父乌纥堤之子也。阿柴又命诸子各献一箭，取一箭授其弟慕利延使折之。慕利延折之。又取十九箭使折之，慕利延不能折。阿柴乃谕之曰：'汝曹知之乎？孤则易折，众则难摧。汝曹当戮力一心，然后可以保国宁家。'言终而卒"②。自阿柴以后，西北诸部称吐谷浑为阿柴虏。吐蕃兴起后，亦称吐谷浑为阿柴（A zha）。

自视罴以来，吐谷浑在西秦的不断打击下，三代退保白兰。阿柴时期，一度占据今川西高原东部，晚年又为西秦所逼，依然退缩在今大金川上游。慕璝继位之后，"招集秦、凉州亡业之人及羌戎杂夷，众至五六百落，南通蜀、汉，北交凉州、赫连，部落转盛"③。刘宋文帝元嘉三年（426），降附于西秦的"吐谷浑握达等部众二万落叛秦，奔昂川，附于吐谷浑王慕璝"④。昂川是指流经昂城附近的黄河（rMa chu），其地在白兰以北。由于握达等人的回归，吐谷浑的势力再次进入今青海省南部。接着，今川西高原东部的诸羌部落又起兵反抗西

---

① 《资治通鉴》卷118，恭帝元熙元年四月、九月。
② 《资治通鉴》卷120，文帝元嘉元年十月。据《宋书》卷96《鲜卑吐谷浑传》记载，阿柴死于元嘉三年。
③ 《魏书》卷101《吐谷浑传》。
④ 《资治通鉴》卷120，文帝元嘉三年九月。

秦的统治。刘宋文帝元嘉四年（427），山羌叛秦。"秦王炽磐遣左丞相昙达招慰武始诸羌，征南将军吉毗招慰洮阳诸羌。羌人执昙达送夏；吉毗为诸羌所击，奔还，士马死伤什八九。"① 同年十月，西秦王乞伏炽磐改派吴汉为梁州刺史，镇守南漒。十二月，吴汉为群羌所攻，率2000户逃回枹罕，西秦在漒川以南的统治归于结束，吐谷浑又重新控制了今川西高原东部地区。元嘉五年（428），西秦王乞伏炽磐卒，太子暮末即位，政刑酷滥，内外崩离，西秦迅速衰落，于是吐谷浑慕璝与北凉联合，不断出兵进攻西秦。元嘉七年（430），西秦王暮末率部落逃奔陇右，"其故地皆入于吐谷浑"②。元嘉八年（431），慕璝又擒获夏国王赫连定，并交由北魏处置，于是北魏将金城（治今甘肃省兰州）、枹罕、陇西之地赐予慕璝，从而使吐谷浑成为西北地区的强国。

刘宋文帝元嘉十三年（436），慕璝死，其弟慕利延继立。元嘉二十一年（444），吐谷浑发生内争，慕利延杀阿柴的长子纬代。纬代之弟叱力延等八人逃奔北魏，请求出兵讨伐慕利延，北魏太武帝许之，遂令晋王伏罗督高平（治今宁夏固原）、凉州（治今甘肃省武威）诸军击吐谷浑。"魏晋王伏罗至乐都，引兵从间道袭吐谷浑，至大母桥。吐谷浑王慕利延大惊，逃奔白兰，慕利延兄子拾寅奔河西。魏军斩首五千余级。慕利延从弟伏念等帅万三千落降于魏。"③ 慕利延逃到白兰后，北魏太武帝于元嘉二十二年（445）再次发兵，从南、北两个方向攻击吐谷浑。北路由"秦州刺史代人封敕文、安远将军乙乌头击慕利延兄子什归于枹罕"④，吐谷浑拾归得知魏军将至，弃城西遁，封敕文留乙乌头守枹罕；南路由高凉王那"讨吐谷浑慕利延于阴平、白兰"⑤。高凉王那由阴平西进至白兰，迫使慕利延放弃白兰，向北逃窜。八月，高凉王那进至曼头城（在今青海省共和县境），慕利延走投无路，只得驱其部落西渡流沙，逃往于阗（王城在今新疆和田市境），"杀其王，死者数万人。"⑥ 北魏退兵之后，慕利延又还归其旧土。由于担心遭到北魏的进攻，元嘉二十七年（450），慕利延遣使刘宋，

---

① 《资治通鉴》卷120，文帝元嘉四年二月。
② 《资治通鉴》卷121，文帝元嘉七年十月。
③ 《资治通鉴》卷124，文帝元嘉二十一年九月。
④ 《资治通鉴》卷124，文帝元嘉二十二年四月。
⑤ 《魏书》卷4下《世祖纪》。
⑥ 《魏书》卷89《吐谷浑传》。

上表云:"若不自固者,欲率部曲入龙涸、越巂门。"宋文帝许之:"若虏至不自立,听入越巂。"① 然而北魏并没有再次发动进攻,因而吐谷浑也没有经龙涸南迁到今四川西昌地区。由此可知,吐谷浑慕利延复国之后,其主要活动范围,在今川西高原东部。

元嘉二十九年(452),慕利延死,树洛干之子拾寅继立。为求得生存,拾寅同时向北魏和刘宋称臣。北魏封拾寅为镇西大将军、沙州刺史、西平王;刘宋则封其为安西将军,西秦·河·沙三州刺史、河南王。由于拾寅与刘宋通好,并向北发展,从而引起北魏的不满。北魏文成帝和平元年(460),"定阳侯曹安表拾寅今保白兰,多有金银牛马,若击之,可以大获。议者咸以先帝念拾寅兄弟不穆,使晋王伏罗、高凉王那再征之,竟不能克。拾寅虽复远遁,军亦疲劳。今在白兰,不犯王塞,不为人患,非国家之所急也。若遣使招慰,必求为臣妾,可不劳而定也。王者之于四荒,羁縻而已,何必屠其国有其地。安曰:'臣昔为浇河戍将,与之相近,明其意势。若分军出其左右,拾寅必走保南山,不过十日,牛马草尽,众必溃叛,可一举而定也。'从之。诏阳平王新成、建安王穆六头等出南道,南郡公李惠、给事中公孙拔及安出北道以讨之。拾寅走南山,诸军济河追之。时军多病,诸将议贼已远遁,军容已振,今驱疲病之卒,要难冀之功,不亦过乎。众以为然,乃引退,获驼马二十余万。显祖复诏上党王长孙观等率州郡兵讨拾寅。军至曼头山,拾寅来逆战,观等纵兵击之,拾寅宵遁。于是思悔,复修藩职,遣别驾康盘龙奉表朝贡。显祖幽之,不报其使。拾寅部落大饥,屡寇浇河,诏平西将军、广川公皮欢喜率敦煌、枹罕、高平诸军为前锋,司空、上党王长孙观为大都督以讨之。观等军入拾寅境,刍其秋稼,拾寅窘怖,遣子诣军,表求改过。观等以闻,显祖以重劳将士,乃下诏切责之,征其任子。拾寅遣子斤入侍,显祖寻遣斤还。拾寅后复扰掠边人,遣其将良利守洮阳、枹罕所统,枹罕镇将、西郡公杨钟葵赍拾寅书以责之。拾寅表曰:'奉诏听臣还旧土,故遣良利守洮阳,若不追前恩,求令洮阳贡其土物。'辞旨恳切,显祖许之,自是岁修职贡"②。

北魏孝文帝太和五年(481),拾寅死,其子度易侯继立。由于向北发展受

---

① 《宋书》卷96《鲜卑吐谷浑传》。
② 《魏书》卷101《吐谷浑传》。

第五章 少数民族政权与巴蜀的关系

到北魏的限制，度易侯遂转而向东扩张，征服宕昌。

宕昌在"仇池以西，东西千里，席水以南，南北八百里"①，即今白龙江上游，东连仇池国，南邻邓至羌，西接漒川之地，其中心在今甘肃宕昌县。北魏太武帝始光元年（424），"宕昌王梁弥忽遣子弥黄入见于魏"②。此后，宕昌与北魏的关系一直比较密切。北魏孝文帝太和九年（485），宕昌王梁弥机死，其子梁弥博继立。吐谷浑度易侯乘机出兵攻占宕昌，梁弥博弃国逃奔仇池。北魏仇池镇将穆亮请复其国，改立梁弥机的兄子梁弥承为王，孝文帝许之。于是穆亮"率骑三万，次于龙鹄，击走吐谷浑，立弥承而还"③。龙鹄即龙涸，在今四川松潘县。接着，北魏孝文帝又诏令吐谷浑归还所掠宕昌之人，度易侯只好照办。吐谷浑的东进，亦为北魏所阻。

北魏孝文帝太和十四年（490），度易侯死，其子伏连筹继立，仍然企图向东发展，于是在洮水上游"修洮阳、泥和二城，置戍兵焉"④，结果遭到北魏枹罕镇将长孙百年的攻击，洮阳、泥和二戍失守，3000 余人被俘。伏连筹在积极向北魏控制的地区进行扩张的同时，为了避免两面作战，始终与南朝保持着友好的关系。梁武帝"天监十三年，遣使献金装马脑钟二口，又表于益州立九层佛寺，诏许焉。十五年，又遣使献赤舞龙驹及方物。其使或岁再三至，或再岁一至。其地与益州邻，常通商贾，民慕其利，多往从之，教其书记，为之辞译，稍桀黠矣。普通元年，又奉献方物"⑤。北魏孝明帝正光五年（524）以后，北魏大乱，吐谷浑乘机向北扩张，逐渐控制了河西之地。原依附北魏的宕昌羌也转而投靠吐谷浑。伏连筹晚年，吐谷浑达到鼎盛时期。

梁武帝大同六年（540），"伏连筹卒，子夸吕立，始称可汗，居伏俟城。其地东西三千里，南北千余里"⑥。伏俟城在青海湖以西 15 里，即今青海省共和县石乃亥的铁卜加古城。吐谷浑的政治中心北移到伏俟城以后，在今四川境内的疆土，分别由白兰王和龙涸王控制。其中白兰王控制今大金川上游的白兰诸部，

---

① 《周书》卷 49《宕昌传》。
② 《资治通鉴》卷 120，文帝元嘉元年十二月。
③ 《魏书》卷 27《穆亮传》。
④ 《资治通鉴》卷 137，武帝永明九年正月。
⑤ 《梁书》卷 54《河南王传》。
⑥ 《资治通鉴》卷 158，武帝大同六年十一月。

龙涸王则控制今川西高原东部的诸羌部落。

夸吕继位之后，西魏、北周逐渐向今川西高原推进，最终将吐谷浑驱逐出该地区。西魏废帝元年（552），大将军达奚武攻占梁州。接着，赵昶又西逐吐谷浑，讨定阴平，以邓至羌之地置邓州。邓至羌亦称白水羌，"世为羌豪，因地名号，自称邓至。其地自亭街以东，平武以西，汶岭以北，宕昌以南"①，即今白水江流域，其中心在今四川九寨沟县。邓至羌的酋帅为像氏，原本臣服于宕昌，刘宋文帝时，宕昌王梁弥忽归附北魏，而邓至羌因其地与刘宋控制的益州毗邻，为求自安，其王像屈耽遂自行遣使向刘宋贡马。北魏孝文帝太和五年（481），像舒治又自行向北魏遣使朝贡，孝文帝封他为邓至王。此后，邓至便脱离宕昌的控制，成为依附北魏的藩国。与此同时，像舒治又屡遣其子像舒彭与南朝通好。像舒治死后，梁武帝于天监元年（502）封像舒彭为邓至王。西魏时期，邓至为吐谷浑所控制，因此赵昶逐走吐谷浑，遂灭邓至国，以其地为宁州，后改为邓州。自像舒治称邓至王，至像檐桁失国，邓至王共传十一世。

北周明帝武成元年（559），吐谷浑寇掠北周边境，北周派遣大司马贺南祥率兵讨击，"拔其洮阳、洪和二城，以其地为洮州"②。北周武帝保定元年（561），白兰脱离吐谷浑的控制，归降北周，"遣使献犀牛、铁铠"③。保定四年（564），宕昌王梁弥定"寇洮州，总管李贤击走之。是岁，弥定又引吐谷浑寇石门戍，贤复破之。高祖怒，诏大将军田弘讨灭之，以其地为宕州"④。天和元年（566），田弘又西击吐谷浑于今岷江上游，吐谷浑的龙涸王莫昌率户投降，以其地置扶州。至此，吐谷浑在今四川西部的统治，基本结束。

---

① 《魏书》卷101《邓至传》。
② 《资治通鉴》卷167，武帝永定三年闰四月。
③ 《周书》卷5《武帝上》。
④ 《周书》卷49《宕昌传》。

第三节 吐蕃与巴蜀的关系

一、吐蕃与剑南三川的关系

吐蕃发祥于青藏高原。传说中的第一代赞普出自神族,因降临人间,遂为世间之王,称为聂墀赞普。七传为止贡赞普(Dri gun btsan po),居匹播城(Phying ba stag rtse)。止贡赞普狂躁骄慢,为家臣所杀,其子聂墀(Nya khri)、夏墀(Sha knri)被放逐到工布(Kong po),聂墀与工布的穆(dMu)族联姻,遂为工布之王。夏墀率兵收复匹播城,复为雅隆(Yar lung)之王,称为布带贡甲(Spu de gung rgyal)。吐蕃王朝就是由布带贡甲的后裔建立,故吐蕃王族自称 Spu rgyal,唐人称其为悉补野。

雅隆王朝在墀伦赞时期,以武力向外扩张,从而奠定了雅隆王朝在西藏高原的统治地位。隋文帝开皇年间,墀伦赞已经在位 50 年。其后,内部发生严重动乱,墀伦赞也遭毒弑,其子松赞干布继立为赞普,汉文史籍记作"弃宗弄赞"、"器宋弄赞"或"弃苏农赞"。

松赞干布继位之后,面对"父王家臣怨望,母后家臣叛乱,亲族象雄、牦牛孙波、聂尼达布、工布、娘布皆叛"① 的险恶形势,采取断然措施,诛灭毒害其父的家族。然后,相继平定叛乱诸部。在内部基本稳定后,松赞干布继续向外扩张,孙波(Sum po)、难磨(Nam pa)均向吐蕃称臣纳贡。同时,松赞干布还通过联姻的方式,控制了部分党项部落。唐太宗贞观八年(634),吐蕃赞普松赞干布遣使入朝,唐朝和吐蕃的交往,始于此年。贞观十年(636),唐太宗遣行人冯德遐

图 5—1 松赞干布像

---

① 《敦煌本吐蕃历史文书·赞普本纪》。

出使吐蕃。当松赞干布得知吐谷浑及突厥皆尚唐公主时,便派遣使臣随同冯德遐入朝,奉表求婚,结果被唐太宗拒绝。"使者既返,言于弄赞曰:'初至大国,待我甚厚,许嫁公主,会吐谷浑王入朝,有相离间,由是礼薄,遂不许嫁。'"①于是松赞干布将唐朝拒婚归罪于吐谷浑,决定兴兵攻打。贞观十二年(638),松赞干布"遂发兵击吐谷浑,吐谷浑不能支,遁于青海之北,民畜多为吐蕃所掠。吐蕃进破党项、白兰诸羌,帅众二十余万屯松州西境"②。随即遣使者贡金甲,声称此行是迎娶公主。唐朝的松州都督韩威轻骑觇敌,为吐蕃所败,于是"属羌大扰,皆叛以应贼"③,羁縻阔州刺史别丛卧施、诺州刺史把利步利皆降附吐蕃。面对吐蕃的武力要挟,唐太宗亦采取强硬态度,以吏部尚书侯君集为当弥道行军大总管,右领军大将军执失思力为白兰道行军总管,左武卫将军牛进达为阔水道行军总管,左领军将军刘兰为洮河道行军总管,督步骑5万,进击吐蕃。阔水道行军总管牛进达攻吐蕃于松州城下,斩首千余级。"弄赞惧,引兵退。遣使谢罪,因复请婚,上许之。"④贞观十五年(641),唐太宗以宗室女为文成公主,远嫁吐蕃赞普,由礼部尚书、江夏郡王李道宗持节护送。途经吐谷浑国,受到赞莫墀邦(Btsan mo khri′ban)及其子莫贺吐谷浑可汗(Ma ga tho gon kha gan)的欢迎。在藏域的中央(Tsang yul dbus),文成公主与赞普会于 Tso gi Jong yo du,也就是汉文史籍所记载的柏海(在今青海省玛多县境),然后住在杂谷。正因为文成公主曾在康地羁留,所以藏文资料中有许多关于文成公主在今四川境内活动的记载。

唐高宗永徽元年(650),"吐蕃赞普弄赞卒,其嫡子早死,立其孙为赞普。赞普幼弱,

图5—2 文成公主像

---

① 《旧唐书》卷196上《吐蕃上》。
② 《资治通鉴》卷195,太宗贞观十二年八月。
③ 《新唐书》卷216上《吐蕃上》。
④ 《资治通鉴》卷195,太宗贞观十二年九月。

第五章 少数民族政权与巴蜀的关系

政事皆决于国相禄东赞。禄东赞性明达严重,行兵有法,吐蕃所以强大,威服氐、羌,皆其谋也"①。继松赞干布之后的吐蕃赞普为莽伦莽赞(Mang slon mang rtsan),其国相禄东赞即敦煌吐蕃文书记载的"噶尔·东赞域松"。在噶尔·东赞域松执掌吐蕃国政期间,继续以武力征服的方式,不断向外扩张。唐高宗显庆元年(656),噶尔·东赞域松"率兵一十二万击白兰氏,苦战三日,吐蕃初败后胜,杀白兰千余人,屯军境上以侵掠之"②。显庆五年(660),噶尔·东赞域松借口吐谷浑归附唐朝,"遣其子起政将兵击吐谷浑"③。唐高宗龙朔三年(663),吐谷浑战败,其可汗诺曷钵"与弘化公主帅数千帐弃国走依凉州,请徙居内地"④,未追随诺曷钵内徙的吐谷浑部落则臣属于吐蕃。在征服吐谷浑之后,吐蕃又发兵由青海方向南下,深入川西高原腹地,雪山党项"及白狗、春桑、白兰等诸羌,自龙朔以后,并为吐蕃所破而臣属焉"⑤。为了扼制吐蕃,唐朝将属于陇右道的松州都督府划归剑南道,以便与茂州都督府互为犄角,抵御吐蕃的东侵。高宗乾封二年(667),吐蕃攻占唐朝松、茂二州都督府所领的12个生羌羁縻州。同年,噶尔·东赞域松病故,长子赞悉若董布(mGar Btsan snya ldom pu)复为大论,仍然执掌吐蕃国政。高宗仪凤元年(676),吐蕃赞普莽伦莽赞卒,但是吐蕃并未因此而停止东侵的步伐。同年闰月,"吐蕃寇鄯、廓、河、芳等州,敕左监门卫中郎将令狐智通发兴、凤等州兵以御之"⑥。八月,"吐蕃进攻叠州,破密恭、丹岭二县,又攻扶州,败守将"⑦。仪凤二年(677),吐蕃又攻占扶州临河镇,擒获唐朝守将杜孝昇,松州震动,当、悉等州诸羌尽降吐蕃。为了阻止吐蕃沿今黑水河谷南下,益州大都督府长史李孝逸在今黑水县附近筑安戎城,扼守蓬婆岭路。高宗永隆元年(680),"吐蕃以生羌为向导,攻陷其城,以兵拒之,由是西洱河诸蛮皆降于吐蕃。吐蕃尽据羊同、党项及诸羌地,东接凉、松、茂、嶲等州"⑧。685年,吐蕃大论赞悉若董布去世,

---

① 《资治通鉴》卷199,高宗永徽元年五月。
② 《册府元龟》卷995《外臣部·交侵》。
③ 《资治通鉴》卷200,高宗显庆五年八月。
④ 《资治通鉴》卷201,高宗龙朔三年五月。
⑤ 《旧唐书》卷198《西戎·党项传》。
⑥ 《资治通鉴》卷202,高宗仪凤元年闰月。
⑦ 《新唐书》卷216上《吐蕃上》。
⑧ 《资治通鉴》卷202,高宗永隆元年七月。

噶尔·钦陵（mGar bring）出任大论。"吐蕃自论钦陵兄弟专统兵马，钦陵每居中用事，诸弟分据方面，赞婆则专在东境，与中国为邻，三十余年，常为边患。其兄弟皆有才略，诸蕃惮之。圣历二年，其赞普器弩悉弄年渐长，乃与其大臣论岩等密图之。时钦陵在外，赞普乃佯言将猎，召兵执钦陵亲党二千余人，杀之。发使召钦陵、赞婆等，钦陵举兵不受召，赞普自帅众讨之，钦陵未战而溃，遂自杀，其亲信左右同日自杀者百余人。赞婆率所部千余人及其兄子莽布支等来降，则天遣羽林飞骑郊外迎之，授赞婆辅国大将军、行右卫大将军，封归德郡王。"① 赞普器弩悉弄，即吐蕃文书记载的墀都松（Khri 'dus srong）赞普。他在武周圣历二年（699）讨平噶尔家族之后，于武周大足元年（701）亲率大军东侵松州和洮州（治今甘肃省临潭县境）。武周长安二年（702），墀都松进驻悉寨（Khri rtse），自率万余人沿蓬婆岭路进攻唐朝设在逢臼桥的悉州，茂州都督陈大慈"与贼四战，斩首千余级"②，挫败了吐蕃的进攻。唐军的这次胜利，基本上稳定了西山战局。而吐蕃赞普墀都松在进攻悉州失败之后，遂引兵南下。武周长安三年（703），吐蕃征服邛域（'Jang yul），嶲州境内的西蛮诸部，就是在此时为吐蕃所征服。武周长安四年（704），墀都松亲自前往蛮地（Myava），结果死于该处③。

总的来看，自唐高宗至睿宗，吐蕃在今四川西部地区采取了咄咄逼人的攻势，唐军节节败退。在西山地区，大体上龟缩在岷江上游的松、茂等州；在今川西南地区，基本上退至安宁河一带。

唐玄宗即位之后，加强剑南道的军事力量，又设置剑南节度使以统边军，逐渐由单纯的防御转为主动进攻，而吐蕃也在今四川西部屯集重兵，于是唐蕃双方在西山地区和嶲州两个战场上展开拉锯战。玄宗开元四年（716），吐蕃发兵围攻唐朝控制的松州，结果被松州都督孙仁献击退。开元十七年（729），唐朝的嶲州都督张守素攻拔吐蕃占据的昆明城及盐城（在今四川省盐源县境），杀获万人。开元二十六年（738），唐朝剑南节度使王昱，"率剑南兵募攻其安戎城，先于安戎城左右筑两城，以为攻拒之所，顿兵于蓬婆岭下，运剑南道资粮

---

① 《旧唐书》卷196上《吐蕃上》。
② 《册府元龟》卷358《将帅部·立功》。
③ 《敦煌吐蕃历史文书·编年史》。

以守之。其年九月，吐蕃悉锐以救安戎城，官军大败，两城并为贼所陷，昊脱身走免，将士已下数万人及军粮资仗等并没于贼，昊坐左迁括州刺史"。开元二十七年（739），"王昊既败之后，诏以华州刺史张宥为益州长史、剑南防御史，主客员外郎章仇兼琼为益州司马、防御副使。宥既文吏，素无攻战之策，兼琼遂专其戎事。俄而兼琼入奏，盛陈攻取安戎之策。上甚悦，徙张宥为光禄卿，拔兼琼令知益州长史事，代张宥节度，仍为之亲画取城之计。二十八年春，兼琼密与安戎城中吐蕃翟都局及维州别驾董承宴等通谋。都局等遂翻城归款，因引官军入城，尽杀吐蕃将士，使监察御史许远率兵镇守。……其年十月，吐蕃又引众寇安戎城及维州，章仇兼琼遣裨将率众御之，仍发关中犷骑以救援焉。时属凝寒，贼久之自引退。诏改安戎城为平戎城"①。安戎城的收复，使得唐军控制了西通大金川上游的蓬婆岭路和滴博岭路。玄宗天宝四年（745），唐军开始进攻位于今大金川上游的哥域（Kon yul）②。天宝六年（747），唐朝剑南节度使郭虚已以鲜于仲通为行军司马，攻取西山八国。天宝八年（749），鲜于仲通又"讨吐蕃摩弥城，拔之。改洪州为保宁都府，堑弱水为蕃汉之界，收户数十万，辟地千余里"③。天宝十四年（755），吐蕃集中故洪、腊城、里囊邛三节度兵马8万余人，分为六道，向剑南西山地区大举进攻，结果被唐军击败，"生擒吐蕃哥末国王渠时、兵马副使翟步离，并士众等二千余人。斩获故（洪）节度副使且禄翁、都知使乞吕徐男律熙等，械牛马羊等二十余万"④。哥末国应当就是吐蕃文书记载的 Kog yul 或 Gog yul，亦即唐人后来所说的哥邻国。同年十二月，唐朝爆发安史之乱。

　　大体而言，玄宗时期，唐军除了一度用兵巂州，夺回昆明城之外，主要是集中力量争夺西山地区。在控制了西山诸州后，又在今大金川上游与吐蕃展开争夺战，并取得一定优势。

　　安史之乱爆发后，唐朝的边军相继内调，参与平叛战争，致使边防空虚。剑南道在安史之乱爆发后，还多次爆发军队的反叛，从而进一步削弱了边防力量。在这种情况下，吐蕃与南诏联兵，对剑南诸州发动大规模进攻。唐朝为了

---

① 《旧唐书》卷196上《吐蕃上》。
② 《敦煌吐蕃历史文书·编年史》745年。
③ 颜真卿：《鲜于公神道碑》，《全唐文》卷244。
④ 杨谭：《兵部奏剑南节度破西山贼露布》，《全唐文》卷377。

确保成都的安全,几乎集中了剑南三川的全部人力、物力,在巂州和西山两个战场上,与吐蕃展开长达半个世纪的争夺战。

唐肃宗至德元年(756),吐蕃赞普墀松德赞(Khri srong lde brtsan)致书南诏王阁罗凤,要他配合吐蕃,进攻唐朝控制的巂州。作为吐蕃盟友的阁罗凤,欣然应允。于是遣大军将洪光秉、杜罗盛、段附克等人,统细子藩,与吐蕃宰相倚祥叶乐、节度尚检赞联兵,进攻越巂。阁罗凤则亲帅大子藩,围攻会同(治今四川省会理县境)。结果"越巂固拒被夷,会同请降无害"①。至德二年(757),唐朝复置越巂郡,以杨廷琎为都督,固守台登城。吐蕃与南诏再次发兵进攻,台登失陷,杨廷琎被俘,昆明城亦失守。巂州全境,完全陷落。唐朝势力,退缩到大渡河一带的黎州。

在攻占巂州之后,吐蕃又集中力量向剑南西山地区发起攻击。肃宗上元二年(761),吐蕃大将尚东赞(Zhang stong rtsan)攻取松州(Zong cu)和桑噶(Zangs Kar)两地②。肃宗宝应元年(762),吐蕃又占据合水城,其地在今茂汶县沙坝附近,为黑水与岷江的汇合处。代宗广德元年(763),"吐蕃陷松、维、保三州及云山新筑二城,西川节度使高适不能救,于是剑南西山诸州亦入于吐蕃矣"③。为了阻止吐蕃继续深入,唐军在西山地区频频发起反击。广德二年(764),新任剑南节度使严武派崔旰率兵击吐蕃于西山,破其南鄙兵7万,攻拔当狗、盐川(在今四川省理县境)二城。代宗大历三年(768),剑南西川节度使崔宁又破吐蕃万余人,于西山置乾州(在今四川省茂县境)。大历五年(770),唐朝"徙置当、悉、柘、静、恭五州于山陵要害之处,以备吐蕃"④。大历十一年(776),"剑南节度使崔宁大破吐蕃故洪等四节度,兼突厥、吐浑、氐、蛮、羌、党项等二十余万众,斩首万余级,生擒噶城兵马使一千三百五十人,献于阙下,牛羊及军资器械,不可胜纪"⑤。大历十二年(777),剑南西川节度使崔宁又破吐蕃于望汉城,败其西山三路及邛南兵10余万众,斩首8000余级。同年,山南西道节度使张献恭亦奏称,破吐蕃万余众于岷州(治今甘肃

---

① 《南诏德化碑》。参见《敦煌本吐蕃历史文书·编年史》756年。
② 《敦煌本吐蕃历史文书·编年史》761年。
③ 《资治通鉴》卷223,代宗广德元年十二月。
④ 《旧唐书》卷196下《吐蕃下》。
⑤ 《旧唐书》卷196下《吐蕃下》。

省岷县)。大历十四年(779),"吐蕃与南诏合兵十万,三道入寇",声称:"欲取蜀以为东府。"① 其中一道入扶、文二州,掠方维(治今四川省广元市境)、白坝(治今甘肃省文县境),企图攻占利州,阻止唐军由关中方向增援;一道由西山东趋茂州,逾汶川,兵锋直指成都;一道由巂州北上,侵占黎、雅二州,进叩邛崃关(在今四川省荥经县境),由南向北,夹击唐军。面对吐蕃与南诏的大规模进攻,唐代宗令剑南东川兵自江油趋白坝,与山南西道之兵会合,阻止吐蕃进攻利州。同时,由李晟率领四千禁军,曲环率领邠、陇、范阳兵5000,入蜀救援。曲环率方镇之兵,破吐蕃西山一路,追至七盘,又破之,遂克维、茂二州;李晟率禁兵攻破南诏入侵黎、雅一路,逾漏天,拔飞越(在今四川省石棉县境)、廓清、肃宁(在今四川省汉源县境)三城,追至大渡河外,斩首千余级。吐蕃、南诏军队,因饥寒陨于崖谷而死者八九万人。然而唐军的这次胜利,并未从根本上扭转剑南地区的战局,吐蕃仍然占据着剑南西山和巂州。德宗建中四年(783),唐蕃清水会盟就规定:"剑南西山、大渡河东为汉界。"吐蕃疆域,"西至临洮,东至成州,抵剑南西界么些诸蛮,大渡水西南,为蕃界"②。

综上所述,自唐朝爆发安史之乱以后,由于吐蕃与南诏交结,从西、南两个方向攻击剑南道,相继占据巂州和西山诸州。而唐军则陷入两面作战的不利处境,穷于应付,结果只好放弃巂州,沿大渡河一线布防固守,集中力量与吐蕃争夺西山地区,确保成都的安全。在争夺西山的战斗中,唐军采取以攻代守的策略,阻止了吐蕃的继续深入,但是并未掌握战争的主动权。吐蕃与南诏的联盟,是唐朝在巴蜀地区处于被动的关键因素。要争取主动,必须瓦解这个联盟。

德宗贞元元年(785),韦皋出任剑南西川节度使。他首先争取到巂州境内的东蛮,然后利用吐蕃与南诏的矛盾,瓦解其联盟,使南诏转而与唐朝结盟,共同对付吐蕃(详见第五章第四节)。由于南诏归附唐朝,战争的进程,向着不利于吐蕃的方向发展。

德宗贞元四年(788),"吐蕃发兵十万将寇西川,亦发云南兵。云南内虽附

---

① 《资治通鉴》卷226,代宗大历十四年十月。
② 《旧唐书》卷196下《吐蕃下》。

唐，外未敢叛吐蕃，亦发兵数万屯于泸北。韦皋知云南计方犹豫，乃为书遗云南王，叙其叛吐蕃归化之诚，贮以银函，使东蛮转致吐蕃。吐蕃始疑云南，遣兵二万屯会川，以塞云南趣蜀之路。云南怒，引兵归国。"由于失去南诏的援助，吐蕃被迫分散兵力，"分兵四万攻两林骠旁，三万攻东蛮，七千寇清溪关，五千寇铜山。"[①] 韦皋抓住战机，遣黎州刺史韦晋与东蛮连兵，破吐蕃于清溪关外。吐蕃耻其退，又以二万寇清溪关，一万攻东蛮。韦皋命韦晋镇守要冲城（在今四川省汉源县境），督诸军以御之。遣嶲州经略使刘朝彩出关连战，大破吐蕃。贞元五年（789），韦皋乘胜反击。东蛮断泸水桥攻吐蕃，请韦皋派兵增援，于是韦皋遣曹有道率精卒2000增援，又令刘朝彩出铜山道，吴鸣鹤出清溪关道，邓英俊出定蕃栅道，共逼嶲州台登城。吐蕃退避西贡川，据高为营。两林都大鬼主苴那时奋勇力战，唐军分道进击，大破吐蕃青海、腊城二节度军于北谷。青海大兵马使乞藏遮遮、腊城兵马使悉多杨朱、节度论东柴、大将论结突梨皆战死，斩首2000级，投崖及溺死者不可胜数，执笼官45人，铠杖1万。台登之战的胜利，从根本上动摇了吐蕃在嶲州的统治，自此以后，唐军所攻城栅，无所不克。不到3年，遂将吐蕃完全逐出嶲州。

在台登之战以后，韦皋又移师北上，与吐蕃争夺西山地区。贞元八年（792）九月，韦皋进攻吐蕃占据的维州，生擒大将论赞热，献于京师。十一月，山南西道节度使严震配合韦皋作战，向今白龙江上游地区发起攻击，破吐蕃于芳州（治今甘肃省迭部县境）及黑水堡（在今四川省九寨沟县境），焚其积聚。贞元九年（793），唐德宗下令筑盐州城（在今宁夏盐池县境）。为防止吐蕃掩袭，命韦皋出兵，深入吐蕃，以分其力。于是韦皋在西山地区发起攻击，破吐蕃峨和城（在今四川省松潘县境）、通鹤军（在今四川省理县境）。吐蕃南道元帅论莽热率众来援，又破之，杀伤数千人，焚定廉故城，平栅堡50余所。贞元十三年（797），吐蕃为了阻断南诏与剑南西川的联系，再次向嶲州台登城发起进攻。唐朝嶲州刺史曹高仕率领诸军将士及东蛮子弟，大破吐蕃，生擒大笼官7人，阵上杀获300人，获马、粮、械数千。贞元十五年（799），吐蕃又发兵5万，分击南诏及嶲州。南诏国主异牟寻与唐朝剑南西川节度使韦皋，"各发兵御

---

① 《资治通鉴》卷233，德宗贞元四年十月。

之，吐蕃无功而还"①。

由于吐蕃在军事上不断失利，部分归附于吐蕃的部落又先后降附唐朝。贞元九年（793），东女国和西山八国内附。贞元十年（794），剑南西山羌、蛮二万余户降唐，诏加韦皋"押近界羌、蛮及西山八国使"②。贞元十二年（796），吐蕃会野首领高万唐等人来降，约有7000户、2万余人，唐廷将其安置在雅州会野路。贞元十六年（800），因"韦皋累破吐蕃二万余众于黎州、巂州，吐蕃遂大搜阅，筑垒造舟，潜谋寇边，皋悉挫之。于是吐蕃酋帅兼监统曩贡、腊城等九节度婢婢、笼官马定德与其大将87人，举部落来降。定德有计画，婢婢习知兵法及山川地形，吐蕃每用兵，定德常乘驿计议，诸将禀其成算。至是自以边功不立，惧得罪而归心焉"③，唐廷仍然将他们安置在雅州境内。贞元十七年（801），吐蕃昆明城所管辖的磨些蛮千余户亦降唐。

贞元十七年（801），吐蕃入寇灵、朔，攻陷麟州（治今陕西省神木）。唐德宗令韦皋深入吐蕃境内，以纾北边之患。于是韦皋分兵九路，大举进攻："镇静军兵马使陈泊等，统兵万人出三奇路；威戎军使崔尧臣率兵一千出龙溪石门路南；维保二州兵马使仇冕、保霸两州刺史董振等，率兵二千进逼吐蕃维州城；北路兵马使邢玭并诸州刺史董怀愕等率兵四千进攻栖鸡、老翁等城；都将高倜、王英俊等率兵二千进逼故松州；陇东路兵马使元膺并诸将郝宗等复分兵八千出南道雅、邛、黎、巂等路，又令邛州镇南军使、御史大夫韦良金发镇兵一千三百续进；雅州经略使路惟明与三部落主赵日进等率兵三千进攻逋租、偏松等城；黎州经略使王有道率三部落郝金信等二千过大渡河，深入吐蕃界；巂州经略使陈孝阳与行营兵马使何大海、韦义等及磨些蛮、三部落主苴那时率兵四千进攻昆明、诺济城。自八月至十二月，累破十六万众，拔其七城、五军镇，受降三千余户，生擒六千余人，斩首一万余级，遂围维州。"④吐蕃赞普遣论莽热以内大相兼东境五道节度兵马使、都统群牧大使，率众10万，来解维州之围。"蜀师万人据险设伏以待之，先出千人挑战。莽热见我师之少，悉众追之，发伏掩

---

① 《资治通鉴》卷235，德宗贞元十五年十二月。
② 《资治通鉴》卷233，德宗贞元四年十月。
③ 《旧唐书》卷196下《吐蕃下》。
④ 《旧唐书》卷196下《吐蕃下》。

击,鼓噪雷骇,蕃兵自溃,生擒论莽热。虏众十万,歼夷者半。"[1] 韦皋的这次大规模进攻,是一次战略转折。自此以后,吐蕃在今四川西部地区转入全面防御,除了偶然侵扰之外,再也没有发动大规模进攻,唐军也基本采取守势,双方的武装冲突,逐渐平息。

文宗太和五年(831),吐蕃维州副使悉怛谋降唐,尽率其众奔成都,剑南西川节度使李德裕受其降,并派遣行维州刺史虞藏俭率兵占领维州城。随即将情况上奏唐廷。"且言:'欲遣生羌三千,烧十三桥,捣西戎腹心,可洗久耻。是韦皋没身恨不能致者也!'事下尚书省,集百官议,皆请如德裕策。"然而宰相牛僧孺素与李德裕仇怨,遂沮其事。"牛僧孺曰:'吐蕃之境,四面各万里,失一维州,未能损其势。比来修好,约罢戍兵,中国御戎,守信为上。彼若来责曰:何事失信?养马蔚茹川,上平凉阪,万骑缀回中,怒气直辞,不三日至咸阳桥。此时西南数千里外,得百维州何所用之!徒弃诚信,有害无利。此匹夫所不为,况天子乎!'上以为然。"[2] 于是文宗下诏,不许剑南西川接纳维州降将。李德裕被迫将悉怛谋等300余人送回,吐蕃尽诛于边界,维州亦复归于吐蕃。武宗会昌三年(843),"李德裕追论维州悉怛谋事,云:'维州据高山绝顶,三面临江,在戎虏平川之冲,是汉地入兵之路。初,河、陇并没,唯此独存。吐蕃潜以妇人嫁此州门者,二十年后,两男长成,窃开垒门,引兵夜入,遂为所陷,号曰无忧城。从此得并力于西边,更无虞于南路。凭陵近甸,旰食累朝。贞元中,韦皋欲经略河、湟,须此城为始。万旅尽锐,急攻数年,虽擒论莽热而还,城坚,卒不可克。臣初到西蜀,外扬国威,中缉边备。其维州熟臣信令,空壁来归,臣始受其降,南蛮震慑,山西八国,皆愿内属。其吐蕃合水、栖鸡等城,既失险厄,自须抽归,可减八处镇兵,坐收千余里旧地。且维州未降前一年,吐蕃犹围鲁州,岂顾盟约!臣受降之初,指天为誓,面许奏闻,各加酬赏。当时不与臣者,望风疾臣,诏臣执送悉怛谋等令彼自戮,臣宁忍以三百余人命弃信偷安!累表陈论,乞垂矜舍,答诏严切,竟令执还。体备三木,舆于竹畚,及将就路,冤叫呜呜,将吏对臣,无不陨涕。其部送者更为蕃帅讥诮,云既已降彼,何用送来。复以此降人戮于汉境之上,恣行残忍,用固携离。

---

[1] 《旧唐书》卷140《韦皋传》。
[2] 《资治通鉴》卷244,文宗太和五年九月。

至乃掷其婴孩，承以枪槊。绝忠款之路，快凶虐之情，从古已来，未有此事。虽时更一纪，而运属千年，乞追奖忠魂，各加褒赠。'诏赠悉怛谋右卫将军"①。维州悉怛谋事件，在当地产生了深远的影响，直到清代，杂谷土司还自称"其先吐蕃维州刺史悉怛谋裔也"②。

吐蕃王朝在达磨（Dar ma）统治时期，国势衰落。唐武宗会昌二年（842），达磨遇刺身亡。"初，吐蕃达磨赞普有佞幸之臣，以为相。达磨卒，无子，佞相立其妃琳氏兄尚延力之子乞离胡为赞普，才三岁，佞相与妃共制国事，吐蕃老臣数十人皆不得预政事。首相结都那见乞离胡不拜，曰：'赞普宗族甚多，而立琳氏子，国人谁服其令，鬼神谁享其祀，国必亡矣！比年灾异之多，乃为此也。老夫无权，不得正其乱以报先赞普之德，有死而已。'拔刀剺面，恸哭而出。佞相杀之，国人愤怒。又不遣使诣唐求册立。洛门川讨击使论恐热，性悍忍，多诈谋，乃属其徒告之曰：'贼舍国族立琳氏，专害忠良以胁众臣，且无大唐册命，何名赞普！吾当与汝属举义兵，入诛琳妃及用事者以正国家。天道助顺，功无不成。'遂说三部落，得万骑。是岁，与青海节度使同盟举兵，自称国相。"③ 论恐热的反叛，有其深刻的政治原因。据《补国史》说："恐热姓末，名农力。吐蕃国法不呼本姓，但王族则曰论，官族则曰尚。"④ 由此可知，论恐热属于末氏，且为王族。根据《敦煌本吐蕃历史文书》的记载，末氏（hBal）原本为孙波的雅孙之王，大臣为朗氏（rLang）和甘氏（Kam），松赞干布时期归附吐蕃王朝。其后，末氏、朗氏相继进入吐蕃王朝的中央机构。754年，吐蕃发生内讧，大论末·东察（hBal Idong tsab）和朗·迈色（rLang myes zigs）弑杀赞普墀德祖赞（Khri lde gtsug rtsan），结果为达扎路恭（Stag sgra klu khong）告发，二人获罪，末氏和朗氏皆受牵连。755年，末氏、朗氏被谪戍边地。此后，朗氏的地位有所回升，而末氏却一直受到排斥，因此在达磨死后，出自末氏的论恐热便首倡其乱。由于末氏是孙波的雅孙之王，所以论恐热在起事之时，能够"说三部落，得万骑"。所谓"三部落"，很可能就是指末氏、朗氏和甘氏。论恐热反叛后，"至渭州，遇国相尚思罗屯薄寒山，恐热击之，思罗

---

① 《资治通鉴》卷247，武宗会昌三年三月。
② 同治《理番厅志》卷4《土制》。
③ 《资治通鉴》卷246，武宗会昌二年十二月。
④ 《资治通鉴》卷246，武宗会昌二年十二月，胡三省注引。

弃辎重西奔松州。恐热遂屠渭州。思罗发苏毗、吐谷浑、羊同等兵，合八万，保洮水，焚桥拒之。恐热至，隔水语苏毗等曰：'贼臣乱国，天遣我来诛之，汝曹奈何助逆！我今已为宰相，国内兵我皆得制之，汝不从，将灭汝部落！'苏毗等疑，不战。恐热引骁骑涉水，苏毗等皆降。思罗西走，追获，杀之。恐热尽并其众，合十余万"①。由此可知，吐蕃统治末年，以松州为中心的今川西高原东部，主要的部族有苏毗、吐谷浑和羊同。其中苏毗即孙波②，而论恐热则为孙波的王族，故论恐热能够以只言片语临阵招降孙波。当论恐热的反叛最终失败之后，孙波诸部亦分崩离析。一部分散归部落；一部分远遁于叠、宕以西，逃至西倾山南北的草原上。原驻守松州的吐谷浑部落则散居在今白水江上游，宋人宇文之邵就说："吐谷浑，今之文、扶羌也。"③ 羊同大约在孙波与吐谷浑之间，即清代所说的羊筒诸部④。

概而言之，由于论恐热的叛乱，吐蕃在今川西高原东部的统治完全瓦解。松州以西，主要为孙波残部所据。松州以东的文、扶二州，为吐谷浑部落所控制，孙波与吐谷浑之间，则有羊同诸部。孙波、羊同、吐谷浑诸部以北，则为嗢末活动的地区。嗢末亦称"浑末"，本为吐蕃奴部，"及论恐热作乱，奴多无主，遂相纠合为部落，散在甘、肃、瓜、沙、河、渭、岷、廓、叠、宕之间"⑤。唐僖宗乾符年间，剑南西川节度使高骈为抵御南诏入侵，"结吐蕃尚延心、嗢末鲁褥月等为间，筑戎州马湖、沐源川、大度河三城，列屯拒险，料壮卒为平夷军"⑥。入宋以后，这批南迁至今宜宾地区的嗢末被称为"临洮土羌"⑦。

当论恐热的反叛失败后，更大规模的平民起义，由东向西，席卷吐蕃本土。首先是巴·科色列东（Dbas kho gzher legs stong）在多康发难。许布·达孜聂（Shud pu rtse gnyags）、琛·贡米珠（Mchim kong mi drug）等人则相继在雅隆、达布等地起事。在平民起义的打击下，吐蕃王朝彻底崩溃，以氏族为中心

---

① 《资治通鉴》卷246，武宗会昌二年十二月。
② 《新唐书》卷221下《苏毗传》。
③ 宇文之邵：《上神宗皇帝书》，《宋文鉴》卷53。
④ 嘉庆《四川通志》卷97《武备·土司》。
⑤ 《资治通鉴》卷250，懿宗咸通三年二月。
⑥ 《新唐书》卷222中《南蛮中》。
⑦ 《宋史》卷496《蛮夷传·叙州三路蛮》。

的割据政权相继形成。在今四川西部,最著名的氏族就是孙波的朗氏。同时,唐朝也乘机占据原吐蕃的部分疆土。宣宗大中三年(849),剑南西川节度使杜悰奏称收复维州,山南西道节度使郑涯则奏称收取扶州。

二、吐蕃在川西高原的统治

吐蕃王朝自墀伦赞以后,在逐渐占据今四川西部地区的过程中,还逐步建立起统治该地区的军政体制。吐蕃王朝的统治,是以氏族为中心,重要的氏族,皆有自己的领地。据《贤者喜宴》第七品记载,吐蕃有十八领区,分属赞普君臣和诸氏族。其中隆雪(klung shod)是难磨族和曲边氏(Phyugs mtshams)的领地。隆雪亦即隆若(Klung ro),其中心在今西藏拉里的隆伦。难磨族就是汉文史籍所记载的多弥。曲边氏本是中央翼(dBu ru)的千户(Stong sde),墀松德赞时期立有大功,因而封以隆雪之地。在隆雪的东北,为琼波氏的领地下部藏,其中心在今西藏的丁青。隆雪和下部藏以东是多康多钦(mDo khams mdo chen),这是八武士府(Rgod tshang sde brgyad)的领地。多康(mDo khams)是指多康三岗:色莫岗(Zab mo sgang)、勃波若岗(sPob bo ro sgang)和察瓦岗(Tsa ba sgang),其地包括今雅砻江以西的四川西部。多康以东是多钦(mdo chen),即狭义的多思麻(mdo smad)地区。唐人所说的西山八国和东女国,皆为多康多钦的部族。八武士府就是由多康多钦的部族所组成的军府,掌管各武士府的氏族就是当地的统治者。

吐蕃王朝除了实行分封制,还建有军事行政制度,这就是"如"(ru)的设置。据《贤者喜宴》第七品记载,吐蕃的领土分为五个"如"。乌如(dBu ru),意为"中央翼";约如(gYo ru),意为"左翼";叶如(gYas ru),意为"右翼"。以上的三个如部,统称为"如孙"(ru sum),意为"三翼"。此外,还有两个附属的支翼,即藏如拉(gTsang ru lag)和孙如(sum ru)。藏如拉是附属于右翼的支翼,属支部第二翼。孙如是支部第三翼,故称 Yan lag gsum pahi ru。乌如和约如在卫地(dBus),叶如和藏如拉在藏地(gTsang)。孙如是由孙波(Sum pa)诸部组成的翼,其地原在孙域(Sum yul),也就是《释迦方志》卷4《遗迹篇》所记载的苏毗国,其地在多弥国的西南,敢国的东北。据《敦煌本吐蕃历史文书·小邦家臣表》记载,孙域的雅孙(Ya sum),王为末·计芒如蒂(hBal lji mang ru ti),家臣为朗氏(rLang)和甘氏(Kam)。孙域就是汉文史籍所记载的苏毗国,雅孙为孙域的一部分,意为"三个地区交壤之处"。末氏、朗氏、甘氏都是"孙波"(Sum pa),意为"孙人"。松赞干布时期,孙波诸部为娘·莽布支尚囊(Wyang mang po rje shang snang)收抚,由孙波诸部组成的支部第三翼就称为"孙如"(Sum ru)。其后,随着吐蕃王朝的扩张,孙波诸部逐渐向东移徙,进入川西高原。其中甘氏进入多思麻地区后,与多弥发生冲突,653年,"在多思麻,甘·墀桑介达(Kam khri bzang bye hdah)被多弥(Thong myi)所杀,复仇也"①。而孙波的朗氏则通过联姻,与董氏白兰相结合,故董氏亦被视为孙波。702年,墀都松赞普驻跸悉州,在孙如进行大调集(Sum rohi mkhos chen bgyis)。由此可知,随着孙波诸部的东迁,最迟在墀都松时代,由孙波组成的孙如,已经扩展到悉州一带,即今大金川流域。

"如"是军事行政组织。吐蕃制度,每个如部均设置十个武士千户(Rgod kyi stong sde),其中八个千户(stong sde),一个小千户(stong sde chung),一个直属千户(sku srung gi Stong sde)。然而孙如除了设有十个千户之外,还包括通颊(mthong khyab)的十一个千户。孙波和通颊是不同的部族。孙波是构成孙如的部族,孙如的十个千户,基本上在今西藏境内;通颊是属于"下勇部"的部族(详下),大多在今四川境内。孙如和通颊原本是不相统属的军政组织,故松赞干布曾分别任命霍尔(Hor)的恰秀仁波为孙波的奎本(khos dpon),属卢氏(Cog ro)的结岑扬恭为通颊的奎本。大约在墀都松时期,将通颊诸部划归孙如,于是通颊的十一个千户也就成为孙如的千户。

吐蕃王朝不仅按"如"设置千户,同时还把驻防边境的部队组成上、中、下三个勇士部(DPah bahi sde)。其中的中勇部在日贝玛隆(Ri pen ma lung)至cha skod 和 pa之间,由纳雪(Maqs shod)的几本(kyi dpon)巴氏(sBas)统率,攻取邛地('Jang)。Ri pen是Ri phran音写,意为"小山"。Ma lung是指西藏洛隆宗西南的玛隆里山(ma lung ri),其北为姜玛隆里山(Byang ma lung ri),这座山的海拔高度低于玛隆里山,应当就是日贝玛隆。Cha Skod是Tsha kho的音写,即今大金川上游的杂谷;pa也许就是与杂谷毗邻的咄霸(Dam pa)。如此,中勇部是在姜玛隆里山至大金川之间。其南为邛域('Jang yul),是黑蛮和白蛮的居地。南诏兴起后,吐蕃就把南诏称为"邛域",

---

① 《敦煌本吐蕃历史文书·编年史》653年。

第五章 少数民族政权与巴蜀的关系

中勇部也就成为专门对付南诏的勇士部。统领中勇部的巴氏，领地在夏格三部（Zha gad sde gsum），其中一支是孙如的纳雪小千户的几本。纳雪在今西藏的丁青，清代称为纳克书，属三十九族。统领中勇部的巴氏就是出自纳雪小千户。

下勇部在玛朋若（Rma pom ro）和嘎塘碌泽（Ka thang klu tshe）之间，由通颊悉九部（mThong khyab srid sde dgu）和吐谷浑六千户（A sha stong sde drug）组成，曲边氏（Phyugs mtshams）为统帅，攻取汉地。Rma pom ro 就是 Rma chen spom ro，即今阿尼玛卿山。Ka than 是指嘎曲（rKa chu）与黄河（rMa chu）汇合的 Thang sgor，即今若尔盖县的唐克。Khi tshe 是指碌曲（Khi chu）与泽曲（Tshe chu）之间的地区。由此可知，下勇部是在西倾山南北的草原上，包括今川西高原东部。该地区是早期吐谷浑国的中心，由吐谷浑部落组成的六个千户就分布在该地区。通颊悉的九部落位于吐谷浑六千户的西南，包括多弥、悉董诸部。下勇部是专门对付唐朝的勇士部，从其部署来看，大体上分为两线，第一线由吐谷浑的六千户组成，第二线则由通颊悉的九部落组成。统领下勇部的曲边氏，领地在隆雪。不过曲边氏是在墀松德赞时期才显赫起来的。在此之前，下勇部的统帅应当是通颊的奎本属卢氏。

由上所述，吐蕃在今四川西部的统治，大体上可以分为两个系统。一是推行分封制，受封的氏族，主要是归顺吐蕃的小邦王族。二是设置军事行政机构，今四川西部，基本上是属于孙如，缘边地区则分别划归中勇部和下勇部。

吐蕃王朝所分封的领地是由世袭的贵族统治，军事行政机构则由赞普任命的官员掌管，作为协调这两个系统的最高权力机构，则是多思麻的集会议盟。多思麻有广义和狭义之分。广义的多思麻（mDo smad）是相对多思兑（mDo stod）而言，通常是指整个安多（A mdo）地区。狭义的多思麻是相对宗喀（Tsong kha）而言，也就是指宗喀以外的安多地区，包括多康以东，邛崃以北的四川西部。从《敦煌本吐蕃历史文书·编年史》的记载来看，多思麻的集会议盟是指狭义范围的多思麻。

根据《敦煌本吐蕃历史文书·编年史》的记载，吐蕃在多思麻的集会议盟，始自692年在甲木细噶尔（Rgyam shi gar）召集的多思麻冬会。最初是为了解决重大军事、行政问题而临时召集。自706年以后，基本上是每年定期召集多思麻的冬季会盟。756年以后，又增加一次夏季会盟。主盟者，均为论（Blon）或大论（Blon chen po）。其中可以确定氏族的主盟大臣，基本上是统领中勇部的巴氏和统领下勇部的属卢氏。705 年，巴·乞立徐尚年（Dba khri gzigs zhang nyen）被任命为大论。自 715 年以后，每年的多思麻冬季会盟均由他主持。721 年，巴·乞立徐尚年卒，改由属卢·乞立徐囊恭（Chog ro khri gzigs gnang khong）主盟。726 年，又由巴·达扎恭禄（Dbas stag sgra khong lod）主持多思麻的冬会。727 年，达扎恭禄被任命为大论，改由属卢·乞立徐囊恭主盟。728 年，巴·达扎恭禄获罪，多思麻的冬季会盟基本停止。755 年，墀松德赞继位，重新恢复多思麻的冬季会盟。756 年，吐蕃与南诏联合进攻唐朝所控制的巂州，于是又增加一次多思麻的夏季会盟，以后便成为定制。756 年的多思麻冬会是在"姚"（Yol）举行，主盟大臣是论囊热。囊热就是巴·囊热苏赞（Dbas Snang bzher zu brtsan），亦出自巴氏。

多思麻盟会的召集，大体上分为两种情况。一是大论巡视各地，召集会议，以便处理当地的军政事务。二是大论兼东道诸节度兵马都统，或者兼南道诸节度兵马都统，常驻地方，在其管辖范围内，定期召集会议，处理军政事务。前期的多思麻集会议盟以第一种情况居多。后期的多思麻集会议盟，以第二种情况为主。吐蕃制度，小邦王国，诸部落、千户、万户等，均受所在地区的盟会节督。由此可知，多思麻的集会议盟，实际上就是多思麻地区的最高权力机构。

根据汉文史料的记载，在今四川地区，与唐朝接壤的吐蕃边境，分别属于吐蕃的东境（东鄙）和南境（南鄙）。东境，大体上相当于《贤者喜宴》所记载的下勇部；南境，大体上相当于中勇部。东、南二境，分别设有若干节度，由囊论（Nang blon）或大论兼任诸道节度兵马都统。唐德宗贞元年间，吐蕃的东境有松州等五道节度；南境则有囊贡、腊城等九节度。

吐蕃东境的松州节度是吐蕃在 761 年攻占唐朝的松州以后设置的，其治所设在松州城，即今松潘县。唐德宗贞元十七年（801），吐蕃赞普以内大相论莽热没笼乞悉蓖兼松州五道节度兵马都统，领兵 10 万救维州，结果被唐朝的剑南西川节度使韦皋击败，论莽热被俘。不久，吐蕃即罢松州节度。唐宪宗元和十四年（819），剑南东川节度使王涯就说，故松州城"是吐蕃旧置节度之所"[①]。松州节度以西是故洪节度。故洪即故洪州。唐太宗贞观三年（629）置洪州，后

---

① 《唐会要》卷 97《吐蕃》。

为吐蕃攻占。玄宗天宝六年（747）鲜于仲通收复其地，称为"故洪州"①。天宝八年（749），改洪州为保宁都护府，其地在今梭磨河的壤口一带。不久，该地区又被吐蕃占领。天宝十年（751），剑南节度使杨国忠以奸罔上，自称："拔故洪州等三城"②。天宝末年，吐蕃大军进攻剑南西山地区，其中就有故洪节度③。其管辖范围包括今梭磨河及其以西的大金川流域。

吐蕃南境的曩贡节度，原属"里曩邛节度"。里是指里塘（Li thong），即今理塘县；曩是指曩贡（Nyang bgo），其地在里塘以东的雅砻江（Nyang chu）流域；邛是指邛域（'Jang yul），其地在里塘、曩贡以南。里曩邛节度的中心，大约是《敦煌本吐蕃历史文书·编年史》多次提到的 rTe'u mkhar，即今道孚，其地属菊贡（Cu bgo）。唐德宗时期，里曩邛节度已经分为曩贡节度、西贡节度和铁桥节度。曩贡亦称曩恭，有曩贡川（Nyang chu），即今雅砻江，其中心可能仍在道孚。西贡节度在曩贡节度以南，其地有西贡川，位于巂州台登北谷西北。唐德宗贞元五年（789），剑南西川节度使韦皋遣将"邓英俊出定蕃栅道，进逼台登城，吐蕃退壁西贡川，据高为营"④，即此。西贡节度以西是神川节度，因其中心在铁桥城，所以又称铁桥节度，其中心在今云南丽江塔城。

总体上看，吐蕃在今四川西部设置的节度，基本上是按流域来划分其管辖范围。其中松州节度主要控制今岷江上游，故洪节度管辖今大渡河流域，曩贡及西贡节度分别掌控今雅砻江中上游与下游，神川节度则管辖今金沙江地区。

第四节　南诏与巴蜀的关系

一、南诏与剑南三川的关系

南诏发祥于今云南洱海地区。其地有乌蛮六部，渠帅自称"诏"，其义为"王"，故称"六诏"，即蒙巂诏、越析诏、浪穹诏、邆赕诏、施浪诏、蒙舍诏，

---

① 颜真卿：《鲜于公神道碑》，《全唐文》卷343。
② 《新唐书》卷216上《吐蕃上》。
③ 杨谭：《兵部奏剑南节度破西山贼露布》，《全唐文》卷377。
④ 《新唐书》卷222下《南蛮·两爨蛮》。

图5—3 今云南大理洱海

其中蒙舍诏位于今云南巍山县，地处五诏之南，因而又被称为"南诏"。

南诏自称是哀牢夷沙壹的后裔，其王为蒙氏，父子联名。自蒙舍龙之后，南诏的世系才比较清楚。蒙舍龙之子为龙逻罗，亦名细奴罗。唐太宗贞观年间，细奴罗兼并位于今云南弥渡的白子国，南诏由此逐渐强盛起来。唐高宗永徽四年（653），细奴罗遣使入贡，诏以奴罗为巍州刺史。高宗上元元年（674），细奴罗死，其子罗盛炎继立。唐睿宗太极元年（712），罗盛炎死，长子炎阁继立。唐玄宗开元元年（713），炎阁死，其弟盛逻皮继立。开元十五年（727），盛逻皮死，其子皮逻阁继立。

皮逻阁继位之后，由于吐蕃与唐朝在洱海地区的争夺，导致六诏分裂，五诏皆归附吐蕃，唯有南诏尽忠唐室。为了铲除吐蕃在洱海地区的势力，唐玄宗大力扶持南诏，使其兼并五诏，统一洱海地区。当南诏兼并五诏之后，玄宗又于开元二十六年（738）派遣中使李思敬册封皮逻阁为云南王，并"赐名曰归义"[①]。接着，皮逻阁利用爨氏内乱的机会，由滇西向东发展，控制了滇东的西

---

① 《旧唐书》卷197《南诏蛮》。

第五章 少数民族政权与巴蜀的关系

图 5—4　南诏王阁罗凤像

爨白蛮和东爨乌蛮,从而成为云南地区最强大的地方政权。

唐玄宗天宝七年(748),皮逻阁死,其子阁罗凤继立。此时,因南诏占据曾经是唐朝所控制的爨地,致使南诏与唐朝的关系迅速恶化。"初,(剑南)节度章仇兼琼,不量成败,妄奏是非,遣越巂都督竹灵倩,置府东爨,通路安南,赋重役繁,政苛人弊,被南宁州都督爨归王、昆州刺史爨日进、黎州刺史爨祺、求州爨守懿、螺山大鬼主爨彦昌、南宁州大鬼主爨崇道等,陷煞竹灵倩,兼破安宁。"① 面对诸爨的反叛,唐玄宗"诏蒙归义讨之,师次波州,(爨)归王及崇道兄弟千余人泥首谢罪,赦之。俄而崇道杀日进及归王,归王妻阿奼,乌蛮女也,走父部,乞兵相仇,于是诸爨乱。阿奼遣使诣归义求杀夫者,书闻,诏以其子守隅为南宁州都督,归义以女妻之,又以一女妻崇道子辅朝。然崇道、守隅相攻讨不置,阿奼诉归义,为兴师,营昆川,崇道走黎州,遂虏其族,杀辅朝,收其女,崇道俄亦被杀,诸爨稍离弱。阁罗凤立,召守隅并妻归河赕,不通中国。阿奼自主其部落,岁入朝,恩赏蕃厚。阁罗凤遣昆川城使杨牟利以兵胁西爨,徙户二十万于永昌城。东爨以言语不通,多散依林谷,得不徙。自

---

①　《南诏德化碑》。

曲靖州、石城、升麻、昆川南北至龙和，皆残于兵。"①对于皮逻阁、阁罗凤父子在爨地的所作所为，唐廷极为不满，决定采取削弱南诏的政策，云南郡太守张虔陀积极执行。据《南诏德化碑》记载："越巂都督张虔陀尝任云南别驾，以其旧职风宜，表奏请为都督，而反诳惑中禁，职起乱阶。吐蕃是汉积仇，遂与阴谋，拟共灭我，一也。节诚，王之庶弟，以其不忠不孝，贬在长沙，而彼奏归，拟令间我，二也。崇道蔑盟构逆，罪合诛夷，而却收录与宿，欲令仇我，三也。应与我恶者，并授官荣；与我好者，咸遭抑屈，务在下我，四也。筑城收质，缮甲练兵，密欲袭我，五也。重科白直，倍税军粮，征求无度，务欲弊我，六也。于是驰表上陈，缕申冤枉，皇上照察，降中使贾奇俊详覆。属竖臣无政，事以贿成，一信虔陀，共掩天听，恶奏我将叛。"唐廷削弱南诏的政策，最终导致阁罗凤反叛。天宝九年（750），阁罗凤发兵攻打张虔陀，围姚州城（在今云南省姚安县境）。唐军分三路前去救援：大将军李晖由会同路南下；安南都督王知进由步头路北上；剑南节度使鲜于仲通率领主力八万，由戎州南下。同年冬，南诏攻克姚州城，杀张虔陀。天宝十年（751），鲜于仲通率大军进至曲靖，阁罗凤遣使前往军中谢罪，请求自新，鲜于仲通不许，继续进兵，直逼西洱河。于是阁罗凤转而求救于吐蕃御史论若赞。吐蕃发兵救援，与南诏军队夹击唐军，大破鲜于仲通，"士卒死者六万人，仲通仅以身免。杨国忠掩其败状，仍叙其战功。阁罗凤敛战尸，筑为京观，遂北臣于吐蕃"②。天宝十一年（751），吐蕃封阁罗凤为"赞普钟、南国大诏"③。天宝十三年（754），剑南节度使杨国忠又派"侍御史、剑南留后李宓将兵七万击南诏。阁罗凤诱之深入，至大和城，闭壁不战。宓粮尽，士卒罹瘴疫及饥死者什七八，乃引还。蛮追击之，宓被擒，全军皆没。杨国忠隐其败，更以捷闻，益发中国兵讨之，前后死者几二十万人"④。唐肃宗至德元年（756），阁罗凤利用唐朝爆发安史之乱的机会，与吐蕃联兵，攻占越巂郡和会同军，由此进入今四川境内。至德二年（757），阁罗凤又占领台登、昆明。整个巂州地区，完全被吐蕃、南诏占据。其中巂州南部，即今会理、会东一带，归属南诏。

---

① 《新唐书》卷222下《南蛮下·两爨蛮》。
② 《资治通鉴》卷216，玄宗天宝十年四月。
③ 《南诏德化碑》。
④ 《资治通鉴》卷217，玄宗天宝十三年六月。

第五章 少数民族政权与巴蜀的关系

唐代宗大历十四年（779），阁罗凤卒，其子凤迦异先死，遂由凤迦异的长子异牟寻继位。同年十月，南诏与吐蕃合兵 10 万，分三路入侵剑南三川，结果遭到惨败。战后，吐蕃尽量把损失的负担转嫁给南诏，"责赋重数，悉夺其险立营候，岁索兵助防"①。而南诏的对外政策，完全取决于实际利益，有利则合，无利则反目，于是异牟寻又打算投靠唐朝，只是畏惧吐蕃强盛，不敢有所动作。德宗贞元元年（785），韦皋出任剑南西川节度使，招抚东蛮诸部，异牟寻便通过东蛮，请求内附，以此了解唐廷的态度。韦皋得知此事，遂上奏朝廷："今吐蕃弃好，暴乱盐、夏，宜因云南及八国生羌有归化之心，招纳之，以离吐蕃之党，分其势。"②德宗命韦皋以边将的身份与南诏接触，微观其趣。贞元四年（788），韦皋通过两林大鬼主苴那时，致书异牟寻，"具陈汉皇帝圣明，怀柔好生之德"③。异牟寻得其书，害怕吐蕃知道他与唐朝暗相交通，不敢遣使入唐，只是让东蛮鬼主骠旁、苴梦冲、苴乌星代其入见唐德宗。同年五月，德宗设宴麟德殿，款待东蛮三鬼主，赐赉甚厚，封王给印而遣之。同年十月，吐蕃发兵入侵剑南西川，要求南诏出兵，配合作战，异牟寻不敢拒绝，遂发兵数万，屯于泸水之北。韦皋知道异牟寻首鼠两端，不愿与吐蕃公开决裂，于是使用反间计，"乃为书遗云南王，叙其叛吐蕃归化之诚，贮以银函，使东蛮转致吐蕃。吐蕃始疑云南，遣兵二万屯会川，以塞云南趣蜀之路，云南怒，引兵归国。由是云南与吐蕃大相猜阻，归唐之志益坚"④。韦皋则利用吐蕃与南诏相互猜疑的机会，不断致书异牟寻，加紧进行招诱。贞元九年（792），异牟寻终于决定归顺唐朝，于是派遣使臣三人，分道前往成都：一道出石门，从戎州路入；一道出牂柯，由黔州路入；一道出夷僚，从安南路入。使者到达成都后，韦皋又派人护送他们前往长安。"三使皆至京师，且曰：'牟寻请归大国，永为藩国。所献生金，以喻向北之意如金也；丹砂，示其赤心耳。'上嘉之，乃赐牟寻诏书，因命韦皋遣使以观其情。皋遂命巡官崔佐时至牟寻所都阳苴咩城。"⑤贞元十年（794）正月，崔佐时与异牟寻盟于点苍山神祠。此时，"吐蕃因争北庭，与回鹘

---

① 《新唐书》卷 222 上《南蛮上》。
② 《资治通鉴》卷 232，德宗贞元三年正月。
③ 《蛮书》卷 10。
④ 《资治通鉴》卷 233，德宗贞元四年十月。
⑤ 《旧唐书》卷 197《南诏蛮》。

大战，死伤颇众。乃征兵于牟寻，须万人。牟寻既定计归我，欲因征兵以袭之。乃示寡弱，谓吐蕃曰：'蛮军素少，仅可发三千人。'吐蕃少之，请益至五千，乃许。牟寻遽遣兵五千人戍吐蕃，乃自将数万踵其后，昼夜兼行，乘其无备，大破吐蕃于神川。遂断铁桥，遣使告捷。且请韦皋使阅其所虏获及城堡，以取信焉。时韦皋上言：'牟寻收铁桥已来城垒一十六，擒其王五人，降其众十余万'"①。南诏与吐蕃的公开决裂，使得唐廷大为欣慰，德宗随即派祠部郎中袁滋到大和城，册封异牟寻为南诏王。贞元十一年（795），异牟寻又发兵攻吐蕃昆明城，拔之，迁磨些蛮万户至昆川及西爨故地。又破施蛮、顺蛮，并虏其王。施蛮王寻罗及其宗族被迁到蒙舍城，顺蛮王傍弥潜及其家族则被迁到白崖城（在今云南省弥渡县境）。德宗贞元十五年（799），"吐蕃大臣以岁在辰，兵宜出，谋袭南诏，阅众治道，将以十月围巂州，军屯昆明凡八万，皆命一岁粮。赞普以舅攘都罗为都统，遣尚乞力、欺徐滥铄屯西贡川。异牟寻与（韦）皋相闻，皋命部将武免率弩士三千赴之，亢荣朝以万人屯黎州，韦良金以二万五千人屯巂州，约南诏有急，皆进军，过俄准添城者，南诏供馈。吐蕃引众五万自曩贡川分二军攻云南，一军自诺济城攻巂州。异牟寻畏东蛮、磨些难测，惧为吐蕃乡导，欲先击之。皋报：'巂州实往来道，扦蔽数州，虏百计窥之，故严兵以守，屯壁相望，粮械处处有之，东蛮庸敢怀贰乎？'异牟寻乃檄东、磨些诸蛮内粮城中，不者悉烧之。吐蕃颙城将杨万波约降，事泄，吐蕃以兵五千守，皋将击破之。万波与笼官拔颙城

图 5-5　异牟寻头像

以来，徙其人二千于宿川。皋将扶忠义又取末恭城，俘系牛羊千计。赞普大将既煎让律以兵距十贡川一舍而屯，国师马定德率种落出降。西贡节度监军野多输煎者，赞普乞立赞养子，当从先赞普殉，亦诣忠义降。于是虏气衰，军不振。欺徐滥铄至铁桥，南诏毒其水，人多死，乃徙纳川，壁而待。是年，虏霜雪早，兵无功还，期以明年。吐蕃苦唐、诏犄角，亦不敢图南诏。皋令免按兵巂州，

---

① 《旧唐书》卷197《南诏蛮》。

节级镇守,虽南诏境亦所在屯戍。吐蕃惩野战数北,乃屯三泸水,遣论妄热诱濑泸诸蛮,复城悉摄。悉摄,吐蕃险要也。蛮酋潜导南诏与皋部将杜毗罗狙击。十七年春,夜绝泸,破房屯,斩五百级。房保鹿危山,毗罗伏以待,又战,房大奔。于时,康、黑衣大食等兵及吐蕃大酋皆降,获甲二万首。又合鬼主破房于泸西。吐蕃君长共计,不得巂州,患未艾,常为两头蛮挟唐为轻重,谓南诏也。会房荐饥,方葬赞普,调敛烦。至是,大料兵,率三户出一卒,房法为大调集。又闻唐兵三万入南诏,乃大惧,兵戍纳川、故洪、诺济、腊、聿赍五城,欲悉师出西山、剑山,收巂州以绝南诏。皋即上言:'京右诸屯宜明斥候,蚕敛田、邠、陇焚莱,可困房入。'皋遣将邢毗以兵万人屯南、北路,赵昱万人戍黎、雅州。异牟寻谓皋曰:'房声取巂州,实窥云南,请武免督军进羊苴咩。若房不出者,请以来年二月深入。'时房兵三万攻盐州,帝以房多诈,疑继以大军,诏皋深钞贼鄙,分房势。皋表:'贼精铠多置南屯,今向盐、夏非全军,欲掠河曲党项畜产耳。'俄闻房破麟州,皋督诸将分道出,或自西山,或由平夷,或下陇陀和、石门,或径神川、纳川,与南诏会。是时,回鹘、太原、邠宁、泾原军猎其北,剑南东川、山南兵震其东,凤翔军当其西;蜀、南诏深入,克城七,焚堡百五十所,斩首万级,获铠械十五万。围昆明、维州不能克,乃班师。振武、灵武兵破房二万,泾原、凤翔军败房原州。惟南诏攻其腹心,俘获最多。帝遣中人尹偕尉异牟寻。而吐蕃盛屯昆明、神川、纳川自守"[1]。南诏王异牟寻的归顺,改变了唐朝在与吐蕃作战中的被动处境,同时也使得吐蕃在今四川境内,全面转入防御,无力发动大规模进攻。吐蕃对剑南三川的威胁,基本消除。

唐宪宗元和三年(808),异牟寻死,"子寻阁劝立,或谓梦凑,自称'骠信',夷语君也。改赐元和印章,明年死,子劝龙晟立,淫肆不道,上下怨疾。十一年,为弄栋节度王嵯巅所杀,立其弟劝利。……劝利德嵯巅,赐氏蒙,封'大容',蛮谓兄为'容'。长庆三年,始赐印,是岁卒,弟丰祐立"[2]。同年,杜元颖出任剑南西川节度使。长庆四年(824),唐穆宗去世,敬宗即位。由于

---

[1] 《新唐书》卷 222 上《南蛮上》。
[2] 《新唐书》卷 222 中《南蛮中》。

第五章 少数民族政权与巴蜀的关系

敬宗"童心多僻,务为奢侈,而元颖求蜀中珍异玩好之具,贡奉相继,以固恩宠"①。为了购买奇珍异宝,杜元颖在蜀中大肆搜括,以至削减士卒衣粮。戍卒衣食不足,皆入南诏钞盗以自给,南诏反而给以衣食,并通过戍卒探得蜀中虚实。唐文宗大和三年(829),执掌南诏政事的王嵯巅率兵入侵剑南西川,以蜀卒为向导,一路势如破竹,直抵成都,陷其外郭。杜元颖不敢出战,率众退保子城。接着,王嵯巅又分兵攻梓州,剑南东川节度使郭钊兵弱将寡,亦不敢出战。不久,唐朝的诸路援军,相继入蜀,王嵯巅孤军深入,恐为唐所乘,遂引兵退回南诏。"将还,乃掠子女、工技数万引而南,人惧,自杀者不胜计。救兵逐,嵯巅身自殿,至大度河,谓华人曰:'此吾南境,尔去国,当哭。'众号恸,赴水死者十三。南诏自是工文织,与中国埒"②。南诏的这次攻蜀,造成极大破坏,"其所剽掠,自成都以南,越巂以北,八百里之间,民畜为空。加以败卒、贫民持兵群聚,因缘劫杀,官不能禁,由是西蜀十六州,至今为病"③。王嵯巅回到云南后,上表唐廷:"蛮军比修职贡,遽敢侵边?但杜元颖不恤三军,令入蛮疆作贼,移文报彼,都不见信,故蜀部军人,继为向导,盖蜀人怨苦之深,祈我此行,诛虐帅也。诛之不遂,无以慰蜀士之心,愿陛下诛之"④。杜元颖因此被贬为循州司马。

唐宣宗大中十三年(859),南诏王丰祐卒,其子酋龙继位,自称皇帝,国号大礼,改元建极。同年,杜悰出任剑南西川节度使。"初,韦皋在西川,开青溪道以通群蛮,使由蜀入贡。又选群蛮子弟聚之成都,教以书数,欲以慰悦羁縻之,业成则去,复以他子弟继之。如是五十年,群蛮子弟学于成都者殆以千数,军府颇厌于廪给。又,蛮使入贡,利于赐与,所从傔人浸多,杜悰为西川节度使,奏请节减其数,诏从之。南诏丰祐怒,其贺冬使者留表付巂州而还。又索学习子弟,移牒不逊,自是入贡不时,颇扰边境"⑤。唐懿宗咸通二年(861),酋龙发兵攻破巂州城,并进攻邛崃关。咸通四年(863),又入侵剑南西川。咸通五年(864),"南诏回掠巂州以摇西南,西川节度使萧邺率属蛮鬼主邀

---

① 《旧唐书》卷163《杜元颖传》。
② 《新唐书》卷222中《南蛮中》。
③ 《孙樵集》卷3《书田将军边事》。
④ 《旧唐书》卷163《杜元颖传》。
⑤ 《资治通鉴》卷249,宣宗大中十三年十二月。

南诏大度河，败之。明年，复来攻。会刺史喻士珍贪狯，阴掠两林东蛮口缚卖之，以易蛮金，故开门降，南诏尽杀戍卒，而士珍遂臣于蛮"①。南诏在侵夺巂州的时候，仍然与唐朝保持使节往来。咸通七年（866），"南诏遣清平官董成等人诣成都，节度使李福盛仪卫以见之。故事，南诏使见节度使，拜伏于庭。"由于酋龙称帝，董成等人要求与唐朝的节度使抗礼，剑南西川节度使李福不许，双方互不相让，"传言往返，自旦至日中不决。将士皆愤怒，福乃命捽而殴之，因械系于狱。刘潼至镇，释之，奏遣还国。诏召成等至京师，见于别殿，厚赐，劳而遣之。"②咸通八年（867），南诏皇帝酋龙派杨酋庆等人前来感谢释放董成等19人，结果被定边军节度使李师望所杀。"初，李师望建言：'成都经抱蛮事，旷日不能决，请析邛、蜀、嘉、眉、黎、雅、巂七州为定边军，建节度制机制，近且速。'天子谓然，即诏师望为节度使，治邛州。邛距成都才五舍，巂最南，去邛千里，缓急首尾不相副，而师望利专制，讳不言。哀积无厌，私贿以百万计。又欲激蛮怒，幸有功，乃杀酋庆等"③。咸通十年（869），酋龙以杨酋庆被杀为理由，倾国进攻剑南西川。兵分两路：一路由巂州东进，击破董春乌部落，倾其巢穴，然后伐木开道，翻越今大凉山，出沐源川，攻占犍为县，纵兵焚掠荣、陵二州，进克嘉州、眉州；一路由酋龙亲自率领，由巂州北上，攻克清溪关，强渡大渡河，进陷黎、雅二州。继李师望之后出任定边军节度使的窦滂，放弃邛州，逃到彭州导江县（治今四川省都江堰）。"邛州军资储偫皆散于乱兵之手，蛮至，城已空，通行无碍矣。"④咸通十一年（870）正月，酋龙率兵长驱直入，进抵成都。"酋龙进攻成都，次眉州，坦绰杜元忠日夜教酋龙取全蜀。于是西川节度使卢耽遣其副王偃、中人张思广约和，蛮强之使南面拜，然卒不见酋龙而还。蛮次新津，耽复遣副谭奉祀好言申约，蛮留之。耽畏援军未集，即飞请天子降大使通好，以纾其深入。懿宗驰遣太仆卿支详为和蛮使。蛮本无谋，不能乘机会鼓行亟驱，但虮结蝇营，忸卤剽小利，处处留屯，故蜀孺老得扶携悉入成都。阛里皆满，户所占地不得过一床，雨则冒箕盖自庇。城中井为竭，则共饮摩诃池，至争捽溺死者，或欸沙取滴饮之。死不能具棺，即

---

① 《新唐书》卷222中《南蛮中》。
② 《资治通鉴》卷250，懿宗咸通七年三月。
③ 《新唐书》卷222中《南蛮中》。
④ 《资治通鉴》卷255，懿宗咸通十年十二月。

共坎瘗。故泸州刺史杨庆复为耽治攻具、蔺石，置牢城兵，八将主之，树笆格，夜列炬照城，守具雄新。又选悍士三千，号'突将'，为长刀、巨挝斧，分左右番休，日隶于军，士心侈欲斗。而酋龙自双流徐行，内欲报董成之辱，因绐耽请上介至军议事。耽遣节度副使柳槃往见杜元忠议和，元忠妄言：'帝见耽，请具车盖葆翣。'槃未能决，还。蛮以三百骑负幄幕来，大言曰：'供帐隋蜀王听事，为骠信行在。'耽不许，乃驰去。蛮稍前，傅外郛。于是游弈使王昼督援兵三千屯毘桥；窦滂亦以其军自导江来，将与大军掎角，然战不甚力，小不胜即保广汉。自以失定边，觊成都陷，得薄其罪。会有诏斥徙，军遂无功。耽部将李自孝者，与刺史喻士珍善。士珍臣蛮，自孝阴与贼通，乃说耽城下莳苇稻，潴水颓城，举府不之觉。蛮攻城，自孝守陴，树麾以自表。麾所指，蛮辄攻之，为下所觉，耽杀自孝以徇。城左有民楼肆，蛮俯射城中，耽募勇士烧之，器械俱尽。二月，蛮以云梁、鹅车四面攻，士叫呼，鹅车未至，陴者以巨索钩系，投膏炬，车焚，箱间蛮卒尽死。耽遣李琦、张察率突将战城下，俘斩二千级。蛮撤民郭落为蓬笼如车挲，下设枕木，推而前，不及城丈，匿蛮其内以穴埔。杨忞以罂贮粪浑泼蛮，蛮不能处；注以铁液，蓬笼皆火。然南诏负众，益治器械，斧兵昼夜有声，将击锦楼，众失色。耽遣将出，三面苦战，蛮引却。蛮利夜晦，辄薄城，闻呼啸，众齐奋。城上施铁笼千炬，贼来不得隐，屯夫终夜哄，蛮不能侵。支详遣谍与约好，且谓耽毋多杀以速蛮和。是时，传言救师至，城中合噪开门，士争出迎军，南诏搏战不解。日入，判官程克裕以北门兵二千乘之，蛮乃走。耽犹遗之书，谢不得已交兵，且请和。士脱铠迎支详，详陈所赍，植二旗，署曰'赐云南币物'。谓蛮使者曰：'天子诏云南和解，而兵薄成都，奈何？请退舍撤警以修好。'或劝详：'蛮多诈，毋入死地。'详不行。蛮复围成都，夜穿西北隅，犁旦乃觉，即颓荽火于壖，蛮皆死穴中。以铁纽曳云軿仆之，燎作，少选尽，益固守"①。当成都在极为险恶的形势下苦苦支撑时，唐朝的诸道援军及定边军残部，相继抵达汉州。由于定边军节度使窦滂极力散布失败情绪，诸将信之，皆狐疑不进。在此危急时刻，懿宗任命左神武将军颜庆复为剑南东川节度使，统领援蜀诸军。颜庆复率兵进战，屡败南诏兵。酋龙自知不敌，撤营南奔。临行之际，大肆报复，"蛮俘华民，必劓耳鼻已，纵之，既而居人刻

---

① 《新唐书》卷222中《南蛮中》。

第五章 少数民族政权与巴蜀的关系

木为耳鼻者什八"①。咸通十四年（873），南诏再次进犯剑南西川，结果被黎州刺史黄景复击退，遂回寇黔南。黔中经略使秦匡谋兵少不敌，弃城奔荆南，懿宗下诏斩秦匡谋，籍没其家财。僖宗乾符元年（874）十一月，南诏又攻剑南西川，败黎州刺史黄景复。十二月，"南诏乘胜陷黎州，入邛崃关，攻雅州。大渡河溃兵奔入邛州，成都惊扰，民争入城，或北奔他州。城中大为守备，而堑垒比向时严固"②。南诏军队进至新津，见成都已严军固守，遂回兵。同月，唐廷任命高骈为剑南西川节度使。乾符二年（875）正月，高骈入蜀，先遣使至成都，"开城纵民出，各复常业，乘城者皆下城解甲，民大悦。蛮方攻雅州，遣使请和，引兵去"。高骈到达成都的第二天，"发步骑五千追南诏，至大渡河，杀获甚众，擒其酋长数十人，至成都，斩之。修复邛崃关、大渡河诸城栅，又筑城于戎州马湖镇，号平夷军，又筑城于沐源川，皆蛮入蜀之要路也，各置兵数千戍之。自是蛮不复入寇"③。酋龙在位期间，对安南和剑南西川的多次大规模入侵，给唐朝造成严重损失，宰相卢携曾这样评价说："咸通以来，蛮始叛命，再入安南、邕管，一破黔州，四盗西川，遂围卢耽，召兵东方，戍海门，天下骚动，十有五年，赋输不内京师者过半，中藏空虚，士死瘴疠，燎骨传灰，人不念家，亡命为盗，可为痛心！"④

唐僖宗乾符四年（877），南诏王酋龙死，其子隆舜继位，自号大封民，改元贞明承智大同，国号鹤拓。同年，剑南西川节度使高骈筑成都罗城。为了防止南诏乘虚入侵，高骈利用南诏崇信佛教的特点，派遣僧人景仙入南诏，劝说隆舜归附中国，并许诺妻以唐公主。然而当高骈将其事奏于朝廷，请求同意和亲时，却遭到朝臣的反对，其事遂寝。乾符五年（878），南诏遣其酋望赵宗政前往唐廷，请求和亲。宰相卢携同意和亲，郑畋则坚决反对，二人争执不下，皆罢宰相，和亲之事，仍未决定。僖宗又下诏征求剑南西川节度使崔安潜的意见，崔安潜也反对和亲。广明元年（880），陈敬瑄替代崔安潜为剑南西川节度使，奏请遣使南诏，许其和亲。此时，卢携复为宰相，极力支持和亲，其事遂定，由陈敬瑄致书南诏，告知其事。同年十二月，黄巢大军攻进长安，僖宗避

---

① 《新唐书》卷222中《南蛮中》。
② 《资治通鉴》卷252，僖宗乾符元年十二月。
③ 《资治通鉴》卷252，僖宗乾符二年正月。
④ 《新唐书》卷222中《南蛮中》。

图 5—6 南诏图传（局部）

乱入蜀。中和三年（883），"以宗室女为安化长公主，妻南诏"①。不过也有一种说法，认为安化长公主实际上并没有嫁给南诏王隆舜②。然而据康熙《蒙化府志·蒙氏始末》说："诸部酋长曰：'我主和亲息战，不动干戈，民得安宁，其德大矣。'因建殿塑像于巍山祀之。"其庙在云南巍山县东五里，至今犹存，称为嵯耶庙，亦名土主庙，中塑隆舜像，左右各塑一女，右为昆仑女，左为安化公主。由此看来，安化长公主应当嫁给了隆舜。

唐昭宗乾宁四年（897），隆舜在鄯阐城（今云南省昆明）被杨登弑杀，其子舜化贞继立，年号中兴。同年，舜化贞遣使至黎州，致书唐昭宗，欲与唐朝修好，"朝廷欲以诏书报之。王建上言：'南诏小夷，不足辱诏书。臣在西南，彼必不敢犯塞。'从之"③。天复二年（902），南诏权臣郑买嗣篡位，"既灭蒙氏而自立，改国号曰大长和"④，南诏亡国。5 年之后，唐朝亦亡。

---

① 《资治通鉴》卷 255，僖宗中和三年十月。
② 《新唐书》卷 222 中《南蛮中》。
③ 《资治通鉴》卷 261，昭宗乾宁四年十二月。
④ 杨慎：《滇载记》。

二、南诏在川西南地区的统治

南诏在其统治今川西南地区期间,先后建有会川都督府、建昌都督府和香城郡。

唐肃宗至德元年(756),南诏王阁罗凤在占领会同之后,置会川都督府,治所在今会理县城附近,通常由大军将担任都督职务。其后,改置会同府,"置五睑,徙张、王、李、赵、杨、周、高、段、何、苏、龚、尹十二姓于此。以赵氏为府主,居今州城。赵氏弱,王氏据之"①。会川都督府属于大府,南诏制度:"大府主将曰演习,副曰演览。"②僚属有陀酋,相当于书记。又有陀西,相当于判官。会同府管辖五睑。睑,亦称赕,相当于唐朝行政建置中的"州"。会川为一睑,"有蛮充刺史,称会川都督"③。会川以西有"诺赕"④,其地在雅砻江与安宁河的汇合处,即今米易县境内。诺赕以北是"边府睑"⑤,有"睑主杨大兰于睑北垲上立城,分派而居,名曰大隆城"⑥,元代称为隆州,其地在今德昌县境内。边府睑以北是"沙野睑"⑦,其地在今西昌县境内。会川以南10里有龙泥城,"即南诏清宁郡治也"⑧,大约也是一睑。

会川之地,原本为乌蛮和汉人杂居之处。南诏攻占会川后,汉人基本被迁走⑨,而白蛮十二姓则相继迁入该地区。南诏就是依靠这些迁来的白蛮,统治当地的乌蛮部落,所以会川府的府主,以及五睑的睑主,均出自这十二姓白蛮。南诏亡国后,会同府所管辖的乌蛮诸部,相继驱逐白蛮。其中会川以南的黎驱,原本是"乌蛮与汉人杂处,及南诏阁罗凤叛,徙白蛮守之。蒙氏终,罗罗逐去白蛮。段氏兴,令罗罗蛮乞夷据其地"⑩。会川东南的昔陀,"唐时,南诏属会川节度,地名昔陀,有蛮名阿坛绛,亦仲由蒙之遗种,其裔罗于则得昔陀地居

---

① 《元史》卷61《地理志》。
② 《新唐书》卷222上《南蛮上》。
③ 《蛮书》卷1《云南界内途程》。
④ 《蛮书》卷2《山川江源》。
⑤ 《元史》卷61《地理志》。
⑥ 《元史》卷61《地理志》。
⑦ 《读史方舆纪要》卷74《建昌卫·废泸州》。
⑧ 《读史方舆纪要》卷74《会川卫·永昌废州》。
⑨ 《南诏德化碑》。
⑩ 《元史》卷61《地理志》。

之，取祖名曰绛部，后强盛，尽有四州之地"①。仲由蒙即仲蒙由，为乌蛮之祖。只有会同府在南诏亡国后，仍为白蛮王氏所据。大理国时期，高氏专政，逐去王氏，以高政治会川。

嶲州的治所越嶲县，是在唐文宗时期被南诏占领。唐懿宗时，南诏在越嶲县设置建昌府，其地在今西昌县境内。建昌府与会同府一样，也是属于大府，但是在建昌府的管辖范围内，并没有设置"睑"一级行政机构，而是"以乌、白二蛮实之。其后，诸酋争长，不能相下，分地为四，推段兴为长"②。建昌府以北的龙么城，"唐末，吐蕃、乌、白蛮迭据其地"③。元代置礼州。龙么城以北的台登，"昔罗落蛮所居，至蒙氏霸诸部，以乌蛮酋守此城。后渐盛，自号落兰部，或称罗部"④。在台登以东，"蒙诏时，落兰部小酋阿都之裔居此，因名阿都部"⑤。元代以其地置里州，其地在今西昌以东300里，即今美姑与金阳二县之间。阿都部东南，又有乌蛮沙麻部，其地在今西昌以东400里，即今雷波县境内。建昌府的西南则有乌蛮阿屈之裔，号称屈部。南诏亡国后，建昌府所管辖的乌蛮诸部，逐渐控制了该地区，并将白蛮置于其统治之下。

嶲州昆明县，自墀都松时期被吐蕃攻占后，在相当长的时间里，一直为吐蕃所控制。唐玄宗开元十七年（729），唐军攻占其地。吐蕃赞普多次要求归还，而玄宗则认为："西南群蛮，别是一物，既不容于我，亦不专于吐蕃，自数十年来，或叛或附，皆所亲见，岂假缕言。往者此蛮背恩，侵我边鄙，昆明即嶲州之故县，盐井乃昆明之本城，今复旧疆，何废修筑。"⑥为防范吐蕃因索地不成而采取军事行动，唐朝先后设置昆明军、宁远军，抗击吐蕃的进攻。安史之乱爆发后，吐蕃与南诏联兵，于唐肃宗至德二年（757）攻占昆明，其地划归吐蕃，置西贡川节度。唐德宗贞元十一年（795），南诏攻拔昆明城，但不久又被吐蕃夺回。贞元十七年（801），昆明城的磨些蛮降附唐朝。大约在唐文宗大和三年（829），南诏最终夺得昆明城，改置香城郡，属剑川节度。香城郡由当地归顺南诏的磨些酋帅统治。

---

① 《元史》卷61《地理志》。
② 《元史》卷61《地理志》。
③ 《蜀中广记》卷34《边防记·建昌道》。
④ 《元史》卷61《地理志》。
⑤ 《元史》卷61《地理志》。
⑥ 张九龄：《敕吐蕃赞普书》，《全唐文》卷287。

第六章　农业和土地制度

　　农业是人类利用生物自身的生长机能，通过劳动去强化或控制生物的生命过程，从而获得适合社会需要产品的生产部门。因此，农业既是一种经济的再生产过程，同时也是一种自然的再生产过程。农业的这种特点，决定了农业生产既和社会生产力水平有关，同时也与一定的自然条件密不可分。在两晋南北朝隋唐时期，巴蜀地区因各地的自然条件和社会经济条件不同，农业生产呈现出明显的地域性差异。

　　土地是最重要的农业生产资料。两晋南北朝隋唐时期，土地的所有制形式有两种：一种是土地的私有制形式，主要是地主和小农占有的土地，唐律把它们统称为"私田"。此外，寺观的田产也属于私田的范畴。另一种是土地的国有制形式，唐律称之为"公田"，其中屯田是由官府直接经营的田土。

第一节　农作物的分布

　　巴蜀地域辽阔，横跨今青藏高原、横断山脉、四川盆地等地貌单元，地形复杂，气候多样，东部和西部的自然条件截然不同。东部地区的主体是四川盆地，周围群山环绕，四塞险固，盆地内丘陵广布，低山纵横，江河所形成的冲、洪积平原星罗棋布，其中位于盆地西部的成都平原是西南地区最大的平原。由于四川盆地土地资源丰富，土壤的自然肥力较高，加之地形封闭，所处纬度较低，因而气候温暖，降雨充沛，水热资源丰富，适宜于种植业的发展。巴蜀地区西部的主体是青藏高原东延部分和横断山脉的北段，其中川西北高原的平均海拔高度在4000米左右，地势高亢，气候寒冷，不利于农作物生长，但是这里牧草丰盛，水源充足，适宜于畜牧业的发展。在川西北高原的东部和南部，由于受到河流的强烈切割，形成南北走向的高山峡谷，属横断山脉北段。这里的气候呈垂直变化，在深切的河谷地区，热量资源较为充足，具有发展农耕的条件，而在谷坡和山地，只适宜畜牧。

由于自然条件具有显著的地域性差异，因而自秦汉以来，巴蜀东、西两大地区的农业结构就明显不同。东部的四川盆地及盆周山地以种植业为主，而西部的高原山地则以畜牧业为主。两晋南北朝隋唐时期，基本情况依然如此。由于农业结构不同，巴蜀东、西两大地区的作物品种及其分布也就存在着很大的差异。

以今四川盆地为中心的巴蜀地区东部，主要从事种植业，其中水稻是最重要的粮食作物。从热量条件上看，四川盆地适宜水稻生长，但是降雨量却不能充分满足水稻生长期所需要的水分，因为水稻的种植必须具备灌溉条件。其中位于四川盆地西部的成都平原，地平土厚，热量丰富，河流众多，灌溉便利，是整个巴蜀地区最适宜种植水稻的地方，早在秦汉时期，这里就已经是全国著名的水田稻作区。两晋南北朝时期，依然以种植水稻为主。入唐以后，随着水利事业的发展，水稻的种植范围，逐渐由成都平原向北扩大到地处涪江冲积平原的绵州，向南扩大到位于岷江冲积平原上的眉州。除此之外，在四川盆地中部与南部，由沱江、嘉陵江、长江等河流所形成的冲积平原上，也都有水稻的种植。唐人羊士谔在《郡中即事》诗中就说，资州一带是"稻畦残水入秋池"[1]，何扶《送阆州妓女归老》诗则有"十亩稻香新绿野"[2]之语。杜甫《夔州十绝歌》亦称："东屯稻畦一百顷，北有涧水通青苗。"[3]不过总的来看，水稻的种植地区，始终集中在成都平原及其毗邻的涪江冲积平原和岷江冲积平原，

---

[1]《全唐诗》卷332。
[2]《全唐诗》卷516。
[3]《杜诗详注》卷15。

其他地区的种植相当有限。其中在丘陵地区，由于地势起伏较大，灌溉不便，通常只能在河滩溪沟附近以及有陂塘潴水的地方种植水稻。唐人岑参所说的"水种新插秧，山田正烧畲"①，就是这种情况的真实写照。在长江河谷地区，水稻的种植更不普遍。入宋以后，依然如此，所以宋人说："峡路在巉岩险峻之中，其俗刀耕火种，惟涪、梁、重庆郡稍有稻田。"② 宋人范成大甚至说，夔峡地区的刀耕火种之民是"平生不识粳稻"③。至于川西高原，由于气候寒冷，不适宜水稻生长，基本上不种植水稻。在今川西南地区，则有稻的种植。晋人所著《永昌郡传》就说，越巂郡的川中平地"宜黍、稷、麻、稻、麦"。从唐代的情况看，该地区稻的种植，主要集中在今安宁河流域。

　　黍、粟是巴蜀地区最古老的旱地作物，《山海经·海内经》就说，都广之野有"膏菽、膏稻、膏黍、膏稷"。都广之野，即今成都平原。而在巴东的板楯蛮中，则流传着一首古老的民歌："川崖惟平，其稼多黍。旨酒嘉谷，可以养父。野惟皋丘，彼稷多有，嘉谷旨酒，可以养母。"④ 据《华阳国志》记载，巴西、梓潼、广汉、犍为四郡，均有"山原田"或"山田"。这些山田就是只能种植旱地作物的田土，所以《华阳国志》卷3《蜀志》说，犍为郡的牛鞞、资中二县，"多山田，少种稻之地"。其中黍、粟就是山田的主要栽培作物。爰及唐代，巴蜀地区仍然种植黍、粟。唐人陈子昂称其从祖父陈嗣在梓州射洪县的山田是"黍稷漠漠，汶阳之稼如云矣"⑤。杜甫在《大雨》诗中则说："西蜀冬不雨，春农尚嗷嗷……敢辞茅苇漏，已喜黍豆高"⑥。实行刀耕火种的畲田，同样也种植黍、粟，所以唐人白居易说，"忠州刺史以下，悉以畲田粟给禄食"⑦。然而从总体上来看，在唐代，黍、粟的种植，已经呈现出渐少的趋势，主要种植地区，集中在今四川盆地内的丘陵低山和盆周山区，其中畲田的种植较为普遍。在今川西北和川西南地区，亦有黍、粟的种植。

　　两晋南北朝隋唐时期，麦是巴蜀地区最重要的旱地作物。西晋惠帝永宁元

---

① 岑参：《与鲜于庶子自梓州成都少尹自褒城同行至利州道中作》，《全唐诗》卷198。
② 《舆地纪胜》卷174引《龟陵志·风俗门》。
③ 《范石湖集·诗集》卷16《劳畲耕并序》。
④ 《华阳国志》卷1《巴志》。
⑤ 《陈子昂集》卷6《梓州射洪县武东山故居士陈君碑》。
⑥ 《杜诗详注》卷9。
⑦ 《白氏长庆集》卷11《南宾郡斋即事寄杨万州》自注。

年（301），益州刺史罗尚为了控制将被遣返的六郡流民，"遣军绵竹，扬言种麦，实备邀逸"①。由此可知，当时在西蜀地区已经开始较大规模地种植麦类作物。而在岷江上游，由于地势高寒，"土地刚卤，不宜五谷，惟种麦"②。南北朝时期，麦的种植更为普遍，因此"麦饭"③也就成为蜀人的主食。在巴蜀地区的西部，占据着今川西高原东部的吐谷浑，"亦知种田，有大麦、黍、豆"④。位于今大渡河流域的嘉良夷及其以西的附国，"土宜小麦、青稞"⑤。入唐以后，麦的种植已经广布于巴蜀各地。在今成都平原，杜甫《为农》诗说："锦里烟尘外，江村八九家，圆荷浮小叶，细麦落轻花。"⑥ 在今盆中丘陵地区，羊士谔说，资州是"山蝉铃阁晚，江雨麦田秋"⑦。而在川东的群山硗确之中，"土石不分之处，皆种燕麦。春夏之交，黄遍山谷，土民赖以充食"⑧。实行刀耕火种的畲田，亦种植麦类作物，故元稹说："畲余宿麦黄山腹"⑨。位于今大渡河流域及其以西地区的东女国，则有"糟麦"⑩。由此可知，在巴蜀地区，凡是从事农耕的地方，皆有麦的种植，只是栽培的种类不尽相同。其中巴蜀地区东部，主要种植冬小麦和燕麦；巴蜀地区西部，主要种植耐寒的春小麦和裸大麦（青稞）。

芋作为一种可以救饥馑、度荒年的粮食作物，在巴蜀地区有着悠久的种植历史。早在战国时期就已经是"岷山之下沃壄，下有蹲鸱，至死不饥"。唐人颜师古注称："蹲鸱谓芋也，其根可食，以充粮，故无饥年。"《华阳国志》则称其为蹲鸱："汶山郡都安县有大芋如蹲鸱也。"⑪ 在晋代，蜀芋已经成为一种重要的粮食作物，晋人郭义恭《广志》就说："蜀汉既繁芋，民以为资。"⑫ 入唐以

---

① 《华阳国志》卷8《大同志》。
② 《华阳国志》卷3《蜀志·汶山郡》。
③ 《南史》卷55《罗研传》。
④ 《魏书》卷101《吐谷浑传》。
⑤ 《北史》卷112《附国传》。
⑥ 《杜诗详注》卷9。
⑦ 《全唐诗》卷332羊士谔《郡斋示一二道者》。
⑧ 《蜀中广记》卷64《方物志》。
⑨ 《全唐诗》卷415元稹《南昌滩》。
⑩ 《旧唐书》卷197《东女国传》。
⑪ 《汉书》卷91《食货志》及颜师古注。
⑫ 《齐民要术》卷2引。

后,芋的种植地区,逐渐从四川盆地西部扩大到整个四川盆地。王维《送梓州李使君》说:"汉女输橦布,巴人讼芋田"①,这是盆地东部有芋的记载。岑参《夜发五渡》诗有"芋叶藏山径"②之语,说明盆地北部也种芋。杜甫《秋日夔府咏怀奉寄郑监李宾客一百韵》则说:"紫收岷岭芋,白种陆池莲"③。可知盆地南部的夔峡一带,也有芋田。芋的品种很多,晋人郭义恭在《广志》中将其分为十四等,实际上只有水芋和旱芋两类。水芋,"叶如荷,长而不圆,茎微紫,干之,亦中食。根白,亦有紫者,其大如斗,食之味甘"④。由于水芋的根茎皆紫,故称紫芋,又称淡善芋,"易熟,长味,芋之最善者也"⑤,故唐人多称其美:"水甑朝蒸紫芋香"⑥。水芋不耐旱,"宜择肥缓土,近水处"⑦种之,主要分布在成都平原和有陂塘、潴水的丘陵地区。旱芋为蔓生植物。茎叶青绿,魁大,子繁多,虽然不及紫芋味美,但是产量极高,是丘陵山区的重要粮食作物。由于芋的种植非常普遍,唐政府对种芋的土地同样课以租税。卢纶《送盐铁裴判官入蜀》就说:"榷商蛮客富,税地芋田肥"⑧。中唐以后,剑南西川的"青苗税"也包括征收芋税⑨。

蔬菜作为重要的副食品,种植相当普遍。梁载言《十道志》就说,巴蜀地区有"蔬菜果实之饶"⑩。其中成都平原是最主要的蔬菜产地,"园圃瓜果,四节代熟,靡不有焉"⑪。中唐以后,成都平原蔬菜的商品性生产有很大发展,所以唐政府对该地区种植的蔬菜均课以重税。文宗大和四年(830),崔戎在《请勒停杂税奏》中说:"西川税科,旧有青苗,如茄子、姜、芋之类,每田或至七八百文,征敛不时,烦扰颇甚"⑫。此外,长江河谷地带气候湿热,无霜期甚

---

① 《王右丞集》卷5。
② 《全唐诗》卷200。
③ 《全唐诗》卷230。
④ 王祯:《农书》卷8《芋》。
⑤ 《齐民要术》卷2引郭义恭《广志》。
⑥ 《全唐诗》卷697韦庄《赠渔翁》。
⑦ 《齐民要术》卷2《种芋》。
⑧ 《全唐诗》卷276。
⑨ 崔戎:《请勒停杂税奏》,《全唐文》卷744。
⑩ 《汉唐地理书钞》梁载言《十道志》下。
⑪ 《华阳国志》卷3《蜀志》。
⑫ 《全唐文》卷744。

长,适宜多种蔬菜的生长,也是一个比较重要的蔬菜产区。由于长江航线是一条运输繁忙的交通干线,所以蔬菜的商品性生产也有一定程度的发展,沿江各地就有不少人是"以鬻蔬果自业"①。在山南西道,由于粮食作物的单产甚低,粮食普遍不足,蔬菜实际上是作为粮食的代用品而加以种植。

菱、莲作为池栽作物,主要分布在有陂塘和潴水的丘陵地区。在唐代,绵州出产的白藕还被列为土贡之物。然而成都平原却种植不广。直到宋代也还是如此,宋人吕大防就说:"余以蜀田仰溉官渎,不为塘埭以居水,故陂湖演漾之胜比它方为少。倘能悉为潴之,则蒲鱼之利,菱芡之饶,固不减于蹲鸱之助"②。

柑桔是南方特有的水果,既可食用,又可入药,在巴蜀地区有着悠久的种植历史。《史记》卷129《货殖列传》就说:"蜀汉江陵千树桔,其人与千户侯等"。据《华阳国志》记载,汉晋时期,柑桔的主要产地是巴东郡和犍为郡的南安县。到了唐代,柑桔仍然是一种广泛种植的经济作物。张蠙《送友尉蜀中》诗说:"人家多种桔,风土爱弹琴"③。皇甫冉在《送巏州班使君》诗中也说:"万岭岷峨雪,千家桔柚园"④。其种植范围几乎遍及整个四川盆地,是一种分布最广的水果,主要产地有简州、资州、绵州、梓州、普州、荣州、果州、合州、巴州、开州和夔州,即今四川盆地中部和东部的低山和丘陵地区。

荔枝是四川水果中的珍品,"树形团圆如帷盖,叶如冬青华如桔,朵如葡萄,核如枇杷,壳如红缯,膜如紫绡,瓤肉莹白如冰雪,甘如醴酪"⑤。主要分布在热量丰富的长江河谷地带。据《华阳国志》记载,汉晋时期,荔枝主要产于江阳郡、犍为郡僰道县和巴郡的江州县。入唐以后,扩大到戎州、泸州、渝州、涪州、万州和忠州。其中戎州的单产最高,"一树可收一百五十斗"⑥;涪州妃子园的质量最好,"颗最肥大"⑦。除了长江河谷地区,成都平原也出产荔

---

① 《太平广记》卷401《龚播》。
② 吕大防:《合江亭记》,《成都文类》卷43。
③ 《全唐诗》卷702。
④ 《全唐诗》卷250。
⑤ 《白氏长庆集》卷28《荔枝图序》。
⑥ 《元和郡县图志》卷31《戎州·僰道县》。
⑦ 何宇度:《益部谈资》卷上。

枝。张籍《成都曲》就说："锦江近西烟水绿,新雨山头荔枝熟"①。卢纶《送从舅成都县承广归蜀》诗也说："晚程椒瘴热,野饭荔枝阴。"②

花椒是巴蜀地区的著名土产,早在唐代以前,蜀椒就已经为世人所称道。在唐代,土贡花椒的地方有黎州和当州。

红花,"一名红兰,一名黄兰,以其花似兰也"③。这是一种重要的染料,也是制作蜡烛和车辆润滑剂的主要原料,具有较高的经济价值。在唐代,主要产地有梓州、汉州、蜀州、邛州和嘉州。

紫草既是中药材,也是一种紫色染料,"性不耐水,必须高田"④。在唐代,主要产地有益州和蜀州。

地黄既是"通血脉,益力气,利耳目"⑤ 的中药材,也是黄色染料。在唐代,主要产地在梓州。

巴蜀地区的重要经济作物还有桑、麻和茶叶、甘蔗,其分布情况,将在第七章中加以叙述。

在巴蜀地区西部,畜牧业是最重要的产业部门。其中位于今白水江上游的邓至羌及其以北的宕昌羌,均从事畜牧业,"收养牦牛、羊、豕以供其食"⑥。宕昌、邓至以西的吐谷浑部落,则是"自洮水西南极白兰数千里中,逐水草,庐帐居,以肉酪为粮"⑦。其后,占据该地区的党项诸部,同样是"畜牦牛、马、驴、羊,以供其食。不知稼穑,土无五谷"⑧。位于党项与附国之间的诸羌部落,"其风俗略同于党项"⑨,也是以畜牧业为主。地处大金川流域的东女国,"地寒宜麦,畜羊马,出黄金"⑩,应当属于半农半牧的部落。位于今川西南的巂州,土贡有"蜀马"⑪,其中分布在该地区的磨些蛮是"土多牛羊,一家即有

---

① 《全唐诗》卷382。
② 《全唐诗》卷276。
③ 《农政全书》卷40《杂种·红花》。
④ 《齐民要术》卷5《种紫草》。
⑤ 《唐·新修本草》卷6《草部上品·干地黄》。
⑥ 《魏书》卷101《宕昌传》。
⑦ 《宋书》卷96《鲜卑吐谷浑传》。
⑧ 《旧唐书》卷83《党项传》。
⑨ 《隋书》卷83《附国传》。
⑩ 《新唐书》卷221上《东女国传》。
⑪ 《新唐书》卷42《地理志》。

羊群"①，勿邓部落也是"土多牛马，无布帛"②。位于勿邓以东的昆明诸姓则是"随水草畜牧，夏处高山，冬入深谷"③，基本上只从事畜牧业。虽然巴蜀地区的西部均以畜牧业为主要产业部门，但是饲养的牲畜却不尽相同。其中牦牛是最具地域特色的畜种，然而牦牛却是一种耐寒怕热的牲畜，通常分布在海拔3000米以上的高寒地区，饲养牦牛的部落，主要集中在川西高原上。川西南地区的诸蛮部落，一般来说，只畜养黄牛。马的品种，似乎没有大的差别，虽然川西高原上的马要比川西南地区的马好得多，但是通常都被统称为"蜀马"④。羊则分为绵羊和山羊，其中绵羊主要产自今川西北高原，而川西南地区则以饲养山羊为主。

除了西部地区之外，巴蜀地区的东部也有畜牧业。据《华阳国志》记载，牛、马等大牲畜主要产自巴西郡和巴郡的垫江县。南北朝时期，巴蜀地区的"私马"甚多，据《梁书》卷22《鄱阳忠烈王恢传》记载："成都去新城五百里，陆路往来，悉订私马，百姓患焉，累政不能改。恢乃市马千匹，以付所订之家，资其骑乘，有用则以次发之，百姓赖焉。"而马的交易中心则在成都，远方商人多携带巨款前来购买。刘宋文帝元嘉年间，益州刺史刘道济的长史费谦等人，为了聚敛兴利，曾规定："马无善恶，限蜀钱二万"。由此造成"商族吁嗟，百姓咸欲为乱"⑤，并最终引发以赵广为首的大叛乱。入唐以后，由于法令禁止杀牛，马的使用也受到限制，从而使得巴蜀地区东部的大牲畜急剧减少，仅汉州土贡"蜀马"⑥。由于缺乏马匹，宣宗大中年间，剑南西川节度使白敏中在组建骑兵部队时，只能以骡为乘骑，故称"骡军"⑦。作为家庭副业所饲养的牲畜，主要是猪和鸡、鸭、鹅之类的家禽，羊、驴的饲养也不普遍。自隋代以后，兔、鸽亦成为巴蜀地区的家禽。"蜀中旧无兔、鸽，隋开皇元年蜀王杨秀镇益州，命左右赍往，鸽尚稀而兔已众矣。"⑧

---

① 《新唐书》卷222下《南蛮下》。
② 《新唐书》卷222下《南蛮下》。
③ 《新唐书》卷222下《南蛮下》。
④ 《魏书》卷101《吐谷浑传》。
⑤ 《宋书》卷45《刘道济传》。
⑥ 《新唐书》卷42《地理志》。
⑦ 《新唐书》卷119《白敏中传》。
⑧ 《太平寰宇记》卷72《剑南西道·益州》。

第二节 农业生产技术

农业生产技术，主要是指大田的耕作、栽培和育种等技术，这是人类把自然生长的农作物转化为社会需要产品的重要措施。巴蜀地区的粮食作物，主要有水稻和麦、粟等旱地作物。由于这两类作物的种植技术有所不同，因此巴蜀地区同时存在着两种不同的农业生产技术，一是水田稻作技术，二是旱作技术。

巴蜀地区有着悠久的水稻种植历史，早在先秦时期就已经是"有粳有稻"①。爰及唐代，仍以富产稻谷著称。在长期的栽培过程中，巴蜀地区逐渐形成许多水稻品种，通常把它们归为两大类，一类是带黏性的稻，称作糯稻，唐代眉州出产的秫米就属于这一类；一类是不带黏性的稻，称为粳稻，这是种植最广的一类水稻，也是蜀人的主食，所以又被称作"饭谷"②。如果按照成熟期来划分，则可以把水稻分为早熟、中熟和晚熟三大类。我国近代把农历六七月成熟的稻称为早稻，八九月成熟的稻称作中稻，十月成熟的稻叫作晚稻。按照这个标准，在唐代以前，巴蜀地区主要是种植早稻。晋人郭义恭在《广志》中说："青芋稻，六月熟；累子稻、白汉稻，七月熟。此三稻，大而且长，米半寸，出益州。"③入唐以后，巴蜀地区仍然有早稻。甚至到了宋代，早稻的种植，还是比较普遍。《龟陵志·风俗门》说，涪州、梁山军（治今重庆市梁平）、重庆府（治今重庆）等地，"五月早稻已熟，便可新食"④。苏东坡《眉山远景楼记》亦称："七月既望，谷藏而草衰。"⑤七月就已经收割完毕的稻谷，自然属于早稻品种。在唐代，巴蜀地区除了继续种植早稻外，也开始种植中、晚稻。杜甫在《暂往白帝复还东屯》诗中说："落杵光辉白，除芒子粒红。"⑥ 这是在吟咏一种被称作"红莲稻"的水稻品种。红莲稻"五月而种，九月而熟"⑦，属

---

① 扬雄：《益州牧箴》，《全蜀艺文志》卷44上。
② 《重修成都县志》卷3《食货志·物产》。
③ 《齐民要术》卷2《水稻》引。
④ 《舆地纪胜》卷174引。
⑤ 《东坡集》卷32。
⑥ 《杜诗详注》卷20。
⑦ 黄省曾：《理生玉镜稻品》。

于中晚稻,"米半有红粒,碓时红粒先白,其味甚香"①。直到清代,成都平原仍在种植红莲稻②。此外,韦庄《稻田》诗云:"绿波青浪满前陂,极目连云䅪䄲肥。"③ 䅪䄲是指䅪䄲稻,"其粒长而色斑,五月而种,九月而熟"④,也是一种中晚稻。入宋以后,䅪䄲稻的种植相当普遍。红莲稻、䅪䄲稻等中晚稻品种的育成和种植,是唐代巴蜀地区水稻生产技术的一大进步,它为两熟制的推广和普及起到了非常重要的作用。

巴蜀地区的水稻栽培技术,在唐代也有很大提高,其中以育秧移栽技术的普及最为重要。唐代以前,水稻多为直播。入唐以后,随着水稻种植面积的不断扩大,育秧移栽技术逐渐得到普及。杜甫《行官张望补稻畦水归》诗说:"插秧适云已,引溜加溉灌。"⑤ 岑参《与鲜于庶子自梓州成都少尹自褒城同行至利州道中作》亦有"水种新插秧"⑥之语。插秧就是育秧之后的移栽。育秧移栽不仅可以节约用水量,有利于在灌溉条件较差的地区扩大水稻种植面积,同时也能解决水稻播种与大、小麦收获期之间的矛盾,从而为水旱轮作的两熟制创造条件。

在唐代,水旱轮作制已经在巴蜀的水田稻作地区得到不同程度的普及。主要轮作复种的旱地作物有麦、黍、豆、蔬菜等,其中以蔬菜的轮作复种面积最大,所以中唐以后,剑南西川的青苗税,主要就是针对各种蔬菜的"税科"⑦。此外,粟、麦的轮作复种面积也不小。杜甫在《说雨》一文中说:"今西蜀十月不雨……冬麦枯黄,春种不入。"⑧ 可知在以种植水稻为主的西蜀地区,冬麦的种植已经较为普遍。事实上,当时西南地区实行稻与麦、粟轮作复种的地方相当多。其中位于巴蜀南面的黔中道䍧州(治今贵州省瓮安县境),"土热,多霖雨,稻粟再熟"⑨。地处巴蜀西南的云南,"水田每年一熟,从八月获稻,至十

---

① 《玉峰志》卷下《土产》。
② 《重修成都县志》卷3《物产》。
③ 《全唐诗》卷697。
④ 黄省曾:《理生玉镜稻品》。
⑤ 《杜诗详注》卷19。
⑥ 《全唐诗》卷198。
⑦ 崔戎:《请勒停杂税奏》,《全唐文》卷744。
⑧ 《全唐文》卷360。
⑨ 《新唐书》卷222下《南蛮下》。

第六章 农业和土地制度

一、十二月之交,便于稻田种大麦,三、四月即熟。收大麦后还种粳稻"①。由此可知,两熟制已经成为唐代西南地区一种较为普遍的耕作制度。

虽然以水旱轮作为基础的两熟制在西南地区渐次普及,但是各地的具体情况却大不相同。云贵高原的气候明显地分为雨季和旱季,因而可以在雨季种稻,旱季种麦,无需农业生产技术的太大改进。四川盆地则不同,冬干春旱的气候特点十分突出,这对冬作后期生长与前作的春播极为不利,要在这里实行两熟制,必须具备水利灌溉条件,并且解决前作收割与后作播种在时间上的矛盾,同时还要具有较高劳动生产率,才能适应两熟制的需要。这就要求整个农业生产水平有较大提高,方能克服不利的自然条件,推广和普及两熟制。在唐代,巴蜀地区东部的农业生产水平,已经达到这样的高度。以水利灌溉而言,唐代是巴蜀地区水利事业迅速发展的时期(详下)。从农业生产技术来看,由于中晚稻品种的栽培,育秧移栽技术的普及,基本上克服了前作收割和后作播种在时间上的矛盾。从劳动力来看,巴蜀不仅拥有丰富的劳动力资源,而且在提高劳动生产率方面,也具有独自的特点。宋人苏轼在《眉州远景楼》中说:

> 岁二月,农事始作。四月初吉,谷稚而草壮,耘者毕出,数十百人为农。立表下漏,鸣鼓以致众。择其徒为众所畏信者二人,一人掌鼓,一人掌漏,进退作止,惟二人之听。鼓之而不至,至而不力,皆有罚。量田计功,终事而会之。田多而丁少,则出钱以偿众。七月既望,谷藏而草衰,则仆鼓决漏,取罚金与偿众之钱,买羊豕酒醴以祀田祖。作乐饮乐,醉饱而去,岁以为常。②

虽然苏轼记叙的是宋代眉州的情况,但是这种击鼓薅秧的方法,早在汉代就已经在巴蜀地区出现③。入唐以后,依然盛行于成都平原。僧可朋的《耘田鼓诗》就记叙了当时成都郊区击鼓耘田的情况:"农舍田头鼓,王孙筵上鼓,击鼓兮皆为鼓,一何乐兮一何苦。上有烈日,下有焦土。愿我天翁,降之以雨。

---

① 《蛮书》卷7《云南管内物产》。
② 《东坡集》卷32。
③ 刘文杰、余德章:《四川汉代陂塘水田模型考述》,《农业考古》1983年第1期。

令桑麻熟，仓箱富。不饥不寒，上下一般。"① 这种以互助为原则的劳动组合，有效地提高了劳动生产率，从而解决了两熟制生产需要投入更多劳动力的问题。

概而言之，在唐代，由于农业生产水平的提高，以今成都平原为中心的水田稻作地区，已经逐渐普及以水旱轮作为基础的两熟制。

巴蜀地区的旱作技术，存在着显著的地域性差异。在唐代，成都平原周围的丘陵山区，以及盆中丘陵的部分地区，土地连种已经得到普及，旱作技术也较为成熟，普遍采用深耕，并注意选用良种，所以泸州刺史冼宗礼在向当地少数民族推广种麦技术的时候，就是"给嘉种，喻以深耕"②。由于降雨充沛，在这里种植旱地作物，最忌水湿，因此普遍采用垄作法。这种耕作方法就是在耕田整土之后，起土成垄，然后再清理出垄沟，耐旱的粮食作物种在垄台上，故资州刺史羊士谔有"萋萋麦陇杏花香"③ 的吟咏。而在垄沟里则间种各种蔬菜和芋，"春风麦陇连蛮芋"④，就是指麦、芋间作。同时，桑间种植也较为普遍。高适《同群公题张处士菜园》诗说："耕地桑柘间，地肥菜常熟。"⑤ 薛曜《登绵州富乐山别李道士策》则说："云雾含丹景，桑麻复细田。"⑥ 薛逢《芙蓉溪送前资州裴使君归宁拜户部裴侍郎》亦有"桑柘林枯乔麦干"⑦ 之语。同时，以旱作为基础的轮作复种制也相当普遍。《太平寰宇记》卷181《车师国·土俗物产》说，车师国与"益州相似，谷麦再熟"。在凤州两当县，有一条尚婆水，"川中有鸟群飞，二月从北向南，八月从南还北；音如箫管，俗云伎儿鸟。春来则种禾，秋去则种麦，人常以为农候"⑧。由此可知，在四川盆地西部及其邻近地区，以粟、麦为主的轮作复种，已经成为普遍采用的农作制度。间作和轮作复种的普及，标志着唐代巴蜀地区的旱作技术有了进一步的提高。

在今四川盆地东部的三巴之地，农作技术本来和西蜀没有太大的差异，但是在僚人大规模迁入该地区后，农业生产便倒退至刀耕火种的粗放农作阶段。

---

① 《全唐诗》卷849。
② 《舆地纪胜》卷153引唐人李商隐《请留泸州刺史状》。
③ 羊士谔：《野望》，《全唐诗》卷332。
④ 《舆地纪胜》卷146《嘉州府·总嘉州诗》。
⑤ 《高常侍集》卷8。
⑥ 《全唐诗》卷882。
⑦ 《全唐诗》卷548。
⑧ 《元和郡县图志》卷22《兴元府·凤州》。

第六章 农业和土地制度

入唐以后，依然是"梁、汉之间，刀耕火种"①。此外，长江沿线也是刀耕火种盛行的地方。其中泸州是"每岁畲田，刀耕火种"②，涪州是"均输问火田"③，夔州是"烧畲度地偏"④。所以宋人说："峡路在巉岩险峻之中，其俗刀耕火种"⑤。刀耕火种的农作技术非常简陋，基本上只有播种和收获两个生产环节。在播种之前，先选好一块适当的山林，砍倒树木，经过一段时间的日晒，待其干燥之后，再选择一个即将下雨的日子，上山焚烧所砍伐的草木，把荒场清理为田土，并利用烧荒后留下的草木灰做肥料，在土质尚温的时候，用畲刀掀开土层，播下粟、麦等种子。由于山林坡度较大，通常不进行耕作，所以元稹说"田仰畲刀少用牛"⑥，宋人陈贯也指出："畲刀是日用之器，川峡山险，全用此刀开山种田，谓之刀耕火种。"⑦播种之后，一般不进行田间管理，"田畴付火罢耘锄"⑧。待到作物成熟时才上山去收获。关于这种刀耕火种的农作过程，唐人刘禹锡在《畲田行》一诗中有相当具体的描述：

何处好畲田，团团缦山腹。钻龟得雨卦，上山烧卧木。惊麏走且顾，群雉声咿喔。红焰远成霞，清烁飞入郭。……下种暖灰中，乘阳拆牙蘖。苍苍一雨后，苕颖如云发。巴人拱手吟，耕耨不关心。由来得地势，径寸有余金。⑨

这种刀耕火种的畲田，通常只种一年，就要撂荒，所以要"每岁畲田，刀耕火种"⑩。撂荒的土地需要经过若干年的时间，待草木复生之后，才能再次砍伐焚烧，成为畲田。因此，刀耕火种实际上还是一种轮歇式的农作方法，畲田也不是连续使用的固定耕地。

---

① 《旧唐书》卷117《严震传》。
② 《太平寰宇记》卷88《泸州·风俗》。
③ 戴叔伦：《新至涪州先寄王员外使君纵》，《全唐诗》卷273。
④ 《杜诗详注》卷19《秋日夔府咏怀奉寄郑监李宾客一百韵》。
⑤ 《舆地纪胜》卷174《涪州·风俗》。
⑥ 元稹：《酬乐天得微之诗知通州事因成四首》，《全唐诗》卷416。
⑦ 《宋会要辑稿·兵》26之26～27。
⑧ 元稹：《酬乐天得微之诗知通州事因成四首》，《全唐诗》卷416。
⑨ 《全唐诗》卷354。
⑩ 《太平寰宇记》卷88《泸州·风俗》。

第三节 水利灌溉

水利灌溉是人类在农作物生长时期补偿降水不足所采取的措施。从四川盆地的情况来看,影响农作物生长的一个重要因素就是年降水量的季节分配不均。在冬季和春季,四川盆地的气温较高,降水偏少,冬干春旱严重。初夏季节,盆地西部又因大雨来得较晚,常出现夏旱。盆地中部和东部则因盛夏多高温天气,降水较少,伏旱现象也十分突出。从两晋南北朝隋唐时期关于巴蜀地区灾害性气候的记载中也可以看出,干旱的危害性极大。其中最严重的一次干旱发生在唐高宗总章二年(669)七月,"剑南益、泸、巂、茂、陵、邛、雅、绵、翼、维、始、简、资、荣、隆、果、梓、普、遂等一十九州旱,百姓乏绝,总三十六万七千六百九十户"①。因此,要在巴蜀地区稳步发展农业,必须兴建水利工程,以便保证农作物在生长期间能够得到足够的水分。

巴蜀地区的水利灌溉事业,源远流长,入唐以后,又有新的发展。然而水利工程深受地理条件的制约,所以各地区的发展状况又极不平衡。

成都平原位于四川盆地西部的龙门山和龙泉山之间,面积为7337平方公里。它是由从龙门山出口的岷江、湔江、石亭河、绵远河、斜江、糦江和南江等8条主要河流所形成的冲洪积扇联缀而成的平原,地势由西北向东南倾斜,平均坡降在3‰~6‰之间。平原的南端和北端,主要是台地和丘陵,其间也有一些河谷平原,较为重要的有位于南端眉山、彭山一带的岷江冲积平原,位于北端江油、绵阳附近的涪江冲积平原。成都平原河流众多,地势微微倾斜,具有发展自流灌溉的优越条件。自秦代李冰兴建都江堰水利工程之后,这里的水利事业一直比较发达。两晋南北朝时期,尽管成都平原多次发生战乱,但是都江堰水利工程仍然得以保存下来,并未湮废。入唐以后,成都平原及其毗邻的岷江冲积平原和涪江冲积平原先后兴建了多项水利工程,形成自秦汉之后又一个大规模发展水利事业的高潮。

太宗贞观元年(627),高士廉出任益州大都督府长史,开始大规模地扩建

---

① 《旧唐书》卷5《高宗纪》。

都江堰水利工程。"于故渠外,别更疏决,蜀中大获其利"①。同年,绵州神泉县(治今四川省安县境)建成折脚堰,"引水溉田";绵州龙安县(治今四川省安县境)则修筑云门堰,"决茶川水溉田"。②

太宗贞观六年(632),绵州魏城县(治今四川省绵阳市境)修洛水堰,"引安西水入县,民甚利之"③。

高宗永徽五年(654),绵州罗江县令白大信置茫江堰,"引射水溉田"④。

高宗龙朔年间,彭州导江县筑百丈堰,"引江水以溉彭、益田"⑤。

高宗时期,汉州雒县令张知古修复利用金雁、白鱼二水的灌溉设施,"川浍始通,人得就耕矣"⑥。

武周时期,彭州刺史刘易从"决唐昌沱江,凿川派流,合堋口埌歧水,溉九陇、唐昌田"⑦。

武周垂拱四年(688),绵州刺史樊思孝、巴西县令夏侯奭重开广济陂故渠,"引渠溉田百余顷"⑧。

武周长安初年,彭州导江县又建"小堰"⑨,引岷江水以资溉灌。

玄宗开元二十八年(740),剑南道采访使章仇兼琼开远济堰,"自新津邛江口引渠南下百二十里,至(眉)州西南入江","分四筒穿渠,溉眉州通义、彭山之田","有通济大堰一,小堰十。"⑩ 此外,章仇兼琼还在眉州筑蟆颐堰,"因蟆颐山筑堤,障蜀江水,溉眉山、青神田。分东、中、西三大堰,大小筒口百余道"⑪。玄宗天宝年间,章仇兼琼又在成都北郊的万岁池"筑堤积水溉田"⑫。

---

① 《旧唐书》卷65《高士廉传》。
② 《新唐书》卷42《地理志》。
③ 《新唐书》卷42《地理志》。
④ 《新唐书》卷42《地理志》。
⑤ 《新唐书》卷42《地理志》。
⑥ 《陈子昂集》卷5《汉州雒县令张君吏人颂德碑》。
⑦ 《新唐书》卷42《地理志》。
⑧ 《新唐书》卷42《地理志》。
⑨ 《新唐书》卷42《地理志》。
⑩ 《新唐书》卷42《地理志》。
⑪ 嘉庆《四川通志》卷23《舆地·堤堰》。
⑫ 《新唐书》卷42《地理志》。

第六章　农业和土地制度

玄宗天宝二年（743），成都县令独孤戒盈在成都南郊修官源渠，"堤百余里"①。

德宗贞元二十一年（805），绵州罗江县令韦德筑杨村堰，"引折脚堰水溉田"②。同年，汉州刺史卢士玾又在雒县"立堤堰，溉田四百余顷"③。

文宗大和年间，荣夷人张武等百余家在眉州青神县开鸿化堰④，"凿山酾渠，溉田二百余顷"⑤。

僖宗乾符年间，剑南西川节度使高骈在成都西郊"筑堤鄣江，号縻枣堰"⑥。此外，又筑"罗城堰"⑦。

僖宗时期，眉州刺史张琳重修章仇兼琼在开元年间兴建的远济堰，从蜀州新津县南的修觉山"浚故址，至眉州西南，合于松江"⑧，改名通济堰。

上述水利建设，大致可以分为三种情况。一是扩建都江堰水利工程，增加灌溉面积，这类工程主要集中在彭州和成都府（益州）境内。二是在成都平原北部的涪江冲积平原上兴建灌渠，这类水利设施主要集中在绵州和汉州境内，其中绵州境内的工程项目最多。三是在成都平原南面的岷江冲积平原上兴建堤堰，包括远济堰、蟆颐堰、鸿化堰和通济堰，它们全都用于灌溉眉州境内的农田。在这三类水利建设中，最值得注意的是第二类和第三类，因为它们表明唐代巴蜀地区的自流灌溉范围，已经从成都平原向北扩大到绵州境内的涪江冲积平原，向南扩大到眉州境内的岷江冲积平原。

大规模兴建水利工程，使得成都平原及其毗邻的岷江冲积平原和涪江冲积平原的灌溉面积迅速扩大。其中，远济堰"溉田一千六百顷"⑨，鸿化堰"溉田二百余顷"，蟆颐堰"共溉田七万二千亩有奇"⑩，通济堰"溉田一万五千顷"⑪，

---

① 《新唐书》卷42《地理志》。
② 《新唐书》卷42《地理志》。
③ 《新唐书》卷42《地理志》。
④ 《新唐书》卷42《地理志》。
⑤ 《新唐书》卷42《地理志》。
⑥ 何涉：《縻枣堰刘公祠堂记》，《宋代蜀文辑存》卷11。
⑦ 嘉庆《四川通志》卷23引宋人吴师孟《导水记》。
⑧ 《十国春秋》卷40《前蜀·张琳传》。
⑨ 《新唐书》卷42《地理志》。
⑩ 嘉庆《四川通志》卷23《舆地·堤堰》。
⑪ 《十国春秋》卷40《前蜀·张琳传》。

第六章 农业和土地制度

广济陂"溉田百余顷"[1],卢士瑅在汉州雒县兴建的水利工程可以"溉田四百余顷"[2],章仇兼琼在成都北郊的万岁池筑堤引水"溉三乡田"[3],独孤戒盈在成都南郊开凿的官源渠"堤百余里"[4],刘易从在彭州兴建的灌渠"溉九陇、唐昌田"[5]。如果再加上其他灌溉情况不详的水利工程,以及唐代以前就已经建成的都江堰、蒲江大堰[6]、绵竹江堰[7]等等,可以认为,在唐代,成都平原及其毗邻的岷江冲积平原和涪江冲积平原的大部分地区,都在不同程度上得到灌溉之利,从而形成一个以自流灌溉为基础的水田稻作区。

唐代的成都平原,不仅在兴建水利工程方面颇有建树,而且在维修、管理这个庞大的灌溉网渠方面,亦形成一套独特的"岁修"制度。杜光庭《道教灵验记·武昌人醮水验》说:

> 武昌人寓居蜀之青城。其邑每岁修竹落之堰,以堤川防水。赋税之户,轮供其役。武昌人是岁籍在修堰之内,邑吏第名,分地以授之。自冬始功,讫岁而毕……蜀之田畴既广,租赋是资,所修堤堰二百余里,或少有怠废,则垫溺为灾。[8]

这种以"赋税之户,轮供其役"的岁修制度,就是在每年冬季,利用枯水和农闲的机会,分段维修堤堰和灌渠,更换筑堤用的"竹落",清除淤积的泥沙,防止堤堰"垫溺为灾"。岁修制度的确立,使得成都平原的水利工程能够长期发挥作用,从而为该地区农业生产的稳步发展奠定了坚实的基础。

在四川盆地中部,龙泉山和华蓥山之间,丘陵广布,低山纵横。其中北部地区多为低山和深丘,中部以方山丘陵和台状丘陵为主,南部则为浅丘带坝地形。这里水低田高,引灌条件甚差,难以发展自流灌溉。即使兴建了引水工程,

---

[1] 《新唐书》卷 42《地理志》。
[2] 《新唐书》卷 42《地理志》。
[3] 《新唐书》卷 42《地理志》。
[4] 《新唐书》卷 42《地理志》。
[5] 《宋史》卷 386《王刚中传》。
[6] 《华阳国志》卷 3《蜀志》。
[7] 洪适:《广汉太守沈子琚绵竹江堰碑》,《隶释》卷 5。
[8] 《云笈七籤》卷 121。

也不能使之长期发挥作用。

唐高祖武德初年，陵州籍县（治今四川省仁寿县境）兴建汉阳堰，"引汉水溉田二百顷，后废。文明元年，令陈充复置，后又废"①。

高宗龙朔二年（662），剑州阴平县令刘凤仪开利人渠，"引马阁水入县溉田，宝应中废。后复开，景福二年又废"②。

有唐一代，四川盆地中部丘陵山区兴建的引水工程仅此二项，结果都是屡兴屡废，难以持久，这和成都平原上的水利工程形成鲜明对比。

在唐代，我国已经采用机械提灌的方法，用以解决丘陵山区的农田用水问题。日本《类聚三代格》卷8《太政府符·应作水车事》说："耕种之利，水田为本。水田之难，尤其旱损。传闻唐国之风，渠堰不便之处，多构水车。无水之地，以斯不失水利。"唐人陈廷章在《水轮赋》中，还对当时水车的结构和功能作了具体的描述③。在巴蜀地区也有关于使用水车的记载，段成式《酉阳杂俎·前集》卷6《乐》说，唐宪宗元和年间，蜀将军皇甫直为了从池中寻找东西，"遂集客，车水竭池，穷池索之"，这就是使用人力水车戽干池水的记载。前蜀花蕊夫人的《宫词》则有"水车踏水上宫城，寝殿檐头滴滴鸣"④之句。但是在农业生产中，却没有普遍使用水车。即使到了南宋，水车在四川农村中也还不多见⑤。因此，尽管唐代已经出现了水车，但是在巴蜀地区的农村中并没有得到推广和普及。

在四川盆地的丘陵地区，自汉晋以来，一直是利用潴水和陂塘池水灌溉农田。在众多的潴水之中，阆中县的彭道将池最为著名，自汉代以来，这里一直是"堰大斗、小斗之水以灌田"⑥。入唐以后，依然如此，故杜甫在《南池》诗中称其为"万顷浸坤轴"⑦。此外，资州的百枝池也是周长六十里的潴水地，唐太宗贞观六年（632），"将军薛万彻决东使流"⑧，以资溉灌。除了这些自然形

---

① 《新唐书》卷42《地理志》。
② 《新唐书》卷42《地理志》。
③ 《全唐文》卷948。
④ 《全唐诗》卷798。
⑤ 居涧：《水利》，《百衲集》卷6。
⑥ 《保宁府志》卷9《舆地志·堤堰》。
⑦ 《杜诗详注》卷13。
⑧ 《新唐书》卷42《地理志》。

成的潴水之外，大量的陂塘则是人工开凿的蓄水池。汉晋时期，这类陂塘在丘陵地区已经相当普遍。据《华阳国志》记载，巴郡江州县（治今重庆）、蜀郡广都县（治今四川省双流）、广汉郡德阳县（治今四川省遂宁）、犍为郡南安县、江阳郡汉安县（治今四川省内江），均有陂池或鱼池。入唐以后，陂池仍然是丘陵地区农田用水的主要来源。陂塘池水除了灌溉农田之外，还可以养鱼、种莲、栽菱，具有多种经济效益，但是也存在着明显的问题。由于这类陂塘主要是蓄积雨水，因而蓄水保水能力较差，通常只能调节农田用水，很难起到抗旱防涝的作用。"五日不雨枯，十日不雨槁，丰年常少，而凶年常多。"①

在四川盆地东部，华蓥山和方斗山之间，分布着一系列南北走向的山脉，岭谷相间，平行排列，长江由西南至东北流贯这块平行岭谷区。这里地形复杂，水源缺乏，不便兴建水利工程。汉晋时期，畜牧业还是非常重要的产业部门，据《华阳国志》卷1《巴志》记载，巴西郡和巴郡垫江县，均盛产马、牛。自僚人进入该地区后，农业生产基本上是刀耕火种，完全依赖自然降水以满足作物生长所需的水分。入唐以后，随着僚人的汉化及耕作方式的改变，个别地方开始兴建陂塘，蓄水灌溉农田。此外，在"土地多泉"②的长江河谷地区，还"以竹筒相接，引岩泉于屈曲鸟道之间"③，利用泉水灌溉田土，正如杜甫所说："通竹溜涓涓，堑抵公畦棱"④。用竹筒引来的泉水，不仅用于灌溉，同时也是生活用水的主要来源。杜甫在《示僚奴阿段》一诗的自注中就说："此命阿段理筒引水，以济消渴也。"⑤ 这类兼供饮水的连筒引水法，虽然在夔州一带相当普遍，但是所能灌溉的农田却非常有限。

位于四川盆地北缘的米仓山、大巴山地区，"山谷郁律，疏导较难"⑥，基本上没有兴建水利工程。入宋以后，利州路（治今陕西省汉中）也只有水利田一处⑦。至于今川西北高原和川西南地区，当地的少数民族主要从事畜牧业，同样也没有兴建水利工程。

---

① 丁度正：《巴州社仓记》，《全蜀艺文志》卷34下。
② 《舆地纪胜》卷177《万州·风俗形胜》。
③ 《草堂诗稿》卷29《园人送瓜》注。
④ 《杜诗详注》卷19《秋日夔府咏怀奉寄郑监李宾客一百韵》。
⑤ 《杜诗详注》卷15。
⑥ 《保宁府志》卷9《舆地志·堤堰》。
⑦ 《宋会要辑稿·食货六一》。

第六章 农业和土地制度

第四节 农业生产的发展

　　两晋南北朝隋唐时期，巴蜀地区的农业生产，经历了复杂而多样的变化。西晋武帝开国之后，"厉精于稼穑"①，蜀汉后期赋役繁重、百姓疲敝的状况有所改善，农业生产也逐渐恢复。然而自西晋惠帝以后，入蜀的六郡流民起兵反晋，土著居民大量外逃，城邑皆空，野无烟火，巴蜀地区的农业生产遭到毁灭性打击。在成·汉政权统治期间，一方面将人口集中到三蜀地区，另一方面又采取轻赋薄徭的政策，努力恢复农业生产，从而使得三蜀的农业得到一定程度的恢复。南北朝时期所说的益州民物殷阜，基本上就是指三蜀地区。而在三蜀以外的地方，由于原土著居民大量流徙外迁，许多地方都成为空荒之地，来自牂牁的僚人便成为这些地方的主要居民。然而此时的僚人还处在渔猎经济时代，其结果便是农业生产的严重衰退。在南北朝时期，僚人开始向农耕过渡，种植业逐渐得以恢复。可是当时的南、北诸政权对于巴蜀地区，基本上都是采取类似殖民主义的统治政策，由此导致社会长期动荡不安，农业生产的恢复与发展极为缓慢。入唐以后，巴蜀地区的农业生产才真正取得了实质性的发展。然而由于各地的自然条件和社会条件不尽相同，农业生产的发展也存在着很大的差异。

　　成都平原是巴蜀最适宜农耕的地区之一，也是四川盆地内最早从事农业生产的地方。大约在春秋时期，蜀王杜宇就已经在这里"教民务农"②。战国后期，秦灭蜀国，蜀守李冰又兴建都江堰水利工程，"溉灌三郡，开稻田。于是蜀沃野千里，号为陆海"③，成为全国著名的水田稻作区。两汉时期，成都平原的农业生产继续发展，所以诸葛亮说："益州险塞，沃野千里，天府之土。"④ 优越的自然条件，悠久的农耕历史，较高的农业生产技术，以及秦汉时期建成的都江堰灌溉系统，构成了成都平原农业生产的基础。正因为如此，两晋南北朝

---

　① 《晋书》卷26《食货志》。
　② 《华阳国志》卷3《蜀志》。
　③ 《华阳国志》卷3《蜀志》。
　④ 《三国志》卷35《蜀书·诸葛亮传》。

第六章 农业和土地制度

时期，虽然成都平原多次发生战乱，但是在每次战乱之后，农业生产总是能够迅速恢复，所以《南齐书》卷15《州郡志》说，益州"土环富，西方之一都焉"。入隋以后，依旧是"蜀土沃饶，人物殷阜"①。隋唐之际，这里又"独无寇盗"②，仍然是"闾里富于猗陶，菽粟同于水火"③ 的"奥区"④。入唐以后，成都平原主要通过提高农业生产力，继续推动农业生产的发展。在我国传统的农业生产中，兴建水利工程，改变耕作方式，引进新的作物品种，扩大复种面积，都能在不同程度上提高农业生产力。从唐代成都平原的情况来看，兴建水利工程和扩大复种面积，无疑是该地区农业生产得以迅速发展的主要原因。由于大规模地兴建水利工程，成都平原的水稻播种面积不断扩大，粮食产量迅速增加，从而成为全国著名的粮食产区，蜀人陈子昂就说这里是"人富粟多，顺江而下，可以兼济中国"⑤。每当关中发生饥馑时，不仅要从成都平原调运大批粮食进行接济，而且关中地区的"衣冠士庶，颇亦出城，山南、剑南，道路相望，村坊市肆，与蜀人杂居，其升合斗储，皆求于蜀人"⑥。此外，剑南、陇右驻军的粮饷，也主要依靠成都平原供给。由于轮作复种的普及，成都平原的土地利用率大幅度提高，粮食作物以外的各种经济作物的产量不断增加，所以唐人无不赞美这里是"土地膏腴，物产繁富"⑦ 的天府之地。正是由于农业生产力的不断提高，唐代的成都平原，不仅是巴蜀地区农业发展最快的地方，也是全国农业最发达的地区之一。

与成都平原相毗邻的地区，农业生产的发展又有其各自的特点。在唐代，地处涪江冲积平原的绵州和位于岷江冲积平原的眉州，由于大规模地兴建水利工程，水稻种植面积不断扩大，粮食生产有了较大的发展。但是在缺乏水利灌溉的丘陵山区，农田用水却十分困难，以至后来的《邛州志》说："岁旱祈雨，有打泉之说，田至百十丈，高远者，接长竹引水溉之，或接到六七十竹者。"⑧

---

① 《资治通鉴》卷175，宣帝太建十三年九月。
② 《资治通鉴》卷199，太宗贞观二十三年六月。
③ 高祖：《定户口》，《全唐文》卷1。
④ 温大雅：《大唐创业起居注》卷3。
⑤ 《陈子昂集》卷9《谏讨雅州生羌书》。
⑥ 高适：《请罢东川节度使表》，《全唐文》卷357。
⑦ 杜甫：《为阆中王使君进论巴蜀安危表》，《全唐文》卷359。
⑧ 《蜀中广记》卷56引。

因此只能种植低产的旱地作物，粮食产量远远低于平原地区。然而这些丘陵山区却适宜茶树的生长，中唐以后，这里的茶业迅速兴起，成为巴蜀地区茶叶的主要产地，同时也是全国七大茶叶产区之一。茶叶具有很强的商品性，大规模地种植茶树，不仅改变了丘陵山区农业落后的状况，同时也使得这些产茶之地成为巴蜀农业中商品性生产发展最快的地方。（详见第七章）

四川盆地中部、东部和盆周山区，农耕条件比成都平原差，农业生产水平历来就不如成都平原。汉晋时期，畜牧业在这里还占有相当大的比重。自成·汉政权以后，这里又成为以僚人为主的少数民族聚居地。这些少数民族的生产力水平普遍低下，农业生产十分落后，渔猎经济还占有重要地位，许多地方还是尚未开发的空荒之地。北周以后，逐渐在这些少数民族聚居地设置州郡县，从而使得僚人等少数民族与汉族的交往日趋频繁，关系逐渐密切。在汉族文化的影响下，僚人等少数民族逐渐汉化，"衣服、言语、居住殆与华不别"①。一些原来只从事渔猎的部族也转而从事农耕②。入唐以后，为了加强对僚人的控制，李唐王朝发动了大规模的征服战争，开置了更多的州县，使得原来与汉族交往较少的"生僚"也开始与汉族相融合。随着少数民族的汉化，农业逐渐取代渔猎，成为最重要的产业部门。例如，唐代初期，遂州之地还是"人多好猎采，捕虫鱼"③，中唐以后，则"号为沃野，皆有重赋"④；唐代前期还是"野人半巢居"⑤的利州，德宗贞元年间，已经是"耕夫陇上谣，负者途中歌。处处川复原，重重山与河。人烟遍畲田，时稼无闲坡"⑥。除了少数民族因接受汉族的生产方式而从事农耕以外，汉族人民对丘陵山区的开发同样作出巨大的贡献。有唐一带，汉族民众曾多次大规模地迁入四川盆地中部、东部和盆周山区。唐代前期，成都平原的农民因不堪赋役繁重、官吏贪暴而大规模地逃往封建统治较为薄弱的丘陵山区。武周圣历元年（698），蜀人陈子昂上书说："今诸州逃走户，有三万余，在蓬、渠、果、合、遂等州山林中，不属州县"⑦。其后，官府

---

① 《隋书》卷29《地理志》。
② 《续高僧传》卷29《周益州沙门释僧崖传》。
③ 《蜀中广记》卷90《高僧传·附录》。
④ 《樊川文集》卷18《陆绍除信州刺史、封戴除遂州刺史、郑宗道除南郑县令等制》。
⑤ 杜甫：《五盘》，《全唐诗》卷218。
⑥ 欧阳詹：《益昌行并序》，《全唐诗》卷349。
⑦ 《陈子昂集》卷8《上蜀川安危事》。

又先后在这些逃户、侨户集中的地方开置新县，重新把他们置于封建统治之下。武周长安四年（704），由于"大足川侨户辐凑"①，合州刺史陈靖意在这里设置了铜梁县。玄宗开元二十一年（733），"璧州三县耆老状论，太平、曲水、王福村界，东南连达州，即为浮游所集，州县不便，请置邑，就以抚之。由是敕许置太平县，因取彼太平川以名为。天宝十年改为东巴县"②。玄宗天宝年间，"诸州逃户"多迁往渝州的重璧山一带"营种"，肃宗至德二年（757），在这里置璧山县③。安史之乱爆发后，巴蜀人口大量流亡，其主要去向，仍然是边远山区，所以杜甫说他们是"东至集璧西梁洋"④。与此同时，中原民众也因战乱而不断迁徙到剑南三川。爰及唐末，中原板荡，北方人士大量涌入巴蜀地区。"是时，唐衣冠之族多避乱在蜀。"⑤ 而普通的庶民百姓也大批入蜀避乱，所以宋代四川官僚在修撰族谱时，大多声称自己的祖辈是在唐代避乱入川定居的⑥。这些先后移居到四川盆地丘陵山区的汉族民众，披荆斩棘，开垦土地，从事农耕，为丘陵山区农业的发展作出了不可磨灭的贡献。少数民族生产方式的改变，汉族民众的不断徙入定居，使得四川盆地中部、东部和盆周山区得到大规模的开发。但是总的来看，农业生产水平还是比较低。由于自然条件的制约，这里普遍缺乏大型水利灌溉设施，主要依靠陂塘和潴水进行灌溉，水利田零星分散，面积也不大。即使到了宋代，梓州路、利州路和夔州路的水利田总面积，也只占四川水利田的38％左右⑦，基本上是旱作地区，这就极大地限制了农业的发展。同时，由于社会生产力水平的差异，各地区的开发程度也不尽同。

四川盆地中部地区，原来的农业基础较好，加之又邻近农业发达的成都平原，所以农业发展较快，基本实现了土地连作，间作、套种等农作技术也较为普遍，除了粮食作物外，桑麻、甘蔗、柑桔等经济作物的种植面积都有较大增长。但是和成都平原相比较，这里的农业生产还是显得相当落后。宋人就说，梓州"自唐为东川节度，名有十邑，与西川等，而壤地瘠薄，民物之产，曾不

---

① 《元和郡县图志》卷33《合州·铜梁县》。
② 《太平寰宇记》卷149《璧州·通江县》。
③ 《元和郡县图志》卷33《渝州·璧山县》。
④ 《杜诗详注》卷11《大麦行》。
⑤ 《十国春秋》卷35《前蜀·高祖本纪》。
⑥ 费著：《氏族谱》，《全蜀艺文志》卷57上。
⑦ 据《宋会要辑稿·食货六一》上的有关记载统计。

及西川一大县"①。普州则"介万山间，无土地肥饶之产"，其地"最瘠，其人服田土，最贫"②。隆州僻处山中，"地瘠民贫"③。资州人多地少，"无土以耕，在蜀为穷僻之邑"④。

位于四川盆地东部的渠江流域，自然条件比盆中丘陵地区还要差，有的地方缺乏水源，有的地方甚至是"山高水险，不生药物"⑤。加之这里一直是生产力水平较低的僚人聚居地。因此，尽管该地区不断得到开发，"务农力作，田里垦殖"⑥，但是农业生产的水平却相当低，基本上还处于刀耕火种的原始农耕阶段，土地连作尚未普及。从元稹关于通州风俗的记载中可以看出，该地区的粮食尚不足以自给，所以当地人民要"杂荸多剖鳝，和黍半蒸菰"⑦。这里的经济作物也只有麻类，蚕桑业极不发达，"士女事麻楮，不事蚕桑，男子刀耕火种"⑧。

地处四川盆地南面的长江河谷地带，基本上和渠江流域相同，也是"山高水仄江水恶，刀耕火种黎民疲"⑨。其中夔峡地区是"斫畲大山中，赤殖无土膏，三刀财一田"⑩。杜甫也说："煮井为盐速，烧畲度地偏。有时惊叠嶂，何处觅平川。"⑪ 宋人陆游甚至说："峡中天下最穷处，万州萧条谁肯顾。"⑫ 而在夔峡以西的泸州，长期是"作业多仰于苦荼，务本不闻于秀麦"。直到唐末的宣宗时期，泸州刺史冼宗礼才在这里推广种麦技术，"给嘉种，喻以深耕，始令蛮貊之邦，粗识囷仓之积"⑬，农业生产才有所发展，然而直到宋代，这里仍然是"地无桑麻，每岁畲田，刀耕火种"⑭。可知泸州一带的农业，比夔峡地区还要

---

① 《舆地纪胜》卷154《潼川府·风俗形胜》。
② 《舆地纪胜》卷158《普州·风俗形胜》。
③ 《舆地纪胜》卷154《隆州·风俗形胜》。
④ 《舆地纪胜》卷154《资州·风俗形胜》。
⑤ 《太平寰宇记》卷139《蓬州·物产》。
⑥ 《舆地纪胜》卷188《蓬州·风俗形胜》。
⑦ 元稹：《酬乐天东南行诗一百首》，《全唐诗》卷407。
⑧ 《太平寰宇记》卷147《峡州·风俗》。据同书卷139记载，巴州风俗同于峡州。
⑨ 《舆地纪胜》卷167《富顺监》。
⑩ 《范石湖集·诗集》卷16《劳畲诗并序》。
⑪ 杜甫：《秋日夔府咏怀奉寄郑监李宾客一百韵》，《全唐诗》卷230。
⑫ 《剑南诗稿》卷3《忆万州戏作短歌》。
⑬ 《舆地纪胜》卷153引唐人李商隐《请留泸州刺史状》。
⑭ 《太平寰宇记》卷88《泸州·风俗》。

第六章 农业和土地制度

落后，发展还要缓慢。

位于四川盆地西北的岷江上游和涪江上游，历来是半农半牧的地区。据《华阳国志》记载，位于岷江上游的汶山郡出产牛、马、羊等畜产品，因"土地刚卤，不宜五谷，惟种麦"。地处涪江上游的阴平郡，"所出与武都略同"，出产名马、牛、羊等畜产品，亦有麻田。入隋以后，该地区"连杂氐羌，人皆劲悍，性多质直。务于农，工习猎射"①，农业生产逐渐成为重要的产业部门。到了唐代，该地区经济作物的种植面积也有所扩大，所以茂州的租赋是交纳"麻、布"②，静州的土产有"筒布"③，悉州则土贡"柑"④。但是从整个情况来看，由于自然地理条件的制约，该地区农业的发展，仍然相当有限，畜牧和狩猎还占有重要地位，因此土贡之物，主要还是牦牛尾、牛酪、犀、狐尾、羚羊角、麝香等畜产品和猎物。在一些地方，采集药材也是一项重要的生产，龙州甚至是"土产唯宜药，王租只贡金"⑤。农业生产显然还不占主导地位。大金川流域的情况与岷江上游基本相同，虽然种植业有所发展，但因自然条件的限制，种植业始终不能取代畜牧业而居于绝对支配地位。

第五节　土地制度

一、大土地私有制

大土地私有制是指各种身份的地主拥有大量田产，用以奴役和剥削直接生产者。巴蜀地区大土地私有制的形成，大体上是在东汉。西晋时期，世族大姓所占有的大量田产，构成了巴蜀地区大土地私有制的主体。西晋武帝在太康元年（280）平定东吴之后，曾经颁布占田法令，规定庶民按人口占田，"男子一人占田七十亩，女子三十亩"；官员"各以贵贱占田，品第一者五十顷，第二品

---

① 《隋书》卷29《地理志》。
② 《元和郡县图志》卷32茂州、翼州贡赋条。
③ 《太平寰宇记》卷81《静州·土贡》。
④ 《新唐书》卷42《地理志》。
⑤ 许裳：《送龙州樊使君》，《全唐诗》卷603。

四十五顷，第三品四十顷，第四品三十五顷，第五品三十顷，第六品二十五顷，第七品二十顷，第八品十五顷，第九品十顷"①。西晋的占田令，实际上是规定各种人所能占有的最高田亩数额，其目的是限制大土地私有制的发展。然而从西晋武帝优待前蜀汉政权官员，以及重用巴蜀地区世族大姓的政策取向来看，占田令不太可能在巴蜀地区得到认真的执行。同时，这一制度在巴蜀地区也仅仅施行了10余年，随着入蜀的六郡流民起兵反叛，梁、益二州大乱，占田令也就成为一纸空文。

　　成·汉政权割据期间，巴蜀地区的土地所有权发生巨大变化。由于原土著居民大量外逃，东汉以来的巴蜀世族大姓，荡然无存，以六郡流民中的汉族大姓、氐羌酋帅为主的豪族大姓，成为巴蜀地区新的权势集团。"贵者广占荒田，贫者种植无地，富者以己所余而卖之"②，大土地私有制在新的基础上重新形成。而成·汉末年进入巴蜀地区的僚人，大体上还停留在原始社会的发展阶段，土地尚未私有化，加之当时的僚人基本上没有从事农耕，由此使得僚人聚居地的土地所有权更加含混不清。南北朝时期，巴蜀地区的豪族大姓，已经发展成为强大的地方势力。其中居住在涪南武东山的陈氏，"与唐、胡、白、赵五姓置立新城郡，部制二县，而四姓宗之，世为郡长。萧齐之末，有太平者，兄弟三人，为郡豪杰。梁武帝受禅，网罗英豪，拜太平为新城郡守，寻加本州别驾。弟太乐、太蒙。蒙为黎州长史、都督，护南梁二郡太守，乐为本郡司马"③。在阴平郡的平武县（治今四川省青川县境），有"杨、李二姓最豪，分据其地，各称藩于梁"④。巴西郡亦有"严、蒲、何、杨，非唯一族。虽率居山谷，而豪右甚多"⑤。这些豪族大姓不仅称霸一方，同时还控制了当地的僚人等少数民族，例如邛州一带就是自"宋及齐、梁，不置郡县，唯豪家能服僚者名为保主，总属益州"⑥。由于夷僚等少数民族聚居地的土地所有权不清晰，因此这些豪族便广占山泽，役使夷僚从事农业生产，从而使大土地私有制逐渐在僚人聚居的地

---

① 《晋书》卷26《食货志》。
② 《晋书》卷121《李班载纪》。
③ 《陈子昂集》卷5《梓州射洪县武东山故居士陈君碑》。
④ 《元和郡县图志》卷33《剑南道·龙州》。
⑤ 《蜀鉴》卷6《魏邢峦谋伐蜀》。
⑥ 《元和郡县图志》卷31《剑南道·邛州》。

第六章 农业和土地制度

区发展起来。虽然东晋南朝多次颁发诏令，禁止封固山泽，而北周和隋朝则先后施行均田制，限制大土地私有制，但是这些诏令和土地法规对于巴蜀地区大土地私有制的发展，影响甚微。故《隋书》卷29《地理志》说，这里的"边野富人，多规固山泽，以财物雄役夷僚，故轻为奸藏，权倾州县。此亦其旧俗乎？"

隋唐之际，巴蜀地区既没有爆发大规模的战乱，也没有形成割据政权，豪族大姓与隋朝的郡县长官相互勾结，保境自守，坐观时局的变化。在李渊的军事压力下，巴蜀各地的豪族相继归附李唐王朝。对于这些归顺的豪族，唐王朝主要是采取笼络政策，以便反侧自消。因此，巴蜀各地的豪族，并没有因为王朝的更迭而遭受打击。例如梓州射洪县的陈氏，自刘宋以来，"世为豪族"[①]。爰及唐代，依然是巴蜀地区著名的豪族，陈子昂就说他的父亲陈元敬"年弱冠，早为州闾所服……时有决讼，不取州郡之命，而信公之言。四方豪杰，望风景附，朝廷闻之，或以为君为西南大豪"[②]。这和隋代那些"权倾州县"的豪强并没有什么差别。

唐代巴蜀地区的豪强，始终是一支猖獗的土地兼并势力。早在唐代初期，这些豪强就继续侵夺膏腴良田，广占山林陂泽，推动着大土地私有制向前发展。在唐高宗初年，巴蜀地区已经有许多"家擅山川"[③] 的豪右，这显然就是南北朝以来巴蜀地区豪强"规固山泽"的延续。爰及唐玄宗"开元之季，天宝以来，法令弛坏，兼并之弊，有逾于汉成、哀之间"[④]。在这样的形势下，巴蜀地区大土地私有制的发展更为迅速。与此同时，为了掌握更多的劳动力，巴蜀地区的豪族大姓还大量隐占国家户口。陈子昂在武周圣历元年（698）上书说："今诸州逃走户有三万余，在蓬、渠、果、合、遂等州山林之中，不属州县，土豪大族，阿隐相容，征敛驱役。"[⑤]《新唐书》卷128《李杰传》也说，李杰"以采访使行山南，时户口逋荡，细弱下户为豪力所兼"。隐占户口，兼并土地，唐代前期的巴蜀豪族大姓就是这样实现了土地与直接生产者的结合，从而使大土地私

[①] 卢藏用：《陈子昂别传》，《全唐文》卷238。
[②] 《陈子昂集》卷6《我府君有周文林郎陈公墓志铭》。
[③] 《陈子昂集》卷5《唐故朝议大夫梓州长史杨府君碑铭》。
[④] 《通典》卷2《食货·田制》。
[⑤] 《陈子昂集》卷8《上蜀川安危事》。

有制得以发展壮大。然而在唐代前期,大土地私有制的发展却受到政府的压抑。为了与豪族大姓争夺剥削对象,唐王朝曾多次下诏检括逃户。巴蜀地区的一些地方官员也曾采取各种措施,把豪族大姓所隐占的户口重新置于国家的控制之下。例如,前面提到的李杰,就曾在山南道"设科条区处检防,亡匿复业者十七八"①。汉州雒县令张知古则以免除课役为诱饵,招徕户口,"部内有逃越他境,能相率归者,免一岁租及征徭,若茕嫠贫窭不能自济者,当别优议之"②,于是逃户7000余家相继归附本贯。同时,在一些逃户相对集中的地方,则设置新县,使逃户重新成为国家掌控的编户,合州的铜梁县③、渝州的璧山县④、壁州的通江县⑤,都是出于这样的目的而设置的新县。在这种情况下,巴蜀地区

图6—1 杜甫草堂内的唐代生活遗址

---

① 《新唐书》卷128《李杰传》。
② 《陈子昂集》卷5《汉州雒县令张君吏人颂德碑》。
③ 《元和郡县图志》卷33《剑南道·合州》。
④ 《元和郡县图志》卷33《剑南道·渝州》。
⑤ 《太平寰宇记》卷140《山南西道·壁州》。

第六章 农业和土地制度

以豪族大姓为主体的大土地私有制虽然在不断地发展,但由于封建政权的直接干预,其发展又受到强烈的抑制。

安史之乱以后,唐王朝的政治格局发生急剧变化,中央政权式微,地方势力崛起,唐王朝再也无力遏制大土地私有制的发展,由此使得大土地私有制获得更大的发展空间。德宗时期,陆贽就说:"今制度弛紊,疆理隳坏,恣人相吞,无复畔限。富者兼地数万亩,贫者无容足之居。"① 在巴蜀地区也是如此,随着豪族大姓在政治上的崛起,他们在经济上的扩张也就更加肆无忌惮,杜甫在《东西两川说》一文中就指出:

> 节度兵马但惊动缘边之人,未见免劫掠,而还赁其地,豪族兼有其地而转富。蜀之土肥,无耕之地,流冗之辈,近者交互其乡村而已,远者漂寓诸州而已,实不离蜀也,大抵只与兼并豪家力田耳。②

不仅豪族大姓通过兼并土地而转富,就是地方官员也在广置田产。例如代宗、德宗时期的剑南东川节度使李叔明,"在蜀殖产,广第舍田产"③。宪宗时期的剑南东川节度使严砺的"管内产业,阡陌相连,僮仆资产,动以万计"④。随着土地兼并的不断扩大,巴蜀地区相继形成大批私庄,从而标志着巴蜀地区大土地私有制进入了一个新的发展时期。

巴蜀地区的私庄,并不是始于唐代。早在南北朝时期,由于大土地私有制的发展,被称为"别业"、"别墅"的私庄就已经开始出现。在隋代,巴蜀地区仍然有着这类被称为"别业"的私庄。《舆地纪胜》卷155《遂宁府·景物》说:"莲花院。去长江县有百十里,今名崇喜院,隋袁使君别业莲花庄是也。"入唐以后,这类私庄的设置更加普遍。武周久视元年(700),崔融在绵州魏城县的石堂山"立庄宅,悉其山崖□□□□凉,近而不喧,幽而不野,实□间之佳境,仁智之游从也"⑤。而汉州"富叟王瑶,所居水竹园林,占一州之胜

---

① 陆贽:《均节赋税恤百姓六条》,《全唐文》卷466。
② 《杜工部集》卷19。
③ 《新唐书》卷147《李叔明传》。
④ 《元氏长庆集》卷37《弹奏剑南东川节度使状》。
⑤ 《金石苑》卷2《唐石堂山高凉灵泉记》。

景，而往来之人多迂道以经焉"①。其它如鲜于仲通在阆州新政县的石堂②，段文昌在成都府广都县的别业③，都是属于建有园林台榭的别墅。除了这类建有园林台榭的别墅之外，还有一类因经营田产而设置的私庄。玄宗天宝十一年十一月乙丑诏书说：

> 如闻王公百官及富豪之家，比置庄田，恣行吞并，莫惧章程。借荒者皆有熟田，因之侵夺；置牧者唯指山谷，不限多少。爰及口分、永业，违法买卖，或改籍书，或云典帖，致令百姓无处安置，乃别停客户，使其佃食。既夺居人之业，实生浮惰之端，远近皆然，因循亦久。④

这里所说的"庄田"，已经不是指别墅之类的产业，而是指"王公百官及富豪之家"所占有的大片耕地或牧场。也就是说，无论是否有楼台亭榭之类的建筑物，只要是大面积的田产，都可以称之为"庄田"，或者简称为"庄"。这类私庄的设置，至迟在唐代初期就已经在巴蜀地区出现。陈子昂在《梓州射洪县武东山故居士陈君碑》中说：

> （陈嗣）考林泽，辟良田，习山书，务农政。天道时变，地道化成，丘陵泉薮，星岁物移，靡不用心也。原田苺苺，黍稷漠漠，汶阳之稼如云矣。春日载华，岁聿其秋，白露时节，百谷收熟，君常乘肩舆，省农夫，馈田畯，刑以肃惰，悦以勤劳……居十余年，家累千金矣。⑤

陈嗣经营田产是在唐高宗初年。从陈子昂的记述中可以看出，他所占有的土地无疑是一处很大的庄田。这类因经营田产而设置的庄田，最初是与那些单纯为了享乐而营建的别墅有所不同。然而随着私庄的普遍设置，二者之间的差别也就逐渐消失。唐代后期，巴蜀地区的庄田和别业就常常互相通用。

---

① 《太平广记》卷433《王瑶》。
② 《金石苑》卷2《唐鲜于氏离堆记》。
③ 《蜀中广记》卷5《名胜记·双流县》。
④ 《册府元龟》卷495《邦计部·田制》。
⑤ 《陈子昂集》卷5。

第六章 农业和土地制度

巴蜀地区私庄的大量出现是在安史之乱以后。宪宗元和元年（806），高崇文和严砺率兵平定了剑南西川节度使刘辟的叛乱。接着，严砺等人便在剑南东川境内，以"从贼"的罪名，擅自籍没私人庄、宅。其中度支副使崔廷"都计诸州擅没庄共六十三所、宅四十八所"，剑南东川节度使严砺"擅收涂山甫等庄二十九所、宅四十一所"，遂州刺史柳蒙"擅收没李简等庄八所、宅四所"，绵州刺史陶锽"擅收没文怀进等庄二十所、宅十三所"，剑州刺史崔实成"擅收没邓琮等庄六所"①。共计擅自收没私庄126所、私宅106所。由此可知，当时在剑南东川，"庄"的设置，已经相当普遍。而在剑南西川和山南西道，同样也有许多私庄。有的私庄还有专门的名称，如以地取名的"导江庄"②，以主人姓氏命名的"鲁家庄"③、"胡让庄"④。由于这些私庄大多是本宅以外的产业，所以有时候也称为"别业"⑤。

在唐代后期，巴蜀地区私庄的拥有者，不仅仅只是"兼并豪家"⑥，官僚、军人同样拥有私庄。宪宗元和元年（806），严砺等人在剑南东川境内所籍没的私庄，其主人就有"将士、官吏、百姓及前资寄住"⑦。此外，由于巴蜀地区的工商业发展较快，许多工商业者也因此致富，唐人卢求甚至认为益州的"伎巧百工之富"，超过了当时号称"富甲天下"的扬州⑧。这些致富的工商业者通常也把钱财用于购置庄田，从而成为工商业者兼地主。例如成都府新都县兰靛行的王万回就曾"以钱十万、庄一所"⑨ 赠给成都石笋街的百姓李万寿。大批官僚、军人、工商业者把各种非农业收入用于购置庄田，表明唐代后期巴蜀地区大土地所有者的构成已经发生了很大变化。

唐代巴蜀地区私庄的经营情况，差别极大。从生产上看，有的私庄以种植粮食为主，如陈嗣在梓州射洪县的庄田是"原田莓莓，黍稷漠漠，汶阳之稼如

---

① 《元氏长庆集》卷37《弹奏剑南东川节度使状》。
② 《北梦琐言》卷11《申屠别驾术祸》。
③ 《酉阳杂俎·续集》卷14《诸皋记》。
④ 《九国志》卷6《前蜀·王宗翰传》。
⑤ 《太平广记》卷395《天公坛》。
⑥ 《杜工部集》卷19《东西两川说》。
⑦ 《元氏长庆集》卷37《弹奏剑南东川节度使状》。
⑧ 卢求：《成都记序》，《全唐文》卷774。
⑨ 杜光庭：《道教灵验记·太上天童经灵验录》，《云笈七籤》卷119。

云矣"①,杜甫在夔州东屯的别业则是有着一百顷稻田的私庄②;有的私庄主要种植经济作物,如张守珪在彭州九陇县的茶园就是只种茶树③,杜甫在夔州的瀼西庄则种植柑桔和蔬菜④。从私庄的管理来看,有的庄田由主人自行管理,如梓州射洪县的陈嗣,"常乘肩舆,省农夫,馈田畯,刑以肃惰,悦以勤劳"⑤,亲自监督生产。"蜀人毋乾昭有庄在射洪县",到了收获季节,也要亲自"往庄收刈"⑥。有的庄田则由主人委派专人进行管理,如杜甫在夔州的东屯别业就是由一种被称作"行官"⑦的人进行管理。唐末五代,"庄头"⑧的设置也逐渐多起来。概而言之,唐代巴蜀地区私庄的大量出现,是东晋南北朝以来巴蜀地区大土地私有制发展的产物,也是唐代后期巴蜀大土地私有者经营田产的主要方式。由于具体情况不同,庄主对庄田的经营管理并不尽同,既没有统一的规定,更没有形成一种制度。将唐代私庄等同于欧洲中世纪庄园的看法,并不符合唐代巴蜀地区的实际情况。

在庄田上从事生产的劳动者,主要有三种人,一是佃户,二是佣工,三是奴隶。早在唐代前期,私庄就已经较为普遍地使用佃户来从事生产劳动。其中一些佃户是因为缺乏土地而佃种庄主土地的半自耕农。他们作为国家的编户,人身自由较多,主佃之间没有严格的隶属关系。庄主对他们的剥削主要是征收实物地租,劳役的成分较少。另一类佃户是地主所隐占的逃户。他们"依托豪强,以为私属,货其种食,赁其田庐,终年服劳,无日休息,罄输所假,常患不充"⑨。这类佃户作为庄主的"私属",通常都具有较强的人身依附关系,庄主可以对他们任意"征敛驱役"⑩,"刑以肃惰"⑪,超经济强制十分严重。唐代后期,随着大土地私有制的发展,大批破产逃亡的农民相继投附私庄,从而使

---

① 《陈子昂集》卷5《梓州射洪县武东山故居士陈君碑》。
② 《杜诗详注》卷15《夔州歌十绝句》。
③ 杜光庭:《墉城集仙录·阳平治》,《云笈七籤》卷116。
④ 《杜诗详注》卷21《将别巫峡赠南卿兄瀼西果园四十亩》。
⑤ 《陈子昂集》卷5《梓州射洪县武东山故居士陈君碑》。
⑥ 《太平广记》卷133《毋乾昭》。
⑦ 《杜诗详注》卷19《秋行官张望督促东渚耗稻向毕清晨遣女奴阿稽竖子阿段往问》。
⑧ 《金石苑》卷2《蜀普慈寺王董龛相国院碑》。
⑨ 《陆宣公集》卷22《均节赋税恤百姓》。
⑩ 《陈子昂集》卷8《上蜀川安危事》。
⑪ 《陈子昂集》卷5《梓州射洪县武东山故居士陈君碑》。

第六章　农业和土地制度

得这类人身依附关系很强的佃户迅速增加。"豪民侵噬产业不移户，州县不敢徭役，而征税皆出下贫，至于依富室为奴客，役罚峻乎州县。"① 尽管"富室"的超经济强制十分严酷，但是投附私庄的佃户却可以免除封建国家极其沉重的赋役，所以尽管朝廷多次下诏安置浮客，然而大量的逃户最终还是成为地主的佃户。唐末，"巴蜀多故，土豪崛起"②。他们"所在拥兵自保，众者万人，少者千人"③。这些拥兵自保的土豪，为了"足食足兵"，大肆"招安户口"④，从而把大批民户置于其控制之下，"刑讼生杀得以自专"⑤，由此造成客户对土豪极其强烈的人身依附关系。爰及北宋初年，虽然巴蜀土豪割据一方的现象已经不复存在，但是客户对土豪的依附关系却依然没有什么大的变化。"西川四路，民多大姓，一姓所有客户，动是三、五百家"⑥，甚至是"每富人家役属至数千户"⑦。此外，还有一类"素役属豪民，皆相承数世"⑧ 的旁户，更是被"使之如奴隶"⑨。北宋四川客户、旁户对豪族大姓强烈的人身依附关系，正是唐末巴蜀土豪割据期间客户对土豪人身依附关系的延续。

唐代巴蜀地区的大土地私有者，除了"别停客户，使其佃食"⑩ 之外，也较为普遍地使用雇工和佣工，特别是在季节性很强的茶园中，雇工的数量相当可观。《云笈七籖》卷116杜光庭《墉城集仙·阳平治》说："九陇居人张守珪家甚富，有茶园在阳平化仙居山内，每岁召采茶人力百余辈，男女佣工，杂之园内。"这类佣工的来源较为复杂，既有"佣力自给"⑪ 的贫弱下户，也有"冬则避寒入蜀，佣赁自食，夏则避暑反落，岁以为常"⑫ 的西山诸羌。佣工在经济上所受到的剥削，或许比佃客更重一些，但是他们对庄主的人身依附关系，

---

① 《新唐书》卷52《食货志》。
② 《北梦琐言》卷4《柳大夫赏牟麘》。
③ 《资治通鉴》卷257，僖宗文德元年六月。
④ 《金石苑》卷2《唐韦君靖碑》。
⑤ 《北梦琐言》卷4《赵师儒与柳大夫唱和》。
⑥ 《宋会要辑稿·食货四》。
⑦ 《太宗皇帝实录》卷78。
⑧ 《宋会要辑稿·刑法二》。
⑨ 《宋史》卷304《刘师道传》。
⑩ 《册府元龟》卷495《邦计部·田制》。
⑪ 《太平广记》卷107《勾龙义》。
⑫ 《太平寰宇记》卷78《茂州·风俗》。

显然要比佃户弱得多。

唐代巴蜀地区的私庄仍然使用奴隶从事生产劳动。宪宗元和元年（806），严砺等人在剑南东川所籍没的私庄中就包括奴婢57人。而严砺本人则是"童仆资财，动以万计"①。此外，杜甫在夔州的瀼西庄也主要是使用奴隶从事生产。根据杜甫自己在诗文中的记述，其中可知姓名的就有獠奴阿段和女奴阿稽，此外还有奴隶伯夷、辛秀、信行等人。这种情况表明，唐代巴蜀地区的私庄，还在一定程度上保留着奴隶制生产关系。

巴蜀地区奴隶的大量出现，应当与獠人入蜀有关。獠人原本就有掠卖人口为奴的习俗，"亲戚比邻，指授相卖，被卖者号哭不服，逃窜避之，乃将买人捕逐，指若亡叛，获便缚之。但经被缚者，即服为贱隶，不敢称良矣"②。因此，在进入巴蜀地区的獠人中，较为普遍地存在着奴隶。其后，随着豪族大姓势力深入獠区，獠人中的奴隶又成为豪族大姓的役使对象。《隋书》卷29《地理志》所说的巴蜀地区边野富人，"以财物雄役夷獠"，其中就应当包括獠人中的奴隶。而统治巴蜀地区的南、北政权，亦利用獠人的习俗，大量掳掠獠人为奴。其中南朝统治下的"梁、益二州，岁伐獠，以裨润公私，颇藉为利"。而北周也是"每岁命随近州县，出兵讨之，获其生口，以充贱隶，谓之压獠焉。后有商旅往来者，亦资以为货，公卿达于庶人之家，有獠口者多矣"③。爰及隋代，以蛮、獠等少数民族充当奴隶已经成为相当普遍的事情。其中周法尚因打败巂州乌蛮，"获其渠帅数十人，虏男女万余口。赐奴婢百口，物三百段，蜀马二十匹"④。王仁恭镇压山獠"有功"，亦"赐奴婢三百口"⑤。蜀王杨秀则"调熟獠，令出奴婢"⑥。入唐以后，情况依然没有什么大的变化，高祖、太宗两朝，多次发兵征讨巴蜀地区的獠人，前后掳掠的獠口数以万计（详下）。高宗显庆二年（657）又规定"其南口请以蜀蛮入"⑦，于是巴蜀地区买卖少数民族奴隶的风气更加炽

---

① 《元氏长庆集》卷37《弹奏剑南动川节度使状》。
② 《魏书》卷101《獠传》。
③ 《北史》卷95《獠传》。
④ 《隋书》卷65《周法尚传》。
⑤ 《隋书》卷65《王仁恭传》。
⑥ 《隋书》卷46《苏沙罗传》。
⑦ 《文献通考》卷11《户口考》。

第六章 农业和土地制度

盛,不仅私人之间进行买卖,就是官府也到巴蜀地区"和市"①奴婢。玄宗开元九年(721),主管陇右监牧的王毛仲也"贾死畜,贮绢八万匹,往严道市羺僮千口,以出滞足"②。直到唐代后期,巴蜀地区仍有掠卖少数民族的事情发生,僖宗咸通年间,巂州刺史"喻士珍贪狯,阴掠两林东蛮口缚卖之,以易蛮金"③。

除了以少数民族人口作为奴隶之外,唐代巴蜀地区奴隶的另一个重要来源是掠卖国家户口。武周时期,张廷珪在《论置监牧登莱和市牛羊奴婢疏》中就说:"臣廷珪言:窃见国家于河南、北和市牛羊,荆、益等州市奴婢……荆、益等州和市奴婢,多是国家户口,奸豪掠来,一入于官,永无雪理"④。不仅奸豪掠卖国家户口,就是地方官员也在肆无忌惮地把良人卖为奴婢。《唐语林》卷2《政事》:"郭尚书元振,始为梓州射洪尉,征求无厌,至掠部人卖为奴婢者甚多。"据《唐摭言》卷4《义气》记载,郭元振在梓州射洪县掠卖的人口多达上千人。此外,由于灾荒、债务,甚至是为了交纳苛重的赋税,有不少农民亦"鬻子女"⑤为奴婢。

唐代法律规定,奴婢等同于资财⑥,主人可以任意处置,自由买卖。如果主人认为奴婢有"犯罪"行为,报官之后,亦可将奴婢杀死。而奴婢作为"贱隶",几乎没有任何权利可言。有的奴隶因不堪种种非人的待遇而逃亡,如果被抓获,处境更加悲惨。主人为了防止他们再次逃亡,通常都要割断他们的腿筋,使其致残,"蜀儿奴逃走多刻筋"⑦。由此可以看出,巴蜀地区奴隶主对待奴隶是极其残酷的。

唐代法令也准许主人放免奴隶为良人。高宗"显庆二年十二月敕:放还奴婢为良,及部曲客女者,听之。皆由家长手书,长子已下连署,仍经本属申牒"⑧。玄宗天宝八年又下诏限制私家拥有的奴隶人数,并且禁止以"蜀蛮"充

---

① 张廷珪:《论置监牧登莱和市牛羊奴婢疏》,《全唐文》卷269。
② 张说:《大唐开元十三年陇右监牧颂德碑》,《全唐文》卷226。
③ 《新唐书》卷222中《南蛮中》。
④ 《全唐文》卷269。
⑤ 《资治通鉴》卷199,太宗贞观二十二年十月。
⑥ 《唐律疏议》卷14《户婚》。
⑦ 《朝野佥载》卷1。
⑧ 《唐会要》卷86《奴婢》。

当"南口"①。但是从唐代后期巴蜀地区的实际情况来看，这些规定并没有得到认真执行，拥有奴隶的官僚、豪富不仅没有放免奴隶，而且占有的奴隶数量远远超过天宝八年所规定的限额，前面提到的严砺、杜甫等人就是如此。同时，从杜甫的诗文中还可以看到，不仅奴隶很少得到放免的机会，而且有的还是世代为奴。奴隶的大量存在，既使巴蜀地区一直存在着奴隶制生产关系，同时也助长了巴蜀地区各种人身依附关系的不断加强。

二、均田制的施行问题

均田之制始于南北朝时期的北魏孝文帝时代，以后北齐、北周和隋朝相继沿袭而又有所变通。但是南方各朝却没有实行均田制，这里土地兼并激烈，封固山泽盛行，大土地私有制发展较快。巴蜀地区曾长期处于南朝的统治之下，同样没有实行均田制，同样也是大土地私有制发展较快。在西魏、北周时期，巴蜀地区开始被纳入北朝的版图，并实行均田制。然而在北周和隋朝统治下的巴蜀地区，"规固山泽"的现象仍然十分普遍，因此，北周和隋朝在巴蜀地区推行的均田制，并没有改变巴蜀地区的土地占有关系，大土地私有制仍然居于支配地位。

李唐开国之后，承继北朝制度，继续推行均田制。根据当时恢复的《唐令·田令》②，与均田有关的田令共计44条，其中涉及授田和土地还授的主要内容如下：

诸丁男给永业田二十亩，口分田八十亩。其丁男年十八以上，亦依丁男给。老男、笃疾、废疾，各给口分田四十亩，寡妻妾各给口分田三十亩。先有永业者通充口分之数。

诸黄、小、中男女及老男、笃疾、废疾、寡妻妾当户者，各给永业田二十亩，口分田三十亩。

诸给田，宽乡并依前条，若狭乡新授者，减宽乡口分之半。

---

① 《唐会要》卷86《奴婢》。
② 戴建国：《唐〈开元二十五年令·田令〉研究》，《历史研究》2000年第8期；杨际平：《北朝隋唐均田制新探》，岳麓书社2003年版。

诸给口分田者,易田则倍给。

诸永业田,亲王一百顷,职事官正一品六十顷,郡王及职事官从一品各五十顷,国公若职事官正二品各四十顷,郡公若职事官从二品各三十五顷,县公若职事官正三品各二十五顷,职事官从三品二十顷,侯若职事官正四品各十四顷,伯若职事官从四品各十一顷,子若职事官正五品各八顷,男若职事官从五品各五顷,六品、七品各二顷五十亩,八品、九品各二顷,上柱国三十顷,柱国二十五顷,上护军二十顷,护军十五顷,上轻车都尉一十顷,轻车都尉七顷,上骑都尉六顷,骑都尉四顷,骁骑尉、飞骑尉各八十亩,云骑尉、武骑尉各六十亩。其散官五品以上同职事给。兼有官、爵及勋俱应给者,唯从多,不并给。若当家口分之外,先有地非狭乡者,并即回授,有剩追收,不足者更给。

诸永业田皆传子孙,不在收授之限。即子孙犯除名者,所承之地亦不追。

诸五品以上永业田皆不得于狭乡授,任于宽乡隔越射无主荒地充。其六品以下永业田,即听本乡取还公田充,愿于宽乡取者亦听。

诸赐人田,非指的处所者,不得于狭乡给。

诸应给永业人,若官爵之内有解免者,从所解者追;其除名者,依口分例给。自外及有赐田者,并追。若当家之内有官爵及少口分应受者,并听回给,有剩追收,不足更给。

诸因官爵应得永业,未请及请未足而身亡者,子孙不合追请。

诸袭爵者,唯得承父祖永业,不合别请。若父祖未请及请未足而身亡者,减始受封者之半给。

诸请永业者,并于本贯陈牒,勘验告身,并检籍知欠,然后录牒管地州检勘给讫,具录顷亩四至,报本贯上籍,仍各申省计会附籍。其有先于宽乡借得无主荒地者,亦听回给。

诸州县界内所部受田悉足者为宽乡,不足者为狭乡。

诸狭乡田不足者,听于宽乡遥授。

诸流内九品以上口分田,虽老不在追收之限,听终其身。其非品官年六十以上,仍为官事驱使者,口分亦不追减。停私之后,依例追收。

诸给园宅地者,良口三口以下给一亩,每三口加一亩。贱口五口给一亩，每五口加一亩。并不入永业、口分之限。其京城及州县郭下园宅者，不在此限。

诸庶人有身死家贫无以供葬者，听卖永业田。即流移者亦如之。乐迁就宽乡者，并听卖口分田。

诸买地者，不得过本制。虽居狭乡，亦听依宽乡制。其卖者不得更请。凡卖买皆须经所部官司申牒，年终彼此除附。若无文牒卖买者，财没不追，地还本主。

诸以工商为业者，永业、口分田各减半给之。在狭乡者并不给。

诸因王事没落外藩不还，有亲属同居者，其身份之地六年乃追。身还之日，随便先给。即身死王事者，其子孙虽未成丁，身份之地勿追。其因战伤入笃疾、废疾者，亦不追减，听终其身。

诸田不得贴赁及质，违者，财没不追，地还本主。若从远役外任，无人守业者，听贴赁及质。其官人永业田及赐田欲卖及贴赁、质者，不在禁限。

诸给口分田，务从便近，不得隔越。若因州县改隶，地入他境及犬牙相接者，听依旧受。其城居之人，本县无田者，听隔县受。

诸以身死应退永业、口分地者，若户头限二年追，户内口限一年追。若死在春季者，即以死年统入限内，死在夏季以后，听计后年为始。其绝后无人供祭及女户死者，皆当年追。

诸应还公田，皆令主自量一段退，不得零迭割退。先有零者，听。其应追者，皆待至收授时，然后追收。

诸应收授之田，每年起十月一日，里正预校勘造簿，至十月一日，县令总集应退应授之人，对供给授。十二月三十日内使讫。符下按记，不得辄自请射。其退田户内有合进授者，虽不课役，先听自取，有余收授。乡有余，授彼乡。县有余，申州给彼县。州有余，附帐申省，量给比近之户。

诸授田，先课役，后不课役；先无后少；先贫后富。

诸田有交错两求换者，诣本部审牒，判听手实以次除附。

诸道士、女观受老子《道德经》以上，道士给田三十亩，女冠二十亩。僧尼受具戒者，各准此。身死及还俗，依法收授。若当观寺有无地之人，先听自取。

第六章 农业和土地制度

诸官人、百姓,并不得将田宅舍施及易卖与寺观。违者,钱物及田宅并没官。

诸官户受田,随乡宽狭,各减百姓口分之半。

诸公、私田荒三年以上,有能佃者,经官司申牒借之,虽隔越亦听。

诸田有山岗、沙石、水卤、沟涧之类,不在给限,若人欲佃者,听之。

根据《通典》卷2《食货·田制》中关于玄宗天宝年间全国"应受田"的统计来看,剑南三川是纳入了唐代均田制的实施范围的。

唐代均田制的施行与户籍制度有着密切的关系。唐令规定:"三年一造户籍"①。每到造籍之年,由民户自行申报"手实",其内容包括户口和田土,"具民之年与地之阔狭"②。然后由里正"收手实,造籍书"③,汇为乡账,呈报县司,作为造籍的依据。从现存的唐代户籍资料可以得知,唐代的户籍也是同时登记民户的人口和田土④。其中田籍一项,基本上是按照《田令》的有关规定,记载民户的"应受田"、"未受田"和"已受田"数额,其中"已受田"之下,还分别注明永业田、口分田和园宅地。从剑南三川的情况来看,直到昭宗光化三年(900),还有民户把"口分田二十田"⑤施舍给寺院。由此可知,直到唐末,巴蜀地区仍然按《田令》的有关规定,分门别类地登记民户的田土。

唐代户籍上所登录的田土,大体上可以分为两类:一类是应受田,这是按照《田令》的授田标准,民户合法占有土地的最高限额;一类是已受田,这是民户实际占有的田土。其中已受田的来源,主要有以下途径:

首先是继承祖业。唐令规定:"先永业者,通充口分之数",并且"皆传子孙,不在收授之限,即子孙犯除名者,所承之地亦不追"⑥。剑南三川也是按照这个规定执行的。例如代宗永泰元年(765),简州周七奴施舍给寺院的山田就是"元受七奴父□水浆口分"⑦之田。

---

① 《大唐六典》卷3《尚书户部·户部尚书》。
② 《新唐书》卷51《食货志》。
③ 《唐律疏议》卷12《户婚律》。
④ [日]池田温:《中国古代籍账研究·附录》。
⑤ 《八琼室金石补正》卷77《招提净院施田记》。
⑥ 《通典》卷2《食货·田制》。
⑦ 《金石苑》卷2《唐施山田记》。

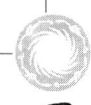

其次是买田。唐代的均田制虽然限制土地买卖，但是仍然允许在一定条件下买卖永业田和口分田，"诸庶人有身死家贫，无以供葬者，听卖永业田"①。口分田则可以"卖充宅及碾硙、邸店之类。狭乡乐迁就宽者，准令并许卖之。其赐田欲卖者，亦无在禁限"②。早在太宗时期，一方面由于剑南地区赋役繁重，"民至卖田宅、鬻子女不能供"③，另一方面则由于豪族势力强大，"富强之家，多相侵夺"④，合法与非法的土地买卖就已经相当普遍。高宗、武周以后，随着剑南三川农村两极分化的不断扩大，购置田产也就成为富强之家攫取土地的重要途径。

第三是请占荒田。唐令规定，按照"务从垦辟，庶尽地利"的原则，可以在宽乡占田过限，"所占虽多，律不与罪，仍须申牒立案，不申请而占者，从'应上言不上言'之罪。"⑤因此，民户可以通过正常的申请手续，广占荒地。剑南三川不少的豪族大姓就是通过请占荒田的手法，广占山林，以至"家擅山川"⑥。此外，随着剑南三川的少数民族逐渐从事农耕，他们也向官府请占荒田。文宗大和年间，荣州夷人张武等百余家，就在眉州青神县请田，并且在此兴建水利工程，溉田200余顷⑦。

第四是勋田、赐田。唐令规定，各级勋官都可以请授一定数额的勋田。剑南三川地处西南边陲，兵革殷繁，将士立功授勋者不在少数。穆宗时期，剑南西川节度使麾下的将士，一次叙勋即多达3866人⑧。根据均田令的规定，这些授勋的将士都可以按照勋阶去请受勋官永业田，并且传给子孙，不在收授之限。赐田是指皇帝敕授的土地，剑南三川的民户也有因此获得田地的，例如玄宗就曾赐予汉州什邡人杨通幽良田5000亩⑨。

唐政府把上述不同来源的土地均作为"已受田"登录在户籍上，说明唐王

---

① 《通典》卷2《食货·田制》。
② 《唐律疏议》卷12《户婚律》。
③ 《资治通鉴》卷199，太宗贞观二十三年九月。
④ 《旧唐书》卷65《高士廉传》。
⑤ 《唐律疏议》卷13《户婚律》。
⑥ 《陈子昂集》卷5《唐故朝议大夫梓州长史杨府君碑铭》。
⑦ 《新唐书》卷42《地理志》。
⑧ 元稹：《剑南西川节度使下将士史宪等叙勋制》，《全唐文》卷647。
⑨ 《太平广记》卷20《杨通幽》。

第六章 农业和土地制度

朝是通过户籍制度来掌握土地的占有情况,并干预民户的土地私有权。同时,"已受田"的不同来源,也说明民户实际占有的田土,并不完全是来自官府的"授田",唐人皇甫湜就说得很清楚:"夫贞观开元之际,不受田而均,不名田而赡者,朝廷正,法令行……则田自均,人自赡。"① 这就明确指出,唐朝前期并没有向民户实授土地。剑南三川也是如此,唐王朝从来就没有按照均田令的有关规定实授土地给民户。

首先,唐代的剑南三川并没有完全纳入均田制的范围。在推行羁縻制度的地方,基本上是"无州县户口,但羁縻统之"②,没有纳入均田制的范围,故《旧唐书》卷38《地理志》在统计全国户口和应受田的时候说:"羁縻州县,不在此数。"此外,已经成为唐朝编户齐民的"诸羌"与"诸蛮",大多从事畜牧业,作为土地法规的均田制,显然对他们不适用。至于从事农耕的夷僚等少数民族,由于生产力水平低下,土地的连作尚未普及,同样不存在推行均田制的条件,所以"狭乡据籍征,宽乡据营田"③ 征收的义仓粟米,"夷僚不取焉"④。在这些没有纳入均田制范围的地区,自然谈不上授田给民户。

其次,纳入均田制范围的地区,同样也没有授田给农户。唐代剑南三川可供授田之用的土地有两类:一是已经垦为耕地的农田,二是各种荒地。就第一类垦地来看,除了少数由官府直接经营的"公田"之外,绝大多数是农户已经占有的"私田"。如前所述,自南北朝以来,巴蜀地区的大土地私有制一直比较发达,民户之间的土地占有数额,差别极大。如果按照《田令》的规定"均田",势必夺富人之田以予贫人。然而事实恰恰相反,在武德七年均田令颁布之后,不仅没有把巴蜀地区豪族大姓的土地均分给缺田少地的课户,反而是这些兼并豪家在继续侵夺良田。《旧唐书》卷65《高士廉传》说:

> 秦时李冰守蜀,导引汶江,创浸灌之利,至今地居水侧者,顷值千金。富强之家,多相侵夺。士廉乃于故渠外,别加疏决,蜀中大获其利。

---

① 皇甫湜:《对贤良方正直言极谏策》,《全唐文》卷685。
② 《旧唐书》卷41《地理志》。
③ 《大唐六典》卷3《尚书户部·户部尚书》。
④ 《新唐书》卷51《食货志》。

高士廉是在太宗贞观初年出任益州大都督府长史,距离武德七年(624)《田令》的颁布已有3年左右的时间。可是地处巴蜀政治、经济中心的成都平原,"富强之家"依然在恣意兼并土地,无所忌惮。而身为益州最高行政长官的高士廉,也没有采取任何措施去追夺这些"富强之家"所侵夺的土地。这种与均田制的规定完全相背离的事实,正好说明唐王朝并没有按照"授田先课后不课,先贫后富,先无后少"①的原则重新分配已垦的私田。至于官府直接经营的公田,主要是租佃给农户耕种,基本上没有作为授田之用。

就第二种可供授田之用的各种荒地来看,唐王朝同样没有按照均田令的规定把它们授给民户。唐代的荒地有两类:一是"在帐籍之内,荒废未耕种者"②,二是账籍之外的荒地。其中账籍之内的荒地,主要是由于民户逃亡、死绝或无力耕种而荒芜的田土。隋唐之际,巴蜀地区政局相对稳定,没有爆发大的战乱,人口的非正常死亡和脱籍隐匿并不严重,所以唐太宗贞观十三年大簿,巴蜀地区的户口较之隋代尚有较大幅度的增加。其中地处嘉陵江以西的剑南诸州,由隋代的36万余户,增加到57万余户;位于嘉陵江以东的隆、果、合、渠、蓬、渝、忠、万、夔等州的户数,也有不同程度的增加。因此,在唐代初期,巴蜀地区并不存在大量籍内荒田以供官府授田之用。

就第二类账籍之外的荒地来看,唐代初期,在僚人等少数民族聚居的地区,确实存在着许多尚未开垦的生荒之地。但是当时并不存在把这些土地分配给农户的条件。李唐开国之后,对巴蜀地区的僚人发动了大规模的征服战争。武德七年均田令颁布之后,战争仍在继续进行。高祖武德七年(624),始州、洋州、集州僚反,益州道行台左仆射窦轨讨之,俘2万口③。同年,通事舍人李凤起又击万州反僚,平之④。武德八年(625),眉州山僚反⑤。武德九年(626),益州道行台尚书郭行方击眉州叛僚,又大破僚人于洪、雅二州,俘男女5000口⑥。太宗贞观六年(632),静州山僚反,右武卫将军李之和败之⑦。贞观七年

---

① 《唐律疏议》卷13《户婚律》。
② 《唐律疏议》卷13《户婚律》。
③ 《资治通鉴》卷190,高祖武德七年二月。
④ 《资治通鉴》卷190,高祖武德七年四月。
⑤ 《资治通鉴》卷191,高祖武德八年十一月。
⑥ 《资治通鉴》卷192,高祖武德九年三月。
⑦ 《新唐书》卷2《太宗本纪》。

(633)，雅州道行军总管张士贵击反僚，破之①。同年，嘉州、陵州僚反，邛江府统军牛进达击破之②。贞观十二年（638），巫州僚反，夔州都督齐善行败之，俘男女3000余口③。同年，璧州、巴州、霸州山僚反，左武卫将军上官怀仁击璧州山僚，虏男女万余口④。贞观十三年（639），上官怀仁又征讨巴、璧、洋、集四州反僚，虏男女6000余口⑤。贞观二十二年（648），雅州、邛州、眉州僚反，诏发陇右、峡中兵2万以击之⑥。在高祖、太宗两朝，由于巴蜀地区僚人激烈反抗封建统治，战争反复进行，在这种情况下，显然不可能在僚人地区普遍授田。自高宗以后，巴蜀地区僚人的反抗逐渐减弱，大批汉族民众相继迁入僚区。但是，他们并不是根据"居狭乡者听从其宽"⑦的规定，"乐住"到这里，也不是由于官府把僚区的生荒之地分配给了他们，而是因为赋役繁重，官吏贪残，被迫背井离乡，逃往僚区。这些逃户在进入僚区之后，当地的官府也没有把荒地分配给他们，所以这些逃户"不属州县"。为了求得生存，他们或者依附于豪强，或者自占荒地，强行耕垦，甚至"结为光火大盗，依凭林险，巢穴其中"⑧，以武力抗拒唐政府的检括。虽然唐朝逐渐从采取检括政策转而允许逃户就地定居，重新把逃户纳入国家的编户，并且在户籍上按照均田令的规定登记他们实际占有的田土，但是这些客户的"已受田"却不是来自官府的授田。

尽管唐王朝没有按照《田令》的规定实授田土给民户，但是却沿袭前代的办法处理无主荒地。特别是在唐代后期，剑南三川的人口大量脱籍逃亡，田畴严重荒芜。为了招徕户口，官府也准许逃户占田附籍。文宗时期，张次宗在《荐汉州刺史薛元赏状》中说："广汉在蜀川之中，最为大郡。凋瘵之后，为理甚难。流庸自占者过九千家，田业开辟者逾五百顷。"⑨但是这种允许流民自行占有和开垦无主荒地的办法和均田制下的"给田之制"并不是一回事。南北朝

---

① 《资治通鉴》卷194，太宗贞观七年八月。
② 《资治通鉴》卷194，太宗贞观七年十二月。
③ 《资治通鉴》卷195，太宗贞观十二年二月。
④ 《资治通鉴》卷195，太宗贞观十二年八月。
⑤ 《资治通鉴》卷195，太宗贞观十三年四月。
⑥ 《资治通鉴》卷199，太宗贞观二十二年九月。
⑦ 《唐律疏议》卷13《户婚律》。
⑧ 《陈子昂集》卷8《上蜀川安危事》。
⑨ 《全唐文》卷760。

时期，南方各朝并没有实行均田制，然而梁武帝也把官地和无主荒地分配给逃户和贫民。"天监十七年春正月丁巳朔诏：凡天下之民有流移他境，在天监十七年正月一日以前，可开恩半岁，悉听还本，蠲课三年……若流移之后，本乡无复居宅者，村司三老及余亲属即为诣县，告请村内官地、官宅，令相容受"①。大同七年（541）又下诏："凡是田桑废宅没入者，公创之外，悉以分给贫民，皆使量其所能，以受田分"②。因此，不能认为唐朝因袭前代处理无主荒地的办法就是均田制下的授田。

关于唐代均田制的施行，学术界一直存在着很大的分歧。有学者认为，均田制是属于国有土地所有制，民户的田土，皆来自官府的授田。也有学者认为，唐代的均田制，基本上就是在户籍上对民户现有土地的登记。还有学者认为，唐代均田制是国家对私田的管理制度，而不是土地分配制度。从巴蜀地区的情况来看，均田制的施行，只是在户籍上对民户现有土地进行登记，并没有按照《田令》的相关规定实授田土。如果将户籍上登记民户土地视为均田制的实施，由于自唐高祖武德七年（624）颁布《田令》之后，有唐一代，始终没有废止《田令》中有关"均田"的条款，因此巴蜀地区一直是实行了"均田制"的，并不存在唐代后期没有实行"均田制"的问题。事实上，唐代后期，仍有"均田"之事。如宣宗大中三年（849），因收复被吐蕃占据的三州、七关，宣宗下制称："其秦、威、原三州及七关侧近，访闻田土肥沃，水草丰美，如百姓能耕垦种莳，五年内不加税赋。五年已后重定户籍，便任为永业。"③ 大中四年（850），对剑南西川和山南西道收复的维、扶等州，亦比照三州、七关的办法，条令制置。因此，直到唐末的昭宗光化三年（900），巴蜀地区的民户还是有"口分田"④。应当指出，这个时期存在的口分田，并不是如有的学者解释的那样：尽管晚唐均田制已经废弃，但"口分田"之名必出自前代孑遗。由于唐王朝从来就没有废弃过涉及均田制度的《田令》。因而将唐末巴蜀地区民户的口分田视为"前代孑遗"，是无所依据的。但是，如果以是否按照《田令》的规定实授田土作为施行均田制的标志，那么"均田制"也不是如有些人所说的崩溃于玄宗时

---

① 《梁书》卷2《武帝纪》。
② 《梁书》卷3《武帝纪》。
③ 《旧唐书》卷18下《宣宗本纪》。
④ 《八琼室金石补正》卷77《招提净院施田记》。

期，而是根本就没有在巴蜀地区实施。

三、寺庙土地

巴蜀地区佛教的兴起，始于南北朝时期。到了唐代，佛教逐渐发展成为巴蜀地区最重要的宗教之一（详见第十一章第二节）。佛教的兴盛，使得寺院经济更加发达，寺院所拥有的田产便成为唐代巴蜀地区的一种重要土地占有形式。

寺院占有的土地，主要来自施主的舍田。在唐代，施舍土地以求"福田"的思想特别盛行，因此，上自达官贵人，下至庶民百姓，竞相舍田入寺，以为供养之资。巴蜀地区也不例外，不仅官僚豪富纷纷将田、宅舍为寺产，就是一般民众也因受宗教的影响，舍田入寺。例如代宗永泰元年（765），简州人周七奴就舍山田"与僧惠峰□师，入千手千眼菩萨及诸杂龛像等，永为供养，入无量道场常住用"①。昭宗光化三年（900），普州乐至县"杨德及儿晃，今将口分田二十亩，将施入龛院内，供一切诸方师僧，永为常住"②。除了施主的舍田之外，赐田也是寺院田产的来源之一。例如玄宗在成都避乱期间，就曾赐给大圣慈寺 1000 亩田③。至于寺院购置田产之事，在唐代的巴蜀地区尚属罕见。可以认为，这还不是当时巴蜀地区寺院田产的主要来源。入宋以后，巴蜀地区寺院购置田产之事才逐渐多起来，如温江县龙兴寺就是"岁市稻田，增旧所有而为常住"④。

寺院的田产，通常称作"常住田"。按照佛教内律的规定，这是属于僧物中的常住僧物，释道宣在《量处轻重仪》中说："局限常住僧物，谓约界限，不通余寺，恒供别处，故云然也。物相如何？即田园、房宇、山林、池泽、人畜等是也。"由于田园山泽是"不通余寺"的局限常住僧物，所以一个寺院的田产实际上就是属于该寺院全体僧众共有的生产资料。这同世俗的"私田"占有方式，至少在形式上是有所不同的。佛教戒律还规定，僧徒不得私蓄"田园"⑤，也不得出卖、私分田园、房舍等常住僧物。《四分律删繁补阙行事钞》卷下《诸杂要

---

① 《金石苑》卷 2《唐施山田记》。
② 《八琼室金石补正》卷 77《招提净院施田记》。
③ 《佛祖统纪》卷 42，至德元年条。
④ 嘉庆《四川通志》卷 38《舆地·寺观》。
⑤ 《资持记》卷 32《行事抄》。

行篇》就说:"僧有五种物不可卖、不可分:一地,二房舍,三须用物,四果树,五华果。众僧田地,正使一切僧众亦不得卖,不得借人。若私受用,越毗尼。"加之唐代法令也禁止僧尼"畜奴婢、资产"①,所以寺院的田产通常都比较稳定。例如简州周七奴在唐代宗永泰元年(765)所施舍的山田,直到437年以后的南宋宁宗嘉泰二年(1202),仍然还是属于寺产,真可谓"数百年间,常住不毁"。这和世俗"私田"所有权的频繁变动也有较大差异。由于寺院的常住田不得出卖,不得私分,而施主又不断地进行施舍,所以寺院的田产一般都能够通过逐渐积累的方式,渐次扩大。特别是那些历史悠久的名刹大寺,往往拥有大量的常住田。例如成都昭觉寺,本是唐代眉州司马董常的住宅,后董常舍宅为寺,取名建元寺。僖宗乾符年间,改名昭觉寺,为晚唐成都名寺之一。入宋以后,"兹寺有常住沃土三百廛,涤场敛秸,岁入千耦,并归寺廪,与众共之"②。又如成都大圣慈寺,立寺之初,已有玄宗敕赐的1000亩田,入宋以后,又有"温江四夫之田","此其所为日盛也"③。它如成都圣寿寺、正法院,都是拥有数千亩常住田的寺院④。

虽然寺院常住田的主要来源和占有方式与世俗的"私田"不尽相同,但其实质却与世俗地主的田产一样,都是用以剥削直接生产者的物质手段。按照佛教教义的规定,僧众不得参加生产劳动。《四分律删繁补阙行事钞》卷中《随戒释相篇》就说:"不掘地坏生,三益:一不恼众生故,二止诽谤故,三为大护法故。"而尼女也不得从事纺织,"若比丘尼自手平纺织者,波逸提"⑤。既然僧尼不耕不织,那么他们就只能依赖他人的供养。事实上也是如此,代宗时期的都官员外郎彭偃就说:"今天下僧道,不耕而食,不织而衣,广作危言险语,以惑愚者。一僧衣食,岁计越三万有余,五丁所出,不能致此。"⑥为了获取生活资料,寺院的常住田便成为僧尼剥削世俗劳动者的重要生产资料,宗颐在《龟镜文》中说:"为众僧执劳,故有园头、磨头、庄主;为众僧涤除,故有净头;为

---

① 《通典》卷11《食货·鬻爵》。
② 李畋:《重修昭觉寺记》,《成都文类》卷37。
③ 嘉庆《四川通志》卷38《舆地·寺观》。
④ 见嘉庆《四川通志》卷38《舆地·寺观》;杨天惠:《正法院常住田记》,《成都文类》卷39。
⑤ 元照:《四分律行事钞资持记》卷下《释尼众篇》。
⑥ 《唐会要》卷47《议释教》。

众僧给持，故有净人。"① 耕种寺院常住田的直接生产者，主要是佃农。此外，奴隶的使用也较为普遍。武宗会昌灭佛，括出的寺院奴隶就多达15万人②。这与巴蜀地区私庄役使的劳动者，大体相同。在常住田的经营管理方面，大寺设有上坐、监院、执岁、库头等执事僧，他们分工合作，定期召开会议，审查寺院的收支账目，决定寺院的经济活动。其组织的严密和完备程度，超过一般的世俗地主。

唐代巴蜀地区的寺院经济，建立在寺院田产的基础上。由于巴蜀地区各地的农业生产水平差距较大，寺院常住田的开发利用程度也就不尽相同，所以各地寺院经济的发达程度也就相去甚远。以成都平原为中心的剑南西川，农业发达，寺院的常住田多为肥田美业，所以文宗大和年间，剑南西川节度使李德裕毁佛时，首先就是"毁属下浮屠私庐数千，以地予农"③。由于农业收益丰厚，一般大寺院除了经营田产之外，通常还置有无尽藏，出贷举息，以供三宝之用，寺院经济相当发达。地处今四川盆地中部丘陵山区的剑南东川各州县，大多数地方土地瘠薄，因此善男信女多以荒地舍与寺院。例如简州周七奴所施舍的山田就是"其地为山，石崖则峻，荒芜日久，不堪佃食，施之修□□功德"④。若以良田舍给寺院，就要称之为"割舍济喉粮之田"⑤。由于寺院田产多为"不堪佃食"的硗确之地，很难开发利用，因此僧尼的生活在很大程度上还要依靠信徒直接布施钱财或供养，寺院经济并不发达。在刀耕火种的边远地区，尽管也有僧徒前去弘扬佛法，建立寺院，但是僧众的生活基本上是依赖信徒的布施和供养，尚未形成独立的寺院经济。

四、屯田

中国的屯田，始自西汉。蜀汉政权割据巴蜀期间，亦曾设置屯田。西晋立国之初，曾保留蜀汉的军屯，"蜀以汶山郡北逼阴平、武都，故于险要置守，自

---

① 《禅苑清规》卷8引。
② 《新唐书》卷52《食货志》。
③ 《新唐书》卷180《李德裕传》。
④ 《金石苑》卷2《唐施山田记》。
⑤ 《八琼室金石补正》卷77《招提净院施田记》。

汶江、龙鹤、冉駹、白马、匡用五围，皆置修屯牙门。晋初以御夷徼，因仍其守"①。不过西晋在巴蜀地区设置屯田的时间很短，咸宁三年（277）"三月，被诏罢屯田兵"②。此后，直到萧梁统治巴蜀时期，才有北梁、秦二州刺史裴邃，"复开创屯田数千顷，仓廪盈实，省息边运，民吏获安"③。西魏夺占巴蜀地区后，兴州刺史宇文贵亦"表请于梁州置屯田，数州丰足"④。隋代也曾在沿边地区兴置屯田。入唐以后，屯田成为官府经营土地的重要方式，因而在《唐令·田令》中，涉及屯田的条款就有12条，其主要内容如下⑤：

> 诸屯隶司农寺者，每地三十顷以下，二十顷以上，为一屯；隶州镇诸军者，每五十顷为一屯。其屯应置者，皆从尚书省处分。
>
> 诸屯应用牛处，山原川泽，土有软硬，至于耕垦，用力不同者，其土软之处，每地一顷五十亩配牛一头，强硬之处，一顷二十亩配牛一头。即当屯之内，有硬有软者，亦准此法。其地皆仰屯官明为图状，所管长官亲自问检，以为定簿，依此支配。其营稻田之所，每地八十亩配牛一头。
>
> 诸屯应役丁之处，每年所管官司与屯官司，准来年所种色目及顷亩多少，依式料功，申所司支配。其上役之日，所司仍准役月闲要，量事配遣。
>
> 诸屯每年所收杂子，杂用之外，皆即随便贮纳。去京近者，送纳司农。三百里外者，纳随近州县。若行水路之处，亦纳司农。其送输斛斗及仓司领纳之数，并依限各申所司。
>
> 诸屯隶司农寺者，卿及少卿每至三月以后，分道巡历。有不如法者，监官、屯将随事推罪。
>
> 诸屯每年所收藁草，饲牛、供屯、杂用之外，别处依式贮积，具言去州镇及驿路远近，附计帐申所司处分。
>
> 诸屯收杂种须以车运纳者，将当处官物勘量市付。其扶车子力，于营

---

① 《华阳国志》卷8《大同志》。
② 《华阳国志》卷8《大同志》。
③ 《梁书》卷28《裴邃传》。
④ 《周书》卷19《宇文贵传》。
⑤ 杨际平：《北朝隋唐均田制新探》第一章第五节《唐田令、赋役令的有关规定》，岳麓书社2003年版。

第六章　农业和土地制度

田及饲牛丁内均融取充。

诸屯纳杂子，无稟之处，应须籧篨及供窖调度，并于营田丁内随近有处，采取造充。

诸屯之处，每收刈时，若有警急者，所管官司与州镇及军府相知，量差管内军人及夫一千人以下，各役五日功，防守助收。

诸管屯处，百姓田有水陆上次及上熟、次熟，亩别收获多少，仰当界长官勘问，每年具状申上。考校屯官之日，量其虚实，据状褒贬。

诸屯官欠负，皆依本色本处理填。

诸屯课帐，每年与计帐同限申尚书省。

唐代屯田，分为军屯和民屯两种。其中军屯的设置原则是："凡军州边防镇守，转运不给，则设屯田，以益军储"①。巴蜀地处西南边陲，西接诸羌，南连群蛮，自唐初以来，缘边诸州一直设有军镇。为了解决边军的粮饷问题，早在高祖武德三年（620），益州道行台左仆射窦轨就开始"屯田松州"②。此后，随着军镇的设置逐渐增加，屯田的范围也就相应地有所扩大。据《大唐六典》记载，剑南道有"巂州八屯，松州一屯"③。安史之乱爆发后，松州和巂州相继被吐蕃和南诏占据，原有的屯田也就不复存在。但是由于战乱，"民户减耗，野多闲田，而治财赋者如沿边例开置，名曰营田。行之岁久，不以兵，乃招致农民强户，谓之营田户。复有主务败阙犯法之家，没纳田宅，亦系于此。自此诸道皆有营田务"④。从剑南三川节度使多兼领本道"营田使"的情况来看，剑南三川亦有营田。

唐代屯田的土地，主要取自荒地。《新唐书》卷53《食货志》就说："唐开军府以捍冲要，因隙地置营田。"玄宗开元二十五年令也规定："其旧屯重置者，一依承前封疆为定；新置者，并取荒闲无籍广占之地。"⑤巴蜀地区开置军屯的

---

① 《大唐六典》卷7《尚书工部·屯田郎中员外郎》。
② 《新唐书》卷95《窦轨传》。
③ 《玉海》卷177《食货·屯田》引。参见［日］玉井是博：《南宋本大唐六典校勘记》，载《支那社会经济史研究》。
④ 《资治通鉴》卷248，宣宗大中三年七月条，胡三省注引宋白《续通典》。
⑤ 《通典》卷2《食货·屯田》。

松州和巂州，都是农业生产落后的少数民族地区，其屯田土地，应当都是取自荒闲之地。唐代后期在剑南三川内地诸州发展起来的营田，则主要是以民户逃走后的闲田进行屯垦。

屯田是官府直接经营的公田。唐令规定，"天下屯田之政令"①，由尚书省工部总领，州镇诸军的屯田事务则由所属军镇直接管理。玄宗开元二年（714），以益州大都督府长史兼领营田使，剑南道的屯田就改由剑南节度使统一掌管。安史之乱后，朝廷"优宠节将，天下拥旄者，常不下三十人，例衔节度、支度、营田、观察使。其边界藩镇，增置名额者，又不一。前后六十余年，虽尝增减官员及使额，而支度、营田，以两河诸将兼领，故朝廷不议停废"②。剑南三川节度使亦兼领本道营田使，分掌三川营田。宪宗时期，为了削弱地方藩镇，"诏诸道节度使先带度支营田使名者，并罢之"③，由中央另行设置营田务，分掌天下营田。自此以后，剑南三川节度使通常都不再兼管本道营田。但是在懿宗咸通二年（861），剑南西川节度使夏侯孜又兼"管内支度、营田"④ 等使，由此使得剑南西川的营田事务又改由节度使掌管。

在开置屯田的地方，均设置屯官，职掌其事。"屯官取勋官五品以上及武散官，并前资边州县府镇戍八品以上文武官内，简勘者充，据所收斛斗等级为功优。"⑤ 这个规定在巴蜀地区是得到执行的。例如玄宗天宝年间，出自官宦之家的蒲州永乐人杨钊，前往巴蜀地区从军，由于屯田成绩突出，"以屯优当迁，节度使张宥恶其人，笞屈之，然卒以优为新都尉"⑥。杨钊后来官至宰相，并更名杨国忠。

在唐代前期，屯田由镇戍的士兵耕种，"人给十亩以供粮"⑦。若诸军的兵防健儿长驻边军，其家属"情愿同去者，听至军州，各给田地屋宅"，并配给耕牛。"所收斛斗，皆准顷亩折除。"⑧ 安史之乱以后，在巴蜀地区逐渐发展起来

---

① 《大唐六典》卷7《尚书工部·屯田郎中员外郎》。
② 《唐会要》卷78《节度使》。
③ 《旧唐书》卷15《宪宗本纪》。
④ 《唐大诏令集》卷121《授夏侯孜同平章事制》。
⑤ 《通典》卷2《食货·屯田》。
⑥ 《新唐书》卷206《杨国忠传》。
⑦ 《大唐六典》卷5《尚书兵部·兵部尚书》。
⑧ 《通典》卷2《食货·屯田》。

第六章 农业和土地制度

的营田,最初也是由兵士耕种,宪宗罢诸道营田使的时候,全部改由民户佃耕。"宪宗末,天下营田皆雇民或借庸以耕,又以瘠地易上地,民间苦之。穆宗即位,诏还所易地,而耕以官兵。耕官地者,给三分之一以终身。"① 在巴蜀地区,以民户佃种营田的办法一直延续到宋代,其中资州"属县有营田,自隋唐以来,人户请佃为业"②。

唐令规定,诸屯"隶州镇诸军者,每五十顷为一屯"③。由此可知,唐代前期剑南道的松州1屯,有田50顷;巂州8屯,有田400顷。唐代屯田的亩产量,通常在1石左右④。以此计算,松州屯田所收,每年在5000石左右;巂州屯田所获,每年约为40000石,合计45000石上下。据《旧唐书》卷38《地理志》记载,玄宗时期,剑南节度使"管兵三万九百人,马二千匹,衣赐八十万匹段,军粮七十万石"。屯田所得的粮食,尚不足所需军粮的7%,实在是微乎其微。所以剑南道缘边军镇所需的粮饷,始终要依靠四川盆地各州供给,其结果是"岁转军储,扰我公私,费以巨亿"⑤。"其运粮戍,以全蜀之力,兼山南佐之,而尤不举"⑥。由此造成力役繁重,百姓困敝,直接影响到剑南三川的社会稳定。在唐代后期,由于南诏多次大规模入侵,剑南三川的镇兵不断增加。宣宗时期,仅剑南西川就有"兵士五万"⑦。而军屯则因种种原因难以扩大。宣宗大中年间,杜悰为剑南西川节度使,杨收为节度府判官。"蜀有可县,直巂州西南,地宽平,多水泉,可灌粳稻。或谓悰计兴屯田,省转馈以饱边士,悰将从之,收曰:'田可致,兵不可得。且地当蛮冲,本非中国。今辍西南屯士往耕,则姚、巂兵少,贼得乘间。若调兵捍贼,则民疲士怨。假令大穰,蛮得长驱,是资贼粮,岂国计耶?'乃止。"⑧ 为了解决粮饷不足的问题,懿宗时期,剑南西川节度使路岩"取坛丁子弟教击刺,使补屯籍"⑨。由于以坛丁屯种营

---

① 《新唐书》卷52《食货志》。
② 《宋会要辑稿·食货五》。
③ 《通典》卷2《食货·屯田》。
④ 《唐会要》卷85《逃户》。
⑤ 张九龄:《故襄州刺史靳公遗爱碑铭并序》,《全唐文》卷291。
⑥ 高适:《请罢东川节度使疏》,《全唐文》卷357。
⑦ 卢求:《成都记序》,《全唐文》卷744。
⑧ 《新唐书》卷184《杨收传》。
⑨ 《新唐书》卷184《路岩传》。

田，能够做到"缓则农，急则战"，因而坛丁的设置逐渐扩大到剑南东川和长江沿线诸州，所以胡三省说："见得蜀中诸郡皆有坛丁"①。坛丁的普遍设置，不仅增强了剑南东、西两川的军力，同时也使得以坛丁"补屯籍"的方法相应地扩大到巴蜀各地，从而使民屯成为巴蜀地区的一种主要屯田形式。由于子孙相承，长期租佃，"虽名营田，与民间二税田产一同"②。原本属于公田的屯田、营田也就由此转化为民田，只不过"世相沿袭，谓之官田"③而已。

---

① 《资治通鉴》卷255，僖宗中和四年三月条胡三省注。
② 《宋会要辑稿·食货五》。
③ 《建炎以来朝野杂记·甲集》卷16《财赋·省庄田》。

第七章 手工业

第七章　手工业

两晋南北朝隋唐时期，在巴蜀地区有着众多的依靠手工劳动、使用简单工具的小规模工业生产，这些手工业是巴蜀社会经济的重要组成部分。

第一节　纺织业

巴蜀地区的纺织业有着悠久的历史，早在《尚书·禹贡》中就已经有梁州"织皮"的记载。秦汉时期，蜀布勃兴，成为全国著名的细布产地。汉晋之际，蜀锦又异军突起，历南北朝而不衰。悠久的织造历史，精湛的织造技术，为唐代巴蜀地区织造业的进一步发展创造了有利条件。在唐代，巴蜀地区始终是全国最重要的高级丝织品生产中心之一，织造技术也有较大发展。唐代后期，民间的布帛生产发展迅速，从而使巴蜀地区的纺织业进入一个新的全面发展时期。

一、布的种类和产地

巴蜀地区的织布历史，可以追溯到远古时代，然而关于布的种类和产地，直到汉代才比较清楚。在汉代，蜀布被泛称为"緵"①，蜀细布则称作"缳"②。此外，又有"筒中布"。《东观汉记》说，廉范十五岁时，入蜀迎祖母丧，"太守张穆持筒中布数箧与范"③。筒中之布，以"黄润细布"最为名贵，"一端数金"④。主要产地在蜀郡，其中江原县的"安汉上下、朱邑，出好麻、黄润细布，有羌筒盛"⑤。除了遐迩闻名的"蜀汉之布"⑥以外，巴东少数民族所生产的布则被称为賨布，"賨亦賨也，故统谓之賨布"⑦。阴平、武都二郡氐人所织造的布则名之为"绯布"，亦名"殊缕布"，这是用黑、红两种颜色的麻缕相间织造而成。西晋时期，巴蜀地区出产的布，无论品名和产地，基本上和汉代一样。其中最为著名的还是筒中布，晋人张载《四愁诗》就有"佳人遗我筒中布，何以报之流黄素"⑧之语。在成·汉政权割据期间，由于原巴蜀土著居民大量逃亡，传统的蜀汉之布急剧减少，而以僚人为主的少数民族相继进入巴蜀地区，他们生产各种具有民族特色的布。南北朝时期，随着各民族之间的交往逐渐加强，布的品名也有所增加。入唐以后，汉晋时期的布名和品种，只有极少数还见诸记载，而大批新的品名却相继出现，如高杼布、纻布、白纻布、纻锡布、纻麻布、弥牟布、僚布、僚麻布、连头僚布、斑布、赀布、花布、小布、兰干布、丝布、葛布、竹布、橦布等等。这些名目繁多的布，按其织成的原料，大致可以分为麻布、葛布和橦布三大类。

麻布是用麻纤维做原料织成的布。巴蜀地区的麻类作物，历来分为大麻和苎麻两种，所以《华阳国志》在记述巴、蜀地区的物产时，都是"麻、纻"⑨并列。大麻是一年生的草本植物，雌雄异株。古人把雄株称为"枲麻"，雌株称为"苴麻"。枲麻的茎皮纤维比较少，但是强度较高，可以用作纺织原料；苴麻的茎皮纤维粗硬色黑，不堪织造，但是麻籽可以食用，也可榨油，属"九谷"

---

① 《太平御览》卷820引《说文》。
② 许慎：《说文解字》13上。
③ 《太平御览》卷820引。
④ 扬雄：《蜀都赋》，《全蜀艺文志》卷1。
⑤ 《华阳国志》卷3《蜀志》。
⑥ 《盐铁论》卷1《本议》。
⑦ 左思：《蜀都赋》注引《风俗通》，《文选》卷6。
⑧ 《太平御览》卷820《布帛部·布》。
⑨ 《华阳国志》卷1《巴志》、卷3《蜀志》。

第七章 手工业

之一。在唐代,巴蜀地区的大麻种植范围甚广,除了长江以南的少数地区"地无桑麻"①之外,几乎遍及整个四川盆地。此外,位于岷江上游的茂州、翼州,地处大金川流域的西山八国,位于今川西南的巂州,也都有大麻的种植。其中成都平原作为巴蜀地区大麻的传统产区,种植最为集中,所出产的"蜀麻"质量也最为优良,是著名的土贡之物,被唐王朝列为"邦国宝货"②。用大麻纤维织成的布,通常称为"麻布"。由于机织技术和染色的差异,又有高杼布、筒布、小布、花布等品名,其中高杼布和筒布是质量较好的细布。

苎麻是一种多年生的草本植物,雌雄同株,喜温润,是南方特有的作物。汉晋时期,巴蜀地区的苎麻主要产自长江沿线的巴东、涪陵二郡。其后,随着僚人的迁入,苎麻的种植范围逐渐扩大。入唐以后,苎麻的主要产地是在剑南道。此外,巴州、开州、夔州和黔州也都出产苎麻。用苎麻纤维织成的布,通常称为纻布。其中开州出产的白纻布,质量最好,"新裁白纻胜红绡"③;夔州出产的细纻布,称为纻锡布,锡就是缌,"细布也"④;巴州、合州贡纳的货布,又称缟赀布,"为缌布之尤精者也"⑤,是一种高级细纻布;巴州出产的兰干布,则是僚人织造的细纻布,"兰干,僚言苎也,织成文如绫锦"⑥。此外,汉州出产的弥牟布,也有可能是细纻布,"弥牟,细绡也。弥牟,言细也"⑦。

用大麻和苎麻纤维织成的各种布,因其质量不同,用途也就大不一样,作为服饰原料的布,主要是各种细布。我国古代衡量布的粗细是以布幅内经纱的数目为标准,单位是"升",也称作"稷"。在二尺二寸宽的布幅内有 80 根经纱就是 1 升,有 160 根经纱即为 2 升。以此类推,升数越高,布就越精细。在汉代,7 升到 9 升属于粗布,主要供囚徒和奴婢服用,有时也供戍卒使用。《居延汉简释文》卷 3 著录一简:"广汉八稷布十九匹八尺大半寸,直四千三百二十。"这就是从巴蜀地区运到居延(在今内蒙古额济纳)的 8 升布。10 到 14 升属于一般细布,通常为庶人服用,所以班固列举王莽薄待公卿的证据之一就是"一

---

① 《太平寰宇记》卷 88《剑南东道·泸州》。
② 《大唐六典》卷 20《太府寺·右藏署令》。
③ 戴叔伦:《白纻词》,《全唐诗》卷 273。
④ 段玉裁:《说文解字注》卷 13 上《系部·缌》。
⑤ 段玉裁:《说文解字注》卷 13 上《系部·缟》。
⑥ 《华阳国志》卷 4《南中志》。
⑦ 《通雅·布帛》。

月之禄，十稯布二匹，或帛一匹"①。15升的布称为缌布，为高级细布，专供公卿服用，"十五升，朝服之升数也"②。到了唐代，封建王朝仍然按照布的粗细来确定章服等级。高祖武德四年（621）规定："六品以上服丝布"，而"流外官、庶人、部曲、奴婢，则服䌷、绢、絁、布"。太宗时期放宽到"九品服丝布"③。丝布就是缌布④，可见唐朝仍然只准流内品官服用高级细布。流外官吏和一般的庶民则只能服用普通细布，故韩翃在《送故人归蜀》诗中说："客衣筒布润"⑤。筒布就是汉晋时期巴蜀地区织造的筒中布，由于当时一般的人都可以服用筒中布，因而不会超过15升。然而在唐代后期，由于"四方车服僭奢"⑥，普通官吏和庶民也都用丝布制作衣服，所以《唐国史补》卷下说，丝布为衣，"天下贵贱通用之"。巴蜀是唐代丝布的重要产区，其中益州、梓州、剑州、遂州、果州、利州、邛州和巂州所出产的丝布均为土贡之物。至于唐代前期广泛用作衣料的普通麻布，则逐渐退出主要服饰原料的行列，改作他用，其中一项重要用途就是制作麻袋。代宗时期，窦乂就曾"买蜀青麻布，百钱个匹，四尺而裁之，顾人作小袋子"⑦。因此《唐国史补》卷下说："麻布为袋"，天下通用。

葛是藤本植物，适宜在气候温暖湿润的山区生长，用葛藤的韧皮纤维做原料织成的布，通常称为葛布。西晋时期，巴蜀地区已经很少有葛布。自僚人等少数民族迁入之后，葛布的生产才逐渐增加。入唐以后，巴蜀地区葛布的主要产地有邛州、简州、雅州、陵州、荣州、戎州、泸州、渝州和普州。此外，邛州还出产用蕉丝为原料织成的焦葛，其中"镇南蕉葛，上者一匹直千金"⑧，真可谓价格昂贵的稀有之物。此外，黔州还土贡竹布。这是用一种名叫孟滩竹的

---

① 《汉书》卷99中《王莽传中》。
② 段玉裁：《说文解字注》卷13上《系部·缌》。
③ 《新唐书》卷24《车服志》。
④ 缌是指15升的细麻布，由于织造这种高级细布的麻缕有如蚕丝，因此也被称为丝布，郑玄就说："谓之缌者，治其缕细如丝也。"另有一种说法是，缌布是用两麻一丝混纺而织成的布。段玉裁曾对这种说法加以驳斥："郑注丧服曰：'或曰有丝。'朝服用布，何衰用丝乎？"（《说文解字注》卷13上《系部·缌》）
⑤ 《全唐诗》卷244。
⑥ 《新唐书》卷24《车服志》。
⑦ 《太平广记》卷243《窦乂》。
⑧ 《太平寰宇记》卷75《剑南西道·邛州》。

第七章 手工业

茎皮纤维做原料织成的布。孟滩竹的"竹节度三尺，柔细可为索，亦以皮为麻"①。由于孟滩竹可以"取竹为麻"②，因此又名"麻竹"③。虽然葛布、蕉布和竹布的纺织原料并不相同，但是古人常常把它们归为一类织物。刘宋人沈怀远《南越志》就说："蕉布之品有三：有蕉布，有竹子布，又有葛焉。虽精粗之殊，皆同出而异名"。明清之际，川人李调元则把它们归入葛布之类④。

橦布又称桐华布，原产自永昌郡。其地"有梧桐木，其华柔如丝，民绩以为布，幅广五尺以还，洁白不受污，俗名曰桐华布"⑤。东晋南北朝时期，随着僚人等少数民族的迁入，橦布也就传入巴蜀地区。入唐以后，巴蜀的橦布生产已经较为普遍。王维在《送梓州李使君》诗中就有"汉女输橦布"⑥之语，巂州也"有橦木，可以为布"⑦。橦布"洁白不受污"，通常是织成白布。如果把纺线染成五色，织以成布，就叫斑布，亦称五色斑布，分为三等："多巧者，名曰口城；其次小粗者，名曰文辱；又次粗者，名曰乌鳞。"⑧巴蜀地区的斑布，主要产自荣州、泸州、昌州和南州，均为少数民族聚居之地。

二、丝、毛织品的种类和产地

丝织品是以蚕丝为原料织成的，毛织品是用动物的毛织造而成。按照织造技术分类，巴蜀地区的丝织品，可以分为绢、绫、锦、罗、纱五大类；毛织品可分为无纺织布和毛纱织物两种。

绢是用生丝织成的平纹织物，"似缣而疏者"⑨，是最普通的一类丝织品。汉晋时期，巴蜀地区的绢产地有蜀郡、广汉郡、犍为郡、梓潼郡、巴郡和巴西郡，其中主要产地在巴郡和巴西郡。唐代巴蜀地区的绢产地，以《大唐六典》卷20《太府寺》记载较为全面：

---

① 《蛮书》卷7《云南管内物产》。
② 李衎：《竹谱详录》卷5。
③ 桂馥：《滇游续笔》。
④ 李调元：《粤东笔记》卷5。
⑤ 《华阳国志》卷4《南中志》。
⑥ 《王右丞集》卷5。
⑦ 《太平寰宇记》卷80《剑南西道·巂州》。
⑧ 《太平御览》卷820引《南州异物志》。
⑨ 《急就篇》卷2颜师古注。

益、彭、蜀、梓、汉、剑、遂、简、绵之绢，并第六等。

资、眉、邛、雅、嘉、陵、阆、普、璧、集、龙、果、渠之绢，并第七等。

通、巴、蓬、开、合、利之绢，并第八等。

共计28州产绢，约占当时全国87个产绢州的1/3。由此可知，巴蜀地区是唐代非常重要的绢帛产地。从地理位置来看，这28个州几乎全部集中在四川盆地，而川西北高原、川西南地区、长江以南诸州，均不出产绢帛，这和汉晋时期的情况基本一致。从《大唐六典》的记载中还可以看出，玄宗时期，巴蜀地区的产绢之州虽然较多，但是质量却相当差。当时全国的庸调绢帛共分为八个等级，其中列为六等绢的有12个州，巴蜀地区占6州；七等绢14州，巴蜀地区有13州；八等绢12州，巴蜀地区占6州。可知当时全国质量最差的六、七、八等绢，主要就是产自巴蜀地区。不过在唐代后期，随着巴蜀地区织造技术的改进，这种状况有了很大的改变，绢帛质量显著提高。曾在穆宗和文宗时期两度出任剑南西川节度使的段文昌在《游蜀记》中说："果、阆二州绢，长十五丈，重一勉，其色目鲜白"①。当时把这种绢称为"重绢"，质量非常好，价格甚至超过号称天下第一等的宋（治今河南省商丘市境）、亳（治今安徽省亳州市境）二州土绢。此外，梓州和陵州还出产一种"鹅溪绢"，颇受当时人的称赞："待将一片鹅溪绢，扫取寒梢万丈寒"②。其中陵州的鹅溪绢还被列为土贡之物。

绫是采用提花机织造的一类丝织品。南北朝时期，巴蜀地区的绫以白色为主，纹饰多为花鸟。入唐以后，巴蜀地区绫的种类增加较多，见诸记载的有梓州和遂州的樗蒲绫，梓州和嘉州的水波绫、乌头绫，阆州的重莲绫，汉州的纹绫，益州的细绫。从产地的分布来看，主要集中在剑南东、西两川，其中梓州是最重要的织造中心。从纹饰来看，以花鸟和水纹为主，禽兽纹饰不多。在新疆阿斯塔那古墓中出土的唐代益州双流县折调细绫，也是平纹地、花卉纹饰③。只有梓、遂二州出产的樗蒲绫较为特殊，"其文有两尾尖而中间宽广者，既不象

---

① 《太平寰宇记》卷86引。
② 嘉庆《四川通志》卷74《食货·物产》。
③ 《吐鲁番县阿斯塔那—哈拉和卓古墓群清理简报》，《文物》1972年第1期。

花,亦非禽兽,乃遂名为樗蒲"①,似乎是一种类似菱形的纹饰。

锦和绫一样,也是用提花机织成的提花丝织品。不过绫是直接用生丝织成,而锦则是在织造前先把蚕丝加捻、染色。蜀锦是唐代巴蜀地区最著名的高级丝织品,主要产地有益州、蜀州和绵州,其中成都是最重要的织造中心,"不会人家多少锦,春来尽挂树梢头"②。由于织锦技术特别精湛,因而成都多出美锦,段氏《游蜀记》就说:"成都有九璧村,出美锦。"故取名"九璧锦"③。唐代蜀锦的纹饰,以唐初窦师纶所创制的"陵阳公样"最为著名,《历代名画记》卷10说:

> 窦师纶,字希言,纳言陈国公抗之子。初为太宗秦王府咨议、相国录事参军,封陵阳公。性巧绝,草创之际,乘舆皆阙,敕兼益州大行台,检校修造。凡创瑞锦、宫陵,章彩奇丽,蜀人至今谓之"陵阳公样"。官至太府卿,银、坊、邠三州刺史。高祖、太宗时,内库瑞锦、对雉、斗羊、翔凤、游麟之状,创自师纶,至今传之。

《历代名画记》的作者张彦远是唐末僖宗时期的人④,可见直到唐末,蜀锦的纹饰仍然有"陵阳公样"。这类以禽兽和鸟纹为主的蜀锦亦见于唐人的诗文之中。郑谷称其为"春水濯来云雁活"⑤。刘禹锡则说"女郎剪下鸳鸯锦,将向中流匹晚霞"⑥。陆龟蒙在《记锦裙》一文中,更是十分细致地描述了锦裙上的这种纹饰,"其前则左有鹤二十,势如飞起,率曲折一胫,口中衔萼花辈;右有鹦鹉,耸肩舒尾,数与鹤相等。二禽大小不类,而隔以花卉,均布无余地。界道四向,五色间杂,道上累细细点缀其中,微云瑱结,互以相带,有若驳霞残虹,流烟坠雾,春草夹径,远山截空,坏墙古苔,石泓秋水,印舟浸漏,粉蝶涂染,鳌绁环佩,云隐涯岸,浓淡霏拂,杳霭冥密。始如不可辨别,谛视之,条段崭

---

① 程大昌:《演繁露》卷5。
② 高骈:《锦城写望》,《全唐诗》卷598。
③ 《太平寰宇记》卷72引。
④ 《新唐书》卷127《张文规传》。
⑤ 郑谷:《锦二首》,《全唐诗》卷675。
⑥ 刘禹锡:《浪淘沙九首》,《全唐诗》卷365。

绝，分画一一，抑有去处。非绣绘，缜致柔美又不可状也"①。现存日本的"赤狮凤纹蜀江锦"，就是这类以禽兽和鸟纹为图饰的蜀锦实物。此外，还有一类蜀锦以植物为主要图饰，"布叶宜疏，安花巧密。写庭葵而不欠，拟山鸟而能悉"②。在吐鲁番发现的"在经斜线上织出类似莲花的花朵和四出的忍冬相间的团花锦"③，就是这类图饰的蜀锦实物。现存日本的"格子花纹蜀江锦"，也是属于这类图饰的蜀锦。据介绍，这是一幅复式平纹组织的经锦，图饰由等形的方格组成，格子的中心是莲花，同时饰以连珠花，四角配以忍冬蔓藤，底色大红，莲花为蓝白色，忍冬蔓藤和格子的纵界道为绿底上起红、黄色。整个锦面五彩缤纷，极为鲜艳④。除了上述两种纹饰之外，在玄宗时期又出现一种"新样锦"。这是一种不同于传统经锦的纬锦，花纹特别大，色彩也更为鲜艳。开元八年（720），苏颋"知益州大都督府长史事。前司马皇甫恂破库物，织新样锦以进，颋一切罢之"⑤。据李德裕说，皇甫恂所织造的新样锦是"半臂背子"⑥。这种新样锦虽然一度被苏颋禁止织造，但是不久又重新恢复生产，所以在玄宗天宝年间，"西川贡五色织成背子"⑦。中唐以后，剑南西川的新样锦仍然还是重要的贡物，王建《宫词》诗中就有"遥索剑南新样锦"⑧之语。这种新样锦的价格极其昂贵，"天宝中，西川贡五色织成背子。玄宗诏曰：'观此一服，费用百金'"⑨，所以唐人小说《游仙窟记》把"益州新样锦"视为最名贵的工艺精品之一。除了遐迩闻名的蜀锦之外，巴蜀地区还有一种巴锦。唐人杜牧说"樯似邓林江拍天，越香巴锦万千千"⑩，足见其产量亦不在少数。

罗是用绞经纱的方法织成的丝织品，文疏而轻软，所以李商隐说："万里云罗一雁飞"⑪。蜀罗是和蜀锦齐名的高级丝织品，因而唐人多有吟咏。如"醉与

---

① 《全蜀艺文志》卷56。
② 张何：《蜀江春日文君濯锦赋》，《全蜀艺文志》卷1。
③ 《丝绸之路上新发现的汉唐织物》，《文物》1972年第3期。
④ 《蜀锦史话》五《妙手生花，驰名中外》。
⑤ 《旧唐书》卷88《苏颋传》。
⑥ 《唐书》卷174《李德裕传》。
⑦ 《中华古今注》卷中。
⑧ 《全唐诗》卷608。
⑨ 《中华古今注》卷中。
⑩ 杜牧：《中丞业深韬略志在功名再奉长句一篇兼有咨助》，《全唐诗》卷542。
⑪ 李商隐：《春雨》，《全唐诗》卷540。

龙沙揀蜀罗"①、"血染蜀罗山踯躅"②、"罗绮长留蜀国春"③、"圆文破蜀罗"④，等等。由于罗的组织结构极为复杂，织造技术要求甚高，所以蜀罗的产地只有益州、蜀州、汉州和彭州。蜀罗的品名甚多，有单丝罗、交梭罗、白罗、黄罗、五晕罗等等。大体上可以分为素罗和提花罗两种。白罗就是直接用生丝织成的素罗，黄罗、五晕罗则是在织成后加以染色。提花罗的纹饰较为复杂，前后变化也很大。"新样花纹配蜀罗"⑤，就是指纹饰不断变化的提花蜀罗。在各种提花蜀罗中，最值得注意的是织金罗的出现。据《旧唐书》卷37《五行志》

图7—1 唐代蜀锦

记载，唐中宗之女安乐公主出嫁时，"蜀川献单丝碧罗笼裙，缕金为花鸟，细如丝发，鸟子大如黍米，眼鼻嘴甲俱成，明目者方见之"。这条鸟纹织金罗笼裙，堪称唐代蜀罗最高织造技艺的代表作。

纱和罗一样，也是用绞经纱的方法织成，只是织物的组织结构要简单得多，织造也比较容易，因此产地较广，剑南东、西两川的许多地方均有出产，其中益州的交梭纱和蜀州的花纱还是土贡之物。绵州等地出产的"轻容"则是一种高级素纱，周密《齐东野语》卷10说："纱之至轻者，有所谓轻容，出《唐类苑》，云：'轻容，无花薄纱者。'"可知轻容是一种异常轻柔的薄纱，所以唐代宫中的妇人"嫌罗不著爱轻容"⑥。巴蜀地区织造的轻容非常有名，李贺曾称赞说："蜀烟飞重锦，峡雨溅轻容。"⑦ "縠"则是另一种纱，"纱縠，纺丝而织之

---

① 杜牧：《怀钟陵旧游四首》，《全唐诗》卷523。
② 韩偓：《见花》，《全唐诗》卷683。
③ 武元衡：《送崔判官使太原》，《全唐诗》卷317。
④ 杜牧：《江上雨寄崔碣》，《全唐诗》卷523。
⑤ 张祜：《走马送使》，《全唐诗》卷610。
⑥ 王建：《宫词》，《全唐诗》卷302。
⑦ 李贺：《恼公》，《全唐诗》卷391。

也。轻者为纱,绉者为縠"①。这种绉纱是用强捻的丝线织成,然后缩水起皱,使织物表面显得凹凸不平,既轻柔薄软,又给人以厚实的感觉。

毛织品是用兽类的毛纤维制成,通常分为毛纺品和无纺品两类。汉晋时期,汶山郡出产"旄毡、班罽、青顿、毞毲、羊羖之属"②。旄毡是用牦牛毛为原料,经碾压使毛纤维相互缩缠而成的无纺织布;班罽是用染色的毛纱纺织而成;毞毲是泛指各种织造的毛布;羊羖是指用羊的毛皮制成的皮裘。由此可知,汉晋时期,巴蜀地区少数民族所生产的毛织品,已经包括毛纺品和无纺品。南北朝隋唐时期,巴蜀的毛织品仍然主要出自西部的少数民族地区。宕昌、邓至、白兰、党项诸部,都是以牦牛皮毛和羊皮毛为原料,织造毛布,制造毛毡和裘皮。东女国则主要出产毛织品。位于川西南地区的少数民族部落,毛纺织品不多,主要出产毡裘等无纺织品,如东蛮的勿邓部落是"无布帛,男子髽髻,女子被发,皆衣牛羊"③。磨些蛮甚至是"男女皆披羊皮"④。

三、纺织技术

纺织是把各种纺织纤维加工成织物的生产过程,除了制作毡裘、丝絮等无纺织布以外,通常的纺织工艺都包括两个过程:首先把纺织原料加工成纱线,然后再进行织造。

两晋南北朝隋唐时期,巴蜀地区的纺织原料较多,把这些纺织原料加工成纱线的方法也不完全相同,但是大体上可以按麻葛、橦华、蚕丝和兽毛等四种不同原料分为不同的加工技术。

麻、葛是以植物的韧皮纤维为纺织原料。由于韧皮中含有许多植物胶质,因此在初加工时,脱去这些植物胶质就成为关键工艺。大麻是采用微生物脱胶:把收割回来的麻秆放入沤池内浸泡,自然发酵,使那些以韧皮中胶质为养料的微生物不断生长繁殖,促使麻茎组织内的胶质水解脱去,这种脱胶的方法叫"沤麻"⑤,是巴蜀地区普遍采用的大麻加工技术。葛藤是采用高温水解法脱胶:

---

① 《汉书》卷45《江充传》颜师古注。
② 《华阳国志》卷3《蜀志》。
③ 《新唐书》卷222下《南蛮下》。
④ 《蛮书》卷4《名类》。
⑤ 《十国春秋》卷42《王先成传》。

把采割回来的葛藤挽成网状，放入沸水中煮炼，脱去胶质。然后剥下葛纤维，在水中捶洗干净，风干之后，即可纺成纱线。苎麻和蕉葛都是采用化学脱胶，其中苎麻的脱胶比较困难，加工技术也较为复杂，首先要剥下苎麻的茎皮，用刀刮去青皮和部分胶质，制成麻缕，然后绩成麻纱，再用石灰或草木灰进行化学脱胶，最后放入水中，"半晒半浸"，直到麻纤维完全脱去胶质，达到"极白"的程度，"方可起布"①。蕉葛是把蕉皮解散如丝，以草木灰炼之，然后用水漂洗干净，制成蕉丝。经过脱胶之后，从麻葛类植物韧皮中制取出来的纤维，多成黏稠状。把它们劈细连接起来，就成了纱线，这个过程叫绩麻。据《天工开物》卷上《乃服·夏服》说："穷日之力，只得三五铢重"，尚不足半两。可知绩麻的效率相当低，需要耗费大量的时间，所以绩麻就成了巴蜀农村中老弱妇女的经常性工作。

橦华是以橦木的种子纤维为纺织原料。据晋人郭义恭《广志》记载："梧桐有白者，剽国有桐木，其华有白毳，取其毳淹渍，缉织以为布。"② 桐木即橦木，亦称娑罗木，"大者高三五丈，叶似木槿。花初开，黄色，结子变白。一年正月、四月两次开花结子，以三月、八月采之，破其壳，如柳棉，纺成线"③，即可用于织造。

蚕丝是蚕在结茧时吐出的丝缕。从蚕茧上抽出丝缕并制成生丝的工艺叫"缫丝"。其方法是：把蚕茧放入沸水中，使其变得松软，然后执小箸在盆中搅动，用箸端把丝头挑出，再把几根丝绪在一起，卷在丝框上。在唐代，巴蜀地区已经较为普遍地采用缫丝车来进行缫丝。《太平广记》卷172《许宗裔》记载，许宗裔"尝典剑州，民有致寇者，灯下认识暴客，待晓告巡。其贼不禁拷捶，远首其罪，囚而送州。宗裔引虑，缧囚纷诉，且言丝钩纨乃是家物，与被劫主遽有词说。宗裔促命两家缫丝车。又各赏绅纨卷时胎心，复用何物。一云杏核，一云瓦子。因令相退下绅线，见杏核，与囚款同。仍以丝钩安车，量其轻重大小，亦是因家本物。即被劫者有妄认之过"。文中所提到的缫丝车，其结构和工作原理在秦观《蚕书》中有具体的记载："缫车之制：钱眼为版，长过鼎

---

① 《农政全书》卷36《蚕桑广类·麻》。
② 《后汉书》卷86《哀牢夷传》注引。
③ 《永乐大典》卷14536引《云南志略》。

面,广三寸,厚九黍。中其厚,插大钱一。出其端,横之鼎耳,复镇以石。绪总钱眼而上之,谓之钱眼。镊星为三芦管,管长四寸,枢以圆木,建两竹夹鼎耳,缚枢于竹。中管之转以车,下直钱眼,谓之镊星。星应车动,以过添梯。添梯车之左端,置环绳。其前尺有五寸,当床左足之上,建柄,长寸有半。匿柄为鼓,鼓主其寅,以受环绳,绳应车运,如环无端,鼓因以旋。鼓上为鱼,鱼半出鼓,其出之中,建柄半寸。上承添梯者,二尺五寸片竹也。其上,揉竹为钩,以防系;窍左端以应柄。对鼓为耳,方其穿,以闲添梯。故车运以牵环绳,绳簌鼓,鼓以舞鱼,鱼振添梯,故丝不过偏。制车如辘轳,必活两幅,以利脱系。"从秦观的记述中可以得知,这种缲丝车主要由钱眼、镊星、添梯和轩车四部分组成。利用它来进行缲丝时,先把蚕茧放入鼎锅内用沸水煮软,用筷子挑出丝头,再把三个蚕茧的丝缕绾在一起,穿过钱眼,使丝缕相互粘并,然后升到镊星上,镊星随着轩车一同转动,引丝过添梯,最后绕在轩车上,从而完成缲丝工作。缲丝之后,再经络丝,把轩车上的丝收绕在丝篗上,以供织造之用。"凡丝既篗之后,以就经纬。经质用少,而纬质用多,每丝十两,经四纬六,此大略也。凡供纬篗,以水沃湿丝,摇车转铤而纺于竹管之上"①,"遂成丝绕,以充织纬"②。

巴蜀地区的毛纺原料主要是牦牛毛和羊毛。通常是在春夏之际从牦牛和羊身上剪下毳毛,用水洗去油脂和混杂的砂土。在缺水地区,则用手或工具搓揉,干法除脂。然后用弓弦把毛弹松,再用纺缚加拈成毛纱,即可用于织造。

两晋南北朝隋唐时期,巴蜀地区的织造分为机织和编织两大类,其中机织又可分为织造平素织物和织造提花织物两种情况。平素织物的织造较为简单,通过整经、穿经、开口、引纬、打纬等五道基本工序,把经线和纬线在织机上交织起来,就完成了布、绢等平素织物的织造。这种织造技术在汉代有了明显的进步,以后就没有什么显著的变化。直到唐代,巴蜀地区仍然普遍沿用汉代就已经定型的斜织机进行织造。此外,自僚人等少数民族迁入巴蜀地区以后,原始踞织机的使用又变得多起来,所以在嘉州、集州等地出产幅宽特别窄的

---

① 《天工开物》卷上《乃服·纬络》。
② 《农政全书》卷34《桑事图谱·附织纴图谱》。

第七章　手工业

"小布"① 和 "小绢"②。

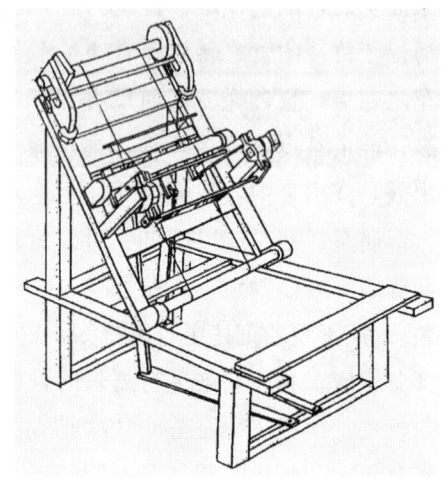

图7-2　汉画像砖上的织机　　　图7-3　斜织机复原图

提花织物是用花机法在织物表面织出各种花纹图案，这种织物只能用提花机织造。唐人把巴蜀地区的花机称为"蜀锦机"③，也称"蜀机"④，宋人则称其为"大牵设机"⑤。在唐代前期，巴蜀地区的提花机主要是多综多蹑机，其形制与现存的四川丁桥织机大同小异。唐代后期，采用束综提花的花楼机逐渐多起来。这种提花机比多综多蹑机简单，操作也更加方便，但是需要两名工人配合操作，一人挽综，一人投梭引纬。挽综工坐在木机上部的花楼中，按照预定的花纹图案要求，不断挽提综束。通常一张提花机只用一名挽综工，织造特别复杂的花纹则需要两名挽综工。"用杼之工"坐在机前，与挽综工配合动作，引梭打纬，进行织造。北宋元丰年间设置成都锦院时，就是使用这种束综提花的花楼机，所以锦院"设机百五十四，日用挽综之工百六十四，用杼之工百五十四"。⑥也就是每张织机一名"挽综之工"，多出的10名挽综工则是配备到那些

---

① 《元和郡县图志》卷31《剑南道·嘉州》。
② 《太平寰宇记》卷140《山南西道·集州》。
③ 张祜：《蔷薇花》，《全唐诗》卷511。
④ 王毂：《红蔷薇》，《全唐诗》卷694。
⑤ 吕大防：《锦官楼记》，《全蜀艺文志》卷34。
⑥ 费著：《蜀锦谱》，《全蜀艺文志》卷56下。

因织造特别复杂的图案而需要两名挽综工的织机上。

用花机法可以织出多种花纹图案的锦绫。从织品的组织来看，唐代的蜀锦多为重经起花，也就是现在所说的"经锦"。在唐代前期，蜀经锦主要是以平纹组织为基础，流传至今的蜀江锦主要就是这类平纹组织的经锦。此外，也开始出现一种斜纹经锦。这是将经锦的经线分为表经和里经，纬线分为夹纬和交织纬，在经斜线上起花。这类斜纹

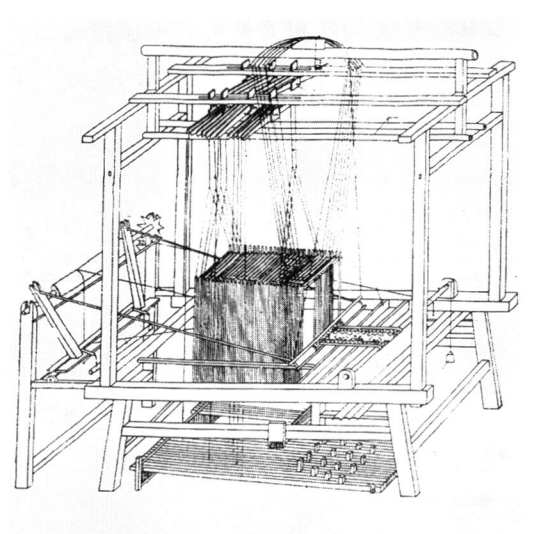

图7—4　多综多蹑机复原图

经锦在吐鲁番地区出土较多。稍后，这种斜纹经锦又发展成经线分为夹经和交织经，纬线分为表纬和里纬，以纬线作显纹的纬锦。这种纬锦在中唐以后发展较快，可能和"新样锦"的出现有直接关系。花绫的织造技术和织锦差不多，只是花绫为单层暗花织物，质地较为轻薄而已。在唐代前期，巴蜀地区的花绫仍然主要是在平纹地组织上起花，现藏新疆博物馆的睿宗景云元年（710）双流县折调细绫就是这种花绫的实物。大约在中唐以后，从平地绫纹组织分化出来的绫地绫纹组织的花绫逐渐多起来，目前日本正仓院尚保存有这类花绫的实物。

僚人等少数民族使用的蹑织机，经过简单的改进，增加一个开口机构，将经纱分为上、下两层，也可织造提花织物。最简便的方法就是用一把挑花刀，

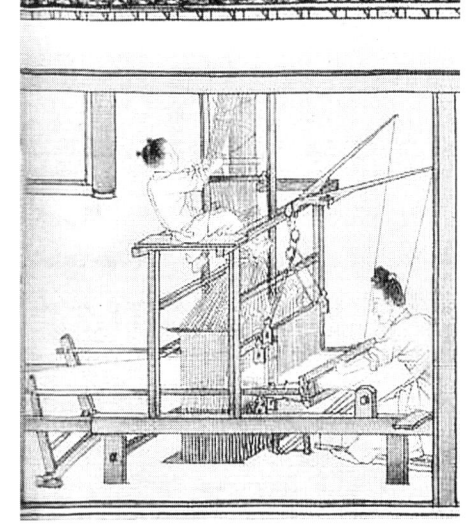

图7—5　花楼机

挑起经纱，织入纬纱。另一种方法是采用线综装置，提升经纱，形成梭口，引入纬纱。使用挑花刀的挑织法，生产效率很低，但可织出较为复杂的花纹。采用线综装置，可以提高生产效率，但是只能织造简单的图案。

唐代巴蜀地区的编织品和无纺布主要出自西部的少数民族地区，原料是各种毛纤维。最普通的编织品是用毛纱编成的毛毯，其编织方法是至今仍然采用的 8 字结法，即在经纱上用一根叫雄纬的毛纱打小结织造而成。无纺布通常称为"毡"，"蹂毛成毡也"①。这是以毛纤维做原料，经过挤压成型的织品。由于没有采用传统的纺纱、织造等工艺过程，所以称为无纺布。据《天工开物》卷上《乃服·褐毡》记载，毡的制作过程是："凡绵羊剪毳，粗者为毡，细者为绒。毡皆煎烧沸汤，投于其中搓洗，俟其粘合，以木板定物式，铺绒其上，运轴赶成。"唐代的制毡过程，基本上也是这样。

四、纺织业的发展

两晋南北朝隋唐时期，巴蜀地区的纺织业经历了一个曲折的变化过程。西晋时期，巴蜀地区的纺织业，基本维持在蜀汉政权统治期间的水平上。东晋南北朝时，由于长期战乱，以及许多生产力水平低下的少数民族迁入巴蜀地区，致使纺织业长期停滞不前，在一些地方还有所倒退。直到唐代，巴蜀地区的纺织业才真正有所发展，主要表现在独立织造业的兴起，机织技术的改进和布帛生产的发展等三个方面。从发展阶段来看，大体上可以分为前后两个时期。唐代前期，巴蜀地区纺织业有一定程度的发展，特别是高级丝织品的生产，发展较为迅速。但是布帛的生产，相对来说，还比较落后。机织技术也没有太大的改进。独立织造业发展缓慢。唐代后期，随着独立织造业的兴起，丝织业迅速发展，织造技术也有相当大的改进。德宗时期，由于两税法的施行，封建赋税制度发生重大变化，这对巴蜀地区布帛生产的发展，起到了强有力的推动作用。入宋以后，号称"以衣被于天下"②。当然，唐代巴蜀地区纺织业的发展是不平衡的。由于历史的原因，以及社会生产力水平的差异，各地区纺织业的发展程度，并不尽同。

---

① 《说文解字》卷 15《毛部·毡》。
② 吕大防：《锦官楼记》，《全蜀艺文志》卷 34。

以成都为中心的西蜀，历来是巴蜀地区的织造中心，纺织业素称发达。自蜀汉以来，绫、锦等高级丝织品的生产，一直在全国占有重要地位。两晋南北朝时期，封建统治者也都在这里织造高级丝织品以供其享用，因此丝织业相对繁荣，故《隋书》卷29《地理志》说，这里"人多工巧，绫锦雕镂之妙，殆侔于上国"。由于西蜀的丝织业相当发达，所以李唐开国之后，一直在这里重点发展各种高级丝织品的生产。高祖"草创之际，乘舆皆阙"，于是派窦师纶入蜀督造绫锦。窦师纶因而创制"陵阳公样"，为蜀锦增添了更多的花色品种。太宗时期，仍然"于益州造绫锦金银等物"①。虽然马周、魏徵等人多次进谏，但是太宗并未取消益州的织造。以后历朝唐帝，均在益州织造绫锦等物。玄宗即位之后，又令皇甫恂织新样锦以进。与此同时，地方官员也在这里选求良工，精制各种高级丝织品，以为贡献之物。故中宗之女安乐公主出嫁时，"益州献单丝碧罗笼裙"②。玄宗晚年，杨贵妃权势倾天下，"扬、益、岭表刺史，必求良工造作奇器异服，以奉贵妃献贺，因致擢居显位"③。为了更好地满足统治集团对高级丝织品的需求，唐王朝还规定，益州的租庸调必须折纳绫罗等物以充春彩。这种做法固然是为了更多地在益州地区搜刮高级丝织品，但在客观上却刺激了益州丝织业的发展。玄宗天宝年间，益州每年贡纳的春彩就多达10余万匹，足见当时益州的丝织业十分兴盛。如前所述，绫锦等织物必须用花机织造，技术要求较高，加之皇室对织物的要求极为苛刻，因此，作为贡物而生产的绫锦，通常都是由专门的织工进行织造，很少由男耕女织的农户作为副业生产。在唐代前期，高级丝织品的生产和消费，几乎完全为官府所垄断，织工是在官府的监督下从事生产，独立织造业极不发达。同时，唐代前期的章服等级制度较为严格，一般的官吏和庶民均不得服用高级丝织品，因而各种高级丝织品很难以商品的形式进入流通领域，这就更加限制了独立织造业的发展。所以唐代前期益州丝织业的兴盛，实际上只是官营机织业得到了迅速发展。作为农村家庭副业的绢帛生产却没有什么发展。《大唐六典》卷20《太府寺》把全国的绢分为八等，其中益州出产的绢被列为第六等，可知这个时期益州绢帛的质量相当差。

---

① 《唐会要》卷52《忠谏》。
② 《新唐书》卷34《五行志》。
③ 《旧唐书》卷51《杨贵妃传》。

第七章 手工业

在唐代前期，由于绢帛是作为货币进入流通领域的，农户织造绢帛，也就具有铸币的性质，追求数量显然比提高质量更为重要。在这种情况下，绢帛流于粗恶也是可以理解的事情。汉代的蜀布曾经是全国最著名的麻布，可是在唐代前期，蜀布的生产似乎在走下坡路。从《大唐六典》、《通典》等书的有关记载来看，出产优质蜀麻的益州却不是麻织品的主要产地。造成这种状况的原因是多方面的。从经济的角度来看，生产麻布远不如织造绢帛合算。首先，麻的亩产量较低，《农政全书》卷36《蚕桑广类·麻》说："此麻一岁三割，每亩得麻三十斤，少不下二十斤。"则麻的亩产量通常不超过30斤。明代尚且如此，唐代自然不会超过这个水平。可是"一亩之桑获丝六十四斤"①，产量远远超过苎麻。其次，绩麻是用手工，每天只能绩3至5铢，缫丝是用缫丝车，每天可缫20到30两②，比绩麻的生产效率要高出100多倍，这就使得织布业很难和丝织业相抗衡。加之唐朝又把益州定为产丝州县，庸调一律交纳绢帛，折造绫锦，这就更不利于织布业的发展。不仅益州的织布业在唐代前期没有大的发展，由于剑南道的大多数地区均被划为产丝州县，庸调交纳绢帛，所以织布业在剑南道始终受到冷落。而当时的江南地区则不同，由于"越人不工杼"③，丝织业相当落后，但是织布业却非常发达，是全国最重要的麻布产区，不仅庸调纳布，而且还"以布代租"④，玄宗天宝年间，每年交纳的布多达570万端，如果再加上庸调布，那就超过1000万端⑤。因此需要大量的麻苎以供织造之用。蜀麻以质量优异著称，巴蜀和江南之间又有长江航线直接相通，所以大批蜀麻便沿长江而下，贩运到江南地区。正如杜甫所说："蜀麻吴盐自古通，万斛之舟行若风。"⑥肃宗即位之后，还专门在江陵置吏，征收蜀麻之税，以资国用。由此可知，唐代前期的蜀麻主要不是供本地织布之用，而是贩运到江南地区进行织造。

西晋时期，梁州的纺织业，虽然在高级丝织品的生产上不如益州兴盛，但是绢、布的织造，和益州相比，并无太大的差别。自东晋以后，僚人大量移居

---

① 贺长龄：《皇明经世文编》卷37《户政·农政》。
② 宋应星：《天工开物》卷上《乃服·治丝》。
③ 《唐国史补》卷下。
④ 《新唐书》卷51《食货志》。
⑤ 据《通典》卷16《食货·赋税》统计。
⑥ 《杜诗详注》卷15《夔州歌十绝句》。

该地区，特别是渠江流域，是僚人最集中的分布地。僚人善织布，但是不会种桑养蚕，因而该地区的丝织业急剧衰落。其后，随着僚人与汉族逐渐融合，绢帛的生产才又慢慢恢复，然而织造技术却相当落后。在唐代前期，山南西道的巴南诸州，仍然是全国丝织技术最落后的地区。据《大唐六典》卷20《太府寺》记载，全国质量最差的八等绢，有一半的产地在这里。由于绢帛质量太差，所以价格极低。玄宗开元二十五年（737），"御史中丞李林甫奏定天下赃估，互有高下。如山南绢贱，河南绢贵。贱处计赃，不至三百，即入死刑；贵处至七百已上，方至死刑。即轻重不侔，刑典安寄。请天下赃估，绢每匹计五百五十文为限。敕依"①。山南道的绢价每匹只有200多文，而河南道的绢价却超过700文，几乎是山南道的3倍。绢价的这种巨大差异，充分反映出山南道的丝织业还相当落后。正因为如此，唐朝才把巴南诸州的绝大部分地区定为出布州县，庸调一律折纳麻布，因此布匹的生产在这里较为普遍。但是基本上都是属于农村中的家庭织造，整个纺织业尚未从男耕女织的小农经济中独立出来。同时，僚人还广泛使用踞织机，生产效率远不如斜织机，从机织技术来看，其生产水平远低于汉晋时期该地区的织造水平。

安史之乱以后，唐朝的政治、经济状况均发生重大变化，这种变化导致巴蜀纺织业的全面发展。

首先，章服等级制度的崩溃，为巴蜀地区独立织造业的兴起扫清了障碍。唐代初期，封建王朝制定了严格的章服等级制度，直到玄宗开元十六年（728），仍然规定："应诸服胯褶者，五品已上，通用紬、绫及罗；六品已下小绫，除幞头外，不得服罗、縠及著独窠绣绫。""流外及庶人，不得著紬、绫、罗、縠"②。因此，绫、锦、罗、縠等高级丝织品的生产，完全被置于官府的严格控制之下，产品全部上交，不得买卖。王建的《织女曲》就具体说明了这种情况：

大女身为织锦户，名在县家供进簿。
长头起样呈作官，闻道官家中苦难。

---

① 《唐会要》卷40《定赃估》。
② 《新唐书》卷24《车服志》。

第七章 手工业

　　　　回花侧叶与人别，唯恐秋天丝线干。
　　　　红缕葳蕤紫茸软，蝶飞参差花宛转。
　　　　一梭声尽重一声，玉腕不停罗袖卷。
　　　　窗中夜久睡髻偏，横钗欲堕垂著肩。
　　　　合衣卧时参没后，停灯起在鸡鸣前。
　　　　一匹千金亦不卖，限日未成宫里怪。
　　　　锦江水涸贡转多，宫中尽著单丝罗。
　　　　莫言山积无尽日，百尺高楼一曲歌。①

　　中唐以后，度支仍然"每岁于西川织造绫、罗、锦八千一百六十七匹"②。但是由于皇权式微，地方节度使跋扈，高级丝织品已不再为皇室所垄断，节度使、军将、士卒都成了高级丝织品的消费者。肃宗时期，剑南节度使严武就向山南西道节度使张献诚赠送"奇锦珍贝，价兼百金"③。代宗大历元年（766），占据成都的剑南西山兵马使崔宁也向山南、剑南副元帅杜鸿渐赠送"缯锦数千匹"④。德宗贞元年间，剑南西川节度使韦皋"在西川。凡将士将有婚嫁，则以熟锦衣给其夫，以银泥衣给其妻，又各给钱一万。死丧称是"⑤。文宗时期，剑南西川节度使郭钊亦广市锦缬⑥，一次就令阍者"市纹缯丝帛百余匹"⑦。此外，一般的富豪之家也开始服用各种高级丝织品。文宗就说："朕闻前时内库唯二锦袍，饰以金鸟，一袍玄宗幸温汤御之，一即与贵妃。当时贵重如此。如今奢靡，岂复贵之？料今富家，往往皆有。"⑧ 元稹《阴山道》也说："豪家富贵逾常制，令族亲班无雅操。从骑爱奴丝布衫，臂鹰小儿云锦韬。"⑨ 鉴于"四方车服僭奢"，文宗曾下诏"准仪制令"，企图恢复章服等级制，限制高级丝织品的消费，

---

① 《全唐诗》卷 298。
② 《旧唐书》卷 17 下《文宗本纪》。
③ 《旧唐书》卷 117《崔宁传》。
④ 《旧唐书》卷 117《崔宁传》。
⑤ 《唐语林》卷 6。
⑥ 《太平广记》卷 108《玉殷》。
⑦ 《宣室志》卷 2。
⑧ 《旧唐书》卷 173《郑郎传》。
⑨ 《元氏长庆集》卷 24。

但是,"诏下,人多怨之",结果"事遂不行"①。章服等级制度的弛废,以及中唐以后奢侈之风的盛行,使得各种高级丝织品的需求量急剧增加,这对剑南东、西两川丝织业的发展起到了有力的推动作用。专门从事织造的手工业者迅速增加,文宗大和三年(829),南诏入侵成都,"将还,乃掠子女、工技数万引而南……南诏自是工织文,与中国埒"②。《蛮书》卷7《云南管内物产》也说,南诏"俗不解织绫罗,自大和三年贼寇西川,掳掠巧儿及女工非少,如今悉解织绫罗也"。可知南诏在剑南西川掳掠的数万人,主要就是男女织工,由此可见当时剑南西川织工人数之多。这些织工除一部分属于官府管辖的织锦户之外,大多数是以织作为生的独立手工业者,所以卢求在《成都记·序》中盛赞益州的"罗锦之丽"和"伎巧百工之富"③。随着独立织造业的发展,机织技术也发生了很大的变化。唐代前期,巴蜀地区的绫锦是以平纹组织为基础。中唐以后,斜纹组织的绫锦逐渐多起来。从织造技术上看,织造经锦的花机结构比织造纬锦的更加复杂,提花工的数量也要多一些。因此,纬锦的兴起,表明当时的花机织法正在向着织机结构简化,操作方便和提高生产效率的方向发展。从中唐以后朝廷为了抑制奢侈之风,多次下令禁断"奇绫异锦"④ 的情况来看,花机织法的这种变化主要是在独立织造业中逐渐开始普及,而度支在剑南西川织造的绫锦,仍然还是以唐初的陵阳公样为主。所以文宗在禁止织作"纤丽尤甚"的织品时规定,"敕到后一月日内,所有此色机杼一切焚弃讫"⑤。可知当时民间的织机结构已经发生了许多变化,其中织造纤丽之物的提花机,显然从结构到外形都与传统的织机不同,因此文宗才能下令把这类织机全部焚毁。独立织造业完全是从事商品生产,织物的花色品种深受社会时尚的影响。中唐以后奢侈之风盛行,对织物的色彩和纹饰都提出了多方面的要求。郑谷《锦二首》就说:"布素豪家定不看,若无文彩入时难。"⑥ 所以织工大多刻意求新,以便获得最好的经济效益,因此不断翻新花色品种。当时剑南西川所创新的各种"异色绫

---

① 《新唐书》卷24《车服志》。
② 《新唐书》卷222中《南蛮中》。
③ 《全唐文》卷744。
④ 穆宗:《御丹凤楼大赦文》,《全唐文》卷68。
⑤ 文宗:《即位赦文》,《全唐文》卷85。
⑥ 《全唐诗》卷675。

第七章 手工业

锦"①，不仅在巴蜀地区逐渐普及，同时还传到了江淮一带。僖宗时期，淮南节度使崔致远赠送给幽州李可举的织成红锦缴壁、暖子锦、枕锦、西川罗夹缬、真红地绢夹缬，皆是"龟城传样，凤杼成功"②。龟城即成都，可知上述各种奇锦异罗的式样和织造技术都是来自巴蜀。随着各种新颖纹饰的不断出现，织物的组织结构也就日趋复杂。大约在唐末五代，缎纹组织的织物开始逐渐增多。这类织物的表面平滑匀整，质地柔软，有的富有光泽，有的略现纹路。花缎则绚丽多彩，深受人们的喜爱。入宋以后，以缎纹组织为基础的织品种类增加很快，从而使织物三种原组织中最复杂的缎纹组织开始盛行起来。

其次，两税的折纳和中唐以后巴蜀地区布帛生产的发展有着密切的关系。两税法是以钱定税额，具体交纳时，则分为以布帛折纳和交纳现钱两种情况。山南西道历来"不用见钱"③，所以两税全是以绢帛折纳，这对该地区农村家庭织造业的发展起到了一定的推动作用。随着当地少数民族不断汉化，以及大批汉族人民相继迁入这个地区，巴南诸州的织造业逐渐发展起来。中晚唐时期，果、阆二州生产的重绢，质地厚重，色泽鲜白，是全国质量最好的土绢，价格超过了号称天下第一的宋、亳二州之绢。宣宗大中六年（852），中书门下奏称："京师元不出土绢，所货者诸州土县（"县"当为"绢"之误），果、阆州绢最贵。每匹九百五十文，上至五十尺，下至四十五尺。其次宋、亳州土绢。"④ 这就使得果、阆二州的机织业迅速兴起，从而成为巴南诸州最重要的绢帛产区。剑南道的情况，与山南西道不同。在唐代前期，剑南道的庸调大多折纳为绫、罗等高级丝织品。但是在两税法施行之后，官府却以"物皆纤丽，凡所织作，不任军资"为理由，取消了以各种丝织品折纳赋税的规定，一律征收见钱。直到武宗时期才又重新规定以重绢折纳两税，"如闻两川租税，尽纳见钱。盖缘人多伎巧，物皆纤丽，凡所织作，不任军资，所以人转困穷，俗增侈靡。然以风土所习，顿革稍难。委刺史与县令商量劝课，有机杼之家，依果、阆州且织重绢，仍与作三等估，上估一贯一百，下估九百。待此法行后，每年两税，一半

---

① 懿宗：《南郊赦文》，《全唐文》卷75。
② 崔致远：《桂苑笔耕集》卷10。
③ 韦处厚：《驳张平叔粜盐法议》，《全唐文》卷715。
④ 《册府元龟》卷616《刑法部·议谳》。

· 356 ·

折纳重绢,即冀人少苏息,军用不亏"①。这种做法极大地刺激了绢帛生产。五代时期,割据湖南的马殷同样采取这种手法,"命民输税者皆以帛代钱。未几,民间机杼大盛"②。剑南两川的情况也是这样,绢帛生产迅速发展。

在绢帛生产发展的同时,织布业也逐渐兴盛起来。巴南诸州历来盛产麻布,剑南道的情况却不同,如前所述,唐代前期,蜀麻主要是贩运到江南织造。中唐以后,由于实行榷盐,海盐不得进入巴蜀地区销售,传统的吴盐蜀麻贸易中断,蜀麻只能在本地织造。为了提高附加价值,剑南两川的民户利用蜀麻质地优良的特点,大量织造高级细布,以供服饰之用。中唐以后,剑南两川丝布产地不断扩大就反映了织布业的这种发展趋势。由于织布业的兴起,昭宗天复三年(903),王建一次就"贡茶、布十万"③。接着,又以茶、布和盘踞陇右的李茂贞进行大规模互市。这就表明,唐末巴蜀地区的布匹生产同样也有较大发展。入宋以后,更是号称"以衣被于天下"④,从而成为全国最主要的布匹产地。

第二节 盐 业

巴蜀地区蕴藏着极其丰富的盐卤资源,自秦汉以来,一直是全国最重要的井盐产地。两晋南北朝隋唐时期,除个别少数民族地区出产岩盐之外,巴蜀的绝大多数地区只生产井盐。因此,巴蜀地区的盐业,实际上就是井盐业。

一、井盐产地

根据《华阳国志》记载,汉晋时期,巴蜀地区的井盐产地有巴郡临江县(治今重庆市忠县境),巴东郡朐忍县(治今重庆市云阳县境),涪陵郡汉发县(治今重庆市酉阳县境),巴西郡南充县,蜀郡临邛(治今四川省邛崃)、广都2县,广汉郡什邡、郪2县,犍为郡牛鞞县,江阳郡江阳、汉安、新乐(治今四川省南溪县境)3县,越巂郡定筰县,南广郡南广县(治今四川省珙县境),共

---

① 武宗:《加尊号后郊天赦文》,《全唐文》卷78。
② 《资治通鉴》卷274,庄宗同光三年闰月。
③ 《蜀梼杌》卷上。
④ 吕大防:《锦官楼记》,《全蜀艺文志》卷34。

第七章 手工业

计10郡14县。此外，梓潼郡梓潼县则出伞子盐。南北朝时期，巴蜀盐业衰落，井盐产地不断缩小。入隋以后，仍然没有什么大的变化，据《隋书》卷29《地理志》记载，巴蜀的井盐产地有金山郡巴西县（治今四川省绵阳），巴东郡人复县（治今重庆市奉节县境），蜀郡阳安县（治今四川省简阳），隆山郡仁寿县，黔安郡彭水县，共计5郡5县。唐代前期，巴蜀盐业逐渐恢复，到玄宗开元二十五年（737），"蜀道陵、绵等十州，盐井九十所"[1]，其中：陵州有盐井1所，绵州4所，资州28所，泸州5所，荣州13所，梓、遂、普、阆、果五州共有38所。从这10州的地理位置来看，当时盐井的分布，几乎完全集中在四川盆地的中部丘陵地区，也就是后来的剑南东川境内。

中唐以后，巴蜀盐业有了很大发展，井盐产地迅速扩大，盐井数目急剧增加。宪宗元和年间，剑南东西川和山南东、西道、黔中道，均已形成各自的井盐产区。据《元和郡县图志》记载，宪宗时期，巴蜀盐井的分布地区如下：

剑南西川

  邛州：蒲江县有盐井，火井县有盐井。

  简州：阳安县5井、平泉县2井。

  资州：内江县26井、银山县11井。

  巂州：昆明县有盐井。

  戎州：义宾县有秋溪盐井。

剑南东川

  梓州：郪县26井、通泉县14井、永泰县4井。

  遂州：方义县12井、蓬溪县13井。

  绵州：盐泉县有阳下盐井。

  普州：安岳县10井、安居县4井、普康县3井、普慈县14井。

  陵州：仁寿县有陵井，贵平县有平井，井研县有3井。

  荣州：应灵县4井、公井县11井、威远县7井、和义县5井。

  泸州：江安县有可盛盐井，富义县有3井。

山南道（阙）

黔中道

---

[1] 《通典》卷10《食货·盐铁》。

黔州：彭水县有左右盐泉。

由于今本《元和郡县图志》所亡佚的卷20和卷23正好是记载山南东道的峡内地区和山南西道的巴南诸州，因此关于这两个地区的盐井分布情况，已不得其详。但是据《唐会要》记载，宪宗时期，山南西道的果、阆二州产盐[①]，而峡内地区的夔州奉节、云安、大昌（治今重庆市巫山县境）三县和万州的南浦县（治今重庆市万州区）同样也产盐[②]。由此可知，宪宗时期，巴蜀地区井盐的产地已经远远超过玄宗时期。除了剑南东川之外，山南西道、山南东道的峡内地区、剑南西川和黔中道也都相继形成各自的井盐产区。至此，唐代巴蜀井盐产地的基本格局，大体上确定。再从盐井的数目来看，仅据《元和郡县图志》不完全的记载，宪宗时期，巴蜀的盐井数目至少有209井，同样远远超过了玄宗时期的90井。其中，陵州从1井增加到5井，荣州从13井发展到27井，资州从28井扩大到37井，泸州从5井增至9井。这些变化充分表明中唐以后，巴蜀的盐业有了非常迅速的发展。唐代后期，巴蜀地区的盐业更加繁荣，盐井的数目继续大幅度增加，分布地区亦有所扩大。据《新唐书》卷54《食货志》记载：

黔州有井四十一。成州、巂州井各一。果、阆、开、通井百二十三，山南西院领之。邛、眉、嘉有井十三，剑南西川院领之。梓、遂、绵、合、昌、渝、泸、资、荣、陵、简有井四百六十，剑南东川院领之。[③]

尽管《新唐书》的这段记载有一些含混不清的地方，同时，像普州、夔州

---

① 《唐会要》卷88《盐铁》。
② 据《新唐书》卷40《地理志》记载，夔州奉节县有"永安井盐官"，云安、大昌二县也都有"盐官"；万州南浦县有"盐官二"。其中，永安、大昌二监是在顺宗以前就已经设置，顺宗时期又增云安等三监"（《新唐书》卷54《食货志》）。宪宗元和六年把"峡内煎盐五监"割属度支使（《唐会要》卷87《转运盐铁总述》，就是指上述五处盐监。由此可知，宪宗时期，夔州的奉节、云安、大昌四县和万州的南浦县均出产井盐。
③ 《新唐书·食货志》的这段记载，并没有注明是什么时候的盐井数目。但是度支使在剑南三川设置分巡院管理盐务，是在德宗贞元八年以后才成为定制。因此，《新唐书》所记载的巴蜀盐井数字应当是德宗以后的情况。又据《元和郡县图志》的记载统计，宪宗时期，剑南东、西两川共有盐井206。而合计《新唐书》所记载的剑南东、西两川盐井数目时多达473井，二者相差甚远。由于《元和郡县图志》是宪宗时期宰相李吉甫所撰，他所记载的盐井数目应当是可信的。由此看来，《新唐书》关于盐井数目的记载，应当是宪宗以后巴蜀盐业鼎盛时期的情况。

第七章 手工业

这样重要的井盐产地也没有予以记载，然而它基本上还是能够反映唐代后期巴蜀盐业鼎盛时的情况。根据《新唐书·食货志》的记载，巴蜀地区共有盐井639口，大大超过宪宗时期的盐井数目，与北宋前期益、梓、利、夔四路的盐井数目相差无几①。其中剑南东川分巡院所管辖的盐井最多，达到460井，超过总数的一半以上。其次是山南西道分巡院，4个产盐之州就有123口盐井。至于中唐以后由山南西道分巡院兼管的峡内盐监，《新唐书·食货志》阙漏，但是据《资治通鉴》卷277记载，前蜀初期，夔州有"十三盐监"，而在宪宗时期，夔州只有三监，可知在唐代后期，峡内地区的盐井数目也有很大增加。此外，黔中道的盐井数目，则从宪宗时期的"左右盐泉"②扩大到41井，增长幅度尤其惊人。然而剑南西川的盐业却没有什么大的发展，虽然井盐的产地有所扩大，但是盐井的数目增加不多。

概言之，唐代巴蜀地区井盐的产地，主要集中在剑南东川、山南西道的巴南诸州和山南东道的峡内诸州，其中地处今四川盆地中部丘陵地区的剑南东川，始终是巴蜀地区最重要的井盐产地，盐井数目最多，分布也最广。中唐以后，位于嘉陵江以东的巴南诸州和地处长江三峡一带的峡内诸州，盐业发展迅速，盐井的数目和分布地域都有明显增加。然而位于今四川盆地西部的剑南西川，本是巴蜀最早生产井盐的地区，但由于这里的盐卤资源埋藏较深，开采困难，在凿井技术没有取得突破性发展的唐代，尽管井盐的产地逐渐扩大，终因生产技术所限，盐井数目一直非常有限，食盐始终不能自给。黔中道则由于盐卤资源有限，尽管盐井数目增加很快，但产地始终只有黔州一地。至于巂州昆明盐井，早在汉代就已经凿成，"所谓定筰县有盐池是也"③。但是在唐代，该地区的盐业却没有什么发展，终唐之世，只有盐井一处。大约在宋代，该盐井逐渐废塞，直到元代才又重新开采。

---

① 《文献通考》卷15《征榷考·盐铁》。
② 《元和郡县图志》卷30《江南道·黔州》。
③ 光绪《盐源县志》卷3《食货·盐法》。

表7-1　　　　　　　　　　　唐代巴蜀地区井盐产地表

道名	州名	县名
剑南西川	眉	彭山
	邛	蒲江、火井
	简	阳安、平泉
	资	盘石、资阳、内江、龙水、银山
	维	薛城
	雅	卢山
	嶲	昆明
	戎	义宾
	嘉	
剑南东川	梓	郪、通泉、玄武、盐亭、飞鸟、永泰、涪城
	遂	方义、长江、蓬溪
	绵	巴西、昌明、魏城、罗江、盐泉
	普	安岳、安居、乐至、普康、普慈
	陵	仁寿、贵平、籍、井研
	荣	应灵、公井、资官、威远、和义
	渝	巴、璧山
	泸	江安、富义
	昌	昌元
	合	
山南东道	夔	奉节、云安、大昌
	忠	临江
	万	南浦
山南西道	阆	阆中、南部、新井、新政
	果	南充、相如、西充
	通	宣汉
	开	万岁
黔中道	黔	彭水

二、井盐生产

井盐是通过开采地下盐卤，或者利用流经地表的盐泉，从中提炼出来的食盐。井盐生产，通常分为两个过程：首先是凿井汲卤，或者从天然盐泉中获取卤水。然后是煮卤成盐。

凿井汲卤，首先要"相山寻穴，凿石求泉"①，开凿盐井。直到唐代，巴蜀盐井的开凿和挖水井差不多，完全是由人工用锸、锹、锄之类的工具进行挖掘。地下盐卤大多埋藏较深，"必十丈以外，乃得卤信"②。而要找到盐脉，还必须继续深挖下去。因此，凿井工作十分艰巨，需要经过成年累月的挖掘，才能获得一口盐井。这种用人工挖掘出来的盐井，口径都很大。通常把它们称为大口盐井，其中最大的陵州仁寿县陵井，"纵、广各三十丈"③。至于盐井的深度，完全取决于地下盐卤的位置。有的浅井和池塘差不多，因此又被称为"大盐池"④；有的则"井深二百五十尺"⑤，最深的陵井，"深八十余丈"⑥。盐井的结构也不尽相同。有的浅井呈坑洼状，只在井口用木石甃砌。一般深井则多为束腰形，"上下甚广，独中间稍狭，谓之杖鼓腰"⑦，由于井腔的内壁是"上土下石"，所以要在土壁部分"以梗楠木四面锁叠，用障其土"⑧，加固井壁，防止坍塌。在靠近河流或地势低洼的地方，为了防止淡水渗入盐井内，通常要"以木为桶"⑨，封隔井壁，因而又称"木桶井"⑩。

盐井的开凿，不仅工程艰巨，耗资巨大，"每井常费中人数家之产"⑪，同时还具有相当大的投资风险。巴蜀民众在长期的生产实践中，已经知道通过天然盐泉的出露来判断地下的盐矿。据《九域志》记载，富义盐井的井主梅泽，

---

① 《四川盐法志》卷 20《榷征》。
② 《天工开物》卷上《作咸·井盐》。
③ 《元和郡县图志》卷 33《陵州·仁寿县》。
④ 《蛮书》卷 7《云南管内物产》。
⑤ 《旧唐书》卷 41《地理志》。
⑥ 《元和郡县图志》卷 33《陵州·仁寿县》。
⑦ 《梦溪笔谈》卷 13《权智》。
⑧ 《玉壶清话》卷 3。
⑨ 《水经注》卷 33《江水》。
⑩ 《蜀中广记》卷 66 引《叙州府志》。
⑪ 《四川盐法志》卷 20《征榷》。

"本夷人，见石上有泉，饮之咸，遂凿石百尺，泉上出，煎之成盐。梅死，祀之"①。在唐代，甚至能够通过一些地形地貌的特征来确定盐脉的位置。据宋人记载，潼川府富国镇，"旧无盐井，唐时一新罗僧游蜀至此，指其地，凿之，咸泉涌出"②。宋代的潼川府，即唐代的梓州。但是总的来看，直到唐代，巴蜀地区尚未总结出一套判断盐脉位置的有效方法，凿井还具有较大的盲目性，耗费大量人力和资金开凿出来的盐井，常常因打不到盐脉，或者由于盐卤含盐量太低，"煎盐不成"③而报废。此外，由于凿井技术落后，固井技术原始，盐井坍塌、淡水浸淫等事故屡有发生。由于上述种种原因，凿成的盐井中，有相当一部分先后封废④。

图 7-6　今存自贡盐井遗址

如果开凿的盐井打到了盐卤，"幸而果得盐泉"⑤，下一步就是从盐井中汲取卤水。巴蜀各地的汲卤方法，不尽相同。在唐代，部分盐井已经采用机械提卤，在"井侧设大车绞之"⑥，以人推车汲卤，用"大牛皮囊盛引水出之"⑦。然而多数地区是"以牛皮革为囊，数十人牵大绳以汲取之。自子至午，则泉脉渐

---

① 《古今图书集成》卷604引。
② 《舆地纪胜》卷154《潼川府·仙释》。
③ 《太平寰宇记》卷83《梓州·玄武县》。
④ 关于唐代巴蜀盐井大量废弃的情况，可从《太平寰宇记》的有关记载窥见一斑。据该书卷82记载，梓州郪县"有盐井四十三眼，二十二眼见煎，余废"。玄武县有"盐井二，近江水淡，煎盐不成"。涪城县"管盐井五十五所，十眼煎，四十五眼塞"。飞鸟县"管盐井七，三眼煎，四眼塞"。又据同书卷85记载，陵州仁寿县七井，"二井见在"，其中蒲井是"唐武德初开，水淡遂废。国朝太平兴国三年重开"。另外五井皆废。"井研县二十一井，五井在"，三井于"伪蜀已前废塞"，入宋以后重开，另外"十六井废"。始建县七井，其中"罗泉井旧废，至国朝乾德三年重开"，其余六井皆废。
⑤ 《皇宋中兴两朝圣政》卷55淳熙四年。
⑥ 《梦溪笔谈》卷13《权智》。
⑦ 《元和郡县图志》卷33《陵州·仁寿县》。

第七章　手工业

竭，乃缒人于绳，令下井以手汲取，投之于囊，然后引绳而上"①。这种落后的汲卤方法，直到南宋时期还相当普遍。至于巂州昆明县的盐井，汲卤方法更为简单，始终是用竹竿系木桶，入井汲卤②。

除了凿井汲卤之外，在一些地区还广泛利用天然盐泉获取盐卤。例如夔州大昌县，"山岭峭峻之中，有盐泉涌出，土人以竹引入泉，置镬煎盐"③；通州的宣汉井场，"咸源从大江龙骨石窟中涌出，滩名羊门，两面山岩峭峻，盐源出于山下，遂煎成盐"④；阆州新井县（治今四川省南部县境），"水出地如涌泉，可煎以为盐"⑤；维州盐溪县（治今四川省理县境），"有盐溪，民得采漉"⑥；巂州的"东蛮、磨些蛮诸部落共食龙怯河水，中有盐井两所"⑦。从地理位置上看，这些流经地表的盐溪、盐泉，主要分布在山区。

获取盐卤之后，还要经过提炼才能得到食盐。自晋迄唐，仍然沿用汉代的制盐工艺：在长条形的盐灶上安置若干大锅，这种用于煎盐的锅被称为"牢盆"，用竹筒把盐卤从井场或盐溪、盐泉中引入盐灶上的储卤器，然后把储卤器中的盐卤注入"牢盆"之中，灶下升火，反复煎熬，待水分蒸发完毕，就得到食盐。这种置镬煎盐的方法，一直沿用到民国时期。"川盐分为雪花盐、锅巴盐两种。雪花盐色白如雪，为结晶形之颗粒，俗称花盐，其锅如普通民家之饭锅。煮锅巴盐之锅甚大，而底坦平，直径约一丈，重约千斤，称千斤锅。每锅盐煮成一大盐饼，须经七八日，盐结如锅形，故曰锅巴盐，通俗称为巴盐。巴盐其坚如石，厚五六寸或尺余不等，击成碎块出售"⑧。除了置镬煎盐之外，巂州还有一种较为特殊的制盐方法。据《益州记》说："汶山、越巂煮盐法名各异。汶山有咸石，先以水渍，既而煎之。越巂先烧炭，以盐井水沃炭，刮取盐"⑨。汶山郡是从岩盐中提取食盐。越巂郡的制盐方法是：先把柴薪烧成木炭，以卤水

---

① 《皇宋中兴两朝圣政》卷 55，淳熙四年。
② 《四川盐法志》卷 5。
③ 《舆地纪胜》卷 180《夔州路·大宁监》。
④ 《太平寰宇记》卷 137《达州·宣汉井场》。
⑤ 左思：《蜀都赋》李善注，《文选》卷 4。
⑥ 《太平寰宇记》卷 78《剑南西道·维州》。
⑦ 《蛮书》卷 7《云南管内物产》。
⑧ 周开庆：《四川经济志·食盐》，（台北）商务印书馆 1972 年版。
⑨ 《太平御览》卷 865 引。

泼于炭上,水分随炭热蒸发,盐则附着于木炭表面,然后从炭上刮取食盐。由于刮下来的盐和木炭屑混在一起,呈黑色,故称黑盐。《读史方舆纪要》卷116把这种制盐方法说得很清楚:"土人掘土为坑,深三尺许,纳薪其中,焚之俟成灰,取井中之卤浇灰土,明日皆化为盐,盐色黑白相杂而味苦。"不过这种制盐方法在唐德宗以后,也被"置镬煮盐"法取代。《蛮书》卷7《云南管内物产》就说:"昆明城有大盐池,比陷吐蕃。蕃中不解煮法,以咸池水沃柴上,以火焚柴成炭,即于炭上掠取盐也。贞元十年春,南诏收昆明城,今盐池属南诏,蛮官煮之如汉法。"

由于巴蜀地区在井盐的制取过程中,尚未采取过滤杂质的技术,因此井盐的质量完全取决于盐卤本身所含杂质的多少。根据现代的地质勘察,四川的盐卤有三种:一是产于上三迭统系的黄卤,二是产于下三迭统与中三迭统的黑卤,三是产于三迭统的白卤①。因而巴蜀地区的井盐也就有赤盐、黑盐、白盐三种。由于各个盐井所开采的盐卤,所在地层不完全相同,即使在同一地区,井盐的质量也有很大差别。例如在荣州,"荣得之盐微赤,资官之盐纯黑,又非舟楫所载,惟应灵县之盐纯白,而商贾最众"②。其他产盐区的情况,基本上也是这样。

唐代巴蜀地区单口盐井的产量,差别极大。单产最高的泸州富义盐井,"月出盐三千六百六十石"③,平均日产 122 石。陵州研井的日产则只有 8 斗④,二者相差 152 倍有余。从北宋初年的情况来看,除了少数高产井之外,多数盐井的产量都相当低,例如著名的井盐产区陵州,共有 10 井,陵井监井日产盐 3000 斤,贵平县上平井日产 170 斤,仁寿县营井日产 40 斤、蒲井 38 斤,井研县研井日产 49 斤、陵井 30 斤 10 两、棱井 53 斤 8 两、律井 65 斤、田井 36 斤,始建县罗泉井日产 35 斤⑤。由此可见,当时大多数盐井的日产量均在 100 斤以下。宋代盐井的产量,一般比唐代高,因此唐代巴蜀地区多数盐井的日产量,同样不会超过 100 斤。此外,由于盐脉盈缩不定,卤水中含盐量也有季节性变

---

① 《四川地理》上编第 1 章第 2 节《矿产》。
② 《舆地纪胜》卷 160《荣州·景物》。
③ 《元和郡县图志》卷 33《泸州·富义县》。
④ 《太平寰宇记》卷 85《剑南东道·陵州》。
⑤ 《太平寰宇记》卷 85《剑南东道·陵州》。

化，所以同一口盐井的产量也很不稳定。

总之，由于唐代巴蜀井盐生产技术尚未取得大的突破，因而井盐生产投资高、风险大，且生产效率低，劳动强度大，产量既少又不稳定，远不如生产海盐、池盐经济。但是巴蜀地区远离海盐、池盐的产地，食盐又是人们日常生活中不可缺少的必需品，所以井盐生产仍然能够有所发展。除此之外，中唐以后盐政的变化也刺激了巴蜀盐业的发展。

三、盐法

食盐是民众的生活必需品，盐利则是国家财政收入的重要来源，因此，封建王朝十分重视对盐业的管制。邓艾平蜀之后，就曾向司马昭建议："留陇右兵二万人，蜀兵二万人，煮盐兴冶，为军农要用。"① 晋代规定："凡民不得私煮盐，犯者四岁刑，主吏二岁刑。"② 南朝弛盐禁，准许百姓煮盐。北周末年，"盐池、盐井，皆禁百姓采用"。至隋文帝开皇三年（583）才废除禁令，"通盐池、盐井与百姓共之"③。入唐以后，仍然准许民间晒制池盐，开采井盐，制成的食盐，"一分入官，二分入百姓家"④。武周时期，一度改为官府出售卤水，但是时间不长，至长安二年（702），"停卖水，依旧税盐"⑤。玄宗继位之后，承武周弊政之余，巴蜀人口大量流亡，以人丁为本的租庸调收入急剧减少，于是政府开始注意到巴蜀的盐税收入。先天二年（713），提高巴蜀的井盐税额。开元八年（720），又诏令益州大都督府长史苏颋"收剑南山泽盐铁自赡。颋尚简静，重兴力役，即募成人，输雇直，开井置炉，量入计出，分所赢市谷，以广见粮"⑥。苏颋所采取的措施，只是开凿官井，以其收入作为地方财政的重要来源，并没有对剑南的井盐生产实行管榷，更没有把民间盐井收归国有。开元九年⑦（721），右拾遗刘彤上书玄宗，建议管榷盐铁，以广国用；但是并没有

---

① 《三国志》卷 28《魏书·邓艾传》。
② 《太平御览》卷 865 引《晋令》。
③ 《隋书》卷 24《食货志》。
④ 郎蔚之：《隋州郡图经》，《汉唐地理书钞》。
⑤ 《太平寰宇记》卷 85《剑南道·陵井监》。
⑥ 《新唐书》卷 125《苏颋传》。
⑦ 《通典》卷 10 称刘彤上表在开元元年，《旧唐书》卷 185《姜师度传》记为开元六年。据岑仲勉先生考证，当为开元九年（见岑仲勉《隋唐史》下卷第 41 节《中唐后理财之言论及方法》注①）。

被采纳。玄宗只是下诏，要"诸道按察使检责海内盐铁之课"，各由"本州刺史上佐一人检校，依令式收税"①。关于这个时期剑南道的盐课，《通典》卷10《食货·盐铁》有具体的记载：

> 蜀道陵、绵等十州，盐井总九十所，每年课盐都当钱八千五十八贯（原注：陵州盐井一所，课都当二千六十一贯；绵州井四所，都当钱二百九十二贯；资州井二十八所，都当钱一千八十三贯；泸州井五所，都当钱一千八百五十贯；荣州井十三所，都当钱四百贯；梓州都当钱七百一十六贯；遂州四百一十五贯，阆州一千七百贯，普州二百七贯，果州二十六贯），若闰月共讨加一月课。随月征纳，任以钱粮，兼纳其银，两别常以二百价为估。其课依都数纳官，欠即均征灶户。

由此可知，直到玄宗开元末年，剑南道的盐井仍然是由民间自行开采，政府只是对灶户逐月课以盐税而已。由于令文规定闰月要加征1个月的盐税，因此各州在确定课税总额时，都是按13个月计算，所以上引文原注中各州课税的总和为8751贯，比令文所规定的8058贯多出693贯。这个数目基本上相当于剑南道1个月的盐课。

安史之乱爆发后，军费开支浩大，为了增加财政收入，唐朝对盐法进行了重大变革。肃宗乾元元年（758），第五琦出任盐铁使，"始立盐铁法，就山海井灶，收榷其盐，立监院官吏。其旧业户洎浮人，欲以盐为业者，免其杂徭，隶盐铁使。盗煮私盐，罪有差"②。第五琦所创立的盐法，实际上就是实行管榷政策，由政府垄断食盐的销售，严禁私盐的产销，同时把灶户置于盐铁使的直接控制之下。自此以后，食盐的专卖制度，一直延续到唐亡。

在第五琦"初变盐法"③的时候，全国的盐政由盐铁使掌管，下设监院负责具体事务。但是到了代宗永泰二年（766），情况就发生了变化。这一年，唐政府把全国划分为东南和西南两个财政区，"东都、畿内、河南、淮南、江东

---

① 《旧唐书》卷48《食货志》。
② 《唐会要》卷87《转运盐铁总叙》。
③ 《新唐书》卷54《食货志》。

第七章 手工业

西、湖南、荆南、山南东道，以转运使刘晏领之；京畿、关内、河东、剑南、山南西道，以京兆尹、判度支第五琦领之。及琦贬，户部侍郎、判度支韩滉与晏分治"①。于是剑南东、西两川和山南西道的盐务就改由度支使掌管。这种把全国划分为两个财政区的办法以后又有所变动，到了德宗贞元八年（792），再次"遵大历故事，如刘晏、韩滉所分焉"②，置二使，分掌天下财赋。其中"自河南、江淮、岭南、山南东道，至渭桥，以户部侍郎张滂主之；河东、剑南、山南西道，以户部尚书度支使班宏主之。今户部所领三川盐铁转运，自此始也"③。从此以后，剑南东、西两川和山南西道的盐务"皆隶度支"④，终唐世而不改。

度支事务，本为尚书省户部职掌，"郎中判入，员外判出，侍郎总统押案而已，官衔不言专判度支。开元以后，时事多故，遂有他官来判者"⑤。但是自德宗贞元以后，多以户部尚书或侍郎判度支使，"别官兼者希矣"⑥。所以当时认为，实际上是由户部统领剑南三川的盐铁事务。度支使在剑南三川分别设有分巡院，主管盐务，其中山南西道分巡院管辖果、阆、开、通四州的盐井；剑南东川分巡院管辖梓、遂、绵、合、昌、渝、泸、资、荣、陵、简十一州的盐井；剑南西川分巡院管辖邛、眉、嘉三州的盐井。巡院之下，又分设盐监，直接掌管各产盐之州的榷盐事务。由于巡院、盐监是中央财政部门在地方设立的派驻机构，不属州县管辖，因而常常不能和地方行政部门融洽相处。穆宗时期，中书舍人韦处厚就说："臣尝为开州刺史，当时被盐监吏人横扰官政，亦欲盐归州县，总领其权。常试研求，事有不可。"⑦ 其后，巡院、盐监的职权不仅没有缩小，反而逐渐扩大，成为朝廷在巴蜀地区征收财赋的重要机构。

自代宗永泰二年全国分为两个财政区以后，行政建置上属于山南东道的峡内诸州，其盐务就划归盐铁使掌管。下设监院，主管井盐的产销。其中：在万州的南浦县设有塗晉监和渔阳监；夔州的奉节县有"永安井盐官"，云安、大昌

---

① 《唐会要》卷 87《转运盐铁总叙》。
② 《旧唐书》卷 48《食货志》。
③ 《唐会要》卷 87《转运盐铁总叙》。
④ 《新唐书》卷 54《食货志》。
⑤ 《唐会要》卷 59《尚书省诸司·别官判度支》。
⑥ 《唐会要》卷 59《尚书省诸司·别官判度支》。
⑦ 《唐会要》卷 59《尚书省诸司·度支使》。

二县亦"有盐官"①。宪宗元和六年（811），唐廷对峡内盐监的归属作了调整，以"度支山南西道分巡院官充三川两税使。峡内煎盐五监，先属盐铁使，今宜割属度支使，委山南西道两税使粜卖。峡内盐属度支，自此始也"②。由是峡内诸州的盐井划归度支使，并由山南西道分巡院具体负责管理，整个巴蜀地区的盐业，基本上就由度支使统一管理，只有黔中道的井盐，始终由黔中盐铁使管辖。直到宣宗大中二年（848）中书门下还上奏说："黔中盐铁使判官，开成中，已停减不置。臣等商量，望黔中置经略推官一员，其盐铁使判官，望令依旧额却置。"③至于巂州的昆明盐井，在唐朝控制该盐井期间，一直不征盐税。吐蕃和南诏先后占据昆明城以后，同样也是"无榷税"④。

食盐专卖制度的实行，东、西两大财政区域的划定，使得食盐的销售地区逐渐受到限制，最终形成行盐地界制度。唐代前期，食盐的销售范围没有任何限制，所以大量海盐溯长江而上，贩运到巴蜀地区。杜甫就说："蜀麻吴盐自古通，万斛之舟行若风。"⑤可知剑南地区长期以来一直是用蜀麻换取江淮地区的海盐。山南西道亦因本地出产的食盐不能自给，多食用蒲州（治今山西省永济市境）的两池颗盐。在第五琦初变盐法的时候，对这种自然形成的食盐销售范围没有加以限制，所以在代宗时期，杜甫仍然说："风烟渺吴蜀，舟楫通盐麻"⑥，"蜀麻久不来，吴盐拥荆门"⑦。但是在德宗贞元八年（792）以后，由于最终把全国划分为东、西两大财政区，分别由盐铁使和度支使掌管其财赋，各种食盐的销售地区便逐渐受到限制。属于盐铁使掌管的海盐，基本上只能在东南财政区内销售，也就是"江淮、河南、峡内、兖郓、岭南"⑧这个范围内，不得越界行销。因此，在"贞元十六年十二月，史牟奏：'泽、潞、郑等州，多食末盐，请一切禁断。'从之"⑨。末盐即海盐，泽（治今山西省晋城市境）、潞

---

① 《新唐书》卷40《地理志》。
② 《唐会要》卷87《转运盐铁总叙》。
③ 《唐会要》卷79《诸使·杂录下》。
④ 《蛮书》卷7《云南管内物产》。
⑤ 《杜诗详注》卷15《夔州歌十绝句》。
⑥ 《杜诗详注》卷19《柴门》。
⑦ 《杜诗详注》卷14《客居》。
⑧ 《唐会要》卷87《转运盐铁总叙》。
⑨ 《唐会要》卷88《盐铁》。

第七章 手工业

（治今山西省长治）二州属河东道，其财赋归度支使掌管，因此不能食用盐铁使掌握的海盐。郑州虽属河南道，但和许（治今河南省许昌）、汝（治今河南省临汝）等州划入"河中两池颗盐"① 行销地界，同样也不得食用海盐。由此看来，大约在德宗贞元年间，海盐就已经不能贩运到度支使所管辖的财政区域内。剑南三川的财赋由度支使掌管，因此海盐也不得入境销售，于是长期以来吴盐入蜀销售的局面，至此归于结束。但是行销剑南三川的峡内井盐却仍然由盐铁使管理，直到宪宗元和六年（811），最终把峡内盐监"割属度支"②，剑南三川和峡内诸州的井盐遂由度支使统一掌管，行销地区也就限制在剑南三川和峡内诸州。宪宗元和六年（811），唐廷还确定了度支使所掌握的河中府两池盐的行销地界。据《唐会要》卷88《盐铁》记载：

> （元和）六年闰十二月，户部侍郎判度支卢坦奏："河中两池颗盐，敕文只许于京畿、凤翔、陕、虢、河中、泽、潞、河南、许、汝等十五州界内粜货。比来因循，兼越兴元府及洋州、兴、凤、文、成等六州，臣移牒勘责，得山南西道观察使报，其果、阆两州盐，本土户人及巴南郡市粜，又供当军士马，尚有悬欠，若兼数州，自然阔绝。又得兴元府诸耆老状申诉。臣今商量，河中盐请放入六州界粜货。"从之。

至此，巴蜀地区的行盐地界基本划定。其中剑南东川、剑南西川、山南东道的峡内地区、山南西道的果、阆二州和巴南诸州为井盐行销区。黔中道的井盐亦属井盐销售区，只是盐利不属度支，而是归黔中盐铁使掌管，为地方财政收入。山南西道的梁州（兴元府）、洋州、兴州、凤州、文州和扶州为河中两池盐销售地区。入宋以后，四川行盐地界的划分，基本上还是如此。司马光在《涑水记闻》卷15中说："旧制：河南、河北、曹、濮以西，秦、凤以东，皆食解盐；益、梓、利、夔四路，皆食井盐。"

中唐以后榷盐法的施行和行盐地界制度的确立，对于剑南三川盐业的发展起到了很大的推动作用。巴蜀地区的井盐生产，固然历史悠久，但是井盐生产

---

① 《唐会要》卷88《盐铁》。
② 《旧唐书》卷49《食货志》。

投资高、风险大，加之唐代井盐生产技术又没有大的改进，因而生产效率低，成本远远超过海盐和池盐，所以价格比海盐和池盐高得多。在唐代前期，各种食盐的销售地区没有任何限制，大批价格低廉的海盐由长江航线贩运入蜀，蒲州两池盐则经关中输入巴地，这就使得价格昂贵的井盐大量滞销，从而抑制了巴蜀盐业的发展。从唐代前期巴蜀井盐的产地来看，基本上没有超出汉晋时期的范围，而盐井的数目则远远低于汉晋时期的最高数字①。这就表明，在自由竞争的条件下，投资大、生产成本高的巴蜀盐业难以有所发展。但是在榷盐法实行之后，情况就发生了很大变化。据《新唐书》卷54《食货志》记载，天宝、至德年间，盐价是每斗十钱。乾元元年（758）实行榷盐法以后，"斗加时价百钱而出之，为钱一百一十"。而官府所规定的井盐价格还要高得多。杜甫在乾元二年（759），也就是食盐提价之后的第二年，写了一首《盐井》诗，其中在提到井盐的价格时说："自公斗三百，转致斛六千。"②可知当时井盐的官价为每斗300文左右，几乎是海盐价格的3倍。盐价的大幅度提高，使得生产成本高昂的井盐也能盈利，甚至可能比海盐盈利更多，这对巴蜀盐业的发展起到了很大的刺激作用。所以在榷盐法实行之后，巴蜀井盐的产区迅速扩大，盐井的数目成倍增长，整个盐业呈现一派兴旺景象。

大幅度提高井盐价格，固然刺激了巴蜀盐业的发展。但由于井盐价格定得太高，海盐、池盐价格又比较低，如果继续允许海盐、池盐进入巴蜀地区销售，同样会造成井盐滞销，影响政府的收入。在这个问题上，唐廷最初只从增加盐利的角度考虑，不断提高海盐、池盐的价格。德宗时期，江淮盐从每斗110文增至310文。以后每斗又加60文。河中两池盐也增加到每斗370文。然而盐价的大幅度提高却带来一系列弊端，"亭户冒法，私鬻不绝，巡捕之卒，遍于州县。盐估益贵，商人乘时射利，远乡贫民困高估，至有淡食者。巡吏既多，官冗伤射，当时病之。其后军费日增，盐价寝贵，有以谷数斗易盐一升。私枭犯法，未尝少息"③。在这种情况下，顺宗即位后，始减江淮盐价，每斗为250文，两池盐也降为每斗300文。于是池盐、井盐价格持平，但比海盐价格高。为了

---

① 据《华阳国志》记载，广都县"凡有小井十数所"，入唐以后，只有陵州有盐井1所；江阳郡汉安县"有盐井、鱼池以百数，家家有焉"，唐代前期，资州仅有盐井28所。
② 《杜诗详注》卷8。
③ 《新唐书》卷54《食货志》。

不使低价的海盐侵夺池盐、井盐的销售。宪宗时期，终于确定了行盐地界制度。这一制度的施行，一方面使得巴蜀之人基本上只能食用本地井盐，从而保护了井盐生产，使得巴蜀的盐业能够在唐代后期持续发展。另一方面，官府也利用这一制度，不断提高盐价。宪宗元和十年（815），也就是行盐地界制度确定后的第四年，度支使皇甫镈就"加峡内四监、剑南东西川、山南西道盐估，以利供军"①。此后，井盐价格不断上涨。唐末，荆南节度使成汭攻占夔州，擅取云安盐监榷盐之利，以此"养兵五万"②，足见盐利之丰厚。由于盐价不断提高，从事井盐生产能够获得丰厚的利润，因此公私竞相开凿盐井，凿井技术也逐渐得到改进。入宋以后，遂创制新型卓筒井，改大口井为小口井，以圆刃凿井取代锸锹锄等挖掘工具，以活塞吸卤替代牛皮囊盛取卤水，从而完成四川井盐开发史上的一次重要技术改革。

第三节　茶　业

巴蜀地区位于亚热带，气候温暖湿润，适宜多种亚热带经济作物生长，其中茶树就是重要的经济作物。茶树的原产地似乎不在巴蜀，然而巴蜀却有着悠久的栽培历史，是我国最早种植茶树的地区之一。入唐以后，茶业成为巴蜀地区重要的产业部门，巴蜀也就成为全国最著名的高级茶叶产区。

一、茶叶产区

我国的茶树，最初只分布在西南地区，其中巴蜀又是最重要的产地，所以有关茶的最早记载，大多与巴蜀有关。西汉王褒在《僮约》一文中，有"烹茶尽具"、"武阳买茶"之语，这是我国关于饮茶和以茶叶作为商品的最早记载。在汉代，"蜀西南人谓茶曰荈"③，又"名之苦荼"④，"生益州川谷山陵道旁，凌

---

① 《旧唐书》卷48《食货志》。
② 宋光葆：《上蜀王表》，《全唐文》卷998。
③ 《广群芳谱》卷18引扬雄《方言》。
④ 《尔雅》卷14《释木·苦荼》郭璞注。

冬不死，三月三日采摘"①。汉晋时期，巴蜀的茶叶产地，集中在四川盆地西部，其中广汉郡什邡县"山出好茶"，犍为郡"南安、武阳皆出名茶"②。此外，长江以南的涪陵郡也"出茶"③。南北朝时期，涪陵郡以北的巴东郡亦产茶，《桐君录》云："巴东别有真香茗，煎饮，令人不眠。"④

唐代是我国茶业大发展的时期，特别是中唐以后，随着饮茶习俗在南北的普及，茶叶生产更是有了空前的发展。巴蜀地区也不例外，茶叶生产迅速发展，产地不断扩大。据《茶经》卷下《八之出》记载：

> 剑南以彭州上（原注：生九陇县马鞍山至德寺、堋口，与襄州同），绵州、蜀州次（原注：绵州龙安县生松岭关，与荆州同。其西，昌明、神泉县西山者，并佳，有过松岭者不堪采。蜀州青城县生丈人山，与绵州同。青城县有散茶、末茶），邛州次，雅州、泸州下（原注：雅州百丈山、名山，泸州泸川者，与金州同也），眉州、汉州又下（原注：眉州丹棱县生铁山者，汉州绵竹县生竹山者，与润州同）。

剑南道共计8州产茶，是当时全国八大茶叶产区中产茶州数最多的两个地区之一。在这8州中，绵、汉、彭、蜀、邛、雅、眉等7州均位于四川盆地西部，并且相互连接，形成一条产茶地带。在唐代，这条茶叶地带是巴蜀最重要的茶叶产区，也是当时全国优质茶叶的生产中心。唐人品第为全国第一的"蒙顶石花"⑤，"散茶之最上"⑥的横源雀舌、鸟嘴、麦颗、片甲、蝉翼，以及著名的神泉小团、昌明兽目，都是出自这条茶叶地带。此外，与这条茶叶地带相毗邻的部分州县也出产茶叶，其中嘉州是"园畦半种茶"⑦，简州土产亦有"茶"⑧，茂州"玉垒关外宝唐山有茶树，产悬崖，笋长三寸、五寸，方有一叶、

---

① 《茶经》卷下《七之事》。
② 《华阳国志》卷3《蜀志》。
③ 《华阳国志》卷1《巴志》。
④ 《太平御览》卷867引。
⑤ 《唐国史补》卷下《叙诸茶品目》。
⑥ 《太平寰宇记》卷75引《茶谱》。
⑦ 岑参：《郡斋平望江山》，《全唐诗》卷200。
⑧ 《太平寰宇记》卷76《简州·土产》。

第七章 手工业

图7-7 今名山茶园

二叶"①，被人视为茶宝。嘉、简、茂三州，实际上可以看成是上述茶叶地带在东西两个方向上的延伸。入宋以后，这条茶叶地带仍然是四川最主要的茶叶产区。范镇《东斋记事》卷4说："蜀之产茶凡八处：雅州之蒙顶，蜀州之味江，邛州之火井，嘉州之中峰，彭州之堋口，汉州之杨村，绵州之兽目，利州之罗村。"除了利州的罗村外，其余7处均在这条茶叶地带上。直到民国年间，四川的茶叶也还是"以岷江西部山岳地为主要产地，即雅州、嘉定、懋功、灌县，就中以雅州为制茶之中心地"②。时至今日，四川的茶叶主要还是出自这个地区。

长江沿线是仅次于上述茶叶地带的另一个产茶地区。早在汉晋时期，这里就已经出产茶叶。《华阳国志》卷1《巴志》说，涪陵郡"出茶"。在唐代，"夷、费、思、播及黔南等五州，悉是涪陵故地"③。其中"恩（疑为'思'之误）

---

① 吴淑：《事类赋》卷17引《茶谱》。
② 赵烈：《中国茶业问题》第七章第八节。
③ 《太平寰宇记》卷120《江南道·涪州》。

州、播州、费州、夷州"① 皆产茶，"黔阳之都濡"② 亦产茶，涪州则"出三般茶：最上宾化，制于早春；其次白马；最下涪陵，收茶在四月，嫩则益人，粗则损人。真者用碧筹烟熏过，气味尤佳"③。此外，渝州也产茶，其中"南平县狼猱山茶黄黑色，渝人重之，十月采贡"④。开州亦产茶，张籍《和韦开州盛山十二首》中的《茶岭》诗说："紫芽连白蕊，初向岭头生。自看家人摘，寻常触露行。"⑤ 夔州则有"香山"⑥ 茶，"渠江有薄片"⑦，"忠州之南宾有四园：一多陵，二多波，三波罗，四思龙。皆方饼。惟多陵为上，饭后饮之消食，空腹朔饮。多波次之。二园下"⑧。泸州之茶则"通呼为泸茶"⑨。由此可见，长江沿线的大多数地区都出产茶叶，特别是在长江以南，茶叶产地一直延伸到今贵州省境内。由于这个地区主要是少数民族聚居地，农业生产技术落后，基本上还停留在刀耕火种的原始农耕阶段，很少有人工种植茶树，茶叶主要来源于采摘野生茶树。在唐代，野生茶树的茶叶通常比人工栽培的好一些。《茶经》卷上《一之源》就说："野者上，园者次。"因此长江沿线多出名茶，如泸州的纳溪梅岭、黔州的都濡高株、涪州的宾化、夔州的香山，均为名茶产地，而思（治今贵州省沿河县境）、播（治今贵州省遵义）、费（治今贵州省思南）、夷（治今贵州省凤冈）四州出产的茶叶，也是"其味极佳"⑩，有的甚至被唐人视为"茶之极品"⑪。但是野生茶树的产量毕竟有限，而人工种植的茶树在该地区又始终没有太大的发展，所以长江沿线的茶叶产地虽然分布较广，但是产量远远不及四川盆地西部的茶叶地带，在唐代巴蜀茶业中的地位，同样也不如上述茶叶地带重要。

除了上述两个主要的茶叶产区之外，四川盆地北部的利州也出产茶叶。孙

---

① 《茶经》卷下《八之出》。
② 《广群芳谱》卷18引《茶谱》。
③ 《广群芳谱》卷18引《茶谱》。
④ 《太平寰宇记》卷136引《茶谱》。
⑤ 《全唐诗》卷386。
⑥ 《唐国史补》卷下《叙诸茶品目》。
⑦ 《广群芳谱》卷18引《茶谱》。
⑧ 《蜀典·诸茶品》引《茶谱》。
⑨ 《太平寰宇记》卷88引《茶谱》。
⑩ 《茶经》卷下《八之出》。
⑪ 《唐国史补》卷下《叙诸茶品目》。

樵《书何易于》说："益昌民多即山树茶，利私自入。"① 可知利州益昌县出产茶叶。入宋以后，利州则成为四川的一处重要茶叶产地，所以范镇把"利州之罗村"列为蜀茶的八大产地之一。

综上所述，唐代巴蜀的茶叶产地主要集中在三个地区：一是位于四川盆地西部的茶叶地带，包括绵、汉、彭、蜀、邛、雅、眉、嘉、简、茂等10州。这是巴蜀最重要的茶叶产区，其中又以雅州为产茶中心，袁滋《云南记》甚至说："凡蜀茶尽出于此"②。二是位于巴蜀南部的长江沿线，主要有泸、渝、涪、忠、夔、渠、开、黔、思、播、夷、费等12州。三是位于四川盆地北部的利州，这是"山南金州、梁州、汉中"③ 茶叶地带沿嘉陵江河谷的延伸。

二、茶叶生产

茶树为显花植物，属双子叶门离瓣花区二重花冠系金丝桃部山茶科，"树如瓜芦，叶如栀子，花如白蔷薇，实如栟榈，茎如丁香，根如胡桃"④。野生茶树为常绿乔木。人工种植的茶树，因长期选育，形态逐渐发生变异，树干变矮，成半乔木或灌木状。因此，茶树有"一尺、二尺，乃至数十尺。其巴山、峡川有两人合抱者"⑤。茶有解毒利尿，帮助消化，促进血液循环的作用，所以最初是作为药材使用，"主瘘疮，利小便，去痰、热渴，令人少睡"，又"主下气，消宿食"⑥。以后逐渐演变成一种保健饮料。《神农食经》说："茶茗久服，令人有力，悦志"⑦。巴蜀是我国最早以茶叶作为饮料的地区之一。早在汉代，饮茶的风气就相当盛行。当时是把茶叶"煮作羹饮"⑧。具体方法是："欲煮茗饮，先炙令赤色，捣末，置瓷器中，以汤浇复之，用葱、姜、桔子芼之。"⑨ 因此又称"茶粥"⑩。汉晋时期，巴蜀的饮茶习俗逐渐传播到长江中、下游地区。晋人

---

① 《全唐文》卷 705。
② 《太平御览》卷 867 引。
③ 《唐·新修本草》卷 13《木部·茗、苦茶》。
④ 《茶经》卷上《一之源》。
⑤ 《茶经》卷上《一之源》。
⑥ 《唐·新修本草》卷 13《木部·苦茶》。
⑦ 《茶经》卷下《七之事》。
⑧ 《唐·新修本草》卷 13《木部·苦茶》。
⑨ 《尔雅》卷 14《释木·苦茶》郭璞注。
⑩ 《茶经》卷下《七之事》。

张载《登成都白菟楼》就说："芳茶冠六情，溢味播九区。"① 不过直到南北朝，饮茶的习俗主要还是在南方流行，北方仍然以传统的酢浆为饮料。到了唐玄宗时期，饮茶习俗在北方迅速普及。"开元中，泰山灵岩寺有降魔师，大兴禅教，学禅务于不寐，又不夕饮，皆许其饮茶。人自怀挟，到处煮饮。从此转相仿效，遂成风俗。自邹、齐、沧、棣，渐至京邑，城市多开店铺，煎茶卖之，不问道俗，投钱取饮。"于是茶道大行，上自王公朝士，下至市井庶民，无不饮茶成风，"穷日尽夜，殆成风俗。始自中地，流于塞外"②。饮茶习俗在全国的普及，使得茶叶成为人们日常生活中不可或缺的消费品，"茶为食物，无异米盐，人之所资，远近同俗；既蠲渴乏，难舍斯须，至于田闾，嗜好尤切"③。这就使得茶叶的消费量急剧上升，从而刺激了茶叶的商品性生产，推动了茶业的大发展。

在唐代以前，巴蜀地区所出产的茶叶，主要是采自野生茶树。入唐以后，部分产茶州县仍然以采摘野生茶树为主。最初的采摘方法是把茶树砍倒，然后摘取茶叶。陆羽说："茶者，南方之嘉木也。一尺、二尺，乃至数十尺。其巴山、峡川有两人合抱者，伐而掇之。"④ 但是这种采摘方法，既破坏了野生茶树资源，又不利于增加茶叶产量，因此逐渐被攀登采摘法取代。毛文锡《茶谱》说：

> 泸州之茶树，夷獠常携瓢，穴其侧。每登树采摘芽茶，必含于口，待其展，然后置于瓢中，旋塞其窍。比归，必置于暖处，其味极佳。⑤

这种采摘方法虽然简便，但是野生茶树数量有限，又散布山谷之中，采摘困难，产量也非常少，"扪葛上欹壁，蓬头入荒榛，终朝不盈掬，手足皆皴鳞"⑥。因而远远不能满足日益增长的茶叶消费。在这种情况下，人们开始大力发展人工栽培的茶树。

---

① 《全晋诗》卷4。
② 《封氏闻见记》卷6《饮茶》。
③ 《册府元龟》卷493《邦计部·山泽》。
④ 《茶经》卷上《一之源》。
⑤ 《太平寰宇记》卷88引。
⑥ 袁高：《茶山》，《全唐诗》卷314。

巴蜀地区人工种植茶树的历史可以追溯到汉代。据《舆地纪胜》卷147《雅州·仙释》记载："西汉时，有僧从岭表来，以茶实植蒙山。"据说这位僧人叫理真，"俗姓吴氏，修活民之行，种茶蒙山"①。稍后，在今四川盆地东部也有了人工种植的茶树。《华阳国志》卷1《巴志》说，这里"园有芳蒻、香茗"。香茗就是茶。可见在汉晋时期，巴蜀地区已经有人工栽培的茶树。入唐以后，随着茶叶生产的发展，人工种植的茶树迅速增加。唐人杨晔《膳夫经手录》说：

图7—8　今雅安蒙山吴理真塑像

> 蒙顶。始蜀茶得名蒙顶也。元和以前，束帛不能易一斤先春蒙顶，是以蒙顶前后之人，竞栽茶以视厚利，不数十年，遂斯安草市岁出茶千万斤，虽非蒙顶，亦希颜之徒。②

不仅雅州蒙山地区开始大规模地种植茶树，整个四川盆地西部茶叶地带都是这样，如嘉州是"园畦半种茶"③，绵州则是"辍田植科苗，游圃歌芳丛"④，彭州茶园有"仙崖、石花"⑤等名称。所以孟郊在《凭周况先辈与朝贤乞茶》诗中说："蜀山绕芳丛"⑥。可见当时蜀茶主要出自人工栽培的灌木型茶树。

茶树的生长，要求温暖湿润的气候和疏松肥沃的土质，"上者生烂石，中者生砾壤，下者生黄土"⑦。同时还要求排水良好，"水浸根必死"⑧。此外，茶树

---

① 嘉庆《四川通志》卷40《舆地志·寺观》。
② 《续谈助》卷5引。
③ 岑参：《郡斋平望江山》，《全唐诗》卷200。
④ 樊宗师：《蜀绵州越王楼诗并序》，《全唐诗》卷369。
⑤ 《太平寰宇记》卷73引《茶谱》。
⑥ 《全唐诗》卷380。
⑦ 《茶经》卷上《一之源》。
⑧ 韩鄂：《四时纂要》卷3《种茶》。

具有耐阴的特性,不喜阳光直射。因此,"植产之地,崖必阳,圃必阴。盖石之性寒,其叶抑以瘠,其味疏以薄,必资阳和以发之;土之性敷,其叶疏以暴,其味强以肆,必资阴荫以节之。阴阳相济,则茶之滋长得其宜"①。大体上以山区和深丘地带最宜种植茶树,平地次之,近水之地最下,也就是韩鄂所说的:"大概宜山中带坡峻,若于平地,即须于两畔深开沟垄泄水,水浸根必死"②。从巴蜀地区的情况来看,基本上是"即山树茶"③。浅丘和平坝种植不多,在地下水位较高的成都平原则完全没有人工栽培的茶树。

山区和深丘地带虽然适宜种茶,但是不适宜种植粮食作物,所以"蜀之茶园,不殖五谷,惟宜种茶"④,基本上都是进行单一的茶叶生产。而在以采摘野生茶树为主的长江沿线,各产茶州县的民众同样也多以茶业为生,例如泸州是"作业多仰于茗茶,务本不闻于秀麦"⑤。涪州宾化县的民户则是"不务蚕桑,以茶、蜡供输"⑥。这就表明,唐代巴蜀地区的茶业已经基本上和粮食生产分开,成为一个独立的产业部门。从事茶业的人,既有茶农,也有地主。茶农通常是在自己的土地上种植茶树,或入山采茶,加工制造,"由是给衣食,供赋役"⑦。宋人吕陶说:"川蜀茶园,本是百姓两税田地,不出五谷,只是种茶,赋税一例折科,役钱一例均出,自来采茶货卖,以充衣食"⑧。唐代的情况也是这样。地主则经营私人茶园,雇佣茶工从事生产,如彭州"九陇居人张守珪,家甚富,有茶园在阳平化仙居山内,每岁召采茶人力百余辈,男女佣工,杂之园内"⑨。这就是一个颇具规模的地主茶园。

唐代茶树的种植,只有直播法一种,"二月中,于树下或北阴之地开坎,圆三尺,深一尺,熟劚,着粪和土,每坑种六、七十颗子,盖土厚一寸强,任生草,不得耘,相去二尺种一方,旱则以米泔浇"⑩。采用这种穴播的方法,省

---

① 《大观茶论·地产》。
② 韩鄂:《四时纂要》卷3《种茶》
③ 孙樵:《书何易于》,《全唐文》卷795。
④ 《容斋随笔》卷3《蜀茶法》。
⑤ 李商隐:《为京兆公乞留泸州刺史洗宗礼状》,《全唐文》卷772。
⑥ 《太平寰宇记》卷120《涪州·宾化县》。
⑦ 张途:《祁门县新修阊门溪记》,《全唐文》卷802。
⑧ 吕陶:《净德集》卷1《奏置场买茶施行出卖远方不便事奏》。
⑨ 杜光庭:《墉城集仙录·阳平治》,《云笈七籤》卷116。
⑩ 韩鄂:《四时纂要》卷2《种茶》。

第七章　手工业

时、省功，成本较低，易于大面积种植。但是也有一定的缺点，主要是茶树生长缓慢，从播种到采茶，至少要三年时间，同时直播也不利于茶园的补缺和衰老茶园的改造。茶种播下之后，第一年基本上不进行管理，任其与杂草同生。第二年开始耘治，除去杂草，以"小便、稀粪、蚕沙浇拥之，又不可太多，恐根嫩故也"①。三年之后，茶树长成，便可采摘茶叶。据韩鄂估计，每亩种240棵，每棵收茶8两，共计"收茶一百二十斤"②。唐代茶园的亩产量能够高达120斤，说明当时已经具有相当成熟的植茶技术。

采茶是茶叶生产的重要环节，通常是在春季采摘。《茶经》卷上《三之造》说："凡采茶，在二月、三月、四月间。"然而巴蜀各地的气候条件不尽相同，因此采茶时间差别较大。在气候炎热的长江河谷地区，采茶时间多在初春。如涪州宾化县所出产的茶叶就是"制于早春"③。四月采茶，在长江沿线已嫌太晚，所以"收茶在四月"④ 的涪陵茶被列为最下等。位于四川盆地西部的茶叶地带，采茶时间要晚一些，通常是在四月份，其中也有采于早春者，如著名的蜀州片甲散茶就是"早春黄茶"⑤。蒙山中顶茶则是在"春分之先后，多构人力，俟雷之发声，并手采摘，三日而止"⑥。但就一般情况而言，少而精的上等茶叶多采造于四月初的清明前后。清明前采造称为火前，清明后采造称为火后。如"临邛数邑茶，有火前、火后、嫩绿黄等号"⑦。"蜀之雅州蒙山顶，有露芽、谷芽，皆云火前者，言采之造于禁火前也。火后者次之"⑧。绵州"龙安有骑火茶，最上。言不在火前，不在火后作也。清明改火，故曰骑火"⑨。普通茶叶的采摘时间则多在四月底的谷雨之后，所以《膳夫经手录》说，蜀茶"自谷雨已后，岁取数百万斤"。最晚的则在"十月采贡"⑩。不过十月采造的蜀茶是一种

---

① 韩鄂：《四时纂要》卷2《种茶》。
② 韩鄂：《四时纂要》卷2《种茶》。
③ 《事类赋》卷17引《茶谱》。
④ 《广群芳谱》卷75引《茶谱》。
⑤ 《太平寰宇记》卷75引《茶谱》。
⑥ 《事类赋》卷17引《茶谱》。
⑦ 《太平寰宇记》卷75引《茶谱》。
⑧ 《广群芳谱》卷18《茶·谱茶》。
⑨ 《事类赋》卷17引《茶谱》。
⑩ 《太平寰宇记》卷136引《茶谱》。

专供皇帝享用的贡茶,"吴、蜀贡新茶,皆于冬中作法为之"①。文宗大和七年(833)下诏"罢吴、蜀冬贡茶"②,并规定:"所贡新茶,宜于立春后造"③。此后,就没有关于十月采造蜀茶的记载。采茶的时间,通常选择在晴天,"其日,有雨不采,晴有云不采,晴采之"④。而优质茶叶又多在日出之前采摘,"撷茶以黎明,见日则止。用爪断芽,不以指揉,虑气汗熏渍,茶不鲜洁"⑤。如果"造于积雨者,其色昏黄。或气候暴喧,茶芽蒸发;采工汗手熏渍,拣摘不给,则制造虽多,皆为常品矣"⑥。由于采摘下来的茶叶还要继续进行呼吸作用,堆放时间过长,茶叶就会发生糖酵解,致使鲜茶内所含的物质发生急剧变化,严重影响成茶的质量,所以采下来的鲜叶要立即加工,"新茶连拳半未舒,自摘至煎俄顷余"⑦。因此,茶叶从采摘到加工成毛茶实际上是同时进行,故《大观茶论》说:"夫造茶,先度日晷之短长,均工力之众寡,会采择之多少,使一日造成,恐茶过宿,则害色味。"

唐代巴蜀地区出产的茶,大体上可以分为饼茶和散茶两种。饼茶的制造历史十分悠久。《广雅》说:"荆、巴间采叶作饼,叶老者,饼成以米膏出之,欲煮茗饮,先炙令赤色,捣末,置瓷器中,以水浇复之,用葱、姜、桔子芼之。其饮醒酒,令人不眠。"⑧ 入唐以后,饼茶的制作仍然十分普遍。彭州"茶饼小,而布嫩芽如六出花者尤妙"⑨。眉州的"洪雅、昌阖、丹棱,其茶如蒙顶制茶饼法"⑩,则眉州、雅州也制作茶饼。邛州有火番饼,专门销往川西高原,"每饼重四十两"⑪。"渠江薄片,一斤八十枚"⑫。夔峡一带则以"穿"计算茶饼的重量,"以一百二十斤为上穿,八十斤为中穿,五十斤为小穿"⑬。当时饼茶

---

① 《旧唐书》卷17下《文宗本纪》。
② 《新唐书》卷8《文宗本纪》。
③ 《旧唐书》卷17下《文宗本纪》。
④ 《茶经》卷上《三之造》。
⑤ 《大观茶论·采择》。
⑥ 黄儒:《品茶要录·采造适时》。
⑦ 刘禹锡:《西山兰若试茶歌》,《全唐诗》卷356。
⑧ 《茶经》卷下《七之事》引。
⑨ 《太平寰宇记》卷73引《茶谱》。
⑩ 《太平寰宇记》卷74引《茶谱》。
⑪ 《太平寰宇记》卷75引《茶谱》。
⑫ 《事类赋》卷17引《茶谱》。
⑬ 《茶经》卷上《二之具》。

的正规制作过程，从采茶到包装，共有七道工序。首先是采茶。然后是蒸青，即把采摘回来的鲜茶装入竹篮内，放在锅内的甑子中，锅内注水，升火蒸熟杀青。蒸青的主要目的是除去鲜茶所含的青草气，同时也使硬脆的茶叶变软，以便进一步加工。蒸青的关键在于掌握火候，"蒸有不熟之病，有过熟之病。蒸不熟，则虽精芽，所损已多……茶蒸不可以逾久，久而过熟，又久则汤干而焦釜之气上。茶工有泛新汤以益之，是致薰损茶黄。试时色多昏红，气焦味恶者，焦釜气病也"①。鲜茶经蒸青处理之后，下一道工序就是焙干。把蒸好的茶叶取出来，待锅内无水的时候，再把茶叶倒入甑内，用三叉形的构木枝搅拌，抖散茶叶，用火气焙干，然后取出来用杵臼捣碎。这样制出的茶称为研膏茶，德宗"贞元中，常衮为建州刺史，始蒸焙而研之，谓研膏茶"②。雅州也出产这种研膏茶，毛文锡《茶谱》就说："蒙顶有研膏茶，作片进入，亦作紫笋。"③接下来是成型，用旧绢帛或雨衣把研膏茶包起来，放在砧子上，盖上压模，捶打成型，或为小方，或为条饼，或为片状。然后用锥刀在茶块上穿眼，再用竹绳穿起来，放在棚内焙干。最后是打包封装，以便贮存和运输。这种制造茶饼的方法，《茶经》卷上《三之造》把它归纳为"采之、蒸之、捣之、拍之、焙之、穿之、封之"等七道工序。此外，还有一种简易的制作方法，"若方春禁火之时，于野寺山园，丛手而掇，乃蒸、乃舂、乃炀，以火干之，则又棨、朴、焙、贯、棚、穿、育等七事皆废"④。不过这种简易制作法，多为好事之徒在品尝新茶时采用，大规模的商品化生产，基本上都是采用正规的制茶饼法。

唐代巴蜀地区的散茶，主要出自蜀州，"其横源雀舌、鸟嘴、麦颗，盖取其嫩芽所造，以其芽似之也。又有片甲者，即是早春黄茶，芽叶相抱如片甲也。蝉翼者，其叶嫩薄如蝉翼也。皆散茶之最上也"⑤。其他产茶州县则大多是同时生产饼茶和散茶，如"眉州洪雅、昌阖、丹棱，其茶如蒙顶制茶饼法，其散者叶大而黄，味颇甘苦，亦片甲、蝉翼之次也"⑥。雅州的"蒙顶石花，或小方，

---

① 《品茶要录》
② 张舜民：《画墁录》卷1。
③ 《事类赋》卷17引。
④ 《茶经》卷下《九之略》。
⑤ 《太平寰宇记》卷75引《茶谱》。
⑥ 《太平寰宇记》卷74引《茶谱》。

或散芽，号为第一"①。散茶的制作和制茶饼法有一些相同的地方，也是先采茶，然后蒸青。但是鲜茶在蒸青之后，不捣不压，而是用炒、晒、焙等方法反复除去茶叶中的水分。用这种方法制成的散茶，既除去了茶叶中的青草气，又较好地保存了茶叶固有的香气，茶味比饼茶更为纯正，所以后人品评说："茶之团者、片者，皆出碾硙之末，既损真味，复加油垢，即非佳品，总不若今之芽茶也，盖天然者自胜耳。"② 芽茶就是指散芽、散茶。

唐代巴蜀地区所生产的茶叶，以其质量优异而闻名全国，不仅每年要向皇室"贡新茶"③，官僚、文人也多青睐蜀茶。《因话录》卷5《征部》说，御史台"兵察常主院中茶，茶必市蜀之佳者，贮于陶器，以防暑湿，御史躬亲缄启，故谓之'茶瓶厅'"。白居易《谢萧员外寄新蜀茶》诗说："蜀茶寄来但惊新，渭水煎来始觉珍。满瓯似乳堪持玩，况是春深酒渴人。"④ 齐己《谢人惠扇子及茶》诗亦说："枪旗封蜀茗，园洁制鲛绡。好客分烹煮，青绳避动摇。"⑤ 施肩吾《蜀茗词》则称："越碗初盛蜀茗新，薄烟轻处搅来均。山僧问我将何比，欲道琼浆却畏嗔。"⑥ 由于蜀茶品质优良，深受唐人喜爱，因而畅销全国。"惟蜀茶南走百越，北临五湖，皆自固其芳香，滋味不变，由此尤可重之。自谷雨以后。岁取数百万斤，散落东下，其为功德也如此。"⑦

三、茶法

唐代是我国茶业大发展的时代，也是茶政制度逐渐形成的时期。在唐德宗以前，茶叶从来就不征税。德宗建中三年（782），户部侍郎赵赞请置常平轻重本钱，"天下所出竹、木、茶、漆，皆十一税之，以充常平本"⑧。这是我国历史上第一次征收茶税。建中四年（783），赵赞又"请行常平税茶之法"⑨，在置

---

① 《唐国史补》卷下《叙诸茶品名》。
② 田艺蘅：《煮泉小品·宜茶》。
③ 《旧唐书》卷17下《文宗本纪》。
④ 《全唐诗》卷437。
⑤ 《全唐诗》卷494。
⑥ 《全唐诗》卷494。
⑦ 《续谈助》卷5引《膳夫经手录》。
⑧ 《唐会要》卷88《仓及常平仓》。
⑨ 《唐会要》卷84《杂税》。

第七章 手工业

常平本钱的名义下,把茶税的征收制度化。但是这种做法引起了普遍的不满,"怨讟之苦,嚣然满于天下"①。接着爆发的朱泚之乱又以废除包括茶税在内的苛捐杂税为口号,收揽民心,于是德宗在兴元元年(784)下诏:"竹、木、茶、漆等税并停"②。但是到了德宗贞元八年(792),盐铁使张滂又以新的名义重新征收茶税,并于贞元九年(793)施行。《唐会要》卷84《杂税》说:

> 贞元九年正月,初税茶。先是,诸道盐铁使张滂奏曰:"伏以去岁水灾,诏令减税,今之国用,须有供储。伏请于出茶州县,及茶山外商人要路,委所由定三等时估,每十税一,充所放两税。其明年已后所得税,外贮之。若诸州遭水旱,赋税不办,以此代之。"诏曰:可。仍委张滂具处置条奏。自此每岁得钱四十万贯,茶之有税,自此始也。然税茶无虚岁,遭水旱处,亦未尝以税茶钱拯赡。

自此以后,茶叶有税,遂成定制。德宗时期的茶税,规定按三等时估,"每十税一",具体执行时,则是"量斤论税"③,每斤征税100文。穆宗长庆元年(821),增加到每斤150文。到了文宗大和九年(835),榷茶使王涯实行榷茶,"令百姓移茶树就官场中栽,摘茶叶于官场中造……旧有贮积,皆使焚弃"④,由官府垄断茶叶的生产和销售,对茶业实行全面管榷,所以《旧唐书》卷17下《文宗本纪》说:"茶之有榷税,自涯始也。"但是这次榷茶的时间很短,大和九年十一月,令狐楚替代王涯为盐铁使兼榷茶使,十二月,奏罢榷茶,"一依旧法,不用新条。惟纳榷之时,须节级加价。商人转抬,必校稍贵,即是钱出万国,利归有司。既无害茶商,又不扰茶户"⑤。改而采用通商法。文宗开成元年(836),"李石以中书侍郎判收茶法,复贞元之制也"⑥。又重新实行税茶法。大约在武宗时期,再次实行榷茶。据《续资治通鉴长编》卷5乾德二年八月辛酉

---

① 《唐会要》卷84《杂税》。
② 《旧唐书》卷12《德宗本纪》。
③ 《册府元龟》卷493《邦计部·山泽》。
④ 《旧唐书》卷49《食货志》。
⑤ 《旧唐书》卷49《食货志》。
⑥ 《唐会要》卷87《转运盐铁总叙》。

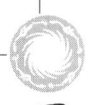

条记载：

> 自唐代武宗始禁民私卖茶，自十斤至三百斤，定纳钱决杖之法。于是令民茶折税外，悉官买。民敢藏匿而不送官及私贩鬻者，没入之，计其直，百钱以上者杖七十，四贯加役流。主吏以官茶贸易者，计其直，五百钱流二千里。一贯五百，及持杖贩易私茶，为官司擒捕者，皆死。

这种榷茶法，实际上是由官府垄断茶叶的销售。生产茶叶的园户以茶折纳两税，剩余的茶由官府全部收购，严禁私人贩易。茶商只能购买官茶，再行贩运、出售。宣宗大中六年（852），户部侍郎判盐铁使裴休"又立税茶之法，凡十二条"。其中较为重要的几条规定是："私鬻三犯皆三百斤，乃论死；长行群旅，茶虽少皆死；雇载三犯至五百斤、居舍侩保四犯至千斤者，论死；园户私鬻百斤以上，杖背，三犯，加重徭；伐园失业者，刺史、县令以纵私盐论"①。由此可见，裴休的茶法，重点加强对园户的管制，略微减轻了对贩卖私茶的惩处，但是对茶叶的专卖却没有任何厘革。直到唐末，由盐铁使掌管的东南茶始终是实行官买官卖的政策。

德宗建中年间开始对茶叶征收什一税的时候，巴蜀地区的茶税是由盐铁使掌管。但是在德宗贞元九年再次征收茶税时，情况就发生了变化。由于在贞元八年已经把全国划为东、西两大财政区，"河东、剑南、山南西道，以户部尚书度支使班宏主之"②，所以剑南三川的茶税就改由度支使掌管。"自后裴延龄专判度支，与盐铁益殊途而理矣"③。到了穆宗长庆年间，剑南三川的茶税仍然由户部尚书判度支掌握。"穆宗即位，两镇用兵，帑藏空虚，禁中起百尺楼，费不可胜计，盐铁使王播图宠以自幸，乃增天下茶税，率百钱增五十。江西、浙东西、岭南、福建、荆襄茶，播自领之；两川以户部领之"④。到了文宗大和元年（827），剑南三川的茶税又改由节度使掌管，"每年出钱四万贯送省"。但是没有几年，地方州县就开始截留茶税，"多不送省"。于是庾敬休建议："请置院秭

---

① 《唐会要》卷87《转运盐铁总叙》。
② 《新唐书》卷54《食货志》。
③ 《唐会要》卷87《转运盐铁总叙》。
④ 《新唐书》卷54《食货志》。

第七章 手工业

归，收度支钱，乃无通没。"重新由度支使掌管剑南三川的茶税，"于归州置巡院一所，自勾当收管诸色钱物送省"①。其后，剑南西川茶税的归属又有所变动。到了唐代后期，实际上又由节度使掌管。僖宗时，淮南节度使崔致远上表说："旧谓西川富强，只因北路商旅，托其茶利，赡彼军储。"② 可知剑南西川的军费，主要来自本道茶税。唐末，剑南三川节度使跋扈，"妄占上供钱物"③，以至"全蜀赋税，不供天府"④，本应上交中央的茶税完全被方镇截留，"岁时但贡奉而已"⑤。天复三年（903），昭宗返回长安，王建曾"贡茶、布等十万"⑥。但此时剑南三川的财政大权已为方镇所掌握，中央财政机关已经不可能再在这里征收茶税。

由于剑南的茶税主要由度支使掌管，东南茶税则属盐铁使，因此巴蜀茶法具有其自身的特点，与东南茶法并不尽同。德宗贞元九年（973），盐铁使张滂奏立税茶法的时候，是在出茶州县和茶山外商人要路之处，"分置诸场，立三等时估价，为什一之税"⑦。剑南三川也是这样，置场征税。大约在宪宗时期，改由"度支巡院勾当，榷税当司于上都召商人便换"⑧，然后到诸场给茶。宪宗元和六年（811），一度禁断"茶商等公私便换"⑨。结果造成京师"物价转轻，钱多不出"。于是兵部尚书判户部事王绍、户部侍郎判度支卢坦和盐铁使王播在元和七年（812）联名上奏："请许令商人于户部、度支、盐铁三司，任便换见钱，一切依旧禁约。"⑩ 在得到宪宗的同意后，剑南三川的茶税又恢复了"便换"的办法，"募贾人入钱京师"⑪，然后持牒入川，在茶场合券请茶。文宗大和元年（827），"户部侍郎崔元略与西川节度使商量，取其稳便，遂奏诸茶税

---

① 《旧唐书》卷187下《庾敬休传》。
② 崔致远：《桂苑笔耕集》卷2《请巡幸江淮表》。
③ 僖宗：《平杨师立宣示中外诏》，《全唐文》卷87。
④ 《全唐文》卷90《削夺陈敬瑄官爵制》。
⑤ 《册府元龟》卷483《邦计部·总序》。
⑥ 《蜀梼杌》卷上。
⑦ 《唐会要》卷87《转运盐铁总叙》。
⑧ 《旧唐书》卷187下《庾敬休传》。
⑨ 《旧唐书》卷48《食货志》。
⑩ 《唐会要》卷89《泉货》。
⑪ 《新唐书》卷161《庾敬休传》。

事，使司自勾当，每年出钱四万贯送省"①。由此取消便换的办法，由节度使在本道自行征收茶税，每年"以四万缗上度支"。然而这一办法实施的结果却是"州县逗留，多不送省"②。于是在大和五年（831）左右，又改由度支使直接掌管剑南三川的茶税。但是没有恢复便换的办法，而是由度支巡院征税，然后上交度支。由于当时四川的茶叶主要是沿长江航线"散落东下"③，贩运出川，所以度支使专门在长江三峡上的归州（治今湖北省秭归）设置巡院，负责征收剑南三川的茶税。文宗"开成元年，李石以中书侍郎判收茶法，复贞元之制也"④。于是剑南三川的茶税又分别由度支三川巡院及其所属诸场征收。

在武宗以前，剑南的茶税主要取自茶商。对于专门从事茶业生产的园户，则以茶叶折纳两税，这种办法一直沿用到宋代，吕陶《净德集》卷1《奏置场买茶施行出卖远方不便事状》就说："今川蜀茶园本是百姓两税田地，不出五谷，只是种茶，赋税一例科折，役钱一例均出。"但是对那些以种茶为副业的农户，则只征收两税钱帛，既不折纳茶叶，亦无茶税。自武宗实行榷茶法以后，茶法日渐严密，这部分茶叶也被纳入了管榷的范围。武宗会昌年间，孙樵在《书何易于》一文中说，利州"益昌民多即山树茶，私利自入，会盐铁官奏重榷筦，诏下，所在不得为百姓匿。易于视诏曰：'益昌不征茶，百姓尚不可活，刮厚其赋以毒民乎'"⑤。由此可知，自武宗实行管榷之后，剑南三川出产的茶叶才全部被官府垄断，不得私贩。至于商税的征收，虽然度支使只征收榷税，但是"诸道节度使观察使置店停止茶商，每斤收塌地钱，并税经过商人"⑥，所以茶商除了交纳榷税之外，还要向节度使司交纳住税和过税。入宋以后，蜀茶虽无榷禁，但是仍然要"卖茶先收住税，买茶又收过税"⑦。据吕陶说："旧例：住税，每斤六文。客人买出翻税，每斤六文……所过场务，远者十所，近者三、两处，再远者四、五处，过税每斤二文，五场共计十文"⑧。大约唐代四川的情

---

① 《旧唐书》卷187下《庾敬休传》。
② 《新唐书》卷161《庾敬休传》。
③ 《续谈助》卷5引《膳夫经手录》。
④ 《唐会要》卷87《转运盐铁总叙》。
⑤ 《全唐文》卷795。
⑥ 《唐会要》卷84《杂税》。
⑦ 吕陶：《奏为缴连先知彭州日三次论奏榷买川茶不便并条述今来利害事状》，《净德集》卷3。
⑧ 吕陶：《奏乞罢榷名山得三处茶以广德泽亦不阙备边之费状》，《净德集》卷3。

况也是如此。

第四节 造纸业

自从汉代发明造纸术之后，纸张便逐渐取代竹帛，成为日益普及的书写用品，造纸也就作为一个新兴的手工业部门而发展起来。唐代是我国封建经济和文学艺术高度繁荣的时期，纸张的用途不断扩大，需求量日益增加，从而促使造纸业迅速发展，纸的种类和产地都远远超过前代。其中著名的纸有"越之剡藤、苔笺，蜀之麻面、屑末、滑石、金花、长麻、鱼子、十色笺，扬之六合笺，韶之竹笺，蒲之白薄、重抄，临川之滑薄。又宋、亳间有织成界道绢素，谓之乌丝栏、朱丝栏。又有茧纸"①。此外，益州还有大、小黄白麻纸，杭、婺（治今浙江省金华）、衢（治今浙江省衢州）、越（治今浙江省绍兴）等州有上细黄白状纸，均州（治今湖北省丹江市境）有大模纸，宣州（治今安徽省宣城）和衢州有案纸、次纸，蒲州则有百日油细薄纸②。从上述各种名纸的产地来看，主要集中在南方，其中巴蜀是一个相当重要的产纸地区。

唐代的造纸原料，大体上可以分为麻、藤、竹、树皮和麦稻草等五大类。巴蜀是当时全国著名的麻类作物种植区，特别是蜀麻，质量好，产量多，所以这里的造纸原料主要是麻。直到宋代，仍然还是"蜀中多以麻为纸"③。此外，巴蜀地区也用树皮作为造纸原料，最常见的是以桑科的构树皮制作皮纸，称为谷纸，亦称楮纸。

麻纸的制作技术较为简单，首先是把废旧的麻布、麻鞋和乱麻等造纸原料切碎，放入石臼内舂捣，"凡造纸之物，必杵之使烂，涤之使洁"④。然后把漂洗干净的麻纤维放进纸槽内，加入清水，制成纸浆，用纸模捞纸，晒干之后，即成生纸。再经施胶、研光等技术处理，就成了白麻纸。如果染以黄檗，就是黄麻纸。唐代益州生产的黄、白麻纸，坚韧而富于拉力，经久耐用，不易磨损，

---

① 《唐国史补》卷下《叙诸州精纸》。
② 《大唐六典》卷20《太府寺》。
③ 苏易简：《纸谱》，《文房四谱》卷4。
④ 费著：《笺纸谱》，《全蜀艺文志》卷56上。

是朝廷指定的官方用纸。凡"赦书、德音、立后、建储、大诛讨、免三公宰相、命将、日制,并用白麻纸。凡慰军旅,用黄麻纸。凡诸荐告、上表、内道观、叹道文,并用白麻纸"①。此外,集贤院的四库御本书也规定要用益州的麻纸书写,"四库之书,两京各二本,共二万五千九百六十一卷,皆以益州麻纸写"②。平均每卷大约用小麻纸32张③,因此,"太府月给蜀郡麻纸五千番"④,以供学士写书之用。仅此一项,每年就要消耗益州麻纸6万番。如果再加上其他方面的用纸,则益州每年供给官府使用的麻纸不会少于10万番。

楮纸的制作方法比麻纸要复杂一些。首先剥下树皮,放入水池中沤制,然后取出,剥去青皮,用草木灰水蒸煮,再经切碎、舂捣、洗涤、制浆、捞纸、晒干等工序,才能制成生纸。唐代巴蜀地区的楮纸,以益州制作的广都纸最为著名。"凡公私簿书、契券、图书之牒,皆取给于是。"⑤ 而用途最广的则是益州广都县所生产的双流纸,"亦名小灰纸","每幅方尺许,品最下,用最广,而价亦最贱"⑥。此外,剑州、雅州和万州所制作的蠲纸,也属于楮皮纸。

唐代的纸分为生纸和熟纸两种。生纸是指直接从纸浆中抄出晒干的未加工纸,熟纸则是指对生纸进行过各种技术处理的加工纸,二者的性能和用途都不一样。"唐人有熟纸、有生纸。熟纸所谓妍妙辉光者,其法不一。生纸非有丧事故不用。"⑦ 从巴蜀地区的情况来看,生纸的制作工艺,基本上是沿用前代的麻纸和楮纸生产方法,没有什么大的改进,直到宋代也还是如此,所以费著《笺纸谱》说:"今天下皆以木肤为纸,而蜀中乃尽用蔡伦法。"但是唐代巴蜀的熟纸加工技术却有很大的提高,创制了不少名贵的加工纸。《唐国史补》卷下《叙诸州精纸》说,蜀纸有"麻面、屑末、滑石、金花、长麻、鱼子、十色笺"。这些著名的蜀纸就是经过砑光、涂布、施胶、染色、洒金、印花等技术处理的加工纸。

---

① 李肇:《翰林志》。
② 《大唐六典》卷9《集贤殿书院》。
③ 据《唐会要》卷35记载:大中四年二月,集贤书院奏:"大中三年正月一日以后,至年终,写完贮库及填阙书籍三百六十五卷,计用小麻纸一万一千七百七张。"则平均每卷大约用小麻纸32张。
④ 《新唐书》卷57《艺文志》。
⑤ 费著:《笺纸谱》,《全蜀艺文志》卷56上。
⑥ 费著:《笺纸谱》,《全蜀艺文志》卷56上。
⑦ 邵博:《邵氏闻见后录》卷28。

第七章 手工业

砑光是用细石碾磨生纸，使凸凹不平的纸面变得平滑而带有一定的光泽，这是自汉代以来就一直采用的熟纸加工技术。为了减少纸张的透光性，增加纸的光洁度，大约在南北朝时期，又出现了涂布技术，即在生纸的表面先涂上一层白色的粉料，然后再进行砑光。蜀纸中的"滑石"，就是以滑石为粉料的涂布纸。

施胶是为了防止洇水而用胶剂处理生纸的一种办法。通常采用的施胶剂有胶矾和淀粉两种。巴蜀的麻纸是用胶矾施胶，"川麻（纸）不浆，以胶作黄纸，唐诏敕皆是"①。有的笺纸为了便于染色，则用淀粉施胶，例如著名的杂色流沙笺就是"作败面糊，和以五色，以纸曳过，令沾濡，流离可爱，谓之流沙笺"②。虽然用淀粉施胶易于染色，但是有一个很大的缺点，就是纸张容易卷曲，淀粉层也会发生龟裂，所以巴蜀地区的笺纸并没有普遍使用这种施胶剂。

纸的染色，早在汉代就已经出现，当时主要是用黄檗染纸，以防虫蠹，称为"入潢"。到了唐代，以"檗汁涅染，点冶槌制，则为经纸"③。如果在染檗之后，再在纸的表面涂一层黄蜡，或者施以胶剂，就称为硬黄纸。益州出产的黄麻纸，就属于硬黄纸。除了用黄檗汁染纸，为了增加纸张的美观程度，也用其他染料染纸。蜀纸中的"十色笺"就是非常著名的染色纸。据费著《笺纸谱》说，十色笺的颜色是"深红、粉红、杏红、明黄、深青、浅青、深绿、浅绿、铜绿、浅云，即十色也"。而其制作方法则是："十幅为榻，每幅之尾，必以竹夹夹之，和十色水逐榻染之。当染之际，弃置榻埋，堆盈左右，不胜其委赖。逮干，则光彩相宜，不可名也。"④ 除了十色笺之外，巴蜀还有一种松花笺，其制作方法较为特殊，以"槐花半升，炒煎赤，冷水三碗煎汁，用银米粉一两，矾五钱，研细，先入盆内，将黄汁煎起，用绢滤过，方入盆内搅匀，拖纸以淡为宜"⑤。实际上是采用洒金技术制作的染色纸。

洒金是用金粉装饰纸张的技术。如果纸面上是涂以金粉，就称作"洒金纸"。如果是用笔蘸上金粉，在纸面上绘制各种图案，就称为"金花纸"。在唐代巴蜀地区的名贵纸张中，就有这种金花纸。如果用银粉装饰纸张，则称为

---

① 米芾：《书史·十纸说》。
② 苏易简：《纸谱》，《文房四谱》卷4。
③ 董逌：《广川书跋》卷6。
④ 苏易简：《纸谱》，《文房四谱》卷4。
⑤ 屠隆：《考盘余事》卷2。

"洒银纸"、"银花纸"。由于巴蜀地区产银很少,因此多用云母之类的代用品,故称为"屑末"。入宋以后,则"有玉屑、屑骨之号"①。

印花是在纸上印制各种花纹。暗花的印制方法是:先用两块木板,雕制相同的图案,一块雕凸出的阳文图案、一块雕凹进去的阴文图案,然后把浆挺过的纸张放到两块木板之间压印,"则隐起花木麟鸾,千状万态"②,"为布纹,为绫绮,为人物花木,为虫鸟,为鼎彝,虽多变,亦因时之宜"③。这种用凹凸板印制出来的暗花纸称为"砑花纸",蜀纸中的"麻面"、"长麻"、"鱼子"都是属于这类砑花纸。其中用"鱼子"做成的诗笺颇受文人喜爱,"几首诗成卷鱼子(自注:有鱼子笺),谁人唱罢泣燕脂"④。此外,还有一种水纹纸,其制作方法与砑花不同:在抄纸的竹帘上,先用丝线扎成花板,抄纸时,扎有丝线的地方上浆少,形成暗花。这种暗花,只有迎光照看,方能见之。唐代剑州、雅州、万州等地制作的蠲笺,"一名衍波笺,盖纸文如水文也"⑤,也是属于水纹纸。

巴蜀地区纸张的规格,差别极大,通常分为大、小两种。大纸多用于绘画、裱糊,小纸则主要用于书写。著名的蜀笺则经历了从大到小的演变过程。两晋南北朝时期,巴蜀地区已经大量生产笺纸,陆陲就有《答谢安成王赐西蜀笺纸一万幅启》。当时的笺纸主要用于书札,文字较多,加之又有"批反"的习惯,即在书信文字之下,留出一段空白,以便受书者就纸作答⑥,因此笺纸都是大幅纸。入唐以后,诗文盛行,笺纸多用来写诗,而诗的字数比书信少得多,以律、绝二体为例,少的只有 20 字,多的亦不过 56 字,用大幅笺纸写诗就显得十分累赘。宪宗元和年间,寓居成都的女诗人薛涛,"好制小诗,惜其幅大,不欲长赘,乃狭小之"⑦,从而创制出一种新样小笺,"短而狭,才容八行"⑧。同时又用胭脂把笺纸染成深红色,"薛家凡纸漫深红"⑨。这种红色小笺既便于写

---

① 苏易简:《纸谱》,《文房四谱》卷 4。
② 苏易简:《纸谱》,《文房四谱》卷 4。
③ 费著:《笺纸谱》,《全蜀艺文志》卷 56 上。
④ 石介:《燕脂板浣花笺寄合州徐文职方》,《全蜀艺文志》卷 21。
⑤ 杨慎:《丹铅总录》。
⑥ 沈括:《梦溪笔谈·补笔谈》卷 3《杂志》。
⑦ 钱易:《南部新书》卷 7。
⑧ 《太平寰宇记》卷 72《成都府·土贡》。
⑨ 崔道融:《谢朱常侍寄贶蜀笺纸》,《全唐诗》卷 714。

第七章 手工业

诗,又显得十分雅致,因而深受文人喜爱,成为名噪一时的佳品。其后,巴蜀的其他彩笺也都仿照薛涛所创制的式样,改为小笺,通称为"薛涛笺"。于是出现了"元和中,元稹使蜀,营妓薛涛造十色彩笺以寄,元稹于松华纸上寄诗赠涛"①的说法。这种说法大概在唐代就已经相当盛行,所以唐人李匡乂在《资暇集》卷下《薛涛笺》中极辩其误:

> 松花笺,代以为薛涛笺,误也。松花笺其来旧矣。元和初,薛涛尚斯色,而好制小诗,惜其幅大,不欲长,乃命匠狭小之。蜀中才子既以便,后诸笺亦如是,特名曰薛涛笺。今蜀纸有小样者,皆是也,非独松花一色。

虽然薛涛并没有创制十色彩笺,但是她对蜀笺确实进行了重要的改进,所以后来的蜀笺都称为薛涛笺。明人何宇度曾评价说:"蜀笺古已有之,至唐而后盛,至薛涛而后精。"② 由于蜀笺的改进适应了当时诗文繁荣的需要,所以备受唐人喜爱。韦庄在《乞彩笺歌》中说:"也知价重连城璧,一纸万金犹不惜。"③ 可见当时的文人对蜀笺极为珍爱。蜀笺在全国的风行,进一步推动了巴蜀造纸业的发展。

在唐代,巴蜀的造纸业虽然有了较大的发展,但是这种发展很不平衡。作为巴蜀政治、经济、文化中心的成都府,造纸业相当发达,是全国著名的造纸中心。五代时期,南唐李中主还特意派人"求纸工于蜀。主好蜀纸,既得蜀工,使行境内,而六合之水与蜀同"④,于是在此设置"纸务",仿造蜀纸,使成都地区的造纸技术传入

图7-9 清代仿制的薛涛笺

---

① 《续博物志》卷10。
② 何宇度:《益部谈资》卷中。
③ 《全唐诗》卷700。
④ 陈师道:《后山丛谈》卷1。

江南。著名的澄心堂纸就是在蜀工的指导下创制出来的名贵纸张,"细薄光润,为一时之甲"①。但是在成都府以外的地方,造纸业并不发达,除了剑州、雅州、万州有一点造纸业,巴州可能在唐末开始仿造宋、亳二州的"乌丝栏"②纸以外,其他州县基本上没有独立的造纸业。这种状况从一个侧面反映了唐代巴蜀地区经济、文化发展的不平衡。

第五节 印刷业

印刷业是由于雕版印刷术的发明而在唐代才开始形成的一个新兴手工业部门。雕版印刷是从印章和拓石逐渐演变而成的一种复印方法,具体过程是:先把一块木板刨平,抹上糨糊或胶质粘剂,把墨写的稿纸正面贴上去,用刻刀把没有字迹的部分削去,雕成反体阳文的印版。印刷时,先在印版上刷墨,然后铺上纸,再用干刷子轻拭纸背,从而复印出所需要的文字。这种雕版印刷的方法,可能在唐代初期就已经出现。太宗贞观十年(636),长孙皇后卒,宫司上其所撰《女则》十篇,太宗"览而嘉叹,以后此书足垂后代,令梓行之"③。稍后,又有"玄奘以回锋纸印普贤像,施于四方,每岁五驮无余"④。然而有关雕版印刷的确切记载,却是在中唐以后。元稹在《白氏长庆集序》中说"至于缮写模勒,炫卖于市井,或持之以交酒茗者,处处皆是(自注:扬、越间多作书模,勒乐天及予杂诗,卖于市肆之中也)"⑤。"模勒"就是刊刻。由此可知,在宪、穆之时,江淮一带已有雕印的诗文出售。据《旧唐书》卷17下《文宗本纪》记载,文宗大和九年(835),"敕诸道府不得私置历日板",则当时民间雕印历书,已经相当普遍。宣宗大中年间,江南西道节度使给纥干泉"大延方术

---

① 苏易简:《纸谱》,《文房四谱》卷4。
② 米芾《越州竹纸诗》有"高压巴郡乌丝栏"之语(乾隆《绍兴府志》卷18引)。据《唐国史补》卷下记载,"乌丝栏"为宋、亳二州所产的名纸。由此看来,宋代巴州的乌丝栏纸,很可能始于唐代仿造宋、亳二州的乌丝栏纸。
③ 邵经邦:《弘简录》卷46。
④ 张秀民:《中国印刷术的发明及其影响》引《僧园逸录》。
⑤ 《元氏长庆集》卷51。

之士，乃作《刘宏传》，雕印数千本，以寄中朝及四海精心烧炼之者"①。这是有关雕印道家书籍的最早记载。而现存的唐代雕印实物，则主要是佛教典籍和佛像。如我国现存年代确切可考的最早雕印书籍，就是在敦煌石室发现的卷尾题款为"咸通九年四月十五日王玠为二亲敬造普施"的《金刚经》。此外，在敦煌石室中还发现了另外三种雕印书籍和数十张单页印刷品，其中只有《切韵》残卷一种是非佛教印刷品。

随着雕版印刷术的普及，印刷业也就逐渐发展起来。中唐时期，雕印书籍的地方就已经相当多，其中以长安和成都的印刷业最为繁荣。到了唐末，成都进一步发展成为全国最主要的雕版印刷中心。僖宗中和三年（883），柳玭在成都"阅书于重城之东南，其书多阴阳杂记、占梦相宅、九宫五纬之流，又有字书小学，率雕板印纸"②。可见当时成都出售的书籍，基本上都是刻印本。正是由于唐末成都印刷业发达，所以宋人朱翌说："雕印文字，唐以前无之。唐末，益州始有墨板。"③《宋国史志》也说："唐末，益州始有墨板，多术数、字书、小学。"④ 虽然雕版印刷并不是始于唐末，但是巴蜀地区在我国雕版印刷的初始阶段，确实占有特别重要的地位。

唐代巴蜀地区印刷业的兴起是由多种因素促成的。首先，社会经济的发展和印刷业的兴起有着密切关系。在唐代，巴蜀的造纸业相当发达，是全国最重要的麻纸产区，而麻纸又是一种优良的印刷材料，这就为大规模地印刷书籍提供了便利的条件。同时，唐代巴蜀地区的造纸和纺织业中又广泛采用砑花技术，拥有许多熟练的制版工人，从而为雕版印刷中的雕刻印版提供了技术条件。而巴蜀地区最早大规模刊印的书籍是历书，则与农业生产技术的提高有着直接的关系。在唐代，由于轮作复种制逐渐普及，各地的农耕方式都在不同程度上发生了变化，因而需要更加及时地掌握节气变化，以便不误农时。然而在安史之乱爆发后，由于政局动荡，每年官方颁布的新历，多有稽延，甚至无法向全国颁发太史本历。这就严重地影响到了农业生产的正常进行，特别是对农耕方式正在不断发生变化的地区，影响尤甚。在这种情况下，当时农业发展最快的剑

---

① 范摅：《云溪友议》卷10。
② 《旧五代史》卷43《明宗本纪》引柳玭《家训序》。
③ 朱翌：《猗觉寮杂记》卷6。
④ 焦竑：《焦氏笔乘续集》卷3引。

南两川和淮南道就开始大量雕印历书出售。文宗大和九年（835），剑南东川节度使冯宿在《禁版印时宪疏奏》中说："剑南两川及淮南道，皆以版印历日鬻于市。每岁司天台未奏颁下新历，其印历已满天下"①。这是有关巴蜀地区雕版印刷的最早可信记载。虽然文宗以"有乖敬授之道"为由，禁止民间雕印私历，但实际上并没有做到令行禁止。在四川现存的唐代雕印实物中，就有僖宗中和二年（882）的"剑南西川成都府樊赏家历"。可见直到唐末，成都仍有私印历本。江南地区也是这样，《唐语林》卷7说："僖宗入蜀，太史历本不及江东，而市有印货者，每差互朔晦，货者各征节候，因争执。"总之，由于农业生产的发展，导致了对历书和各种农书的需要，这对巴蜀地区印刷业的形成起到了非常重要的推动作用。

其次，文化事业的繁荣也是促成巴蜀地区印刷业兴起的重要原因。巴蜀地区素以文化发达著称，"自汉司马相如、扬雄以来，蜀号多士"②。到了隋代，这里的风俗仍然是"颇慕文学，时有斐然"③。唐代是我国封建文化高度繁荣的时期，巴蜀地区的

图7—10　樊赏家历

文学艺术也有长足的进步。特别是在中唐以后，北方战乱迭起，巴蜀地区则相对安定，于是大批文人相继入蜀避乱，从而进一步推动了巴蜀地区文化的发展，书籍的需求量急剧增加，各种雕印的书籍也就应运而生。这些刊行的书籍不仅行销巴蜀地区，同时还流传到全国各地。敦煌石室所发现的《切韵》残卷，很可能就是在巴蜀地区印刷的④。懿宗咸通六年（865），日本僧人宗叡携带大批

---

① 《全唐文》卷624。
② 《资治通鉴》卷291，后周太祖广顺三年，胡三省注。
③ 《隋书》卷29《地理志》。
④ ［美］卡特：《中国印刷术的发明及其西传》。

书籍归国,其中亦有"西川印子《唐韵》一部五卷,同印子《玉篇》一部三十卷"①。由此使得唐代巴蜀地区的印本传播到了日本国。唐末五代,中原板荡,"衣冠之家多避乱在蜀"②,大批图籍因此流入巴蜀地区,加之文人荟萃,诗词极盛,从而使巴蜀地区的印刷业进入了一个新的发展时期,"鬻印板文字,色类极多"③。后蜀宰相毋昭裔更是大规模地刊刻书籍。他在成都"令门人勾中正、孙逢吉书《文选》、《初学记》、《白氏六帖》镂板"。又"出私财百万营学馆,且请刻板印九经,蜀主从之。由是蜀中文学复盛"④。这就更加刺激了巴蜀地区印刷业的发展,从而为宋代四川印刷业的鼎盛奠定了基础。

第三,道教和佛教的盛行也是巴蜀地区印刷业兴起的一个不能忽视的因素。自从汉代张陵入蜀传播天师道以来,道教一直是巴蜀地区最重要的宗教。直到宋代,仍然是"道教之行,时尚习罕,惟江西、剑南,人素崇重"⑤。张陵所创立的天师道,本与巫觋有关,故"三张之术,畏鬼科曰:'左佩太极之章,右佩昆吾铁,指山则停空,拟鬼千里血。'又造黄神越章杀鬼,朱章杀人"⑥。据晋人葛洪说:"黄神越章之印,其广四寸,其字一百二十。"⑦ 这种上百字的大印,实际上和后来的雕版已经非常相似,只是雕版印刷是把文字复印在纸上,而汉晋时期的道士则是把黄神越章上的文字印在泥土上。此外,张陵又造正一盟威符箓,托为太上老君所授。"汉代人鬼交错,精邪遍行。太上垂慈,下降鹤鸣山,授张天师正一盟威符箓一百二十阶,及千二百官仪、三百大章、法文秘要,救治人物。天师遂迁二十四治,敷行正一章符,领户化民,广行阴德。"⑧ 此后,"凡为道民,便受护身符及三戒,进受五戒八戒,然后受箓。受箓之前,未受戒者,受箓之后,依次受之"⑨。据《正一法文外箓仪》记载,受箓的次序是:首先受"更令箓",五年之后进受"一将军箓",再过四年又受"十将军

---

① 宗叡:《请来法门目录》,引自向达《唐代长安文明与西域文明·唐代刊书考》。
② 《十国春秋》卷35《前蜀·高祖纪》。
③ 《册府元龟》卷608《学校部·刊书》。
④ 《宋史》卷479《毋守素传》。
⑤ 《续资治通鉴长编》卷72,真宗大中祥符二年十月甲午条。
⑥ 甄鸾:《笑道论》第二十二。
⑦ 葛洪:《抱朴子·内篇》卷17。
⑧ 《赤松子章历》卷1。
⑨ 王悬河:《清戒品》引《正一法文》卷下,《三洞珠囊》卷6。

箓",三年之后受"七十五将军箓",二年之后受"百五十将军箓","其中聪明才智秀异,功德超群,不计年限。"因此,每年都有道民受箓。在唐代,成都等地每年三月三日在各地道观举行"蚕市"的时候,都要为道民集中授箓。杜光庭《道教灵验记·贾琼受童子箓验》就说:"成都贾琼年三岁,其母因看蚕市,三月三日因过龙兴观门,众齐受箓,遂诣观受童子箓一阶。"① 由于蚕市的规模很大,"每年三月三日蚕市之辰,众逾万人"②,这些人都要"从道士受秘箓以归"③,因此道观也就大量印刷符箓,以供授受之用。有的道士甚至把印制的符箓拿到市场上去出售④。这种印刷的符箓和雕版印刷实质上已经没有什么差别。除此之外,由于巴蜀地区道教盛行,因而各种迷信书籍和道家著述也就被大量印刷出版,所以柳玭在成都所见到的雕印书籍,"多阴阳杂记、占梦相宅、九宫五纬之流。"到了前蜀武成二年(909),即唐亡之后的第二年,任知玄又自出俸钱,雇赁良工,开雕杜光庭的《道德经广圣义》30卷,印造流行,"不烦染翰之劳,可遍普天之内,使人皆持诵"⑤。综上所述,可以认为,从道教徒的印章、符箓到大规模地印刷各种道家书籍,这是唐代巴蜀地区印刷业兴起、发展的又一条线索。佛教对印刷业的影响和道教基本相同。唐代是巴蜀地区佛教迅速发展的时期,高僧辈出,寺院林立。为了弘扬佛法,佛教徒也逐渐从模印佛像发展到雕印佛经。同时,随着佛教影响的不断扩大,善男信女对佛经的需求量也逐渐增加,于是私家也大量刊刻佛经、咒本出售。1944年在成都望江楼附近唐墓中出土的《增胜佛母陀罗尼经》上面,首行写的就是"成都府成都县龙池坊卞家印卖咒本"。此外,西川过家印行的《金刚般若波罗密经》还流传到敦煌,并为当地人士广为传抄,影响甚大。

总之,唐代巴蜀地区印刷业的兴起和发展,与巴蜀地区的政治、经济、文化和宗教都有着密切的关系。唐末巴蜀地区印刷业的繁荣,正是在当时巴蜀政局相对稳定,经济发达,文化兴盛,宗教盛行的基础上发展起来的。

---

① 《云笈七签》卷119。
② 杜光庭:《道教灵验记·葛璝化丁东水验》,《云笈七签》卷122。
③ 文同:《丹渊集》卷37《学射山仙祠记》。
④ 杜光庭:《道教灵验记·王道珂诵天蓬咒验》,《云笈七签》卷122。
⑤ 《古今旧书考》卷1。

第七章 手工业

第六节 造船业

巴蜀地区江河纵横,水量充沛,能够常年通航的河段甚多,自古以来就有舟楫之利,造船历史十分悠久。传说大禹治水的时候,就在梓潼县的尼陈山用直径1丈多的大梓木建造独木舟。到了战国时期,巴蜀已经能够制作木板船。从成都百花潭中学10号墓出土的"水陆攻战纹铜壶"[1]来看,当时巴蜀木板船的形状很像吴越地区"头尾尖高,当中平阔"的"了鸟船"[2]。不过蜀艇要比越舲小得多,所以《淮南子·椒真训》说:"蜀艇一板之舟。"直到三国时期,仍然还是"蜀船皆小"[3]。为了克服船小不稳定、载重量又有限的缺点,大约在战国后期,巴蜀地区出现了"舫船"。这是一种将两条船并列相连,使之成为一体的"双体船"。《史记》卷70《张仪列传》说:"秦西有巴蜀。大船积粟,起于汶山,浮江已下,至楚三千余里。舫船载卒,一舫载五十人与三月之食,下水而浮,一日行三百里。"《索隐》:"舫船。舫音方,谓并两船也,亦音舫。"汉晋时期,由于巴蜀实际应用于航行的单船一般都比较小,所以舫船发展较快,特别是官方船只,多为舫船。西晋武帝时,益州刺史王濬在蜀修造舟舰,"乃作大船连舫,方百二十步,受二千余人,以木为城,起楼橹,开四出门,其上皆得驰马来往。又画鹢首怪兽于船首,以惧江神。舟楫之盛,自古未有"[4]。到了南北朝,随着造船技术的提高,巴蜀地区已经能够建造大型单体船。隋朝初年,信州总管杨素"居永安,造大舰,名曰五牙,上起楼五层,高百余尺,左右前后置六柏竿,并高五十尺,容战士八百人,旗帜加于上。次曰黄龙,置兵百人。自余平乘、舴艋等各有差"[5]。这些不同类型的单体船,既有舫船稳定性好、载重量大的优点,又避免了舫船连接部件易于断裂的缺点,因此发展很快,而舫船的建造似乎没有明显的进步。不过唐代巴蜀地区仍然有关于舫船的记载。杜

---

① 四川省博物馆:《成都百花潭中学10号墓发掘记》,《文物》1976年第3期。
② 《太平寰宇记》卷102《泉州·风俗》。
③ 《三国志》卷48《吴书·三嗣主传》。
④ 《晋书》卷42《王濬传》。
⑤ 《隋书》卷48《杨素传》。

甫《送李八秘书赴杜相公幕》一诗就有"青廉白舫益州来"① 之语。德宗时期，由于"四镇之乱"，南北漕运皆绝，于是江淮水陆转运使杜佑建议改由汉水转输，以便"蜀汉之粟，可方舟而下，由白沙趋东关，历颍、蔡，涉汴河抵东都"②。杜佑所说的"方舟"就是舫船。可见唐朝仍然是用舫船漕运蜀汉的粮食，这和汉代并没有什么差别。因此，唐代巴蜀地区的船舶，实际上有两种：一是单体船，二是双体的舫船。其中广泛使用的是单体船。

我国地域辽阔，各地水域情况差别甚大，因此船型也就具有不同的特点。巴蜀最重要的长江航道素以水急滩险而著称于世。唐人李肇说："大抵峡路峻急，故曰：'朝发白帝，暮彻江陵'。四月、五月为尤险时，故曰：'滟滪大如马，瞿塘不可下；滟滪大如牛，瞿塘不可留；滟滪大如襆，瞿塘不可触。'"③宋人王十朋则说："蜀江号天下之至险，与其他水路

图 7—11　隋五牙战船复原示意图

图 7—12　麻秧子船模型

---

①　《杜诗详注》卷19。
②　《玉海》卷18。
③　《唐国史补》卷下《叙舟楫之利》。

大不相侔。瞿塘、滟滪及诸恶滩密如竹节"①。为了适应这种暗礁险滩密布的航道特点，巴蜀都是平底船。陆游《入蜀记》说，蜀船是"底阔而轻"。同时，由于水急浪涌，船的两侧都造成鼓出的形状，以便增加船身的稳定性，并使船体变得更加坚固，所以蜀船的剖面很像一个鸡蛋壳，也和鱼的腹部相近似，故元稹说："下峡舟船腹似鱼"②。《天工开物》卷9《舟车》也说蜀船是"腹圆而首尾尖狭，所以辟滩浪"。直到近代，航行在川江上的"麻秧子"船，仍然采用这种船型。

在唐代，我国造船技术的一个重大进步是采用了钉接榫合的连接工艺。1960年和1973年分别在江苏扬州、如皋出土的两只唐代木船就是采用了榫接和铁钉并用的连接法。这种连接方法不仅增加了船体的牢固度，而且使船体光顺，阻力减少。巴蜀地区同样也采用了这种先进的连接技术，不过船底不是用铁钉，而是"以柘木为钉。盖其江多石，不可用铁钉"③。宋人把这种船称为"艬船"④。

唐代巴蜀木船所使用的各种船具及其作用，王周在《志峡船具诗并序》中有相当详细的说明：

> 峡山之船，与下之船，大抵观浮叶而为之，其状一也。执而为用者，或状殊而用一，或状同而名异，皆有谓也。下之船有樯，有五两，有帆，所以使风也。尾有柂，傍有棚，上者以其山曲水急，下有石，皆不可用也。状直如橹，前后各一者，谓之梢，船之斜正欹侧，为船之司命者。梢类柂，其状殊，而船之便于事者，悉不如梢，作梢诗。
>
> 橹、桨、桡、櫂、枚，使其进而无退，利涉川泽，为船之陈力者。橹，凡桨类，其状同而异名也。在船有力，悉不如橹，作橹诗。
>
> 峡水湍峻，激石忽发者谓之溃，沱洑而漩者谓之脑。岸石壁立，溃之忽作，篙力难制，以其木之坚韧竿直，戴其首以竹纳护之者，谓之戚，竹为綡而勾其戚者，谓之纳，为船之良辅者，戚与篙，状殊而用一也。在船

---

① 《梅溪王先生文集》卷4《再论马纲状》。
② 元稹：《酬乐天得微之诗知通州事因成四首》，《全唐诗》卷416。
③ 周去非：《藤船》，《岭外代答》卷6。
④ 陆游：《入蜀记》。

独出,悉不如戙,作戙诗。

崖石如齿,非麻枲纫绳之为前牵,取竹之筋者,破而用枲为韧以续之,以备其牵者,谓之百丈。系其船首者,谓之阳纽。牵之者,击鼓以号令之,人声滩乱,无以相接,所以节动止进退。牵之防碍者,谓之下纬。济其不通,为船之先进者,枲与竹,状殊而用一也。在船先容,悉不如百丈,作百丈诗。

噫古人观物,因事为志者甚多也。予祗命宪局,沿沂巴寅,抵瞿塘,耳目熟于长年三老辈矣。船具之于船有力者,作诗以称之。①

从王周的记叙中可以得知,峡船上最重要的用具是掌握航向的梢,"为船之司命者"。这是巴蜀人民为了适应复杂多变的长江航道而创制的一种独特船具。直到近代,航行在川江上的木船仍然是用梢来掌握航向。梢是用杉木制成,末端加有桨状木条,以便划水。从宋人夏珪所画的《巴船出峡图》可以看出,当时已经知道把船桅放下来作为梢用,这种方法一直沿用到近代。不仅如此,从唐代巴蜀船舶的整个结构、船具来看,实际上和解放前的川江木船并没有什么大的差别。

由于长江上游的航道情况和长江中下游完全不同,所以航行在长江上游的巴船、蜀船就和往来于长江中下游的吴船有着很大的差异。长江中下游地区风浪较大,为了增加船体的稳定,吴船最突出的特点就是船型宽大,船体扁平,方头、方艄、平底,很像一只扁平的大木筏。这种船的抗风性特别好,但是航行的阻力较大,操纵也不太灵活,因此不适宜进入航道狭窄、水流湍急、礁石密布的长江上游航线。杜甫在《柴门》诗中说:"蜀麻久不来,吴盐拥荆门。"②可见吴船不敢轻易进入长江上游航道。如果贸然经峡路入川,那就有沉溺的危险。唐末,僖宗因黄巢起义而逃到成都,"诸道赋舆,皆遵峡路,多是儗五致一"③,损失极为严重,以至"水运陆般,只可率钟致石"④。巴蜀的木船则因为船体窄瘦,抗风浪性能较差,也不适宜前往长江中下游。为了克服这个缺点,

---

① 《全唐诗》卷765。
② 《杜诗详注》卷19。
③ 崔致远:《与萧遘相公书》,《桂苑笔耕集》卷12。
④ 崔致远:《请巡幸江淮表》,《桂苑笔耕集》卷2。

峡船在到达荆州以后，通常都要连为舫船，增加船的稳定性，然后才能继续下行，前往江淮。所以自秦汉到唐代，凡是经长江航线漕运巴蜀的粮食，或者调运巴蜀的军队，基本上都是使用舫船，其原因就在于增加船体的稳定性。不过对民间船舶来说，直航江淮要连为舫船，返回巴蜀时又要解为单舟，既耗费时间，又不经济，所以唐代巴蜀的木船通常只下行到荆州，然后再由吴船把人员、物资转运到江南。

唐代巴蜀的造船业主要分布在长江、岷江和嘉陵江沿线，其中以夔州的造船业最为发达。在隋代，这里就已经能够建造高达百余尺的"五牙"大舰。唐高祖武德三年（620），夔州总管李孝恭也在这里"大造舟楫"①。由于夔州是巴蜀的水路门户，随着巴蜀与江南地区的经济联系不断加强，这里的航运事业有了很大发展，民间造船业一直非常兴盛。此外，岷江中下游地区的造船业也比较发达。唐太宗贞观二十二年（648），强伟等人就是在这里役使蜀人"伐木造舟舰，大者或长百尺，其广半之"②。其中嘉、眉二州的造船业发展最快，前蜀时期，宋光葆就曾向后主建议："嘉、眉二州增治战舰，募舟师五千，下峡出江陵。"③ 入宋以后，嘉州则成为巴蜀的造船中心之一。在唐代，成都也有造船业，杜甫《春水生》诗就有"南市津头有船卖"④之语。不过成都的船材甚缺，加之航道浅窄，所以造船业并不很发达，主要建造中小型船只。地处嘉陵江中游的阆州，在唐代后期，随着社会经济的发展，造船业也逐渐兴盛起来，到了北宋初年，已经具有相当规模，所以宋太祖征南唐时，就在阆州打造黄龙、黑龙船。

第七节　制糖业

巴蜀地区的食糖主要有两类，一是蜂糖，二是蔗糖。蜂糖通常称为"蜜"。早在汉晋时期，巴蜀就盛产蜂蜜。左思《蜀都赋》说："蜜房郁毓被其阜，山图

---

①　《旧唐书》卷60《河间王孝恭传》。
②　《唐鉴》卷3。
③　宋光葆：《上蜀主表》，《全唐文》卷998。
④　《杜诗详注》卷10。

采而得道。"据《华阳国志》记载，当时的涪陵郡、梓潼郡和武都郡都出产蜂蜜，宕渠郡则出产石蜜。"石蜜即崖蜜也，高山岩石间作之，色青赤，味小碱，食之心烦，其蜂黑色似虻。又木蜜，呼为食蜜，悬树枝作之，色青白，树空及人家养作之者，亦白而浓厚，味美。凡蜂作蜜，皆须人小便以酿诸花，乃得和熟。状似作饴须蘖也。又有土蜜，于土中作之，色青白，味咸，今出晋安檀崖者，多土蜜，云最胜。"① 可知石蜜、木蜜和土蜜都是蜂蜜。入唐以后，巴蜀仍然是全国重要的蜂蜜产区。据《新唐书·地理志》、《通典》、《元和郡县图志》和《太平寰宇记》诸书的记载，通州、集州、璧州、夔州出产"蜜"，文州、翼州、涪州出产"白蜜"，眉州、巴州出产"石蜜"。此外，利州出蜡，开州、松州贡蜡，黔州贡黄蜡，亦当产蜜。从以上诸州的地理位置来看，当时的蜂蜜主要产自四川盆地周缘山区。

巴蜀地区的蜂蜜分为家蜜和野蜜两种。家蜜是出自人工饲养的蜜蜂。据晋人张华《博物志》记载，养蜂之法，"以木为器，或十斛、五斛，开小孔，令才容蜂出入，以蜜蜡涂器内外令遍，安着檐前或庭下。春月，此蜂将作窠生育时，来过人家，围垣者捕得三两头，便内着器中。数宿，出蜂飞去，寻将伴来还，或多或少，经日渐溢，不可复数，遂停住，往来器中，所滋长甚众。至夏，开器取蜜蜡"②。通常是割下蜜脾，从中榨取蜂蜜。据王元之《蜂记》说，蜜蜂"酿蜜如脾，谓之蜜脾。凡取其蜜，不可多，多则蜂饥而不蕃；又不可少，少则蜂惰而不作"③。取蜜之后的蜜脾，经切碎、煮炼，或加少量醋酒煮炼，还可制成蜂蜡，颜色黄赤，故称黄蜡。如果要制成白蜡，"但取削之，于夏日暴百日许，自然白；卒用之，亦可烊内水中十余遍，亦白"④。黄蜡主要用来制作蜡烛，白蜡则多为药用，"疗久泄澼，后重，见白脓，补绝伤，利小儿。久服轻身，不饥"⑤。野蜂蜜是由野生蜂酿造的蜂蜜。由于野生蜂筑巢的地点经常选择在向南的山麓或山腰的树洞、岩洞和土洞中，因而又有木蜜、岩蜜和土蜜之别。岩蜜又称崖蜜、石蜜、石饴，"凡深山崖石上有经数载未割者，其蜜已经自熟，

---

① 《唐·新修本草》卷16《虫鱼部·石蜜》。
② 《太平御览》卷950引。
③ 《本草纲目》卷39引。
④ 《唐·新修本草》卷16《虫鱼部·蜜蜡》。
⑤ 《唐·新修本草》卷16《虫鱼部·蜜蜡》。

第七章 手工业

土人以长竿刺取，蜜即流下。或未经年，而板缘可取者，割炼与家蜜同也"①，"色白如膏者良"②。木蜜与土蜜则是采割野生蜂巢，毁巢取蜜，其制蜜的方法与家蜜相同。

蔗糖是用甘蔗汁制成的食糖。由于制作方法不同，又有蔗饧、砂糖、乳糖和糖霜等名称。

甘蔗的原生地不在中国，但是我国种植甘蔗的历史十分悠久。宋玉在《招魂》中说："胹鳖炮羔有柘浆些"。东汉王逸注称："柘，诸蔗也"③。这是我国有关甘蔗的最早记载。巴蜀地区最迟在汉代也开始种植甘蔗。扬雄《蜀都赋》说巴蜀出产"诸柘"，左思《蜀都赋》则称其为"甘蔗"。入唐以后，巴蜀地区甘蔗的主要产地有益州、蜀州、资州、梓州、绵州和遂州。此外，巂州的会川一带也出产甘蔗。韦齐休出使云南，南诏"会川都督刘宽使使致甘蔗，蔗节希似竹许，削去后，亦有甜味"④。

甘蔗分为一年生和多年生两种，据瓦格勒《中国农书》说："多年生的甘蔗在北方的界线与华中北纬28度一致；在西方则超过北纬30度。但种植甘蔗，作为一年生的植物，在华中达到北纬30度，在四川达到北纬31度，都有很好的结果。"唐代巴蜀地区甘蔗的主要产区集中在北纬30度至31度之间，基本上只种植一年生的甘蔗。其种植技术，宋人王灼《糖霜谱》有相当详细的记载：

> 藏种法。择取短者（自注：芽生节间，短则节密而多芽），挖坑，深二尺，阔狭从便。断去尾，倒立坑中，土盖之（自注：不倒，则雨水入；夹叶，久必坏）。凡蔗田十一月后深耕，把燥土，纵横摩劳令熟。如开渠，阔尺余，深五尺，两旁立土垄。上元后、二月初，区种，行布相傚，灰薄盖之。又，盖土不过二寸。清明及端午前后，两次以猪牛粪细和灰薄盖之，盖土常使露芽。六月半，再使溷粪。余用前法。草不厌数耘，土不厌数添，但常使露芽。候高成丛。使大锄翻垄，上土尽盖。十月收刈。凡蔗最困地力，不可杂他种。而今年为蔗田者，明年改种五谷，以休地力。田有余者，

---

① 《天工开物》卷上《甘嗜·蜂蜜》。
② 《唐·新修本草》卷16《虫鱼部·石蜜》。
③ 《楚辞》卷9宋玉《招魂》王逸注。
④ 《太平御览》卷974引韦齐休《云南记》。

至为改种三年。

唐代巴蜀地区的甘蔗品种较多，大致可以分为两类：一类是果蔗，称为红蔗，又名昆仑蔗，只能生吃，不能造糖；一类是糖蔗，包括杜蔗、西蔗和芳蔗三个品种，主要用于造糖。芳蔗又名荻蔗，"抽叶如芦，可充果食，可作沙糖"①。西蔗可作糖霜，但是"色浅，土人不甚贵。杜蔗紫嫩，味极厚，专用作霜"②。用糖蔗制糖，最简单的方法就是榨取糖浆。由于蔗浆有消渴解酒之功，所以直到唐代，巴蜀地区仍然生产蔗浆。杜甫《进艇》诗说："茗饮蔗浆携所有，瓷罂无谢玉为缸。"③ 蔗浆经暴晒或者煎熬，就成为浓缩的糖浆，其稠如饧，故称甘蔗饧，又称蔗饧、稀糖，交趾人"谓之石蜜"④。如果在煎熬蔗浆时加入少许石灰，使其结晶，就制成沙糖，颜色紫红，因此又称紫沙糖，"蜀地、西戎、江东并有"⑤。蜀地的沙糖主要产于益州、蜀州和梓州，均为土贡之物。

在唐代，巴蜀地区还生产一种精制蔗糖。其制作方法是：把沙糖"用水、牛乳、米粉合煎"⑥，制成黄白色的饼糖，称为"石蜜"，又称"乳糖"。据《唐·新修本草》说："石蜜即乳糖也，与虫部石蜜同名"⑦。这种被称为石蜜的精制蔗糖，实际上是一种印度蔗糖的汉译名称。《唐梵两语双对集》："石蜜，舍嘌迦啰；沙糖，遇怒"⑧。如果音译，则"舍嘌迦啰"就被译成"煞割令"。在敦煌出土的文书中，就有一张记载"西天五印度"用甘蔗制造沙糖和"煞割令"的残卷⑨。这种用沙糖合牛乳精炼蔗糖的方法，大约是在唐太宗时期才传入中国。《续高僧传》卷4《玄奘传》说，太宗"又敕王玄策等二十余人，随往大夏，并赠绫帛千有余段，王及僧等数各有差。并就菩提寺僧召石蜜匠，乃遣匠二人、僧八人，俱到东夏。寻敕往越州，就甘蔗造之，皆得成就"。制造石蜜的

---

① 乾隆《遂宁县志》卷4《土产》。
② 王灼：《糖霜谱》第三。
③ 《杜诗详注》卷10。
④ 嵇含：《南方草木状》卷上甘蔗条。
⑤ 《唐·新修本草》卷17《果部·沙糖》。
⑥ 《唐·新修本草》卷17《果部·石蜜》。
⑦ 《本草纲目》卷33《果部·石蜜》引。
⑧ 恒多蘖多波罗瞿那弥舍沙：《唐梵两语双对集》，《大正新修大藏经》卷54。
⑨ 季羡林：《一张有关印度制糖法传入中国的敦煌残卷》，载《东方研究论文集》。

第七章 手工业

技术不仅传到了越州，同时也传到了益州。高宗显庆四年（659）成书的《新修本草》新附石蜜条说，石蜜"出益州及西戎，煎炼沙糖为之，可作饼块，黄白色。云用水、牛乳、米粉和煎，乃得成块。西戎来者佳。近江左亦有，殆胜蜀者，云用牛乳汁和沙糖煎之，并作饼，坚重"①。孟诜《食疗本草》则说："石蜜自蜀中、波斯来者良，东吴亦有，不及两处者。皆煎蔗汁、牛乳，则易细白耳"②。虽然唐人对巴蜀和江南石蜜的品第看法有所不同，最初的制作方法也有一些细微的差别，但是巴蜀和江南是石蜜的主要产地却是没有疑问的。

唐代的巴蜀地区，除了生产沙糖、乳糖之外，还制造"蔗霜"。这是在代宗大历年间才传入遂州的一种制糖方法。《太平寰宇记》卷87《遂州·土产》说：

> 蔗霜。唐大历间，有僧跨一白驴至伞子山下。山民以植蔗凝糖为业。驴食蔗，民咎僧。僧曰："汝知蔗之为糖，而不知糖之为霜，其利十倍"。因示以法，遂成蔗霜，色如琥珀，称奇品。

据宋人王灼《糖霜谱》说，这位在遂州小溪县传授糖霜制作技术的僧人，"号邹和尚，不知所从来"。明人宋应星在《天工开物》中则说他是西域僧人。以后的《遂宁县志》也沿用这一说法。如果是这样，那么遂宁制造蔗霜的技术也是在唐代才从印度方向传来的。根据宋人王灼《糖霜谱》的记载，邹和尚所传授的糖霜制作方法，是把十月至十一月收割的甘蔗削去茎皮，剉成铜钱大小的圆块，用蔗碾或碓臼碾压之后，反复蒸透、榨汁，"尽取糖水"。然后把糖水倒入锅中煎炼，浓缩至七分熟，暂时装入瓮内收藏。三日之后，"再取所寄收糖水煎，又候九分熟，稠如饧，插竹编瓮中，始正入瓮，簸箕复之。此造糖霜法也"。窖藏的糖浆能否结成蔗霜或糖霜，那就全靠制糖工人煎炼糖浆的技术、经验和判断了。如果正常的话，"糖水入瓮两日后，瓮面如粥文，染指视之，如细沙。上元后，结小块，或缀竹梢如粟穗。渐次增大，如豆、如指节，甚者成座假山。俗谓随果子结实"。通常开瓮的时间是在四五月，"过初伏不沥则化为水。下户急欲前，四月沥"。"开瓮之日，或无铢两之获，或数十斤，或近百斤，有

---

① 《唐·新修本草》卷17《果部·石蜜》。
② 《本草纲目》卷33《果部·石蜜》引。

暴富者。村俗以卜家道盛衰。霜全不结，卖糖水与自熬沙糖，犹自善价，于本柄亦未甚损也。其得糖者，水或余半，亦以卖，或自熬沙糖。惟全瓮沙脚者，水耗十之九，春中，先沥瓮曝干，少缓则化为水"。

蔗霜的生产是我国历史上甘蔗制糖的一个重大进步，但是由于窨制蔗霜的技术不易掌握，蔗糖在浓缩过程中是否转化为结晶体也要靠机遇，所以这项技术在唐代并没有得到推广，终唐之世，只有遂州出产蔗霜。

第八章 商 业

自西晋武帝统一全国之后,阻碍商品流通的政治因素消除了,巴蜀地区的商业逐渐兴盛起来。然而西晋末年的动乱,又导致商业的凋敝。此后,南北分裂,巴蜀地区的政局长期动荡不安,商品交换受到诸多因素的制约,难以取得发展。隋唐的统一,使得巴蜀地区的商业再度繁荣。随着商业的发展,城市商业逐渐突破坊市制度的束缚,形成一种新型的城市商业。中唐以后,随着茶业的兴起,盐业和纺织业的发展,农村中的商业活动也日趋活跃,相继形成一批新兴的商业城镇,极大地改变了农村商业落后的状况,进一步推动了巴蜀地区商业的发展。同时,对外贸易也进入一个新的发展时期,不仅与全国各地有着密切的商业联系,而且还通过吐蕃与南诏,分别与西域、印缅及东南亚进行直接或间接的国际贸易。

第一节 城市商业

自晋迄唐,城市内部都被划分为若干个坊区。每个坊区的周围都筑有墙垣或篱栅,只在通街的地方开设坊门,以便出入。除了坊区之外,在州治、郡治、县治所在的城市,还有专门划定的商业区,称之为"市"。和坊区一样,市的周围也筑有墙垣或篱栅,四面开门,以便出入。白天开市交易,晚上闭市。这种严格的坊市制度，从交易的地点和时间两个方面限制着城市商业的发展。但是在中唐以后，随着城市商业的繁荣，以及中央政权的式微，坊市制度也就逐渐趋于废弛。

巴蜀地区各州治、县治所在的城市，一般来说，也有坊、市之别，例如成都就有"金马"①、"碧鸡"②、"花林"③、"锦浦"④、"书台"⑤、"龙池"⑥等坊名见诸记载，遂州则有"画锦坊"⑦。至于设在这些城市中的"市"，如果只有一处，通常就以城市的名称作为市名，例如"利州市"。如果一座城市中有几处市场，就在市的前面加上方位词，或者称为"东市"、"西市"，或者叫做"南市"、"北市"，例如夔州有"西市"⑧，成都则有"东市"⑨、"西市"⑩、"南市"⑪和"北市"⑫。在这些被称作"市"的商业区内，同类商品都集中在一个街区内进行交易，这个街区就叫"行"。例如成都有"金银行"⑬，新都有"兰靛行"⑭。设在"行"内的固定店铺，通常叫做"肆"，如"鹭银肆"⑮、"酒肆"⑯。唐代法令规定："诸市每肆立标，题行名。"⑰所以有时候也把"行"称之为"市"，例

---

① 《蜀梼杌》卷上。
② 《茅亭客话》卷3《勾居士》。
③ 《锦里耆旧传》卷5。
④ 《太平广记》卷133《李贞》。
⑤ 《太平广记》卷425《井鱼》。
⑥ 见出土的唐代成都龙池坊卞家印佛经（张秀民：《中国印刷术的发明及其影响》图14）。
⑦ 《舆地纪胜》卷155《遂州·人物》。
⑧ 《太平广记》卷374《八阵图》。
⑨ 《茅亭客话》卷4《史见魂》。
⑩ 《北梦琐言》卷7。
⑪ 《杜诗详注》卷10《春水生》。
⑫ 杜光庭：《道教灵验记·成都景云观三将军堂柱础验》，《云笈七籤》卷119。
⑬ 杜光庭：《道教灵验记·罗真人降雨助金验》，《云笈七籤》卷119。
⑭ 杜光庭：《道教灵验记·太上天童经灵验录》，《云笈七籤》卷122。
⑮ 《太平广记》卷80《何奎》。
⑯ 《太平广记》卷35《冯大亮》。
⑰ ［日］仁井田陞：《唐令拾遗》关市令26。

如成都的米市①、马市②、炭市③、酒市④、鱼市⑤和花市⑥,实际上都是同类商品集中在一起进行交易的"行"。在这些行市内,除了设有固定的店铺,还有商贩所摆设的临时摊点。由于巴蜀各城市之间的商业状况存在着很大差异,所以"行"的设置并不尽同。在一些经济落后、商业不发达的地区,州市和县市之中,甚至可能没有实行"行"的制度。但是就一般情况而言,在唐代,巴蜀地区的城市商业区,基本上都是按照同类商品集中在一起进行交易的原则,把"市"划分为若干个"行",每一个"行"内既有被称作"肆"的同业店铺,也有许多临时的摊点。

巴蜀地区的城市商业,以成都最为发达。早在秦惠文王灭蜀之后,张仪等人就在成都筑城置市,"与咸阳同制"⑦。自此以后,成都就一直是西南地区的商业中心。南北朝时期,成都仍然是"西方之一都焉"⑧。爰及唐代,成都依然是蜚声全国的商业城市。唐代后期,又与扬州并列为全国最繁华的两大商业都会,所以《元和郡县图志》说,扬州与成都,"号为天下繁侈,故称扬、益"。宣宗时期,卢求在《成都记·序》中更是盛赞成都的繁富。并且认为,"较其妙要,扬不足侔其半"⑨。唐末,扬州毁于兵燹。而成都的商业却不断发展,从而成为全国最繁华的商业都会。

在唐代以前,成都的"市"只有一处,位于城西的少城内⑩,通常称为"成都市"。入唐以后,随着商业不断发展,"市"的设置也就逐渐增多。玄宗天宝年间,剑南节度使章仇兼琼创置南市⑪。德宗时期,剑南西川节度使韦皋又在"万里桥南创置新南市,发掘坟墓,开拓通街,水之南岸,人逾万户,闾廛

---

① 《北梦琐言》卷3《路侍中巾裹》。
② 《茅亭客话》卷4《王太庙》。
③ 《资治通鉴》卷255,僖宗中和二年十一月。
④ 韦庄:《和李秀才郊墅早寿吟兴十韵》,《全唐诗》卷698。
⑤ 李珣:《南乡子》,《全唐诗》卷896。
⑥ 韦庄:《奉和左司郎中春物暗度感而成章》,《全唐诗》卷700。
⑦ 《华阳国志》卷3《蜀志》。
⑧ 《南齐书》卷15《州郡志》。
⑨ 《全唐文》卷744。
⑩ 左思:《蜀都赋》,《文选》卷4;刘逵注:"少城,小城也。在大城西,市在其中。"
⑪ 《金石萃编》卷88《章仇元素碑跋》引《四川通志》。

楼阁，连属宏丽，为一时之盛"①。肃宗以后，在大圣慈寺附近又形成了东市②。原来位于少城内的"市"则改称为"西市"③。南市、东市、西市就是唐代成都著名的"三市"④。僖宗时期，剑南西川节度使崔安潜又创置"新北市"⑤，从而使成都的商业区增加到四处。市场的不断增设，反映了唐代成都商业的持续发展和高度繁荣。在这些市场上所出售的商品，种类繁多，名目复杂。除了供应成都居民日常消费的大量农副产品之外，各种纺织品、蜀麻、纸张、书籍、陶瓷和"奇器、异服"⑥也主要是在这里集散。同时，从外地贩运而来的商品，如吴盐、香药、海货和各种各样的奇珍异宝，同样也是集中在成都的各个商业区内销售。此外，成都的市场上还有奴隶买卖⑦。成都的"市"，实际上是巴蜀地区最大的物资集散中心。

唐代的成都不仅有许多繁华的商业区，同时还有各种各样定期举行的集市。《方舆胜览》卷51《成都府路·蚕市药市》条说："成都古蚕丛之国，其民重蚕事，故一岁之中，二月望日鬻花木蚕器于某所者号蚕市，五月鬻药于观街者号药市，冬月鬻器用者号七宝市。"蚕市、药市和七宝市就是唐代成都最著名的集市。

蚕市的形成，据唐宋时期的人说，是在唐代以前⑧，但是关于"蚕市"的最早可靠记载，则是在唐德宗贞元年间。据《舆地纪胜》卷137《成都府路·碑记》所载，当时的剑南西川节度使韦皋撰有《蚕市记》一文。到了宪宗时期，眉娘在《和卓英英锦城望春》诗中又提到了蚕市："蚕市初开处处春，九衢明艳起香尘。"⑨这是有关成都蚕市的最早吟咏。自此以后，有关蚕市的记载才逐渐

---

① 杜光庭：《道教灵验记·南康王韦皋修黄箓道场验》，《云笈七籤》卷122。
② 《酉阳杂俎续集》卷7《金刚经鸠异》。
③ 《酉阳杂俎续集》卷3《支诺皋》。
④ 《资治通鉴》卷253，僖宗乾符六年四月。
⑤ 杜光庭：《道教灵验记·成都景云观三将军堂柱础验》，《云笈七籤》卷122。
⑥ 《旧唐书》卷51《杨贵妃传》。
⑦ 《太平广记》卷144《吕群》。
⑧ 唐人陈溪在《彭州新置唐昌县建德草市歇马亭并天王院等记》一文中说，"以蚕为名"的蚕市创始于蜀汉时期的诸葛亮（见《文苑英华》卷808）。宋人黄休复《茅亭客话》卷8《鬻龙骨》更把蚕市的历史追溯到远古时期，"耆旧相传，古蚕丛氏为蜀主，民无定居，随蚕丛所在致市居，此遗风也。又蚕将兴，以为名也"。
⑨ 《全唐诗》卷863。

第八章 商 业

多起来。由此看来,成都蚕市的兴盛应当是在德宗以后。在唐代,成都举行蚕市的地点是在城北学射山至真观,时间是每年的三月三日①。到了唐末五代,在乾元观②、龙兴观③和严真观④也都举行蚕市,时间同样是每年的"春三月"⑤。从成都举行蚕市的地点和时间来看,蚕市的兴起显然和巴蜀道教的盛行有关。自汉代以来,巴蜀道教素称发达,神仙之说尤为流行,以至唐人说:"成都乃神仙所聚之处"⑥。传说神仙张百子就是三月三日在成都城北的学射山"得道上升。今山上有至真观,即其遗迹也。每岁至是日,倾城士庶,四邑居民,咸诣仙观,祈乞田蚕"⑦。唐高宗时期,至真观道士王晖又"好为人相蚕种,逆知丰损"⑧。其弟子王太霄及以后的至真观道士,也以预卜田蚕灾祥为事,遂使祈乞田蚕的风气越来越兴盛,以至每年的三月三日,"两蜀之人如以戒令,约不赴而有所诛责者,奔走会其上,诣通真观祷其神,从道士受秘箓以归。一年祸福,率指此曰:'惰与恭之所召致也。'自昔语如此,人益起信,逮今,远近以期而至者愈无鞅数"⑨。同时,民众也利用这个机会游宴行乐,竞奢斗侈,"锦里蚕市,满街珠翠,千红万妆,玉蝉金雀,宝髻花簇,鸣珰啸长衣"⑩。这种因宗教信仰和游宴行乐而形成的大规模集会,为商业活动提供了理想的场所,随着商品交换的不断扩大,逐渐发展成为大规模的集市。蚕市上所售的货物,主要是蚕器、农具和"花木果草药什物"⑪等农副土特产品。

巴蜀的药市是在唐代后期才开始形成的,最早出现在梓州。其后,成都也有了药市,地点是在城南的玉局观,时间是每年的九月九日。每到这一天的早晨,"尽一川所出药草、异物与道士毕集"⑫,进行药材交易。据说在药市上

---

① 杜光庭:《神仙感遇传·于满川》,《云笈七籤》卷112。
② 杜光庭:《道教灵验记·阙题》,《云笈七籤》卷119。
③ 杜光庭:《道教灵验记·贾琼受童子箓验》,《云笈七籤》卷119。
④ 《茅亭客话》卷5《白虾蟆》。
⑤ 《五国故事》卷上《前蜀王氏》。
⑥ 《太平广记》卷85《击竹子》。
⑦ 《茅亭客话》卷5《鲜于耆宿》。
⑧ 王太霄:《元珠录·序》,《全唐文》卷923。
⑨ 文同:《学射山仙祠记》,《丹渊集》卷37。
⑩ 韦庄:《怨王孙》,《全唐文》卷892。
⑪ 《茅亭客话》卷9《鹮龙骨》。
⑫ 《岁时广记》卷36《吸药气》。

"吸药气"可以治病,所以在举行药市的时候,士庶云集,"游肩闹相驾"①,其热闹的场面并不亚于蚕市。

唐代成都的"七宝市"是指"冬月鬻器用"②的集市。"七宝"本是佛家用语,所指乃金、银、琉璃、砗磲、玛瑙、琥珀、珊瑚等宝货。以后引申其义,凡是以各种珍宝装饰的器物也多以"七宝"为名。巴蜀历来就以盛产各种奇珍异宝而著称于世,"天下珍货,聚出其中"③。而"蜀都之奇货"④更是遐迩闻名,因此多有此类名物,如"七宝楼"⑤、"七宝辇"⑥、"七宝兰干"⑦等等。由此看来,成都最初的"七宝市",很可能就是这些奇珍异宝、锦绮珍玩和其他高级手工艺品的交易集会,以后逐渐扩大到包括一般手工业制品的买卖,所以被称为出售各种"器用"的集市。

除了号称天下繁侈的成都之外,在唐代,巴蜀其他许多州县的城市商业也有不同程度的发展,特别是梓州的商业,发展最为迅速。梓州位于四川盆地中部的丘陵地区,"壤地瘠薄,民物之产,曾不及西川一大县"⑧,农业相当落后。但是这里却有"盐井铜山之富"⑨,盐业和矿业相当发达。加之交通方便,"左带涪水,右挟中江,邻居水陆之要"⑩。肃宗以后,梓州又成为剑南东川的政治中心和最重要的消费城市,"俗擅繁华,地多材隽"⑪。这对整个城市商业的进一步发展起到了很大的刺激作用。同时,因实行盐铁管榷政策,唐王朝又在梓州设置盐铁使,掌管"铜、盐"⑫的专卖,从而使梓州成为巴蜀最重要的井盐和铜的集散中心。这就使得梓州的商业更加繁荣,所以李商隐称其为"蜀川巨镇,郪道名邦"⑬。唐代后期,这里又首先形成全国性的药材交易市场。《岁时

---

① 嘉庆《四川通志》卷49引宋祁《九日药市》诗。
② 《方舆胜览》卷51《成都府路·蚕市药市》。
③ 《陈子昂集》卷9《谏雅州讨生羌书》。
④ 李贻孙:《夔州都督府记》,《全唐文》卷544。
⑤ 吴曾:《能改斋漫录》卷7。
⑥ 《资治通鉴》卷224,代宗永泰元年闰十月。
⑦ 花蕊夫人:《宫词》,《全唐诗》卷798。
⑧ 《舆地纪胜》卷164《潼川府·风俗形胜》。
⑨ 《太平寰宇记》卷82《梓州·土产》。
⑩ 《旧唐书》卷41《地理志》。
⑪ 李商隐:《上河东公谢辟启》,《全唐文》卷778。
⑫ 《唐语林》卷2《政事》。
⑬ 李商隐:《上河东公谢辟启》,《全唐文》卷778。

第八章 商 业

广记》卷36《置药市》说：

> 《四川记》：唐王昌遇，梓州人，得道号元子。大中十三年九月九日上升。自是以来，天下货药辈皆于九月初集梓州城，八日夜于州院街易元龙池中，货其所贵之药，川俗因谓之药市，迭明而散……药市之起，自唐王昌遇始也。

巴蜀本是我国著名的药材产地，在唐代，巴蜀的药材品种居全国之冠①，这就为药市的形成提供了条件。同时，由于巴蜀地区对外贸易发达，各种外来药材也大量贩运入川，其中梓州就是一个重要的集散中心，所以唐末五代的梓州人李珣专门撰写了一部《海药本草》，用以介绍这些外来药材。梓州交通方便，商业发达，又是易元子王昌遇"举家仙去"②的地方，在祭祀这位"仙人"的基础上，逐渐形成一年一度的"药市"，这和成都"蚕市"的兴起颇有相似之处。

除了成都、梓州之外，巴蜀还有许多城市的商业也相当繁荣。地处嘉陵江中游的阆州，"居蜀汉之半，当东道要冲"③，是四川盆地中部的交通枢纽，汉晋时期又有"牛马桑蚕"④之饶，商业亦称兴盛。在唐代后期，阆州的盐业和纺织业发展很快，"丝盐之利，舟楫之便，可以通四方商贾"⑤，城市商业更加繁荣。夔州是巴蜀与荆吴地区的物资集散地，"利走西方，吴蜀之货，咸萃于此"⑥。加之盛产井盐，造船业发达，自晋以来又一直是川东地区的军事重镇，因此城市商业相当发达。其他如"土地肥良"⑦而农业发达的彭州，"盐利冒于两蜀"⑧的陵州，纺织业兴盛的绵州，糖业发达的遂州，都是唐代巴蜀城市商业发展较快的州城。

---

① 据《唐·新修本草》所记载的药材产地统计，大约有三分之一的药材产于巴蜀地区。
② 《舆地纪胜》卷154引洪迈《夷坚志》。
③ 《通典》卷176《州郡·阆州》。
④ 《华阳国志》卷1《巴志》。
⑤ 唐子思：《思政堂记》，《永乐大典》卷7239。
⑥ 《舆地纪胜》卷181《大宁监·风俗形胜》。
⑦ 《资治通鉴》卷259，昭宗景福元年四月。
⑧ 《舆地纪胜》卷146《陵州·风俗形胜》。

然而，唐代巴蜀城市商业的发展，极不平衡。在一些繁华的都市中，不仅"市"内店铺鳞次栉比，每天开店营业，而且在唐代后期，还逐渐突破了坊市制度的限制，出现了夜市。"锦江夜市连三鼓，石室书斋彻五更"①，就是对当时成都夜市的描述。除此之外，每年九月八日晚上开始进行交易，"迭明而散"的梓州药市也是规模很大的夜市。随着商业的发展，商业活动的范围也逐渐从市区扩大到了坊区。宪宗时期，"汉州街中"②就已经有人出售衣物。唐末的成都则"通街有卖绫罗者"③。这种情况表明，在一些商业发达的城市中，坊市制度已经逐渐废弛，商业活动从时间和空间两个方面突破了坊市制度的限制，这就为宋代四川城市商业的进一步发展奠定了基础。但是在商品交易不发达的地区，城市商业却没有什么大的发展，有的是"山县早休市"④，有的是"市井无钱论尺丈"⑤。南北朝时期，一些州、郡、县治所中的"市"，还是属于集市性质。《水经注》卷33"江水"条说，巴郡的平都县（治今重庆市丰都）"有市肆，四日一会"。入唐以后，在经济落后的偏僻地区，州城和县城中的"市"，仍然还是定期开放的集市。刘禹锡《观市》一文对这种"市"的情况就有很具体的描述：

  迁市城门之遗，余得自丽谯而俯焉。肇下令之日，有市籍者咸至，夹轨道而分次焉，其左右前后，班间错跱，如在阛之列。其列题区别，榜揭价名……鸡鸣而争赴，日中而骈阗。万足一心，恐人我先。交易而退，阳光西徂，幅员不移，径如初中，无求隙地。⑥

这种没有固定店铺，只是在旷野之中定期开市交易的州市和县市，实际上只是按照唐朝有关市制的规定而进行的集市贸易，还不能把它们称之为城市商业区。这种性质的州市和县市在山南西道的巴南诸州和长江沿线较为普遍。至于在缘边少数民族地区所设置的州城和县城，基本上都是一些大大小小的政治

---

① 《方舆胜览》卷51《成都·夜市三鼓》。
② 《太平广记》卷144《吕群》。
③ 《北梦琐言》卷4《柳婢讥盖巨源》。
④ 《杜诗详注》卷12《倚杖》。
⑤ 元稹：《酬乐天得微之诗知通州事因成四首》，《全唐诗》卷416。
⑥ 《刘梦得集》卷25。

中心或军事要塞,城市商业更加落后,其中相当一部分州城和县城实际上并不存在城市商业。这种状况直到唐末也没有什么大的变化。

第二节 农村商业

在巴蜀广阔的农村中,不存在州、郡、县城中的那种商业区,商品交易主要是通过集市贸易的方式进行。据唐人陈溪说:"昔武侯以蜀脞脆,故令邻邑翊日而市,意在习其筋力,而俟之征徭"①。这种隔日进行的集市,又被称为"痎市","蜀有痎市,而间日一集,如痎疟之一发,则俗以冷热发歇为市喻"②。在唐代以前,这种农村集市的地点,大多是在村庄或旷野之中。入唐以后,在一些商品经济较为发达的地区,集市主要在"草市"中进行。在集市上,农民之间相互交易,调剂余缺。此外,乡村居民也把农副土特产品出售给商贩,又从商贩那里购买当地所不出产的各种生活必需品。集市上的交易,通常是以物易物,在一些商品经济不发达的地区,这种情况就更加普遍。唐人韦处厚就说,山南西道"不用见钱。山谷贫人,随土交易。布帛既少,食物随时。市盐者或一斤麻,或一两丝,或蜡或漆,或鱼或鸡,琐细丛杂者,皆因所便"③。元稹则说:"自巴已外,以盐、帛为交易。黔、巫、溪、峡,大抵用水银、朱砂、缯丝、巾帽以相市"④。这种情况表明,当时的农村集市还是一种相当初级的市场。

除了"间日一集"的定期集市外,在一些商品交换较为发达的地区,每年还要举行各种各样的贸易集会。如彭州九陇县葛𬯀山上的崇真观,每年三月三日有蚕市⑤。导江县灌口镇,"有太山府君庙,每至春三月,蜀人多往设斋"⑥。据宋人范成大说,这里的祭祀之盛,"岁刲羊五万。民买一头将以祭,而偶产羔

---

① 陈溪:《彭州新置唐昌县建德草市歇马亭并天王院等记》,《文苑英华》卷 808。
② 吴处厚:《青箱杂记》卷 3。
③ 韦处厚:《驳张平叔粜盐法议》,《全唐文》卷 715。
④ 元稹:《钱货议状》,《全唐文》卷 651。
⑤ 杜光庭:《道教灵验记·葛𬯀化丁东水》,《云笈七籤》卷 122。
⑥ 《太平广记》卷 88《抱龙道士》。

者亦不敢留,并驱以享。庙前屠户数十百家"①,从而形成大规模的集市。汉州金堂县昌利山上的玄元观,每年三月三日也有"蚕市"②。在什邡、绵竹、德阳三县交界处的蚕女坟,同样因为"每岁祈蚕者,四方云集"③,逐渐发展成为一年一度的集市。这类农村集市有两个显著的特点:一是与宗教祭祀活动有着相当密切的关系,这与成都的"蚕市"、梓州的"药市",基本相似。二是每年定期举行一次,这和"间日一集"的痎市明显不同。从分布地域来看,这类农村集市主要集中在社会经济较为发达的成都平原及其毗邻的地区。

除了各种类型的集市之外,巴蜀地区的农村中,还有一类被称作"草市"的商业城镇。草市的出现是在南北朝时期,不过巴蜀地区的草市,直到唐代才见诸记载。其中蜀州青城县有青城山草市④,彭州唐昌县(治今四川省郫县境)有建德草市⑤,雅州严道县(治今四川省雅安)有遂斯安草市⑥,阆州有茂贤草市⑦。有时候,草市也被称为某地的"市",如彭州九陇县的堋口市⑧、蜀州青城县的味江市⑨、梓州盐亭县的雍江市⑩,等等。这些位于州城、县城以外的草市,都是设有固定店铺的商业点,只是草市中的商业设施比城市商业区要简陋得多,所以"草市"常被浮薄之人用作轻视之语。《太平广记》卷265《西川人》云:"蜀东、西川人,常互相轻薄。西川人曰:'梓州者,乃我东门之草市也,岂得与我为耦哉?'"尽管草市的建筑相当简陋,但是这类商业点的形成和发展,却是巴蜀农村商业中最重要的变化。

巴蜀草市的大量出现是在唐代后期,这与当时农村商品经济的迅速发展有着密切的关系。特别是茶业的兴起,更是许多草市形成的直接原因。如前所述,唐代巴蜀的茶园是进行单一的茶叶生产,因此茶园所需要的各种生活用品必须

---

① 范成大:《吴船录》卷上。
② 杜光庭:《道教灵验记·金堂县昌利化玄元观九井验》,《云笈七籤》卷122。
③ 郎蔚之:《隋州郡图经》,《汉唐地理书钞》。
④ 《太平广记》卷31《许老翁》。
⑤ 陈溪:《彭州新置唐昌县建德草市歇马亭并天王院等记》,《文苑英华》卷808。
⑥ 《续谈助》卷5引《膳夫经手录》。
⑦ 《北梦琐言》卷12《垩杜氏山岗事》。
⑧ 杜光庭:《墉城集仙录·阳平治》,《云笈七籤》卷116。
⑨ 《茅亭客话》卷3《味江山人》。
⑩ 《太平寰宇记》卷82《梓州·东关县》。

在市场上购买。"一旦山水泛滥，市井路绝"①，茶园的生活就要发生困难。同时，茶叶属于商品性生产，茶园生产出来的茶叶都要在市场上销售。由于茶叶生产的特殊性，茶园都在丘陵山区，通常离州城、县城较远，所以茶叶交易基本上是在茶山进行，因而在茶山附近便逐渐形成主要为茶业服务的草市。剑南西川的青城山草市、遂斯安草市、堋口市、味江市，都是位于四川盆地西部的茶叶生产地带上，其中雅州"遂斯安草市岁出茶千万斤"②。可知这些草市已经成为当地茶叶交易的主要市场。长江沿线的茶叶产地，也形成了草市。郑谷《峡中寓止》诗就说："夜船归草市，春步上茶山。"③ 在盐业发达的剑南东川，一些远离州、县治所的井盐产地，同样因为商品经济发展而形成草市。例如梓州盐亭县的古东关之地（在今四川省盐亭县境），就是由于盐业的兴起而形成雍江草市。

在唐代后期，随着商品经济的不断发展，交通运输日趋繁荣，在一些交通要道也相继形成草市。唐人陈溪在懿宗咸通十年（869）写的《彭州新置唐昌县建德草市歇马亭并天王院等记》中，把这种情况说得很清楚：

> 唐昌县中界接导江、郫城，东西绵远，不啻两舍。虽有村落，僻在荒塘。昔置邮亭，废毁将久，遂使行役野设而泉饮，贸易者星往而烛归……公侧然凝想，即日计成，遂陈连帅，即其心而置草市，因其乡名，便以建德为号。自此四来者，旋踵而迓迎，中望者举而知归。老幼携挈，倏忽而至，万家欢笑，共事修营，不旬日而告就。今则百货咸集，蠢类莫遗，旗亭旅舍，翼张鳞次。④

除了建德草市之外，阆州的茂贤草市也是属于这类位于交通要道上的草市。

唐代赋税制度的变化，是草市形成和发展的又一个重要因素。安史之乱以后，由于赋税的加重，青苗地头钱的征收，以及各种名目繁多的苛捐杂税，迫使农民不得不把更多的农副产品投入市场，以其收入纳税，甚至连种植的柑桔

---

① 《太平广记》卷 37 《阳平谪仙》。
② 《续谈助》卷 5 引《膳夫经手录》。
③ 《全唐诗》卷 674。
④ 《文苑英华》卷 808。

也是"子实不得吃，货市送王畿。尽添军旅用，迫此公家威"①。德宗推行两税法以后，剑南东、西两川又长期交纳现钱，这就使得农民更加广泛地和市场发生关系，从而为草市的形成和发展创造了条件。

草市中的商业活动，大致可以分为两种情况：一是设在草市的店铺、酒肆、旅舍等商业设施，它们基本上是每天开店营业，出售食用盐茶、农具和百货，并为过往客商提供食宿。二是在草市中定期举行的集市贸易。如前所述，自蜀汉以来，巴蜀农村中就有"间日一集"的定期集市。入唐以后，在有草市的地方，这种隔日举行的集市贸易，通常都是在草市中进行。例如彭州九陇县的堋口市就是每逢单日开市交易②。上市的商品主要是当地出产的农副土特产品和商贩带来的各种手工业制品，大宗茶叶、食盐和布帛交易，通常也是在这个时候进行。

唐末，巴蜀藩镇跋扈，土豪崛起，他们往往在草市设置镇寨，差遣军将，主持镇务，勾当商税，于是草市又多带镇号。北宋开国之后，罢黜镇将，保留监镇，"诸镇监官，掌警逻盗窃及烟火之禁，并征税榷沽，则掌其出纳会计"③。于是镇市就成了封建王朝正式确认的州市、县市以外的市场建置。

第三节 对外贸易

巴蜀地区物产繁富，又与西南、西北诸少数民族相邻，对外贸易相当兴盛。自秦汉以来，蜀商便积极对外开拓市场。爰及唐代，巴蜀商人依然活跃于全国各地。京师长安是当时全国最大的消费城市，巴蜀毗邻关中，成都又有驿路直

---

① 《杜诗详注》卷19《甘林》。
② 据宋人吕陶《净德集》卷1《熙宁十年四月二十四日奏为官场买茶损园户致有司诉喧闹事状》记载，管内堋口茶场秘书丞尹固等人"第二状申：今月十七日收茶六万斤，计钱三千六百贯文，支用茶本净利钱并尽，遂于十八日申州乞相度支移交子六千贯文，应副十九日并二十一日市，收买茶货。到十九日，天然才晓，据园户将到茶货，赴场中卖。"由此可知，堋口场是在十七、十九、二十一等单日开市，这就是《青箱杂记》卷3所说的"间日一集"的痎市。又据《宋会要辑稿·食货》二十九之七记载："彭州堋口场，相承旧有。"这显然是从唐代堋口市发展而来。因此，每逢单日开市交易的制度亦当是沿袭唐代旧制。
③ 《宋会要辑稿·职官四八》。

达长安,所以蜀商在长安非常活跃。武周时期,蜀商宋霸子等人甚至能够参与内殿赐宴,并与嬖臣张易之豪赌①,足见蜀商在长安的势力绝非等闲。此外,"蜀民为商者,行及太原,北上五台"②,前往北方各地经商的也不在少数。长江航线是巴蜀与长江中、下游地区最重要的商道,因此沿江各地亦多有蜀商活动。刘禹锡《竹枝词》就说:"日出三竿春雾消,江头蜀客驻兰桡。欲寄狂夫书一纸,家住成都万里桥。"③ 巫峡一带的商人则是"每岁贾于荆、益瞿塘之濡"④。这些外出经商的贾客,有的直下巴陵(治今湖南省岳阳)⑤,有的前往扬州⑥,有的则经洞庭湖,溯湘江南下,直至潭州(治今湖南省长沙)⑦,达于永州(治今湖南省零陵)⑧。由于长期在外羁旅,不少巴蜀客商就在外地定居下来,其中寓居江陵的巴蜀客商最多,所以王建《江陵即事》诗说:"蜀女下沙迎水客,巴童傍驿卖山鸡。"⑨

不仅巴蜀商人前往全国各地从事商业贸易,外地客商也从四面八方来到巴蜀。早在南北朝时期,已经是"远方商人多至蜀土,资货或有值数百万者"⑩。入唐以后,陇右及河西诸州的商旅"莫不皆取于蜀"⑪。关中的商人则"贩盐于巴渠之境"⑫,同时又把蜀茶运往北方各地。因此,经秦蜀之道入川的商人特别多,李端《送夏侯审游蜀》诗就说:"愁君上蜀时,同林息商客。"⑬ 此外,荆襄的商人也有"贾于蜀者"⑭。从扬州而来的客商亦不在少数,张籍《贾客乐》说,"金陵向西贾客多","入蜀经蛮谁离别"⑮。唐末五代,荆湖、淮浙的商人

---

① 《旧唐书》卷92《韦安石传》。
② 李蒲:《通泉县灵鹫佛宇记》,《全唐文》卷818。
③ 《全唐诗》卷365。
④ 《太平广记》卷312《尔朱氏》。
⑤ 李白:《长干行》,《全唐诗》卷163。
⑥ 杜牧:《扬州三首》,《全唐诗》卷522。
⑦ 李白:《长干行》,《全唐诗》卷163。
⑧ 卢纶:《送从叔牧永州》,《全唐诗》卷267。
⑨ 《全唐诗》卷300。
⑩ 《宋书》卷45《刘道济传》。
⑪ 《陈子昂集》卷8《上蜀川军事》。
⑫ 《太平广记》卷433《王行言》。
⑬ 《全唐诗》卷285。
⑭ 《古今图书集成》卷356《明伦汇·闲媛典》。
⑮ 《全唐诗》卷382。

更是大批涌进巴蜀地区，贸易兴贩，并且抢购名画，以为奇货①。不仅长江中下游地区的贾客入蜀经商，就是广州的商贩也远道来到成都，杜甫《送段工曹归广州》诗就说："幸君因估客，时寄锦官城。"②

巴蜀与西北地区的少数民族同样也有贸易关系。东晋南北朝时期，吐谷浑就因为"其地与益州接，常通商贾"③，"牦牛、蜀马及西南之珍，无岁不至"④。同时，蜀民亦"慕其利，多往从之"⑤。西域的胡商也往往假道吐谷浑，入蜀经商。其中康国人"善商贾"⑥，入蜀经商者，多为其人。如释道仙"本康居国人，以游贾为业，梁、周之际，往来吴、蜀江海上下，集积珠宝，故其所获赍货乃满两船，时或计者云：直钱数十万贯"⑦。西域国商人何细胡，"通商入蜀，遂家郫县，事梁武陵王纪，主知金帛，因致巨富，号为西州大贾"⑧。入唐以后，仍然有西域的贾胡入蜀经商，如睹货速利国人佛陀达摩，就是"少因兴易，遂届神州，云于益府出家"⑨。杜甫在夔州所作的《滟滪》诗也有"估客胡商泪满襟"⑩之语。自唐高宗以后，吐谷浑亡国，吐蕃据有其地，于是吐蕃就取代了吐谷浑，成为剑南道在西北地区最重要的贸易对象。不过剑南道与吐蕃之间的直接互市并不多，主要是通过西山诸羌进行间接贸易。武周时期，唐朝曾禁止益州与吐蕃互市⑪，但是和西山诸羌的贸易却照常进行，《白孔六帖》卷83引《金部格》云："敕松、当、悉、维、翼等州熟羌，每年十月以后即来彭州互市易，法司差上佐一人蚕崖关外依市法致市场交易，勿令百姓与往还。"《文苑英华》卷530《熟羌市易判》也说：

---

① 《益州名画记》卷中《张玄》。
② 《杜诗详注》卷11。
③ 《梁书》卷34《西北诸戎传》。
④ 《北史》卷96《吐谷浑传》。
⑤ 《梁书》卷54《西北诸戎传》。
⑥ 《魏书》卷102《西域·康国传》。
⑦ 《续高僧传》卷26《隋蜀郡灌口上竹林寺释道仙传》。
⑧ 《隋书》卷75《何妥传》。
⑨ 义净：《睹货罗僧寺》，《大唐西域求法高僧传》卷上。
⑩ 《杜诗详注》卷19。
⑪ 《资治通鉴》卷205则天后万岁通天元年《考异》引《御史台记》："论钦陵必欲得四镇及益州通市乃和亲，朝廷不许。"

第八章 商业

当州熟羌,十月来导江县市易。按察使科彭州刺史罪。诉云:并蚕崖外。不伏。对:当州、导江,山川虽间,贸丝抱布,来往是常。矧今赤羽开元,黄旗启圣。布尧心于万国,复禹迹于九州,书等同文,车无异轨,虽夷夏殊俗,而交易何妨。

因此,剑南道与西山诸羌始终有着较为密切的贸易关系。邛州甚至专门生产一种"番饼茶",长期供应诸羌及党项①。而西山诸羌又"潜通吐蕃,故谓之两面羌"②。通过这些两面羌的转手贸易,蜀中的物资也就输入吐蕃,所以陈子昂说:"臣闻吐蕃羯虏,受蜀之珍宝,欲盗之有日矣。"③ 而吐蕃赞普也能够以剑南东川出产的昌明茶夸耀于唐朝使臣④。与此同时,青藏高原所出产的畜牧土特产品和药材,也通过西山诸羌贩运到四川内地。唐昭宗时期,王建又在"文、黎、雅、茂等州多市蕃马"⑤,10 年之间,得官马 8000 匹,私马 4000 匹。

巴蜀与西南各少数民族之间的贸易关系,历来比较密切。早在汉代,巴蜀之民就多与徼外西南夷相贸易。南北朝时期,梁武陵王萧纪为益州刺史,"南开宁州越巂,西通资陵吐谷浑,内修耕桑盐铁之功,外通商贾远方之利,故能殖其财用"⑥。入唐以后,沿边地区的贸易依然十分兴盛,黎州一带的"蕃部蛮夷混杂之地,元无市肆。每汉人与蕃人博易,不使钱。汉用䌷绢茶布,蕃部用红椒盐之类"⑦。懿宗时期,吴行鲁又在大渡河上架桥,使"商旅经过,曾无复溺之忧,永绝滞留之患。至今行者,见必归思"⑧。

巴蜀不仅与西南各少数民族保持着贸易关系,而且还通过云南,与印度、缅甸和安南进行国际贸易。早在西汉时期,巴蜀的邛竹杖和蜀布就已经由蜀商贩运到身毒、大夏,即今印度和中亚地区。"而蜀贾奸出物者"⑨ 亦至滇越,即

---

① 《太平寰宇记》卷 75 引《茶谱》。
② 《旧唐书》卷 197《东女国传》。
③ 《陈子昂集》卷 9《谏雅州讨生羌书》。
④ 《唐国史补》卷下《房帐中烹茶》。
⑤ 《十国春秋》卷 35《前蜀·高祖本纪》。
⑥ 《南史》卷 53《武陵王纪传》。
⑦ 《太平寰宇记》卷 77《黎州·风俗》。
⑧ 陈溪:《彭州新置唐昌县建德草市歇马亭并天王院等记》,《文苑英华》卷 808。
⑨ 《史记》卷 116《西南夷列传》。

今缅甸。东汉明帝置永昌郡，西通身毒、大秦，西南至僄越，南通交趾，"奇珍异宝，进贡岁时不阙"①，遂为商业重镇，"故永昌出异物"②，号为"金银宝货之地"③。因此蜀商多在永昌收市宝货以归，但也有少数蜀商人由此前往今缅甸，鱼豢《魏略》说："盘越国一名汉越王，在天竺东南数千里，与益部相近，蜀人贾似至焉。"④ 然而南北朝时期的动乱，使得巴蜀与印缅的贸易基本中断，入唐以后才又逐渐得以恢复。自阁罗凤西开寻传之后，南诏重新占据汉代的永昌故地，"南通渤海，西近大秦"⑤，于是云南和印缅之间的贸易又兴盛起来。骠国（都城在今缅甸卑缪）"有移信使至蛮界河赕，则以江猪、白氎及琉璃、罂为贸易"⑥。而河赕贾客则多羁留寻传，以期互市。由于途程艰险，"河赕贾客在寻传羁离未还者，为之谣曰：'冬时欲归来，高黎共上雪。秋夏欲归来，无那穿赕热。春时欲归来，囊中络赂绝。'"⑦ 尽管有这些困难，河赕贾客仍然相继前往永昌和骠国互市。同时，弥诺国（在今缅甸亲敦江下游）、弥臣国（在今缅甸伊洛瓦底江下游）、大秦婆罗门国（在今缅甸亲敦江上游）和昆仑国（在今缅甸萨尔温江下游）所出产的香药、琉璃、犀角，以及各种各样的珍宝也经永昌城和"外通交易之处"⑧ 的银生城（在今云南省景东）输入云南。在唐代，巴蜀商人罕有直接前往印缅经商者，但是多与"南蛮贾者"⑨ 相贸易，从而把印缅出产的各种物资贩运到巴蜀地区。释惠洪《冷斋夜话》卷1说："南人谓象牙为白暗，犀角为黑暗，故老杜诗曰：'黑暗通蛮货'。"可知从南诏输入巴蜀的"蛮货"中有象牙、犀角等物。此外，各种香药和珍奇之物也大量贩运入川，甚至昆仑奴也经云南贩卖到巴蜀。《太平广记》卷232《周邯》说："唐周邯自蜀沿流，尝市得一奴，名曰水精，善于探水，乃昆仑白水之属也。"这些昆仑奴大多是由蛮客带来的奴隶。张籍在《昆仑儿》诗中就说："昆仑家住海中州，蛮客

---

① 《唐会要》卷73《姚州都督府》。
② 《三国志》卷30裴松之注引《魏略》。
③ 《华阳国志》卷4《南中志》。
④ 《三国志》卷30裴松之注引《魏略》。
⑤ 《南诏德化碑》。
⑥ 《蛮书》卷10《南蛮疆界接连诸番夷国名》。
⑦ 《蛮书》5《山川江源》。
⑧ 《蛮书》卷6《云南城镇》。
⑨ 《南唐书》卷30《梁王徐之谔传》。

第八章　商　业

将来汉地游。言语解教秦吉了,波涛初过郁林洲。金环欲落曾穿耳,螺髻长卷不裹头。自看肌肤黑如漆,行时半脱木绵裘。"①周邯在蜀地所买的"水精",也是"因夷人卖奴,年十四五,视其貌,甚慧黠。言善入水,如履平地,令其沉潜,虽经时移日,终无所苦。邯因买之,易其名曰水精"②。至于巴蜀和安南之间的贸易,同样相当兴盛。入宋以后,依然是"富商自蜀贩锦至钦,自钦易香至蜀,岁一往返"③,从而把东南亚地区所出产的香药等物输入巴蜀地区。

巴蜀地区在对外贸易中,输出的大宗商品,前后不尽相同。南北朝时期,纺织品和蜀马的贸易最为兴盛,因此刘宋益州刺史刘道济重用长史费谦聚敛兴利时,"远方商人多至蜀土,赀货或有直数百万者。谦等限布、丝、绵各不得过五十斤;马无善恶,限蜀钱二万"④,从而引起蜀人的反叛。而萧梁的益州刺史萧恢,一次就"市马千匹"⑤,由此可见蜀马贸易之兴盛。在唐代,巴蜀地区输出的物资,主要是农副产品和各种手工业制品。就农副产品而言,唐代前期,蜀麻是最大宗的外销物资。中唐以后,茶业兴起,蜀茶便逐渐取代蜀麻的地位,成为巴蜀主要的外销产品,因此唐末崔致远说:"旧谓西川富强,皆因北路商旅,托其茶利,赡彼军储"⑥。在巴蜀输出的手工业制品中,纺织品一直占有特殊地位。唐代前期,不仅官僚豪贵竞相在巴蜀收市绫锦,造作奇服,同时大量的巴蜀纺织品也被商贾贩往全国各地。玄宗天宝年间,远在西北地区的交河郡(治今新疆吐鲁番市境)市场上就有"益州半臂"、"梓州小练"和"维州布"⑦出售。而蜀锦则是巴蜀最著名的外销纺织品,不仅行销国内,还流传到国外,至今日本还有唐代蜀锦实物。此外,巴锦也大量输出,所以杜牧说:"樯似邓林江拍天,越香巴锦万千千。"⑧唐代后期行销京师的果、阆二州的重绢,则是当时全国价格最高的"土绢"⑨。唐末五代,王建又以蜀布和黄茶与割据陇右的李

---

① 《全唐诗》卷 385。
② 裴铏《传奇·周邯》,郑振铎辑本。
③ 《岭外代答》卷 3《钦州博易地》。
④ 《宋书》卷 45《刘道济传》。
⑤ 《梁书》卷 22《鄱阳忠烈王恢传》。
⑥ 《桂苑笔耕集》卷 2《请巡幸江淮表》。
⑦ [日]仁井田陞:《吐鲁蕃出土的唐代交易法文书·附录·价格文书》,《西域文化研究》第 3 辑。
⑧ 《全唐诗》卷 524 杜牧《中丞业深韬略志在功名再奉长句一篇兼written谂劝》。
⑨ 《唐会要》卷 40《定赃估》。

茂贞进行大规模互市①。唐末，除了茶叶和纺织品之外，药材又成为巴蜀重要的输出商品，在梓州和成都相继形成的"药市"，主要就是为了适应川药外销的需要。这些药材不仅被贩往全国各地，其中麝香一项还经广州输往国外②。其他如金银制品、书籍、笺纸等各种"三蜀货"③也都经商贾贩运出川，有的还辗转输往国外。

巴蜀在对外贸易中所输入的物资，以食盐和香药最为重要。江淮地区的海盐曾是巴蜀民众食盐的重要来源，唐朝实行榷盐法以后，河中府的解池盐仍然大量输入山南西道，云南的井盐则行销巴蜀南部的少数民族地区。同时，巴蜀还是全国香药的重要集散地，除了本地出产的麝香、茅香花之外，绝大多数的香药均来自国外，所以杜光庭说："宝香来于绝域"④。这些外来的香药，以印支半岛和缅甸输入的种类和数量最多。唐末，广州的香药贸易因黄巢起义而遭到破坏，于是巴蜀便成为全国香药进口的主要地区，香药贸易盛极一时，以至前蜀王衍能够用各种香药制造一座小城，"沉香为山，薰陆为城郭，黄紫檀为屋宇，白檀为人物，方围一丈三尺，城门小牌曰灵芳"⑤。此外，各种奇珍异宝也从国外输入巴蜀地区。赵抃《蜀郡故事》说，唐代成都所建的大秦寺，"其门楼十间，皆以真珍翠碧贯之为帘……盖大秦国多璆琳、琅玕、明珠、夜光璧，水道通益州永昌郡，多出异物，则此寺大秦国人所建也"⑥。其他如畜牧产品，以及从吐蕃输入的珍珠、蛤蚧，从云南输入的阿魏、莎木、红藤杖，经峡路输入的各种海货，也都是从不同地区贩运到巴蜀的商品。

---

① 《鉴诫录》卷4《得夫地》。
② 《中国印度见闻录》卷2《中国见闻续记》。
③ 卢纶：《送从叔牧永州》，《全唐诗》卷267。
④ 杜光庭：《谢允上尊号表》，《全唐文》卷930。
⑤ 陆毂：《清异录》卷下。
⑥ 吴曾：《能改斋漫录》卷7引。

第九章 交通运输

巴蜀地区的交通，在前代奠定的基础上，经过南北朝和隋唐时期的发展，有了较大的改善。州县之间，道路相通，往来便捷。对外交通，同样发达。北经关中，可以直入长安，达于中原；东出三峡，沿江而下，则可直航荆州（治今湖北省江陵），前往江南；西经羌中，入于吐蕃，远至西域；南入云南，又可西走印缅，南下交广。随着商品经济的发展，对外贸易的兴盛，这些四通八达的交通路线也就成为日益繁荣的商道。同时，从中央到地方，各级政府机构也都利用这些道路运送租赋，转输军粮，搬运各种各样的官方物资。

第一节 水上交通运输

巴蜀地区位于长江上游，江河纵横，水量充沛，具有发展水上交通的有利条件。其中长江干流由西南向东北流经四川盆地南缘，然后向东切开巫山，形成举世闻名的长江三峡。岷江、嘉陵江等支流则由北向南流贯四川盆地，最后注入长江。岷江、嘉陵江和长江的多数河段均可常年通航，自古以来就有舟楫之利，入唐以后，仍然是巴蜀最重要的水运路线。

一、岷江—长江航线

岷江是长江上游水量最大的支流,发源于今松潘县境内的弓杠岭和郎架岭,由北向南流经茂县、汶川、都江堰、彭山、眉山、乐山等地,在宜宾汇入长江。岷江在今都江堰市以上的河段为上游,都江堰市至乐山市为中游,乐山市至宜宾市为下游。直到唐代,岷江仍然被认为是长江的正源,所以在成都建有"江渎庙"①,用以祭祀"南渎大江之神"②,故岷江也被称为"大江"③。因此,岷江与今宜宾以下的长江水道也就成为一条航线。

岷江上游流经川西高原和四川盆地西部的缘边山地,河流深切,水流湍急,河底又多岩块和卵石,舟船难以通行,但是可以漂运上游地区出产的梓柏、大竹,使成都"坐致材木,功省用饶"④。唐玄宗开元二十三年(753),益州大都督府长史章仇兼琼为了更好地"通漕西山竹木"⑤,重新开通新源水,从而使西山地区的竹木更加便捷地漕运到成都,为缺乏木材资源的成都平原提供充足的建筑材料。

岷江在流至灌口镇(在今四川省都江堰市)时,经都江堰分流,别为检江、郫江和正流等三条主要河道。"其右检,其左(郫),正流遂东,郫江之右也。"⑥ 检江、郫江均流经成都,自秦蜀守李冰开此两江"以行舟船"⑦ 以来,一直可以通行船只。入唐以后,仍然是"皆可行舟"⑧。当时,从成都平原运往岷江上游地区的物资,特别是大宗货物,通常都是先用船运到灌口镇,然后再转陆路搬运。在唐代,位于岷江上游的西山地区是剑南道抵御吐蕃的边防前线,驻有边军。他们的粮饷"并取给于剑南"⑨,其中大部分是由成都方向转输而去,一旦米船不继,西山驻军的粮食供应就要发生困难,所以杜甫说:"蚕崖铁

---

① 《元和郡县图志》卷 31《剑南道·成都府》。
② 嘉庆《四川通志》卷 34《祀庙·成都府》。
③ 《水经注》卷 33《江水》。
④ 《华阳国志》卷 4《蜀志》。
⑤ 《新唐书》卷 42《地理志》。
⑥ 《水经注》卷 33《江水》。
⑦ 《华阳国志》卷 3《蜀志》。
⑧ 《元和郡县图志》卷 31《剑南道·成都府》。
⑨ 高适:《请罢东川节度使疏》,《全唐文》卷 357。

马瘦,灌口米船稀。"[1] 不仅流经成都平原的检、郫二江有舟楫之利,岷江正流亦可行舟。据《华阳国志》卷3《蜀志》记载,由今都江堰市到彭山的岷江正流上,共有五个渡口。"其大江自湔堰下至犍为有五津:始曰白华津;二曰(皂)里津;三曰江首津;四曰沙头津,刘璋时召东州民居此,改曰东州津;五曰江南津。"而由成都乘船,通常是在流经成都的检、郫两江汇合处。唐德宗时期,剑南西川节度使韦皋在此建成合江亭。"蜀人入吴者,皆自此登舟,其西则万里桥。"[2]

岷江诸水在穿过成都平原之后,汇合于眉州彭山县境内。其地原名"彭冢"[3],相传"彭祖于此而死,故曰彭亡"[4]。东晋南北朝时期,桓温、朱龄石先后率水军伐蜀,其主战场所在的彭模,即在此地。

彭模有鱼凫津,"在县东北二里,一名彭女津。在彭亡山南,居导江、皂江等水会之处"[5]。由彭模西南而行约10里,至彭山县,有东沮津。又南下65里至眉州,有蟆颐山,"在州东七里,形似虾蟆颐"[6]。唐玄宗开元年间,剑南道采访使章仇兼琼曾在此兴建蟆颐堰,引岷江水灌溉今眉山、青神二县的农田。蟆颐山下临岷江,有蟆颐津。唐末,权阉田令孜"矫诏贬(孟)昭图嘉州司户参军,使人沉于蟆颐津"[7],即此。由眉州南下,经青神县至平羌县,有青衣津。由平羌县南下30里至嘉州,其地位于岷江、大渡河、青衣水交汇之处,水流湍急,唐人凿石佛以镇之。"嘉为众水之会,导江、沫水与岷江皆合于山下,南流以下犍为。沫水合大渡河由雅州而来,直捣山壁,滩泷险恶,号舟楫至危之地。唐开元中,浮屠海通始凿山为弥勒佛像以镇之,高三百六十尺,顶围十丈,目广二丈,为楼十三层。自头面以及其足,极天下佛像之大,两耳犹以木为之。佛足去江数步,惊涛怒号,汹涌过前,不可安立正视,今谓之佛头滩。"[8] 这就是现在的乐山大佛。

---

[1] 《杜诗详注》卷12《西山三首》。
[2] 范成大:《吴船录》卷上。
[3] 《华阳国志》卷3《蜀志》。
[4] 《元和郡县图志》卷32《剑南道·眉州》。
[5] 《太平寰宇记》卷74《剑南西道·眉州》。
[6] 《太平寰宇记》卷74《剑南西道·眉州》。
[7] 《新唐书》卷208《田令孜传》。
[8] 范成大:《吴船录》卷上。

岷江由嘉州南下30里至玉津县（治今四川省乐山市境）。"以江有璧玉津，故以为名。《注水经》云：东为璧玉津。《华阳国志》云：蜀有七津。左思《蜀都赋》云：东越玉津。在县东北三十里，隔后江。"又有"石羊津，在县东十里，渡导江水"[1]。由玉津县南行至犍为县，有惩非津，"在县南二十里，渡导江水"[2]。由犍为县顺岷江而下，进抵戎州僰道县（治今四川省宜宾）。据《元和郡县图志》卷31《剑南道·戎州》记载，嘉州至戎州僰道县，水路350里。

岷江在僰道县汇入大江后，奔腾向东，由巫峡

图9—1　乐山大佛

出川，直通扬州。其中在巴蜀地区的途程，大体上可以分为四段，即戎州僰道县至渝州段，渝州至涪州段，涪州至夔州段，夔州至峡州（治今湖北省宜昌）段。

大江在戎州僰道县接纳岷江水之后，继续向东而流，经南溪县渔津，到达泸州。戎州僰道县与泸州之间，"水路三百一十里"[3]。大江在流经泸州时，又

---

[1]　《太平寰宇记》卷74《剑南西道·嘉州》。
[2]　《太平寰宇记》卷74《剑南西道·嘉州》。
[3]　《元和郡县图志》卷31《剑南道·戎州》。

接纳了北来的沱江水，江面变宽，水深加大，其深广可容百石大舟，然而险滩也明显增加。"江中有大阙、小阙焉，季春之月，则黄龙堆没，阙乃平也。"①黄龙堆又称"紫金堆"，在泸州东面的长江中。黄龙堆以东，又有樊石滩、大附滩、成湍滩②、七门滩③。其中成湍滩亦即"成瑞滩"④，又名"城滩"，《渝州图经》云："渝州城滩，在州西南三十里，江津县东北沿流八十里岷江水中，波浪沸腾，乍停乍发，多覆舟之患。"⑤又东至渝州。从戎州僰道县至渝州，水路1010里⑥。

由渝州沿江东下至涪州，水路340里⑦。由于长江在渝州至涪州段穿行于四川盆地东部的平行岭谷区，切岭成峡，入谷成沱，江面宽狭相间，因而多峡谷与河漫滩。其中峡谷有渝州东北20里的石洞峡⑧。过石洞峡，"江水又东，右径黄葛峡，山高险，全无人居。江水又左径明月峡，东至梨乡，历鸡鸣峡。"⑨黄葛峡在唐代称为"黄草峡"。代宗大历四年（769），泸州刺史杨子琳因偷袭成都失败，招集亡命之徒数千人，沿江东下，"涪州守捉使王守仙伏兵黄草峡，子琳悉擒之"⑩，即在此地。"明月峡在（巴）县东北八十里。《华阳国志》云：江州县有明月峡。即此。李膺《益州记》云：广阳州东七里水南有遮要三槌石，东二里至明月峡。峡首南岸壁高四十丈，其壁有圆孔，形如满月，因以为名。"⑪鸡鸣峡则在涪州以西15里。由鸡鸣峡东行至涪州，城北有石梁，入于长江，唐人刻石为鱼，以示江水涨落。"石鱼。在涪陵县下江心，有双鱼刻石上。每一鱼三十六鳞，一衔萱草，一衔莲花，有石秤石斗在旁。三五年或十年方一出，出必丰年，唐大顺元年镌。"⑫不过最早的石鱼题刻是在唐代宗广德元年（763）。

---

① 《华阳国志》卷3《蜀志》。
② 《水经注》卷33《江水》。
③ 《舆地纪胜》卷175《夔州路·渝州》。
④ 《华阳国志》卷3《蜀志》。
⑤ 《太平广记》卷399引。
⑥ 据《元和郡县图志》戎州、泸州、渝州之间水路途程记载统计。
⑦ 《元和郡县图志》卷33《剑南道·渝州》。
⑧ 《太平寰宇记》卷136《山南西道·渝州》。
⑨ 《水经注》卷33《江水》。
⑩ 《资治通鉴》卷224，代宗大历四年二月。
⑪ 《太平寰宇记》卷136《山南西道·渝州》。
⑫ 《舆地纪胜》卷174《夔州路·涪州》。

《太平寰宇记》卷120《江南西道·黔州》:"开宝四年,黔南上言,江心有石鱼见,上有古记曰:广德元年二月大江水退石鱼见。部民相传丰稔之兆。"

由涪州顺江而下,350里至忠州,又260里至万州,又300里至夔州。这910里①的长江河段,漫流于平行岭谷地区的向斜谷中,河床多碛坝与暗礁,古人通常称之为滩。据《水经注》卷33《江水》记载,江水在流经涪陵故郡以北之后,"又东径文阳滩,滩险难上。……左自

图9-2 涪陵石鱼

涪陵东出百余里而屈于黄石,东为桐柱滩。又径东望峡,东历平都……江水右径虎须滩,滩水广大,夏断行旅……又东径壤涂而历和滩。又东径界坛。是地巴东之西界,益州之东境,故得是名也。又东过鱼复县"。黄石在涪州界内,唐人称为黄石滩,亦称横石滩,又名石梁。桐柱滩即铜柱滩,亦在涪州之境,"昔人于此维舟,见水底有铜柱,故名铜柱滩。滩最湍急"②。虎须滩在忠州以西2里,今名"倒须滩"。江水在进入万州境内后,在武宁县(治今重庆市万县市境)江心,有解堆滩,亦名牟堆滩③。其东有双渠滩,"在武宁县东十里,秋冬水半落,则流分为二,渍漩不测可畏"④。又东有壤涂,亦即瀼涂。"《方舆纪

---

① 据《太平寰宇记》涪州、忠州、万州、夔州之间水路途程记载统计。目前长江由涪陵至奉节白帝城的河段,全长388千米。
② 《太平寰宇记》卷120《江南西道·涪州》。
③ 《舆地纪胜》卷177《夔州路·万州》。
④ 《舆地纪胜》卷177《夔州路·万州》。

要》云：自忠州水程东行九十里至曹溪驿，又六十里至瀼涂驿。《名胜记》云：瀼涂驿在万县南六十里，江中有石似胡人，名曰胡滩。杜少陵诗'不是怕胡滩'者是矣。"①虽然杜甫《宴忠州使君侄宅》诗的原文为"不是怕湖滩"②，然而《舆地纪胜》卷177《夔州路·万州》亦称"胡滩"，"在州南五十里，滩石有若胡人状"。胡滩今名涪滩，或许就是《水经注》所记载的和滩。胡滩以北，又有新妇滩，在万州"南二十里，北岸崖壁间，隐出如妇人面"③。而在新妇滩以东，则有羊肠虎臂滩，又称"使君滩"。东晋时期，"杨亮为益州，至此舟覆。惩其波澜，蜀人至今犹名之为使君滩"④。其地在唐代的万州"东二里大江中"⑤。由万州沿江东行，至夔州云安县，有博望滩，"在县西三里。《荆州记》云：张骞奉使西域，于此覆舟，亦曰使君滩"⑥。又有龙脊滩，"在县南岷江中，有石约长百余丈，若龙脊之状"。在县东五里则有下瞿滩，"以瞿村为名"⑦。县东30里有东阳滩，"江上有破石，故亦谓之破石滩"⑧，清代称为东洋滩。其东又有落牛滩。又东至夔州。

由夔州至峡州的长江水路，长510里⑨。长江在此横切巫山山脉，形成著名的长江三峡。唐代的夔州，治所在白帝城，"周回二百八十步，北缘马岭，接赤岬山。其间平处，南北相去八十五丈，东西七十丈。又东傍东瀼溪，即以为隍。西南临大江，窥之眩目，惟马岭小差委迤，犹斩山为路，羊肠数四，然后得上。益州刺史鲍陋镇此，为谯道福所围，城里无泉，乃南开水门，凿石为函道，上施木天公，直下至江中，有似猿臂，相牵引汲，然后得水。水门之西，江中有孤石，为淫预石。冬出水二十余丈，夏则没"⑩。淫预石即滟滪堆，在"（夔）

---

① 《水经注》卷33赵一清释。
② 《全唐诗》卷229。
③ 《舆地纪胜》卷177《夔州路·万州》。
④ 《水经注》卷33《江水》。
⑤ 《太平寰宇记》卷149《山南东道·万州》。
⑥ 《舆地纪胜》卷182《夔州路·云安军》。
⑦ 《舆地纪胜》卷182《夔州路·云安军》。另据《水经注》卷33《江水》记载："江水又东径瞿巫滩，即下瞿滩，又谓之博望滩。"与《舆地纪胜》所言不同。
⑧ 《水经注》卷33《江水》。
⑨ 据《太平寰宇记》卷148《山南东道·归州》记载统计。现在由白帝城至宜昌的长江河段，全长200余千米。
⑩ 《水经注》卷33《江水》。

州西南二百步蜀江中心、瞿塘峡口。冬水浅，屹然露百余尺，夏水涨，没数十丈。其状如马，舟人不敢进。又曰犹豫，言舟子取途，不决水脉，故曰犹豫。谚曰：滟滪大如襆，瞿塘不可触；滟滪大如马，瞿塘不可下；滟滪大如鳖，瞿塘行舟绝；滟滪大如龟，瞿塘不可窥"①。号称天下至险之地，为航运大患，今已被炸除。

江水在经过淫预石之后，"又东径广溪峡，斯乃三峡之首也……峡中有瞿塘、黄龙二滩，夏水回复，沿泝所忌。瞿塘滩上有神庙，尤至灵验。刺史两千石径过，皆不得鸣角伐鼓。商旅上水，恐触石有声，乃以布裹篙足。今则不能尔，犹飨荐不辍"②。广溪峡，唐人称为"瞿塘峡"，在夔州以东1里，"连崖千丈，奔流电激，舟人为之恐惧"③。瞿塘峡的得名，当与峡内的瞿塘滩有关。黄龙滩，据《荆州记》说："三峡之首，北岸有白盐峰，下有黄龙滩，水最急，沿泝所忌。"④ 白盐峰即白盐山，在夔州"城东十七里"⑤。

图9—3　瞿塘峡

---

① 《太平寰宇记》卷148《山南东道·夔州》。
② 《水经注》卷33《江水》。
③ 《太平寰宇记》卷148《山南东道·夔州》。
④ 《太平寰宇记》卷148引。
⑤ 杜甫：《白盐山》，《全唐诗》卷229。

江水在流过瞿塘峡之后，进入巫山县境，其地有巫山，长江河段也因此被称为巫峡。"其间首尾百六十里，谓之巫峡，盖因山为名也"①。巫峡中有新崩滩。"此山汉和帝永元十二年崩，晋太元二年又崩。当崩之日，水逆流百余里，涌起数十丈。今滩上有石，或圆如箪，或方似屋，若此者甚众，皆崩崖所陨，致怒湍流，故谓之新崩滩"②。

江水又东流，经过巴东县境，有石门滩。又东至归州境内，有狗峡，"峡崖龛中石，隐起有狗形，形状具足，故以狗名峡"③，亦称"白狗峡"，在归州以东 30 里。其东又有东界峡，原为宜都、建平二郡交界处，亦名"空泠峡"④，也写作"空舲峡"，在归州秭归县以东 125 里，《荆州图记》曰："此峡绝崖，壁立数百丈，飞鸟所不能栖。"⑤ 又东经流头滩，"其水并峻激奔暴，鱼鳖所不能游，行者常苦之，其歌曰：滩头白勃坚相持，倏忽沦没别无期"。又东经狼尾滩、人滩，"二滩相去二里。人滩水至峻峭，南岸有青石，夏没冬出，其石欹崟数十步中，悉作人面形，或大或小，其分明者，须发皆具，因名曰人滩也。江水又东径黄牛山下，有滩名曰黄牛滩……自黄牛滩东入西陵界，至峡口百许里，山水纡曲而两岸高山重障，非日中夜半不见日月，绝壁或千许丈，其石彩色，形容多所像类。林木高茂略尽，冬春猿鸣至清，山谷传响，泠泠不绝。所谓三峡，此其一也"⑥。西陵峡在峡州夷陵县（治今湖北省宜昌）西北 25 里，长 20 里。过西陵峡，就到达峡州。瞿塘峡、巫

图 9-4　巫　峡

---

① 《水经注》卷 34《江水》。
② 《水经注》卷 34《江水》。
③ 《水经注》卷 34《江水》。
④ 《水经注》卷 34《江水》。
⑤ 《太平寰宇记》卷 148 引。
⑥ 《水经注》卷 34《江水》。

峡、西陵峡就是唐人所说的"三峡"①，这是岷江—长江航线中最为险峻的一段途程。长江穿过三峡后，经峡州至荆州，可以直航扬州。

岷江—长江航线是巴蜀与长江中、下游地区最重要的交通干线。西晋武帝咸宁五年（279），益州刺史王濬就是由成都出发，

图9-5 西陵峡

沿这条水路东下，"率水陆军及梁州三水胡七万人伐吴"②。东晋穆帝永和二年（346），荆州刺史桓温伐蜀，也是走的这条水路。东晋安帝义熙八年（412），朱龄石平定谯纵之乱，同样是溯长江而上，攻取成都。然而在南北朝时期，由于江阳（治今四川省泸州）、僰道为僚人所控制，长江三峡地区又有盘瓠蛮"屯聚三峡，断遏水路，荆蜀行人至有假道者"③，所以岷江—长江航线并不畅通，直到唐代才又成为水上交通干线，所以武元衡说："蜀国春与秋，岷江朝夕流。长波接东海，万里至扬州。"④当时的公私行旅，大多取道这条路线进出巴蜀地区。张祜《送蜀客》诗说："楚客去岷江，西南指天末。平生不达意，万里船一发。行行三峡夜，十二峰顶月。"⑤诗中所说的"楚客"，就是沿岷江而下，经长江三峡出川。同样，李白"辞亲远游"⑥，岑参"罢官东归"⑦，也都是走的这条水路。从巴蜀地区前往江淮地区任职的官员，同样要取道这条路线。宣宗大

---

① 三峡的具体名称，多有不同。《荆州记》："巴楚之世有三峡：明月峡、广德峡、东突峡，即今之巫峡、秭归峡、归乡峡。"《水经注·江水》将广溪峡、巫峡、西陵峡合称为三峡。《峡程记》："三峡者，即明月峡、仙山峡、广泽峡。"《太平寰宇记》卷146《山南东道·夔州》："三峡者，谓西峡、巫峡、归峡。"

② 《华阳国志》卷8《大同志》。

③ 《魏书》卷101《蛮传》。

④ 武元衡：《古意》，《全唐诗》卷316。

⑤ 《全唐诗》卷510。

⑥ 李白：《上安州裴长史书》，《全唐诗》卷348。

⑦ 岑参：《阻戎泸间群盗》，《全唐诗》卷198。

中六年（852），剑南西川节度使杜悰，"自西川除江陵，五月下峡，官舟千艘"①。甚至从剑南西川前往中原，有时候也要走这条水路。例如文宗时期，眉州僧人陈知玄就是"下三峡，历荆襄，驻于神京资圣寺"②。在唐末的战乱中，由成都北上关中的陆路交通受阻，这条水路更是成为剑南西川通往京师的要道。"景福、乾宁之时，三川兵革，虎豹昼行，任上贡赋，梗于前迈。西川奏章，多取巫峡。"③ 同时，从长江中下游地区取道这条水路进入巴蜀的人士也很多。特别是在唐末，许多入蜀避乱的人士就是"由荆江上峡，入成都"④。

在唐代，岷江—长江航线所连接的江淮和剑南西川，是全国经济最发达的两个地区，商业贸易十分兴盛，所以这条航线又是一条非常繁荣的商道。杜甫就说，成都郊外的江面上，停泊着"东吴万里船"⑤。杜牧则说："蜀船红锦重，越橐水沈堆。"⑥ 不过，由于长江上游与长江下游的航道情况差别甚大，适宜在长江上游航行的蜀船，并不适宜前往风大浪涌的长江下游。同样，适宜在长江下游航行的吴船，很难安全地在滩多水急的峡路上行驶。所以蜀船直航扬州、吴船直达成都的情况并不多见。蜀船所运出的货物，通常是在荆州换装吴船，再运往下游地区；从江南运来的货物，也是在荆州改由蜀船运进巴蜀地区。所以荆州就成了巴蜀与江淮之间的航运中转站。巴蜀商人通常是"每岁贾于荆、益"⑦，把各种蜀货贩运到荆州，然后再把来自江淮地区的货物运进巴蜀。有时候，荆、吴的商人也自行租用三峡船，入蜀贸易。不仅进出巴蜀的货物要在荆州换船，就是往来的行旅也是这样。窦群《自京将赴黔南》诗说："风雨荆州二月天，问人初雇峡中船。"⑧ 由于峡路商业运输非常繁荣，往来船只极多，所以旅客一般都不是自己雇船，而是搭乘商船。戴叔伦《南宾送蔡侍御游蜀》诗就说："月照高唐峡，人随贾客船。"⑨ 由于三峡航道险峻异常，因而往来于峡中

---

① 《唐国史补》卷下《杜邠公下峡》。
② 《宋高僧传》卷6《唐彭州丹景山知玄传》。
③ 《太平广记》卷432《周雄》。
④ 《十国春秋》卷41《前蜀·张格传》。
⑤ 《杜诗详注》卷13《绝句三首》。
⑥ 杜牧：《扬州三首》，《全唐诗》卷522。
⑦ 《太平广记》卷312《尔朱氏》。
⑧ 《全唐诗》卷271。
⑨ 《全唐诗》卷273。

的船只，多由当地居民操舟。杜甫《最能行》诗就说："峡中丈夫绝轻死，少在公门多在水。富豪有钱驾大舸，贫穷取给行艜子。小儿学问止论语，大儿结束随商旅。敧帆侧柂入波涛，撇漩捎濆无险阻。朝发白帝暮江陵，顷来目击信有征。瞿塘漫天虎须怒，归州长年行最能。"①

岷江—长江航线也是唐王朝调运物资的重要路线。特别是在中唐以后，江淮地区和剑南西川成为唐王朝的主要财赋来源，这条运输线就显得更加重要。在安史之乱爆发后，巴蜀的部分租赋就是由峡路"方舟而下"②，运出巴蜀地区。德宗时期，由于四镇之乱，南北漕运皆绝，于是经峡路出川的租赋，在到达夏口（在今湖北省武汉市境）之后，就转入汉水航线，上溯至商州（治今陕西省商洛），再取道陆路运抵长安③。当黄巢大军攻占长安，僖宗逃到成都后，江淮"诸道赋舆，皆遵峡路"④，运抵成都，所以崔致远说，如果"占据江陵，把断峡路，则列镇贡赋，无计通行在，诏书亦难传降。若见东西阻绝，固当遐迩动摇"⑤。中和二年（882），当涪州刺史韩秀昇阻断峡路的时候，确实也就出现了"江淮贡赋皆为贼所阻"⑥ 的局面，以至唐廷兴师动众，调集剑南东、西两川的军队，大力围剿韩秀昇，务必打通这条运输线。由此可见当时峡路对唐王朝的重要程度。

二、其他水运路线

除了岷江—长江航线之外，巴蜀地区还有许多河道也被开通为水运路线。这些水运路线大多与岷江—长江航线相连接，从而构成巴蜀地区树枝状的水上交通网。其中较为重要的有以下几条路线：

嘉陵江航线。嘉陵江流经今陕西、甘肃、四川三省，是长江支流中长度仅次于汉水，流量仅次于岷江的大河。嘉陵江有东、西两源，东源出自陕西省凤县西北的大散岭，西源出自甘肃省天水县的嶓冢山。东、西两源在陕西省略阳

---

① 《全唐诗》卷221。
② 《玉海》卷182。
③ 穆员：《秘书监穆元堂志》，《全唐文》卷784。
④ 《桂苑笔耕集》卷10《与萧遘相公书》。
⑤ 《桂苑笔耕集》卷2《请巡幸江淮表·第二表》。
⑥ 《资治通鉴》卷225，僖宗中和三年二月。

第九章　交通运输

县的白水镇汇合之后，向南经阳平关进入四川。流经广元市昭化的时候，又与西来的白龙江汇合，然后由西北向东南纵贯四川盆地中部。在合川接纳由西北而来的涪江，从东北而来的渠江，再南下至重庆，注入长江。嘉陵江在广元市昭化以上的河段为上游，昭化至合川为中游，合川至重庆为下游。

在唐代，出自嶓冢山的嘉陵江西源仍被称为西汉水，当时认为这是嘉陵江的正源，所以《元和郡县图志》卷22《利州·绵谷县》说："西汉水，一名嘉陵江。"西汉水是巴蜀与陇右之间的一条重要河流。东汉安帝时期，武都太守虞诩开通了由今略阳至成县的航道，"由沮至下辨数十里，皆烧石翦木，开漕船道，以人僦直，雇借佣者，于是水运通利"①。自此以后，陇蜀之间的水上交通就更加方便了。唐代陇蜀之间的关系相当密切，"自陇右及河西诸州，军国所资，邮驿所给，商旅莫不皆取于蜀"②。中唐以后，陇西又成为对吐蕃作战的边防要地，设有亭障，驻有精兵，其粮饷主要依靠巴蜀地区供给。但是陇蜀之间的陆路运输十分艰难，"崖谷峻隘，十里百折，负重而上，若蹈利刃。盛秋水潦，穷冬雨雪，深泥积水，相辅为害，颠路腾籍，血流栈道。糇粮刍囊，填谷委山，马牛群畜，相继物故"③。唐德宗贞元年间，山南西道节度使严砺再次大规模地疏通西汉水，自兴州长举县（治今陕西省略阳县境）以西，"疏嘉陵江三百里，焚巨石，沃醯以碎"，以便"通漕以馈成州戍兵"④。这条航线的整治，不仅有利于向成州（治今甘肃省礼县境）运输军粮，同时也使得西汉水成为陇蜀之间的一条重要商路。不仅兴州以西的西汉水可以通航，兴州以南至利州益昌县的嘉陵江上游，亦有舟楫之利。由兴州"南沿流至兴元府三泉县一百五十里"⑤，其间有羊乳滩⑥。由三泉县（治今四川省广元市境）到利州益昌县（治今四川省广元市昭化），直到宋代仍可行船⑦。只是航道中有望云、九井等险滩，其中以九井滩最为险要。"九井滩有大石三，其名鱼梁、龟堆、芒鞋，觜危

---

① 《后汉书》卷88《虞诩传》。
② 《陈子昂集》卷8《上蜀川安危事》。
③ 《柳河东集》卷26《兴州江运记》。
④ 《新唐书》卷40《地理志》。
⑤ 《元和郡县图志》卷22《山南道·兴州》。
⑥ 《舆地纪胜》卷191《大安军·景物下》。
⑦ 陆游：《赴成都泛舟自三泉至益昌谋以明年下三峡》，《剑南诗稿》卷3。

参差,相望于波间。操舟之人,力不胜舟,而辄为石所触,故抵于败。"① 宋代始平其险。

嘉陵江由利州益昌县东南而下 70 里,至利州葭萌县(治今四川省广元市境)。又南行 116 里至阆州苍溪县,又南下 57 里至阆州。又东南 70 里至阆州南部县,又东南 70 里至阆州新政县,又东南 75 里至果州相如县(治今四川省蓬安),又西南 85 里至果州。由果州经合州汉初县(治今四川省武胜县境)至合州,"水陆相间三百里"②。由合州"东至渝州二百里,水路一百六十里"③。从利州益昌县至渝州的嘉陵江中下游,航程约为 1000 里。

嘉陵江中下游,流贯四川盆地中部,直通长江,历来是盆中地区的重要水道,特别是在唐代,这条航线是剑南东川和巴南诸州的重要交通路线,所以唐宋时期的人说,在利州益昌县以南,嘉陵江"水走阆、果,由阆、果而去,适夔峡焉"④。元稹《苍溪县寄扬州兄弟》诗也说:"苍溪县下嘉陵水,入峡穿江到海流。"⑤ 因此,当时的人也把峡路看成是"东川门户"⑥。沿嘉陵江而下,可以"商通荆门路"⑦;溯江而上,则可直达陇右的成州。如果在利州或凤州转陆路,又可前往关中。中唐以后,剑南东川和果、阆二州的盐业和纺织业都有较大发展,大批井盐、重绢、巴锦,以及柑桔、药材等土特产品都要通过嘉陵江来进行运输。井盐主要是从产地转运到剑南三川各州县;重绢则溯江而上,再转陆路运往长安;巴锦则顺流而下,贩往江陵。这就使得嘉陵江的航运业更加繁荣。

大渡河航线。大渡河是岷江最大的支流,共有三个源头。其中东源梭磨河发源于红原县境内的鹧鸪山,西源绰斯甲河(杜柯河)与正源足木足河(麻尔柯河、阿柯河)均发源于四川与青海交界的果洛山。三个源头汇流于可尔因附近称为大金川。向南流经丹巴,接纳由东而来的小金川之后,称为大渡河。继续南流,经过泸定县,至石棉县折而东流,经汉源、峨边,在草鞋渡接纳西北

---

① 《舆地纪胜》卷 191《大安军·碑记》。
② 《太平寰宇记》卷 86《剑南东道·果州》。
③ 《太平寰宇记》卷 136《山南西道·合州》。
④ 《舆地纪胜》卷 184《利州·风俗形胜》。
⑤ 《全唐诗》卷 414。
⑥ 《十国春秋》卷 39《前蜀·王宗阮传》。
⑦ 《杜诗详注》卷 9《桔柏渡》。

第九章 交通运输

图9-6 大渡河

而来的青衣江，于乐山城南注入岷江。全长852千米。大渡河在绰斯甲河口以上称为上源，泸定以上为上游，泸定至铜街子为中游，铜街子以下为下游。

大渡河主要流经川西高原、横断山东北缘、四川盆地西源山地，干流河谷以高山峡谷为主，然而其中下游仍可通航。在唐代，从岷江中游转大渡河的水路，是唐王朝向黎、巂二州运输军粮的重要路线。"旧制：岁抄运内粟赡黎、巂州，起嘉、眉，道阳山江，而达大度，乃分饷诸戍。常以盛夏至，地苦瘴毒，辇夫多死。（李）德裕命转邛、雅粟，以十月为漕始，先夏而至，以佐阳山之运。馈者不涉炎月，远人乃安。"① 阳山江亦称"阳江"，亦名"沫水"②，即今大渡河。大度应当是指大渡镇，也就是黎州通望县。该县"本汉牦牛县地，隋开皇二十年于此置大渡镇，大业二年改为阳山镇，武德元年改为阳山县，属巂州，天宝元年改名通望县，割属黎州"③。由于嘉、黎二州虽然接壤，但是并无陆路可通④，因此，从嘉州溯大渡河西行至大渡镇的水路，就成为唐朝转输军粮的重要运输线。从李德裕改革漕运的措施中可以得知，流经邛州的白术水和流经雅州的青衣水，同大渡河一样，也有舟楫之利。

沱江航线。沱江发源于九顶山南麓，由北向南流经金堂、简阳、资中、内江、富顺等县，在泸州注入长江。沱江在金堂县赵家渡以上的河段为上游，赵家渡到资中为中游，资中到泸州为下游。其中通航河段为中下游。由泸州"西

---

① 《新唐书》卷180《李德裕传》。
② 《舆地纪胜》卷146《嘉州·景物上》。
③ 《元和郡县图志》卷32《剑南道·黎州》。
④ 《元和郡县图志》嘉州、黎州"八到"，皆无道路相通的记载，其中黎州"八到"更明确指出："东至戎城无路，约七百里。"

北至资州沂流六百三十里"①。两晋时期，这条航线往往成为用兵之路。西晋惠帝太安二年（303），益州刺史罗尚就是沿这条水路从成都逃到江阳。东晋安帝义熙九年（413），朱龄石伐蜀，其中"臧熹、朱林于中水取广汉"②。中水即今沱江。入唐以后，沱江下游地区的盐业发展甚快，银山（治今四川省资中县境）、内江、和义（治今四川省威远县境）、富义（治今四川省富顺）诸县，均盛产井盐，其中富义盐井"月出盐三千六百六十石"③，居四川单口盐井产量之冠，因而沱江又成为一条相当重要的井盐运输线。

汤溪航线。这条航线是从夔州的云安县溯汤溪而上，进抵云安监盐井。《太平广记》卷30《翟乾佑》说："云安盐井自大江沂别派，凡三十里。近井十五里，澄清如镜，舟楫无虞。近江十五里，皆滩石险恶，难以沿沂。"虽然部分水道"滩石险恶"，但是富商大贾的盐船仍然往返于这条航线上，把井盐运到云安县，再经峡路贩运到其他地方。唐代后期，云安监的井盐主要供应剑南西川，所以在僖宗中和二年（882），当涪州刺使韩秀昇阻断峡路，"云安、清井路不通"④的时候，剑南西川节度使陈敬瑄就要说"民不盐食"⑤了。因此，汤溪航线虽然不长，但却是一条重要的井盐运输线。

嘉陵江的主要支流涪江和渠江也都可以通航。涪江自今绵阳以下河段，皆可行船。两晋南北朝时期，由涪江经嘉陵江下游，再转长江的航线是益州与江南地区的水上交通要道。隋唐时期，由于岷江—长江航线的重新开通，涪江航线的重要性有所降低，但仍然是剑南东川的一条重要水上运输线。杜甫《奉送崔都水翁下峡》诗就有"无数涪江筏，鸣桡总发时"⑥之语。发源于大巴山南麓的渠江也有舟楫之便。元稹《南昌滩》说："渠江明净峡透迤，船到明滩拽纤迟。橹窾动摇妨作梦，巴童指点笑吟诗。"⑦据《太平寰宇记》卷138《山南西道渠州》记载，由渠州"西北（南）至合州水路约四百里，东北至蓬（达）州水路二百五十里"。

---

① 《元和郡县图志》卷33《剑南道·泸州》。
② 《宋书》卷43《朱龄石传》。
③ 《元和郡县图志》卷33《剑南道·泸州》。
④ 《资治通鉴》卷255，僖宗中和三年二月。
⑤ 《新唐书》卷224下《陈敬瑄传》。
⑥ 《杜诗详注》卷12。
⑦ 《全唐诗》卷415。

第九章 交通运输

涪陵江航线。涪陵江又名黔江，亦称延江水，即今乌江。发源于贵州省境内的乌蒙山，由西南向东北流经思南、沿河诸县，然后折向西北，进入巴蜀地区，经酉阳、彭水、武隆等县，在涪陵注入长江。涪陵江航线早在唐代以前就已经开通。入唐以后，由涪州溯江东南而行，经武龙（治今重庆市武隆县境）、信宁（治今重庆市彭水县境）诸县，可以直达黔中观察使的驻地黔州。由涪州"东南至黔州水路三百三十里"①。再由黔州东南而行，水路280里至思州。由思州"南至费州水路四百里"②。由费州溯江西南行，至"牂牁北界巴江镇"③，巴江即涪陵江，巴江镇当濒临巴江。由巴江镇西行70里，到达播州遵义县。由费州"东至奖州水陆相间四百里"④，从而进入今沅江流域。由奖州（治今贵州省新晃境）"西南泝流至牂牁充州七百里，东沿流至叙州八百里"⑤。由于涪陵江"自牂牁北历播、费、思、黔等州，北注岷江"⑥，因而成为黔中道境内的重要航线，公私行旅通常都是经峡路转入这条航线，往来于黔中道，所以唐人多有关于这条路线的吟咏。权德舆《献岁送李十兄赴黔中酒后绝句》有"三峡黔江去路难"⑦之语。李嘉佑《送上官侍御赴黔中》诗则说："莫向黔中路，令人到欲迷。水声巫峡中，山色夜郎西。"⑧黔中道本是少数民族聚居的地区，唐朝在这里设置的羁縻州就多达50个⑨。因此涪陵江又是少数民族朝贡，并与汉族通商的要道。同时，黔中道的租赋也主要是通过水路进行运输。宪宗元和三年（808），中书侍郎李吉甫说："涪州去黔府三百里，输纳往返，不逾一旬；去江陵一千七百余里，途经三峡，风波没溺，颇极艰危。"⑩因此他建议，仍然把涪州划归黔中道，以便输纳租赋。由于涪陵江航道滩多水急，航程艰险，所以唐朝专门规定，"运向播、黔等州"的租赋脚直钱，"任本州量定"⑪，不受中央规

---

① 《元和郡县图志》卷30《江南道·涪州》。
② 《元和郡县图志》卷30《江南道·思州》。
③ 《太平寰宇记》卷121《江南西道·播州》。
④ 《元和郡县图志》卷30《江南道·费州》。同卷奖州则称："西南泝流沿溪至费州五百七十里"。
⑤ 《元和郡县图志》卷30《江南道·奖州》。
⑥ 《元和郡县图志》卷30《江南道·黔州》。
⑦ 《全唐诗》卷322。
⑧ 《全唐诗》卷206。
⑨ 《新唐书》卷40《地理志》。
⑩ 《元和郡县图志》卷30《江南道·涪州》。
⑪ 《大唐六典》卷3《尚书户部·户部尚书》。

定价格的限制。

第二节　巴蜀与关中的交通

　　巴蜀与关中，历来关系密切，但是两地之间的交通却存在着相当大的障碍。在今四川盆地的北面，横亘着米仓山和大巴山，在关中平原的南面则有秦岭山脉，这两道天然屏障给巴蜀与关中之间的交通造成很大困难。但是东源出自秦岭的嘉陵江却穿过米仓山，在今广元至昭化之间，把四川盆地的北缘切开一道缺口，从而为巴蜀与关中之间的交通提供了一个天然的通道。除了嘉陵江之外，再也没有第二条河流同时穿过秦岭和米仓山，所以广元至昭化的这个缺口就成了巴蜀北通关中的咽喉要道。

　　嘉陵江在穿过米仓山之后，由北向南，纵贯四川盆地中部，最终汇入长江。由四川盆地内前往广元，本来可以一直沿嘉陵江而行，但是巴蜀地区最重要的政治、经济中心却是在盆地西部的成都，距离嘉陵江太远，所以只有另取陆路前往广元。唐代后期设置的剑南东川，其政治中心又在梓州，与嘉陵江也隔着一段距离，无法完全利用嘉陵江的舟楫之便，因而形成了一条部分利用嘉陵江航道的水陆相兼的交通路线。在唐代，位于嘉陵江以东的巴南诸州，行政建置上属于山南西道，其政治中心是在汉中盆地内的梁州（兴元府），因此与汉中盆地的联系较为密切。由于巴南诸州与汉中盆地只隔着米仓山和大巴山，距离较近，加之流经巴南诸州的渠江诸源都出自米仓山、大巴山南麓，虽然它们并没有切穿这两条山脉，但是分水岭上的绝水地带都不是很长，因此，除了绕道嘉陵江水路之外，另外还有两条沿渠江上游河谷而行，直接翻越米仓山、大巴山而进入汉中盆地的捷径。

　　汉中盆地位于米仓山、大巴山与秦岭之间，"前瞰三秦，后蔽四川"，地"当秦蜀出入之冲"[①]，是巴蜀与关中的交通中枢地带。由四川盆地北上关中，除了沿嘉陵江东源的故道河谷而行，直接翻越秦岭之外，通常都是先进入汉中盆地，然后再翻越秦岭，进入关中平原。

---

① 《舆地纪胜》卷183《兴元府·风俗形胜》。

第九章 交通运输

由上所述可以看出，巴蜀与关中的交通路线，大致可以分为南、北两段。南段从四川盆地北上，翻越米仓山、大巴山；北段主要是翻越关中平原南面的秦岭。其中南段的重要路线有以下四条：

成都至汉中的道路。这是巴蜀与关中的交通干线。在唐代，则是长安与成都之间驿道的南段：由成都北上，经两女驿①、天回驿②到新都县。又北行52里到汉州雒县，有金雁驿③。继续北上，在德阳县以北38里越过鹿头关，再穿过"与鹿头关相对"④的白马关，进入绵州境内。经万安驿⑤到罗江县，有罗江驿⑥。东北而行78里至绵州巴西县，有巴西驿⑦。又经奉济驿⑧、上亭驿⑨，进至剑州普安县（治今四川省剑阁）。再经汉源驿⑩到大剑镇（在今四川省剑阁县境）。由此分为两路：一路折向东北，经

图9—7 今剑门关

---

① 《法苑珠林》卷38说，有天竺僧"至雒县大石寺塔，所敬礼事已讫，欲往成都，宿两女驿"。据《太平寰宇记》卷72《剑南西道·益州》记载："学射山，一名斛石山，在（成都）县北十五里。李膺《益州记》：斛石山有两女冢。"两女驿应当在两女冢附近。

② 据《云溪友议》卷4说，韦皋代张延赏为剑南西川节度使，"至天回驿三十里（自注：上皇发驾，因以名焉）。"又据《元和郡县图志》卷31《剑南道·成都府》"新都县"条："南至府四十八里。"则天回驿当在成都至新都之间。

③ 韦庄：《汉州》，《全唐诗》卷700。

④ 《太平寰宇记》卷83《剑南东道·绵州》。

⑤ 李商隐：《为河东公谢相国京兆公启》，《全唐文》卷776。

⑥ 唐彦谦：《罗江驿》，《全唐诗》卷672。

⑦ 《杜诗详注》卷12《巴西驿亭观江涨呈窦十五使君》。

⑧ 《杜诗详注》卷11《奉济驿重送严公四韵》。

⑨ 《舆地纪胜》卷186《隆庆府·古迹》。

⑩ 《资治通鉴》卷277，明宗长兴元年十一月条，胡三省注引《蜀高祖实录》。

嘉陵江西岸的望喜驿①到利州益昌县，有益昌驿②。这是唐代的驿路；一路折向西北，经剑门关、方期驿③、小剑戍到益昌县，这就是著名的剑阁道。《水经注》卷20《漾水》说：漾水"又东南径始平侨郡南，又东南径小剑戍。北去大剑三十里，连山绝险，飞阁通衢，故谓之剑阁也。张载铭曰：一人守险，万夫趑趄。信然。故李特至剑阁而叹曰：刘氏有如此地而缚于人，岂不奴才也"。在隋代以前，剑阁道是入蜀的干道。隋文帝平定王谦之乱以后，毁剑阁道，另开平路。入唐以后，隋文帝所开的平路便成为驿道。而剑阁道虽然仍可通行，但已不是驿路。《元和郡县图志》卷33《剑南道·剑州》就说："剑阁道。自利州益昌县界西南十里，至大剑镇，合今驿道。"由成都前往汉中的驿道，在到达益昌县以后，东北而行，由桔柏渡过嘉陵江，42里至利州绵谷县（治今四川省广元），有嘉陵驿④。沿嘉陵江谷道北行，穿越米仓山，经深渡驿⑤、筹笔驿⑥到嘉川县（治今四川省广元市境），有嘉川驿⑦。继续北上，进抵三泉县。由此离开嘉陵江谷道，折向东北而行，进抵金牛县（治今陕西省宁强县境），有金牛驿⑧。金牛县原为通谷镇，北周大象二年（580），梁睿率兵讨伐反叛的益州总管王谦，击溃王谦部将李三王于通谷镇，即此。唐高祖"武德二年，分绵谷县通谷镇置金牛县"⑨。由金牛县沿汉水东北而行，至百牢关。由百牢关东行30里至梁州西县（治今陕西省勉县境），有西县驿⑩。从剑州大剑镇到梁州西县的道路，就是历史上著名的金牛道⑪。"自秦以后，由汉中至蜀者，必取途于此，所谓蜀之咽喉也。"⑫由于这段道路多为栈道，通行十分困难，"栈道笼迅湍，行

---

① 嘉庆《四川通志》卷27《舆地·关隘》昭化县条。
② 《资治通鉴》卷258，昭宗大顺二年胡三省注。
③ 《太平寰宇记》卷84《剑州·剑门县》。
④ 《大清一统志》卷383《保宁府·关隘》。
⑤ 张说：《深渡驿》，《全唐诗》卷87。据《资治通鉴》卷273，庄宗同光三年十月条胡三省注："深渡在利州绵谷县北大漫天、小漫天之间。"
⑥ 《舆地纪胜》卷184《利州·景物下》。
⑦ 元稹：《嘉陵江二首》，《全唐诗》卷412。
⑧ 胡曾：《金牛驿》，《全唐诗》卷647。
⑨ 《元和郡县图志》卷22《山南道·兴元府》。
⑩ 元稹：《西县驿》，《全唐诗》卷412。
⑪ 见严耕望：《唐金牛成都道驿程考》，载《中央研究院历史语言研究所集刊》。
⑫ 顾祖禹：《读史方舆纪要》卷50。

人贯层崖，岩倾劣马通，石窄难容车"①。所以唐人说："乱峰碎石金牛路，过客应骑铁马行。"② 所谓蜀道之难，主要就是指金牛道这段道路通行困难。驿路在经过西县之后，就进入汉中盆地，沿汉水东行，一路坦途，行抵褒城县（治今陕西省汉中市境），有褒城驿③。再东行33里就到达汉中，有汉川驿④。唐文宗开成四年（839），归融为山南西道节度使，曾大规模地整治这条驿路，其中金牛道的扩建工程，由同知节度副使石文颖主持，"自褒而南，逾利州至于剑门"⑤，沿途还新建馆驿17处。自此以后，金牛道的通行状况有了很大改善。但是到了唐昭宗大顺二年（891），王建"以兵扼剑门，两川由是阻绝"⑥。此后，这条曾经非常繁荣的驿路逐渐变得荒凉起来，以至虎豹出没，屡伤行人。"剑、利之间白卫岭虎暴尤甚，号税人场。商旅结伴而行，军人带甲而过"⑦，一派荒凉恐怖的景象。

东川路。这是梓州到利州的一条大路。由梓州郪县东北而行93里至盐亭县⑧，又东北行222里至阆州阆中县⑨，然后溯嘉陵江水路而上，经苍溪、葭萌二县，在利州益昌县与金牛道会合。在唐代以前，这条道路是四川盆地中部北上关中的一条大路。中唐以后，由于梓州成为剑南东川的政治中心，这条道路也就成了驿路，沿途设有馆驿。杜甫《送梓州李使君之任》诗就说："火云挥汗日，山驿醒心泉。"⑩ 但是现在所能确定的馆驿名称，只有梓州的庆瑞驿⑪。同时，由梓州郪县沿涪江水东南而下，经梓州通泉县、遂州长江县，入于遂州方义县的道路，也是一条驿路，贾岛《赴长江道中》诗就有"策杖驰山驿，逢人

---

① 岑参：《与鲜于庶子自梓州成都少尹自褒城同行至利州道中作》，《全唐诗》卷198。
② 雍陶：《蜀道倦行因有所感》，《全唐诗》卷518。
③ 元稹：《褒城驿》，《全唐诗》卷409。
④ 元稹：《梁州梦》自注，《全唐诗》卷412。
⑤ 刘禹锡：《山南西道新修驿路记》，《全唐文》卷606。
⑥ 《十国春秋》卷35《前蜀·高祖本纪》。
⑦ 《太平广记》卷432《周雄》。
⑧ 《元和郡县图志》卷33《剑南道·梓州》。
⑨ 《元和郡县图志》卷33《剑南道·梓州》记载，梓州"东北至阆州三百一十五里"，盐亭县"西南至州九十三里"，则盐亭县东北至阆州为222里。
⑩ 《全唐诗》卷220。
⑪ 《舆地纪胜》卷154《潼川府路·潼川府》。

问梓州"①之语,目前可以确定的有通泉驿②;由梓州西行,经梓州玄武县、汉州金堂县入于益州(成都府)的道路,亦曾置驿,目前可知的有灵龛驿③。

巴岭路。这是由巴州通往梁州(兴元府)的道路。巴州是山南西道的巴南诸州交通枢纽,"控扼梁、洋,吾蜀孔道。形势绝剑阁之险,飞磴逾栈道之危,犄角利、阆,连衡绵、剑,遮蔽东、西川,最为襟喉要害地"④。巴岭路由巴州化成县(治今四川省巴中)溯难江(今名南江)谷道北上,进至盘道县。"难江水源出(难江)县东小巴岭,南流经县东二十里,入盘道县界"⑤。盘道县(治今四川省南江县境),"因龙腹山道路盘曲为名"⑥。由巴州化城县经盘道县继续北行,进至集州难江县(治今四川省南江)。由此北行90里至两角山"两角山。在难江县北九十里。王子韶诗云:孤云、两角,去天一握。……盖两角山至高峻,据《海录碎事》载,兴元府之南,有路通巴州,行三日而达于山顶。其高处谓之孤云、两角,去天一握。"又30余里至截贤岭。"在难江县百余里,相传萧何追韩信至此,因名。唐集州刺史杨师谋有题记。"⑦随即翻越小巴岭。"小巴岭在(难江)县东北一百三十里。《周地图》云:此山之南即古之巴国。其岭上多云雾,盛夏犹有积雪。"⑧越过小巴岭,进入汉中盆地,沿廉水河谷北上,经鹄鸣驿⑨,进抵梁州南郑县。由梁州(兴元府)"西取巴岭路至集州二百八十里"⑩。巴岭路是从巴南诸州前往汉中盆地的一条捷径,早在汉代就已经开通,但是始终没有发展成为交通干线,其中一个重要原因就在于巴南诸州的社会经济落后,商品经济极不发达,因而交通运输难以有所发展。加之这条道路极为险峻,"兴元之南,有大竹路,通于巴州。其路则深溪峭岩,扪萝摸石,一上三日,而达于山顶。行人止宿,则以缅蔓系腰,萦树而寝。不然,则坠于深涧,若沉黄泉也。复登措大岭,盖有稍似平处,路人徐步而进,若儒之步武也。其

---

① 《全唐诗》卷571。
② 杜甫:《自通泉驿南去通泉县十五里山水作》,《全唐诗》卷220。
③ 《云溪友议》卷9。又见薛能:《行次灵龛驿寄西蜀尚书》,《全唐诗》卷560。
④ 《舆地纪胜》卷187《巴州·风俗形胜》。
⑤ 《太平寰宇记》卷140《山南西道·集州》。
⑥ 《太平寰宇记》卷139《山南西道·巴州》。
⑦ 《舆地纪胜》卷187《巴州·景物下》。
⑧ 《太平寰宇记》卷140《山南西道·集州》。
⑨ 《太平广记》卷155《段文昌》。
⑩ 《元和郡县图志》卷22《山南西道·兴元府》。

第九章 交通运输

绝顶谓之孤云、两角，彼中谚云：孤云、两角，去天一握"①，以至被称为"危峰峻壑，猿径鸟道。路眠野宿，杜绝人烟。鸷鸟成群，食啖行旅"②。这就更加限制了巴岭路的交通运输，所以唐人从长安到巴州，有时并不走这条捷径，而是绕道东川路，沿嘉陵江而下，由阆州转陆路前往巴州。例如高祖武德年间，苏长"为巴州刺史，赴任，至嘉陵江，风浪覆舟，溺其家六十余人"③。这就是沿嘉陵江而下，前往巴州。

驲路。由通州通川县（治今四川省达州）沿东关水（今名州河）谷道东北而行60里，至石鼓县（治今四川省宣汉县境），因县境内的石鼓山为名。又东北而行约110里至东乡县（治今四川省宣汉县境），"梁于今县西界置新安县，不详理所。西魏恭帝二年，分新安县于益迁、下蒲两水间置石州，即今县是也。又于州理置巴渠郡。周武帝天和四年，废石州及巴渠郡，仍于故州城置三巴郡，领东乡、下蒲二县。隋开皇三年，罢郡，仍废下蒲县入东乡县，以隶达州。唐武德三年，于此置南石州，又置下蒲、昌乐二县以属之。八年，又废南石州及昌乐、下蒲二县。其年，仍移东乡县治于今县东安养故城。"④ 由东乡县沿着发源于洋州境内的下蒲水（今名后河）河谷而行，经宣汉县（治今四川省宣汉县境），越过大巴山进至洋源县（治今陕西省镇巴县境）。该县是在唐高祖"武德七年析西乡县东南百八十里地以置，以县北洋水为名。大历元年为狂贼烧劫，遂北移于西乡县南一十里白湍村，权置行县，即今县理。宝历元年，山南西道节度使裴度奏：准今年二月敕，洋源县为乡，以其里地隶谐邻近邑"⑤。由废洋源县沿着发源于巴岭的洋水（今名洋河）谷道北行，到达洋州西乡县。由此东北经子午谷路，可以直达长安。唐玄宗天宝年间，涪陵贡生荔枝，就是由涪州"东至万州水路六百一十里。自万州取开州、通州宣汉县及洋州路，至长安二千二百四十里"⑥。这是由四川盆地前往长安的捷径。只是驲路所连接的通州和洋州，僻处边远山区，政治、经济地位都不太重要，加之通过的分水岭又相当高

---

① 《太平广记》卷397《大竹路》。
② 《太平广记》卷433《王行言》。
③ 《太平广记》卷109《苏长》。
④ 《太平寰宇记》卷137《山南西道·达州》。
⑤ 《太平寰宇记》卷138《山南西道·洋州》。
⑥ 《太平寰宇记》卷120《江南西道·涪州》。

峻，道路艰险，所以这条道路虽然是巴蜀到长安的捷径，然而却是巴蜀北通关中的南段四条道路中最不重要的一条道路。入宋以后，逐渐"废坏"①。

从四川盆地越过米仓山、大巴山之后，还要翻越秦岭，才能进入关中。两晋南北朝隋唐时期，翻越秦岭的北段道路也有四条：

褒斜道。这是汉中盆地与关中之间的一条重要通道。在汉中盆地的北面，有一条河流发源于秦岭南麓，向南流经褒城，注入汉水，古名"褒水"，今名"黑龙江"。在褒水北面，同样也有一条河流发源于秦岭，不过它是向北流经郿县，注入渭河，古称"斜水"，今名"石头河"。褒、斜二水均出自衙岭山，源头距离不过数十里。早在战国时期就形成了一条由褒城北上，循褒水河谷而行，翻越衙岭山，再沿斜水进抵郿县的道路。秦灭巴蜀以后，秦相范雎又加以修建，于是"栈道千里，通于蜀汉"②。西汉武帝时期，再次"发数万人作褒斜道五百余里"③，从而使褒斜道成为秦蜀之间最重要的交通干线，"玺书交驰于斜谷之南，玉帛践乎梁益之乡"④。曹魏元帝景元四年（263）灭蜀汉，分益州的巴汉七郡置梁州，荡寇将军石苞再次整修褒斜阁道。西晋武帝太康元年（280），又在褒中县北境修造阁道。然而在成·汉政权割据巴蜀期间，褒斜道却逐渐湮废。北魏宣武帝正始元年（504），"汉中献地，褒斜始开。至于门北一里，西上凿山为道，峭岨盘迂，九折无以加，径途巨碍，行者苦之"⑤。由于重新开通后的褒斜道通行困难，正始四年（507），梁、秦二州刺史羊祉遣左校令贾三德领徒一万人，"自回车以南开创道路"⑥。而回车是在凤州梁泉县（治今陕西省凤县境）西北60里，由此可知，北魏所开的"斜谷旧道"，是"由陈仓路取回车戍入斜谷"⑦，前往褒城，这与秦汉时期褒斜道的走向有很大差异。秦汉时期的褒斜道是由褒城北上，经褒谷、斜谷，进抵郿县。改道后的路线则是由褒城北上，在今留坝附近折向西北，进抵回车戍，再沿陈仓路（详下）北上，进抵陈仓（治今陕西省宝鸡）。"梁太清五年，西魏遣雍州刺史达奚武为大都督及行台杨宽，

---

① 《桔子集》卷3《与王漕书》。
② 《战国策》卷5《秦策·蔡泽见逐于赵》。
③ 《史记》卷29《河渠书》。
④ 《华阳国志》卷3《蜀志》。
⑤ 《褒谷古迹辑略》魏《石门铭》。
⑥ 《魏书》卷8《世宗本纪》。
⑦ 《元和郡县图志》卷22《梁州·凤泉县》。

率众七万，由陈仓路取回车戍入斜谷关，出白马道，谓此也。"① 入唐以后，回车路又被称为斜谷道，其走向仍然是由梁州褒城县至凤州回车戍，再经陈仓路入于关中。唐代不仅沿用北魏开凿的斜谷路，同时还多次对这条道路进行改扩建。太宗贞观二十二年（648），"开斜谷水路，运米至京师"②。宪宗元和元年（806），高崇文进讨剑南西川节度使刘辟，为了便于行军，"复置斜谷路馆驿"③。敬宗宝历二年（826）二月，凤翔陇州观察使在其管辖范围内增设三

图 9－8 北魏《石门铭》拓片（部分）

处驿馆，而山南西道观察使则将管辖的甘亭馆改为悬泉驿，骆驼馆改为武兴驿，坂下馆改为右界驿④。文宗开成四年（839），"山南节度使归融自散关南至剑门，凿山石栈道千余里以通驿"⑤。其中"自散关抵褒城，次舍十有五，牙门将贾黯董之。自褒而南，逾利州至于剑门，次舍十有七，同节度副使石文颖董之"⑥。由此可知，这次大规模地扩建驿路是分为南北两段同时进行。北段"自散关抵褒城"，就是从散关沿陈仓路南下，经凤州梁泉县境内的回车戍折向东南，由斜谷路直达褒城；南段"自褒而南，逾利州至于剑门"，就是对金牛道进行改扩建。自此以后，由成都到关中的驿路，基本上就是沿这条路线而行，即从成都到大剑镇，再由金牛道至百牢关，然后经西县到褒城，由褒城取道斜谷路至凤州梁泉县的回车戍，最后经陈仓路进抵凤翔府宝鸡县，入于关中。宣宗大中三年（849），山南西道节度使郑涯、凤翔节度使李玭"新开文川谷路"⑦，即由凤翔府扶风县南渡渭水至郿县，再南行 25 里到临溪驿，然后越黄蜂岭，经

---

① 《元和郡县图志》卷 22《梁州·凤泉县》。
② 《册府元龟》卷 498《邦计部·漕运》。
③ 《旧唐书》卷 14《宪宗本纪》。
④ 《唐会要》卷 61《御史台·馆驿》。
⑤ 《舆地纪胜》卷 183《兴元府·碑记》。
⑥ 刘禹锡：《山南西道新修驿路记》，《全唐文》卷 606。
⑦ 《唐会要》卷 86《道路》。

松岭驿、连云驿、平川驿至河池关。继续南下，入阁道，经白云驿、芝田驿、二十四孔阁、青松驿、山辉驿、回雪驿、盘云驿、双溪驿、文川驿、灵泉驿，到达兴元府。再西行30里到褒城县，"与斜谷旧路合矣"①。这条道路的北段，即鄜县到河池关，基本上就是秦汉褒斜道的北段。从河池关到兴元府就是新开的文川谷路。但是这条驿路仅仅使用了一年就被雨水冲坏。宣宗大中四年（850），山南西道节度使封敖又重修"斜谷旧路及馆驿"②。于是封废文川谷路，仍然以褒城到凤州的斜谷路为驿道。

唐代的褒斜道是秦蜀之间的一条重要的道路，唐人称之为"斜谷大道"③。在唐代前期，这条道路是官府从剑南地区调运物资到长安的主要运输线。唐代后期，斜谷道又成为驿路，公私行旅、"商旅骡马担驮"④，往来不绝。一旦关中有变，唐天子也往往由此路入蜀。安史之乱爆发后，玄宗幸蜀，就是取道斜谷路到汉中，然后前往成都。同样，德宗由兴元府返回长安，僖宗自长安奔兴元，也都是走的斜谷路。由此可见这条道路的重要程度了。

陈仓道，亦称"故道"。这是循嘉陵江东源的故道水而行，北经凤翔府宝鸡县，入于关中的驿路。其南端的兴州，有两条路与金牛道驿路相通：一条是沿嘉陵江而行的水路，从兴州"南沿流至兴元府三泉县一百五十里"⑤；一条是通往梁州（兴元府）的陆路，由兴州东南而行，经方骞驿⑥至百牢关，东行30里至西县，与金牛道汇合，这条路是唐代的驿道，所以唐人说："自京师趋剑南，达淮左"⑦，都要经过百牢关。在方骞驿另有一条间道通往金牛县，由于这条路大体是沿着金牛县以西的陈平水⑧而行，因而又被称为"陈平路"，曾经以礼部尚书知益州大都督府长史事的苏颋就写有《晓发兴州入陈平路》诗⑨。驿路在到达兴州顺政县（治今陕西省略阳）以后，循嘉陵江而行，经鸣水县（治今陕

---

① 孙樵：《兴元新路记》，《全唐文》。
② 《唐会要》卷86《道路》。
③ 《元和郡县图志》卷22《兴元府·褒城县》。
④ 《唐会要》卷86《道路》。
⑤ 《元和郡县图志》卷22《山南道·兴州》。
⑥ 苏颋：《晓发方骞》，《全唐诗》卷74。苏颋是由兴州取道陈平水至金牛、三泉，由于沿陈平水的道路为小路，当不置驿，方骞驿应在金牛至三泉之间驿道段上。
⑦ 《元和郡县图志》卷22《兴元府·西县》。
⑧ 《太平寰宇记》卷133《兴元府·褒城县》。
⑨ 《全唐诗》卷74。

第九章 交通运输

西省略阳县境)、樊头故城、长举县(治今陕西省略阳县境),在接溪山以东越过青泥岭。"悬崖万仞,山多云雨,行者屡逢泥淖,故号青泥岭。"① 有青泥驿②。再经河池县(治今甘肃省徽县境)、两当县,过回车戍,到达凤州梁泉县。继续循故道水北上,经黄花川,过黄花县(治今陕西省凤县境),越黄牛岭,"深林密竹,磴道盘曲四五十里"③至大散岭,有散关。越过散关就抵达凤翔府宝鸡县,由此进入关中。

陈仓路是秦蜀之间最早的交通路线,"自禹迹以来,散关恒为孔道"④。西周时期称为周道⑤。但是自从郿、褒之间的褒斜道开通之后,这条道路就逐渐冷落,以至在秦汉之际就已经被称之为"故道"⑥。到了汉代,褒斜道仍然是巴蜀北通关中的交通干线,而故道则逐渐发展成为关中、巴蜀和陇右之间的交通要道。三国时期,魏、蜀对立,故道成了用兵的要路,因此显得更加重要。由于当时这条路的北端是在陈仓县,所以又被称为"陈仓道"。东晋以后,秦汉褒斜道废坏,陈仓道便成了秦蜀之间最重要的交通干线,因此北魏重开斜谷道的时候,就从陈仓道上另开支线,直达褒城。自此以后,由褒城经斜谷路到关中,必须取道陈仓道的北段。入唐以后,情况依然如此。这就使陈仓道成了唐代巴蜀与关中之间最重要的交通干线。自唐初以来,一直是驿路。公私行旅、货物运输、租赋调运、帝王行幸,通常都是取道这条道路,或者说至少是取道陈仓路的北段,往来于关中和蜀汉之间。

陈仓道不仅是唐代巴蜀与关中的交通干线,同时也是巴蜀与陇右之间的交通要道。由兴州长举县西北而行,经青泥岭,西入同谷县(治今甘肃省成县),北经盐井城,可以直达秦州(治今甘肃省天水)。肃宗乾元三年(759),杜甫自陇右的秦州,经成州同谷县前往成都,就是由这条路线入陈仓路,然后南下到成都。直到前蜀时期,这条道路仍然可以通行。《王氏见闻录》说:"自秦州至成都,三千余里,历九折、七盘、望云、九井、大小漫天,隘狭悬险之路,方

---

① 《元和郡县图志》卷22《兴元府·兴州》。
② 钱起:《青泥驿迎献王侍御》,《全唐诗》卷236。
③ 王维:《自大散以往深林密竹磴道盘曲四五十里至黄牛岭见黄牛川》,《全唐诗》卷123。
④ 顾祖禹:《陕西省·散关》,《读史方舆纪要》卷52。
⑤ 黄盛璋:《川陕交通的历史发展》,《地理学报》1957年第11期。
⑥ 《史记》卷8《高祖本纪》。

致焉。"①

傥骆道，亦称"骆谷道"。由洋州兴道县（治今陕西省洋县）循傥水而行，经骆驼山，入骆谷南口，行至真符县（治今陕西省洋县境），有华阳关。由此折向东北而行，出骆谷北口，有骆谷关。进至盩厔县（治今陕西省周至），入于关中。这条道路形成的时间较晚，曹魏时期始见于记载，所以唐人称其为"汉魏旧道"②。在唐代，这条道路也曾多次扩建。高祖武德七年（624），"开骆谷路以通梁州"③。玄宗天宝八年（749），"王銛奏开清水谷"④，把这条路的南段改由城固县循清水而行。在唐代前期，骆谷道上没有设置馆驿。德宗建中三年（782），始建"驿店"⑤。宪宗元和四年（809），元稹出使剑南东川，就写有《骆口驿二首》诗⑥。傥骆道是从长安入蜀的捷径。唐代后期，关中多次发生变故，于是这条道路就变得重要起来。建中四年（783），德宗避朱泚、李怀光之乱，就是取道骆谷道到梁州。广明元年（880），僖宗奔蜀，同样也是走的这条路。所以柳宗元在《馆驿使壁记》中列举长安的驿路时，入川诸道中独举骆谷一路⑦。从唐代文人关于骆谷道的吟咏来看，直到晚唐，这条道路仍可通行。但是到了五代却逐渐废塞。

子午道。这条道路的开凿是在西汉末年。"王莽以皇后有子孙瑞，通子午道，从杜陵直绝南山，径汉中。"⑧ 其后，子午路迭有兴废。南北朝时期，萧梁的"将军王神念以旧子午道缘山避水，桥梁百数，多有毁坏，乃另开干路，更名子午道"⑨。唐代的子午道就是由洋州的西乡县入子午谷，沿着王神念所开的新路直达长安。由于这条道路是从长安入蜀的最短路程，所以也有"往来行客"⑩。杨凝《送客入蜀》诗也说："剑阁迢迢梦想间，行人归路绕梁山。明朝

---

① 《太平广记》卷136《伪蜀主舅》。
② 《元和郡县图志》卷2《京兆府·盩厔县》。
③ 《元和郡县图志》卷2《京兆府·盩厔县》。
④ 《舆地纪胜》卷190《洋州·真符县》。
⑤ 《新唐书》卷7《德宗本纪》。
⑥ 《全唐诗》卷412。
⑦ 《全唐文》卷580。
⑧ 《汉书》卷96《王莽传》。
⑨ 《元和郡县图志》卷22《洋州·兴道县》。
⑩ 《唐会要》卷86《关市》。

骑马摇鞭去，秋雨槐花子午关。"① 玄宗时期，还曾在子午道设置馆驿。但是总的来看，在唐代巴蜀北通关中的北段四条道路中，子午道最为冷落，交通运输也不兴盛。

第三节 巴蜀西北地区交通路线

在四川盆地西部边沿，巍峨的龙门山由广元一带逶迤南下，经青川、平武、北川、绵竹、都江堰，直抵天全县。在龙门山以西，则有岷山与夹金山。这些山脉成为四川盆地与川西高原之间的交通障碍，但是发源于岷山北侧的白水江，由西向东而流，在经过甘肃省文县境内时，汇入发源于西倾山东侧的白龙江，然后穿过龙门山北端，形成一条通道；发源于岷山南麓的岷江则在都江堰市附近切穿龙门山中段，形成一条交通走廊；发源于夹金山南麓的青衣江则穿过龙门山南段，形成一条孔道。这三条沿江而行的通道，就是四川盆地与川西高原之间的主要交通路线。

阴平道。由今广元昭化至甘肃省文县的这条道路，是沿着白龙江及其支流白水江而行。白龙江，古称羌水②，唐代又称白江。《贞元十道图》云："成、叠、宕、武四州，并置在白江之侧。白江即古羌之水。其江南流至利州益昌县，（与）嘉陵江合。"③ 白水江，古称白水。据《水经注》说："白水西北出于临洮县西南西倾山。水色白浊，东南流与黑水合。"白水与黑水汇合后，又东经洛和城南，又东至邓至城南，又东南经阴平道故城南，又东经阴平大城北，又东经堰城北，又东北至桥头，汇入羌水，"自下羌水又得其通称矣"④。南北朝时期，沿羌水下游至白水河谷而行的道路是通往仇池国的要道，所以《南齐书》卷59《氐传》说："白水居晋寿上流，西接涪界，东带益路，北连阴平、葭芦，为形胜之地。"在唐代，这条道路是由利州益昌县沿羌水西北而行，至景谷县（治今四川省广元市境）。该县原为汉代白水县地，刘宋文帝元嘉年间，分白水县置平

---

① 《全唐诗》卷290。
② 见《汉书》卷29下《地理志下》，《水经注》卷32《羌水》。
③ 《太平寰宇记》卷155引。
④ 《水经注》卷20《漾水》。

兴县，隋文帝开皇"十八年，改曰景谷"①。唐高祖"武德四年，以景谷及龙州之方维置沙州。贞观元年州废，省方维为镇，以景谷来属。宝历元年省，寻复置"②。由景谷县西北而行，进至白坝（治今四川省青川县境）。由白坝继续沿着羌水谷道西北而行，经过羌水与白水汇合处的方维（在今甘肃省文县境），由此转而沿着白水河谷西行，进至文州曲水县（治今甘肃省文县）。由利州益昌县至文州曲水县，全程约为 430 里。在文州曲水县，有一条支线南逾太白山，直通龙州，故《元和郡县图志》卷 22《山南道·文州》说，文州"东取山路至龙州三百六十里"。由文州曲水县继续沿着白水河谷西行，经帖夷县（治今甘肃省文县境）至扶州同昌县。由此西南而行，可以直达松州；由扶州同昌县西北而行，经黑水堡至芳州（治今甘肃省迭部县境），"驿路三百二十里"③，又西北而行 140 里至叠州（治今甘肃省迭部）。继续西行，"至黄河上党项序州二百八十里"④，由此进入西倾山地区。由叠州北行，"至洮州一百八十里"，入于洮水流域。"洮水源出西倾山，亦曰强台山，在（临潭）县西南二百三十六里，即吐谷浑界。《汉书·地理志》云：洮水出西羌中，北至枹罕，东入河。又《沙州记》云：洮水与垫江水俱出强台山。山南即垫江源，山东则洮水源也。"⑤

两晋南北朝时期，阴平道是通往仇池国的交通干线，多次成为用兵之路。入唐以后，由阴平道西行，则进入吐蕃之境。代宗大历十四年（779），吐蕃与南诏联兵入侵剑南三川，其中一路就是"入扶、文，过方维、白坝"⑥，企图循白水河谷东进，占据利州益昌县，"北闭剑关，拒我后援"⑦。德宗贞元八年（792），山南西道节度使严砺则是循白水河谷西进，击吐蕃"于芳州及黑水堡，焚其积聚，并献首虏"⑧。

在阴平道上的景谷县，有一条经江油通往涪城的支线。据《华阳国志》卷 2《汉中志》记载，阴平郡平武县"自景谷有步道径江油左儋出涪，邓艾伐蜀道

---

① 《隋书》卷 29《地理志上》。
② 《新唐书》卷 40《地理志》。
③ 《元和郡县图志》卷 22《山南道·扶州》。
④ 《太平寰宇记》卷 155《陇右道·叠州》。
⑤ 《太平寰宇记》卷 155《陇右道·叠州》。
⑥ 《旧唐书》卷 196 下《吐蕃下》。
⑦ 于邵：《剑门山记》，《全唐文》卷 429。
⑧ 《旧唐书》卷 196 下《吐蕃下》。

第九章 交通运输

也"。景谷在景谷县北。据同治《昭化县志》记载,景谷是指今青川县白水镇西的青川河河谷。江油,原为蜀汉设置的江油戍。《水经注》卷32《涪水》称:"涪水又东南径江油戍北。邓艾自阴平景谷步道,悬兵束马入蜀,径江油、广汉者也。"西魏平蜀,"于此置龙州。隋末陷贼,武德元年陇蜀平定,改为龙门郡,其年加'西'字。贞观元年改为龙州"①。其治所江油县在今平武县南坝。由景谷通往江油的步道,应当是沿今青川河谷道西行,到达江油县。据宋人记载,由龙州江油县"东北取白坝川、废景谷县路至利州二百七十里"②。由江油沿涪江而下,则直达涪城,即今绵阳。由于沿涪江而行的这段道路艰险难行,因而被称为左儋(担)道。任豫《益州记》就说,江油左担道,"其道险阻,自北来者,担在左肩,不得度担也"③。在唐代,由龙州江油县"南至绵州二百二十二里"④。

西山路。这是循岷江上游河谷而行的道路。在唐代,这条道路的走向是由成都西北而行,经新繁县,有沱江驿⑤,进至彭州九陇县。西行58里至彭州导江县,又西行26里至导江县的灌口镇,由此沿岷江上游河谷而行。经白沙守捉、七盘城,出蚕崖关。循岷江谷道北行,出故桃关,"公私经过,唯此一路"⑥。再过当风戍,进抵汶川县。继续循岷江谷道北上,进抵茂州汶山县(治今四川省茂县)。又北上至翼州翼水县(治今四川省茂县境),又经翼州治所卫山县(治今四川省茂县境)、峨和县(治今四川省松潘县境),至松州交川县(治今四川省松潘县境)。由松州交川县北行34里,到达松州治所嘉诚县,即今松潘县。由此分为两路:一路循岷江正源东北而行,越过分水岭,沿白水北上,经扶州钳川县(治今四川省九寨沟县境),进抵扶州同昌县。这是一条330里的驿道⑦。由扶州同昌县西北而行339里,到达叠州⑧。一路由松州西行,经过当

---

① 《元和郡县图志》卷33《剑南道·龙州》。
② 《太平寰宇记》卷84《剑南道·龙州》。
③ 《太平御览》卷159引。
④ 《太平寰宇记》卷84《剑南道·龙州》。
⑤ 《资治通鉴》卷252,懿宗咸通十一年二月。
⑥ 《元和郡县图志》卷32《茂州·茂汶县》。
⑦ 《元和郡县图志》卷22《山南道·扶州》。
⑧ 《太平寰宇记》卷155《陇右道·叠州》。

州通轨县西北200里的"故通轨县镇"①。由此进入党项羌之地，北行190里至羁縻轨州。由羁縻轨州西北而行110里至羁縻序州②，由羁縻轨州东北而行，到达叠州。

由松州嘉诚县经过叠州，可以前往今甘肃、青海，所以《华阳国志》卷3《蜀志》说，汶山郡"西接凉州酒泉"。东晋南北朝时期，吐谷浑占据着今甘肃、青海与四川三省交壤的地区，因此这条道路又成为通往吐谷浑和西域诸国的交通要道。《南齐书》卷15《州郡志》就说，益州"西通芮芮、河南，亦如汉武威、张掖为西域之道也"。芮芮，亦称柔然，主要活动于今蒙古高原；河南，即河南国，也就是吐谷浑。西山路不仅通往吐谷浑与芮芮，就是西域诸国也"常由河南国而抵益州"③，"其语言待河南人译然后通"④。入唐以后，经西山路穿过陇右道，仍然可以"远通西域"⑤。自吐蕃兴起之后，这条道路又成为用兵要道。吐蕃崩溃后，这条道路仍可通行。现藏巴黎国立图书馆的《唐故宣德郎试太常寺协律郎行敦煌县令兼御史中丞上柱国张府君写真赞》说，敦煌人张清通因"大中赤县沸腾，驾行西川蜀郡。使人阻绝，不通星律有余。累奉表疏，难透秦关数险。公乃独擅，不惮勋劳，率先启行，果达圣陴"⑥。张清通就是由敦煌取道陇右，经西山路前往成都。

循岷江上游而行的西山路有许多支线。其中在茂州有一条重要的支线循今杂谷脑河西行，经通化、薛城、理县，越过鹧鸪山口，进入大渡河东源的梭磨河流域。这条道路开通甚早，其间多有兴废。据《隋会州通道记》说："自蜀相姜维尝行于此，尔来三百余年，更不修理。山则松草荒芜，江则沿沤出岸，猿怯高拔，鸟嗟地险，公私往还，并由山上，人疲马乏，筋力顿尽。"隋文帝开皇九年（589），会州刺史姜须达"悯人生之荼苦，报委寄之天恩，差发丁夫，遂

---

① 《通典·州郡》卷176《剑南道·当州》。
② 据《太平寰宇记》卷81《剑南西道·松州》记载，松州东北至长安1900里，羁縻轨州至长安2290里，羁縻序州至长安2400里。由于羁縻轨州、序州皆属松州都督府管辖，因此，当取道松州至长安。据此，羁縻轨州距松州为390里，羁縻序州距松州300里，轨州与序州之间的距离为110里。
③ 《南齐书》卷59《芮芮传》。
④ 《梁书》卷54《西北诸戎·滑国》。
⑤ 《元和郡县图志》卷32《剑南道·茂州》。
⑥ 陈祚龙：《中世敦煌与成都之间的交通路线》，《敦煌资料考屑》下册。

第九章 交通运输

治旧道，开山栈木，不易其功"①。经过这次修治，沿杂谷脑河西行的道路就成为通往大渡河流域的交通干线。开皇十四年（594），会州总管崔仲方西征诸羌，就是走的这条路。入唐以后，这条道路被称为滴博岭路。其路线是：由茂州汶川县循今杂谷脑河西行，至通化县。该县原为汉代广柔县地。"周武帝时，于此置石门镇。隋开皇六年，以近白狗生羌，于金川镇置金川县。十八年，改为通化县。皇朝因之。"② 由茂州通化县西行约60里③至维州。其地原为徼外羌冉駹之地，蜀汉刘禅时期，"蜀将姜维、马忠北讨汶山叛羌，此其地也，今名姜维城，即维所筑。自晋以后，羌夷或叛或降。隋开皇四年，讨叛羌，以其地置薛城戍，属会州。后又没于贼。武德七年，白狗羌首领内附，于姜维城置维州以统之。"④ 唐太宗"贞观元年，羌叛，州县俱罢。二年，生羌首领董屈占者请吏，复立维州，移治于姜维城东。始属茂州，为羁縻州。麟德二年，进为正州。寻叛，羌降，为羁縻州。垂拱三年，又为正州。天宝元年，改为维川郡。乾元元年，复为维州。上元元年后，河西、陇右州县，皆陷吐蕃。赞普更欲图蜀川，累急攻维州，不下，乃以妇人嫁维州门者。二十年中，生二子。及蕃兵攻城，二子内应，城遂陷。吐蕃得之，号无忧城。累入兵寇扰西川。韦皋在蜀二十年，收复不遂。至大中末，杜悰镇蜀，维州首领内附，方复隶西川"⑤。由维州薛城县沿今杂谷脑河西南而行30里，有小封县。唐高宗"咸亨二年，刺史董弁招慰生羌置小封县。在西蕃通鹤军。垂拱二年，城为北蕃所没"⑥。由小封县西南行至滴博岭，由此分为两路，一路西南经灵关入雅州（详下），一路继续沿今杂谷脑河而行，经风流镇，西行45里至保州。"本维州之定廉县。开元二十八年，置奉州，以董晏立为刺史。领定廉一县。天宝元年，改为云山郡。八载，移州治于天保军，乃改为天保军。乾元元年二月，西山子弟兵马使嗣归诚王董嘉俊以西山管内天保郡归附，乃为保州，以嘉俊为刺史。"⑦ 由保州西北而行，进入

---

① 岑仲勉：《理番县新发现隋会州通道记跋》，《中央研究院历史语言研究所集刊》。
② 《元和郡县志》卷32《剑南道·茂州》。
③ 据《元和郡县图志》卷32记载，茂州通化县"东北至州一百六十里"，维州"东至茂州二百二十里"，则通化县与维州之间的距离为60里。
④ 《元和郡县图志》卷32《剑南道·维州》。
⑤ 《太平寰宇记》卷76《剑南西道·维州》。
⑥ 《太平寰宇记》卷78《剑南西道·维州》。
⑦ 《旧唐书》卷41《地理志》。

索磨川，即今梭磨河。沿索磨川西南而行，入于西山八国之地。玄宗天宝元年（742），"吐蕃白狗国及索磨等州笼官三百余人"①，就是沿这条路线前往奉州。德宗贞元九年（793），西山八国"各率其种落诣剑南西川内附"②，同样也是沿这条路线内迁到今杂谷脑河一带。当时的剑南西川节度使韦皋把他们安置在"维、霸、保等州，给以种粮耕牛，咸乐生业"③。溯索磨川河谷北行，进至恭州。"北至吐蕃白山镇七十五里，又北至故洪州三百七十里"④。玄宗天宝六年（747），剑南行军司马鲜于仲通就是沿着这条路线，略定三河，"收其八国，长驱至故洪州"⑤。天宝八年（749），鲜于仲通担任剑南节度使，又"改洪州为保宁都护府，堑弱水为蕃汉之界，收户数十万，辟地千余里"⑥。弱水即今大金川上游，保宁都护府位于弱水以东的索磨川⑦。由保宁都护府西北而行，入于弱水地区。又西北而行，经白兰、雪山党项之地，入于青海地区，与《新唐书》卷40《地理志》记载的陇右道鄯城（治今青海省西宁）至吐蕃逻些（今西藏拉萨）道路会合。由此西南入于逻些，东北入于陇右。唐高祖武德年间，东女国女王汤滂氏遣使贡方物，就是取道这条路线前往长安，"高祖厚资而遣之。还至陇右，会突厥入寇，被掠于房庭。及颉利平，其使复来入朝"⑧。玄宗天宝六年（747），鲜于仲通在略定西山八国之后，也是沿这条路线长驱北上，"与哥舒翰陇右官军相遇于横岭，鸣鼓而还"⑨。德宗贞元十七年（801），剑南西川节度使韦皋派兵进攻维州，吐蕃论莽热"率杂虏十万而来解维州之围"⑩，同样也是走的这条路线。

循岷江河谷而行的西山路，有许多支线。其中在到达茂州汶山县时，有一条东行的支线：由汶山县沿石密水（今名土门河）东行，经威蕃栅至石泉县

---

① 《册府元龟》卷170《帝王部·来远》。
② 《旧唐书》卷197《东女国传》。
③ 《旧唐书》卷197《东女国传》。
④ 《太平寰宇记》卷80《剑南道·恭州》。
⑤ 颜真卿：《中散大夫京兆尹汉阳郡太守赠太子少保鲜于公神道碑》，《全唐文》卷343。
⑥ 颜真卿：《中散大夫京兆尹汉阳郡太守赠太子少保鲜于公神道碑》，《全唐文》卷343。
⑦ 《新唐书》卷42《地理志》。
⑧ 《旧唐书》卷197《东女国传》。
⑨ 颜真卿：《中散大夫京兆尹汉阳郡太守赠太子少保鲜于公神道碑》，《全唐文》卷343。
⑩ 《旧唐书》卷140《韦皋传》。

第九章 交通运输

（治今四川省北川县境）。折而南行，越过松岭关，东南行 170 里①至绵州龙安县（治今四川省安县境）。又东南行 90 里②至绵州巴西县。这条道路，就是唐穆宗时，剑南东川节度使王涯所说的"从绵州威蕃栅入蕃界，径抵栖鸡城"③之路。据《元和郡县图志》卷 32《剑南道·茂州》记载，由茂州"东至绵州，取松岭关路三百七十里"。

西山路在经过翼州翼水县时，又有一条循翼水（今名黑水）西行的支线，可以前往真州、悉州、静州、当州和柘州，唐人把这条道路称为蓬婆岭路④。翼州翼水县的合江镇，地处岷江与翼水交汇之处，唐代置有合江守捉。由合江镇沿翼水西行至真州。"真州在合江镇西一百二十四里。其地本名真符，天宝三年，节度使章仇兼琼以其地险阻，又当西山要路，奏置真符营，控押一州，

图 9—9　隋会州《通道记》

仍置兵于其处。五年，节度使郭虚已缘羌项动摇，仍奏置昭德郡。乾元元年，改为真州。"⑤由真州继续沿翼水西行，经栖鸡川，西北至悉州约为 100 里⑥。悉州原为当州的左封县，唐高宗"显庆三年，割当州东三十里左封县界内为羌夷悉唐川，因立为悉州。领悉唐、左封、识旧（白）三县以羁縻羌人。其首领有董系比射，任刺史。自后射卒，以左封县令董俱悉冻任刺史，兼敕以父死子

---

① 《舆地纪胜》卷 152《成都府路·石泉军》。
② 《太平寰宇记》卷 83《剑南东道·绵州》。
③ 《旧唐书》卷 169《王涯传》。
④ 杨谭：《兵部奏剑南节度破西贼露布》，《全唐文》卷 377。
⑤ 《元和郡县图志》卷 32《剑南道·真州》。
⑥ 《太平寰宇记》卷 81《剑南西道·悉州》。

继。咸亨元年，移治左封。仪凤二年羌叛，又寄治当州城内。寻归旧治。垂拱二年，置归城县。载初元年，移治匪平川。天宝元年，改为归诚县，仍割识旧（曰）属临翼郡。乾元元年，复为悉州"①。由悉州西行60里，至静州。"本当州之悉唐县也。唐显庆元年，于县置悉州。咸亨元年，于悉州置翼州都督府，移悉州理左封置。仪凤二年，罢都督府，翼州却还治于翼斜县，于悉唐县置南和州。天授二年，改为静州，以理夷落。开元时，理在清边县，在今郡南六十里清边故城是也。后为边夷难制，又以去郡稍远，数叛乱，移故州额于悉唐县，即今郡也。"② 静州东北至当州60里，"至京师与当州道里数同也"③。由此可知，静州有路通往当州。蓬婆岭路则由静州继续西行30里，至柘州。"仪凤二年置，以山多柘木，因以为名。其城四面险阻，易于固守。有安戎江、蓬婆水，在州南三十里。"柘州治柘县，境内有"大雪山，一名蓬婆山，在县西北一百里"④。蓬婆山即蓬婆岭，由翼州合江镇沿翼水西行至柘州的道路，就是以此山为名。蓬婆岭路亦为唐蕃争夺西山地区的用兵要道。玄宗开元二十六年（738），剑南节度使王昱取道蓬婆岭路进攻吐蕃安戎城。"先于安戎城左右筑两城，以为攻拒之所，屯兵于蓬婆岭下，运剑南道资粮以守之。其年九月，吐蕃悉锐以救安戎城，官军大败，两城并为贼所陷。"⑤ 玄宗天宝十四年（755），吐蕃集中故洪、腊城、里囊邛三节度兵马8万余人，分为六道，大举进攻剑南西山地区，唐军则分两路迎敌，其中一路就是"由蓬娑（婆）路取牙山，出其不意，衔枚夜袭"⑥。另一路则是取道沿今杂谷脑河而行的滴博岭路。

在西山路的松州，有一条向东通往龙州的道路。穆宗时期，剑南东川节度使王涯曾上疏说："臣当道出军，径入贼腹有两路：一路从龙州清川镇入蕃界，径抵故松州城，是吐蕃旧置节度之所；一路从绵州威蕃栅入蕃界，径抵栖鸡城，皆吐蕃险要之地。"⑦ 其中由龙州清川镇通往松州的道路，即为此道。据《太平寰宇记》卷84《剑南道·龙州》记载，龙州"西至松州三百三十里"。

---

① 《太平寰宇记》卷81《剑南西道·悉州》。
② 《太平寰宇记》卷81《剑南西道·静州》。
③ 《旧唐书》卷41《地理志》。
④ 《元和郡县图志》卷32《剑南道·柘州》。
⑤ 《旧唐书》卷196上《吐蕃上》。
⑥ 杨谭：《兵部奏剑南节度破西山贼露布》，《全唐文》卷377。
⑦ 《旧唐书》卷169《王涯传》。

由雅州西行的道路，都是循青衣江而行，翻越夹金山，进入大渡河流域。主要路线有两条，一条叫灵关路，一条叫和川路。

灵关路。由雅州严道县循青衣江西北行，在飞仙关附近折向东北，抵达卢山县，即今芦山县，"东南至州七十里。本秦严道县地，隋仁寿元年于此置卢山镇，三年于此置卢山县，因山为名，属邛州，后属雅州。皇朝因之"①。由卢山县折向西北，进至卢山，"在县西北六十里卢山下，有山硖，口开三丈，长二百步，俗呼为卢关。关外即生僚也"②。卢关亦称灵关，唐朝在此设有灵关镇③。出灵关镇之后，北行至今宝兴县，由此分为两路：一路循今宝兴河东源的东河谷道北上，越过夹金山，进入小金县的沃日河流域，即西山八国的逋租之地。由逋租北行，经过保州以东80里的野城④，又东行至滴博岭一带的风流镇，进入今杂谷脑河流域，北通保州，东北至维州。据《太平寰宇记》卷77《剑南西道·雅州》记载："灵关路在（卢山）县界，去蕃界八日程，从界去吐蕃野城三日程。其险也，以绳为桥，其外不知里数。"然而，从雅州"西北至吐蕃野城县界五百七十六里"⑤，野城又在保州以东80里，以此推算，由雅州经灵关路至保州，约为660里。德宗贞元九年（793），剑南西川节度使韦皋"命大将董勔、张芬分出西山、灵关，破峨和、通鹤、定廉城，逾滴博岭，遂围维州"⑥。其中出灵关一路的用兵路线，就是沿着灵关路进入今杂谷脑河，破通鹤军、定廉城，逾滴博岭，进围维州。其中吐蕃的通鹤军在唐朝设置的维州小封县，定廉城即唐朝的保州治所。出灵关入吐蕃的另一条路，循今宝兴河西源的西河而行，越过夹金山，经过今汗牛，进入丹巴县境。这条道路就是《新唐书》卷222下《南蛮下》记载的"雅州西有通吐蕃道三：曰夏阳、曰夔松、曰始阳"中的夏阳路。这条道路经过论川、让川、远南、卑卢、夔龙、耀川、金川、东嘉梁、西嘉梁等羁縻州⑦。夏阳路在到达今丹巴县境的东、西嘉梁州之后，由东嘉梁州东行，通于逋租，由西嘉梁州西南而行，则达于松城。德宗贞元十七年（801），

---

① 《元和郡县图志》卷32《剑南道·雅州》。
② 《旧唐书》卷41《地理志》。
③ 《元和郡县图志》卷77《剑南道·雅州》。
④ 《太平寰宇记》卷80《剑南道·保州》。
⑤ 《太平寰宇记》卷77《剑南道·雅州》。
⑥ 《新唐书》卷158《韦皋传》。
⑦ 《太平寰宇记》卷77《剑南道·雅州》。

剑南西川节度使韦皋分兵十路进攻吐蕃，其中雅州经略使路惟明就是走这条路线，"自灵关、夏阳攻逋租、偏松城"①。

和川路。由雅州严道县循青衣江西行32里至多切（功）镇②，又经始阳镇至合川镇，即今天全县。由合川镇沿着和川水（今名"天全河"）西行，越过今夹金山，进至羁縻罗岩州（治今泸定县岚安），在罗岩州以西渡过大渡河。从雅州严道县经和川路"西去吐蕃大渡河五日程"③。和川路在通过大渡河之后，"从大渡河西郭至吐蕃松城四日程。羌蛮混杂，连山接野，鸟路沿空，不知其数"④。据《太平寰宇记》卷77《剑南西道·雅州》记载，雅州"西北至吐蕃偏松城九日程，约五百里"，而松城距离雅州也是九日程，由此看来，偏松城应当就是松城。在清代，打箭炉厅至雅州为590里，以此推测，松城有可能就在今康定一带。和川路在到达松城之后，西北而行，经噶达（mGar thar）至道孚，即《敦煌本吐蕃历史文书·编年史》中数次提到的 Rte'u mkhar。由道孚循今鲜水河西北行，进抵炉霍县，即 brang mgo，隋唐时期称为郁鄂。由炉霍继续循鲜水河西北行，经朱倭折向西行，进至今甘孜县，循雅砻江河谷西北行，在德格县的浪多过江，又经协庆寺，直至石渠县的邓柯，即《敦煌本吐蕃历史文书·编年史》所记载的 mDan，由此西渡金沙江，进入今西藏境内。

第四节　巴蜀西南地区交通路线

巴蜀西南地区的交通路线甚多，其中最主要的交通干线有两条：一条是由成都经巂州进入云南的道路，唐人称之为"南路"⑤；一条是由今宜宾前往云南的道路，唐人称之为"北路"⑥。

南路。这是巴蜀与云南之间的重要交通路线。在唐代，则是从成都到南诏

---

① 《新唐书》卷158《韦皋传》。
② 《元和郡县图志》卷32《剑南道·雅州》。
③ 《太平寰宇记》卷77《剑南道·雅州》。
④ 《太平寰宇记》卷77《剑南道·雅州》。
⑤ 《蛮书》卷1《云南界内途程》。
⑥ 《蛮书》卷1《云南界内途程》。

第九章 交通运输

国都城阳苴咩（在今云南省大理）的驿路。据唐人记载，这条驿路由成都出发，西南而行 40 里，至双流县二江驿，又 40 里至蜀州新津县三江驿，又 40 里至邛州安仁县延贡驿，又 40 里至邛州临邛驿，又 50 里至顺城驿，又 50 里至雅州百丈县百丈驿，又 40 里至雅州名山县顺阳驿，又 40 里至雅州严道县延化驿，又 60 里至长溃关。南下至奉义驿，又 75 里至雅州荥经县南道驿，又 60 里至葛店汉昌驿，属雅州。继续南下 10 里至邛崃关，在荥经县"西南七十里，隋大业十年置。约山据险，当云南大路，以扼蕃夷之要害。唐亦因之不改"①。过邛崃关进入黎州境内，20 里至皮店，又 50 里至黎州潘仓驿，又 60 里至黎武城。据《元和郡县图志》卷 32《剑南道·黎州》记载，唐德宗贞元二年（786），剑南西川节度使韦皋"又于州北故武侯城逦迤置堡三所，为州城之援。"黎武城，可能就是黎州城与武侯城的合称。由黎武城经汉源县至白土驿 35 里，其地在汉源县城以南 10 里。又 40 里至通望县（治今四川省汉源县境）木筼驿，过大渡河至望星驿 45 里，至清溪关（在今四川省汉源县境）50 里，至大定城 60 里。大定城在黎州"南二百三十里。乾元二年改和集镇置"②。而黎武城至大定城的驿路合计为 230 里，可知黎武城就是黎州治所。由大定城至达士驿 50 里。入巂州界，至新安城（在今四川省甘洛县境）30 里。唐懿宗"咸通六年四月，西川节度使牛丛奏于蛮界筑新安城，遏戎州，功毕"③。由新安城南下至菁口驿 60 里，至荣水驿 80 里，至初裹驿 35 里，至台登城平乐驿 40 里。平乐驿在古平乐郡治，隋文帝开皇初年废平乐郡④。由平乐驿南下至苏祁驿 40 里，又 40 里至巂州三阜城，又 80 里至沙野城（在今四川省西昌市境），又 80 里至俭浪驿，亦称羌浪驿，又 70 里至俄准岭，亦名阳蓬岭。过俄准岭入南诏界，有俄准岭添馆。从巂州俄准岭至菁口驿 70 里，至苤驿 30 里，至会川驿 60 里，至目集驿 55 里，至会川城（在今四川省会理）70 里，西南至河子镇，又 30 里至泸水。乘皮船渡泸水后，至末栅馆 20 里，至伽毗馆 70 里，至清渠铺 80 里，渡绳桥，至藏傍馆 74 里，至阳褒馆 60 里，至弄栋城（在今云南省姚安）70 里，至外弥荡馆 90 里，至求赠馆 100 里。求赠馆亦即佉龙驿，由巴蜀通往云南的南、北两路在此

---

① 《太平寰宇记》卷 77《剑南西道·雅州》。
② 《元和郡县图志》卷 32《剑南道·黎州》。
③ 《唐会要》卷 86《城郭》。
④ 《隋书》卷 29《地理志》。

会合①。由求赠馆西行 70 里至云南城（在今云南省祥云县境），又 40 里至波大驿，又 40 里至渠兰赵馆，又 30 里至龙尾城（在今云南省大理市境），又 50 里至阳苴咩城②。

这条从今成都经西昌进入云南的道路，早在汉代就已经开通，《华阳国志》卷 3《蜀志》所记载的越嶲郡三缝县，"道通宁州，渡泸得蜻蛉县"，就是这条道路由今会理通往云南大姚一带的路段。然而在越嶲郡的会无县，还有另外一条道路"通宁州，渡泸得住狼县"③。会无县治今四川省会理；泸水又名若水，即今金沙江；住狼县当为堂狼县之误，而堂狼县属朱提郡，其地有堂狼山，《新纂云南通志》称，堂狼山在巧家县以东的米粮坝。关于经过堂狼县的这段路程，《水经注》卷 36《若水》是这样记载的："（若水）又东北至犍为朱提县西，为泸江水。朱提，山名也。应劭曰：在县西南，县以氏焉。犍为属国也，在郡南千八百许里，建安二十年立朱提郡，郡治县故城。郡西南二百里，得所绾堂琅县。西北行上高山，羊肠绳曲八十余里，或攀木而升，或绳索相牵而上，缘陟者若将阶天，故袁休明《巴蜀志》云：高山嵯峨，岩石磊落，倾侧萦回，下临峭壑，行者扳缘，牵引绳索。三蜀之人，及南中诸郡，以为至险。有泸津，东去县八十里。水广六七百步，深十数丈，多瘴气，鲜有行者。晋明帝太宁二年，李骧等侵越嶲，攻台登县，宁州刺史王逊遣将军姚岳击之，战于堂琅，骧军大败，岳追之至泸水，赴水死者千余人。"泸江水即泸水，堂琅县即堂狼县，朱提郡的治所在今云南省昭通。由此看来，由越嶲郡会无县通往宁州之路，应该是由今四川省会理县东行，经会东县，在宁南县境东渡金沙江，至云南省巧家，东北而行，通于昭通，南行则达于曲靖，即晋代的宁州治所。由于这条道路在故堂狼县境的路段过于艰险，因而始终是一条偏道。加之当地的部族"自梁、陈以来，不复宾服"，从而使这条道路更加难行。"隋开皇四年开置南中。立为恭州，武德元年改为曲州"④，其治所朱提县仍在今云南省昭通。入唐以后，随着南诏的兴起，云南境内的政治中心由今曲靖西移到大理，这条道路更加不受重视。而经大姚通往大理的道路则逐渐成为巴蜀与云南之间的交通干线，多次

---

① 《新唐书》卷 42《地理志》。
② 参见《蛮书》卷 1《云南界内途程》，《新唐书》卷 42《地理志》。
③ 《华阳国志》卷 3《蜀志》。
④ 《元和郡县图志》卷 32《剑南道·曲州》。

进行整治。玄宗天宝六年（747），剑南节度使章仇兼琼治邛崃关路，以便行旅。德宗贞元年间，剑南西川节度使韦皋又整治这条道路，"由黎州出邛部，直云南，置青溪关，号曰'南道'"①。同时，南诏也对这条道路加以整治，并设置馆驿，从而使南路成为巴蜀与云南之间最重要的驿路。

在南路的交通干线上，有许多支线通往各地。仅在黎州清溪关附近，就有大路三条，"小径无数，皆东蛮临时为之"②。其中一条路由黎州汉源县沿飞越水（今名"流沙河"）谷道西北而行，经铜山城至飞越山。"在（汉源）县西北一百里。山西、北两面并接羌戎界，仪凤二年置飞越县，天宝初废。"③ 由废飞越县西北而行，进至叶川州。武周如意元年（692），吐蕃大首领曷苏，率贵川部与党项30万人降唐，"则天令右玉钤卫大将军张玄遇率精卒二万充安抚使以纳之。师次大渡水，曷苏事泄，为本国所擒。又有大首领昝捶率羌蛮部落八千余人诣玄遇内附，玄遇以其部落置叶川州，以昝捶为刺史，仍于大度西山勒石纪功而还。"④ 叶川州后来改名"米川州"，其地在今泸定县冷碛⑤。直到明代，冷碛十八寨仍是"三十六种番夷出入之路"⑥。由叶川州沿大渡河东岸北行，在羁縻罗岩州与雅州通吐蕃的和川路会合。此外，由黎州城西行180里至廓清城，"其城西临大渡河，河西生羌蛮界。"⑦ 由廓清城沿大渡河东岸北行，经叶川州至罗岩州。唐代宗大历十四年（779），吐蕃与南诏大举入侵剑南，李晟率神策军救援，"晟乃逾漏天，拔飞越、廓清、肃宁三城，绝大渡河，获首虏千余级，虏乃引退"⑧。李晟就是由雅州始阳镇沿始阳路西南而行，攻拔位于大渡河东岸的飞越、廓清、肃宁三城。德宗贞元七年（801），韦皋分兵九路进攻吐蕃，其中黎州经略使王有道和三部落主郝全信则是沿大渡河东岸北行，在罗岩州"过大渡河，深入吐蕃界"⑨。

---

① 《新唐书》卷158《韦皋传》。
② 《蜀鉴》卷10。
③ 《元和郡县图志》卷32《剑南道·黎州》。
④ 《旧唐书》卷196《吐蕃传》。
⑤ 陈登龙：《蜀水考》卷1。
⑥ 《蜀中广记》卷35《边防记·雅州》。
⑦ 《元和郡县图志》卷32《剑南道·黎州》。
⑧ 《旧唐书》卷133《李晟传》。
⑨ 《旧唐书》卷196下《吐蕃下》。

在巂州台登县则有两条重要的支线道路：一条路是由"台登直北去保塞城八十里，吐蕃谓之北谷，天宝以前巂州柳强镇也。自入吐蕃，更增修磴，因城下有路通曩恭地"①。曩恭即曩贡，由保塞城通往曩贡的道路，可能是由今冕宁西北至九龙县的三垭，再西行至雅砻江支流九龙河，沿河北行，越过分水岭，再北行至今雅江一带，即曩贡（Nyang bgo）之地。另一条路由台登城向西，沿西望川（今名阳边河）而行，80里至普安城②，又西行70里入曲罗，即今泸宁一带。由曲罗北上，渡过东泸水，与台登通曩贡的道路会合。德宗贞元十三年（797），吐蕃军队就是由曩贡南下，经曲罗，于剑山南马岭三处开路，"进寇台登"③。这是吐蕃境内的一条大路，所以《新唐书》卷222下《南蛮下》说："剑山当吐蕃大路。"剑山即今牦牛山。

在巂州越巂县也有两条重要的支线。其中一条是西南而行27里，至西泸县。"本汉邛都县地，周武帝天和三年于此置可泉县，天宝元年改名西泸县。"④由西泸县西行，经姜磨戍，进至泸水。"在县西一百十二里。诸葛亮征越巂上书曰：'五月渡泸，深入不毛。'谓此水也。水峻急而多石，土人以牛皮作船而渡，一船胜七八人。"⑤渡过泸水之后，西南而行180里至昆明县。"东北至（巂）州三百里。本汉定笮县也，属越巂郡。去县三百里，出盐铁，夷人皆用之。汉将张嶷杀其豪率，遂获盐铁之利。后没蛮夷。周武帝立定笮镇。凡言笮者，夷人于大江水上置藤桥谓之'笮'。其定笮、大笮皆是近水置笮桥处。武德二年，于镇置昆明县，盖南接昆明之地，因以为名。"⑥其地在今盐源县。由昆明县南行，进抵松外城（在今四川省盐边县境），又南至龙佉河，入双舍之地，西南渡过金沙江，进抵今云南省宾川县。唐玄宗开元年间，越析诏的于赠就是走这条路线，"东北渡泸，邑于龙佉河"⑦。由松外城"西南至小婆城，又西南至大婆城，西北至三探览城，又西北至铁桥东城"⑧。由铁桥东城分为两路，一路向

① 《蛮书》卷1《云南界内途程》。
② 《蛮书》卷1《云南界内途程》。
③ 《旧唐书》卷196下《吐蕃下》。
④ 《元和郡县图志》卷32《剑南道·巂州》。
⑤ 《元和郡县图志》卷32《剑南道·巂州》。
⑥ 《元和郡县图志》卷32《剑南道·巂州》。
⑦ 《新唐书》卷222中《南蛮传·越析诏》。
⑧ 《蛮书》卷6《云南城镇》。

西，由铁桥过牦牛河（今名金沙江，亦称之为磨些江）①，至铁桥西城，其地在今云南省塔城。由铁桥西城南下，有驿路通剑川镇（在今云南省剑川），又南下至阳苴咩城。另一路由铁桥东城折向东北，进至佳塘（Rgyal thang），即今云南省香格里拉，再向北进入四川的乡城（Cha phrang），继续北行，进至理塘（Li thang），东至囊贡（Nyang bgo），即今四川省雅江一带。这是吐蕃里囊邛节度管辖范围内的一条重要道路，吐蕃用兵南诏，往往都要取道这条路②。据《南诏野史》卷上记载，唐宣宗大中十三年（859），剑南西川节度使"侥幸边功，发兵十万袭滇，自建昌入。（丰）佑命子世隆为坦绰，同王嵯巅战于古宗，杀唐军数万人，立铁柱于界上（自注：古宗，今丽江铁桥以北）。"此事未必可信，但巂州有路经铁桥通往今云南应当是可信的。

在巂州越巂县的另一条重要支线道路是东行，经东蛮之地，过雪坡，沿沐源川（今名"马边河"）至犍为县。这条路是唐懿宗时期的巂州刺史喻士珍所开③。懿宗咸通十年（869），南诏入侵剑南西川时，在大渡河受阻，遂由这条路线"分军开道，逾雪山，奄至沐源川"④，陷犍为，攻嘉州。此后，这条道路就成为南诏用兵剑南西川的要道，所以张无尽在《沐川寨记》中说："沐川之路，常为啸集之地。"⑤ 僖宗乾符元年（874），剑南西川节度使高骈为了扼制南诏，又在这条路上设置沐源川城（在今四川省沐川县境），置屯戍守。

北路。据唐人记载，这条路是从戎州僰道县循马湖江（今金沙江）西南而行65里，至马湖江与朱提江（今横江）汇合处的开边县（治今四川省宜宾市境）。该县"本汉僰道地也，周为外江县地，隋开皇六年于此县北一百三十里野容川置开边县。后上元元年僚贼叛乱，因而荒废，永泰二年复于今理"⑥。由戎州僰道县经开边县沿着朱提江西南而行十日程，至石门。"石门东崖石壁，直上万仞，下临朱提江流，又下入地中数百尺，惟闻水声，人不可到。西崖亦是石壁，傍崖亦有阁路，横阔一步，斜亘三十余里，半壁架空，欹危虚险，其安梁

---

① 《蛮书》卷2《山川江源》。
② 《新唐书》卷222上《南蛮上》。
③ 《唐语林》卷7。
④ 《资治通鉴》卷251，懿宗咸通十一年十一月。
⑤ 《舆地纪胜》卷146引。
⑥ 《元和郡县图志》卷31《剑南道·戎州》。

石孔,即隋朝所凿也。"① 唐代设有石门镇。据《元和郡县图志》卷31《剑南道·戎州》记载,戎州僰道县"西南至石门镇三百里"。过石门,第三日程至牛头山,亦名马鞍山,有马鞍渡(在今云南省大关县境)。过河之后,绕过蒙夔山,"又东折与朱提江合"②。第五日程至阿夔部落。第七日程至蒙夔岭,翻过此岭,道路渐平。第九日程至鲁望(在今云南省鲁甸县境),"旧曲、靖之地也。曲州、靖州废城及丘墓碑阙皆在"③。过鲁望,第七日程至竹子岭,第八日程至磨弥殿部落,第九日程至制长馆,第十二日程至柘东城(在今云南省昆明)。从柘东城西行至安宁馆一日,至龙和馆一日,至沙雌馆一日,至曲馆一日,至沙却馆一日,至求赠馆一日,至波大驿一日,至白崖驿一日,至龙尾城一日,至阳苴咩城一日④。

北路开通的时间很长。西汉武帝时期,唐蒙"凿石开阁以通南中,迄于建宁二千余里"⑤,就是这条道路的前身。两晋时期,这条道路是益州与宁州之间的交通要道。南北朝时期,由于沿途的少数民族部落"不复宾服"⑥,因而通行不畅。隋文帝开皇四年(584),在东爨之地置协州(治今云南省彝良)、恭州(治今云南省昭通)。开皇五年(585),兼法曹黄荣带领始、益二州石匠,在石门"造偏梁桥阁,通越析州、津州"⑦,完全开通了这条道路。入唐以后,北路一度是巴蜀与云南之间的交通干线。高宗永徽二年(651),郎州道总管赵孝祖用兵西洱河地区,走的就是这条路。玄宗天宝十年(751),剑南节度使鲜于仲通也是走这条道路进讨南诏。但是在这次用兵失败后,此路遂告闭塞。德宗贞元十年(794),唐朝和南诏重归于好,剑南西川节度使韦皋遣巡官马益重新开通石门路,置行馆。同年,袁滋出使云南就是走的这条路,至今在云南盐津县的豆沙关还有袁滋的摩崖题记。

云南之地,西通印缅,南达安南,所以从巴蜀经云南也可前往印缅和东南亚地区。南诏统治时期,云南西通印缅的道路是"自羊苴咩城西至永昌故郡三

---

① 《蛮书》卷1《云南界内途程》。
② 《蛮书》卷1《云南界内途程》。
③ 《蛮书》卷1《云南界内途程》。
④ 《蛮书》卷1《云南界内途程》。
⑤ 《水经注》卷33《江水》。
⑥ 《元和郡县图志》卷32《剑南道·曲州》。
⑦ 《蛮书》卷1《云南界内途程》。

百里。又西渡怒江,至诸葛亮城二百里。又南至乐城二百里。又入骠国境,经万公等八部落,至悉利城七百里。又经突旻城至骠国千里。又自骠国西度黑山,至东天竺迦摩波国千六百里。又西北渡迦罗都河,至奔那伐檀那国六百里。又西南至中天竺国东境恒河南岸羯朱嗢罗国四百里。又西至摩羯陀国六百里。一路自诸葛亮城西去腾充城二百里。又西至弥城百里。又西过山,二百里至丽水城。乃西渡丽水、龙泉水,二百里至安西城。乃西渡弥罗江水,千里至大秦婆罗门国。又西渡大岭,三百里至东天竺北界个没卢国。又西南千二百里,至中天竺国东北境之奔那伐檀那国,与骠国往婆罗门路合"①。用现在的地名表示,大体上就是从云南大理西至保山,渡怒江,然后分为两路,一路向西南,进入缅甸,经八莫,过孟哈,至蒲甘,然后向西,进入印度阿萨姆邦的高哈蒂;一路向西,经腾冲入缅甸,西渡伊洛瓦底江上游,经孟拱,又渡亲敦江,越过那加山脉,进入印度阿萨姆邦。

　　由巴蜀经云南前往印缅的道路,早在秦汉时期就已经开通,入唐以后仍然畅通。《大唐西域记》卷10说,迦摩缕波国"境接西南夷,故其人类蛮僚俗。详问土俗,可两月行入蜀西南边境"。懿宗咸通年间,"有天竺三藏僧,经过成都,晓五天胡语,通大小乘经律论。以北天竺与云南接境,欲假途而还,为蜀察事者识之,系于成都府"②。这位被怀疑为外国奸细的天竺僧人,就是打算由成都取道云南前往印度。而《大唐西域求法高僧传》卷3《慧轮传》则说:"有唐二十许人,从蜀川牂牁道而出",经云南前往天竺的庵摩罗跛国,当时的国王宝利岌多还专门为他们建造了一座寺庙,取名支那寺。至于骠国与云南的关系,一直比较密切,所以缅甸人士前往中国,常常取道云南入于巴蜀。唐德宗贞元九年(793),骠国因南诏重译来献乐曲及乐工,就是由缅甸经云南到成都,然后前往长安。

　　由巴蜀经云南还可以前往东南亚。《三国志》卷39《刘巴传》说,刘巴"自交趾至蜀",在益州郡被拘留。汉代益州郡治滇池,即今云南晋宁县晋城,可知当时已经能够从交趾取道云南前往巴蜀。入晋以后,此路仍然畅通。陶璜

---

① 《新唐书》卷43下《地理志》。
② 《太平广记》卷190《王建》。

就说:"宁州兴古接据上流,去交趾郡千六百里,水陆并通。"① 西晋末年,入蜀的六郡流民起兵反晋,益州大乱,三蜀之民流迸,或南入宁州,或东下荆州。其中逃到宁州的晋民,又因宁州发生变乱,"或入交州,或入永昌、牂牁"②,其中相当多的蜀民就是经宁州入于交州。入唐以后,从巴蜀到云南的南路与北路两条交通干线,皆可到达柘东城,由此南行,可以前往安南。据《蛮书》卷1《云南界内途程》记载,"从安南上水至峰州两日,至登州两日,至忠诚州三日,至多利州两日,至奇富州两日,至甘棠州两日,至下步三日,至黎武贲栅四日,至贾勇步五日。已上二十五日程,并是水路。大中初,系属安南管系,其刺史并委首领勾当。大中八年,经略使苛暴,川洞离心,疆内首领旋被蛮贼诱引,数处陷在贼中。从贾勇步登陆,至矣符馆一日。从矣符馆至曲乌馆一日,至思下馆一日,至沙只馆一日,至南场馆一日,至曲江馆一日,至通海城一日,至江川县一日,至晋宁馆一日,至鄯阐柘东城一日。"《新唐书》卷43下《地理志》记载这条路线的途程是:"安南经交趾太平,百余里至峰州。又经南田,百三十里至恩楼县,乃水行四十里至忠城州。又二百里至多利州,又三百里至朱贵州,又四百里至丹棠州,皆生僚也。又四百五十里至古涌步,水路距安南凡千五百五十里。又百八十里经浮动山、天井山,山上夹道皆天井,间不容跬者三十里。二日行,至汤泉州。又五十里至禄索州,又十五里至龙武州,皆爨蛮安南境也。又八十三里至倪迟顿,又经八平城,八十里至洞澡水,又经南亭,百六十里至曲江,剑南地也。又经通海镇,百六十里渡海河、利水至绛县。又八十里至晋宁驿,戎州路也。又八十里至柘东城。"两书的记载不尽吻合,但从中可以得知,这条道路是以贾勇步,亦即古涌步为分道之处,将整条路线分为水路与陆路两段,其中由柘东城经通海至贾勇步(古涌步)为陆路,贾勇步(古涌步)至安南为水路。除了这条道路之外,还有一条由安宁城经"通海城南十四日至步头,从步头船行沿江三十五日出南蛮"③ 的道路。这是唐代新开通的一条通道。唐玄宗天宝年间,剑南节度使章仇兼琼"开步头路"④,派巂州都督竹灵倩筑安宁城,"路通安南",由此引起诸爨的反叛,"陷煞(杀)竹灵倩,

---

① 《晋书》卷57《陶璜传》。
② 《华阳国志》卷4《南中志》。
③ 《蛮书》卷6《云南城镇》。
④ 《蛮书》卷4《名类》。

兼破安宁。天恩降中使孙希庄、御使韩洽、都督李宓等，委先诏（蒙归义）招讨。诸爨畏威怀德，再置安宁"①。自此以后，由安宁经通海、步头至安南的道路，就成了云南与安南之间的重要交通路线。玄宗天宝十二年（753），"左武卫大将军何复光将岭南五府兵击南诏"②，就是走的这条路。阁罗凤赞普钟十四年，即唐代宗永泰元年（765），"命长男凤迦异于昆川置柘东城，居二诏佐镇抚。于是威慑步头，恩收曲、靖……东爨悉归，步头已成内境"③，从而将步头纳入南诏版图。由于步头路也是水陆相间的道路，其中由安宁经通海至步头为陆路，步头至安南为水路，这与经贾勇步（古涌步）的道路结构相同，加之步头路与贾勇步（古涌步）路皆经过通海城，从而使得这两条道路更加混淆不清。从地理条件来看，由通海前往安南水陆相间的道路，一条应该是由通海东南而行，沿盘龙江至安南；一条应该是由通海南下，经红河前往安南。只是由于步头与贾勇步（古涌步）的具体位置难以确定④，因而还不能确定哪条路线是经盘龙江前往安南，哪一条路线是沿红河进抵安南。

巴蜀除了经云南前往安南之外，还有一条经贵州前往安南的道路。这条路是由渝州巴县以西120里的江津县南下，"县南陆路至溱州三百六十里。又自江津县南循僰溪水路至南州二百三十里"⑤。由水路到达南州后，再东南而行，"至溱州二百七十里"⑥。虽然当时将这条道路称为"溱、南二州大路"⑦，然而通行却颇为艰难。"王蜀有刘隐者，善于篇章。尝说少年赍益部监军使书，案于黔巫之南，谓之南州。州多山险，路细不通乘骑，贵贱皆策杖而行，其囊橐悉皆差夫背负。夫役不到处，便遣县令、主簿自荷而行。将至南州，州牧差人致书迓之，至则有一二人背笼而前，将隐入笼内，掉手而行。凡登山入谷，皆绝高绝深者，日至百所，皆用指爪攀缘，寸寸而进。在于笼中，必与负荷者相背

---

① 《南诏德化碑》。
② 《资治通鉴》卷216，玄宗天宝十二年五月。
③ 《南诏德化碑》。
④ 步头，据《元史》卷61《地理志》说："建水州，下。在本路之南，近接交趾，为云南极边。治故建水城，唐元和间蒙氏所筑，古称步头，亦云巴甸。"这与《蛮书》记载的"通海城南至步头十四日程"，无法吻合。关于贾勇步（古涌步），有关记载也多有抵牾之处，例如《太平寰宇记》卷170《岭南道·峰州》称，峰州"西北沿西道江至古涌步八十里"，与《蛮书》、《新唐书·地理志》记载相去甚远。
⑤ 《元和郡县图志》卷33《剑南道·渝州》。
⑥ 《元和郡县图志》卷30《江南道·南州》。
⑦ 《太平寰宇记》卷136《山南西道·渝州》。

而坐,此即彼中车马也。洎至近州,州牧亦坐笼而迓于郊。其郡在桑林之间,茅屋数间而已。"① 由溱州南下,至珍州(治今贵州省桐梓县境)240里②,又至播州(治今贵州省遵义)200里。由播州"东南至牂牁琰州三百二十里"③。唐太宗贞观十三年(639)六月,"渝州人侯弘仁自牂牁开道,经西赵,出邕州,以通交、桂、蛮、俚降者二万八千余户"④,从而开通了由牂牁经西赵前往邕州的道路。牂牁"其地北去充州一百五十里,东至辰州二千四百里,南至交州一千五百里,西至昆明九百里。无城壁,散为部落而居"⑤。"西赵蛮,在东谢之南,其界东至夷子,西至昆明,南至西洱河。山洞阻深,莫知道里。南北十八日行,东西二十三日行。其风俗物产与东谢同。首领赵氏,世为酋长。有户万余。贞观三年,遣使入朝。二十一年,以其地置明州,以首领赵磨为刺史。"而位于西赵蛮以北的东谢蛮,"其地在黔州之西数百里,南接守宫獠,西连夷子,北至蛮。……其首领谢元深,既世为酋长,其部落皆尊畏之。……贞观三年,元深入朝……以其地为应州,仍拜元深为刺史,领黔州都督府。又有南谢首领谢强,与西谢邻,共元深俱来朝见,为南寿州刺史。后改为庄州。"⑥ 邕州治今广西南宁。由此看来,这条道路可能是由今贵州遵义东南而行,经瓮安,南至福泉,西南至关岭,向南渡过北盘江与南盘江,东南循右江河谷而行,进至广西南宁,南达钦州。由于这条路线是巴蜀通往安南的一条捷径,所以很快就发展成为一条交通要道。入宋以后,位于这条路线南端的钦州,是巴蜀与交趾之间最重要的博易场。

---

① 《太平广记》卷483《南州》。
② 《元和郡县图志》卷30《江南道·珍州》。
③ 《太平寰宇记》卷121《江南西道·播州》。
④ 《资治通鉴》卷195,太宗贞观十三年六月。
⑤ 《旧唐书》卷197《南蛮·牂牁蛮》。
⑥ 《旧唐书》卷197《南蛮·东谢蛮》。

第十章 人口和赋役

两晋南北朝隋唐时期，巴蜀地区的人口迁徙十分频繁，这对社会经济的发展产生了巨大影响。而大批少数民族的迁入，又导致巴蜀地区赋役制度的多样化。加之巴蜀各地的社会经济发展不平衡，赋役的征课亦多有变通之处，从而形成独具特色的赋役之制。

第一节 人口的数量和分布

人口具有生产和消费的两重性。从消费的角度来看，人口的数量必须和一定生产力水平所能提供的物质资料相适应；从生产的角度来看，一定数量和质量的人口不仅是社会经济发展的必要条件，同时也是进行生产活动的必要条件。但是人口并不是社会经济发展的决定性因素，它只能对社会经济的发展起到加速或延缓的作用。

曹魏元帝景元四年（263），蜀汉亡国，蜀后主刘禅投降，遣尚书郎李虎送《士民簿》，共有28万户，男女94万口，另有将士10.2万人、吏4万人。总计在籍28万户、108.2万口。为了防止巴蜀地区发生动乱，曹魏元帝咸熙元年

(264)，将原蜀汉大臣宗预等3万余家内迁到河东及关中[1]，又"劝募蜀人能内移者，给廪二年，复除二十岁"[2]。其结果，使得巴蜀地区的人口再次减少。据《晋书·地理志》记载，西晋武帝太康元年（280），梁州八郡有8.26万户，益州八郡有14.93万户，共计23.19万户。（见表10-1）

表10-1　　　　　　　　西晋梁、益二州户数表　　　　　　　　单位：户

州名	郡名	户数	州名	郡名	户数
益	蜀	50000	梁	汉中	15000
	犍为	10000		梓潼	12000
	汶山	16000		广汉	5100
	汉嘉	13000		新都	24500
	江阳	3100		涪陵	4200
	朱提	2600		巴	3300
	越巂	53400		巴西	12000
	牂牁	1200		巴东	6500
合计	231900				

西晋末年，巴蜀地区的人口发生大规模变动。惠帝元康八年（289），大约有2万多户、10余万口[3]来自秦、雍二州的六郡流民，入蜀就食。当六郡流民起兵反晋，并取得军事胜利的时候，以三蜀之地为主的梁、益二州之民便大规模逃亡，其中逃到荆湘地区的就有10万余户[4]，加上逃亡到宁州的蜀人，估计未逃亡的蜀人，大约只有1万户。三巴之地的居民，在大成李雄的攻击下，一部分逃到荆湘地区，其中有3000余家在建兴元年由襄阳入汉中，为晋梁州刺史张光所击，遂由汉中入蜀，降于李雄；一部分在怀帝永嘉五年（311）为氐人隗文所驱掠，降于李雄；一部分逃到涪陵郡，愍帝建兴元年（313），为李雄之将李恭、费黑所破获（见第一章）。由此看来，巴、巴西、巴东、涪陵四郡的人口，大部分为大成政权所有。据《晋书》卷14《地理志》记载，这四郡共有

---

[1] 《华阳国志》卷8《大同志》。
[2] 《三国志》卷4《魏书·陈留王纪》。
[3] 《华阳国志》卷8《大同志》。
[4] 郭允蹈：《蜀鉴》卷4。

2.6万户。此外，怀帝永嘉元年（307），秦州流民邓定率2000余家由汉中入蜀；永嘉五年（311），李雄派兵攻占江阳郡，得其民约3000户。而汶山、汉嘉、越巂的8万多户少数民族，基本上没有移徙。根据以上所述，大成时期，巴蜀的户数，大约为14万户。汉国李寿时，引獠人10余万家入蜀①。至此，巴蜀的户数应当超过25万，略多于西晋武帝太康年间的梁、益二州户数。

东晋灭成、汉之后，巴蜀地区的人口迁徙，仍然十分频繁。其中在东晋孝武帝太元十年（385），前秦益州刺史王广逃奔陇右时，有3万蜀人随之而去。估计前后离开巴蜀地区的民户，总数为1万户左右。进入巴蜀的流民，以关中、陇右为多，东晋先后侨置南秦州和怀宁、始康、晋熙等郡以处之。估计迁入巴蜀地区的侨民，应当多于离开巴蜀地区之人。由此看来，东晋灭成汉之后，虽然人口迁徙频繁，但巴蜀地区的总户数却没有太大的变化。如果考虑到人口的自然增长，那么人口还应当有所增加。

刘宋时期，巴蜀地区的户口，据《宋书·州郡志》记载，孝武帝大明元年（464），益州、梁州和侨寄梁州的秦州，以及荆州的巴东、建平二郡，共有96236户，如果加上户口阙载的魏兴等郡户数，实际上应该有10万余户。然而这个户数，只是登记在户籍上的数字。巴蜀的实际户口，远远超过此数。刘宋明帝泰始元年（465），蜀人起兵攻打益州刺史萧惠开，有众20万②。若以每户平均有一人参战，则蜀中至少有20万户。如果加上未参加叛乱的蜀人，以及基本上还没有成为编户的獠人等少数民族，巴蜀地区的实际户数，绝不会少于35万户。在籍户口与实际人口出现如此巨大的差异，主要原因是当时巴蜀地区赋役繁重，人口的隐匿、逃亡严重。

---

① 郭允蹈：《蜀鉴》卷4。
② 《宋书》卷86《萧惠开传》。

表 10－2　　刘宋时期梁、益二州在籍户口表

州名	郡名	户数（户）	口数（口）	州名	郡名	户数（户）	口数（口）
益	蜀	11902	60876	益	晋原	1272	4960
	广汉	4586	27149		宋宁	1036	8342
	巴西	4954	33346		安固	1120	6557
	梓潼	3034	21976		南汉中	1084	5246
	巴	3734	13183		北阴平	1053	6764
	遂宁	3320	—		武都	982	4401
	江阳	1525	8027		新城	753	5971
	怀宁	1315	5950		南新巴	1070	2683
	宁蜀	1643	—		南晋寿	1057	1943
	越巂	1349	—		宋兴	496	1943
	汶山	1107	6105		南宕渠	504	3127
	南阴平	1240	7597		天水	461	—
	犍为	1390	4057		东江阳	142	740
	始康	1063	4226		沈黎	64	—
	晋熙	785	3925				
梁	汉中	1786	10334	梁			
	魏兴	—	—		巴渠	500	2183
	新兴	—	—		怀安	407	2366
	新城	1668	7594		宋熙	1385	3128
	上庸	4554	20653		白水	605	—
	晋寿	—	—		南上洛	—	—
	华阳	2561	15494		北上洛	254	—
	新巴	393	2749		安康	—	—
	北新巴	—	—		南宕渠	—	—
	北阴平	506	2124		怀汉	419	—
	南阴平	407	—				

萧齐统治，"年代短促，其户口未详"。萧梁则因侯景之乱，"坟籍亦同灰

烬，户口不能详究"①。不过从一些零星的记载中可以看出，当时巴蜀的户口是呈增长趋势。梁武帝天监四年（505），北魏邢峦表奏宣武帝，请求伐蜀。据他估计，益州有 10 万余户，梓潼郡有民户数万②。萧梁时期的益州，大体上相当于刘宋时期的蜀郡和广汉郡。在刘宋大明八年（464），益州蜀郡和广汉郡共有 16488 户，梓潼郡有 3034 户。40 年间，在籍的户数大约增加 6 倍以上。至于僚人的户口，更是有着惊人的增长。萧梁时期，仅巴州的编僚就有 20 万户③。

西魏、北周和隋朝，不断在僚人聚居的地区开置郡县，将僚人纳入封建统治之下，于是巴蜀的在籍户口，急剧增加。据《隋书》卷 29《地理志》记载，隋炀帝大业五年（609），今四川省和重庆市境内的户数为 50.4478 万户，约占全国总户数的 5.7%。其中蜀郡约为 10.6 万户，金山郡约有 3.7 万户，这和 100 年前邢峦所估计的益州、梓潼郡的户数，相差无几。

表 10—3　　　　　　　　隋代巴蜀地区在籍户数　　　　　　单位：户

郡名	户数	郡名	户数	郡名	户数	郡名	户数	郡名	户数	郡名	户数
蜀	105586	汶山	24159	新城	30727	金山	36963	遂宁	12622	普安	31351
眉山	23795	隆山	11042	义城	15950	巴西	41064	平武	5420	涪陵	9921
临邛	23348	巴	14423	巴东	21370	清化	16539	宕渠	14035	通川	12624
资阳	25722	同昌	12248	泸川	1802	犍为	4859	越巂	7448	黔安	1460
总计	504478										

隋朝末年，由于隋炀帝的暴政和大规模的内战，全国户口急剧减少。但是隋炀帝的暴政基本上没有祸及巴蜀，"辽东之役，剑南复不预及，其百姓富庶"④。而隋末的战乱也没有波及这里。同时，还有大批民户入蜀避乱。因此唐初的巴蜀户数，较之隋代，尚有较大幅度的增加。据《旧唐书·地理志》记载，唐太宗贞观十三年（639），全国共有 304.1 万户，其中巴蜀地区为 69 万余户，约占全国总户数的 23%。但是到了玄宗天宝元年（742），全国共有 897.4 万户，其中巴蜀地区有 117 万户，虽然比贞观年间增加 47.6 万户，然而在全国总

---

① 《通典》卷 7《食货·历代盛衰户口》。
② 《魏书》卷 65《邢峦传》。
③ 《魏书》卷 101《僚传》。
④ 《资治通鉴》卷 199，太宗贞观二十二年六月。

户数中所占的比例，却降至13%左右。巴蜀在籍户数增长缓慢的主要原因，并不是巴蜀人口增长缓慢，而是与巴蜀人口长期大量逃亡有关。自唐初以来，经济发达、物产丰富的剑南地区，一直是唐朝重点搜括对象，而蜀中的官员又素以贪暴著称，"剥夺既深，人不堪命，百姓失业，因即逃亡"①。巴蜀的逃户问题，早在唐太宗晚年就已经初见端倪。武周时期，则成为全国户口逃亡最严重的地区。玄宗开元初年，问题仍然没有得到解决，依然是"蜀雕敝，人流亡"②。这种情况反映在户籍上，自然就是户数增长缓慢。此外，玄宗时期，全国造籍制度普遍松弛，户籍伪滥，巴蜀地区的在籍户口和实际户口有着较大的差距。如果以比较接近实际情况的太宗贞观十三年户籍为基础，按照全国户数的平均增长速度推算，玄宗天宝元年（742），巴蜀地区大约有200万户③。

根据对唐代户籍记载的统计，巴蜀地区每户的平均人口数，前后变化甚大。太宗贞观十三年（639），全国每户的平均口数为4.31人，剑南道则为4.90人，居全国首位；山南道为4.36人，同样高于全国每户的平均口数④。但是到了玄宗天宝元年（742），全国每户的平均口数增加到5.75人，而剑南道却降至4.39人，远远低于全国平均数。山南西道更是减少到3.57人，为全国十五道中每户平均口数最低的地区⑤。如果从这两个时期巴蜀各州户数与口数之间的变动情况来看，这种非正常的变化就更加明显。兹据《旧唐书·地理志》的记载，列表如下：

表10-4　唐贞观十三年、天宝元年巴蜀地区户口和每户平均口数表

州名	户数			口数			每户平均口数		
	贞观十三年	天宝元年	增长率	贞观十三年	天宝元年	增长率	贞观十三年	天宝元年	增减情况
益州	117889	342454	190%	740312	1984483	168%	6.28	5.79	—

---

① 《陈子昂集》卷8《上蜀川安危事》。
② 《新唐书》卷125《苏颋传》。
③ 据《旧唐书·地理志》所载各州户数统计，太宗贞观十三年全国共有3041371户，玄宗天宝元年为8973634户，增长1.95倍。太宗贞观十三年巴蜀地区共有691314户，按增长1.95倍推算，天宝元年为2039376户，也就是200万户左右。
④ 梁方仲：《中国历代户口、田地、田赋统计》甲表23。
⑤ 梁方仲：《中国历代户口、田地、田赋统计》甲表25。

续表

州名	户数			口数			每户平均口数		
	贞观十三年	天宝元年	增长率	贞观十三年	天宝元年	增长率	贞观十三年	天宝元年	增减情况
嘉州	25085	34289	37%	75391	99591	32%	3.01	2.90	—
眉州	36009	43529	20%	169755	175256	3%	4.71	4.03	—
邛州	15886	42107	165%	72859	190327	161%	4.59	4.52	—
简州	13805	23066	67%	75133	143190	91%	5.44	6.20	＋
资州	29347	29635	1%	152139	104775	−31%	5.18	3.52	—
隽州	23054	40721	77%	53618	175280	227%	2.30	4.30	＋
雅州	10362	12623	22%	41723	62097	51%	4.03	4.96	＋
茂州	3386	2510	−26%	53761	13242	−75%	15.88	6.07	—
翼州	1602	711	−56%	3898	3618	−7%	2.43	5.09	＋
戎州	31670	4359	−86%	61026	16375	−73%	1.93	3.76	＋
松州	612	1070	77%	6305	5742	−8%	10.30	5.34	—
梓州	45929	61824	35%	248394	246652	−1%	5.41	3.99	—
遂州	12977	35632	175%	66469	107716	63%	5.06	3.02	—
绵州	43904	65066	48%	195563	263352	35%	4.45	4.05	—
剑州	36714	23510	−36%	190096	100450	−47%	5.18	4.27	—
合州	14934	86814	347%	50210	107220	114%	3.36	1.16	—
龙州	1017	2992	194%	6149	4228	−31%	6.05	1.41	—
普州	25840	25693	−1%	67320	74692	11%	2.61	2.91	＋
渝州	12710	6995	−45%	50713	27685	−45%	3.99	3.96	—
陵州	17441	34728	99%	80110	100128	25%	4.59	2.88	—
荣州	12262	5639	−54%	56614	18024	−68%	4.62	3.20	—
泸州	19116	16594	−13%	66828	65711	−2%	3.50	3.96	＋
利州	9628	13910	45%	31093	44600	43%	3.23	3.21	—
扶州	1928	2418	−25%	8556	14285	67%	4.44	5.91	＋
集州	1126	4353	287%	4017	25726	540%	3.57	5.91	＋
璧州	1492	12368	729%	7449	54757	636%	4.99	4.10	—
巴州	10933	30210	176%	47890	91051	90%	4.38	3.01	—

续表

州名	户数			口数			每户平均口数		
	贞观十三年	天宝元年	增长率	贞观十三年	天宝元年	增长率	贞观十三年	天宝元年	增减情况
蓬州	9268	15576	68％	35566	53352	50％	3.84	3.43	—
通州	7898	40743	416％	38123	110804	191％	4.83	2.72	—
开州	2122	5660	167％	15504	30421	96％	7.31	5.37	—
阆州	38949	29588	−24％	273453	132192	−52％	7.02	4.47	—
果州	13510	33904	149％	75811	89225	18％	5.61	2.66	—
渠州	9726	9957	2％	21552	26524	23％	2.22	2.66	＋
夔州	7830	15620	99％	39550	65000	64％	5.05	4.80	—
忠州	8319	6722	−19％	49478	43026	−13％	5.95	6.40	＋
万州	5396	5179	−4％	38867	25746	−34％	7.20	4.97	—
黔州	5913	4270	−28％	27433	24204	−12％	4.64	5.67	＋
南州	3583	443	−88％	10366	2043	−80％	2.89	4.61	＋

由上表可以看出，巴蜀各州的户、口变动，主要有两种情况。一是户数过高、口数过低，因而每户的平均口数下降。属于这类情况的有益、嘉、眉、邛、资、茂、松、梓、遂、绵、剑、合、龙、渝、陵、荣、利、璧、巴、蓬、通、开、阆、果、夔、万等26州，总户数占天宝元年巴蜀总户数的90％，口数约占87％。可以认为，这是导致巴蜀每户平均口数下降的主要原因。属于这类情况的州又可分为两种类型。一是在户、口都增加的州中，户数的增长幅度明显高于口数的增长幅度，也就是说，户数增加较快，口数增长缓慢，因而每户的平均口数减少。另一种类型是在口数减少的州中，户数减少的幅度低于口数减少的幅度，也就是说，口数减少较快，户数减少较慢，甚至口数减少，户数反而上升，其结果同样是造成每户的平均口数下降。在户籍中出现这种户、口比例非正常变动的主要原因是与户籍的伪滥有关。如前所述，自武周以后，巴蜀的在籍户口大量逃亡。但是政府的《考课令》却规定，户数的增减是考核州县长官政绩的主要依据，户数每增加一成，可以进考一等，反之，每减一成就要降考一等。因此州县长官往往隐瞒逃户问题，"耻言减耗，籍帐之间，虚存

户口"①，甚至析户以张虚数，致使户数不断上升，或者所减不多。另一方面，民户为了逃避繁重的课役，除了逃走脱籍之外，往往又隐漏丁口。而在豪族势力强大的地方，"细弱下户为豪力所兼"②，成为土豪大族的"私属"。这就导致在籍人口不断减少，或者所增不多。加之玄宗时期，全国造籍制度又普遍松弛，"开元中，玄宗修道德，以宽仁为理本，故不为版籍之书。人户浸溢，提防不禁。丁口转死，非旧名矣；田亩移换，非旧额矣；贫富升降，非旧第矣。户部徒以空文总其旧书，盖得非当时之实"③。各种伪滥的情况汇集在一起，使得巴蜀地区出现口数下降而户数却大幅度上升的不正常现象，以致出现每户平均口数不足2人的州。

巴蜀户、口比例变动的另一种情况是口数的增长超过户数的增加，或者是户数的减少小于口数的减少，甚至户数虽减，口数却有所增加，因而每户的平均口数有所提高。属于这类情况的有简、普、扶、翼、雅、巂、戎、泸、南、忠、黔、集、渠等13州。它们不是少数民族聚居的地区就是经济落后的地方，其户、口的变动主要和少数民族部落的归附、脱离，以及逃户的附籍有关。由于这些地区的户、口只占巴蜀总户、口的10%左右，所以不是巴蜀户、口变动的主要趋势。

由于户籍的伪滥，玄宗天宝元年巴蜀的在籍户口和当时巴蜀的实际户口有着较大的差距。如果以比较接近实际情况的太宗贞观十三年户籍为基础，按照全国户数的平均增长速度推算，玄宗天宝元年的巴蜀户数大约为200万户。而这个时期全国平均每户的口数为5.75人，也就是宋人李心传所说的"唐人户口至盛之时，率以十户为五十八口有奇"④。以此推算，玄宗天宝年间，巴蜀的实际人口应当在1000万左右。

安史之乱爆发后，巴蜀的民户大量逃亡，户籍上的户数急剧减少。据《元和郡县图志》记载，宪宗元和初年，剑南东、西两川，只有15.986万户，仅为玄宗天宝元年的五分之一。与此同时，造籍制度本身也陷入瘫痪状态。宪宗元和十五年（820）造籍，天下进户籍，而剑南东、西两川却没有按照规定造籍，

---

① 《唐会要》卷85《逃户》。
② 《新唐书》卷128《李杰传》。
③ 《新唐书》卷145《杨炎传》。
④ 《建炎以来朝野杂记·甲集》卷17《本朝视汉唐户多丁少之弊》。

所以"不申户籍"①。因此，唐代后期的巴蜀户籍，完全不能反映当时巴蜀户口的实际情况。事实上，唐代后期的巴蜀户口，远远超过当时户籍上所记载的户数。唐人卢求在《成都记·序》中说，宣宗大中年间，剑南西川"领州十四，县七十一，户百万"②。不仅超过了宪宗初年整个巴蜀的在籍户数，甚至超过了玄宗天宝元年剑南道的总户数。此外，剑南东川和山南西道的户口，也不低于盛唐时期的水平。僖宗中和四年（884），剑南东川节度使杨师立集本道将士、8州坛丁共15万人讨伐西川节度使陈敬瑄。东川节度使的军队，主要是从所属各州县招募而来的职业军人，而坛丁则是民兵。因此，杨师立的15万大军，基本上是由东川人组成。如果平均每户出一人当兵，则东川有15万户。但事实上达不到这样高的比例。若以二户出一兵计算，则剑南东川至少有30万户。但是杨师立仅仅调动8州坛丁参战，而当时东川管辖12州。因此，唐末剑南东川的实际户数还要高一些，估计不会少于35万户。也就是说，略高于玄宗天宝元年的户数。在唐代前期，山南西道的巴南诸州，户数增长十分迅速，其中巴、集、璧、通、开等州的户数都是成倍增加，是巴蜀户口增长最快的地区。唐代后期，这里的政局一直比较稳定，经济也有所发展，估计户数不会低于玄宗天宝元年的20万户。玄宗天宝元年（742），峡内诸州和黔中道在今四川和重庆境内的各州户数，总计为4.5万户左右。从北宋初年的记载来看，唐末五代，这里的人身依附关系特别强。"自来多兼并之家，至有数百客户者"③。有的富室甚至役属至数千户。客户的数量十分惊人。以此估计，唐末该地区的户数，一定不会少于4.5万户。由此看来，唐末巴蜀的户数，至少在160万以上。如果再考虑到唐末大批民众相继入蜀避乱，众多的少数民族部落又先后脱离了唐朝的控制，则巴蜀的实际户数，不会低于玄宗天宝年间的200万户，人口至少仍然保持在1000万人左右的水平上。

人口的分布是人口演变过程中的区域集聚情况。由于地理环境和社会经济发展的差异，唐代巴蜀地区人口的分布极不平衡。兹据《旧唐书·地理志》和《元和郡县图志》的记载，将太宗贞观十三年、玄宗开元年间、玄宗天宝元年巴

---

① 《旧唐书》卷16《穆宗本纪》。
② 《全唐文》卷744。
③ 《宋会要辑稿·兵》。

蜀诸州的户数列表如下（见表10-3），其中《元和郡县图志》的缺佚部分，以《太平寰宇记》的记载补入。

表10-3　　　　　　唐代巴蜀地区在籍户数表

州名	贞观十三年户数	开元年间户数	天宝元年户数	州名	贞观十三年户数	开元年间户数	天宝元年户数
益州①	117889	279692	342454	渝州	12710	5962	6995
嘉州	25085	22912	34289	陵州	17441	17955	34728
眉州	36009	42836	43529	荣州	12262	4707	5639
邛州	15886	13052	42107	泸州	19116	16807	16594
简州	13805	20223	23066	利州	9628	11881	13910
资州	29347	18522	29635	扶州	1928	2195	2418
嶲州	23054	38035	40721	集州	1126	4353	4353
雅州②	10362	6589	12623	璧州	1492	12368	13368
茂州	3386	2540	2510	巴州	10933	30218	30210
冀州	1602	1714	711	蓬州	9263	15576	15576
维州	2142	765	2142	通州	7898	40742	40743
戎州	31670	6787	4359	开州	2122	5660	5660
松州	612	720	1076	阆州	38949	181998	29588
当州	—	2100	2146	果州	13510	41300	33604
悉州	—	855	816	渠州	9726	9000	9957
梓州	45929	15478	61824	夔州	7830	15900	15620
遂州	12977	37377	35632	忠州	8319	6722	6722
绵州	43904	51480	65066	涪州	—	6909	9400
剑州	36714	13976	23510	万州	5396	5100	5179
合州	14934	20067	66814	黔州	5913	3963	4270
龙州	1017	917	2992	南州	3583	1124	443
普州	25840	32608	25693	溱州	—	892	879
合计	691314	906781	1169571				

①　据《唐会要》卷71《州县改置·剑南道》记载，武周垂拱二年，分益州为益、彭、蜀、汉四州，表中贞观、开元、天宝的户数为四州之和。

②　天宝户数包括黎州1731户。

根据表中的记载可以看出，唐代巴蜀地区的户口分布很不平衡。从行政区划上看，各州之间的户数差别极大。太宗时期，益州的户数高达117889户，仅次于京兆府，居全国第二位，而松州却只有612户，二者相差192.6倍；玄宗天宝年间，益州有342454户，仅次于长安和洛阳，居全国第三位，而南州则只有443户，二者相差竟达371.7倍。从地貌形态上看，各地户数之间的差异同样十分明显。一般来说，位于平原地区的各州户数，通常都要高于丘陵地区，而丘陵地区的各州户数，又要多于山区、高原。例如，地处成都平原的益州，户数始终居巴蜀各州的首位；位于安宁河谷平原的巂州，则是四川盆地以外户数最高的州。此外，最高户数在2万至5万之间的州，主要分布在四川盆地中部和南部的丘陵地区；而地处四川盆地周缘山区的各州最高户数，除了通州和巴州以外，均在2万户以下。位于川西高原、山地的各州最高户数，除了巂州之外，均不满万户，其中有户数记载的羁縻州，除了个别的州以外，一般都没有超过3000户，不少州甚至只有数百户[①]。从户数的变动来看，各地的情况仍然大不相同。自太宗贞观十三年到玄宗天宝元年，巴蜀户数的增加，主要集中在三个地区，一是位于成都平原的益州及其毗邻的邛、眉、陵、资、简等州，二是位于涪江中下游的绵、梓、遂、合等州，三是地处渠江上游的巴、蓬、集、璧四州及其毗邻的通、开二州和果州。除了上述三个地区之外，其它各州的户数增加不大，而长江沿线的戎、泸、渝、忠、万等州的户数则普遍下降。此外，长江以南的黔、南、溱等州和位于川西高原上的茂、翼等州，户数也都是负增长。

尽管唐代巴蜀各州的户数差别极大，但是从整体上看，户口的分布还是有规律的，基本上是以成都平原为中心，逐渐向外递减。太宗时期，地处成都平原的益州（Ⅰ地区）有16县，117889户，平均每县约为7368户，居巴蜀地区首位。与益州相毗邻的绵、梓、简、陵、眉、邛等6州（Ⅱ地区）有34县，172974户，平均每县约为5088户，仅次于益州各县。再外一圈的剑、阆、果、遂、普、资、荣、嘉、雅等9州（Ⅲ地区）有53县，205046户，平均每县约3869户，又次于上述两个地区。位于四川盆地南缘长江沿线的戎、泸、渝、涪、忠、万、夔等7州（Ⅴ地区）有28县，85041户，平均每县约有3037户，

[①] 见《旧唐书》卷41《地理志》所载剑南道各都督府所辖羁縻州的户数。

居第四位。地处嘉陵江以东的利、集、壁、巴、蓬、通、开、渠、合等9州（Ⅳ地区）有42县，67127户，平均每县约1598户，居第五位。位于巴蜀西部地区的扶、松、茂、龙、翼、维、巂等7州（Ⅵ地区）有36县，33741户，平均每县约937户，居第六位。

玄宗天宝元年（742），巴蜀户数的这种分布情况略有变动。益州地区因户口增加，析为益、彭、蜀、汉四州，共有23县，342454户，平均每县约为14889户，仍然高居巴蜀首位。与益州毗邻的绵、梓、简、陵、眉、邛地区增为37县，270320户，平均每县约有7306户，同样居第二位。再外一圈的剑、阆、果、遂、普、资、荣、嘉、雅等9州地区因析雅州置黎州，增加1州，共有58县，230213户，平均每县约有3969户，还是居第三位。地处嘉陵江以东的利、集、壁、巴、蓬、通、开、渠、合等9州地区为51县，200591户，平均每县约为3933户，超过位于盆地南缘长江沿线的戎、泸、渝、涪、忠、万、夔等9州地区，居第四位。戎、泸、渝、涪、忠、万、夔等7州地区因涪州有户数记载增加1州，县数增加为32县，但是总户数却减至64869户，因而每县平均只有2027户，低于太宗时期，退居第五位。位于巴蜀西部地区的扶、松、茂、龙、翼、维、巂等7州地区县数减为29县，但户数增至52570户，平均每县为1813户，高于太宗时期，但仍然是巴蜀平均每县户数最低的地区。

第二节　赋役制度

赋役是封建政权的强制性征课。从西晋到唐代前期，基本上是以丁身为主，课以赋役。安史之乱爆发后，民户大量逃亡，加之藩镇崛起，国家掌握的户口急剧减少，以人丁为本的赋役制度遭到严重破坏。为了保障国家的财政收入，唐德宗建中元年（780），改行两税法，按照资产摊派赋税。自此以后，两税法就成了唐朝赋税制度的主要部分，终唐世而不改。

巴蜀地区的赋役大体上也经历了从租调力役到两税法的变化。但由于巴蜀是一个多民族地区，赋役制度从来就没有整齐划一，加之巴蜀各地的社会经济发展极不平衡，赋役的征课也多有变通之处。由此形成独具特色的巴蜀赋役之制。

一、租调之制和租庸调

曹魏灭蜀汉之后,在巴蜀地区推行租调之制。租是指田租,按亩征收,每亩 4 升;调是指户调,按户交纳,每户出绢 2 斤。西晋武帝太康元年(280)平吴之后,又制定户调之式,仍然分为田租、户调两项。田租按丁征课,丁男交纳 50 亩的田租,共计 4 斛,比曹魏时期增加 1 倍;次丁男交纳 25 亩的田租;丁女交纳 20 亩的田租;"远夷不课田者输义米,户三斛;远者五斗;极远者输算钱,人二十八文"。户调仍然按户征课,"丁男之户,岁输绢三匹,绵三斤。女及次丁男为户者,半输。其诸边郡或三之二,远者三分之一。夷人输賨布,户一匹,远者或一丈"①。

成·汉政权沿袭西晋的户调制:"男丁一岁谷三斛,女丁一斛五斗,疾病半之。户调绢不过数丈,绵不过数两。"②租的征课,略低于西晋。而户调的征课,则比晋朝低得多。

东晋时期,除了按丁征收的田租之外,成帝咸和五年(330),又新增按亩征收的附加税,每亩税米 3 升。哀帝即位之后,减为每亩税米 2 升。孝武帝太元二年(377),把按丁征收的田租与按亩征收的附加税合并,改为按人口征收,王公以下,口税 3 斛。太元八年(383),"又增税米,口五石"③。刘宋、萧齐时期的田租,仍然是按口税米。萧梁又改为按丁输租,丁男交纳租米 5 石、禄米 2 石,丁女减半交纳。此外,又恢复按亩征收的田租,"其田,亩税米二斗"④。东晋、刘宋、萧齐的户调,基本上是沿袭西晋旧制,只是户调绢、绵改为户调麻布。刘宋孝武帝大明五年(461),"制天下民户,岁输布 4 匹"⑤。据《初学记》卷 27 引《晋令》:"疏布一匹,当绢一匹。"由此可知,岁输布 4 匹,相当于户调绢 4 匹。西晋户调为绢 3 匹、麻 3 斤,现在取消 3 斤麻,增加 1 匹布,基本上与西晋的户调额相当。萧梁时期,改户调为丁调:"其课,丁男调布、绢

---

① 《晋书》卷 26《食货志》。
② 《华阳国志》卷 9《李雄传》。
③ 《晋书》卷 26《食货志》。
④ 《隋书》卷 24《食货志》。
⑤ 《宋书》卷 6《孝武帝纪》。

各二丈，丝三两，绵八两，禄绢八尺，禄绵三两二分。"①

在东晋、刘宋、萧齐、萧梁统治时期，巴蜀地区的租赋，基本上也经历了从田租、户调到丁租、丁调的变化。除了租调之外，东晋南朝还在巴蜀地区征收各种杂税。由于各级地方官员巧立名目，横征暴敛，因而多次激起蜀人的反抗。梁武帝大中通五年（533）的齐苟儿之乱，就是其中规模较大的一次反抗。究其原因，并非蜀人"乐祸贪乱"，而是"蜀中积弊，实非一朝。百家为村，不过数家有食。穷迫之人，什有八、九。束缚之使，旬有二、三。贪乱乐祸，无足多怪。若令家畜五母之鸡，一母之豕，床上有百钱布被，甄中有数升麦饭，虽苏、张巧说于前，韩、白按剑于后，将不能使一夫为盗，况贪乱乎"②。蜀人如此困苦，足见其租调之重，远远超过法令规定的数额。至于夷僚等少数民族，因其与封建王朝的关系不尽相同，租赋的交纳亦有较大差别。其中"与夏人参居者颇输租赋"③，也就是与汉族编户一样，交纳租、调。在夷僚等少数民族集中的郡县，则沿用西晋户调式的规定，不课田，而是按户交纳义米。梁武帝天监十年（511），巴西太守张齐"上夷僚义租，得米二十万斛"④。梁武帝普通年间，益州刺史萧渊还赐给普慈郡僚人金镂券书，其文曰："今为汝置普慈郡，可率属子弟奉官租，以时输送"⑤。所谓官租，亦即义租，也就是西晋户调制中的义米。对于尚未成为编户的少数民族，"各随轻重，收其赕物，以裨国用"⑥。刘宋明帝泰始三年（467），垣闳为益州刺史，贪污狼藉，"凡蛮夷不受鞭罚，输财赎罪，谓之赕，时人谓闳为被赕刺史"⑦。萧齐时期，陈显达为益州刺史，"大度村僚前后刺史不能制，显达遣使责其租赕"⑧。租是指义租，赕是指赕物。由此看来，某些交纳赕物的夷僚，同时还要交纳义租。梁武帝时期，加强了对夷僚等少数民族租赕的征收，"梁、益二州，岁岁伐僚，责其租赕，公私颇藉为

---

① 《隋书》卷24《食货志》。
② 《南史》卷55《罗研传》。
③ 《魏书》卷101《僚传》。
④ 《梁书》卷17《张齐传》。
⑤ 《太平寰宇记》卷87《剑南东川·普州》。
⑥ 《隋书》卷24《食货志》。
⑦ 《南史》卷25《垣闳传》。
⑧ 《南齐书》卷26《陈显达传》。

利"①。

北周的赋税之法:"有室者,岁不过绢一匹,绵八两,粟五斛;丁者半之。其非桑土,有室者,布一匹,麻十斤;丁者又半之。"隋朝的赋税,沿袭北齐之制:"丁男一床,租粟三石。桑土调以绢绝,麻土以布绢。绝以匹,加绵三两。布以端,加麻三斤。单丁及仆隶各半之。"②唐代前期,"凡赋役之制有四,一曰租,二曰调,三曰役,四曰杂徭"③。大体上由租调和力役两部分组成。具体的征课办法是:"课户每丁租粟二石。其调随乡土所产,绫、绢、绝各二丈,布加五分之一。输绫、绢、绝者,绵三两。输布者,麻三斤。皆书印焉。凡丁,岁役二旬,无事则收其庸,每日三尺。"④由于唐朝有输庸代役的规定,并且在玄宗时期普遍征收庸绢或庸布,所以通常又把唐代前期的赋税制度,简单地归纳为"租庸调之法"⑤。至于杂徭,又称夫役、轻徭,是地方州县征发的徭役。唐朝的《充夫式》规定:"诸正丁充夫,四十日免役,七十日并免租,百日已上课役俱免。中男充夫,满四十日已上,免户内地租;无地税,折户内一丁;无丁,听旁折近亲户内丁。"⑥除了上述以人丁为主的租、调、役(庸)和杂徭之外,唐代前期的赋役还包括按户等征收的户税,按垦田顷亩征收的地税(义仓),以及名目繁多的诸色番役。关于这部分赋役的征课,将在两税法的施行中述及。

在北周、隋朝和唐朝前期,巴蜀地区的赋役,同样经历了从租调到租庸调的变化。由于北周和隋朝在巴蜀地区的统治时间较短,加之具体的课税情况也不是很清楚,以下重点分析唐代前期巴蜀地区赋役的执行情况。

唐令规定:"课户每丁租粟二石。其调随乡土所产,绫、绢、绝各二丈,布加五分之一。输绫、绢、绝者,绵三两。输布者,麻三斤。皆书印焉。凡丁,岁役二旬,无事则收其庸,每日三尺"⑦。巴蜀地区的汉族课户是按照这个标准交纳租庸调,不过各州县的具体情况也不尽同。课丁交纳的租,按粟计算,无

---

① 《北史》卷95《僚传》。
② 《隋书》卷24《食货志》。
③ 《大唐六典》卷3《尚书户部·户部尚书》。
④ 《旧唐书》卷43《职官志》。
⑤ 《新唐书》卷51《食货志》。
⑥ 《白氏六帖事类集》卷22《征役》。
⑦ 《旧唐书》卷43《职官志》。

粟之乡，准当地所出，折纳稻、麦，其中稻谷1斗5升当粟1斗。由于成都平原及其毗邻地区为稻谷产地，所以这里的丁租均折纳稻谷，每丁实际交纳3石稻谷，而丘陵山区每丁只须交纳2石粟米。户调的征收，北周和隋朝分为桑土之乡和麻土之乡，桑乡征缉、绵，麻乡课以布、麻。唐朝分为产丝州县和出布州县，分别征收绢、绵和布、麻。剑南道的嘉州、泸州、茂州和翼州被定为出布之州，梓州和普州为绢、布杂出之地，其余各州均属产丝之州。山南西道在今四川省和重庆市境内的诸州，除了合州为产丝之州，利州为绢、布杂出之地，其余诸州均为出布之州。也就是说，剑南道的绝大多数州县交纳绢、绵，山南西道的大部分地区则课以布、麻。玄宗时期，凡属产丝州县，每丁交纳庸调绢2匹，绵3两；凡属出布州县，每丁课以庸调布两端1丈5尺①。然而益州却是一个例外。由于益州是当时全国著名的丝织品生产中心，所以租调不是交纳稻谷和绢绵，而是"以罗、绸、绫、绢供春彩"②。太宗时期，又在"京师及益州诸州，营造供奉器物，并诸王妃公主服饰"③。唐令规定："凡金银宝货绫罗之属，皆折庸调以造"④。由此可知，益州的租庸调都是用来折造各种专供皇室使用的丝织品和器物。玄宗天宝年间，益州每年折造的"春彩"就多达10万匹⑤。

　　巴蜀地区的夷僚等少数民族，其租庸调的交纳与汉族课丁完全不同。唐令规定："夷僚之户，皆从半输，轻税。"⑥ 半输之户，主要是指在唐代以前就已经交纳赋税的熟僚、编僚。按照规定，他们的租调只相当于汉族课丁的一半。由于"诸僚皆半役"⑦，所以他们交纳的庸绢或庸布，亦只有汉族课丁的一半。虽然熟僚皆半课，但由于其社会经济相当落后，所以在具体征课时，又多有变通之处。租粟的征收，基本上是"皆随土毛，准当乡时价"⑧，进行杂折。庸调则交纳麻布，同时也可以用小布、斑布、葛布折纳。轻税之户，主要是指那些尚未完全进入农耕的"雁户"和入唐以后才被纳入封建统治之下的"生僚"。对

---

① 《大唐六典》卷3《尚书户部·户部尚书》。
② 《新唐书》卷51《食货志》。
③ 马周：《陈时政疏》，《全唐文》卷155。
④ 《旧唐书》卷43《职官志》。
⑤ 《旧唐书》卷9《玄宗本纪》。
⑥ 《大唐六典》卷3《尚书户部·户部尚书》。
⑦ 《新唐书》卷222下《南蛮下》。
⑧ 《通典》卷6《食货·赋税》。

于这些夷僚之户,唐朝并没有制定征收租庸调的办法,大体上是按照"轻税"的原则,由所在州县具体确定课役,所以《通典》卷6《食货·赋税》说:"诸边远州有夷僚杂类之所应输课役者,随事斟量,不须同之华夏。"

在巴蜀西部,当地的部落主要从事畜牧业,封建王朝对他们的课赋,既不同于汉族,也不同于夷僚等从事农耕的少数民族。唐令规定:"凡诸国蕃胡内附者,亦定为九等。四等以上为上户,七等以上为次户,八等以下为下户。上等户丁税银钱十文,次户五文,下户免之。附贯经二年以上者,上户丁输羊两口,次户一口,下户三户共一口。无羊之处,准白羊估,折纳轻货。"① 巴蜀缘边少数民族地区,素以出产各种珍奇之物著称,所以基本上是采用折纳轻货的办法,交纳黄金及各种珍宝。直到唐代后期、部分州县仍然是"王租只贡金"②。至于缘边各羁縻州的少数民族部落,唐王朝并不向他们征收赋税,只是保持"贡纳"和"赏赐"的关系。羁縻部落向唐朝进贡方物,唐王朝则从内地调运米、盐、布帛"赏赐"给他们,实际上带有一种互市的性质。

唐代前期,虽然有输庸代役的规定,而且官府也确实在普遍征收庸绢、庸布,但是力役的征发从来就没有停止。早在高祖武德二年"初定租、庸、调法"③ 的时候,太府少卿李袭誉就在巴蜀征调力役,"运剑南之米以实京师"④。武德七年(624),又"开骆谷道以通梁州"⑤。不过唐高祖有鉴于亡隋徭役苛暴,从而引发农民大规模反叛的教训,也尽量减少力役的征发,"每给优复,蠲减徭赋,不许差科。辄有劳役,义行简静,使务农桑"⑥。对于巴蜀地区也是这样。"武德三年,科租至岷州,程期甚促,蜀人初不闻,谓在天外。人有俶购,科索万钱,转重惊急,谓往鬼国。被去者皆为死计,散费资粮,为不行之计。(惠)岸于新繁市大笑曰:'但去,必见欢喜。'捉负租拗折数枚。众人去至鹿头,道逢敕停。"⑦ 虽然这次力役的征调引起了蜀中的骚动,但是最终还是"道逢敕停",免于征行。由此可以看出,当时唐王朝在巴蜀征调力役还是有所节制

---

① 《大唐六典》卷3《尚书户部·户部尚书》。
② 许裳:《送龙州樊使君》,《全唐诗》卷603。
③ 《新唐书》卷51《食货志》。
④ 《册府元龟》卷498《邦计部·漕运》。
⑤ 《元和郡县图志》卷2《关内道·京兆府》。
⑥ 高祖:《罢差科徭役诏》,《全唐文》卷2。
⑦ 释道宣:《唐初蜀郡沙门释惠岸传》,《续高僧传》卷27。

的。至于"道路迎送,廨宇营筑"等杂徭,高祖更是严禁州县官员"率意征求,擅相呼召"。并且规定:"非有别敕,不得差科。不如诏者,重加推罚"①。当时镇守益州的皇甫无逸也能"宣扬朝化,法令严肃,蜀中甚赖之"②。可以认为,高祖时期,巴蜀地区虽有力役的征发,但是尚未成为百姓的一项沉重负担。

巴蜀徭役的加重是在太宗晚年。贞观二十二年(648),太宗准备次年再次东征高丽,于是派右领左右府长史强伟到剑南伐木造舟舰。强伟等人"发民造船,役及山僚,雅、邛、眉三州僚反"③,而"蜀人苦造船之役,或乞输直雇潭州人造船,上许之。州县督迫严急,民至卖田宅、鬻子女,不能供。谷价踊贵,剑外骚然。上闻之,遣司农少卿长孙知人驰驿往视之。知人奏称:'蜀人脆弱,不耐劳剧,大船一艘,庸绢二千二百三十六匹。山谷已伐之木,挽曳未毕,复征船庸,二事并集,民不能堪,宜加存养。'上乃敕潭州船庸皆从官给"④。然而蜀人还是要服劳役,刊山伐木,以供造船之用。太宗之所以要在剑南造船,理由只有一个:"隋末,剑南独无寇盗属者,辽东之役,剑南复不预及,其百姓富庶,宜使之造舟舰。"⑤ 这种"必欲敝之"⑥ 的政策,自然导致"民卖田宅、鬻子女,不能供"的严重后果。

自高宗以后,巴蜀民众最沉重的力役负担是转输军粮。由于巴蜀地处西南边陲,"西抗吐蕃,南抚蛮僚"⑦,历来驻有边防军,粮饷运输,十分繁重。高宗时期,每年要从成都平原各州征调50万丁为屯驻扶州的同昌军运粮⑧。武周时期,又要役使16万民夫为屯驻松、潘等州的通轨军"千里运粮"⑨。仅此两项运役,就要征发66万人。而当时剑南道所设置的军镇,远不止通轨、同昌两军。据《新唐书》卷50《兵志》记载,自武德至天宝以前,剑南道先后设有10军、15守捉、32城、38镇。以此推测,剑南道每年征调的运粮丁夫,不会少

---

① 高祖:《申禁差科诏》,《全唐文》卷2。
② 《旧唐书》卷62《皇甫无逸传》。
③ 范祖禹:《唐鉴》卷3。
④ 《资治通鉴》卷199,太宗贞观二十二年九月。
⑤ 《资治通鉴》卷199,太宗贞观二十二年九月。
⑥ 范祖禹:《唐鉴》卷3。
⑦ 《旧唐书》卷38《地理志》。
⑧ 《陈子昂集》卷8《上蜀川安危事》。
⑨ 《陈子昂集》卷8《上蜀川军事》。

于 100 万。可是当时整个剑南道尚不足 100 万户，除去不课户及缘边诸州的少数民族，实际承担运役的民户，平均每户至少要被征调 2 人。其结果自然是"剑南百姓，不堪此役"①。再加上当时剑南道的吏治普遍败坏，"刺史贪沓而苛，县令威施而忍"②，从而进一步加重了百姓的负担。例如武周时期的益州大都督府长史李崇真，"传檄称吐蕃欲寇松州，遂使国家盛军以待之，转饷以备之。未二三年，巴蜀二十余州骚然大敝，竟不见吐蕃之面，而崇真赃钱已巨万矣。蜀人残破，几不堪命"③，以至"百姓老弱，未得其所，比年以来，多以逃亡"④，社会经济遭到严重破坏，"蜀乡财产，古称天府。疲敝始西军之役，屡空拯冒贿之夫，满路吁嗟，弃亲亡散，维贷是视，爱养谁能"⑤。到了玄宗时期，巴蜀地区苛重的力役仍然无所减免。开元十三年（725），玄宗在给益州大都督府长史张敬宗的敕文中就说："顷者西南阻化，徭役殷繁，山川既接于夷戎，县道有劳于转输。"⑥ 当时，巴蜀之民不仅要把军粮运送到地处川西高原的西山诸州，同时还要"逾重阻，冒毒瘴"⑦，岁转军储于云南。据《旧唐书》卷38《地理志》记载，玄宗开元、天宝之际，剑南节度使"管兵三万九百人，马二千匹，衣赐八十万疋段，军粮七十万石"。据陈子昂说，向松、潘等州运送 7 万石军粮，需要征发 16 万丁夫⑧。以此估计，玄宗时期转输 70 万石军粮所征调的民夫，亦不下百万之众。除此之外，玄宗朝又多次用兵西南地区，致使巴蜀的供军力役更加苛重，所以张九龄说"兵连蛮徼，岁转军储，扰我公私，费以巨亿"⑨。特别是天宝末年对南诏的战争，不仅丧师近 20 万，同时也使"三蜀疲罄"⑩。

虽然向边军运送粮饷是巴蜀民众的一项沉重负担，但是各地的力役征调却并不尽同。从征发的地区来看，主要在剑南诸州，特别是经济发达、人口众多

---

① 《陈子昂集》卷 8《上蜀川安危事》。
② 《陈子昂集》卷 5《汉州雒县令张君吏人颂德碑》。
③ 《陈子昂集》卷 9《谏雅州讨生羌书》。
④ 《陈子昂集》卷 8《上蜀川军事》。
⑤ 闾丘均：《益州父老请留博陵王表》，《文苑英华》卷 609。
⑥ 《金石苑》卷 2《青城山常道观敕》。
⑦ 张九龄：《故襄州刺史靳公遗爱碑》，《全唐文》卷 291。
⑧ 《陈子昂集》卷 8《上蜀川军事》。
⑨ 张九龄：《故襄州刺史靳公遗爱碑》，《全唐文》卷 291。
⑩ 《新唐书》卷 127《张延赏传》。

的益、彭、蜀、汉四州，运役最为苛重，这也是造成蜀地百姓大量脱籍逃亡的重要原因。从征发的对象来看，汉族的正丁、中男，甚至还有部分老男都在服役之列，故陈子昂说："使百姓老弱，未得其所"①。但是对半役的僚户，运役的征发却并不十分严重。至于羌、蛮等少数民族，基本上没有承担这项力役，其中"松、茂等州诸羌首领"还是运送到边军的"财帛粮饷"②的受益者。

唐代前期，除了供军力役之外，巴蜀地区还有其他各种各样的徭役。高宗麟德元年（664）以后，每年要从蜀州"差兵募五百人往姚州镇守。路越山险，死者甚众"③。武周延载元年（694），司马成琛又"奏请于泸南置镇七所，遣蜀兵防守。自此蜀中骚扰，至今不绝"④。玄宗先天、开元之际，益州大都督府长史陆象先"奏嘉、邛路远，请凿岷山之南以从捷近。发卒从役，居人不堪，多道亡瘗病，行旅无利"⑤。其他如营建官廨、州县学校，修筑道路，兴建水利工程，维修灌溉设施等等，都是巴蜀民众必须承担的徭役。

概言之，唐代前期巴蜀民众最沉重的负担是各种力役，而不是租庸调的征课，特别是在经济发达的成都平原，这种情况尤其突出。

二、两税法的施行

安史之乱爆发后，唐王朝的赋税征收，完全陷于混乱之中，"军国之用，仰给于度支、转运二使；四方大镇，又自给于节度、团练使。赋敛之司增数而莫相统摄，于是纲目大坏，朝廷不能复诸使，诸使不能复诸州。四方贡献，悉入内库。权臣猾吏，缘以为奸，或托进献，私为赃盗者，动以万计。有重兵处，皆厚自奉养，正赋所入无几"⑥。由此使得国家出现严重的财政危机，迫使唐王朝不得不从根本上对原有的赋役制度进行改革。大历十四年（779）八月，宰相杨炎上疏，"请作两税法，以一其名"，"德宗善而行之"⑦。于是在建中元年（780）正月诏行两税法。同年二月，又遣黜陟使分巡天下，"仍与观察使、刺史

---

① 《陈子昂集》卷 8《上蜀川军事》。
② 《陈子昂集》卷 8《上蜀川安危事》。
③ 《旧唐书》卷 91《张柬之传》。
④ 《唐会要》卷 73《姚州都督府》。
⑤ 刘肃：《从善》，《大唐新语》卷 9。
⑥ 《唐会要》卷 83《租税上》。
⑦ 《旧唐书》卷 118《杨炎传》。

计人产等级为两税法"①。自此以后,两税法就取代了租调力役之制,成为唐朝主要的赋役制度。

两税法的基本原则是"量出制入"。即由各州府先测算出本州府的岁支总数,然后以此作为征收两税的总额。不过,在具体确定两税总额的时候,实际上是"每州各取大历一年科率钱谷最多者使为定额"②。征收两税的对象是行商和各州府的现住民户,"行商者在郡县税三十之一"③,现住民户则是"户无土客,以见居为簿,人无丁中,以贫富为差"④,一律定为两税户。每户的纳税数额不是按人丁计算,而是按民户的资产和田亩计算。其中资产税由"黜陟、观察使及州县长官,据旧征税数及人户土客,定等第、钱数多少,为夏秋两税"⑤,即按户等征收,"资产少者则其税少,资产多者则其税多"⑥;田亩税则由各府州"据大历十四年见佃青苗地额均税。夏税六月内纳毕,秋税十一月内纳毕"⑦,即各府州把大历十四年的地税总额,按亩均摊,定为田亩之税,分夏、秋两次征收。这种按照户等和田亩征税的办法,实际上是把原有的租庸调和"比来新旧征科色目"⑧ 完全并入户税和地税之中,从而统一税制。

户税又名税钱、税户钱,是按户等征收的财产税。唐高祖武德六年(623),"令天下户量其赀产,定为三等"⑨。太宗贞观九年(635),"诏天下户立三等,未尽升降,置为九等"⑩。自此以后,按照民户资产的多寡分为九等户,遂成定制。评定户等的"资产"是指民户的住宅、车畜、粮食、奴婢和部曲等,但是不包括土地⑪。唐代前期,"凡天下诸州税钱,各有准常。三年一大税,其率一百五十万贯,每年一小税,其率四十万贯。以供军国传驿及邮递之用。每年又

---

① 《唐会要》卷 83《租税上》。
② 《陆宣公集》卷 22《均节赋税恤百姓》。
③ 德宗:《定两税诏》,《全唐文》卷 50。
④ 《唐会要》卷 83《租税上》。
⑤ 《唐会要》卷 83《租税上》。
⑥ 《陆宣公集》卷 22《均节赋税恤百姓》。
⑦ 《唐会要》卷 83《租税上》。
⑧ 德宗:《停杂税制》,《全唐文》卷 50。
⑨ 《唐会要》卷 85《定户口》。
⑩ 《旧唐书》卷 3《太宗本纪》。
⑪ 唐耕耦:《唐代前期的户等与租庸调的关系》,《魏晋隋唐史论集》第 1 辑,1981 年。

别税八十万贯,以供外官月料及公廨之用"①。玄宗天宝年间,八等户的税钱是452文,九等户为222文②。代宗大历四年(769),对户税进行全面调整,确定户等的资产范围和征税面都有所扩大,税率也比天宝年间有较大幅度的增长,其中八等户增加到700文,九等户为500文③。德宗建中元年改行两税法的时候,把各种"旧征税数"并入户税之中,于是各府州便根据现有的"百姓及客户,约丁产,定等第"④,重新确定户等及各等第的税钱。由于各府州"所在徭赋,轻重相悬",加之"大历中纪纲废弛,百事从权,至于率税多少,皆在牧守"⑤,因此在改行两税法的时候,各府州实际摊配到各户等的税钱也就不完全一样,原来全国统一的户税额也就不复存在。

地税是由义仓纳粟演变而来。太宗贞观二年(628),尚书左丞戴胄上言,请仿隋制,设置义仓,以备凶年。于是诏下有司,议立条制,"户部尚书韩仲良奏:'王公以下,垦田亩纳二升,其粟麦粳稻之属,各依土地,贮之州县,以备凶年。'制可之"⑥。高宗永徽二年(651),一度改为按户等征收,但是时间不长。至玄宗开元二十五年(737)定式,仍然规定"王公以下,每年户别据所种田亩,别税粟二升"。只有"商贾户若无田及不足者"⑦才按户等征收。代宗广德元年(763),重申:"地税依旧每亩税二升。"⑧但是在广德二年(764)却又按亩另征青苗钱,以充百官俸料⑨。大历元年(766),每亩征收青苗钱15文,此外又有"地头钱",每亩20文。于是地税就扩大为粟米和青苗地头钱两项。大历五年(770),全面提高地税数额,"夏,上田亩税六升,下田亩四升;秋,上田亩税五升,下田亩三升,荒田如故。青苗钱亩加一倍,而地头钱不在焉"⑩。其后,地税数额不断发生变化。改行两税法的时候,各府州遂按照大历十四年(779)本府州的地税总额逐亩均摊。

---

① 《大唐六典》卷3《尚书户部·郎中员外部》。
② 《通典》卷6《食货·赋税》。
③ 《旧唐书》卷48《食货志》。
④ 《唐会要》卷83《租税上》。
⑤ 《陆宣公集》卷22《均节赋税恤百姓》。
⑥ 《唐会要》卷88《仓及常平仓》。
⑦ 《通典》卷12《食货·轻重》。
⑧ 《册府元龟》卷487《邦计部·租税》。
⑨ 钱大昕:《青苗钱不始于王安石》,《陔余丛考》卷20。
⑩ 《新唐书》卷51《食货志》。

唐代前期，巴蜀的民户也要交纳户税和地税。《太平广记》卷64《杨正见》说，玄宗开元初年，眉州通义县人杨宠的女儿杨正见，"见父母拣税钱输官，有明净圆好者，窃二钱玩之，以此为隐藏官钱过"。这就是有关交纳户税的记载。陈子昂在述及剑南道的徭役之弊时，曾建议增加"九等税钱，以市骡马，差州县富户各为驼主主税钱者，以充脚价，各次第四番运輂"①。至于按垦田顷亩交纳的地税，由于唐令规定："下下户及夷獠不取焉"②，因此，除了户等定为下下户的贫困户之外，巴蜀的夷獠之户也不交纳地税，所以巴蜀的义仓粟米相当有限。据《通典》卷12《食货·轻重》记载，玄宗天宝八年（749），剑南道仅有义仓1797228石，居全国十道中的第八位，仅比河西、陇右二道多。

自安史之乱爆发到施行两税法，巴蜀地区赋役的征课发生了急剧变化。安史之乱爆发后，天下兵起，屯戍相望，唐王朝需饷孔急，于是横征暴敛，百计搜刮。由于北方的社会经济在战乱中遭到严重破坏，"函陕凋残，东周尤甚，过宜阳、熊耳，至虎牢、成皋，五百里中，编户千余而已。居无尺椽，人无烟爨，萧条凄惨，兽游鬼哭"③，因此唐王朝的搜刮重点便移向受战争破坏不大的巴蜀和江淮地区，其中巴蜀的赋役特别繁重。杜甫曾说："河南、河北，贡赋未入；江淮转输，异于曩时。惟独剑南自用兵以来，税敛则殷，部领不绝，琼林诸库，仰给最多"④。当时的巴蜀地区，除了继续交纳租庸调和户税、地税之外，还要承担各种各样的苛捐杂税。"自天宝末年盗贼奔突，克服之后，府库一空，又所在屯师，用度不足。于是遣御史康云间出江淮，陶锐在蜀汉，豪商富户，皆籍其家资，所有财货畜产，或五分纳一，谓之率贷。"⑤ 这是专门针对"豪商富户"的搜刮。至于对一般民户的横征暴敛，更是名目繁多，"故科敛之名数百，废者不削，重者不去，新旧仍积，不知其涯"⑥，"言利者穿凿万端，皆取之百姓。应差科者，自朝至暮，案牍千重。官吏相承，惧干罪谴。或责之于邻保，或威之以杖罚，督促不已"，"且田土疆界，盖亦有涯，赋税差科，乃无涯矣。

---

① 《陈子昂集》。
② 《新唐书》卷51《食货志》。
③ 《册府元龟》卷489《邦计部·漕运》。
④ 《杜工部集》卷17《为阆州王使君进论巴蜀安危表》。
⑤ 《通典》卷11《食货·杂税》。
⑥ 《旧唐书》卷118《杨炎传》。

第十章 人口和赋役

为蜀人之计,不亦难哉"①。除此之外,在安史之乱爆发后,吐蕃和南诏又乘唐朝内乱的机会,大举入侵剑南三川,迫使唐朝在缘边地区屯驻重兵,从而使巴蜀的赋役更加苛重。"自邛关黎雅,界于南蛮也;茂州而西,经羌中至平戎数城,界于吐蕃也。临边小郡,各举军戎,并取给于剑南。其运粮戍,以全蜀之力,兼山南佐之,而尤不举。"②不仅原来力役已经相当繁重的益、彭、蜀、汉四州要"当他十州之重役"③,就是原来徭役较轻的山南西道巴南诸州,也开始大规模地征调力役。代宗在《给复巴蓬等州诏》中说:"如闻巴南诸州,自顷以来,西有蕃夷之寇,南有羌戎之聚,岁会戎事,城出革车。子弟困于征徭,父兄疲于馈饷。赋敛烦重,人转流亡。荒田既多,频岁仍俭。户口凋耗,居民萧然。去桑梓之重迁,保山林以自活。念性命于俄顷,或逡巡于寇攘。"④所以在安史之乱以后,不仅剑南诸州"遥逃益滋"⑤,就是山南西道也是"户口流散大半"⑥。这种状况一直延续到德宗改行两税法。

从安史之乱爆发到建中元年改行两税法的25年中,尽管整个巴蜀地区的赋役相当混乱,并且普遍加重,但是各地的具体情况却不尽相同。"蜀之土地膏腴,物产繁富,具以供王命也"⑦,因而成为唐朝的重点搜刮地区。同时这里又是重兵屯戍之处,供军徭赋极为繁重。加之当时的剑南节度使又多以贪暴著称,他们除了上贡、助军之外,还恣意聚敛,厚自奉养。如肃宗时期的剑南节度使严武,"在蜀颇放肆,用度无艺,或一言之悦,赏至百万,蜀虽号富饶,而峻掊亟敛,间里为空"⑧。继严武之后担任剑南节度使的郭英乂则肆行不轨,无所忌惮,"又颇恣狂荡,聚女人骑驴击球,制钿驴鞍及诸服用,皆侈靡装饰,日费数万,以为笑乐"⑨。而代宗时期的剑南西川节度使崔宁,"恃地险人富,乃厚敛财货",以至杨炎说:"蜀川天下奥壤,自(崔)宁擅置其中,朝廷失其外府十

---

① 高适:《请罢东川节度使疏》,《全唐文》卷357。
② 高适:《请罢东川节度使疏》,《全唐文》卷357。
③ 高适:《请罢东川节度使疏》,《全唐文》卷357。
④ 《全唐文》卷48。
⑤ 高适:《请罢东川节度使疏》,《全唐文》卷357。
⑥ 《旧唐书》卷117《严震传》。
⑦ 《杜工部集》卷17《为阆州王使君进论巴蜀安危表》。
⑧ 《新唐书》卷129《严武传》。
⑨ 《旧唐书》卷117《郭英乂传》。

四年矣"①。因此剑南道的赋役特别苛重,杜甫就说:"三蜀天府也,征取万计","充备百役,不敢怨嗟"②。其中又以益、彭、蜀、汉四州的征敛最为繁重,高适就说:"今梓、遂、果、阆等八州,分为东川节度,岁月之计,西川不可得而参也。而嘉陵比为夷獠所陷,今虽小定,疮痍未平。又一年已来,耕织都废,而衣食之业,皆贸易于成都,则其人不可得而役明矣。今可税赋者,成都、彭、蜀、汉州也,又以四州残敝,当他十州之重役,其于终久,不亦至艰"③。至于山南西道的巴南诸州,虽因蕃戎入侵而使赋役有所加重,但是这里"饶瘠廥薄,货殖所入,力不多也"④,加之该地区华夷相杂,易动难安,"自安史之后,多为山贼剽掠,户口流散大半"⑤,以至"州壤萧然"⑥。面对这种状况,唐王朝只好减免赋役,以此招徕户口。代宗大历七年(772)诏:"其巴、蓬、渠、集、璧、充、通、开等州,宜放二年租庸。及诸色征科,亦宜蠲免。仍委本道观察及刺史、县令,切加招抚。"⑦此外,代宗又专门下了一道《许巴南贼自新制》,允许他们"相率来归,各安生业,并无所问,咸许自新"⑧。虽然逃户很少因此而重新附籍,但是这种招抚政策的施行,却使巴南诸州的赋役得到一定程度的减轻,因此巴南诸州的赋役要比剑南两川轻得多。巴蜀各地赋役的轻重不一,是后来改行两税法时各府州之间两税额形成巨大差异的主要原因。

建中元年改行两税法的时候,由于是把原有的各种征课并入两税之中,所以"大历中非法赋敛、急备、供军、折估、宣索、进奉之类者,既并入两税矣"。加之定税之时,"不立科条",只是"分遣使臣凡十余辈,专行其意,各制一隅。遂使人殊见,道异法,低昂不类,缓急不伦"⑨,致使两税法在开始施行之时,各府州之间的税额就明显不同。剑南三川亦不例外,各道之间的两税额

---

① 《旧唐书》卷117《崔宁传》。
② 《杜工部集》卷17《为阆州王使君进论巴蜀安危表》。
③ 高适:《请罢东川节度使疏》,《全唐文》卷357。
④ 罗让:《对才识兼茂明于体用策》,《全唐文》卷525。
⑤ 《旧唐书》卷117《严震传》。
⑥ 权德舆:《开州刺史新宅记》,《全唐文》卷494。
⑦ 代宗:《给复巴蓬等州诏》,《全唐文》卷48。
⑧ 《全唐文》卷46。
⑨ 《陆宣公集》卷22《均节赋税恤百姓》。

第十章　人口和赋役

和征收情况都有很大差异。

在安史之乱爆发后的肃、代两朝，剑南西川的赋役最为苛重。德宗建中元年改行两税法时，又"唯以旧额为准"①，因此剑南西川是剑南三川中两税额最高的一道。此外，在初行两税的时候，也没有把该地区所有的杂税完全并入两税之中。例如每亩高达七八百文的青苗钱就是在两税之外，另行征收。直到文宗大和四年（830），因南诏入侵、西川残破，文宗才下诏："令并省税名目，一切勒停。尽依诸处为两限。有青苗约立等第，颁给户帖。两税之外，余名一切勒停"②。自此以后，剑南西川的杂税才被全部并入两税之中。同时，剑南西川的两税额在德宗建中元年（780）确定之后，并未固定，而是不断提高。建中三年（782），全国普遍加税。剑南西川的两税也"每一千加税二百"③。德宗贞元八年（792）四月，"剑南西川观察使韦皋奏请加税什二，以增给官吏。从之"④。大约自宪宗以后，剑南西川的两税额才相对稳定下来。文宗大和四年（830），南诏入侵西川，诏令减免当道两税，于是剑南西川宣抚使崔戎上奏说：

> 准诏旨，制置剑南西川两税。旧纳见钱一半令今纳见钱，一半纳当土所在杂物，仍于时估之外，每贯加饶三百五文，依元估充送省及留州、留使支用者。今臣与郭钊商量，当道两税，并纳见钱，军中支用及将士官吏俸，依赐并以见钱给付。今若一半折纳，则将士请受，折损较多，今请两税钱数内，三分二分纳见钱，一分纳疋段及杂物，准诏每贯加饶五百文，计优饶百姓一十三万四千二百四十三贯文。⑤

根据当时"优饶百姓"的数额，可以推算出文宗时期剑南西川的两税总额

---

① 《陆宣公集》卷 22《均节赋税恤百姓》。
② 崔戎：《请勒停杂税奏》，《全唐文》卷 744。
③ 《唐会要》卷 83《租税上》。
④ 《旧唐书》卷 48《食货志上》。
⑤ 《册府元龟》卷 488《邦计部・租税》。

为805458贯文①,大约占全国两税总额的七分之一强②。这个时期,剑南西川共有11个府州推行两税法,即成都府和彭、蜀、汉、邛、眉、嘉、资、简、黎、雅10州③。据《元和郡县图志》记载进行统计,宪宗元和年间,上述11府州共有111287户,平均每户大约承担7.24贯。如果按此数均摊西川两税总额,则各府州的两税额如下表:

表10-4　　　　　　　　唐代剑南西川各府州两税额

府州名	元和户数（户）	按均摊估计的两税额（贯）	府州名	元和户数（户）	按均摊估计的两税额（贯）
成都府	46010	333112	嘉州	1975	14299
彭州	9887	71582	资州	1499	10853
蜀州	14508	105038	简州	2522	18259
汉州	2115	15313	黎州	338	2447
邛州	25176	182274	雅州	1453	10520
眉州	5804	42021			

当然,剑南西川各府州两税的摊配情况差异极大,两税户也不是均摊两税

---

① 根据崔戎的奏疏,可知西川两税总额的三分之一折纳匹段与杂物,这三分之一的税额在折纳时,每贯加钱500文,定为省估（虚估）,总共加饶134243贯文,由此可以算出折纳匹段和杂物的税额为269486贯文,即西川两税总额的三分之一。据此,西川两税总额就应该是805458贯文。另据《旧唐书》卷48《食货志》、《唐会要》卷84《租税下》记载,"每二贯加饶百姓五百文",以此计算,则文宗时西川两税总额当为1610916贯文,疑其太重。据《文献通考》卷4《田赋·历代田亩之制》记载,北宋神宗熙宁十年,成都府路的二税见催额只有96732贯匹石两张斤担。折算成钱,大约在60万贯。唐代两税额不致高达161万余贯。潘镛《旧唐书食货志笺证》认为,应改"每二贯"为"每贯"为宜。当是。

② 《资治通鉴》卷249引《续皇王宝运录》:"宣宗大中七年十二月,度支奏:'自河、湟平,每岁天下所纳钱九百二十五万余缗,内五百五十万余缗租税,八十二万余缗榷酤,二百七十八万余缗盐利。'"则剑南西川80万贯两税额约占550余万贯的七分之一强。

③ 根据唐人卢求《成都记·序》记载,宣宗大中六年,剑南西川"领州十四"（《全唐文》卷744）,即成都府和彭、蜀、汉、眉、邛、嘉、资、简、黎、雅、巂、扶、茂州（《新唐书·方镇年表》,参见新、旧唐书·地理志）。其中扶州在肃宗乾元元年为吐蕃占领,直到宣宗大中四年才收复（《新唐书》卷40《地理志》）,因此文宗时期西川两税总额不包括扶州。茂州"自古至今,并无两税"（《太平寰宇记》卷78《剑南西川·茂州》）。巂州因当地少数民族部落主要从事畜牧业,也没有两税,所以文宗大和四年南诏入侵西川时,尽管巂州和黎州、雅州、成都一样,都是南诏用兵之处,但文宗只说:"成都府及诸县,并邱（当为"邛"之误）、雅、黎等州,蛮寇所经处,赋税三分蠲放一分"（《全唐文》卷744崔戎《请勒停杂税奏》）。惟独未提及蠲免巂州两税,足见当时巂州并无两税可言。除了扶州、茂州、巂州,其余11府州就是文宗时期剑南西川施行两税法的地区。

总额，而是按户等和田土纳税，所以上表只是极其粗略地反映各府州两税的大概情况。从表中可以看出，地处成都平原的成都府、彭州、蜀州和汉州，大约占西川两税总额的65％，其中仅成都府就占40％。由此可知，剑南西川的两税主要取自成都平原各府州。

关于剑南东川各州的两税额，可以从宪宗元和二年（807）剑南东川节度使严砺于两税外加配百姓草的数额中推算出来。据元稹《弹奏剑南东川节度使状》说，严砺在"元和二年七月二十一日举牒称：'管内邮驿要草，于诸州秋税钱上，每贯加配一束。'至三年秋税，又准前加配。"共计加配草414867束。其中：梓州共加征75953束，元和二年为31793束，元和三年为44160束；遂州共加征49985束，元和二年为24503束，元和三年为25482束；绵州共加征88688束，元和二年为38093束，元和三年为50595束；剑州共加征21817束，元和二年为9039束，元和三年为12778束；普州共加征15450束，元和二年加征6000束，元和三年加征9450束；合州共加征9067束，元和二年加配草3462束，元和三年加征草5605束；荣州共加征15030束，元和二年为9403束，元和三年为5627束；渝州共加征6341束，元和二年为2614束，元和三年为3727束；泸州共加征7704束，元和二年为3853束，元和三年为3851束；资州共加征32023束，元和二年为15798束，元和三年为16225束；简州共加征47222束，元和二年为24104束，元和三年为23118束；陵州共加征48467束，元和二年为24606束，元和三年为23861束；龙州共加征1702束，元和二年为891束，元和三年为811束[①]。由于严砺是按各州的秋税钱数额，每贯加配草一束，因此上述各州每年加配的草数，就是当州的秋税钱数额。至于夏税钱，从宋代的情况来看，梓州路的二税中，夏税约占29％[②]。估计唐代剑南东川的夏税在两税中所占比例，大体上与此相同。若以唐代剑南东川各州夏税占30％计算，则剑南东川各州两税额大致如下表：

---

① 《元氏长庆集》卷37。
② 《文献通考》卷4《田赋·历代田亩之制》。

表 10－5　　　　　　　唐代剑南东川各州两税额

州名		加征草数（束）	秋税钱（贯）	估计夏税钱（贯）	估计两税额（贯）
梓州	元和二年	31793	31793	13626	45419
	元和三年	44160	44160	18926	63086
剑州	元和二年	9039	9039	3874	12913
	元和三年	12778	12778	5476	18284
绵州	元和二年	38093	38093	16326	54419
	元和三年	50595	50595	21684	72279
遂州	元和二年	24503	24503	10501	35004
	元和三年	28482	28482	10921	36403
渝州	元和二年	2614	2614	1120	3734
	元和三年	3727	3727	1597	5324
合州	元和二年	3462	3462	1484	4846
	元和三年	5605	5605	2402	8007
普州	元和二年	6000	6000	2871	8571
	元和三年	9450	9450	4050	13500
荣州	元和二年	9403	9403	4030	13433
	元和三年	5627	5627	2412	8039
陵州	元和二年	24606	24606	10545	35151
	元和三年	23861	23861	10226	34087
泸州	元和二年	3853	3853	1651	5504
	元和三年	3851	3851	1650	5501
龙州	元和二年	891	891	382	1273
	元和三年	811	811	348	1159
简州	元和二年	24104	24104	10330	34434
	元和三年	23118	23118	9908	33026
资州	元和二年	15798	15798	6771	22569
	元和三年	16225	16225	6954	23179

　　根据上表统计，宪宗元和二年（807）剑南东川 13 州的两税总额为 277307 贯，元和三年（803）为 321844 贯。自元和四年（804）重新把资、简二州划归

剑南西川管辖后，剑南东川 11 州的两税总额大约在 27 万贯，仅相当于剑南西川的 1/3①。

山南西道在推行两税法时，税额定得非常低，"虽节察十五郡，赋额不敌中原三数县"②，大约相当于中原地区一个州的两税额，估计不会超过 10 万贯。据元稹《弹奏山南西道两税外草状》说，兴元府、洋州、利州"自建中元年已后，每年随税据贯配率"供驿禾草，其中兴元府每年二万围，"洋州一万五千围，利州一万一千四百七十七围"③。虽然元稹没有提到"据贯配率"的比例，但是德宗时期的山南西道节度使严砺在转任剑南东川节度使以后，曾在剑南东川的秋税钱上，每贯加配草 1 束，以供"管内邮驿要草"④。这很可能就是沿用山南西道据贯率配供驿禾草的办法。如果是这样，那么山南道在两税钱上加配驿草的办法就应该是每贯率配 1 围。以此计算，兴元府的两税额为 20000 贯，洋州为 15000 贯，利州为 11477 贯，共计 46477 贯。如果按山南西道两税总额为 10 万贯估计，则上述 3 府州大约占 46％，其余 12 州平均每州的两税额不超过 4460 贯，因此兴元府的两税额就显得特别高。这就导致对部分州县税额的调整。文宗"大和二年二月，兴元尹王涯奏：'兴元府南郑两税钱额素高，每年征科，例多悬欠。今请于管内四州均摊，代纳二千五百贯文。配蓬州七百五十贯、集州七百五十贯、通州五百贯、巴州五百贯。'敕旨：宜付有司"⑤。从当时的情况来看，果、阆二州的经济较为发达，两税户也比较多，但不在"均摊"之列，这说明果、阆二州原有的两税额较高，估计与利州、洋州差不多。在摊配的四州中，通、巴二州均为 500 贯，但是通州原有的两税额较高，因此表示不能接受，"伏缘本府租税最重，开州独称殷羡，请割巴、渠州见管三县内摊配。从之"⑥。由此可知，开州、巴州、渠州的原有税额均低于通州，其中以巴州的税额最低，所以不仅要承担摊配的 500 贯，还要和渠州分摊配给通州的 500 贯。蓬、集二州素以山水险恶著称，经济落后，两税额甚低，每州即使在摊配 750

---

① 至于严砺在两税之外加征的现钱和刍粟，因不久后即被取消，故未计入剑南东川两税总额之中。
② 《旧唐书》卷 117《严震传》。
③ 《元氏长庆集》卷 37。
④ 《元氏长庆集》卷 37《弹奏剑南东川节度使状》。
⑤ 《唐会要》卷 84《租税下》。
⑥ 《唐会要》卷 71《州县改置·山南道》。

贯以后，估计仍然属于巴南诸州中两税额最低的地区。由此可以认为，在山南西道的巴南诸州中，利、阆、果三州的两税额最高，通、开二州次之，巴、渠二州又次之，蓬、集二州的两税额最低。璧州大约也属于两税额最低的地区之一。

德宗推行两税法的时候，地处长江沿线的涪、忠、万、夔等州属于山南东道。宪宗元和三年（808），"以涪州疆理与黔州接近"①，把涪州划归黔中道，"其涪州缘属荆南，有供荆南节度钱二千四百贯，令随本州割还黔府，兼于涪州送省钱三千八万（当为"百"之误）贯文内，更取一千五百贯，添赐黔府见在将士军资"②。唐代各州两税的支出分为三部分，"一曰上供，二曰送使，三曰留州"③。涪州上供3800贯，送使2400贯，留州数额虽不详，但应当低于送使钱。以此估计，涪州的两税额大约在8500贯。这在峡内诸州和黔中道都是相当高的，所以相邻各道都希望管辖该州，致使涪州的归属反复变化。宪宗元和三年改隶黔中道之后，宣宗时，"又隶荆南道"④，不久再次划归黔中道。唐末，又把武泰军节度使的理所从黔州迁至涪州。这些情况表明，涪州应当是峡内诸州和黔中道两税额最高的州之一，夔、万、忠等州的两税额大约不会超过涪州。

德宗建中元年改行两税法的时候曾经规定：其租庸杂徭悉省，"比来征科色目，一切停罢"⑤，"今后除两税外，辄率一钱，以枉法论"⑥。但是在两税法施行之后，巴蜀地区的各种杂税和差科徭役从来就没有禁断。如前所述，初定两税法的时候，剑南西川的青苗钱就没有并入两税之中，而是在两税之外另行征收。山南西道则"自建中元年已后，每年随税据贯配率供驿禾草46477围，每围重20斤"⑦，共计加配禾草929540斤。此外，德宗时期的剑南西川节度使韦皋，"在蜀二十一年，重加赋敛，丰贡献以结主恩"⑧，"卒致蜀土虚竭"⑨。《新

---

① 《太平寰宇记》卷120《江南西道·涪州》。
② 宪宗：《优赐黔府将士敕》，《全唐文》卷61。
③ 《新唐书》卷52《食货志》。
④ 《太平寰宇记》卷120《江南西道·涪州》。
⑤ 《唐会要》卷83《租税上》。
⑥ 《旧唐书》卷12《德宗本纪上》。
⑦ 《元氏长庆集》卷37《弹奏山南西道两税外草状》。
⑧ 《资治通鉴》卷236，顺宗永贞元年八月。
⑨ 《旧唐书》卷140《韦皋传》。

· 505 ·

唐书》卷52《食货志》也说，德宗"属意聚敛，常赋之外，进奉不息。剑南西川节度使韦皋有'日进'"。德宗因避朱泚、李怀光之乱而逃到梁州的时候，山南西道节度使严震亦"鸠聚财赋，以给行在"①。继任的严砺更是"在位贪残，士民不堪其苦"②。宪宗元和元年（806），严砺转任剑南东川节度使，又"违诏过赋数百万"③。敬宗时期，剑南西川节度使杜元颖"每欲中帝意以固幸，乃巧索珍异献之，踵相蹑于道，百工造作无程，敛取苛重，至削军食以助哀蓄"④。僖宗时的剑南东川节度使杨师立则"税外恣行掊敛，支郡无处完全"⑤。除了这些无名暴赋之外，力役的征发，同样十分严重。为了向大渡河沿线的驻军转输粮饷，"岁抄运内粟赡黎、巂州，起嘉、眉，道阳山江，而达大度，乃分饷诸戍。常以盛夏至，地苦瘴毒，辇夫多死"⑥。穆宗长庆四年（824），"龙州刺史尉迟锐上言：'牛心山素称神异，有掘断处，请加补塞。'从之，役数万人于绝险之地，东川为之疲敝"⑦。自文宗以后，南诏多次入侵剑南，"西蜀缠兵，疮痍生县道之间，荆棘繁师徒之役"⑧，供军力役极为苛重，"蜀之役，男子十五以下悉发，妇耕以饷军"⑨。僖宗时期，剑南西川节度使高骈又"役徒九百六十万工"⑩筑成都罗城。

总之，在两税法施行之后，巴蜀地区依然存在着各种无名暴赋和差科徭役。这种状况一直延续到唐末。昭宗"天复中，两川赋重，人多嗫嚅不敢发"⑪。所以前蜀王建在称帝的时候说："其有徭役不均，刑法不中，乡县凋敝，税赋逋悬，必当命使臣，大明黜陟"⑫。可知两税之外的横征暴敛和差科徭役，始终是唐代后期巴蜀民众的两项沉重负担。

---

① 《旧唐书》卷117《严震传》。
② 《旧唐书》卷117《严砺传》。
③ 《新唐书》卷174《元稹传》。
④ 《新唐书》卷96《杜元颖传》。
⑤ 懿宗：《讨杨师立诏》，《全唐文》卷83。
⑥ 《新唐书》卷180《李德裕传》。
⑦ 《资治通鉴》卷243，穆宗长庆四年八月。
⑧ 懿宗：《授蜀王佶西川节度使制》，《全唐文》卷83。
⑨ 《新唐书》卷222中《南蛮中》。
⑩ 僖宗：《奖高骈筑成都罗城诏》，《全唐文》卷87。
⑪ 《十国春秋》卷40《前蜀·冯涓传》。
⑫ 《十国春秋》卷36《前蜀·高祖本纪》。

三、商税

唐代的商税，大体上可以分为两类，一是对商贾的征课，二是对商品的课税。在唐代前期，主要是对商贾征税。唐令规定："屠沽兴贩者为商"①。凡属商人都是"家专其业"②，世代为商，不得改从他业。唐朝对他们的征课，除了租庸调之外，主要和公廨钱的设置以及户税的征收有关。李唐开国伊始，沿袭北魏以来的陋规，于"武德元年十二月，置公廨本钱，以诸州令史主之，号捉钱令史。每司九人，补于吏部，所主才五万钱以下，市肆贩易，月纳息钱四千文，岁满授官"③。这些拿着官府发放的高利贷商业资本"贾易收息、以充官俸"④ 的捉钱令史，实际上都是商贾。太宗贞观十二年（638），褚遂良上书说："市井子孙，不居官吏，国家制令，宪章三代，亦不居官位。陛下近许诸司令史捉公廨本钱，诸司取此色人，号为捉钱令史，不简性识，宁论书艺，但令身能贾贩，家足货财，录牒吏部，即依补拟。大率入捉五十贯以下，四十贯以上，任居市肆，恣其贩易，每月纳利四千，一年凡输五万，送利不违，年满授职。"⑤ 这些充当捉钱令史的商贾，每年必须交纳对本的息钱。如此高额的利息，实际上是专门针对商贾的一种征课，所以崔沔说，设置公廨本钱就是"托本取利，以绳富家"⑥。不过官府也以"年满授职"作为补偿，因而又有卖官之嫌，所以太宗在贞观十二年（638）停公廨本钱，"改置胥士九千人，以诸州上户充，准防阁例输课，二年一替"⑦。这就是说，以上等户充当胥士，按照"防阁"的标准纳课，用作官员的料钱。但是到了贞观二十一年（647），又恢复公廨钱，仍然以令史、府史、胥士捉钱，迴易纳利，以充官员俸料。高宗时期，改为以户税钱充当官俸。然而无论是以高户捉钱，或者是征收户税，官员的俸禄实际上还是主要由商贾负担。因为户税是按户等的高低征收，而户等的划分则是以土地之外的财产作为依据。商贾多有店铺、浮财，所以户等一般都比较

---

① 《大唐六典》卷3《尚书户部·户部尚书》。
② 《大唐六典》卷3《尚书户部·户部尚书》。
③ 《唐会要》卷93《诸司诸色本钱》。
④ 《通典》卷35《职官·禄秩》。
⑤ 《唐会要》卷91《内外官料钱》。
⑥ 《唐会要》卷91《内外官料钱》。
⑦ 《唐会要》卷91《内外官料钱》。

高。为了减轻负担,"富商大贾,多与官吏往还,迭相凭嘱,求居下等"①,因此玄宗在开元十八年(730)再次恢复公廨本钱的时候,规定"以高户捉之"②,同时下令禁止商贾勾通官吏,降低户等。其目的,就是要以富商大贾充当捉钱户。为了进一步提高商贾的户等,开元二十二年(734),又改变确定户等的资财标准,"定户之时,百姓非商户,郭外居宅,及每丁一牛,不得将入货财数"③,以此提高商贾的户等,加重他们的负担。关于这一点,玄宗本人曾直言不讳地说:"朕听政之余,精思治本,意有所得,庶益于人。且十一而税,前王令典,农商异宜,旧制犹阙。今欲审其户等,拯贫乏之人,赋彼商贾,抑浮惰之业。"④巴蜀地区的情况也是这样,商贾不仅要承担较高的户税,而且富商大贾多充当捉钱令史。《宣室志》卷9就记载了这样一件事:玄宗天宝年间,荥阳人郑又玄担任唐安郡唐兴县尉,"同舍仇生者,大贾之子,年始冠,其家资产万计"。郑又玄却骂他是:"汝市井之民,徒知锥刀尔,何为僭居官秩耶?"唐令本来规定:"自执工商,家专其业,皆不得入仕。"⑤但是身为"大贾之子"的仇生却能够担任蜀州唐兴县尉。显然,这就是褚遂良所说的"送利不违,年满授职"的捉钱商贾之子,所以郑又玄骂他"僭居官秩"。

巴蜀的商业素称发达,因而不乏资财雄厚的富商大贾。安史之乱爆发后,国家用度不足,于是巴蜀的富商便成为唐王朝的重点搜刮对象。"自天宝末年盗贼奔突,克复之后,府库一空,又所在屯师,用度不足,于是遣御史康云间出江淮,陶锐往蜀汉,豪商富户,皆籍其家资,所有财货畜产,或五分纳一,谓之率贷,所收巨万计。"⑥代宗大历四年(769),又大幅度提高户税额,再次加重商贾的负担。德宗推行两税法时,商贾同样要交纳两税,其中"不居处而行商者,在所州县税三十之一,度所取与居者均,使无侥幸"⑦。建中二年(781),又以军兴为由,"十一而税商"⑧。大幅度提高对商贾的征课。当时不仅

---

① 《唐会要》卷85《定户等》。
② 《新唐书》卷55《食货志》。
③ 《唐会要》卷83《租税上》。
④ 《唐会要》卷85《定户等》。
⑤ 《大唐六典》卷2《尚书吏部·吏部尚书》。
⑥ 《通典》卷11《食货·杂税》。
⑦ 《唐会要》卷83《租税下》。
⑧ 《册府元龟》卷504《邦计部·关市》。

汉族的商贾要纳税，就是少数民族商贩亦在征课之列。卢纶《送盐铁裴判官入蜀》诗就有"榷商蛮客富"①之语。僖宗时期，剑南西川节度使陈敬瑄又"搜罗富户，借彼资财。抑夺盐商，取其金帛"②，恣意掠夺商人资财。至于中唐以后，"为弊颇甚"的诸司诸军诸使公廨诸色本利钱，仍然主要是由"商贩富人"③充当捉钱户。由于官府往往是配纳一次本钱给捉钱户，以后数年乃至数十年征收利息，以至捉钱人"正身既没，子孙又尽，移征亲族旁支，无旁支，散征诸保人，保人逃死，或所由代纳"④，从而成为商贾无法摆脱的一项负担。

在唐代前期，商贩所携带的各种货物，通常是没有关市之税。武周长安二年（702），"有司表请税关市"，凤阁舍人崔融就上书反对："税市则民散，税关则暴兴。暴兴则起异图，民散则怀不轨。况浇风久扇，变法为难。徒欲禁末游，规小利，岂知失元默，乱大伦乎？"⑤但是在安史之乱爆发后，"玄宗幸巴蜀，郑昉使剑南，请于江陵税盐、麻以资国，官置吏以督之"⑥，于是"吴盐、蜀麻、铜冶皆有税"⑦。具体办法是在江陵设置税场，对销往江淮地区的蜀麻与输入巴蜀的吴盐征收过税。德宗建中三年（782），判度支赵赞又在成都等地设置常平轻重本钱，"于诸道津要置吏，税商货，每贯税二十文，竹木茶漆皆什一税之，以充常平之本"⑧。于是剑南西川的货物大多要交纳过税。其后，虽然巴蜀的商税发生了许多变化，但是商货所交纳的过税，基本上就是每贯纳钱20文。直到北宋太宗时期，西川峡路诸州的商税，仍然还是每贯收"过税二十"⑨。

商货在进入市场交易时所交纳的商税，唐人称为"除陌钱"。玄宗天宝九年（750）规定："车轴长七尺二寸，面三斤四两，盐斗，量除陌钱每贯二十文"⑩。德宗建中四年（783），户部侍郎判度支赵赞又推行除陌法："天下公私给与贸易，率一贯旧算二十，益加算为五十。给与他物，或两换者，约钱为率算之。

---

① 《全唐诗》卷276。
② 杨师立：《数陈敬瑄十罪檄》，《成都文类》卷47。
③ 《唐会要》卷93《诸司诸色本钱下》。
④ 《唐会要》卷93《诸司诸色本钱下》。
⑤ 《唐会要》卷89《关市》。
⑥ 《旧唐书》卷48《食货志》。
⑦ 《新唐书》卷53《食货志》。
⑧ 《旧唐书》卷12《德宗本纪下》。
⑨ 《宋会要辑稿·食货》17之3。
⑩ 《旧唐书》卷48《食货志》。

市牙各给印纸,人有买卖,随自署记,翌日合算之。有自贸易,不用市牙者,给其私簿。无私簿者,投状自集。其有隐钱百者,没入;二千杖六十,告者赏十千,取其家资。"① 赵赞的除陌法,不仅把除陌钱提高 1.5 倍,同时还使得"主人市牙得专其柄,率多隐盗,公家所入,曾不得半,而怨谤之声,嚣然满于天下"②。泾原兵变时,乱军又以"不夺而商人僦质矣,不税而间架、除陌矣"③等口号安抚长安市民,因此德宗在兴元元年(784)下诏"罪己",停止征收"垫陌"④ 钱。但是,作为交易税的除陌钱并没有取消,只是不再征收赵赞"所加垫陌钱"⑤,依旧保留每贯征收 20 文的交易税,同时改市牙征税为官府自行勾当,收入归度支使掌管。巴蜀地区也就按照这个新的规定征收商税。文宗大和年间,工部侍郎庾敬休说:"剑南西川、山南西道,每年税茶及除陌钱,旧例委度支巡院勾当榷税,当司于上都召商人便换。大和元年,户部侍郎崔元略与西川节度使商量,取其稳便,遂奏请茶税事使司自勾当,每年送钱四万贯送省"⑥。而除陌钱仍然由度支巡院"勾当榷税",召商人在京师投状便换,持省司便换文牒到州府请领除陌钱绢及各种杂物。北宋初年,四川的住税是每贯收 30 文,大约唐代也是按这个比例征收除陌钱。昭宗乾宁二年(895),割据巴蜀的王建又"创征杂税,绫一匹一百文,绢一匹七十文,布一匹四十文,猪每头一百文"⑦。由此大幅度提高部分商品的交易税。

---

① 《旧唐书》卷 49《食货志》。
② 《唐会要》卷 84《杂税》。
③ 《新唐书》卷 223 下《卢杞传》。
④ 《唐大诏令集》卷 5《奉天改兴元元年赦》。
⑤ 《册府元龟》卷 89《帝王部·赦宥》。
⑥ 《旧唐书》卷 187 下《庾敬休传》。
⑦ 《十国春秋》卷 35《前蜀·高祖本纪》。

第十一章 宗　教

两晋南北朝隋唐时期，巴蜀地区盛行着多种宗教，其中以道教和佛教最为重要。巴蜀是中国早期道教的发祥地，两晋南北朝时期，道教在蜀中仍然有着广泛的影响。入唐以后，皇室自称是老子的后裔，而老子又是道教尊崇的祖师，由此使得道教地位大幅度提高，并进入一个新的发展时期。佛教可能是在汉代传入巴蜀。晋代以后，一些高僧相继入蜀弘扬佛法，使得佛教在巴蜀地区日渐兴盛。在唐代，佛教的影响不断扩大，逐渐有凌驾于道教之上的趋势。在这种背景下，主要由一些道教徒提出的道教、佛教与儒教相结合的"三教合一"构想，在唐代后期逐渐为封建王朝所接受，从而促使巴蜀地区道教与佛教相互融合。

第一节　道　教

道教形成于东汉，巴蜀是早期道教的发祥地。东汉顺帝时期，沛国丰人张陵入蜀，学道鹄鸣山中，"造作道书以惑百姓，从受道者出五斗米，故世号米贼。陵死，子衡行其道。衡死，鲁复行之"[①]。由于入道之人要交纳五斗米，因

[①] 《三国志·魏书》卷8《张鲁传》。

而张陵所创立的道教也被称为"五斗米道"①。其后，道教徒将张陵称为张道陵，尊为天师，以张陵之子张衡为嗣师，张衡之子张鲁为系师，于是三张之教又被称为"天师道"。建安二十年（215），曹操率兵攻占南郑，统治巴、汉地区将近30年的张鲁投降，

图 11-1　今青城山建福宫

曹操"以巴夷王杜濩、朴胡、袁约为三巴太守，留征西将军夏侯渊及张郃、益州刺史赵颙等守汉中，迁其民于关陇"②。由此导致天师道发生分裂，部分教民随张鲁迁至北方；留居巴蜀的阳平、鹿堂、鹤鸣三大治的祭酒，仍然以天师道的正统自居，然而一些道教徒却逐渐脱离三大治，自行传道。

西晋武帝时期，犍为人陈瑞，自称天师，建道治，设祭酒，又置传舍，拥有数以千计的信徒。咸宁三年（277），益州刺史王濬以"不孝"为借口，"诛瑞及祭酒袁旌等，焚其传舍。益州民有奉瑞道者，见官二千石吏巴郡太守犍为唐定等，皆免官或除名"③。陈瑞之道，贵鲜洁，不奉他神。而活动于广汉郡的"李家道"，则重视神仙之术。李家道的重要成员李阿，据说累世见之不老，因而被称为百岁翁；李常在相传已有四五百岁，世世见之，不见老态，故号曰"常在"；李脱声称有800岁，因此被称为"李八百"；李八百之妹李真多，据说也有数百岁，而其状貌犹如20多岁的人。李家道迎合了常人对长寿的追求，以长生久视惑众，使巴蜀地区的神仙之说大兴。两晋之际，又有涪陵人范长生在蜀中传播道教。

范长生，一名延久，又名九重，亦名支，字元，涪陵丹兴人。蜀汉延熙十一年（248），涪陵属国民夷反叛，车骑将军邓芝讨平之，移其豪族5000家于

---

① 《三国志·魏书》卷8《张鲁传》引《典略》。
② 《华阳国志》卷2《汉中志》。
③ 《华阳国志》卷8《大同志》。

蜀，范长生遂至蜀中，时年25岁左右。其后，入青城山，岩居穴处，求道养志。范长生的老家涪陵郡本为天师道的教区，平都县就有天师治；青城山则为天师道的圣地，为八游治之一。由此可知，范长生所求之道，当为天师道。范长生"善天文，有术数，民奉之如神"①。西晋惠帝永兴元年（304），李雄自称成都王，迎范长生至成都，拜为丞相，尊曰范贤。李雄称帝之后，又加范长生为四时八节天地太师，封西山侯。李雄尊崇范长生，其中一个重要原因就是李氏家族出自信奉天师道的賨人。东晋元帝大兴元年（318），范长生卒，年近百岁。李雄又以范长生之子范贲为丞相。由于李氏家族的尊崇，成汉时期，道教在巴蜀地区得到很大发展，所以成汉亡国后，隗文、邓定等人拥立范贲为帝，以妖异惑众，而蜀人多归之。东晋废帝太和五年（370），又有"广汉妖贼李弘，诈称归义侯（李）势之子，聚众万余人，自称圣王"②。所谓"李弘"，并非其人姓名，而是托名老君。北魏时期的天师道道士寇谦之在《老君音诵诫经》中就说："世间诈伪，攻错经道，惑乱愚民，但言'老君当治，李弘应出'。天下纵横，反逆者众，称名李弘者，岁岁有之。"老君就是天师道尊奉的老子。

南北朝时期，道教在巴蜀地区仍然有着广泛的影响。《北史》卷66《泉企传》就说："巴俗事道，尤重老子之术。"而汉中之人，亦"崇重道教，犹有张鲁之风焉"③。入唐以后，道教仍然是巴蜀地区最有影响的宗教。唐末，又有道士杜从法"以妖妄诱昌、普、合三州民作乱"④。

道教最重要的典籍是《道德经》。据说是张鲁所作的《老子想尔注》，就是从神学的角度为《道德经》作注。入唐以后，统治者尊崇道教，极力抬高《道德经》的地位，将其尊为《道德真经》，并大力提倡对《道德真经》的研究，由此推动道教徒从宗教的角度诠释《道德经》。据杜光庭《道德真经广圣义·序》说，自《道德经》问世后，"哲后明君，鸿儒硕学，诠疏笺注，六十余家"⑤。在唐代的28家中，巴蜀就有6家，以地区而言，居全国首位。这6家是：洪源先生王鞮、任真子李荣、成都道士黎元兴、通义郡道士任太玄、岷山道士张君

---

① 《太平御览》卷123引《十六国春秋·蜀录》。
② 《资治通鉴》卷102，海西公太和五年八月。
③ 《隋书》卷29《地理志》。
④ 《资治通鉴》卷262，昭宗天复元年闰月。
⑤ 《全唐文》卷931。

相、汉州刺史王真。其中王鞮的影响最大。

王鞮（626～697），亦名王晖，法名玄览，益州绵竹县普润乡人。生于唐高祖武德九年（626），15岁开始习道。30余岁，弃卜筮，从事教理研究。47岁度为道士，隶籍于成都至真观。60余岁，因事入狱一年。于狱中著《混成奥藏图》。晚年著有《九真任证颂》、《道德诸行门》。弟子门生尊称为洪源先生。武周神功元年（697），奉诏入京，死于洛阳三乡驿。

王鞮对《道德经》的研究，集中体现在《玄珠录》一书中①。他根据《道德经》中"道可道，非常道"的记载，发挥微言大义，把道分为"常道"与"可道"。其中"常道"本于不可，不可生天地，天地常在，因而"常道"是真道；"可道"生万物，万物有生死，因而"可道"无常，是为假道。虽然"常道"与"可道"不同，但二者又是相互联系在一起的，"不但可道可，亦是常道可；不但常道常，亦是可道常。皆是相因生，其生无所生。皆是相因灭，其灭无所灭"。常道与可道的这种辩证关系，构成了王鞮对道的基本认识。在他看来，道与物的关系是："道能遍物，即物是道。物既生灭，道亦生灭。为物是可，道皆是物。为道是常，物皆非常"。这就是说，以可道而言，道即是物。从常道来看，"物皆非常"。进而言之，"万物禀道生，万物有变异，其道无变异，此则动不乖寂。以物察道，故物异道亦异，此则是道之应物。将印以印泥，泥中无数字，而本印字不减。本字虽不减，复能印多泥，多泥中字与本印字同"。由此可知，王鞮认为道是比万物更根本的实体，他比喻为印。万物只是道的表现形式，如同印泥字体现了本印字一样。虽然万物表现了道，但是万物并不等同于道，因为万物有变异，而道则无变异。至于随物而异的道，不过是道之应物而已，这种道就是可道，亦即滥道。在王鞮看来，只有永恒的常道才是真实的，万物不过是存在于人类意识中的虚妄。不仅万物如此，十方诸法亦如是："十方诸法，并可言得。所言诸法，并是虚妄。其不言之法，亦对此妄。"既然十方诸法并为虚妄，那么诸法何以得有。王鞮认为："心生诸法生，心灭诸法灭，若证心无定，无生亦无灭。"也就是说，诸法的生灭，皆出人心，"法本由人起，法本由人灭，起灭自由人，法本无起灭"。王鞮的这种看法，显然出自佛教法相宗"唯识无境"的思想。

---

① 以下引文见正统《道藏》正乙部《玄珠录》。

王鞮认为,信奉道教的目的,是寻求与"道"的契合,而"道与众生,亦同亦异,亦常亦不常。何者,道与众生相因生,所以同;众生有生灭,其道无生灭,所以异"。由于众生与道异,所以要经过修行,才能与道契合,这种契合就叫得道,"众生无常性,所以因修而得道。其道无常性,所以感应众生修。众生不自名,因道始得名。其道不自名,乃因众生而得名。若因之始得名,明知道中有众生,众生中有道,所以众生非是道,能修而得道"。然而道有常道与可道之别,二者与众生的关系并不尽同。常道先于众生而存在,不死不灭;可道随众生的生灭而生灭,只能算"私道"。因此,修行也有两种类型,以保存形体为目的的修炼,只能与无常的可道相契合,成为"形仙",这是低层次的得道;用坐忘的方式修炼,舍去形体,才能与永恒的常道契合,成为"神仙",不变不死,长生久视。

王鞮对道教义理的研究,明显受到佛教大乘有宗和法相宗的影响,这和王鞮同时研究道、佛二教的义理有关。佛教思想对道教义理研究的影响,历来有之,从王鞮的情况来看,巴蜀地区对道经的研究,亦深受佛教思想的影响。唐末五代,寓居蜀中的著名道教学者杜光庭更是认为:"凡学仙之士,若悟真理,则不以西竺、东土为名分别。六合之内,天上地下,道化一也。若悟解之者,亦不以至道为尊,亦不以象教为异,亦不以儒宗为别。三教圣人,所说各异,真理一也。"① 这种三教合流的思想,是这个时期巴蜀道教义理研究的主流。

道教义理中的"道",是宇宙万物的本原,也是天地万物的创造者。道的化身就是神,与道契合就是仙。两晋南北朝隋唐时期,道教的神和仙,杂而多端,庞杂混乱,层次不清。大体可以分为诸神和仙真两大类。诸神又有尊神与俗神之别,尊神是指祭祀之神,最为道教所重视;俗神是民间奉祀的地方神,并为道教所接受;仙真则是得道的世俗之人。

道教的最高尊神,经历了从太上老君到元始天尊的演变。早期天师道奉老子为教主,认为老子就是道的化身。《老子想尔注》就说:"道者,一也……一散形为气,聚形为太上老君。"此后,在很长一段时间里,太上老君一直是巴蜀道教的最高尊神。至于老君的形象,葛洪《抱朴子·杂应篇》引晋代流传的《仙经》说:"老君真形者,思之。姓李名聃,字伯阳,身长九尺,黄色,鸟喙,

---

① 杜光庭:《太上老君说清静经》。

隆鼻，秀眉长五寸，耳长七尺，额有三理上下彻，足有八卦，以神龟为床，金楼玉堂，白银为阶，五色云为衣，重叠之冠，锋铤之剑，从黄童百二十人，左有十二青龙，右有二十六白虎，前有二十四朱雀，后有七十二玄武，前道十二穷奇，后从三十六辟邪，雷电在上。"晋宋之际，灵宝派道士以元始天尊作为最高尊神。萧梁时期，陶弘景在《真灵位业图》中，也把元始天尊列为第一位。北周武帝敕纂的《无上秘要》，同样把"虚无自然元始天尊"列在道教诸神的首位。至此，元始天尊作为道教最高尊神的地位，最终获得官方的承认，所以《隋书》卷35《经籍志》说："道经者，云有元始天尊，生于太元之先，禀自然之气，冲虚凝远，莫知其极。"巴蜀地区，大约是在周、隋之际才最终承认元始天尊为道教的最高尊神，故现存的隋代巴蜀道教石刻，均祀奉元始天尊。唐人卢照邻在《益州至真观主黎君碑》中也说，隋代的汉州灵集观有"天尊、真人石像，大小万余区"①。天尊就是指元始天尊，南齐道士严东就说："元始者，天尊也。"②称元始为天尊，是因其极道之尊，"居上境为万天之元，居中境为万化之根，居下境为万化之尊，无名可宗，强名曰天尊。盖世人尊之如天，仰之弥高……生万物而不为主宰，御万物而不为言，至尊至极，故曰天尊也"③。由此可知，天尊为元始之名号，只是通常都把二者合在一起，称为元始天尊。

入唐以后，皇室自称是老子的后裔，追号老子为太上玄元皇帝，唐玄宗又在全国各地建造玄元皇帝庙。在李唐王朝的尊崇下，老子的宗教化达到鼎盛时期，有关老君显圣降世的记载屡见不鲜。巴蜀地区亦不例外。据说老君于玄宗天宝七年（784），在绛县的万春乡显圣，且言："我昔于梓州威洞，造一龛尊像，在独坐山东北，公成山左侧，年代已久，其处倾陷，像在土中。可报吾孙，令人往取。"于是梓潼郡县官吏、道士、百姓1000余人，与直省李万德依此寻求，果然发现一石龛，"龛中有尊像一，左右尊人六，并狮子、昆仑各二。遂以水洗沃，仪相俨然，事实吐符，并如真诰。其石龛重大，非人力所能运转。今于龛上造屋宇，便差精诚道士三人，专修香火、供养，仅画图奉进者"④。安史之乱爆发后，玄宗逃奔成都，"又于利州益昌县山岭上，见混元骑白卫而过，示

---

① 《全唐文》卷167。
② 《元始无量度人上品妙经四品》卷3。
③ 《上清灵宝大法》卷22。
④ 《王摩诘全集》卷16《贺神兵助取石堡城表》。

收禄山之兆。诏封其山为白卫岭，于所见之处置自然观。又于嵩山置兴唐观，成都置福唐观。肃宗至德二年三月十八日，混元现于通化郡云龙岩。初因郡人为国祈福，建大斋会。十八日，忽烟雾异香，氤氲不散，至辰时渐渐开雾，神光照天，因见混元真像立于山前，自地接天，通身白衣，左手垂下，右手执五明之扇，仪相炳然，众尽瞻礼。其山虽高，亦不及肘。良久乃隐。遂具上奏，内出图本，太上皇制赞并序"①。混元即老君。至于民间关于老君神异的传说，更是不胜枚举。在这种情况下，一度受到上清、灵宝诸派贬斥的老君，地位再次上升，成为"万道之先，元气之祖也"②。杜光庭甚至说："天上天下，地上地下，五亿天界有形无形，有情无情，有识无识，皆太上老君所制御也。"③ 巴蜀地区亦大造老君神像，有的道观也奉老君为主神。尽管唐代老君地位有了很大提高，但是并未取代元始天尊成为道教最高尊神。卢照邻在《益州至真观主黎君碑》中就说："独为众化之宗者，其为元始天尊乎。"④ 就连极力抬高老君地位的杜光庭也说："自元始天尊之后，即有太上大道君、太上老君。"⑤ 保存至今的唐代巴蜀道教石刻题记，亦多奉元始天尊为最高尊神。由此看来，在唐代，道教仍以元始天尊为最高神，只是在统治阶级的推崇下，老君作为"富国安民"⑥的保护神，更为当时人所重视。

道教俗神是流传于民间而被道教接纳的神祇，巴蜀地区的重要俗神有马头娘和张蚕子。

马头娘。据《仙传拾遗》记载：高辛氏之时，广汉有养蚕少女，其父为人所掠，唯所乘马在。其母誓于众：有得父还者，以女嫁之。马闻此言，绝缰而去。不数日，父乘马归。马见女，嘶鸣不食。母具以告父，父怒杀马，曝皮于庭，女过其侧，马皮卷女飞去，栖于桑树间。女化为蚕，吐丝成茧，称为马头娘。《乖异集》云："蜀中寺观多塑女人，披马皮，谓之马头娘，以祈蚕事。今蚕女冢在什邡、绵竹、德阳三县界，而新繁蚕丛祠旧亦塑女像。"正统《道藏》

---

① 杜光庭：《历代崇道记》，《全唐文》卷933。
② 杜光庭：《道德真经广圣义》。
③ 杜光庭：《道德真经广圣义》。
④ 《全唐文》卷167。
⑤ 杜光庭：《释老君唐封号》，《全唐文》卷944。
⑥ 《混元圣记》卷8。

图 11-2　今梓潼七曲山大庙

收有《太上说利益蚕王妙经》、《太上洞玄灵宝天尊说养蚕营种经》。

张亚子，即梓潼帝君，亦称张亚子神，实为蜀人张育。本为越巂人，因报母仇，攻陷县邑，后徙居梓潼七曲山。据《郡国志》说，张亚子"昔至长安见姚苌，谓曰：'却后九年，君当入蜀，若至梓潼七曲山，幸当见寻。'至建元十二年，（姚苌）随杨安南伐，未至七曲山，迷路。游骑贾君蒙忽见一鹿，驰逐至庙门，鹿自死，追骑共剥之。有顷，苌至，悟曰：'此是张君为我设主客之礼。'烹食而去"①。前秦苻坚取蜀时，姚苌确实是随杨安入蜀，并担任前秦宁州刺史，屯驻垫江。苻坚建元十四年（378），张育联合巴獠，起兵5万反秦，自称蜀王，兵败被杀。张育死后，蜀人为其立庙于梓潼七曲山，称为"梓潼庙"，亦称"应灵庙"。由于张育自称蜀王，故名其神为"梓潼帝君"，唐人孙樵有《祭梓潼帝君文》。广明二年（881），唐僖宗幸蜀，封梓潼帝君为济顺王，亲临其庙，解剑赠神。元代，张亚子演变成为主宰士大夫功名前程的文化神，号为"文昌帝君"。

仙真是指世俗中得道之人，通常所说的神仙，大体上就是指这类得道的仙

---

① 《太平寰宇记》卷84引。

人。巴蜀地区，神仙之说盛行，以至唐人说："成都乃神仙所聚之处"①，而青城山则号为"神仙都会之府"②。在资州有"李、傅、侯、张四仙之流"③，涪州有"尔朱、兰、王三仙之迹可考"④，昌州多"仙灵逸迹，尚有董、葛之遗风"⑤，蓬州亦"多神仙隐士"⑥，阆州则"多仙圣游集焉"⑦，夔州"陶染真风，如瞿法言、杨云外之徒，相继而出，故琳宫秘馆，独盛于他处"⑧，果州在"汉以忠义名节著，唐以神仙佛图显"⑨。在众多得道仙真中，以下数人，较为著名。

李脱，蜀郡人，为"李家道"的重要成员。最初活动于绵竹、什邡一带，后居金堂山龙桥峰下炼丹。"蜀人历代见之，约其往来八百余年，因号曰李八百焉。"⑩ 其后炼成九鼎金丹，三月八日，于什邡仙居山，白日升天。然而据《晋书》卷58《周札传》记载："时有道士李脱者，妖术惑众，自言八百岁，故号李八百，自中州至建邺，以鬼道疗病，又署人官位，时人多信事之。弟子李弘养徒灊山，云应谶当王。"由此可知，李脱实际上是晋代人，大约是在西晋末年益州发生变乱时，离开巴蜀地区，辗转来到扬州。东晋明帝太宁二年（324），李脱因"造作妖书惑众，斩于建康市"⑪。然而蜀人却相信李脱已经成仙，因而称其为紫阳真人，唐人符载《题李八百洞》诗就说："太极之年混沌坼，此山亦是神仙宅。后世何人来飞升？紫阳真人李八百。"⑫ 其后，李脱被列为蜀中八仙之一。在宋代，又有1卷《李八百方》传出，其内容为道家修炼服饵之方。梁启超在《中国历史研究法》中指出："其书前代从未著录，或绝无征引而忽然出现者，十有九皆伪。"当是。

---

① 《太平广记》卷84《击竹子》。
② 《舆地纪胜》卷161《永康军》。
③ 《舆地纪胜》卷157《潼川府路·资州》。
④ 《舆地纪胜》卷174《夔州路·涪州》。
⑤ 《舆地纪胜》卷160《潼川府路·昌州》。
⑥ 《舆地纪胜》卷188《利州路·蓬州》。
⑦ 《太平寰宇记》卷86《剑南东道·阆州》。
⑧ 《舆地纪胜》卷182《夔州路·云安军》。
⑨ 《舆地纪胜》卷156《潼川府路·顺庆府》。
⑩ 《太平广记》卷61《李真多》。
⑪ 《晋书》卷6《明帝纪》。
⑫ 《全唐诗》卷472。

第十一章 宗教

刘珍，字善庆，广汉什邡人。幼即慕道。10余岁，前往合江县安乐山修行，绝粒近10年。自称功行已成，当白日升天，遂于隋文帝开皇十九年四月十五日自行火化。隋文帝遣使至安乐山访其事，即其地修建三观，上观曰腾清，中观曰安乐，下观曰靖安，仍赐田土，禁樵采。唐高宗显庆年间，又遣使至其处取丹经、钟磬以进，且有《赐进经道士诏》。唐昭宗天复元年（901），泸州刺史张元济撰记其事。杜光庭亦为刘珍撰写传记。

谢自然，女，唐代果州南充人。其家在大方山下，山顶有老君古像，谢自然因拜礼，乃徙居山上，遂绝粒，其年14岁。德宗贞元三年（787），谢自然前往开元观诣绝粒道士程太虚，受五千文紫灵宝箓。贞元九年，（793），刺史李坚筑室于金泉山，移谢自然居之。贞元十年（794）十一月二十日辰时，"于金泉道场白日升天，士女数千人，咸共瞻仰"①。李坚撰《东极真人传》，记述其事。《新唐书·艺文志》著录有《谢自然别传》3卷。

王祀，唐代梓州郪县人，字昌遇，号易元子。为东川狱吏，多阴德，遇异人授灵丹于长平山，宣宗大中十三年（859），举家仙去。唐代梓州的"药市"，就是因祭祀王祀而形成。宋徽宗赐号"保和真人"。

尔朱洞，字通微，号归元子，唐代成都人。懿宗时期，至蓬州，客居安汉馆张氏家。咸通十二年（871），刺史以其惑众，缚而沉江，为二渔人所救。僖宗时，隐炼于金鸡关下石室，有异人授药丸一枚，声称见浮石而后服之，则仙道成矣。其后于涪州服药，轻举而去。有《还丹歌》传于蜀中。后人将其列为蜀中八仙之一。

得道的仙真，居住在洞天福地。《灵宝无量度人上经大法》卷4云："五岳、三岛、十州，仙圣之所居。神州者，中国也，王者居之为域中之大。其中人民修行正道，升而为仙真，上有十大洞天，三十六小洞天，七十二福地，并仙官治之。"按照这种说，神州大地被截然划分为两个世界。一是王者统治的世俗世界，居民是一般的俗人。一是仙官管辖的洞天福地，居民是得道的仙真。洞天福地的说法，大约是在隋唐时期才定型。宣扬洞天福地的人，主要是茅山宗的道士。《洞天福地》的作者司马承祯、《洞天福地岳渎名山记》的作者杜光庭，都是属于茅山宗。据《云笈七籖》卷27《洞天福地·天宫地府图》记载，十大

---

① 《太平广记》卷66《谢自然》。

洞天中，第五是青城山洞，其地在今都江堰市境内。三十六小洞天中，第七为峨眉山洞，其地在今峨眉山市境内。七十二福地中，第四十五为平都山，其地在今丰都县境内；第五十为大面山，其地在今都江堰市境内；第六十四为绵竹山，其地在今绵竹县境内；第六十七为幌山，其地在今广汉县境内。

道教认为，世人可以通过修炼，与道契合，从而成为仙真。修炼的方法，大体上有服食和内丹两大类。服食是指食用外药而成为神仙的方法。食用的外药有两种，一是金丹，这是人工合成的仙药；一是自然生长的灵药，主要是一些有特殊功效的草木。内丹是一种内修的方法，它以人身为炉鼎，以体内的精、气、神为药物，用意念引导，使之在体内烹炼，成为圣胎，然后沐浴温养，即可飞升。

金丹是用炉鼎烧炼而成的各种汞化物，用以制成仙药，服之以求成仙。制作金丹的方法，通常称为炼丹术。中国的炼丹术，肇自秦汉，发展于两晋南北朝，盛行于隋唐。巴蜀地区的炼丹术，在晋代曾兴盛一时，李脱、张盖蹋等人均曾炼丹。南北朝时期，炼丹术一度在巴蜀地区日渐沉寂。到了隋唐，再次兴盛，见诸记载的炼丹道士甚多，如隋代的刘珍，唐代的青城人王仙柯、江油人窦子明、成都人刘无名、梓州人王昌遇等等。唐末的尔朱洞则有《大还丹诗》百首流传于蜀中。与炼丹有关的黄白术在隋唐时期也非常兴盛，新、旧唐书为之列传的成都名医章全益就精通黄白术。唐末五代，巴蜀地区还形成一股烧炼黄金白银的热潮。上自达官贵人，下至士庶百姓，无不趋之若鹜。在这种背景下，一批丹书相继问世，其中具有代表性的著作为《石药泉雅》和《太清石壁记》。

《石药泉雅》，唐宪宗元和元年（806），成都人梅彪著。这是一本工具书，梅彪在序言中就说得很清楚："今时六家之口诀，众石之异名，象《尔雅》词句，凡六卷列为一卷。令疑迷者寻之稍易，习此者用之不难。兼诸丹所有别名，奇方异术之号，有法可营出者，条列于前，无名难作之流，具名于后。"本书对丹方、丹药的异名作了详细说明，有利于弄清不同名称的丹方、丹药的实际情况。

《太清石壁记》，唐肃宗乾元年间，剑州司马某编纂。这是一本记述丹药制作方法的丹书。巴蜀的炼丹术，历来受江南地区影响。晋代李脱的九鼎金丹、张盖蹋的岷江丹方，均出自左慈传出的《九鼎丹经》和《金液经》。入唐以后，依然如此，《太清石壁记》就是由苏元明或楚泽传出。从金丹的种类来看，两晋时期，巴蜀的金丹，主要是铅汞类化合物。隋唐时期，铅汞类金丹，实际上已成古方，流行的金丹，主要是氯化汞和硫化汞。据《仙传拾遗》记载，青城真人刘无名在传授金液九丹之经时说："丹分三品，以铅为君，以汞为臣，八石为使，黄芽为苗，君臣相得，运火功全。"① 从表面上看，刘无名似乎仍在传授铅汞类金丹，但是据金陵子《龙虎还丹诀》说，真铅仍是指"黑锡、石硫黄是也"②。黑锡固然可以作铅解，但是黑锡丹却是硫化铅，而石硫黄则绝不是铅。由此可知，刘无名只是沿用古方的名称，实际上是在传授硫化汞类丹药。《太清石壁记》中所记录的太乙硫黄丹、太乙雄黄丹、太乙小还丹，等等，也都是属于硫化汞类金丹。在氯化汞类丹药中，《太清石壁记》已经明确指出氯化亚汞和氯化汞之间的差别。氯化亚汞即甘汞，俗称轻粉。《太清石壁记》载有造水银霜的方法："水银一斤、朴硝四两、太阴玄精六两、敦煌矾石一斤（绿矾亦得）。先将锡置铛中猛火消成水，别温水银，令入锡中，捣之令碎，以马尾罗重令净，即以玄精末及矾石末和之，布置一依四神，惟以朴硝末复上，用文多武少火七日夜，其霜如芙蓉生上，甚可爱，取得霜更研。"其生成物，主要就是轻粉，即氯化亚汞，而氯化汞的含量甚少，因此《太清石壁记》另有制造氯化汞的方法：用朱砂、绎矾、黄矾、伏龙肝、食盐、朴硝、硇砂等物反应，最后得到的升华物就是氯化汞，即降白丹，俗称粉霜。粉霜与轻粉的外形相似，极易混淆，但粉霜的毒性远远超过轻粉，服用金丹致死，大多与粉霜有关。

灵药是指具有特殊功效的草木类药物。道教徒认为，除了服食金丹外，服食灵药亦可成仙。巴蜀是我国药材的重要产地，其中多有道教所说的仙药，因而服食灵药之事，屡见不鲜，尤以服食人形茯苓的记载最多。据《蜀志补镌》说，李真多在栖贤山，见一婴儿出没，迹之，"得茯苓，饵服，既久身轻，登巨楠而仙去"③。西晋怀帝永嘉元年（307），在巴郡垫江县龙多山飞升的广汉人冯盖罗全家17口，也是蒸食在松树下获得的婴儿状茯苓，由此成仙。唐玄宗开元二十一年（733），白日升天的眉州通义县人杨正见，同样是饵食人形茯苓而成

---

① 《太平广记》卷41引。
② 正统《道藏》洞神部。
③ 《蜀中广记》卷71引。

仙。不过就一般情况而言，道教徒除了寻找可以直接饵服成仙的灵药之外，主要还是采集各种具有特殊功效的药材，用以制成方剂服用，以此作为修炼的一种辅助手法。例如唐武宗时，青城山的邢道士就是采集青芝和紫花黎，合炼成丹，服食近50年。

内丹是相对于外丹而言的一种内修方法。内丹之名，出现甚早，据说是晋代许逊所作的《灵剑子·服气诀》就说："服气调咽用内丹。"然而服气调咽和后世的内丹术并不是一回事。道教的内丹术，始自隋代。据《罗浮山志》记载，隋文帝开皇年间，道士苏元朗居罗浮山青霞谷，号青霞子。因见弟子"竞论灵芝"，于是"著《旨道篇》示之，自此道徒始知内丹矣"①。巴蜀地区的内丹术，大约是在唐代才开始逐渐兴起。唐宣宗大中末年，寓居成都双流县兴唐观的道士吴子来，就是习内丹术。进士王叡则是在游燕途中，学得内丹术，然后返回巴蜀修习。然而，总的来看，当时内丹术在巴蜀地区并不受重视，通常是作为服食的一种辅助性修炼方法。

服食和内丹，属于个人修炼，目的是成为神仙。而符箓等方术及各种斋醮仪注则能普施众人，使其获得健康、幸福和财富。符是用朱笔或墨笔画成的一种似字非字的图形；箓是记载天曹官属佐吏之名，又有诸符错杂其间的秘文。据说符箓是上神的文字，有召神驱鬼、镇邪治病的功效，因此常被道士用来召神劾鬼，驱妖镇邪。符箓的种类甚多，在巴蜀地区最有影响的是"正一箓"。正一之名，出自早期的天师道。《正一经》天师自云："我受于太上老君，教以正一新出道法。"② 这就是葛洪《神仙传》所说的"新出正一明威之道"③。

图11－3　四川出土的正一箓印

---

① 《古今图书集成·神异类》卷240引。
② 《云笈七籤》卷6引。
③ 《太平广记》卷8引。

《魏书》卷114《释老志》也说："及张陵受道于鹄鸣，因传天官章本，千有二百。弟子相授，其事大行。"张陵所传的经箓被称为"正一经"。据《正一经图科戒品》说："正一法文宗道德，崇三洞，遍陈三乘。"① 因此正一经的符箓又被称为"三洞箓"，《隋书》卷35《经籍志》就说得很清楚："其受道之法，初受五千文箓，次受三洞箓，次受洞玄箓，次受上清箓。箓皆素书，纪诸天曹官属佐史之名有多少，又有诸符，错在其间，文章诡怪，世所不识。受者必先洁斋，然后赍金环一，并诸贽币，以见于师，师受其贽，以箓授之，仍剖金环，各持其半，云以为约。弟子得箓，缄而佩之。"由此可知，三洞箓既不是灵宝派的洞玄箓，也不是上清派的上清箓。符箓的授受，各地并不尽同。陆修静在《太上灵宝授度仪表》中就说："自灵宝导世以来，相传授者，或总度三洞，同坛共盟，精粗柔杂，大小混行，时有单受灵宝，而施用上法。"唐代道士张万福在《三洞众戒文·序》中说得更清楚："师资享训，各据一门，吴、蜀、京师，相承或异。"受三洞箓的人，多以"三洞"自称。陆修静在《灵宝经目·序》中就说："元嘉十四年某月、日，三洞弟子陆修静敬示诸道流。"隋唐时期，巴蜀地区的道士也多以"三洞道士"自称。

巴蜀地区擅长符箓的道士甚多，其中翟法言最为著名。翟法言，字乾佑，夔州云安县玉石乡人。少好道教，入山院修行。其后至黄鹤山，师事来天师，尽得其道。唐肃宗乾元年间，由黄鹤山溯江入蜀，诡称得二真人所授秘章三科：一是三将军秘术，二是紫虚秘术，三是太上正一明威毕法。皆为秘箓，且各有醮炼科仪。此后，翟法言专以救民为务，行符箓而除疫病，炼黄白以施贫家。代宗赐号"通虚天师"，又加"通天大师"之号。段成式、王祀等人，"咸师奉之，累年乃得道而去。有得此符者，传以救人，用之必验"②。唐文宗大和七年（833）七月十五日，翟法言卒。昭宗天复六年（906），杜光庭请经于平都山，得其所传素灵符，遂编入三洞藏，称为《太上洞元灵宝素灵符》。

斋醮是道教设坛祭祀的仪式，俗称道场。早期的天师道，已有斋仪，现在可知的有"指（旨）教斋"和"涂炭斋"。刘宋时期，陆修静整理斋仪，制定出灵宝十二斋，即金箓斋、黄箓斋、明真斋、三元斋、八节斋、自然斋、玉箓斋、

---

① 《云笈七籖》卷6引。
② 杜光庭：《太上洞元灵宝素灵真符·序》，《全唐文》卷931。

上清斋、指教斋、涂炭斋、二皇子午斋、靖斋。斋醮之法，"为坛三成，每成皆置绵蕝，以为限域。傍各开门，皆有法象。斋者亦有人数之限，以次入于绵蕝之中，鱼贯面缚，陈说愆咎，告白神祇，昼夜不息，或一二七日而止。其斋数之外有人者，并在绵蕝之外，谓之斋客，但拜谢而已，不面缚焉"①。巴蜀地区的斋醮，基本上是采用灵宝斋的仪式。唐玄宗时期，剑州道士王法进又根据《灵宝自然斋》，另造《灵宝清斋告谢天地法》，于幽岩高静之处，置斋悔谢，一年两次，春则祈于年丰，秋则谢于道力，如此，宿罪可除，谷父蚕母之神为置丰衍。由于此法简便易行，且有征效，故"三川梁汉，岁皆崇事。虽愚朴之士，狂暴之夫，罔不战栗兢戒、肃恭擎跽，知奉其法焉。或螟蝗旱潦，害稼伤农之处，众诚有率勉于修，奉炷香告玄，旦夕响应，必臻其佑。巴南谓之清斋，蜀土谓之天功斋，盖一揆法矣"②。除了盛行于巴蜀各地的天功斋，有的地方还有一些其他的斋醮。例如在眉州，自眉州刺史崔元亮在州衙开黄箓道场，为民祈水旱疾疫有验之后，"至今眉州每岁设黄箓斋，凡职事军校及茶酒厮役祇承，皆知斋法次第"③。唐末五代，杜光庭在蜀中，又对道教的斋仪加以整理，并新制一批斋仪，从而使巴蜀道教的斋仪更加完备。

第二节 佛 教

佛教传入巴蜀，可能是在汉代，但其影响甚微，以致《大唐内典录》卷2《叙》云，在晋代以前，"西蜀一都，独无代录"。自晋以后，一些高僧相继由中原和江南地区入蜀，弘扬佛法。东晋哀帝兴宁三年（365），释道安以中原纷乱，"欲令玄宗，在所流布，分遣弟子，各趋诸方。法汰诣扬州，法和入蜀"④。东晋安帝隆安三年（399），道安的另一弟子慧持，又由庐山经荆州入蜀，止于龙渊精舍，"有升其堂者，号登龙门焉"⑤。刘宋时期，长乐沙门道汪，由庐山经

---

① 《隋书》卷35《经籍志》。
② 《蜀中广记》卷76《神仙记·川北道》。
③ 《北梦琐言》卷11《崔元亮降云鹤》。
④ 《魏书》卷114《释老传》。
⑤ 《高僧传》卷6《惠持传》。

梁州入蜀，化行巴蜀，誉洽朝野，为历任益州刺史所敬重。南齐海陵延兴元年（494），有高、何二僧，自明州象山入蜀，止于临邛四明山，披榛薙草，建鹤林寺。梁武帝时，建康僧人慧韶入蜀，止于成都龙渊寺，讲论开导如川流，天监七年（508）卒于摩诃堂中。自西魏平蜀之后，由北方入蜀的僧人，逐渐增多。隋唐之际，释道基由京师入蜀，"教阅大乘，弘扬摄论。厘改先彻，缉缵亡遗"①。唐太宗贞观十一年（637），卒于益州福感寺。

两晋南北朝时期，以凉州为中心的西北地区，佛教盛行。"凉州自张轨后，世信佛教。敦煌地接西域，道俗交得其旧式，村坞相属，多有塔寺"②。因此，凉州、敦煌，乃至西域的僧人，亦相继入蜀。东晋时，有凉州僧人贤护，驻锡广汉净兴寺，卒于东晋安帝隆安五年（401）。宋文帝元嘉十四年（437），从天竺求法归来的智猛，由凉州入蜀，元嘉末年卒于成都。凉州僧人法成则至涪城，后卒于广汉。其后，又有敦煌僧人道法至成都，先后为兴乐、香积二寺主，宋后废帝元徽二年（474）卒于成都。梁武帝天监初年，康居僧人明达自西域入蜀，于梓州牛头山建寺而居，天监十五年（516）至荆州而卒。此外，由于南朝与西域、印度的佛教往来，通常都要经过巴蜀和吐谷浑，因而暂住于巴蜀地区的高僧亦不在少数。刘宋文帝时，慧览经西域至罽宾求法。后经于阗回国，"路由河南，河南吐谷浑慕延、世子琼（按：当为'瑷'之误）等敬览德问，遣使并资财，令于蜀立左军寺，览即居之"③。宋后废帝元徽三年（475），法献西行巡礼佛迹，由建康出发，"西游巴蜀，路出河南，道经芮芮"④，到达于阗。而罽宾僧人昙摩蜜多则经龟兹、敦煌、凉州，"展转至蜀。俄而东出峡，止荆州"⑤。

外来的僧人，带着虔诚的信仰，在道教盛行的巴蜀地区弘扬佛法，从而使佛教在巴蜀的影响逐渐扩大。自晋开始，巴蜀地区便有人出家为僧侣。东晋时，有释僧生，蜀郡郫县人，少出家，以苦行著称，后为三贤寺主。刘宋时，有释法期，亦为郫县人，14岁出家，从智猛受禅业；释僧庆，巴西安汉人，出家止

---

① 《续高僧传》卷14《释道基传》。
② 《魏书》卷114《释老志》。
③ 《高僧传》卷11《惠览传》。
④ 《高僧传》卷13《法献传》。
⑤ 《高僧传》卷3《昙摩蜜多传》。

于义兴寺，宋孝武帝大明三年（459），自焚于成都武担寺；释普恒，成都人，出家止于安乐寺，宋顺帝升明三年（479）卒；尼释昙辉，成都女子，宋文帝元嘉十一年（434），从外国禅师畺良耶舍之劝，出家为尼，是巴蜀地区最早见诸记载的女尼。南齐时，有释法琳，临邛人，少出家，齐明帝建武二年（495）卒；释昙凭，犍为南安人，少游京师，止于白马寺，后还蜀，止于龙渊寺，善诵经，因而造铜钟，愿于未来，当有八音四辩，巴蜀地区寺庙铸造之铜钟，始于此。萧梁时期，蜀中佛教渐至兴盛，高僧甚多，较著名的有释植相，梓潼涪人，自出家后，专习苦行，后入青城山，聚徒集业，"梁王萧扲素相钦重，供给僚民，以为营理"。梁元帝承圣二年（553）卒，"其山四面僚民，见其坐亡，皆来叹异，礼拜供养，改俗行善"①。又有释宝象，本为安汉人，后居绵州昌隆（治今四川省江油市境）之苏溪，初为道士童子，24岁出家为僧，善讲经，"外典佛经，相继训导，引邪归正，十室而九。又钞集医方，疗诸疾苦"②。其后，又为《大集经》、《涅槃经》、《法华经》作疏，省繁易简，学者便之。北周保定元年（561）卒于潼州光兴寺，春秋50。

隋唐时期，佛教在巴蜀有了很大的发展，高僧辈出。据《续高僧传》和《宋高僧传》记载，隋唐时期，益州高僧有28人，仅次于长安与洛阳，其余诸州皆不及。在这众多的高僧中，智炫、道一、宗密、知玄，占有重要地位。

智炫，俗姓徐，益州成都人，生卒年不详。少小出家，入京听学，数年之间，擅名京洛。周武帝集道士、僧侣论难，众僧推智炫以难道士张宾。建德三年（574），周武帝毁佛，智炫遂与同学三人逃至北齐。建德六年（577），周武帝灭北齐，得智炫，待遇弥厚，与还京师。隋文帝开皇年间，"以蜀州回远，奥义未宣，授首西归，心存敷畅"③，居孝爱寺。其后隐居三学山，年102岁，不病而卒。

道一（709~788），俗姓马，汉州什邡人，后人尊称为"马祖"，因其法号为道一，故称"马祖道一"。幼年依资州处寂出家，从渝州圆律师受具戒。玄宗开元年间到衡山修习，得法于慧能的弟子怀让。后到江西开堂说法，得法弟

---

① 《续高僧传》卷24《释植相传》。
② 《续高僧传》卷8《释宝象传》。
③ 《续高僧传》卷24《智炫传》。

第十一章 宗教

139人，其中百丈怀海和西堂智藏以后又开沩仰、临济二宗，尊奉道一为禅宗七祖。道一得法于怀让，但其思想实渊源于曹溪，而在接机方面，尤有发展。后人辑有《马祖道一禅师语录》和《马祖道一禅师广录》各1卷。

宗密（780～841），俗姓何，果州西充人。出身豪族，少通儒书。唐宪宗元和二年（807），于遂州大云寺出家，当年即从拯律师受具足戒。元和五年（810），出川游学。后驻锡终南山圭峰，因而被称为"圭峰大师"。宗密教、禅皆习，自称"禅遇南宗，教逢圆觉"。因此，他虽被后人尊为华严五祖，但其思想却明显带有禅宗成分。宗密的著述甚多，留传至今的有《华严经行愿品疏钞》、《圆觉经大疏》、《金刚经疏论纂要》、《禅源诸诠集都序》等18种。

图11-4 马祖道一像

知玄（809～881），俗姓陈，眉州洪雅人。11岁出家。杜元颖为剑南西川节度使时，命知玄于成都大圣慈寺讲经，由此知名，蜀人称为陈菩萨。后随其师至京师资圣寺，敷演经论，为文宗召见。武宗毁佛，知玄入于湖湘间。宣宗即位，召知玄入京，署为三教首座。大中八年（854），由京师还蜀，大行利济，受益者多。中和元年（881），僖宗幸蜀，赐号"悟达国师"，同年卒，享年73岁。平生著述，多达30万言。

图11-5 宗密像

两晋南北朝时期，巴蜀佛教集中在两个地区：一是位于川西北高原的吐谷浑；一是以成都为中心的三蜀之地。吐谷浑在立国之时，位于其北面和西面的凉州、敦煌、鄯善（王城在今新疆若羌县境）、于阗，均为佛教盛行的地区。最迟在慕利延时期，吐谷浑已经开始信奉佛教，故慧览途经吐谷浑时，慕利延为其于蜀建左军寺。梁武帝天监十三年（514），吐谷浑"又表于益州立九层佛寺，诏许焉"①。受其影响，一些地区也开始信奉佛教。在今蒲江龙拖湾的佛教石刻造像中，有西凉嘉兴元年（417）的题名碑刻；在茂县则有南齐永明元年（483）龛造的无量寿佛像。然而，当吐谷浑被逐出川西北高原之后，佛教在该地区的影响急剧减退，由象雄传来的苯教逐渐兴起。在吐蕃统治时期，一些部族也信奉佛教，其中最著名的是朗氏家族。然而佛教在川西北高原的再兴，则是在11世纪以后。

以成都为中心的三蜀之地，同时受到江南和西北佛教的影响。东晋、刘宋时期，出自庐山慧远门下的慧持和道汪，由于受到益州地方官员的推崇，对蜀中佛教产生很大影响。庐山慧远倡导净土信仰，曾率弟子于无量寿佛像前，建斋立誓，共期西方。因此，他的弟子也在蜀中宣扬西方净土。而在宋文帝元嘉十一年（434）入蜀的畺良耶舍亦宣扬西方极乐净土，并译有《观无量寿经》，声称信仰、发愿往西方净土者，死后根据其功德大小，会受到阿弥陀佛和观世音、大势至不同方式的迎接和教化。这些宣扬，使得净土信仰在蜀中迅速传播，现存于巴蜀的南朝佛教石刻造像，大多与净土信仰有关。

萧梁武帝，崇奉佛教，令其王侯子弟皆受佛戒，有事佛精苦者，辄加以菩萨之号。同时，梁武帝又奖励佛教义学，敕命高僧编撰佛教著作，广建佛寺，盛造佛像，从而使南朝佛教，达到鼎盛时期。历任益州刺史，大多信奉佛教，有的延请高僧入蜀，讲经说法；有的敬造佛像，发愿供养。在统治集团的倡导下，佛教在蜀中逐渐兴盛起来。当时，从江南传入巴蜀的佛教学派，主要是"成实论"。其中巴西阆中人释宝海，"少出家，有远志，承扬都佛法崇盛，便决誓下峡。既至金陵，依云法师，听习'成实'，旁经诸席，丞发清誉。乃引众别讲，徒属兼多"②。宝海所师事的云法师，就是当时著名的"成实论"大师法云。宝海从法云学得"成实论"后返蜀，居谢西寺，大弘讲肆，为武陵王萧纪所敬重。与宝海同往建康的资中人释智方，亦从法云处学得"成实论"后返蜀，居龙渊寺。又有巴西阆中人释宝渊，欲学"成实论"，亦至建康，师事另一位"成实论"大师僧旻，广写疏义，带回成都，居罗天宫寺。标定义府，道俗怀钦，论筵频建，听者数百。此外，梁初入蜀的慧韶，亦曾师事僧旻。出自慧韶

---

① 《梁书》卷54《西北诸戎传》。
② 《续高僧传》卷9《释宝海传》。

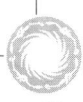

门下的宝象，则是又一位蜀中的"成实论"学者。

东晋南朝的佛法，注重义理，"至于禅法，盖蔑如也"①。而北朝则重视禅法，其中心思想有三：一是禁欲，二是修心，三是神异。禅僧的活动，主要有三种方式：一是头陀行，这是苦行的一种，其特点是着衣持钵，游行乞食，少欲知足。二是阿兰若法，通常称为坐禅，也就是《十二头陀经》所说的"系心一处，无令散乱，禅定功德，从是德生"。三是聚众禅。巴蜀地区在晋代就已经有禅僧，释僧生就是以苦行著称，诵《华法》，习禅定。刘宋时的成都人释普恒也是习静业禅，善入出住。萧梁时的涪县人释植相则是专习苦行，一食常坐，正心佛理，以命自期。北周时，又有益州多宝寺猷禅师，日夕不舍房，后院壁图九想变露，置绳床棕被复上，昼夜僧例，夜则寝中，亘一日方出一食，如是渐增七日方食。隋朝有新繁人释法进，出家行头陀，不居寺舍。两晋南北朝时期，巴蜀的禅法，主要受来自西北地区禅僧的影响。刘宋时期的郫县人释法期，就是从智猛咨受禅业，与灵期寺法林共习禅观。而从西北地区入蜀的僧人，大多习禅。刘宋时入蜀的凉州人释法成，不饵五谷，唯食松柏脂，孤居崖穴习禅。入蜀后，又在广汉复弘禅法。来自敦煌的释道法，也是专精禅业，时行神咒。

隋唐时期，由于佛教逐渐中国化，相继形成不同的佛教宗派，其中对巴蜀佛教影响较大的宗派有禅宗、净土宗和密宗。

禅宗的法系，有所谓西天二十八祖和东土五祖的说法，其中东土五祖为菩提达摩、慧可、僧璨、道信、弘忍。自弘忍之后，禅宗又分为众多的门派，宗密在《圆觉经疏》卷3下把禅宗分为七家：北宗禅、智诜禅、老安禅、南岳禅、牛头禅、南山念佛禅、神会荷泽禅。其中第二家智诜禅就是巴蜀地区的主要禅宗流派。

智诜，俗姓周，资阳县人，生于唐高祖武德元年（618）。出家后，谒禅宗五祖弘忍，为其弟子。据《景德传灯录》说："五祖既传法六祖，而又别传智诜。"弘忍死后，智诜返蜀，居资州北山，建德纯寺。武则天曾召智诜赴内道场，赐号宝修禅师，又将慧能的得法袈裟赐给他②。智诜回到资州后，传法于处寂。

---

① 《续高僧传》卷17《慧思传》。
② 《大正藏》卷51引《历代法宝记》。

处寂，俗姓周，蜀人，生于唐太宗贞观二十二年（648）。师事智诜，服勤寡欲，山居 40 年，足不入聚落，时人称为"唐和尚"。玄宗开元二十二年（734）卒，享年 87。处寂传法于无相。

无相，俗姓金，新罗国人。玄宗开元十六年（728）入中国，止于禅定寺。后入蜀欲谒智诜禅师。时智诜已死，遂谒处寂。"寂公与号曰无相，中夜授与摩纳衣。"① 遂入深溪谷岩下坐禅。玄宗幸蜀，迎无相至成都，"劝檀越造净众、大慈、菩提、宁国等寺，外邑兰若钟塔不可悉数"②。无相居于净众寺，肃宗至德元年（756）卒。段文昌在《菩提寺置立记》中，称无相为禅宗七祖。无相弟子甚多，其中最著名的是益州保唐寺的无住禅师和净众寺的神会禅师。自无相之后，巴蜀地区的著名高僧，大多出自禅宗。

净土信仰在巴蜀地区的传播甚早，最初是偏重观念念佛，即按照弥陀经典的教义，在禅定、观想中念佛。唐代的道绰、善导创立净土宗，倡导持名念佛，即口念阿弥陀佛的名字。由于这种修行方法简便易行，因而在民间甚为流行，唐代巴蜀的佛教石刻，相当一部分与净土信仰有关。

密宗的形成，是在唐玄宗时期。然而密教在巴蜀地区的传播，主要是在唐代后期。嶲州地区的密教，主要受南诏阿叱力教的影响。阿叱力，亦即阿阇梨，为梵语 Acarya 的同音异译，其义为轨范师。《四分律》将阿阇梨分为五种：出家阿阇梨、受戒阿阇梨、教授阿阇梨、受经阿阇梨、依止阿阇梨。也就是说，凡持教者即为阿阇梨，其人不一定出家。南诏的阿叱力，通常是指有家室的僧人。此种阿叱力在成都亦有之，文宗大和四年（830），李德裕调任西川节度使，见成都"蜀先主祠旁有獠村，其民剔发若浮屠者，畜妻子自如"③。这和有家室的阿叱力僧完全一样。其后，又有柳本尊在蜀中传播密教。

柳本尊（844～907），名居直，嘉州人。蔬食纸衣，律身清苦，专持大轮五部咒，即瑜伽经中的念诵仪，诵数年而功成。僖宗光启二年（886），嘉州人多疫疾，柳本尊遂盟于佛，持咒灭之。八月，在本宅道场中，燃左手第二指一节，供养诸佛，誓救苦恼众生。同年十一月，携信徒游峨眉山，瞻礼普贤光相，于

---

① 《宋高僧传》卷 19《无相传》。
② 《宋高僧传》卷 19《无相传》。
③ 《新唐书》卷 180《李德裕传》。

| 云南省博物馆 | 美国纽约大都会 | 美国圣地亚哥艺术 | 美国佛利尔博物馆 |
| 藏鎏金铜阿嵯耶 | 博物馆藏阿嵯耶 | 博物馆藏阿嵯耶 | 藏阿嵯耶 |

图11-6　阿叱力教尊神阿嵯耶

大雪中凝然端坐，以效释迦雪山6年修行成道。大约在昭宗天复元年（901），柳本尊至成都，有门徒数十人。后至汉州弥濛。天复三年（903），汉州刺史赵某遣使请柳本尊剜目炼法。柳本尊遂剜一眼，赵某投身忏悔，舍宅奉柳本尊。天复四年（904），柳本尊还归弥濛，赵某又为其扩建居舍。天复五年（905），成都玉津坊女子卢氏舍宅建道场，以奉香火。时嘉州四郎子神作祟，疫死甚众，柳本尊遂在玉津坊内割左耳，立盟，以除之深沙。天复六年（906），柳本尊又结坛玉津坊，挥刀断左臂，凡四十八刀。厢吏以其事白，蜀主王建叹异，遣使慰劳。907年，柳本尊卒。其教仍盛，中心为弥濛本尊院和广汉本尊院。在今大足县大佛湾有宋代石刻柳本尊像及其十炼图，而在安岳县的毗卢洞亦有石刻柳本尊十炼图。

第十二章 艺 术

两晋南北朝隋唐时期，巴蜀地区的文化艺术，无论是属于造型艺术的绘画、雕塑、建筑，还是属于表演艺术的音乐、舞蹈，属于语言艺术的文学，都有新的发展和变化，其中隋唐时期的艺术成就，尤为突出。

第一节 绘 画

巴蜀绘画，历史悠久，但是在两晋南北朝时期，其画不显，为后世所称赞的绘画作品，皆为外来画家所作。巴蜀本土绘画的兴起，肇自唐玄宗时期。开

图 12—1 梁令瓒 《五星二十八宿神形图》（局部1）

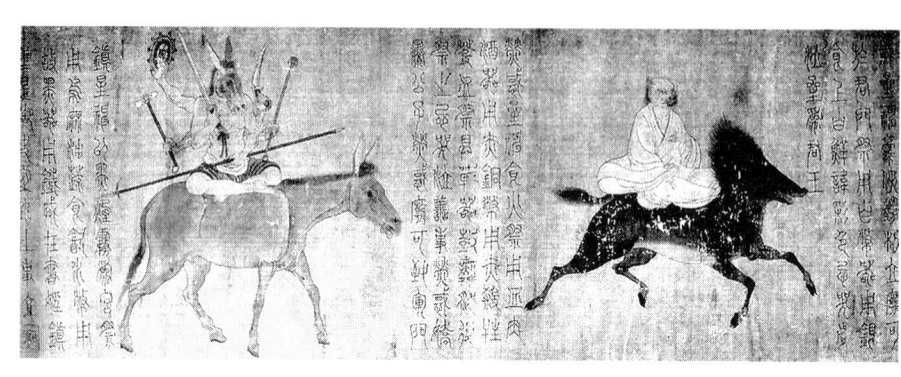

图12-2 梁令瓒 《五星二十八宿神形图》（局部2）

元九年（721），蜀人梁令瓒考制浑天仪、黄道仪，又作《五星二十八宿神形图》卷，其画今存日本，卷首有梁令瓒的署名。清朝人安仪周将该画评为妙品。安史之乱爆发后，玄宗入蜀避乱，一些著名画家相继来到巴蜀，其中有京兆人卢楞伽、韦偃、太常卿姜皎。代宗大历年间，山水画家王宰亦家于蜀中。敬宗宝历年间，长安人赵公祐至成都，专攻人物画，尤善佛像、天王、神鬼。文宗时期，张腾、范琼、陈皓、彭坚诸人亦寓居成都。懿宗时，以善绘传神杂画著称的常粲，也由长安入蜀。以上诸人，大多来自当时全国的绘画中心长安。自僖宗以后，入蜀避乱的画家，除了来自京师之外，还有相当一部分来自东南地区，其中有东越人孙位、吴人滕昌佑、南海人张询、婺州人贯休。这些流寓巴蜀的画家，代表了当时各种绘画流派的最高水平，在他们的直接影响下，巴蜀的绘画艺术有了突破性的发展，大批川籍画家相继出现。据宋人郭若虚《图画见闻志》卷2《记艺上》记载，唐末的著名画家有27人，其中川籍画家7人、流寓巴蜀的画家12人，总计19人，超过总数的70%。可以认为，唐末，全国绘画最兴盛的地区是巴蜀，而其中心则在成都，故宋人李之纯说："举天下言唐画者，莫如成都之多。"[①]

两晋南北朝隋唐时期，巴蜀绘画的题材内容，主要有释道人物和山水画两类。释道人物是宗教画，大约始自魏晋时期。早期的巴蜀宗教画，多为道教的仙真。据说汉代隐士段翳的故宅就绘有段翳、李真人的像。冯盖罗在晋怀帝永嘉元年（307）飞升之后，当地人也在龙多山建仙台观，绘像事之。这些用作供

[①] 李之纯：《大圣慈寺画记》，《成都文类》卷45。

图 12—3　今日成都大慈寺

奉的仙真像，多为画师所作，艺术价值不大。南北朝时期，佛教绘画逐渐在巴蜀地区兴起。当时的巴蜀佛画，主要受江南名家的影响，基本上是在印度佛画的基础上进行损益。入唐以后，巴蜀地区的画家，大多兼习佛、道二教的人物画。《宣和画谱·宋永锡传》就说："大抵西蜀丹青之学尤盛，而工人物道释者为多。"道教人物画，以唐懿宗时的简州道士张素卿最负盛名。佛教人物画的名家甚多，无论是流寓蜀中的外来画家，抑或川籍画家，大多工于佛画。当时的佛画，多数是绘制在佛寺的墙壁上，其中成都大圣慈寺的壁画居全国之冠。据宋人李之纯《大圣慈寺画记》说，大圣慈寺绘有诸佛如来 1215 尊、菩萨 10488 尊、帝释梵王 68 尊、罗汉祖僧 1785 尊、天王明王大神将 262 尊、佛会经验变相 158 幅，而夹神雕塑尚在其外。这些壁画，相当一部分是出自唐人手笔。

山水画历来是绘画的重要题材。南北朝时期，山水画较为呆板。画石则徒务雕透，有如冰澌斧刃；画树则刷脉镂叶，有如栖梧茆柳，事拙而工倍。入唐以后，李思训、李昭道父子擅长山水画，多有创新，时人以为神仙之笔，山水画至此一变。其后，又有忠州司马张璪，善画山水，极树石之妙。张璪作画，唯用紫毫秃笔，或用手蘸色摹于绢素，有浑成之妙趣，得自然之画法。宋徽宗所临摹的崖松图，即其笔法。张璪还著有《综境》一篇。在这些名家的影响下，山水画逐渐在巴蜀兴起，其中最负盛名的是成都人李昇。他最初是临摹张璪的山水画，有所心得，遂意写蜀中山水，心思造化，意出先贤，数年之中，创成一家之能，蜀人以其画足以与李思训相匹敌，故称其为"小李将军"。

中国的早期绘画，强调"形似"，也就是客观地再现事物，自南齐谢赫在《古画品录》中提出"六法"之后，"气韵"便成为绘画最重要的原则，也是品评画家的主要依据。唐人张彦远在《历代名画记》中，承袭谢赫的画论，把气韵生动作为品评作品的首要标准。他认为，形似是对客观事物的模仿，气韵则是画家的主观意识，绘画应当以主观意识驾驭视觉感受，才能表现艺术对象特有的气质，这种创作方法就叫"写意"。具体到人物画，应当以形写神，如果只有形似而无气韵，或者仅仅依靠色彩来表现人物，都不能算是作画；山水画，应当意出象外，也就是说，山石云水，不应是自然景观的再现和单纯模仿，而是画家借助这些山石云水的形象及其组合关系，表达出与之异质同构的内心情感。气韵既是唐人作画时所追求的境界，也是品评画家的主要依据。宋人黄休复的《益州名画录》就是按照这样的标准，依据朱景玄《唐朝名画录》的分类方法，把唐代的巴蜀画家分为神、妙、能三格，每格又分上、中、下三品。三格之上，又有逸格，不分品级。

《益州名画录·品目》说，逸格的标准是："笔简形具，得之自然，莫可楷模，出于意表。"能够达到这个标准的只有一人，那就是随僖宗入蜀的东越人孙位。其绘画风格类似张僧繇，曾仿张僧繇笔法在成都昭觉寺画《战胜天王》一堵。孙位和张僧繇一样，也善于画龙，贯休《题成都玉局观孙位画龙》说："我见苏州昆山佛殿中，金城柱上有二龙，老僧相传道是僧繇手，寻常入海共龙斗。

图 12-4　孙位《高逸图》（局部）

又闻蜀国玉局观有孙遇迹,蟠屈身长八十尺,游人争看不敢近,头觑寒泉万丈碧。"①《德隅斋画品》更是详细品评了孙位的《春龙起蛰图》:"山临大江,有二龙自山下出。一龙蜿蜒骧首云间,水从云气布上,雨自爪鬣中出,鱼虾随之,或半空而陨;一龙尾尚在穴前,踞大石而蹲,举首望云中,意欲俱往,怒爪如腥,草木尽靡。波涛震骇,涧谷弥漫,山下桥路皆没,山中居民老小聚观,扶户阚牖,人人惊畏,若屋坠颠。笔势超轶,气象雄放,非其胸中磊落不凡,神物变化,未能易也。"孙位最重要的创新在于画水。当时人画水,多作平远细皱,最多也不过能为波头起伏,孙位始出新意,画水跌宕起伏,输泻跳戏,号为神逸。

逸格之下,是为神格。其标准是:"思与神合,创意立体,妙合化权。"②列为神格的画家有赵公祐和范琼二人,皆为寓居成都的外来画家。赵公祐是长安人,敬宗宝历年间寓居成都,工画人物,尤善佛像、天王、神鬼。敬宗、文宗两朝,赵公祐在蜀中诸寺画佛像甚多。武宗会昌年间毁佛,一例除毁,唯大圣慈寺留有数堵壁画。赵公祐入蜀后,遂定居下来。其子赵温奇、孙赵德齐,皆以画为业,并有所成就。范琼是在文宗开成年间入蜀,善画人物、佛像、天王、神鬼、罗汉,与陈皓、彭坚二人合作,于诸寺图画佛像甚多。武宗会昌毁佛,只有大圣慈寺的佛像幸存下来。宣宗再兴佛寺之后,范琼等三人"于圣寿寺、圣兴寺、净众寺、中兴寺,自大中至乾符,笔无暂释,图画二百余间墙壁,天王、佛像、高僧经验及诸变相,名目虽同,形状一无同者"③。三人皆宗师吴道玄笔法,而在色彩的应用上则超过吴道玄。范琼在三人之中,年龄最小,技艺最高,故入神格。

妙格是指画家笔精墨妙,自心付手,曲尽玄微。妙格分为上、中、下三品。上品7人,其中:陈皓、彭坚是在文宗开成年间与范琼一同入蜀;张腾是在文宗大和年间入蜀,善画佛像;卢楞伽则是在玄宗天宝末年入蜀,以善画高僧著称;赵温奇、赵德齐父子是赵公祐子孙;道士张素卿是巴蜀简州人。妙格中品10人中,巴蜀画家共有5人,其余5人皆为流寓入蜀的画家。妙格下品11人,

---

① 《全唐诗》卷837。
② 《益州名画录·品目》。
③ 《益州名画录》卷上。

图 12－5　卢楞伽《六尊者像》（局部）

巴蜀人士有 8 人，随父辈入蜀定居者 2 人，只有刁光胤是在天复年间流寓入蜀。唐代巴蜀最著名的画家，除了张素卿被列为妙格上品之外，其余均在妙格中、下品。其中：位列妙格中品的左全，专攻杂画，敬宗时期，"声驰阙下"；高道兴"触类皆长，尤善佛像高僧"；房从真"攻画甲马、人物、鬼神，冠绝当时"；黄筌则是开创黄家花鸟画派的创始人。而号称"小李将军"的山水画大家李昇，"攻画女郎，笔踪妍丽，极善写真"①的阮知海，则被列为妙格下品。

能格是指作画形象生动的画家。亦分为上、中、下三品。其中：上品 15 人，巴蜀人士有 13 人；中品 5 人，巴蜀人士 4 人；下品 7 人，巴蜀人士 5 人。被列为能格的画家，或是工画人物、佛像、山水，能得其形似，如周行通、杜宏义、杜子瑰、赵才、程承辩、丘文播、僧楚安、宋艺等人；或遵师法，别无新意，如孔尚、蒲延昌等人；或学名家笔法，罕有突破，如石恪、麻居礼学张南本笔法，杜措学李昇山水，陈若愚、李寿仪学张素卿笔法；或子承父业，又不能超过之，如杜敬安、阮惟德、张玄之裔张景思及其母族的杨元真等人。

---

① 《益州名画录》卷中。

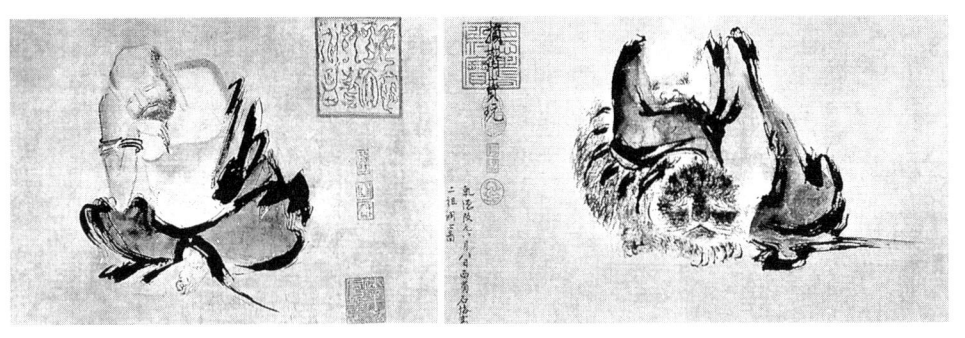

图 12—6　石恪《二祖调心图》

第二节　雕　刻

一、佛教石刻造像

佛教的石刻造像，出自印度佛教。早期的雕刻，没有佛像，只是以象、狮、莲花、树木等动植物来象征性地表现佛陀的前世，即"本身图"。其后，则以表现佛陀现世的"佛传图"为主。公元1世纪至2世纪之间的贵霜（Kushana）王朝时期，马鸣（Asvaghosa）创立大乘佛教，准许拜佛，佛像的雕塑才逐渐兴起，流行的地区，包括印度河上游的犍陀罗（Gandhara）和恒河支流朱木纳河沿岸的马都拉（Mathura）。在笈多（GuPta）王朝和戒日王时期，佛教造像曾盛极一时。戒日王死后，在孟加拉地区兴起的巴拉（Pala）王朝，密教流行，佛教造像向着新的方向发展，出现了许多具有多面多臂姿态的新佛像，例如多臂观音、救度母、摩利支天等等。

巴蜀地区的佛教造像是随着佛教的传入而逐渐兴起的。现存于乐山市的东汉麻浩崖墓门阙上的"佛陀像"和"大鹏含蛇图"，据说是巴蜀地区已发现的最早佛教造像。两晋南北朝时朝，巴蜀的佛教造像，逐渐兴盛起来。在蒲江县龙拖湾的石刻造像群中，现存西凉李歆嘉兴元年（417）张仁忠、许七忠题名的碑刻；成都万佛寺废墟中，曾出土刘宋文帝元嘉二年（425）的"西方净土变"石刻造像；在茂县亦出土南齐武帝永明元年（438）造的无量寿佛像。此外，在成都万佛寺出土的石刻造像中，有梁武帝、周武帝年号的石刻造像；四川大学博物馆藏有两件有明确纪年的梁武帝时期造像,一件是中大通四年(532)造释迦像,一件是太清三年(549)造释迦双身像;四川省博物馆藏有北周武帝天和四年(569)释迦造像。据统计,目前四川共存有南北朝时期的佛教造像近百件,其中24件有铭文和纪年①。

隋唐时期,巴蜀的佛教造像十分兴盛,至今在49个县尚有遗存,主要分布在三个地区:一是位于四川盆地北部的广元、旺苍、南江、巴中、通江等县;二是位于四川盆地中部丘陵地区的简阳、资阳、资中、内江、乐至、安岳、大足、遂宁、潼南、合川等县;三是位于四川盆地西南的邛崃、蒲江、洪雅、丹棱、夹江等县。在这众多的造像中,重要的造像地点如下:

12-7 成都万佛寺出土佛像头

成都万佛寺石刻造像。成都万佛寺位于今成都市西门外万佛桥附近。萧梁时期,名为安蒲寺。后废毁。唐玄宗开元十六年(728),新罗僧人无相至成都,即其地建净众寺。武宗会昌毁佛,净众寺亦在除毁之列。宣宗大中年间复建。宋名净因寺。明代又称竹林寺、万佛寺,明末毁于兵燹。清德宗光绪八年(1882),首次出土残石佛像。1937年、1945年、1953年,先后出土数百件佛教石刻造像,其中有纪年铭文的造像10余件,其纪年时代,从刘宋到唐宣宗。

图12-8 成都万佛寺出土石刻造像

---

① 雷玉华:《成都地区的南朝佛教造像》,《魏晋南北朝史论文集》,2006年。

图 12-9　广元千佛崖石刻造像

广元千佛崖石刻造像。广元的佛教造像，主要分布在皇泽寺和千佛崖。皇泽寺位于广元市城区以西的嘉陵江西岸，其木建部分已荡然无存，只有 28 个石龛和 6 个石窟的造像保留至今。千佛崖在广元市城区以北 10 里，位于嘉陵江东岸。现存造像崖面约 417 米长，高 40 余米，分为十三层。据咸丰四年碑记说："全崖造像数为一万七千有余。"今存大小龛窟 400 余处，造像 7000 多躯。在千佛崖下层的最北端，有一座近代修建的三间单进庙宇，额题"大云寺"，其中南面一间的崖壁上，有两个精美的造像龛，分为上、下两层，下层主像为卢舍那佛，上层主像为阿弥陀佛，结跏趺坐在莲台上，莲台前跪着两个女供养人。在大云寺顶上的崖壁，有一弥勒佛龛。大云寺南面，位于现存龛

图 12-10　广元千佛崖石刻造像局部

窟地段的中部，是大云洞。这是千佛崖最大的洞窟，高3.8米，宽5.6米，深10.6米。洞中后壁为弥勒佛立像，左右两壁有若干小龛及菩萨像。该洞有许多唐代的石刻文字。在大云洞以南，有一个仅次于大云洞的洞窟，东、南、北三壁上各有一个凹进的大龛，造像均为一佛二菩萨，通常合称其为"三圣龛"。在三圣龛以南，有大佛洞，原来主像头部已毁坏，今存后人补塑的泥头，佛身亦经后人装修。在大佛洞以南，有两窟紧相邻接，一名牟尼阁，一名睡佛龛。牟尼阁的造像，是在一座佛坛上表现佛说法图的场面。牟尼阁南壁的睡佛龛，是根据《大般涅槃经》雕刻的涅槃变。在千佛崖南端的中层，还有一龛是雕刻着释迦多宝说法图，为千佛崖造像的精华。该龛下面的一龛，三面石壁上刻着六对约1米高的供养人像。这两龛的造像均未全部完工，有几尊像或是只完成头部，或只有轮廓，或仅为毛坯，或只完成形体而无装饰。千佛崖还有从唐玄宗至唐僖宗时的碑刻题记27段。

巴中石刻造像。巴中县的摩崖造像，分布在东龛、南龛、西龛、北龛、小北龛、水宁寺等6处。东龛位于巴中县城以东3里，唐代建有兜率寺，现存造像27龛，其中4龛为近代所造，其余诸龛经后人装修，已失原貌。西龛在城西5里，唐代建有龙日寺，现存造像43龛，其中第10龛有唐玄宗开元三年（713）造像题记，第16龛力士像侧有"检得大隋大业五年造前件古像。永平三年院主僧傅芝记"题记。北龛在城北4里，现存较完好的造像19龛。小北龛即大佛寺，在城北15里，原有大佛一龛，左刻七佛一龛，《舆地纪胜》卷187引《图经》云："七佛龛。唐张祎扈从僖宗入蜀时，经此所镌龛名。"其余造像甚多。现存佛龛，大多风化、剥蚀，或经后人装修而失去原状。水宁寺在巴中县城以东的清江乡水宁河两岸，现存造像27龛。其中1号龛的供养人旁有"巴州始宁县令改阆州录事参军□像"的题记；龛壁右侧有题记6行，文字多漫漶。9号龛左壁有墨书题记："咸通十二年五月二日……"。南龛在巴中县城以南2里的化成山上，现存造像133龛，约2000余躯，分布在云屏石、山门石和佛爷湾三处。其中云屏石又名船头石，共有8龛；山门石面积很小，只有3龛；佛爷湾又名神仙坡，是南龛造像的主要部分，共有122龛，其中116号龛的毗沙门天王像和87号龛的观音像最为精美，102号龛则是佛爷湾仅有的一龛立佛像，89号龛的分身瑞像，68号龛和81号龛的鬼子母佛，都是唐代巴蜀佛教石刻中少见的题材。此外，南龛还有唐代碑刻题记10则。

资中北岩石刻造像。资中北岩亦名重龙山,位于今资中县城北郊。主要造像分布在君子泉和古北岩两段岩壁上,总长约 150 米,通高约 40 米,共计 162 龛,造像 1600 余躯。以佛为主像的有 68 龛,其中阿弥陀佛 14 龛,卢舍那佛 9 龛,药师佛 9 龛,弥勒佛 1 龛,其余则以释迦牟尼为主像;经变相 13 龛,其中释迦说法图 5 龛、释迦悟道图 2 龛、观无量寿佛经变 4 龛、维摩诘经变 2 龛;以菩萨、天王为主像的有 60 龛,其中:4 手观音 8 龛,地藏 9 龛,观音与地藏合造 23 龛,文殊、普贤 2 龛,天王 18 龛。此外,北岩还有唐代的碑刻题记 8 则。

邛崃石刻。邛崃县的石刻造像,分布在大佛寺、盘陀寺、花置寺和石笋山

图 12—11 资中北岩石刻造像局部

图 12—12 邛崃龙兴寺出土佛像头

等地。大佛寺位于邛崃县城以西半里,濒临㽀江,唐代建有龙兴寺,后废毁。1947 年㽀江发大水,冲刷出一批遗物,包括石刻、砖瓦、脊兽等建筑物品,鎏金铜造像和陶造像,其中采集到的石刻遗物有造像、经幢和佛经等,共计 170 多件。石刻造像有佛、菩萨、天王、韦驮、力士、比丘、供养人等,绝大多数为残像,多数造像还有装金或彩绘的遗痕。盘陀寺在邛崃县城以西 10 里的盘陀山,其地"有石刻佛像,唐人镌昊师二字,其上又有"郭汾阳师"四字。五代及宋人皆有墨书"①。花置寺在邛崃县城西北 14 里的

---

① 《蜀中广记》卷 13《名胜记·邛崃》。

第十二章 艺术

西河乡花石山，石刻造像在今小柏树水库岛上，总长32.8米，分为9龛，造像1000余躯，故称"千佛岩"。其中5号龛主像为无量寿佛，高4.7米，龛壁上雕有21排高浮雕小佛，每排45尊，共计945尊。与5号龛相连平列的4号龛，有20排高浮雕小佛，每排40尊，共计800尊。4、5两龛共有小佛1745尊，故合称"千佛龛"。这两龛为唐德宗贞元十四年，长安章敬寺的僧采所造，马宇撰《大唐邛州临邛县花置寺新造无量寿佛石龛像记》以记其事。该碑今存，位于千佛龛左下角，为明代翻刻。除了千佛龛之外，花置寺其余诸龛均遭严重破坏，面目全非。石笋山在邛崃县城西北60里的大佛沟。据《大清一统志》卷411《邛州直隶厅·山川》记载："七盘山。在州西八十里，石径自址至巅，委曲七折，因名。相近有神山，上有石像。"神山之得名，是由于传说唐代主簿王兴于此山仙去。其地有观音寺。今石笋山摩崖造像中，3、8、19、22、27、29龛的主像均为观音，其中3号龛的千手观音尤为精美，疑今石笋山即"神山"，石笋山造像附近的寺院遗址，或即古观音寺。石笋山造像，集中在大像沟的崖壁上，背东面西，长约120米，高约40米，其中南段造像龛为一层，北段为两层，现存38龛、739躯。现存题记一则："石笋山普提释迦二像龛并铭……大历二年二月十五日"。

夹江牛仙寺石刻造像。夹江牛仙寺位于夹江县城以北40里的吴场乡白龙村牛仙寺遗址附近，当地称为"佛耳岩"。共有造像254龛，2760余躯。按山岩形势，分为五部分。第一部分在主岩右侧，有59龛，其中183号龛的主像为千手观音，镌刻精美；219号龛的主像为阿弥陀佛、观世音、大势至、大海众，该龛题记称其为"四圣龛"，

图12—13 夹江千佛崖石刻造像

是一种少见的造像题材；220号龛的造像为西方净土变，是牛仙寺摩崖造像的精品；225号龛的主像为一佛二弟子二菩萨，四周刻有天龙八部，该龛造像题记称其为"八部龛"。第二部分紧靠第一部分，共有60多龛。第三部分在二号岩壁，共有51龛，主要造像有千佛、六臂观音、观音与地藏、药师佛，以及一佛二弟子、三世佛，这部分造像保存最好，色彩尚存。第四部分在主岩，有20多龛，其中235号龛的主像为西方三圣，四周有12层小佛，每排13尊，该龛是牛仙寺摩崖造像中最精美的龛窟之一。第五部分是垮塌部分散存的造像，大约有50龛。佛耳岩现存造像题记8则。

除了上述造像相对集中的地区之外，其他较为分散的地区，亦有不少造像具有较高的价值。例如茂县较场坝（点将台）唐太宗贞观四年（630）的造像，是目前巴蜀地区有确切纪年题记的唐代最早造像；开凿于唐玄宗开元年间，最后完工于德宗贞元十九年（803）的乐山弥勒大佛，高达71米，是我国现存的最大石刻造像；昭觉博什瓦黑石刻，是南诏、大理政权在今巴蜀境内最大的佛教造像群。

巴蜀早期的佛教造像，主要是在寺院，成都万佛寺出土的石刻造像就说明了这一点。寺院造像，大多为单个圆雕。其后，石窟、摩崖造像兴起。不过巴蜀的石窟造像甚少，主要集中在广元。摩崖造像是巴蜀佛教造像的主要形式，保留至今的造像，绝大多数都是属于摩崖造像。石窟造像，首先是在崖壁上凿窟，或者利用天然洞穴，然后在洞窟中镌刻；摩崖造像则是直接在崖壁上镌刻。石窟和摩崖造像，主要是浮雕和线刻，圆雕甚少。在石质疏松的地区，不便雕刻，往往用壁画和塑像来代替石刻。

南北朝时期，巴蜀的佛教造像，主像有释迦牟尼、无量寿佛、弥勒佛与观世音、阿育王。在成都万佛寺出土的石刻中，还有几种经变相，其中刘宋文帝元嘉二年"西方净土变"，是目前巴蜀地区已知的最早经变石刻。

在唐代前期，以"佛说法图"为题材的三尊龛、五尊龛、七尊龛、九尊龛的造像最为普遍，其主像均为释迦牟尼，通常在佛的左右两边还要雕刻二弟子，这就是三尊龛，如果再加上二菩萨就是五尊龛，再加二力士就是七尊龛，再加二菩萨或二天王就是九尊龛。这类"佛说法图"，往往还要镌刻护法的天龙八部。其代表作为广元皇泽寺的1号龛，该龛正中的主像释迦牟尼高达5米，左右胁侍的弟子迦叶、阿难及二菩萨各高4米，分立左右的二天王各高3米，龛顶为

图 12—14　南齐永明元年无量寿佛　　图 12—15　成都万佛寺出土刘宋元嘉二年"西方净土变"

浮雕的天龙八部，右下壁刻有一男性供养人。除了"佛说法图"之外，以"释迦多宝说法图"为题材的造像也较为普遍，其中广元千佛崖的一龛造像最为精美。该龛主像为结跏趺坐的释迦牟尼和多宝如来，各以左右手结无畏印，两边侍立着二弟子二菩萨，背后则是天龙八部。唐代前期的经变石刻，最常见的还是自南北朝以来就在巴蜀地区流行的"西方净土变"，其中唐太宗贞观八年（634）建造的梓潼县千佛崖 1 号龛，是目前所知的唐代最早的"西方净土变"造像。该龛是根据《三宝感应要略录》卷上的记载，镌刻"阿弥陀佛与五十二闻法弟子"，其主像为阿弥陀佛，结跏趺坐在莲台上，右手施莲花印，左手已损坏，可能是作施与愿印。佛的左右两侧是观音与大势至，均呈站式。龛的左右两壁，分别刻有 26 个菩萨，共计 52 个闻法菩萨。龛门外侧有一则造像题记，首题"阿弥陀佛并五十二菩萨传，邓元觉书，作龛及镌字杨子尚"，落款为"贞观八年七月十四日"。除了"西方净土变"，在安岳县卧佛沟的 4 号龛，还出现"涅槃变"，主像为释迦牟尼，长 23 米，头东脚西，背北面南，左侧卧，这和《大般涅槃经》所记叙的涅槃佛造像仪轨为"北首右胁卧"恰好相反。涅槃佛的头顶上方和脚踝处各有一力士护佛，外侧腿部则为禅坐的弟子须跋陀罗，似作诊视状。涅槃佛上方的崖壁刻有一组表现佛说涅槃经的造像,主像释迦牟尼,结跏趺坐,右手结无畏印,左右胁侍为迦叶、阿难二弟子,两侧各有前后两排造像,共计七弟子二菩萨,有的在恭听释迦说法,有的在默思沉想,有的则号啕大哭。诸弟子、菩萨的背后刻有天龙八部。

唐代后期,观音和西方三圣(阿弥陀佛和胁侍的观音、大势至)的造像,逐渐取代"佛说法图",成为造像的主要题材。与此相适应的经变石刻,仍然还是"西方净土变"。其构图内容,除了前面已经述及的"阿弥陀佛和五十二闻法弟子"之外,还有两种:一种是以《阿弥陀经》的记载制图镌刻,邛崃石笋山4号龛就属于这种经变石刻。该龛从龛口下沿到正壁有三个平台,在龛口外的左右两壁分别刻着观音和大势至。据说,往生西方净土之人,临终时,观音、大势至会前往迎接,二菩萨刻在龛门外,即表此意。在龛口内的第一层平台上,左右分别刻着文殊、普贤,中部为一组伎乐,用以表现"彼佛国土,常作天乐"①。第二层平台上,刻有数十朵莲花,上面趺坐着许多人。据《大阿弥陀经》卷上《莲华化身分》记载:"佛言:十方无殃数诸天人民,以至蜎飞蠕动之类,往生阿弥陀佛刹者,皆于七宝水池莲华中化身,自然长大,亦无乳养之者。"第二层平台就是表现莲花化身。第三层平台上为趺坐于莲台上的阿弥陀佛、观音、大势至,即"西方三圣",三像头部上方均有宫殿,有飞廊将三座宫殿与龛左右两壁的楼阁连接起来,上面有众多人物,用以表现《阿弥陀经》所说的"其土众生,常以清旦,各以衣械,盛众妙华,供养他十万亿佛,即以食时,还到本国"。第二种"西方净土变"是根据《观无量寿佛经》的记载进行制作,这是唐代后期巴蜀佛教造像中大量镌刻的内容。其构图布局与"阿弥陀经变"大体相同,只是在内容上增加"未生怨"、"十六观"、"三品九生"等情节,其中未生怨是宣扬因果报应,十六观是表现通过沉思默想以求解脱,三品九生则是表现往生西方极乐世界。大足北山215号龛为这类经变石刻的精品。

除了反映西方净土的石刻之外,巴蜀还有表现东方净土的造像,这就是药师及药师变。药师即药师琉璃光佛,梵名 Bharsajyaguru。据隋代磨笈多所翻译的《药师如来本愿功德经》记载,东方净琉璃世界,有佛名药师琉璃光如来。当他作菩萨时,曾发十二大愿,令一切众生所求皆得。成佛后,凡敬药师佛者,

---

① 《大藏经》卷12。

第十二章 艺术

可免除九横死的恶果。药师佛有两名侍从菩萨，"一名日光遍照，二名月光遍照，是彼无量无数菩萨众之上首，悉持彼世尊药师琉璃光如来正法宝藏"①。早在唐玄宗时期，巴蜀地区就已经有药师佛的造像。安岳县千佛崖 24 号龛的右下壁就有一则题记："药师琉璃光佛一龛……天宝四载九月二十三日。"药师龛的造像，多为三尊，即药师佛与左右胁侍的二菩萨。唐代后期，胁侍二菩萨除了日光、月光之外，也有以药王、药上二菩萨胁侍，如资中重龙山 100 号龛的造像题记就说："敬造药师琉璃光佛一身，并药王、药上一龛……大中十二年闰二月八日。""药师变"是在唐代后期才出现的。据《药师如来念诵仪轨》记载，药师变的基本构图是："以种种杂宝庄严坛，安中心一药师如来像，如来左手令执药器，亦名无价珠，右手令作结三界印，著袈裟，结迦趺坐，令安莲花台。台下十二神将、八万四千眷属。上首令如来威光，中令往日光、月光菩萨。如是坛方周匝五色，近前安置二阏伽器，佉瓦器，随意受用，奉献承事尊像。"②巴蜀地区的"药师变"，基本上与仪轨相符。"药师经变"是在"药师变"的基础上，增加"九横死"、"十二大愿"等情节，代表作为安岳千佛洞的 96 号龛。

在唐代后期，密宗造像在巴蜀也相当盛行，最常见的是毗沙门天王和千手观音。唐玄宗天宝七年（748），敕诸道于城楼西北隅置天王像。自此以后，巴蜀各地屡造天王像。千手观音又称千手千眼观世音。唐代巴蜀的千手观音造像较多，代表作为大足北山 9 号龛。该龛主像为千手观音，面西坐于金刚座上，头戴花冠，身著天衣，胸部有璎珞装饰，双足赤，垂放于座下的两朵莲花上。肩上二手合捧一小佛，胸前双手合十，胸下两手放于两膝结禅定印，腹下二手置膝间，两侧诸手分执瓶、铃等法物，项背刻有多条手臂，以示千手。金刚座下有二圆雕石像，左侧为捧碗乞食的饿鬼，右侧为跪捧口袋请求施舍的老者。该龛左右侧壁刻有八组浮雕，分为四层，每层二组。左壁上层为五尊坐佛及雷神、云神、兽面人身像；中层为金色孔雀王和文殊菩萨；下层为一菩萨、二侍者和二金刚；底层有一立侍，其余残毁。右壁上层为五尊坐佛和风伯，中层为金刚明王和普贤菩萨，下层为一菩萨、二侍者和二金刚，底层有一波斯仙，其余残毁。

---

① 《大藏经》卷 14《药师经》。
② 《大藏经》卷 19。

唐末，地藏菩萨的造像逐渐兴起。地藏菩萨又名悲原菩萨，在忉利天，受释迦如来所托，于二佛中间，无佛世间，教化六道众生，其安忍不动如大地，静虑深密如秘藏，故名地藏①。唐末，地藏的造像，往往与阿弥陀佛、观世音菩萨组合成龛，其中地藏与观音合造在一龛的情况，最为常见，其代表为大足县北山58号龛。该龛主像为观音和地藏，观音在右，头戴高花冠，胸有璎珞，结迦趺坐在莲台上，身后有火焰形背光，头上有七宝盖；地藏在左，结迦趺坐于莲台上，身着袈裟，身后有火焰形背光，头上有七宝盖。二像左右两侧的龛壁上，各有一菩萨，身蔽璎珞，立侍，双手托一盘；二像之间刻有一妇人，系造龛者追度的何七娘像。在龛门左侧柱上有一题记："乾宁三年九月二十三日，设斋表赞毕。检校司空守昌州刺史王宗靖造。"与此同时，随着《佛说十王经》的流传，解救六道众生出地狱的地藏菩萨造像，又与地狱十王等题材联系起来。资中县西岩85号龛，主像为地藏，左右两侧各雕五王，合为十大冥王，为光化年间所造。这是巴蜀有确切纪年的最早地藏、十王造像。

二、道教石刻造像

道教原来尊崇无形的"道"，故无造像之事。不仅道民的靖室没有神像，天师治亦不造像。天师"治"的中心是崇虚台，其上仅有香炉，天师子孙以下，只是焚香朝礼，并未供奉神像。西晋武帝时期，陈瑞在蜀中振兴道教，也是"不奉他神，贵鲜洁"②。南北朝时期，在佛教的影响下，道教也开始镌刻造像。《佛祖通载》卷15《佛道论衡》就说："梁魏已上，未闻道有仪形。周齐已下，弘诱开于泯俗，是则拟佛陶化，终诈饰于昏蒙。"巴蜀地区的道教造像，基本上是在北周时期才开始的。入隋以后，已经相当兴盛，唐人卢照邻《益州至真观主黎君碑》就说，隋文帝开皇二年（582）在益州建造的至真观，"有天尊、真人石像，大小万余躯"③。在唐代，巴蜀道教造像更加兴盛，保留至今的造像，主要有以下几处：

安岳玄妙观石刻。位于安岳县城西北30里的黄桷乡境内，有道教、道释合

---

① 《大藏经》卷20《大乘大集地藏十论经》。
② 《华阳国志》卷8《大同志》。
③ 《全唐文》卷167。

造像79龛,约1200余躯,主要造像集中在玄妙观前一块周长约43米的巨石上。其中11号龛最大,龛高2.8米、宽2.5米、深1米,主像为天尊,坐在莲台上,长胡须,头戴道冠,身着道服,右手执扇,左手扶三脚夹轼,天尊左右为二供养人和二侍者。龛外左右刻有武士;龛下并列9位真人,头戴道冠,身着道服,作朝拜状。12号龛主像为四真人立像。53号龛为5位真人立像。61号龛的主像为元始天尊、太上大道君、太上老君的坐像。62号龛为天尊立像,脚下有浅浮雕的九龙,以此表现救苦天尊乘九龙。此外,安岳玄妙观还有一些佛教造像和道、释合龛的造像,其中常见的道、释合龛造像为太上老君与释迦牟尼并坐,诸真人和诸菩萨侍立两侧。现存的唐代碑刻题记有:唐玄宗开元十八年□玄迷所书《般若波罗密多心经》,玄宗天宝七年左识相所立《启大唐御立集圣山玄妙观胜境碑》,宣宗大中十四年造像题记。

绵阳西山观石刻。位于绵阳市西郊,道教造像分布在玉女泉和子云亭,约有20余龛,140多躯。玉女泉的造像,分布在临泉的岩壁上。岩壁断面呈梯形,上层共有19龛,其中北端一龛为三尊造像,有隋炀帝大业六年造像题记;下层共有7龛,其中北面第五龛的主像为老君坐像,左右各有二侍者,其中二

图12—16 绵阳玉女泉唐代道教石刻造像

位侍者为女像，装束类似佛教菩萨。南北朝时期的甄鸾在《笑道论》中说："有道士造老君像，二菩萨侍之，一曰金刚藏，一曰观世音。"该龛二菩萨装束的女侍，可能就是金刚藏与观世音。玉女泉的造像多为小龛，最高的仅 0.7 米，矮的只有 0.2 米，龛顶外沿多为人字形，或呈莲瓣状。子云亭距玉女泉约 10 米，背后即西山观。在子云亭下有一龛，上宽 2.85 米、下宽 1.67 米、高 0.62 米，是西山观最大的一龛，主像为天尊和老君，均跌坐于须弥座上，天尊和老君之间，有一手执莲苞者，似为女像。主像左右两侧，各立一老叟、一老妇、一男童、一女童。供养人分 4 排刻在左右龛壁上，左壁现存 43 尊，右边现存 42 尊，均为高浮雕，多数人头戴幞头，身著圆领袍衫，双手拱揖。供养人的身旁均刻有姓名。绵阳西山观的造像题记，最早为隋炀帝大业六年。入唐以后，"西山观造像，有乾封、咸亨、大中、咸通诸记"①。现大多风化湮灭，仅子云亭下龛的题记较为清晰。

剑阁鹤鸣山造像。位于剑阁县城东郊，现存道教造像 5 龛。其中 1 号龛造像为圆雕立像，头上有发髻，身着宽大道袍，站立在莲台上，右手下垂，左手五指并列，掌心向外，颇似佛教手印中的施与愿印，该像现存露天；2 号龛主像已被凿盗，龛壁左右两侧浮雕尚存，计有 8 侍神、12 神将、4 鬼王、金童玉女各 1 尊；3 号龛主像为天尊，头戴芙蓉冠，身着宽领大袖道袍，脚穿道履，站立在莲台上，右手下垂，左手五指并列，掌心向外；4 号龛为一天尊立像，服饰与 3 号龛造像类似；5 号龛的主像无存，龛壁左右两侧浮雕与 2 号龛相似，现存 2 侍者、8 侍神、12 神将及鬼王。现存唐代碑刻题记有：唐宣宗大中八年李商隐《剑州重阳亭记并序》碑，大中十一年前剌史郑国公某造长生保命天尊题记。

除了上述道教造像之外，巴蜀还有一些规模较小的道教造像：在潼南县大佛寺外崖壁上，现存三龛道教造像，均为三尊龛，即一坐像二立侍，龛壁有持杵神将，题记两则："开皇十一年作"，"大业六年三月二十七日修天尊三龛，弟子杨佛赞记"；在蒲江县飞仙阁的摩崖造像中，也有三龛道教造像，编号为 2、44、74 号龛，其中 44 号龛的题记为"天宝九载五月，道士贾光宗造"，74 号龛的题记为"大唐开元廿八年岁次庚辰十二月……"；丹棱县郑山摩崖造像中有 2

---

① 民国《绵阳县志》卷 9《艺文·金石》。

图 12-17 仁寿县唐代道教石刻造像

龛道教造像，其中 2 号龛为一真人，61 号龛主像为天尊。此外，潼南千佛岩、资中北岩和仁寿牛角寨也有一些唐代的道教造像。

隋代巴蜀的道教造像，主像均为天尊。入唐以后，由于老君地位提高，遂出现天尊、老君并列的造像，甚至单独供奉老君。唐代后期，以元始天尊、太上道君、太上老君为主像的"三清"造像开始出现，但是数量极少。

巴蜀的道教造像，远不如佛教造像宏大，题材内容也相对贫乏，在形式上亦多有模仿佛教造像之处，如莲台、须弥座、背光、乐伎、飞天等等，以至于一些道教造像被误认为是佛教造像。然而在我国的道教造像历史中，巴蜀的道教造像却是分布最广、造像最早的地区之一。

除了单独的道教石刻造像之外，巴蜀地区还有一些佛、道合龛的造像。事实上，早期的道教造像，本身就是道、佛合龛。直到唐代，一些道教的造像龛中，也还杂有佛教的神像。不过明确提出"立佛道二尊像"，则是现存成都龙泉驿石佛寺的北周闵帝元年（557）《强独乐建周文王佛道造像碑》。入唐以后，佛、道合造的龛窟较多，最常见的是释迦牟尼和太上老君合龛，较为典型的是成都龙泉驿石佛寺摩崖造像第 34 龛。该龛主像为释迦牟尼和太上老君，均结跏趺坐在一平台上，释迦牟尼在左，右手施无畏印，左手作与愿印，背后为深浮雕的迦叶、阿难二弟子，佛像左右为大势至和观世音二菩萨；太上老君在右，

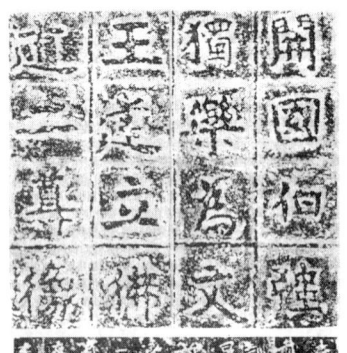

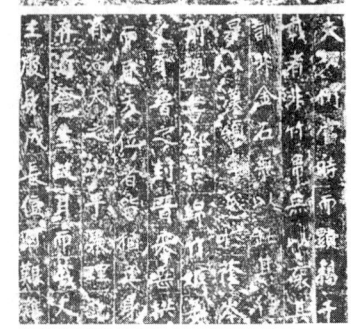

图 12-18 北周《强独乐建周文王佛道造像碑》

左手执团扇当胸,右手抚三脚轼几,背后为深浮雕的一垂发少女、一短髻妇人;太上老君左右为二真人,着束发冠,褒衣博带,双手当胸捧笏。在龛口的左右龛角上,各有一武士,握长柄大斧着地。此龛不失为巴蜀地区佛、道合龛造像的代表作。

第三节 佛教石刻与绘画的关系

巴蜀的佛教造像,有三种表现手法:一是圆雕,这是占据着三维空间的立体造像。二是浮雕,这是在平面上雕出凸起的形象。三是阴线刻,这是在平面上刻出凹形线条,以线构图。三种造形手法中,浮雕最为普遍,阴线刻次之,圆雕最少。浮雕和阴线刻的表现手法虽然不同,但是二者有一个共同之处:都是在平面上塑造形象。通过二维空间的平面来创造可视的形象,本是绘画的基本特征,巴蜀佛教造像也普遍采用这种绘画式的表现方法,说明当时的佛教石刻和佛教绘画有着密切的关系。

佛教石刻和佛教绘画,都是属于佛教艺术,其目的是通过感性的艺术形象去感动人,使其崇信佛教,从而达到传播佛教之目的。由于佛教非常重视以艺术形象来传播教义,所以东土人士又把佛教称为"像教"。南北朝时期,从中国前往西域、天竺的求法僧人,通常都是同时带回经、像。东晋安帝隆安三年(399)西行求法的法显,在多摩梨帝国"住此二年,写经及画像"[①]。义熙八年(412)回国时,经、像俱有。北魏孝明帝神龟元年(518),朱云、惠生等人到西域取经,在北天竺,惠生"减割行资,妙简良匠,以锦摹写雀离浮图仪一躯及释迦四塔变"[②]。梁武帝时,郝骞至印度,亦将舍卫国祇洹寺供养的佛像模造而归[③]。入唐以后,西行求法,同样是经、像皆取。

由印度传来的佛像,包括绘画和雕塑,都被认为是最符合仪轨的作品,而且具有神奇的力量,因而成为中国佛教绘画和雕塑的样本[④]。入唐以后,仍然

---

① 法显:《佛国记·多摩梨帝国》。
② 《洛阳伽蓝记》卷5引《宋云行记》。
③ 释道世:《法苑珠林》卷14,《大正藏》卷53。
④ 《续高僧传》卷14《释法悦传》。

如此。《历代名画记》卷 3《记两京外州寺观画壁》就说，敬爱寺"佛殿内菩萨、树下弥勒菩萨塑像。麟德二年，自内出王玄策取到印度所图《菩萨像》为样"①。王玄策在唐太宗、高宗时期三次出使印度，他所图绘的菩萨像，据说是弥勒菩萨自塑之像。

尽管中国早期的佛像都是按照佛像的仪轨和印度佛像来进行制作，然而在临摹这些外来艺术品的过程中，却发生了变异，这种变异首先在绘画中出现。中国画家根据印度范本绘制佛画，大约是在三国时期。蜀僧仁显《广画新集》说："昔竺乾有康僧会者，初入吴，设像行道，时曹不兴见西国佛画，仪范写之，故天下盛传曹也"②。康僧会是在吴大帝赤乌十年（247）"初达建业，营立茅茨，设像行道"③，曹不兴根据他所传来的印度佛画，仪范写之，可以说完全是临摹。然而到了东晋，戴逵制作佛像，"以古制朴拙，至于开敬，不足动心"④，于是按照中国人的审美观点，重新进行创作，从而形成中国式的佛画。自此以后，中国的佛画，基本上分为两大流派。一派以印度佛画为样本，仪范写之，各务仿佛；一派以佛经为依据，融会贯通，创造出具有不同风格的中国式佛画，自成一家之体。其中具有中国特色的佛画，自东晋戴逵之后，又有"北齐曹仲达，梁朝张僧繇，唐朝吴道玄、周昉，各有损益。圣贤盼向，有足动人，瓔珞天衣，创意各异，至今刻画之家，列其模范，曰曹，曰张，曰吴，曰周，斯万古不易矣"⑤。曹仲达本是曹国人，善画梵像，"其势稠叠，而衣服紧窄"⑥，具有明显的印度笈多式风格。张僧繇则采用天竺遗法，"朱及青绿所成，远望眼晕如凹凸，就视即平"⑦，具有很强的立体感。吴道子作画，"其势圆转，而衣服飘举"⑧，他所创立的"于焦墨痕中轻施微染"⑨画法，纯属中国风格。相传为吴道子所作的《送子天王图》、《地狱变相图》，已经完全没有印度佛画的

---

① 《法苑珠林》卷 29 引《王玄策行传》
② 《图画见闻录》卷 1 引。
③ 《续高僧传》卷 7《释康僧会传》。
④ 《历代名画记》卷 5。
⑤ 《历代名画记》卷 5。
⑥ 《图画见闻录》卷 1《论曹吴体法》。
⑦ 许嵩：《建康实录》。
⑧ 《图画见闻录》卷 1《论曹吴体法》。
⑨ 汤垕：《画鉴》。

痕迹，纯粹是中国式的佛画。周昉所画"菩萨端严，妙创水月之体"①，从而使佛画完全世俗化，以至有"菩萨如宫娃"的说法。由此看来，南北朝时期的曹、张二家，基本上是在印度佛画的基础上有所损益；唐代的吴、周二家，已经摆脱印度佛画的影响，形成不同风格的中国式佛画。

两晋南北朝时期，巴蜀的佛画主要受江南名家的影响。入唐以后，这种现象依然相当普遍。《益州名画录》卷中《妙格·张玄》说："前辈画佛像、罗汉，相传曹样、吴样两本。曹起曹弗兴，吴起吴暕。曹画衣纹稠叠，吴画衣纹简略。其曹画，今昭觉寺孙位《战胜天王》是也；其吴画，今大圣慈寺卢楞伽《行道高僧》是也。（张）玄画罗汉，吴样也。"曹弗兴即曹不兴，他是孙吴时期临摹印度佛画的大家。孙位所画的《战胜天王》则是临摹润州高座寺张僧繇的同名作品。既然张僧繇的佛画被视为"曹样"，可知张僧繇和曹不兴一样，都是在印度佛画的基础上有所损益。吴暕为刘宋时人，谢赫《古画品录》称其画"体法雅媚，制置才巧，擅美当年，有声京洛"。唐代巴蜀流行的吴样，主要是图画胡僧、罗汉，基本上属于人物画。吴道子的画，大约是在唐敬宗时期才传入巴蜀。敬宗宝历年间，蜀人左全在成都大圣慈寺多宝塔下，临摹长安景公寺吴道子所画的《地狱变相》。文宗开成年间，范琼、陈皓、彭坚三人入蜀，先后作画将近40年，于蜀中诸寺图画佛像甚多。三人"大约宗师吴道玄之笔，而傅采拂澹过之"②。自此以后，吴道子的笔法才逐渐为巴蜀画家所接受。由此看来，两晋南北朝隋唐时期，巴蜀地区的佛画，基本上是在印度佛画的基础上有所损益。唐代后期，中国式佛画，逐渐兴起。然而直到宋代，中国式佛画才在巴蜀地区居支配地位。

佛教雕塑，有两种方式：一是直接临摹原作品，二是根据绘制的平面图进行制作。在这两种方法中，第二种方法在巴蜀地区最为普遍。《酉阳杂俎·续集》卷6《寺塔记下》说，唐玄宗开元初年，双流县百姓刘乙，名意儿，欲塑先天菩萨，"因谒画工，随意设色，悉不如意。有僧法成，自言能画，意儿常合掌仰祝，然后指授之，以近十稔，工方毕。后塑先天菩萨凡二百四十二首，首如塔势，分臂如意蔓，其榜子有一百四十日鸟树，一凤四翅，水肚树，所提深

---

① 《历代名画记》卷10。
② 《益州名画录》卷上。

怪，不可详悉。画样凡十五卷。柳七师者，崔宁之甥，分三卷，往上都流行。时魏奉古为长史，进之。后因四月八月，赐高力士。今成都者是其次本"。文中提到的画样15卷，就是雕塑的平面图，亦即粉本。除了根据供养人的要求设计粉本之外，名画也是粉本的重要来源。《益州名画录》卷上《妙格中品·赵德玄》说："蜀因二帝驻跸，昭宗迁幸，自京人蜀者将到图书名画，散落人间，固亦多矣。杜天师在蜀集道经三千卷、儒书八千卷；德玄将到梁隋及唐百本画，或自模拓，或是粉本，或是墨迹，无非秘府散逸者，本相传在蜀。"这就明确指出，流传于巴蜀的粉本，不少是出自梁、隋、唐的名画。除此之外，一些壁画还被直接刻成石像。《舆地纪胜》卷161《昌州·碑记》说："郡之惠因寺殿壁阴有水墨画文殊诣维摩问疾一堵，意全相妙，合经所说，恐浸漶灭，故石刻于此。"在唐代，巴蜀的佛画大多为寺院壁画，而今存的唐代佛教摩崖造像，基本上也是在当时的寺院所在地。由此看来，直接将绘制在寺院崖壁上的佛画雕成石像，应当是一种较为普遍的做法。

由于佛教造像基本上是依据佛画来进行制作，因而石刻造像明显地具有绘画特征。在意笔水墨兴起之前，我国的人物画，几乎无一例外是采用线勾轮廓的画法。以线造形，古称用笔。自谢赫在《古画品录》中提出"骨法用笔"的原则后，线式的优劣就成为品评绘画水平的重要标准。为了保持线式的顺畅流利，神完气足，要求"一物之象，而能一笔可就也。乃是自始及终，笔有朝揖，连绵相属，气脉不断，所以意存笔先，笔周意内，画尽意在，像应神全"①。为了达到气韵生动的效果，用线不应拘泥于写实，而应取物象轮廓的大势，以线表达其基本特征，所谓"笔简形具，得之自然，莫可楷模，出于意表"②，就是对以线造形的诠释。石刻造像基本上也是遵循着这种绘画的用线原理。其中阴线刻的用线，完全和绘画用线一样，二者没有什么差别；浮雕的轮廓线，同样是采用绘画用线的原理来处理：取其大势，尽量抹去较小骨骼的凹凸和肌肉的起伏，从而形成坚实平滑的外轮廓线。由于在每一个面的消失处或转折的界线，都采用了绘画用线的原理来加以处理，从而形成了各个体积上相对单纯的平面，在这些平面上所施加的线，如发式、服饰、花纹等，更加接近绘画的性质。这

---

① 《图画见闻志》卷1。
② 《益州名画录·品名》。

种具有线描特征的造像，甚至在圆雕中也是相当明显。

石刻的造形，同样受到绘画样式的影响。巴蜀的佛画，主要有曹样和吴样，石刻造形，也有两种基本样式：一种是头型和体型扁而短，佛像头上的发髻，或为无刻纹的馒头形，或为有涡旋形水波纹的高发髻，身着圆领通肩佛袍，衣折断面多为直线的阶梯式，表现出紧贴肉体的软薄质感；菩萨头顶，或为双发髻，或为如意形高发髻，两耳各有一条饰带，天衣作"乂"形，交叉于腹部，两手当胸，紧贴于身。另一种样式是脸型椭圆，身材修长，佛像头上多为螺旋髻，身着褒衣博带式佛袍，衣纹稀疏，衣褶断面多为圆弧形阶梯式；菩萨头上，或戴花鬘，或戴宝冠，穿天衣，着长裙，衣纹稀疏，有如薄纱覆体，衣折断面亦多为圆弧形阶梯式。这两种基本样式的石刻造型，前者可能和佛画中的曹样有关，后者可能更多是受吴样的影响。

唐代后期，中国式佛画在巴蜀地区逐渐兴起，受其影响，石刻造像不再有统一的规范性，定型化的模式逐渐为多种样式所取代。同时，石刻造像也开始突破佛教仪轨的制约，逐渐趋于写实。这些变化，最终导致宋代巴蜀佛教石刻进入一个新的发展时期。

第四节 建 筑

一、成都的城市建筑

巴蜀古代的城市建筑，以成都城最为重要。自秦代张若筑成都城以后，汉代又续有修葺。至晋代，成都城周长12里，城垣之内，分为太城和少城两部分，太城在东，少城在西，两城之间，隔有一道城垣，故李膺《益州记》说，"少城惟西、南、北三壁，东即大城之西墉"①。东晋穆帝永平三年（347），桓温平蜀，拆毁少城城墙。隋文帝开皇年间，蜀王杨秀又在原少城旧址重修城墙，并且"增筑南、西二隅，通广十里"②，仍然称为少城。而原来的太城，周长只

---

① 《太平寰宇记》卷72引。
② 张咏：《益州重修公宇记》，《全蜀艺文志》卷34上。

第十二章 艺 术

有8里，比新建的少城小，因而被称为子城。杨秀获罪后，他所修筑的新少城亦被拆毁。入唐以后，成都只有子城周围还保留有城墙，故懿宗咸通十一年（870）南诏入侵时，"成都但有子城"①。僖宗乾符年间，西川节度使高骈为抵

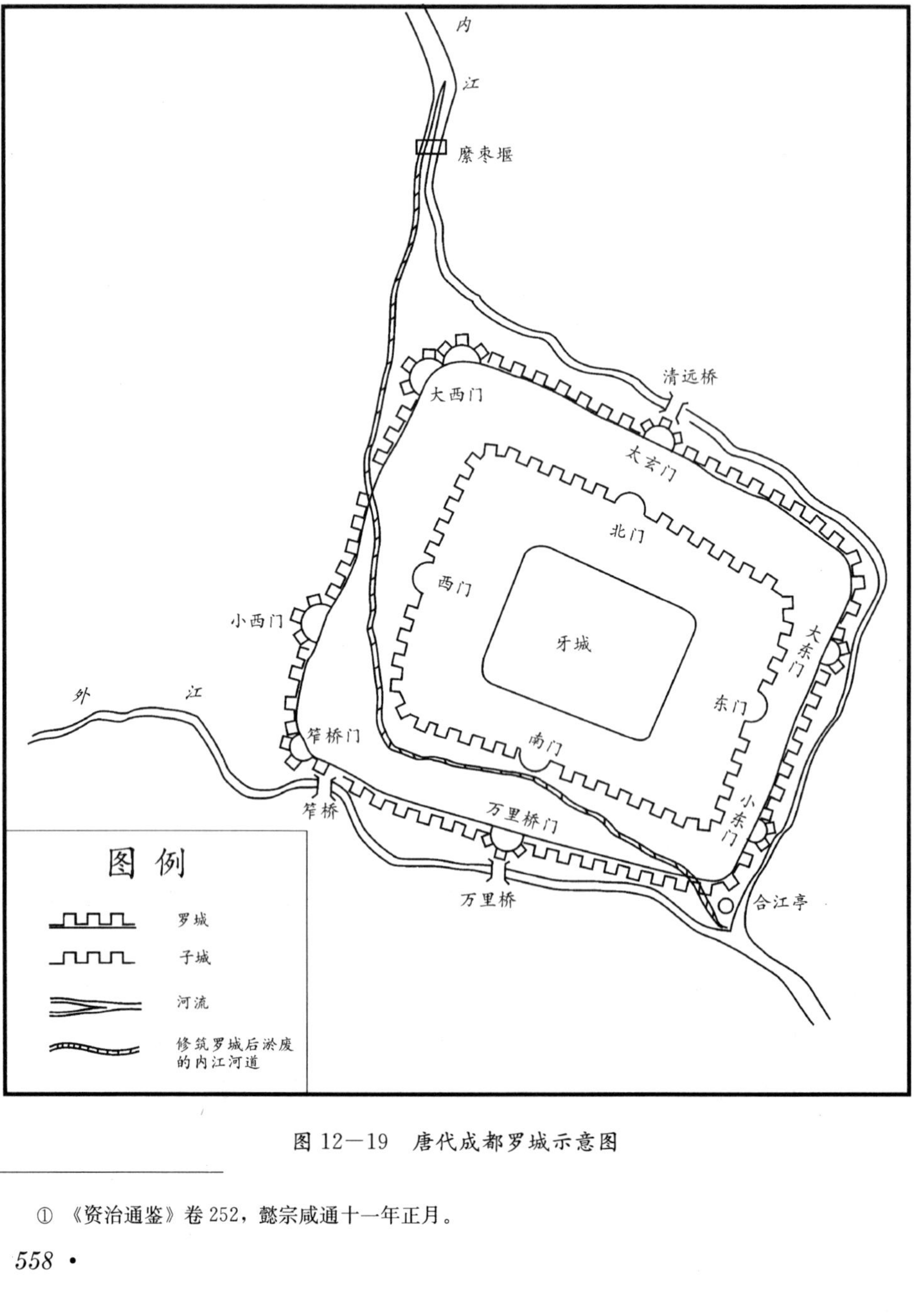

图 12—19　唐代成都罗城示意图

---

① 《资治通鉴》卷252，懿宗咸通十一年正月。

御南诏入侵，乃于子城外修筑罗城，周长 25 里。又在城门外筑瓮城 8 里。城墙的高度为二丈六尺，墙基宽度与墙高相等，城墙顶部宽度为一丈，上面修有三尺高的女墙，女墙之内，建有楼橹廊庑，共计五千六百八间。

汉代的成都城有十八郭门，现在可知的有九门，其中东面二门：虎威门、武义门；南面二门：南门、石牛门；西面三门：宣明门、章城门、阳城门；北面二门：咸门、朔门。自东晋以后，少城被毁，只有太城诸门得以保留。此外，原少城与太城之间的中隔门则成了城门。入唐以后，子城的东、南、西、北各有一道城门，南、北两面还各有一道隔门通牙城（详下）。高骈筑罗城后，在罗城的四面共开有七道城门。东面二门：大东门、小东门；南面二门：万里桥门、笮桥门；西面二门：大西门、小西门；北面一门：太玄门。

在秦代张若筑成都城时，城外没有大河。秦昭襄王时，蜀守李冰开检、郫两江流经成都。高骈筑罗城时，又在城西作縻枣堰，引郫江水北上，绕经城北、城东，然后南下，在罗城的东南与检江汇合。《舆地广记》卷 29《成都府路·双流县》就说："外江在今罗城之南笮桥下，内江在今子城之南众安桥下。自唐乾符中高骈筑罗城，遂作縻枣堰，转内江水从城北流，又屈而南，与外江水合，故今子城之南不复成江。"同时，高骈又在城西开西北濠，自阁门之南，至甘亭庙前与大江汇合。至此，成都城的四周皆为江流所围绕。

秦汉时期，流经成都城西南的检、郫二江上，架有七座桥，因其排列类似北斗七星，故合称为七星桥。据李膺《益州记》说："七星桥：一曰长星，二曰员星，三曰玑星，四曰夷星，五曰尾星，六曰冲星，七曰曲星。"入晋以后，改七星桥名为冲治桥、市桥、江桥、万里桥、夷里桥、长升桥、永平桥，其中：冲治桥亦名冲里桥，位于西门外的郫江上；市桥在石牛门外的郫江上，清代称为金花桥；江桥亦名安乐桥，在南门外的郫江上；万里桥又名笃泉桥，在江桥以南的检江上；夷里桥又称笮桥，在市桥以南的检江上；长升桥在冲治桥西北的郫江上。除了检、郫二江上的七桥之外，在城北的升仙水上有升仙桥。高骈开护城河之后，城北又有清远桥，城东则有濯锦桥。

成都的坊区，据《梁益记》说，有一百二十坊，而见诸记载的坊名仅有十五坊：金马坊、碧鸡坊、文翁坊、花林坊、果园坊、金容坊、悲田坊、富春坊、金城坊、书台坊、龙池坊、小蛮坊、修德坊、延寿坊、万秀坊。坊区内外，又有街巷，见诸记载的有赤里街、五门街、石笋街、左街、观街、北街、扬子巷、金华巷、煮胶巷。

成都城内的建筑，以官厅的规模最大。晋代益州刺史的治所设在太城内，蜀郡太守和成都县令的治所均在少城内。其后，相沿不改。唐代设州、县二级行政机构，益州刺史的治所在子城内，成都县令的治所在原少城地区。唐太宗贞观十七年（642），析成都县置蜀县，肃宗乾元元年（758），改蜀县为华阳县。成都县在西，管原少城地区；华阳县在东，管理子城。玄宗时期，置剑南节度使，肃宗以后，改置剑南西川节度使，其治所均设在子城内，称为"使院"。同时，又置城以卫节度使居宅，称为"牙城"。牙城的正门称为大衙门，朝南开，其内有二门：东侧为狮子门，西侧为西亭门。东侧的狮子门内是大厅，北通蜀王殿、清风楼；大厅以东是毬场门，通毬场。西侧的西亭门内是西亭子厅，北通节堂南门，其内为九顶堂，堂后为会仙楼；西亭子厅的西面有亭子西门，其内为行库，有行库角门，通衙库、衙内堂佑库、衙内杂库等库。节度使私宅在牙城的西北，包括摩诃池在内。

除了官厅之外，成都城内的建筑，以道观、佛寺最为壮观。成都著名的道观有：玉局观，亦称玉局化，在城南柳堤，据说是老君为张陵说道之处，为道教二十四化之一；兴圣观，原名贞元观，后改称紫极宫，唐肃宗至德年间改名兴圣观，在城东左街；青羊宫，原名中观，唐僖宗改名青羊宫，在城西青羊肆；至真观，亦名通真观，隋文帝开皇年间建造，在城北学射山。成都的著名寺院有：大圣慈寺，唐肃宗至德元年（756）建，共九十六院，玄宗御书大圣慈寺额，在城东；圣寿寺，原名龙渊寺，隋代改名空慧，在城西南石牛门，俗称石牛寺，亦称石犀寺，武宗会昌年间被毁，宣宗大中元年（847）李回重建，改名圣寿寺；净众寺，萧梁时期名为安浦寺，后废毁，唐玄宗开元十六年（728）新罗僧人无相重建，改名净众寺，武宗会昌年间被毁，宣宗大中年间重建，在城西；昭觉寺，本名建元寺，唐僖宗乾符年间，休梦禅师自京来锡，敕改昭觉，在城北升仙桥以北；草堂寺，建于晋、宋之际，在城西；龙兴寺，原名正觉寺，唐中宗神龙元年（705）改名龙兴寺，在城西浣花溪。

二、民居建筑

居民的住宅，是巴蜀地区最基本的建筑类型。两晋南北朝隋唐时期，巴蜀地区居住着众多的民族，他们的居住环境、生活方式不尽相同，因而民居建筑也存在着很大的差异，大体可以分为汉族民居、"干栏"式建筑、碉房、帐房和板屋等类型。

巴蜀汉族的住宅，是以"院"为单位的组合。成都出土的汉画像砖中，有一住宅图。该图所绘制的住宅，分为左、右两部分，大门开在左侧部分，门内为前院，其后为中门，与大门相对，中门以内为后院，建有一堂，抬梁式构架，悬山屋顶；右侧部分也分为前、后二院，前院有水井、厨房，后院建有一楼，以斗拱承檐，四柱式屋顶。住宅四周建有围廊，构成住宅的四院，以长廊相隔，从而形成田字形布局。从巴蜀摩崖石刻可以看出，直到唐代，巴蜀地区依然存在着这种四合院。除此之外，亦有三合院、单体屋。在丘陵山区，住宅多为一宅一院。由于受地形限制，住宅一般不是向纵深发展，而是向两侧扩张。在坡度较大的地方，宅院的房舍分别建在几个高低不同的台基上。不便修筑台基的地方，则依地形布柱作为房基，从而形成"吊脚楼"。根据地形特点建造的住宅，形式多样，择向也不限于朝南，朝东或朝西均可，宅院内的房舍亦不完全是对称布局。

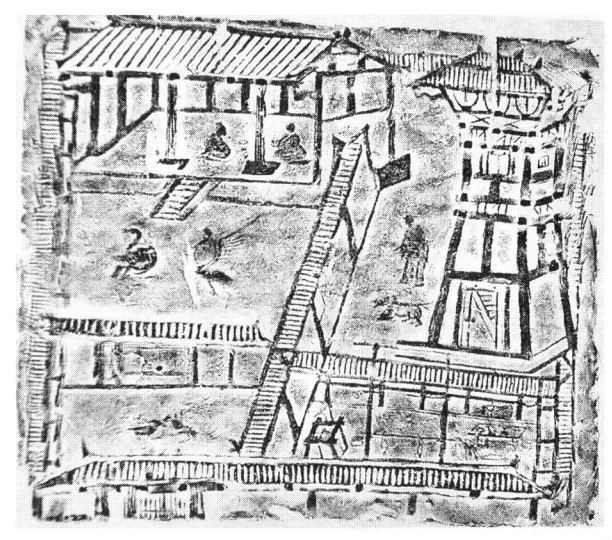

图12—20 成都出土东汉庭院画像砖

组成汉族民居的房屋，均为木构架。其结构则有穿斗式与抬梁式两种。穿斗式构架的特点是以柱直接承檩：沿房屋的进深方向立若干排柱子，每根柱子一头落地、另一头承接一檩，每排柱子都依靠穿透柱身的穿枋连接起来，两排柱子之间则用斗枋相连接，从而形成一间房屋的基本构架。由于穿斗式构架是一根落地柱承接一檩，柱子较密，影响房屋的使用，因此，有的穿斗架不是每根柱子都落地，而是隔一根柱落地，不落地的柱子则骑在穿枋上，然而无论落地或不落地的柱子，其上均架檩，檩上布椽，以椽支撑屋顶。一些官僚、豪强的厅堂，由于需要较大的空间，因而采用抬梁式构架。这种构架的特点是：在屋基上立柱，沿房屋进深方向架设数层梁，上层梁均比下层梁短，两层梁之间垫以短柱，最上层梁立小柱或三角撑，形成三角形屋架，每层梁的两端均架檩，檩间布椽，由此构成一间房屋的基本骨架。

从巴蜀摩崖石刻所反映的建筑形式可以得知，巴蜀民居的柱子，其断面多为圆形，方形柱极少。柱径与柱高的比例，大体上经历了一个由大到小的变化。东汉崖墓中的柱径与柱高之比，大多在 1∶2～1∶5 之间，而唐代摩崖石刻中殿阁柱子的柱径与柱高之比，通常为 1∶10 左右，这和现存山西五台县的唐代佛光寺大殿木柱的径、高之比差不多。由于民居的屋面荷载较小，结构较轻，其柱径与柱高之比，应当还要大于 1∶10。柱子上端的额坊，两晋南北朝时期大多置于柱顶，隋唐时期才移到柱间，通常只用阑额一道，加用由额的较少。由于受封建等级制度的限制，巴蜀汉族民居极少采用斗栱。唐代五品以上官员也只能使用单栱，《营缮令》就明确规定："王公已下，凡有舍屋，不得施重栱、藻井。"① 中唐以后，四方车服僭奢，巴蜀地区五品以下的官员和豪强，可能使用了斗栱。民居的屋顶，通常是悬山式。顶面材料，多为陶瓦或茅草。唐代五品以上官员可以建造歇山屋顶，使用兽头瓦当。房屋的墙体，通常使用的材料为砖、土坯，一些地方也使用木板、石板。

房屋的大小是根据构架的宽度与长度来进行计算。其中宽度的计算单位是"间"，以房屋正面每两根檐柱之间的水平距离为一间，通常是奇数开间，正中一间称为明间，亦即当心间，左右两侧为次间，再外两侧为稍间或尽间，各间的大小不完全相同；房屋的长度是按照房屋的进深来进行计算，单位是"架"，每两排檩之间的水平距离为一架。唐代对于民居的间、架是有等级限制的：三品的正堂不得超过五间九架，五品的正堂为五间七架，六品和七品的正堂为三间五架，庶人则为三间四架。不过在安史之乱以后，这些规定逐渐不为人们所遵守。文宗即位后，以四方车服僭奢，下诏准仪制令，重申过去的规定："王公之居，不施重栱、藻井。三品堂五间九架，门三间五架；五品堂五间七架，门三间两架；六品、七品堂三间五架，庶人四架，而门皆一间两架。常参官施悬鱼、对凤、瓦当、通栿乳梁。"② 诏下，人多怨之，事遂不行。因此在中唐以

---

① 《唐律疏议》卷 26《杂律》。
② 《新唐书》卷 24《车服志》。

后，巴蜀地区的民居才逐渐变得丰富多彩，装饰也渐趋华丽。

"干栏"式建筑是长江流域及其以南地区常见的一种建筑形式。在巴蜀出土的汉画像砖和随葬明器上，均发现这种建筑的图像、模型。其基本形式是：在地面立四根木柱，上面建底架，再在底架上建房。地面和房屋之间，架有梯子，以便上下。房屋多为单层，亦有二层。每层均有栏杆或栏板，明间的两根檐柱有单层斗拱，屋顶均为悬山式，屋面铺瓦。从房屋的形式可以看出，这种"干栏"式建筑已经受到当时汉族民居的强烈影响。在唐代，巴人多在山坡上架木为居，"自号阁栏头也"①，大约也是这类"干栏"式建筑。

自僚人入蜀以后，他们的住房也被称为干栏。《魏书》卷101《僚传》就说，僚人"依树积木，以居其上，名曰干栏。干栏大小，随其家口之数"。这是有关干栏的最早记载。直到唐代，干栏仍然是指僚人的民居。不过僚人的干栏很少受汉族民居的影响，这和汉代巴蜀地区已有的"干栏"式建筑明显不同。僚人的干栏，是以活木为立柱，底架和墙体为"井干式"，因而被称为"依树积木"，亦即"构屋高树"②。屋顶的结构，大约和云南晋宁县石寨山出土的"干栏"式建筑模型相类似：以立柱的顶端承接屋梁，屋顶为两面坡，屋脊长于屋椽，正脊的两端略微向上翘起，屋椽在屋檩上交叉成燕尾形。

碉房，亦称邛笼，广布于巴蜀西部，其中岷江上游和大金川流域最为集中。唐人李贤在注《后汉书》时说，这种垒石为室的建筑，"今彼土夷呼为'雕'也"③。雕亦即碉，因而邛笼也被称碉碟。"自汶川以东，皆有屋宇，不立碉碟；豹岭以西，皆织毛毯盖屋如穹庐"④。而在岷江上游的松潘、黑水、理县、茂县、汶川等县，直到近代，尚有碉房。位于大金川流域的嘉良夷，及其以西的附国，也是以碉碟为民居，"其碟高至十余丈，下至五、六丈，每级丈余，以木隔之。基方三、四步，程上方二、三步，状似浮图。于下级开小门，以内上通，夜必关闭，以防贼盗"⑤。在唐代，位于大渡河中游的三王蛮，同样是"叠甓而

---

① 《元氏长庆集》卷21《酬乐天得微之诗知通州事因成四首》自注。
② 《太平寰宇记》卷136《山南西道·渝州》。
③ 《后汉书》卷86《南蛮西南夷列传》。
④ 《舆地纪胜》卷149《成都府路·茂州》。
⑤ 《隋书》卷83《附国传》。

第十二章 艺术

图 12—21　今桃坪羌寨碉楼

居，号碉舍"①。

碉房为石构建筑，平面呈多角形，通常为四角，亦有三角、五角、六角、八角，乃至十三角；碉房的高度，差别甚大，矮的只有二三丈，高的有十余丈；碉房的里面，通常分为三层：底层为牲畜房及贮藏草料，中层为人住，顶层为贮藏室。贵族的碉房多为六层，诸王则为九层。碉房内的楼层，以土面层：在木梁上密布楞木，上面先铺一层细树枝，再在树枝层上铺一层拍实土，有的住宅还在拍实土上再铺一层木板；楼层之间的木梯，以独木刳级，呈锯齿状。屋顶也是以土面层，只是比楼层稍厚。碉房的墙体用石块砌成②，外皮有显著收分，内皮仍为垂直，底层墙体的厚度多在1米左右。

帐房是川西高原上畜牧部落的主要住房形式。早期的吐谷浑部落是"逐水草，庐帐居，以肉酪为粮"③，虽建有宫室，"而人民犹以毡庐百子帐为行屋"④，

---

① 《新唐书》卷222下《南蛮下》。
② 今乡城、得荣、巴塘一带用黏土夯筑而成的土碉是在唐代以后才出现的。
③ 《宋书》卷96《鲜卑吐谷浑传》。
④ 《南齐书》卷50《河南氐羌传》。

故《周书》卷50《吐谷浑传》说,吐谷浑"虽有城郭而不居之,恒处穹庐,随水草畜牧"。穹庐亦即百子帐①。宕昌羌"俗皆土著,居有屋宇,其屋织牦牛尾及羖羊毛覆之"②。邓至、白兰与宕昌的住房略同。党项也是"俗皆土著,居有栋宇,其屋织牦牛尾及羊毛复之,每年一易"③。位于党项与附国之

图12—22 帐 房

间的诸羌部落,其风俗略同于党项,也是以帐房为住所。当时的帐房有两种,一种是庐帐,其平面为圆形,结构很简单:用绳索将枝条绑扎成骨架,上面覆以羊皮或毛毡,再用绳索加以固定;一种是用毛毡覆盖的屋宇,这种住房至今还可以在川西北的牧区见到,其建造方法是:先用牦牛毛或羊毛织成毛毡,然后将毛毡缝成帐篷,其大小不一,有二十四幅、三十二幅,也有四十八幅,呈长方形,帐篷内立有木杆,用以支撑帐顶,帐脊中央的高度多在五尺左右,帐篷两边倾斜及地,用毛绳紧系于地下木桩,周围以草饼粪粕,垒成短垣,开门一方,将帐角对分撩起,以便出入,夜间放下,用带结之,帐内安有火塘,帐顶开一长缝,沿缝缀以小钩,以便启闭,使通烟雾。其中用牦牛毛制成毛毡而做成的帐房,称为黑帐房,用羊毛制成毛毡而做成的帐房称为白帐房。

板屋,亦称木楞子,建筑学上称为井干式建筑。其特点是:不用立柱和大梁,而是将四根原木放置成水平状,相互垂直咬接,然后层层叠置,构成房屋的四壁,形状类似于水井上的木围栏,故称井干式建筑。这种建筑在巴蜀分布

---

① 《梁书》卷54《西北诸戎传》。
② 《魏书》卷101《宕昌羌传》。
③ 《旧唐书》卷198《党项传》。

图 12—23 经修复的广元明月峡古栈道

甚广,仇池国"无贵贱,皆为板屋"①,茂州"亦有板屋、土屋者"②,越巂郡则是"其俗多营窟,板屋而息"③,所以唐人韦齐休在《云南行记》说:"会川室屋相次,是板(屋)及茅舍。"④ 时至今日,在川滇边界的木里、盐源、盐边等地,仍然还有板屋,建造这种房屋的民族,主要是纳西族,亦即磨些人。

三、交通建筑

巴蜀的交通设施建筑,以栈道和索桥最为著名。

栈道,亦称阁道,主要分布在巴蜀盆地周缘的山区道路上,其中金牛道和阴平道的栈阁最多。栈道通常是架设在难以开凿土石路面的山崖险绝之处,首先是在崖壁上凿孔,然后在凿成的孔口中水平插入横梁,这种横梁称为阁梁,一般是用木材制成,也有少数地区用石料做梁。阁梁的一端插入崖壁上的石孔,

---

① 《南齐书》卷 59《河南氐羌传》。
② 《舆地纪胜》卷 149《成都府路·茂州》。
③ 《蜀中广记》卷 79《神仙记》。
④ 《太平御览》卷 958 引。

另一端通常是用搭架的方式进行支撑。如果阁梁下面是溪沟，垂直距离不长，就在水中安置立柱，支撑阁梁凌空的一端，诸葛亮《与兄瑾书》云"其阁梁一头入山腹，其一头立柱于水中"①，就是指这种被称为桥阁的搭建方法。如果阁梁距沟壑底部甚远，则在阁梁下面的崖壁上另凿石孔，立木支撑横梁凌空的一端，立木与阁梁既可能垂直，也可能大于或小于 90 度，主要视崖壁的坡度而定；在一些"峭壁千丈，下瞰绝涧"② 的地方，无法搭架，阁梁的一端就完全凌空，《水经注》卷 27《沔水》所说的"千梁无柱"，就是这种被称为飞阁的无柱式栈道。阁梁安置好之后，上面铺以木板或石板，再在木板或石板上面铺上装有泥土的布袋，或者直接铺一层泥土，夯实，用以防滑。为了安全，有的栈道还在阁梁上面的崖壁揆进铁索，用以牵引阁梁凌空的一端，刘禹锡《山南西道新修驿路记》就说："栈阁盘虚，下临谽砑，层崖峭绝，柄木亘铁，因而广之，限以勾栏。"③ 有的栈道上面还加盖顶棚，既可避雨，又可防止落石伤人。

图 12—24　今北川索桥

---

① 《水经注》卷 27 引。
② 《元和郡县图志》卷 32《剑南道·剑州》。
③ 《全唐文》卷 606。

巴蜀的索桥，集中分布在西部的高山峡谷之间。最早架设索桥的部族，是分布在今川西南地区的笮人，所以"凡言笮者，夷人于大江水上置藤桥谓之笮，其定笮、大笮皆是近水置笮桥处"①。其后，又把笮桥称为绳桥。架设索桥所用的绳索，有藤索和竹索两种。早期的索桥，大多是用葛藤编结成绳，再把数根藤绳绞扭成藤索，用以架桥。入唐以后，多数地区逐渐改用竹索。这种竹索的制作方法是，先以细竹为芯，外面裹上竹篾丝，做成篾绳，再把几根篾绳绞扭成竹索。在唐代，吐蕃王朝已经能够架设铁索桥，位于今云南中甸塔城的铁桥，就是横跨金沙江的铁索桥。不过在今四川境内，吐蕃王朝似乎并没有架设铁索桥。

索桥的架设，关键是将架桥的绳索从河的一岸拉到另一岸。当两岸距离较近时，通常是用一根细绳作为引绳，一头系以重物，把细绳抛到对岸；或者把引绳的一头系在箭头上，用弓把箭射到对岸。如果两岸距离较远，先要用船把引绳运过河。引绳的一头过河之后，再在引绳的另一头系上一根较粗的绳子，用引绳将这根较粗绳子的一头拉过河。较粗绳子的一头过河之后，再在这根较粗绳子的另一头系上架桥用的绳索，用较粗的绳子把架桥用的绳索一头拉过河。

图 12—25 溜　索

索桥的种类甚多，最简单的是溜索。把架桥用的绳索拉过河之后，将绳索的两端分别固定在河的两岸，将木筒或竹筒穿在绳索上，再在下面系一根横木。渡河时，人骑在横木上，将筒挟在腋下，以手拉索而过。溜索有平溜和斜溜两种。平溜只用一根绳；斜溜一来一往，需要两根绳。唐人独孤及《招北客文》说："复引一索，其名为笮，人悬半空，度彼绝壑，或如鸟兮或如攫，倏往还来幸不落。"② 这就是溜索。《蜀中广记》卷6《名胜记·灌县》具体记载了灌县以西60里的溜筒桥："两岸石柱，以竹绳横牵。刳木为筒，状似瓦，复系

---

① 《元和郡县图志》卷32《剑南道·巂州》。
② 《全唐文》卷389。

绳上。渡者以麻绳缚悬筲下,仰面缘绳而过。南通滋茂乡,与汶川界。今易为绳桥。"直到近代,在川西南的一些地区,仍然使用溜索。

绳桥是在江河两岸架设若干根绳索,上面铺设木板的吊桥。"绳桥之法:先立两木于水中为桥柱,架梁于上,以竹为絙,乃密布竹絙于梁,系于两岸;或以大竹落盛石,系绳于上,又以竹绠布于绳。夹岸以木为机,绳缓则转机收之。智猛法师所谓冰崖皓然,百千余仞,飞絙为桥,乘虚而过;窥不见底,仰不见天,寒气惨酷,影战魂栗。是也。"① 智猛是唐代僧人。由此看来,上述两种架设绳桥的方法,大约在唐代就已经有之。第一种方法是:先在水中打入两根木头做桥墩,上面架梁,然后用许多根竹絙把梁拉住,竹絙的两头则分别固定在两岸。第二种方法是:直接在两岸拉若干绳索为桥,绳索的两头分别固定在两岸装有石头的大竹落上,再用许多绳子垂直地把桥索吊拉住,这种垂直吊拉桥索的绳子称为"絙",絙的一头吊拉桥索,另一头分别系在一根粗绳上,粗绳的两头分别连在两岸的转机上,当桥索变松下垂时,就转动两岸的转机,收紧粗绳,通过连在粗绳和桥索之间的絙,把桥索吊起。

第五节 音乐、舞蹈、杂剧

音乐是通过组织乐声来表达思想情感,舞蹈是通过组织动作来表达思想情感,杂剧则是在音乐舞蹈的基础上演变而来。音乐、舞蹈和杂剧,均属表演艺术。

一、音乐

三蜀之地,素以奢侈著称,其人多溺于逸乐。自汉代以来,音乐歌舞,相当兴盛。左思《蜀都赋》云:"若其旧俗,终冬始春,吉日良辰,置酒高堂,以御嘉宾,金罍中坐,肴槅四陈。觞以清醥,鲜以紫鳞。羽爵既竟,丝竹乃发。巴姬弹弦,汉女击节。起西音于促柱,歌江上之飘厉。纡长袖而屡舞,翩跹跹以裔裔。合樽促席,引满相罚。乐饮合夕,一醉累月。"此种风气,历两晋南北

————
① 《蜀中广记》卷7《名胜记·茂州》。

朝而无所变化，故《隋书》卷29《地理志》说，蜀人多溺于逸乐，"而士多自闲，聚会宴饮，尤足意钱之戏"。入唐以后，蜀中依然是"风土爱弹琴"①。杜甫在《赠花卿》诗中更是盛赞成都的音乐："锦城丝管日纷纷，半入江风半入云。此曲只应天上有，人间能得几回闻。"②由于成都的音乐歌舞极为兴盛，所以卢求在《成都记·序》中认为，成都的"管弦歌舞之多"③，实在扬州之上。而在蜀中的"村落闾巷之间，弦管歌声，合筵社会，昼夜相接"④，以至宋人说："蜀俗奢侈，好游荡，民无赢余，悉市酒肉为声伎乐。"⑤

西晋时期，蜀中音乐的曲调，主要还是汉代的"三调"，即平调、清调和瑟调。平调以宫调式为主，每曲有歌弦六部，每部由前奏、相和歌、尾声三部分组成。前奏以笙、笛先奏三段——高弄、下声弄、游弄，然后由琴、瑟、筝、琵琶齐奏八段，称为八部弦。接着是相和歌，"丝竹更相和，执节者歌"⑥。尾声则是一段送歌弦。清调以商调式为主，每曲有歌弦四部，每部也是由前奏、相和歌、尾声三部分组成。前奏是由管乐先奏三段——下声弄、高弄、游弄，然后由弦乐奏五部弦，接着是相和歌，尾声也是一段送歌弦。瑟调以角调式为主，每曲有歌弦六部，每部同样由前奏、相和歌、尾声组成，首先是竹声三弄，然后是七部弦，接着是相和歌，最后为送歌弦。

东晋南朝统治时期，蜀中的地方官员和军府的军人，大多来自吴地，他们所喜爱的则是吴声歌曲。据《宋书》卷19《乐志》说，吴歌杂曲"始皆徒歌，既而被之弦管，又有因弦管金石造歌以被之，魏世三调歌词之类是也"。由此可知，吴歌杂曲是在汉魏三调曲的基础上演变而来。在乐器方面，吴歌杂曲主要使用弦乐和管乐，这和三调曲所使用的乐器大同小异，然而吴歌杂曲不再用相和的方式演唱，而是采用徒歌或前有和声、后有送声的方式唱奏。流行于蜀中的吴声和蜀声，风格亦不相同。隋唐之际的天水人赵耶利就说："吴声清宛，若长江广流，绵绵徐逝，有国士之风；蜀声躁急，若击浪奔雷，亦一时之俊决

---

① 徐晶：《送友人尉蜀中》，《全唐诗》卷76。
② 《杜诗详注》卷10。
③ 《全唐文》卷744。
④ 《蜀梼杌》卷下。
⑤ 《宋史》卷257《吴廷祚传》。
⑥ 《宋书》卷19《乐志》。

也。"①《华阳国志》也说，蜀人"俗好歌舞，危弦促管，声尤激切"②。从"危弦促管"之语可以得知，蜀人所使用的乐器，主要是弦乐和管乐，这正是三调乐的主要特点。

三调乐、江南吴歌，以及荆楚西声，总谓之清商乐，隋代称为清乐。入唐以后，清乐不再流行，代之而起的则是新俗乐，共有二十八调，为胡乐声调与中国传统声调的结合。然而从理论上确立的二十八调，在实际应用中，由于受乐器音域的限制，七律不能奏全，所以实际使用的俗乐调，主要是黄钟均的宫、商、角、变、徵、羽、闰七调，以及林钟均的宫、商、角、徵、羽、闰六调。蜀中的俗乐调，大抵也不超出黄钟均七调和林钟均六调。

在唐代，演奏新俗乐之人，不仅有一般的士人和庶民，亦有专习此业的音声人。唐代除了专业的乐户之外，政府每年还从农户中检点容仪端正的良家子充作音声人，由太乐署的博士教授。业成之后，以番上下，"有故及不任供奉，则输资钱，以充伎衣乐器之用"③。由于音声人都是番上供奉，又可纳资代番，所以他们大多在地方上奏唱俗乐。蜀中亦多有此类音声人。唐代后期，京师长安动乱不已，大批乐工及音声人相继入蜀避乱。《茅亭客话》卷10《黄处士》云，眉州人黄延矩自称"家习正声，自唐以来，待诏金门，父随僖宗入蜀，至某四世矣"，这就是入蜀避乱的音声人。唐人段安节在《乐府杂录·筚篥》中说，懿宗咸通年间，太常第一部的张小子，善引筚篥，"弹弄冠于今古，今在西蜀"，这是入蜀的乐工。此外，又有供奉弹琵琶的乐工石㵪，号称石司马，也是"乱后入蜀，不隶乐籍，多游诸大官家，皆以宾客待之"④。这些入蜀的音声人和乐工，对于蜀中音乐的繁荣，起到了很大的推动作用。

中国古代的乐器，依据制造的材质，分为八类：金、石、丝、竹、匏、土、革、木，统称为"八音"。蜀中常用的乐器，大体上分属金、丝、竹、革、木五类，其中属于丝类的琴，使用最为普遍。据说隋代蜀王杨秀镇蜀时，曾经"造

---

① 《太平御览》卷579引《唐书·乐志》。
② 《方舆胜览》卷52引。
③ 《新唐书》卷48《百官志》。
④ 《北梦琐言》卷6《乐工关小红服石㵪》。

千面琴,散在人间"①。入唐以后,蜀中"风土爱弹琴"②,因而制琴业相当发达,其中雅州灵关村的雷氏琴最为有名,故黄延矩说:"琴最盛于蜀,制研者数家,惟雷氏而已。又云:雷氏之琴,不必尽善,有

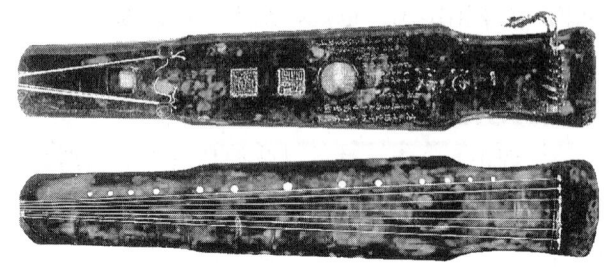

图 12—26 传世唐琴

瑟瑟徽者为最上,金玉者为次,螺蚌者亦又次焉。所以为异者,岳虽高而弦低,虽低而不拍面,按之,若指下无弦,吟振之,则有余韵,非雷氏者,筝声绝无琴韵也。"③ 琴的徽位在琴面第一弦外侧,共有十三徽。诸徽的位置是将弦长进行三次二分、一次三分、一次五分来确定的。弦上当徽点之处,均有泛音可用,而这些泛音所产生的音阶,则为纯律音阶。然而琴上的按音音位,其音阶通常是根据简律来确定。由于简律与纯律的求法不完全相同,因此按音音位不完全在徽点处,但是可以通过徽点来确定按音的音位。由此可知,徽点是用来标示琴弦的抚抑之处。然而雷氏以瑟瑟、金、玉、螺蚌装饰徽点,不仅是用来标示琴弦的抚抑之处,而且还是以此表明该琴音质的优劣。

巴地的音乐,与蜀地差别较大,据《华阳国志》卷1《巴志》记载:"江州以东,滨江山险,其人半楚。"故其音乐,多带楚风。南朝时期,出于荆、郢、樊、邓之间的"西曲歌"亦流行于巴东一带。"西曲歌"分为倚歌和舞曲两类。倚歌是按照管乐曲调而唱的歌曲,同时还采用铃、鼓等打击乐器以加强节奏。西曲歌中的舞曲,据《古今乐录》说,共有34首,其中只有《石城乐》等16首舞曲及舞歌留传下来。入唐以后,长江三峡一带,又有竹枝歌舞的兴起。据刘禹锡《竹枝词九首并引》说:"余来建平,里中儿联歌竹枝,吹短笛,击鼓以赴节。歌者扬袂睢舞,以曲多为贤。聆其音,中黄钟之羽,卒章激讦如吴声,虽伧儜不可分,而含思宛转,有《淇奥》之艳音。"④ 建平在巫山县,属夔州。

---

① 《茅亭客话》卷10《黄处士》。
② 徐晶:《送友人尉蜀中》,《全唐诗》卷75。
③ 《茅亭客话》卷10《黄处士》。
④ 《全唐诗》卷365。

此外，万州、开州、通州、渠州亦流行竹枝歌，巴童巫女皆能唱。每到祭神之时，"邪巫击鼓以为淫祀，男女皆唱竹枝歌"①。同时，手持竹枝或花枝，踏歌起舞。竹枝本为民间歌舞，自刘禹锡改作新词，"俾善歌者飏之"②，其后仿效者甚多，于是又有女伎演唱竹枝歌舞。竹枝的声调，大体可以分为三个时期：初唐的歌调，凄凉幽怨；中唐时期，歌声始则舒缓，继而高昂，尾声激讦；晚唐以后，逐渐趋于柔靡谐婉。

巴蜀地区少数民族的音乐，丰富多彩，各具特色。僚人"不解丝竹，唯坎铜鼓"③，故《魏书》卷101《僚传》说："僚王各有鼓、角一双，使其子弟自吹击之"。而普通的僚人则"用竹为簧，群聚鼓之，以为音节"。铜鼓是"铸铜为之，虚其一面，覆而击其上"④。通常是在祭祀时使用，故邛、雅二州的夷僚，"击铜鼓以祈祷"⑤，黔南的夷僚也是"击铜鼓、沙锣，以祀神鬼"⑥。由于僚人俗畏鬼神，尤尚淫祠，而铜鼓又是祭祀时必不可少的乐器，因此僚人非常重视铜鼓，从而使铜鼓不仅是一种乐器，也是财富和权力的标志。

图12—27 会理出土的铜鼓

角，形如竹筒，本细末稍大，长五尺，以竹木为之，本为羌人乐器，后传入中原，汉代列为"鼓吹"乐器。鼓吹是军乐，鼓、角为其主要乐器，"魏晋世，给鼓吹甚轻，牙门督将、五校悉有鼓吹"⑦，因此蜀中诸将亦多有鼓吹。僚王使其子弟吹击的鼓、角，应当就是类似于鼓吹的军乐。入唐以后，鼓、角也成为一些少数民族宴饮时使用的乐器。位于黔州以西数百里的东谢蛮，"宴聚，则击铜鼓，吹大角，歌舞以为乐"。至于普通僚人所使用的乐器，是在匏上插入若干根竹管，并以竹为簧，将竹簧置于竹管中。这种乐器，通常称为匏笙，唐人也称之为瓢笙、芦笙。据《宋史》卷496《牂牁

---

① 《太平寰宇记》卷137《山南西道·开州》。
② 《全唐诗》卷365。
③ 《太平寰宇记》卷136《山南西道·渝州》。
④ 《旧唐书》卷29《音乐志》。
⑤ 《太平寰宇记》卷136《剑南西道·雅州》。
⑥ 《宋史》卷493《西南溪谷诸蛮》。
⑦ 《宋书》卷19《乐志》。

蛮传》记载，宋太宗至道年间，牂牁蛮入朝，"上因令作本国歌舞。一人吹瓢笙如蚊纳声，良久，数十人辈连袂宛转而舞，以足顿地为节"。蜀中僚人，主要来自牂牁，其歌舞大约也是如此，只是不再以足顿地为节，而是击铜鼓以为音节。

位于川西高原的吐谷浑部落，以游牧为业，故其乐曲，多骑马演奏，因而被称为马上乐。北魏时期，吐谷浑乐曲有《簸逻迴》，隋唐称为《大角》，共有七曲。此外，吐谷浑还有舞马歌。刘宋孝武帝大明五年（461），吐谷浑拾寅"遣使献善舞马，四角羊，皇太子、王公以下，上《舞马歌》者二十七首"①。

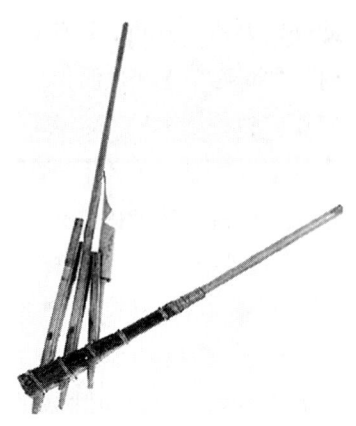

图 12—28 芦 笙

党项"有琵琶、横吹，击缶为节"②。党项所用的琵琶是指曲项琵琶，四弦四柱，横放，以大拨弹之。这种琵琶起源于波斯，后经西域传入我国。《隋书》卷15《音乐志》就说："今曲项琵琶、竖头箜篌之徒，并出自西域，非华夏旧器。"横吹，分为大横吹和小横吹，"并以竹为之，簧之类也"③。《晋书》卷23《乐志》说："横吹有双角，即胡乐也。张博望入西域，传其法于西京，惟得《摩诃兜勒》一曲。李延年因胡曲更造新声二十八解，乘舆以为武乐。"由此可知，横吹亦出自西域，隋唐时期又称为横笛，宋人称为龙颈笛，八孔，一孔为吹口，无膜。党项所用的缶，是指胡缶。《文献通考》卷135《乐考·土之属胡部》："胡缶。古者西戎用缶以为乐，党项因亦击缶焉。"由此可知，党项的乐器，均出自胡乐器，而"胡戎歌非汉魏遗曲，故其乐器、声调，悉与书史不同。其歌曲有《永世乐》，解曲有《万世丰》，舞曲有《于阗佛曲》"④。此外，又有《杨泽新声》、《神白马》之类。隋、唐时期列为《西凉乐》，其乐器包括琵琶和横笛。党项的音乐舞蹈，或许与西凉乐相类似。

---

① 《宋书》卷96《鲜卑吐谷浑传》。
② 《隋书》卷83《党项传》。
③ 《文献通考》卷138《乐考·竹之属胡部》。
④ 《隋书》卷15《音乐志》。

二、舞蹈与杂剧

舞蹈，通常是在音乐的伴奏下表演。从出土的汉画像砖可以得知，在汉代，蜀中已有巾舞、槃舞、灵星舞和巴渝舞。这几种舞蹈一直流传至后代。

巾舞，汉代称公莫舞，见于成都郊区出土的汉画像砖：一女子双手各持一条长巾而舞；两人吹箫，一人击鼓伴奏。两晋南北朝时期，除了巾舞之外，又有白纻舞，二者舞服不同，但舞蹈动作差不多，所以宋、齐、梁三朝把巾舞和白纻舞归为一类。入唐以后，巾舞和白纻舞通常由二人伴奏，四人群舞，舞服也基本上统一。伴奏二人着平巾帻、绯褶；舞女四人，碧纱轻衣，外套裙襦，漆鬃鬟髻，饰以金铜杂花，脚穿锦履。

12—29 曲项琵琶

槃舞，见于彭县、广汉出土的汉画像砖：一女子两手各持一条长巾，踏鼓起舞，脚下有二扁圆形鼓，地上还覆有七槃。这就是张衡在《舞赋》中所说的"历七槃而纵蹑"，即舞人踏鼓为节，舞于七槃之间。入晋以后，舞人不再持长巾，而是以手"执杯盘而反复之"①，故名杯盘舞，亦称晋世宁。刘宋改名宋世宁。萧齐称为齐世昌。萧梁亦设舞盘伎。唐代称为鏧舞，隶属清乐部。

灵星舞，见于德阳县出土的汉画像砖：四人在前，各执刈钩，向后举起，动作一致；后面二人，每人一手执器，一手作播种状；画面背景为田畴。据《后汉书》卷19《祭祀·灵星》说，汉代祭祀灵星，有"舞者象教田，初为芟除，次耕种、耘耨、驱爵及获刈、舂簸之形，象其功也"。

图12—30 唐代巾舞

---

① 《南齐书》卷11《乐志》。

画像砖上所表现的情景与此记载相合,应当是祭祀灵星之舞。唐代亦祭祀灵星,其舞亦当"象教田"。此外,自汉代以来,蜀中因集体耘田,击鼓以节进退,由此而产生助农的击鼓歌,僧可朋的《耘田击鼓诗》就是击鼓而歌的歌词。至于曲调,基本上是

图12—31 德阳出土灵星舞图画像砖

流行的民歌曲调。《益部谈资》卷下云:"长腰鼓长七八尺,以木为桶,腰用篾束二三道,涂以土泥,两头用皮幪之,三四人横抬杠击,郡献春及田间插秧时,农夫皆击此,复杂以巴渝之曲。"与耘田击鼓歌相配合的舞蹈,显然是模仿耘田等动作。由此看来,汉唐时期的灵星舞和耘田击鼓歌舞,应当是同一类歌舞,其特点是模仿农业生产过程中的各种劳动动作,只是灵星舞仅在祭祀灵星时表演,而耘田击鼓歌舞则流行于民间。

巴渝舞。这是板楯蛮传统的民间舞蹈,粗犷雄健,富于战斗精神。汉初被纳入乐府。魏文帝黄初三年(222),改名为昭武舞。晋代又改昭武舞为宣武舞。西晋武帝咸宁元年(275),停宣武舞。东晋南迁时,将巴渝舞带到江南,使之成为南朝清乐的组成部分。梁武帝复置巴渝舞,不过它已失去刚健粗犷的武舞风貌。隋文帝忌讳南朝的清乐,认为是亡国之音,遂废止了一批清乐曲,巴渝舞即在其中。自隋代以后,巴渝舞已不再作为祭祀舞曲,但是南朝旧乐巴渝舞的绰约风姿,却依然为隋朝贵族所欣赏。武则天时代整理清乐的旧曲时,巴渝舞之辞仍得以保存如故,只是"其声与其辞皆讹失,十不传其一二"[①]。唐以后,巴渝舞已不见史载,但是这种由古代板楯蛮所创造的舞蹈在民间仍广泛流传,其流风遗响在今湘、鄂、川三省交壤的少数民族地区的舞蹈中,仍可寻到它的踪迹。

入唐以后,一些新的舞蹈也逐渐传入巴蜀地区。其中最常见的是《拓枝

---

① 《新唐书》卷22《礼乐志》。

舞》。此舞是由西域传来，段安节《乐府杂录·舞工》把它归入健舞。由二女子对舞，舞人头戴红色尖帽，上系金铃，身著紫红罗衫，足蹬红锦蛮靴，击鼓为节而舞，多在宴饮时表演。

剑器舞。此舞原是河西地区的民间舞蹈，大约在武周时期传入长安，并且成为宫廷的教坊舞曲。安史之乱爆发后，此舞遂传入三巴地区。杜甫《观公孙大娘弟子舞剑器行并序》说："大历二年十月十九日，夔府别驾元持宅，见临颍李十二娘舞剑器，壮其蔚跂，问其所师，曰：余公孙大娘弟子也。"① 根据杜甫的记叙，他在夔州所见到的剑器舞，是由女伎演出的单人舞。司空图在《剑器词》中说："楼下公孙昔擅场，空教女子爱军装。"② 可知女伎是着军装为剑器舞。此外，根据姚合的《剑器词》和敦煌写本《剑器词》的记述，军队中的剑器舞则是队舞。由于剑器舞迅急雄壮，故《乐府杂录·舞工》将其列为健舞。

杂剧是在歌舞的基础上演变而来，其主要特点是有故事情节。蜀中的杂剧，始见于唐人的记载。文宗大和三年（829）南诏入侵成都，掠去大批子女工巧，据李德裕说："蛮共掠九千人，成都郭下，成都、华阳二县，只有八十人，其中一人是子女锦锦，杂剧丈夫两人、医眼大秦僧一人，余并是寻常百姓，并非工巧。"③ 杂剧丈夫就是专门从事杂剧表演的男演员，他们所演出的杂剧，见诸记载的有《刘辟责买》。据《唐语林》卷1《政事门》记载，宪宗元和年间，高崇文平定刘辟之乱，入成都，闲暇时，"举酒与诸公尽欢，俳优请为《刘辟责买》戏，崇文曰：'辟是大臣，谋反，非鼠窃狗盗，国家自有刑法，安得下人辄为戏弄。'杖优者，皆令戍边"。俳优，通常是泛指专门从事表演艺术的人，其中也有杂剧演员。《乐府杂录·俳优》云："弄假妇人。大中以来有孙乾、刘璃瓶，近有郭外春、孙有熊。僖宗幸蜀时，戏中有刘真者，尤能。后乃随驾入京，籍于教坊。"弄假妇人亦称假妇戏，即以女性为题材内容的戏剧。刘真以精于弄假妇人而入京，足见当时蜀中此类戏剧已具有较高水平。据《酉阳杂俎·续集》卷3《支诺皋下》记载，成都"尝有贴衙俳儿于满川、白迦、叶珪、张美、张翱等五人为伙……后数日，监军院宴，满川等为戏，以求衣粮"。由此看来，当

---

① 《全唐诗》卷222。
② 《全唐诗》卷633。
③ 李德裕：《论故循州司马杜元颖追赠之第二状》，《全唐文》卷703。

时成都的俳优，大约已经有了类似于后代戏班的组织，只是俳优所演出的节目，除了杂剧，尚有百戏。据《太平广记》卷1《王俳优》记载："唐乾符中，绵竹王俳优者有巨力，每遇府中飨军宴客，先呈百戏，王生腰背一船，船中载十二人，舞《河传》一曲，略无困乏。"在唐代，蜀中百戏的内容甚多，不仅有传统的跳丸、跳瓶、跳剑、冲狭戏，而且还有傀儡戏。《北梦琐言》卷3《崔侍中省刑狱》云，崔安潜为西川节度使时，"频于宅使堂前弄傀儡子，军人百姓穿宅观看，一无禁止"。弄傀儡子就是演出傀儡戏。

第六节 文学与史学

一、神话传说

神话是最古老的文学样式。魏晋以来，一些新神话又相继见诸记载，其中最重要的是关于盘古的神话。

盘古，始见于汉代。《益州名画录》卷下，无画有名条称："献帝兴平元年，陈留高朕为益州刺史，更葺成都玉堂石室，东另创一石室，自为周公礼殿。其壁上图画上古盘古、李老等神，及历代帝王之像。"① 三国时期，徐整在《三五历纪》和《五运历年纪》中，对盘古神话作了具体记载。据说，在天地混沌如鸡子的时候，盘古生于其中，经历18000岁，"天地开辟，阳清为天，阴浊为地，盘古在其中，一日九变，神于天，圣于地。天日高一丈，地日厚一丈，盘古日长一丈。如此，万八千岁。天数极高，地数极深，盘古极长"②。盘古为龙首蛇身，"嘘为风雨，吹为雷电，开目为昼，闭目为夜"③。喜则为晴，怒则为阴。垂死化身："气为风云，声为雷霆，左眼为日，右眼为月，四肢五体为四极五岳，血液为江河，筋脉为地里，肌肉为田土，发髭为星辰，皮毛为草木，齿骨为金石，精髓为珠玉，流汗为雨泽，身之诸虫，因风所感，化为黎氓。"④ 由

---

① 饶宗颐：《盘古图考》，《中国社会科学院研究生院学报》1986年第1期。
② 《艺文类聚》卷1引《三五历纪》。
③ 《广博物志》卷9引《五运历年纪》。
④ 《绎史》卷1引《五运历年纪》。

此可知，盘古是开天辟地的创世神，天下万物都是盘古垂死化身而来，所以盘古被称为"天下万物之祖也"①。有关盘古的神话在巴蜀地区流传甚广，故益州广都县有盘古祠②。据杜光庭《录异记》记载："广都县有盘古三郎庙，颇有灵应，民之过门，稍不致敬，多为殴击，或道途颠蹶。县民杨知遇者，尝受正一明威箓。一夕醉甚，将还其家，路远月黑，无伴还家，引愿得神力，示以归路。俄有一炬火，自庙门出，前，至其家，二十余里，虽狭桥偏路，无磋跌，火炬亦无见矣。乡里之人尤惊。"③ 杜光庭的记载，显然是把盘古神话改造成了仙话。广都县的盘古祠是很有名的，罗泌在《路史》中就说："吾于广都得盘古之祀焉。"直到清代，盘古祠仍见诸记载④。此外，夔州亦有盘古庙，宋人王十朋为作《盘古庙》诗："盘古千千古，江头遗像存。伏羲犹后辈，礼殿尽诸孙。不屋昔非陋，有祠今未尊。东邻三郎庙，巫觋醉朝昏。"⑤ 盘古神话不仅在汉族中间流行，对少数民族也产生了很大影响，至今苗瑶民族还流传着有关盘古的神话。

有关祖先的神话，内容极其丰富，各族之间，既有区别，又相互影响。汉族的祖先神是伏羲和女娲。早期的伏羲、女娲神话，称他们是风姓的庖羲氏、女娲氏，或为蛇身人首，或为龙身人首，为男女二神。女娲在天地开辟，未有人民之时，"抟黄土作人，剧务，力不暇供，乃引绳于絙泥中，举以为人。故富贵者黄土人也，贫贱凡庸者絙人也"⑥。伏羲则制嫁娶，以两张鹿皮作为聘礼。在汉代，又有伏羲、女娲为兄妹，自相婚配，繁衍人类的神话。这在成都、广汉出土的汉画像砖上均有表现。入唐以后，关于伏羲、女娲兄妹婚配的神话流传甚广。《旧唐书》卷31《音乐志》记载玄宗开元七年（719）享太庙的乐章就有"合位娲后，同称伏羲"之句。卢仝《与马异结交诗》亦称："女娲本是伏羲妇，恐天怒，捣炼五色石，引日月之针、五星之缕，把天补。补了三日不肯归婿家，走向日中放老鸦。"⑦ 关于这个神话，敦煌写本《天地开辟以来帝王纪》

---

① 《述异记》卷上。
② 《太平寰宇记》卷72《剑南西道·益州》。
③ 《太平广记》卷313《盘古祠》。
④ 嘉庆《四川通志》卷34《祀庙·江津县》。
⑤ 《蜀中广记》卷71引。
⑥ 《太平御览》卷78引《风俗通》。
⑦ 《全唐诗》卷388。

有具体的记载，且与巴蜀有关。据说伏羲是洛阳人，姓风，名王，汉中皇帝之子。"伏羲、女娲因为父母所生，为遭水灾，人民死尽，兄妹二人依龙上天，得存其命。见天下荒乱，惟金岗天神教言可行阴阳，遂相羞耻。即入昆仑山藏身。伏羲在左巡行，女娲在右巡行，契许相逢则为夫妇。天遣和合，亦尔相知。伏羲用树叶覆面，女娲用芦花遮面，共为夫妻。今人交礼戴昌妆花，因此而起。怀妊日月充满，遂生一百二十子，各认一姓。六十子恭慈孝顺，见今日天汉是也。六十子

图12—32 四川郫县出土石棺上的伏羲女娲交尾图

不孝义，走入蘘野之中，羌敌（氏）六巴蜀是也。"根据金刚天神教伏羲、女娲行阴阳这点来看，从女娲抟土造人的神话演变为伏羲、女娲兄妹婚配繁衍人类的神话，显然受到佛教的影响。在今西南地区的少数民族中，有着多种类型的洪水灾变、兄妹婚配的神话，其基本内容，大体上与汉族的伏羲、女娲兄妹婚配的神话相同。

槃瓠神话。这是关于南蛮始祖的神话传说。"昔高辛氏有犬戎之寇，帝患其侵暴，而征伐不克。乃访募天下，有能得犬戎之将吴将军头者，购黄金千镒，邑万家，又妻以少女。时帝有畜狗，其毛五色，名曰槃瓠。下令之后，槃瓠遂衔人头造阙下，群臣怪而诊之，乃吴将军首也。帝大喜，而计槃瓠不可妻之以女，又无封爵之道，议欲有报而未知所宜。女闻之，以为帝皇下令，不可违信，因请行。帝不得已，乃以女配槃瓠。槃瓠得女，负而走入南山，止石室中。所处险绝，人迹不至。于是女解去衣裳，为仆鉴之结，著独力之衣。帝悲思之，遣使寻求，辄遇风雨震晦，使者不得进。经三年，生子一十二人，六男六女。槃瓠死后，因自相夫妻，织绩木皮，染以草实，好五色衣服，制裁皆有尾形。其母后归，以状白帝，于是使迎致诸子。衣服斑兰，语言侏离，好入山壑，不乐平旷。帝顺其意，赐以名山广泽。其后滋蔓，号曰蛮夷。"[①] 南北朝和隋唐时期，分布在夔峡和黔中的冉、田、向诸氏，奉槃瓠为始祖。有关槃瓠的神话，无疑在该地区流行。

---

① 《后汉书》卷86《南蛮西南夷列传》。

竹王神话。这是关于夷僚始祖的神话传说。"竹王者，兴于遁水。有一女子浣于水滨，有三节大竹流入女子足间，推之不肯去。闻有儿声，取持归破之，得一男儿。长养，有才武，遂雄夷濮。氏以竹为姓。"① 汉武帝开牂牁，斩竹王，置牂牁郡。"夷僚咸以竹王非血气所生，甚重之，求为立后。牂牁太守吴霸以闻，天子乃封其三子为侯。死，配食其父。今夜郎县有竹王三郎神是也。"② 有关竹王

图 12—33 竹王印

的传说，原本流传于牂牁地区。随着牂牁僚人的北迁，竹王神话又在蜀中流传开来，故邛州大邑县有竹王庙③，荣州亦有竹王庙④。唐代寓居成都的女诗人薛涛则有《题竹郎庙》诗："竹郎庙前多古木，夕阳沈沈山更绿。何处江村有笛声，声声尽是迎郎曲。"⑤ 薛涛所说的竹郎庙，应当是指有竹王三郎陪祠的竹王庙。而前引杜光庭《录异记》所说的广都县"盘古三郎庙"，则有可能是指同时供奉盘古和竹王三郎神的庙宇。由此看来，在唐代，蜀中的僚人很可能已经将开天辟地的盘古神话与竹王神话结合起来了。

自晋代以来，汶山郡的少数民族便被称为"百（白）石子"⑥，据近代调查，这一称谓是和当地羌人崇拜白石有关，而白石崇拜则源出于一则有关祖先的神话。其基本内容是：今茂县一带羌族的始祖叫车几葛布，13 岁由赐支南下，进入今茂县地区。当地的土著是一种名叫戈几葛部的巨人，眼发绿光，身上长毛。羌人与戈人进行了一系列的斗争，最后以械斗决定胜负。天神以白石给羌人的祖先智改巴，以雪块给戈人。智改巴以背挡住戈人的雪块，用白石击戈人，使其负伤而逃。智改巴追之，途中遇一女，对他说："戈人已逃往巴若居谷，请你不要再追。"智改巴说："你对他说，自今以后，常年落雨之处，我居之；常年落雪之处，戈居之。我便不追。"从此，羌人便居住在常年落雨之处。

---

① 《华阳国志》卷 4 《南中志》。
② 《后汉书》卷 86 《南蛮西南夷列传》。
③ 《太平寰宇记》卷 76 《剑南西川·邛州》。
④ 《太平御览》卷 166 引《唐书》。
⑤ 《全唐诗》卷 803。
⑥ 《华阳国志》卷 3 《蜀志》。

第十二章 艺术

由于羌人是凭借天神所授予的白石才打败戈人，遂奉白石为神。

嘉绒诸土司关于其祖先的起源，与羌族不同。在绰斯甲土司的官寨中，有祖传壁画，记述其远祖的起源。基本内容是：远古之世，天下有人民而无土司。天降一

图12—34　羌族的白石神

虹，落于奥尔卵隆仁地方，内出一星，直射嘉绒，其地有一仙女，名喀木茹米，感星光而孕，后生三卵，飞至琼部山上，各生一子。长子为花卵所生，年长东行，为绰斯甲王。其余二卵，一白一黄，留琼部为上、下土司。瓦寺土司的说法，与绰斯甲土司又略有不同："天上普贤菩萨，化身为大鹏金翅鸟，名曰'琼'，降于乌斯藏的琼部，首生二角，额上发光，额光与日光相映，人莫敢近之。待琼鸟飞去，人至山上，见有遗卵三枚：一白、一黄、一黑，取置庙内，诵经供养，三卵产三子，育于山上。三子长大，黄卵之子至丹东、巴底为土司；黑卵之子至绰斯甲为土司；白卵之子至涂禹山为瓦寺土司。"[①] 尽管嘉绒诸土司关于始祖的神话略有不同，但均认为是出自琼鸟卵，因而都供奉琼鸟，其形象为：鸟首、人身、兽爪、鸟喙、额有二角、背有二翼。

在今川、甘、青交界的果洛地区，则流传着人与牦牛婚配而繁衍后代的神话：从前，有一青年来到果洛地区的年保玉载匝日（Gnyanr po gyu rtse rdzara）神山附近，见鹰叼小白蛇，遂求鹰把蛇丢给他。这条小白蛇是山神的小儿子，为了答谢青年救其性命，山神年保玉载匝日问青年要什么东西，青年遂要山神之女为妻，于是山神的三女儿便化成白牦牛，青年人用缠有彩带的棍子碰了一下，白牦牛就变为美女，成为这个青年人的妻子。后来，青年人在无意中

[①]　西南民族学院民族研究所：《嘉绒藏族调查材料》，1984年，成都。

杀死一头经常和他家牦牛相嬉戏的牦牛，又打了放生在山中禁杀的神牦牛，其妻遂离家返回天宫，留下一子，其后代便是今上、中、下三果洛之人。

上述流传于羌族、嘉绒和三果洛的神话传说，都是出自近代的民族调查，其中大多掺杂有后世补充的内容。而敦煌出土的一些藏文写卷，则更加真实地反映了当时流传在该地区的神话传说和民间故事。英人托玛斯在《东北藏古代民间文学》一书中收录了其中的六篇作品，除第六篇为占卜之外，其余五篇的主要内容如下：

第一篇首先叙述天界的美好时代。在神王盘德的保佑下，灾祸被关在外面，众生灵把群星当做牛羊放牧，充满幸福。随着群星在天上不断吃草，彼此担心会把山吃光，会把水喝光，于是产生不和，最后分为九类，从而导致美好时代的结束。第二篇的内容与第一篇后半部分内容基本相同，都是讲述金波聂吉娶孔雀女为妻的故事。只是妖怪的名字不是古焦，而是叫戈牙戈普（Go ya go phu）；孔雀女的名字不是贞吉巴新，而是叫白格白喜（Rbeg gar beg si）。第三篇是讲述神逃到天上以后，人世便进入宗教不善、寿命短促的时代：妖魔鬼怪横行，坏人恶人得势，好人善人贫困。此后则是一个临近欠债和捐税的时代，统一的国家分裂，各国都产生自己的宗教和经典；世道日衰，腐化成风，善良的人徒劳地想使美好时代复活。当这个时代快要结束时，战乱不已，一些普通人和奴隶也当上国王。在欠债和捐税的时代，各国之间相互征战，互有胜负。第四篇是关于几国的宗教和神话。第五篇是记录孙波（Sum pa）母亲的语录，基本上是一些格言和谚语。

上述五篇文学作品，主要是叙述几廷、难磨、金波、孙波等地区和部族的故事。可以认为，这些民间故事基本上就是流传在这些地区和部族中。几廷（Skyi mthing），意为"几高原"，也就是汉文史籍所记载的"析支"，本为西羌故地，后为党项所居。难磨（Nam pa），汉文史籍称为"多弥"，其地在金沙江上游；金波（Gyim po），意为"金人"，分布在今大金川上游地区。上述第一篇的后半部分和第二篇，都是讲述同一个故事，即金波聂吉娶孔雀女为妻。由于文中多次提到难磨话的称谓，可以确定，这个故事最初是在难磨人中流传。第二篇在叙述这个故事时，称金波聂吉的父亲是几廷人，而其名字和故事情节又多与第一篇的记载不同，似乎可以认为，第二篇是几廷人对第一篇的改写。上述第四篇关于几国的宗教和神话，主要是围绕着米·玛布这个人展开的，他的称号是 Mching rgyal，其义为米擒王，应当就是唐人所说的党项八部中的"米擒氏"。由此看来，关于几国的神话，实际上就是党项的神话。孙波（Sum pa），前已述及，在吐蕃统治时期，已经移至今四川西部。有关孙波母亲的语录，无疑会在该地区流传。由此看来，上述敦煌写卷的民间故事，均在今川西高原的部落中流传。

二、变文与小说

上述流传在川西高原的民间故事，第一篇、第二篇和第四篇的体裁，都是散文和韵文相结合。在汉族地区，散文和韵文相结合的文学作品，主要是变文。变文缘起于演说佛经。由于来自印度的佛经有散文，也有偈颂，因此僧侣讲经时，便模仿其散文和韵文相结合的体裁，说唱出来，以此演说佛经。南北朝时期，翻译的佛经与当时的口语相去不远，因此演讲佛经的方式，主要是"转读"和"唱导"。入唐以后，由于口语转变，演说以前翻译的佛经，需要改为当时的口语，这样就产生了"变文"。唐代的变文分为演绎和非演绎佛经故事两大类。演绎佛经故事的变文，又可分为根据经文演绎和离开经文自由叙述两种。根据巴蜀佛教造像、绘画的题材内容，可以得知当时巴蜀地区流行的一些变文。其中依据经文演绎佛教故事的变文有维摩诘经变文、阿弥陀经变文、药师经变文、涅槃经变文，等等；离开经文演绎佛教故事的变文，主要有地狱变文、报父母恩重经变文。此外，观音变、佛母孔雀明王经变也可能在唐代就已经在巴蜀地区流行。由于变文分为俗讲和僧讲，二者的内容又有所不同，所以造佛像和绘画在表现同一题材时，既有详略的不同，又有细节的差异。流传在巴蜀地区的非佛教故事变文，可知的有"昭君变"。《才调集》就载有吉师老《看蜀女转昭君变》一诗。

除了用散文和韵文相结合的方式演绎故事外，也有只用非韵体的文字来描写人物形象，演绎故事情节，这就是小说。在唐代以前，小说创作基本上还处于萌芽状态。魏晋南北朝的志怪小说虽兴盛一时，但基本上是记录、描写传闻，怪多情少，而志人小说则是历史人物片段言行的笔录。到了唐代，小说才逐渐发育成形，从而成为在确切意义上的中国最早小说。巴蜀之人素来崇信鬼神，加之道教、佛教的影响，因此，有关神鬼怪异的传闻在民间流传甚广，这就为小说的创作提供了丰富的素材。唐人的小说中，有相当一部分就是根据这些素材改写的。段成式的《酉阳杂俎》、孙光宪的《北梦琐言》、杜光庭的《道教灵验记》和《神仙感遇传》,大多是记录巴蜀的异闻,或以此为素材创作的小说。此外,在巴蜀地区流传的小说,还被用作艺人演出的脚本。段成式在《酉阳杂俎·续集》卷4《贬误》中说:"予大和末,因弟生日观杂戏。有市人小说,呼扁鹊为偏鹊,字上声,予令座客任道昇字正之。市人言:二十年前,尝于上都斋会设此,有一秀才甚赏某呼扁字与偏同声,云世人皆误。"段成式是在文宗太和六年(832)随其父段文昌至成都,太和九年(835)段文昌卒于成都,故段成式观杂戏当在成都。所谓"市人小说",大约类似于后代的说书。由此可知,当时成都的杂戏,包括市人演绎小说一项内容。

三、诗 歌

诗歌是中国古代文学的重要组成部分。两晋南北朝时期,巴蜀诗坛寥落,除了西晋张载入蜀写的《登成都白菟楼》流传至今以外,基本上见不着这个时期有关巴蜀的诗歌,更不用说巴蜀还有什么诗人了。唐代是中国历史上诗歌高度繁荣的时期。在唐代众多的诗人中,巴蜀诗人陈子昂对唐诗的发展,起到了重要作用。

陈子昂(661~702),字伯玉,梓州射洪县人。出身于豪强之家。"始以豪家子,驰侠使气,至年十七八,未知书。尝从博徒入乡学,慨然立志,因谢绝门客,专精坟典。数年之间,经史百家,罔不该览,尤善属文,雅有相如、子云之风骨。"① 21岁出川,游学京师。文明元年(684),进士及第。"会高宗崩,灵驾将还长安,子昂诣阙上书,盛陈东都形胜,可以安置山

图12-35 今存射洪县金华山陈子昂读书台

---

① 卢藏用:《陈子昂别传》,《文苑英华》卷793。

第十二章 艺术

陵，关中旱俭，灵驾西行不便。"① 武则天览其书，遂召见于金华殿，拜麟台正字。秋满，随常牒补右卫胄曹参军。武则天称帝，数召见问政事。后以继母丧去官，服终，擢右拾遗。武周万岁通天元年（696），建安王武攸宜率兵讨契丹，置幕府，以陈子昂为参谋。次年，即圣历元年（698），陈子昂"以父老，表乞罢职归侍。天子优之，听带官取给而归。遂于射洪西山构茅宇数十间，种树采药以为养"②。射洪县令段简贪暴残忍，闻陈子昂家有财，乃附会文法，将欲害之。子昂素羸疾，入狱，忧愤而死，年仅42岁。

陈子昂从一个"驰侠使气"的豪家子转而奋发向学，以诗闻名，其精神是难能可贵的。虽然他的一些奏议，通篇高论，不得要领，立言虽高，于事无补，然而作为诗人的陈子昂，他的诗论对唐诗的发展产生了很大影响。唐初，诗歌的主要创作倾向，仍然是沿袭六朝的华艳风气。后经诗坛四杰（王勃、杨炯、卢照邻、骆宾王）的努力，逐渐开始摆脱梁、陈的颓靡影响。而陈子昂则打着复古的旗帜，批判六朝绮靡的唯美文风，主张恢复汉魏雄建沉郁的风骨，从而成为初唐诗坛的古雅派。陈子昂的诗歌主张，在《与东方左史虬修竹篇并书》中有所说明：

> 东方公足下：文章道弊，五百年矣！汉魏风骨，晋宋莫传，然而文献有可征者。仆尝暇时观齐梁间诗，彩丽竞繁，而兴寄都绝，每以永叹。思古人，常恐逶迤颓废，风雅不作，以耿耿也。一昨于解三处，见明公《咏孤桐篇》，骨气端翔，音情顿挫，光音朗练，有金石声。遂用洗心饰视，发挥幽郁。不图正始之音，复睹于兹，可使建安作者，相视而笑。

除了这篇有感而发的短评，陈子昂并没有其他的文论。然而陈子昂在其诗歌创作中，却努力实践自己恢复汉魏风骨的主张，在这方面的代表作有《感遇》诗38首、《蓟丘览古》7首和《登幽州台歌》。正是这些诗歌，对后来的诗坛产生了重要影响，故《新唐书》卷107《陈子昂传》说："唐兴，文章承徐、庾余风，天下祖尚，子昂始变雅正。"高棅在《唐诗品汇》中则称其为"继往开来，

---

① 《旧唐书》卷190中《陈子昂传》。
② 卢藏用：《陈子昂别传》，《文苑英华》卷793。

中流砥柱。上遏贞观之微波,下决开元之正派"。不过,由于陈子昂过分推崇汉魏风骨,所以他的多数诗歌,或以理胜情,或以气胜辞,以至质胜于文,缺乏感人的艺术性;从诗歌的形式来看,他强调继承汉魏以来的五言古诗的传统,故其诗作,几乎全是五言诗,其中绝大部分又是五言古诗,而在近体诗方面,建树甚少。

在唐代,除了陈子昂之外,巴蜀地区的诗人甚少,见于记载的有刘湾、苏涣、马逢、符载、仲子陵、雍裕之、李余、李远、雍陶、姚鹄、罗褒、唐求、黄崇嘏等人[①]。而活跃在巴蜀诗坛上的诗人,主要是客居巴蜀的外来文人,其中李白、杜甫和薛涛最为著名。

李白(701~762),字太白。5岁时随其父入蜀,居于绵州昌明县(治今四川省江油市境)。李白在20岁以前,主要在家读书学剑,还曾与一位隐士东严子隐居岷山,养奇禽千计,广汉太守慕名前来观看,并因此举荐二人出仕,但被拒绝。明人杨慎在《李诗选题辞》中说,东严子就是当时著名隐士梓州人赵蕤。20岁以后,李白开始在巴蜀境内漫游。在成都,写有《登锦城散花楼》诗。在游历峨眉山时,写下了后人广为传诵的《峨眉山月歌》:"峨眉山月半轮秋,影入平羌江水流。夜发清溪向三峡,思君不见下渝州。"此外,李白还到过戴天山,写有《访戴天山道士不遇》;登临过巫山之巅,写有《自巴东舟行瞿塘峡,登巫山最高峰,晚还题壁》诗。李白在25岁辞亲远游,顺长江而下,离开巴蜀,以后再也没有回来。但是他在蜀中的20年中,学得广博的知识,养成豪放的性格,并确立起经世济国的人生奋斗目标,这对他以后

图12—36 今存江油李白故居

---

① 见杨世明:《巴蜀文学史》,巴蜀书社2003年版。

第十二章 艺术

的人生之路，产生了深远影响。正因为如此，李白在离开巴蜀之后，始终对故乡怀有浓厚的感情，他的许多脍炙人口的诗歌，如《蜀道难》、《上皇西巡南京歌》等，都是以巴蜀为题材的名篇佳作。而李白以浪漫主义和现实主义相结合的表现方法，创造出一种新的诗歌风格，更是扩大了诗歌的境界，把唐诗推向新的高峰。李白也因其在诗歌创作上的艺术成就，成为中国文学史上有数的伟大作家之一。

杜甫（712～770），字子美，河南巩县人。安史之乱爆发后，杜甫曾投奔肃宗，被授予左拾遗，后因疏救房琯而遭贬斥。肃宗乾元二年（759），杜甫弃官，携家由成州同谷前往成都，写有《发同谷县》、《剑门》、《成都府》等12首纪行诗。到达成都后，杜甫在西郊的浣花溪旁，盖起一座草堂，暂时定居下来，先后写有一些田园诗，如《江村》："清江一曲抱村流，长夏江村事事幽。自去自来堂上燕，相亲相近水中鸥。老妻画纸为棋局，稚子敲针作钓钩。多病所须惟药物，微躯此外更何求？"同时，他还游览成都名胜，写有《蜀相》、《石镜》、《琴台》等诗。此外，杜甫还写有《戏作花卿歌》、《恨别》、《茅屋为秋风所破歌》、《石笋行》、《石犀行》、《病橘》、《枯棕》等诗，用以表达对国家、民众的关注之情。肃宗宝应元年（762），剑南西川兵马使徐知道举兵叛乱，派兵扼守剑阁，阻止新任剑南西川节度使严武入蜀。作为严武好友的杜甫，遂前往剑南东川避乱，先后到过梓州、阆州等地，写有《春日梓州登楼》、《伤春》等诗。

直到代宗广德二年（764），严武出任剑南节度使，杜甫才携家重返成都草堂。《草堂》一诗就表达了他返回旧居的喜悦之情。严武在任期间，曾任命杜甫为节度参谋、检校工部员外郎，故后人亦将杜甫称为"杜工部"。代宗永泰元年（765）四月，严武暴卒于成都，杜甫失去依靠，于是举家辗转迁往夔州居住。在夔州的两年多时间里，杜甫创作了大量的诗歌，既有歌咏当地山川景物和民众生活的诗，如《夔州歌十绝句》、《十二月一日》、《长江》等诗，著名的《秋兴八首》也是写于此时，也有对往事的回忆，如《壮游》、《遣怀》、《昔游》。由于此时杜甫老病煎熬，

图12—37 杜甫像绘像

充满迟暮之感,因而诗中多带有萧飒的感情,韵调也更见悲怆。同时,为了陶冶性灵,他还学竹枝词,写俳体,并对律诗用功更深。代宗大历三年(768),杜甫离开夔州,在江陵、公安、岳州、衡州继续辗转飘泊两年后,于代宗大历五年(770)死于耒阳。

杜甫客居巴蜀的10年,正是内忧外患纷至沓来的时期。在这动乱的岁月,杜甫写下许多感人肺腑的诗文,从不同角度真实地反映了当时人民的疾苦,记录了当时政治、军事活动及社会经济状况,不仅具有很高的文学价值,而且也是极为珍贵的史料。杜甫在蜀期间,是他诗歌创作的成熟时期,也是他创作大丰收的时期,在杜甫流传至今的1400多首诗中,有900多首创作于巴蜀地区。正因为如此,杜甫在巴蜀的10年生活与创作活动,便为后人所怀念。北宋时期,在浣花草堂故址修建了杜公祠,明末毁于兵燹,清康熙年间重建。至今成都杜甫草堂仍是人们纪念杜甫之地。

薛涛(770~832),女,字洪度,长安人,幼时随父入蜀。父卒,寓居成都。"及长,才调尤佳,言谑之间,立有酬对"①,由此知名。德宗贞元元年(785),韦皋出任剑南西川节度使之后,召薛涛侍酒,遂入乐籍。贞元五年(789),因事获谴,罚赴松州,献诗韦皋而得归。后脱乐籍,居浣花溪旁。宪宗元和二年(806),武元衡出任剑南西川节度使,欲以薛涛为校书郎,不果,但当时人却因此称薛涛为"女校书",王建就写有《寄蜀中薛涛校书》诗:"万里桥边女校书,枇杷花

图12—38 杜甫少陵草堂

---

① 《鉴诫录》卷下《蜀才女》。

里闭门居。扫眉才子于今少,管领春风总不如。"[1] 当时的著名官僚文人,如王建、元稹、白居易、刘禹锡、杜牧等人,都和她有诗文往来,其中与元稹的唱和诗最多。薛涛晚年移居碧鸡坊,著女冠服,好制松花小笺,时号薛涛笺。文宗大和六年(832),终老成都。今存诗1卷,约90首左右。清朝人评价说,薛涛"送友人及题竹郎庙诗,为向来传诵。然如筹边楼诗曰:'平临云鸟八窗秋,壮压西南四十州。诸将莫贪羌族马,最高层处见边头。'其托意深邃,有'鲁嫠不恤纬、添室女坐啸'之思,非寻常裙履所及,宜其名重一时"[2]。明代在锦江边的玉女津仿制薛涛笺纸,凿井取水,称其井为薛涛井,又于井旁

图12-39　薛涛塑像

造薛涛墓。清光绪年间,成都人马长卿即其地建崇丽阁、咏诗楼、浣笺亭等,从而使该地成为凭吊薛涛的游览之地。现为成都望江公园。

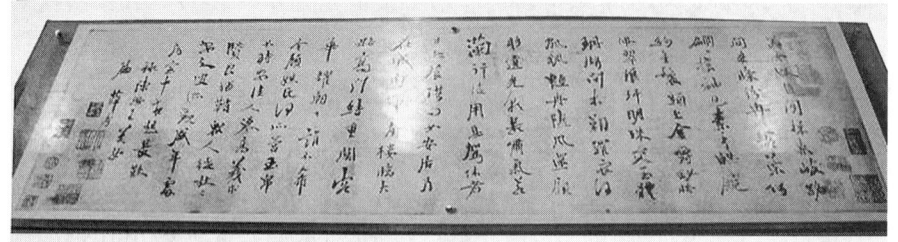

图12-40　薛涛手迹

---

[1]《全唐诗》卷301。
[2]《四库全书总目》卷186《集部·总集类》薛涛、李冶诗集二卷条。

四、史学

巴蜀地区的史学,在晋代有较大成就,出现了一批史学家,其中陈寿和常璩最为著名。

陈寿(233~297),字承祚,巴西安汉人。少好学,师事同郡史学家谯周,治《尚书》及《春秋》"三传",钻研《史记》和《汉书》。蜀汉政权时,累官至散骑黄门侍郎。入晋以后,司空张华爱其才,举为孝廉,除佐著作郎,出补平阳侯相。因撰《蜀相诸葛亮集》,迁著作郎,领本郡中正。后为杜预所荐,授治书侍御史,以母忧去职。西晋惠帝元康七年(297)病卒,时年65岁。

图12—41 南充万卷楼陈寿塑像

陈寿在蜀汉尚未亡国之时就已注意蜀事,西晋武帝灭吴后,他便利用魏、吴二国已有的官修国史,以及各种私人著述,撰成魏、吴、蜀三书,共65篇,合称《三国志》。该书把三国史,按国分为三书:《魏书》30卷、《蜀书》15卷、《吴书》20卷。同时,又以曹魏为正统,故"魏帝为纪,其功臣及吴、蜀之主,并皆为传,仍各依其国,部类相从"①。陈寿编撰的《三国志》,虽非完稿,但受到当时人的好评,"称其善叙事,有良史之才。夏侯湛时著《魏书》,见寿所作,便坏己书而罢。张华深善之,谓寿曰:'当以《晋书》相付耳。'其为时所重如此。"陈寿死后,梁州大中正、尚书郎范颖等上表曰:"昔汉武帝诏曰:'司马相如病甚,可遣使悉取其书。'使者得其遗书,言封禅事,天子异焉。臣等案:故治书侍御史陈寿作《三国志》,辞多劝诫,明乎得失,有益风化,虽文艳不若相如,而质直过之,愿垂采录"②。于是诏下河南尹、洛阳令,就陈寿之家抄写其书,《三国志》因此被官方采纳。后世遂将《三国志》列为正史。

---

① 《隋书》卷33《经籍志》。
② 《晋书》卷82《陈寿传》。

第十二章 艺术

陈寿编撰的《三国志》，取材严谨，文质简朴，并把三国史实分国编纂，在纪传体断代史中独创一格，对后世修史体例有所影响。然而《三国志》也遭到一些责难。"或云丁仪、丁廙有盛名于魏，寿谓其子曰：'可觅千斛米见与，当为尊公作佳传。'丁不与之，竟不为立传。寿父为马谡参军，谡为诸葛亮所诛，寿父亦坐被髡，诸葛瞻又轻寿。寿为亮立传，谓亮将略非长，无应敌之才，言瞻惟工书，名过其实。议者以此少之。"①而陈寿以曹魏为正统，更引起后人的广泛争议。对此，清代编撰的《四库全书总目》是这样评价的："其书以魏为正统，至习凿齿作《汉晋春秋》，始立异议。自朱子以来，无不是凿齿而非寿。然以理而论，寿之谬万万无辞。以势而论，则凿齿帝汉顺而易，寿欲帝汉逆而难。盖凿齿时，晋已南渡，其事有类乎蜀，为偏安者争正统，此乎于当代之论者也。寿则身为晋武之臣，而晋武承魏之统，伪魏是伪晋矣，其能行于当代哉？此犹宋太祖篡立近于魏，而北汉、南唐迹近于蜀，故北宋诸儒皆有所避而不伪魏。高宗以后，偏安江左近于蜀，而中原魏地全入于金，故南宋诸儒乃纷纷起而帝蜀。此皆当论其世，未可以一格绳也。"②清人的评价是较为客观的。

陈寿除了编撰《三国志》之外，还撰有《古国志》50篇，其书已佚，大约类似于谯周的《古史考》。同时，自东汉以来，蜀郡郑廑、赵谦，汉中陈术、祝龟，广汉王商等人，先后撰有巴、蜀或汉中地区的《耆旧传》。陈寿认为这些著作不够完善，于是并巴汉入蜀，撰为《益部耆旧传》10篇。隋唐时期，析为14卷。宋以后该书亡佚。

常璩，字道将，蜀郡江原县小亭乡（今崇山市三江镇）人，生卒年代不详。成汉李势时，曾任散骑常侍，职掌著作，撰有《汉之书》10卷，记叙成·汉历史。东晋穆帝永和三年（347），桓温灭成汉，以常璩为参军，随行至建康，他所编撰的《汉之书》也被收入秘阁，改称《蜀李书》。大约在永和四年至十年（348～354）之间，常璩又撰成《华阳国志》一书，为我国地方史志的编纂，开创了一种新的体例。

常璩的这部地方志是记叙古梁州之域的历史，因《禹贡》称"华阳、黑水惟梁州"，故取名为《华阳国志》。全书共12卷，大体上分为三个部分。1～4

---

① 《晋书》卷82《陈寿传》。
② 《四库全书总目》卷45《史部·正史类》。

图12-42 常璩塑像

卷,分别记载巴、汉中、蜀、南中四个地区的历史和地理;5~9卷,分别记载公孙述和刘焉、刘璋父子,蜀汉,成·汉四个割据政权,以及西晋统治期间梁州之域的历史;10~12卷,分别记载西汉至东晋初年的贤士列女。常璩将历史、地理、人物有机地结合在一起,开创了一种编纂地方史志的新体例。而其丰富的内容,则提供了有关古代西南地区政治、经济、地理、民族、人物等方面的众多珍贵史料,故范晔《后汉书》、裴松之《三国志注》、李膺《益州记》、郦道元《水经注》、贾思勰《齐民要术》、房玄龄《晋书》、司马光《资治通鉴》皆曾取材于《华阳国志》。

在晋代,除了陈寿与常璩之外,又有广汉郪人王崇,著有《蜀书》,记叙蜀汉之事,其内容颇与陈寿的《三国志》不同;蜀郡江原人常宽,著《蜀后志》及《后贤志》,又续陈寿《益部耆旧传》作《梁益篇》,《隋书》卷33《经籍志》称为《续益部耆旧传》;巴西人黄容著有《梁州巴纪》;蜀郡杜龚则著《蜀后志》,叙及赵廞、李特之乱。

南北朝时期,有关巴蜀地方史志的著作较多,采敏、谯周、任熙、常宽、杜袭、王隐、袁休明、任豫、刘澄元、李充、郑晖、段盛、元澄等都有记载巴蜀风土、人物等著作。其中萧梁时期梓潼郡涪县人李膺所著的《益州记》3卷,主要记叙益州地区的地理、掌故。隋唐时期,其书犹存,乐史《太平寰宇记》多引其内容。宋以后亡佚。

隋唐时期,巴蜀地区的传统史学渐趋沉寂,有关巴蜀地区的著述,大多是外来人士所著,其中较为重要的著作有剑南西川节度使白敏中的从事卢求编撰的《成都记》、岭南节度使蔡袭的从事樊绰编撰的《蛮书》。

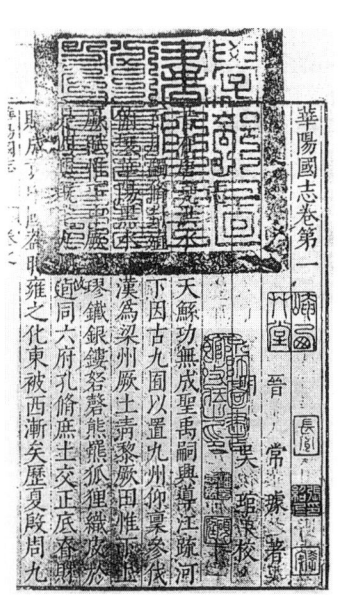

图12-43 《华阳国志》书影

第十三章 民 俗

两晋南北朝隋唐时期,巴蜀地区居住着众多的民族。各个民族既有自己独特的传统习俗,同时也相互影响,由此形成纷繁多样的民俗风情。

汉晋时期,分布在巴蜀盆地西部的蜀人,因物产丰富,居给人足,俗不愁苦,故以富相尚,"盖亦地沃土丰,奢侈不期而至也"①,其人聪明敏捷,多有才华,然而胸襟狭隘,又仰慕权势。地处蜀地北面的汉中地区,"厥壤沃美,赋贡所出,略侔三蜀"②,民俗风情,大体上类似于蜀人。位于巴蜀盆地东部的巴人,淳朴好义,土风敦厚,不足之处"在于重迟鲁钝,俗素朴,无造次辨丽之声"③。其中,江州以东地区,人多劲勇,少文学,崇尚武力;垫江以西,其人精敏轻疾,类似蜀人;地处巴之南鄙的涪陵郡,人多憨勇,无文学,往往结党营私,斗讼必死。

东晋南北朝时期,巴蜀地区的民族构成发生巨大变化,民俗风情也随之改变。入隋以后,"汉中之人,质朴无文,不甚趋利。性嗜口腹,多事田渔,虽蓬室柴门,食必兼肉。好祀鬼神,尤多忌讳,家有死人,辄离其宅。崇重道教,犹有张鲁之风焉。每至五月十五日,必以酒食相馈,宾旅聚会,有甚于三元。

---

① 《华阳国志》卷3《蜀志》。
② 《华阳国志》卷2《汉中志》。
③ 《华阳国志》卷1《巴志》。

傍南山杂有僚户，富室者颇参夏人为婚，衣服居处言语，殆与华不别。西城、房陵、清化、通川、宕渠，地皆连接，风俗颇同。汉阳、临洮、宕昌、武都、同昌、河池、顺政、义城、平武、汶山，皆连杂氐羌，人尤劲勇，性多质直，皆务于农事，工习猎射，于书计非其长也。蜀郡、临邛、眉山、隆山、资阳、泸川、巴东、遂宁、巴西、新城、金山、普安、犍为、越巂、牂牁、黔安，得蜀之旧域，其地四塞，山川重阻，水陆所凑，货殖所萃，盖一都之会也。昔刘备资之，以成三分之业。自金行丧乱，四海沸腾，李氏据之于前，谯氏依之于后。当梁氏将亡，武陵凭险而取败。后周之末，王谦负固而速祸。故孟门不祀，古人所以诫焉。其风俗大抵与汉中不别。其人敏惠轻急，貌多蕞陋，颇慕文学，时有斐然，多溺于逸乐，少从宦之士，或至耆年白首，不离乡邑。人多工巧，绫锦雕镂之妙，殆侔于上国。贫家不务储蓄，富室专于趣利。其处家室，则女勤作业，而士多自闲，聚会宴饮，尤足意钱之戏。小人薄于情礼，父子率多异居。其边野富人，多规固山泽，以财物雄役夷、僚，故轻为奸藏，权倾州县，此亦其旧俗乎？又有獽、蜒、蛮、賨，其居处风俗，衣服饮食，颇同于僚，而与蜀人相类"①。

在唐代，经过一系列的政治变迁，巴蜀地区最终被唐王朝、吐蕃和南诏三个政权统治。其中四川盆地及其周边山地，基本上处于唐王朝统治之下，汉族是该地区最重要的民族，其风俗习惯大同小异，与汉族杂居的少数民族，虽然有着自己独特的传统习俗，但是随着民族的融合，其习俗也逐渐汉化；川西高原长期处于吐蕃统治之下，由于分布在该地区的众多部族，大多从事畜牧业，其风俗习惯具有游牧民族的特点；南诏控制下的川西南地区，其民族构成、社会结构、宗教信仰与价值取向，既不同于汉族，也有别于川西高原的游牧部族，因而风土人情又不同于四川盆地和川西高原。

① 《隋书》卷29《地理志》。

第十三章 民 俗

第一节 婚 姻

一、汉族婚俗

两晋南北朝隋唐时期,巴蜀地区的汉族,基本上是实行等级内通婚。

晋代沿袭汉代的良、贱之别,把社会上的人分为良族和贱族。良族之中,又有士族和庶族的区别。贱族包括百工、吏家、军户、屯户和官私奴婢等,亦即杂户和奴婢。南北朝时期,仍然存在良、贱的区别。唐代法律则把全社会的人分为良人、部曲、杂户、奴婢四个等级。诸色之人,原则上只能在各自的等级内嫁娶。不同等级的人,特别是良人与诸色贱人之间通婚,均要受到法律制裁。《唐律》就明确规定:"诸与奴娶良人女为妻者,徒一年半;女家减一等。离之。其奴自娶者,亦如之。"妄以奴婢为良人,而与良人结为夫妻者,徒刑两年。"诸杂户不得与良人为婚,违者,杖一百。官户娶良人女者,亦如之。良人娶官户女者,加二等。即奴婢私嫁女与良人为妻妾者,准盗论;知情娶者,与同罪。各还正之。疏议曰:奴婢既同资财,即合由主处分,辄将其女私嫁与人,须计婢赃,准盗论罪,五匹徒一年,五匹加一等。知情娶者,与奴婢同罪;不知情者,不坐。自'杂户与良人为婚'以下,得罪仍各离而改正。其工乐杂户、官户,依令'当色为婚',若异色相娶者,律无罪名,并当'违令'。既乖本色,亦合正之。太常音声人,依令'婚同百姓',其有杂作婚姻者,并准良人。其部曲、奴婢有犯,本条无正文者,依律'各准良人'。如与杂户、官户为婚,并同良人共官户为婚之法,仍各正之。"① 同时,按照法律的规定,凡属良人,均可自由通婚,但是实际情况并不如此。自东汉末年以来,门阀观念流行,世代簪缨的家族在联姻时,首先就要考虑门第的高下。在魏文帝确立九品官人之法以后,衣冠世族的政治特权得到保障,因而自矜高贵,不愿与没有政治特权的庶族通婚。两晋南北朝时期,士、庶之别甚严,婚姻特别重视门第,士、庶联姻,往往遭人非议,甚至被弹劾。入唐以后,由于采取一系列抑制士族的政策措施,

---

① 《唐律疏议》卷14《户婚》。

门第婚姻逐渐衰落,但是婚嫁重视门第的现象,依然十分普遍。

汉晋时期,巴蜀的世族大姓遍布于蜀郡、广汉郡、犍为郡、江阳郡、梓潼郡、巴郡、巴西郡、巴东郡、宕渠郡和涪陵郡。这些大姓之间的联姻,十分普遍。然而在西晋末年,由于巴蜀的大姓支持晋王朝而反对入蜀的六郡流民,当六郡流民在军事上取得胜利的时候,巴蜀地区的大姓便相继逃亡,其中多数逃到荆湘地区。其后,这些流亡到荆湘的大姓又起兵反晋,结果以彻底失败告终。自此以后,巴蜀地区的衣冠世族便从历史舞台上消失,所以唐人柳芳在历数东晋以来全国各地的世族大姓时,独不言及巴蜀地区。由于东晋以后,巴蜀地区已无世族可言,所以这里几乎不存在门第婚姻。然而在"以富相尚"的风气影响下,婚嫁多以财聘为高下,以至僚人中的富室,亦可与汉族通婚。婚嫁也极为铺张,"娶嫁设太牢之厨膳,归女有百辆之徒车"[1]。此种风气,自汉晋迄隋唐,基本上没有什么大的变化,其中尤以蜀中为甚。

汉族的基本婚姻形态是一夫一妻。男女婚姻,通常由父母作主,媒人从中撮合,其间共有六道手续:纳采、问名、纳吉、纳征、请期、亲迎,古人称之为六礼。不过在两晋时期,由于时局动乱,战争频繁,婚嫁也就十分草率,大多不具六礼,故有拜时之妇、三日之婚。其中拜时之妇,是以纱縠蒙于女子之首,夫氏发之,拜见舅姑,就算成婚。三日之婚,亦因丧乱,急于嫁娶,男女同居三日,虽未拜舅姑,亦为夫妇。南北朝时期,庶人的婚姻,通常也不遵循六礼,而嫁娶又崇尚奢侈,故南朝有银杯连荟及牢烛之俗,北朝婚嫁则尽为奢靡,牢羞之费,罄竭资产,其婚礼也颇具特色,"青布幔为屋,在门内外,谓之青庐,于此交拜。迎妇,夫家领百余人或十数人,随其奢俭挟车,俱呼'新妇子催出来',至新妇登车乃止。婿拜阁日,妇家亲宾妇女毕集,各以杖打婿为戏乐,至有大委顿者"[2]。入唐以后,再次规定,自亲王以下,直至庶人,婚嫁必须遵守六礼。唐代法律规定,只要女家接受了男家的聘财,即使女方没有给男方婚书,其婚姻关系仍然受到法律的保护。六礼中的纳采,通常包括合欢、嘉禾、阿胶、九子蒲、朱苇、双石、棉絮、长命缕、干漆等九样东西。每样东西都有其寓意,"胶、漆取其固;棉絮取其调柔;蒲、苇为心,可屈可伸也;嘉

---

[1] 《华阳国志》卷3《蜀志》。
[2] 《酉阳杂俎·前集》卷1《礼异》。

禾，分福也；双石，义在两固也"①。男家纳彩之后，就要请期，即与女家商定完婚吉日。最后便是亲迎，由女婿乘车至女家迎娶新妇，载之以归。车行途中，邻里乡人，往往遮拥道路，阻挡迎亲之车，邀其酒食，以为戏乐，称为障车。中唐以后，迎亲的习俗又有所变化，"近代婚礼，当迎妇，以粟三升填臼，席一枚以复井，枲三升以塞窗，箭三支置户上。妇上车，婿骑而环车三匝。女嫁之明日，其家作黍臛。女将上车，以蔽膝覆面。妇入门，舅姑以下，悉从便门出，更从门入，言当躏新妇迹。又，妇入门，先拜猪枳及灶。娶妇，夫妇并拜或共结镜纽。又，娶妇之家，弄新妇。腊月娶妇，不见姑"②。这些习俗，无疑也为巴蜀地区的汉族婚嫁所遵循。

汉族男子，除了娶妻之外，尚可纳妾。晋代的《官品令》规定，一品、二品官人可以有四妾，三品、四品官人可以有三妾，五品、六品官人可以有二妾，七品、八品官人可以有一妾。南北朝时期，巴蜀地区的豪族多蓄姬妾，其中山南豪族李迁哲有妾媵上百人。唐代法令规定，只有良人才能娶妾。虽然妾可以买卖，但是妾的身份必须是良人，不得以贱人为妾。故柳公绰"为西川从事，尝纳一姬。同院知之，或征其出妓者，言之数四。公元曰：'士有一妻一妾，以主中馈，备洒扫。公绰买妾，非妓也'"③。蜀中风气，"多鬻女为人妾"④，因而入蜀的官员，往往在蜀中纳妾，著名的浣花夫人任氏就是剑南西川节度使崔宁之妾。至于一般的士人和富豪，纳妾也是相当普遍的事情。

二、少数民族婚俗

汉晋时期，广布于川西高原的诸羌部落，"其俗氏族无定，或以父名母姓为种号。十二世后，相与婚姻，父没则妻后母，兄亡则纳嫠嫂，故国无鳏寡，种类繁炽"⑤。与诸羌部落毗邻的氐人，"其嫁娶有似于羌"⑥。两晋之际，建国于群羌之地的吐谷浑部落，娶妻尤重聘财，贫不能备财者，往往盗女而去。其婚

---

① 《酉阳杂俎·前集》卷1《礼异》。
② 《酉阳杂俎·前集》卷1《礼异》。
③ 《因话录》卷3。
④ 《新唐书》卷180《李德裕传》。
⑤ 《后汉书》卷87《西羌传》。
⑥ 《三国志·魏书》卷30引《魏略·西戎传》。

姻关系，亦类似于氐羌，"父兄死，妻其后母及嫂等，与突厥风俗同"①。党项诸部，同样是"妻其庶母及伯叔母，嫂、子弟之妇，淫秽烝亵，诸夷中最盛，然不婚同姓"②。宕昌羌和白水羌，亦有此俗："父子、伯叔、兄弟死，即以继母、世叔母及嫂、弟妇等为妻。"③ 附国也有这种风俗，"妻其群母及嫂，兄弟死，父兄亦纳其妻"④。位于附国与党项之间的诸羌部落，其风俗略同于党项。由此可知，分布在川西高原的众多部落，其婚姻有一个共同的特点，即寡妇必须转嫁给亡夫的同胞兄弟或近亲。这种婚姻，通常称为收继婚，亦称转房制。转房的原则，一般是先平辈，后长辈、晚辈，按照血缘关系的亲疏，由亲及疏，依次顺推。寡妇转房，不仅是夫家的权利，也是夫家的义务。

以女性为中心的东女国，俗轻男子，女贵者皆有侍男。基本上是实行对偶婚，所以子从母姓。8世纪中叶以后，东女国又以男子为王，于是承继关系便发生变化，故《朗氏族谱》说，子女只用母氏之名并不完全恰当，应当在母方族名之前加上父方族名，或者单用父方族名。据近代调查，嘉绒的承继法为双系制，即男女皆可传代，只是每代仅传一人，或男或女。这显然是东女国社会结构发生变化后，遗留下来的一种较为特殊的现象。而承继法的双系制又直接影响到继承权和婚姻形态。近代嘉绒人的继承权表现为继承家屋的屋名，凡是继承屋名的人，无论男女，即拥有属于家屋的财产、权利、社会地位和相应的义务。在婚姻关系上，同一家屋的两代或三代直系亲属不能通婚；不同家屋的亲属，婚姻关系没有任何限制，所以堂兄弟姐妹、姨表兄弟姐妹、舅表兄弟姐妹、姑表兄弟姐妹，都可以相互婚配。同时，婚配也没有辈分上的限制。由于嘉绒人的直系亲属仅限于同一家屋，因而不同家屋的血亲联姻，相当普遍。

川西南地区的少数民族，婚姻关系较为自由，"将婚，会于路，歌谣相感，合以为夫妻"⑤。乌蛮亦"不重处女，女子红帕首，余发下垂，未嫁而死，所通之男人持一幡相送，幡至百者为绝美"⑥。分布在今盐源一带的松外蛮，婚嫁不

---

① 《魏书》卷101《吐谷浑传》。
② 《旧唐书》卷198《党项传》。
③ 《魏书》卷101《宕昌、邓至传》。
④ 《隋书》卷83《附国传》。
⑤ 《太平寰宇记》卷80《巂州·风俗》。
⑥ 李京：《云南志略·诸夷风俗》，《说郛》卷36。

避同姓，"婿不亲迎。富室娶妻，纳金银牛酒羊，女所赍亦如之"。结婚之后，若有奸淫，"则强族输金银请和而弃其妻，处女、釐妇不坐"①。在南诏统治期间，这种婚前性关系相对自由而婚后不得有外遇的习俗为法律所确认。"俗法：处子、孀妇出入不禁，少年子弟暮夜游行闾巷，吹壶芦笙，或吹树叶，声韵之中，皆寄情言，用相呼召。嫁娶之夕，私夫悉来相送。既嫁有犯，男子格杀无罪，妇人亦死。或有强家富室责赀财赎命者，则迁徙丽水瘴地，终弃之，法不得再合。"②

川南地区，各族之间的婚俗差别甚大。戎、泸二州的僚人，"初娶不论物采，惟通媒妁，杀牛豕以为礼，即引归，惟老死后方大索婚价"③。南平僚"多女少男，为婚之法，女氏必先货求男族，贫者无以嫁女，多卖与富人为婢。俗皆妇人执役"④。

第二节 丧 葬

一、汉族丧葬

晋代丧礼，沿袭汉魏制度而又有所损益。凡祖父母、父母、叔伯父母、夫、妻、兄弟姐妹去世，皆居丧。为官者，有丧则去官，除丧之后再就官。居丧时的服制，依其与死者的关系，分为五等：斩衰、齐衰、大功、小功、缌麻，统称为五服。南北朝时期，大体上是沿袭晋制而又有所变通。隋代规定，齐衰以上解官，但可夺情；齐衰以下，可以不解官；小功以下，请假服丧，假满复职。凡居五服之丧，除戎事之外，不作鼓乐。唐代规定，斩衰为三年；齐衰分为服丧三年、服丧五月、服丧三月等三种情况，而居丧时间皆为三年；大功则为长殇九月、中殇七月；小功为五月殇；缌麻为三月殇。

自晋迄唐，巴蜀地区有不少人是遵循丧礼，为其亲属服丧。在晋代，犍为

---

① 《新唐书》卷222下《南蛮传下》。
② 《蛮书》卷8《蛮夷风俗》。
③ 《蜀中广记》卷36《边防·下川东》。
④ 《旧唐书》卷197《南平僚》。

郡武阳人李密为其祖母刘氏服丧；蜀郡郫县人何攀以母丧去官；蜀郡成都人杜烈，因其兄杜轸去世，上表求去官，扶灵柩归葬①。南北朝时期，又有郫县人李庆绪，丁母忧去职，庐于墓侧，每恸则呕血数升②。入唐以后，益州焦怀肃、郭景华，郫县曹少微，涪城赵烟，资阳赵光寓、黄昇，梓潼马冬王、秦举、王兴嗣，依政樊漪，巴西韦士宗、文博荣、文诠等人，皆事亲居丧③。又有梓州涪城人章全益，少孤，为其兄章全启所抚养。章全启去世，章全益为其服斩衰，断手一指以报④。然而蜀中风俗，"好祀鬼神，尤多忌讳，家人有死，辄离其故宅"⑤。入唐以后，依然是"蜀土俗薄，畏鬼而恶疾，父母病有危殆者，多不亲扶侍，杖头挂食，遥以哺之"⑥。在这种风气之下，真正能遵守丧制的人，除了士人和官员之外，其实并不多见。

图 13—1 晋杜谖冢志

图 13—2 晋枳杨府君阙

① 《华阳国志》卷 11《后贤志》。
② 《南史》卷 74《李庆绪传》。
③ 《新唐书》卷 195《孝友传》。
④ 《新唐书》卷 195《孝友传》。
⑤ 《隋书》卷 29《地理志》。
⑥ 《旧唐书》卷 65《高士廉传》。

汉族实行土葬。其墓葬形制，根据近代考古发掘的结果，两晋南北朝时期有崖墓和砖墓两种不同的墓制，其中崖墓以广元市昭化宝轮院的崖墓群发掘较早，三台县郪江镇的东汉南朝崖墓群最具代表性。砖墓以成都羊子山的晋墓和成都桓侯巷发现的成汉墓较为典型。入唐以后，基本上都是砖墓，其中万州的冉仁才墓最具代表性。

广元市昭化宝轮院屋基坡崖墓。1953年7月发掘，共清理崖墓20座。这些崖墓都是在水成岩上凿成，每座墓的长度都不足3米，高不及1米，宽度均在1米左右，大多外狭内宽，略呈袋形。埋葬时都不用棺，从人骨架的痕迹来看，均为脚抵封门砖的伸直葬。出土的器物共有330件，其中陶器53件、瓷器20件、铜器37件、铁器20件、银器3件、琥珀器5件、玻璃珠192件①。

成都羊子山晋墓。1954年1月发掘。该墓是一座砖墓，方向为北偏西20度，全长7.65米。墓室前面是一条长约0.82米、宽1.13米的墓道，两侧用砖砌成1.64米高的砖墙，墓口处的两墙之间亦用砖塞满，以封闭墓门。墓内用砖有三种字砖：泰始十年造、甲午秋月造、吉羊。葬具位于中室，棺木已朽，随葬品有陶罐、陶钵、陶灯、鎏金铜泡、金指环、银圈、铁剪、印花青瓷碗等，大多在前、后墓室内②。

万州冉仁才墓。1973年8月发掘。现存封土堆呈圆锥形，堆基直径约30米，高8.5米，全经夯筑。墓室在封土堆正中，方向为正南北，为一拱形券顶单室砖墓。墓室内的葬具已腐烂无存。该墓曾被盗，现出土随葬物100余件，包括青瓷器物、青瓷俑、铜器、玉器、金器、陶器、玻璃器和1枚开元通宝铜钱③。

二、少数民族葬俗

分布在川西北高原的部族，丧葬习俗差别甚大，羌人和氐人的传统葬俗是火葬，《后汉书》卷86《南蛮西南夷列传》就说，汶山郡的六夷七羌九氐，"死则烧其尸"。被称为西羌别种的党项，也实行火葬，"老死者，以为尽天年，亲

---

① 张彦煌、龚廷万：《巴蜀昭化宝轮院屋基坡崖墓清理记》，《考古》1956年第5期。
② 沈仲常：《成都羊子山发现六朝砖墓》，《考古通讯》1959年第7期。
③ 四川省博物馆：《四川万县唐墓》，《考古学报》1980年第4期。

戚不哭；少死者，则云夭枉，乃悲哭之。死则焚尸，名为火葬"①。位于附国与党项之间的诸羌部落，"其风俗略同于党项"②，大约也是实行火葬。

两晋之际进入川西北高原的吐谷浑实行土葬，"死者亦皆埋殡。其服制，葬讫则除之"③。附国和嘉良夷同样实行土葬，但是葬俗与吐谷浑不同，"有死者，无服制，置尸高床之上，沐浴衣服，被以牟甲，覆以兽皮。子孙不哭，带甲舞剑而呼云：'我父为鬼所取，我欲报冤杀鬼。'自余亲戚哭三声而止。妇人哭，必以两手掩面。死家杀牛，亲属以猪酒相遗，共饮啖而瘗之。死后十年而大葬。其葬必集亲宾，杀马动至数十匹。立其祖父神而事之"④。这显然是实行二次葬。敦煌出土的吐蕃文书中，有一件文书记载着金波六兄弟与金波聂吉关于其父殿干涅巴（Sten rgan gyi ner pa）葬仪的争论。金波六兄弟坚持认为："父亲要安葬在高地，父尊的墓基要建在高处"⑤。这应该就是汉文史籍所说的附国与嘉良夷葬俗："置尸高床之上"。

由此可知，川西北高原同时并存着三种不同的葬制：一是党项和诸羌部落的火葬，这是羌人的传统葬俗；二是吐谷浑的土葬，这是沿袭鲜卑的习俗；三是附国的二次葬。这三种葬制的渊源虽然不同，但在今川、甘、青三省交壤的地区同时并存。

东女国的丧葬，又与上述三种葬法不同。"其居丧，服饰不改，为父母则三年不栉沐。贵人死者，或剥其皮而藏之，内骨于瓶中，糅以金屑而埋之。国王将葬，其大臣亲属殉死者数十人。"⑥以人殉葬是东女国葬俗的最大特点。

位于今川西南的巂州，风俗"尚骨卜，刻木为信，火葬而乐送，以鼓吹为送终。木耳夷死，积薪烧之，烟正则大杀牛羊，相贺以作乐；若遇风烟旁散，乃大悲哭"⑦。实行火葬的部族还有乌蛮，《蛮书》卷8《蛮夷风俗》云："蒙舍及诸乌蛮不墓葬，凡死后三日焚尸，其余灰烬，掩以土壤，唯收两耳。南诏家则贮以金瓶，又重以银为函盛之，深藏别室，四时将出祭之。其余家，或铜瓶、

---

① 《旧唐书》卷198《附国传》。
② 《隋书》卷83《党项传》。
③ 《魏书》卷101《吐谷浑传》。
④ 《隋书》卷83《附国传》。
⑤ 李友义、王青山译：《东北藏古代民间文学》第一章，四川民族出版社1986年版。
⑥ 《旧唐书》卷197《东女国传》。
⑦ 《太平寰宇记》卷80《剑南道·巂州》。

第十三章　民　俗

铁瓶盛耳藏之也"。此外，磨些蛮也实行火葬，"人死，则用竹簣舁至山下，无棺郭，贵贱皆焚一所，不收其骨。非命死者，则别焚之。其余颇与乌蛮同"①。而"西爨及白蛮死后，三日内埋殡，依汉法为墓，稍富室广栽杉松"②。由此可知，在今川西南地区，并存着两种不同的葬俗，乌蛮和磨些蛮实行火葬，西爨及白蛮则实行土葬。从目前考古发掘的情况来看，西昌地区主要是火葬墓，这种墓葬，通常是用一种特制的陶罐，蓄藏骨灰和随葬物品，然后在地上掘一小墓穴，将陶罐置于穴内，用土掩盖。1982年春季，在西昌市北山发现一座火葬墓，地表无封土及葬墓标志。葬具为一大陶罐，其内又装有一个小陶罐，火化后的骨殖装在小陶罐内。小陶罐内所盛的骨殖，上面书写有红色梵文文字并贴有小块金箔。随葬品有5件模印的女性陶俑，1件铜金刚杵和1枚开元通宝铜钱。此外，还有一些残铜片③。至于史籍所记载的"依汉法为墓"④的墓葬，在今西昌地区极少，且无法确定为唐墓。

据《魏书》卷101《僚传》记载，僚人"死者竖棺而埋之"。何为"竖棺"，语焉不详。而风俗与僚人相同的僰人，"遭丧，乃以竿悬布置其门庭，殡于别处，至其体骸燥，以木函盛置于山穴中"⑤。《太平寰宇记》卷88《剑南道·泸州》则说，夷僚之人，"夫亡，妇不归家，葬之岩穴"。李京《云南志略·诸夷风俗》也说，叙州（治今四川省宜宾）以南，乌蒙以北的土僚蛮，"人死，则以棺木盛之，置于千刃巅崖之上，以先堕者为吉"。由此可知，僚人和僰人的葬俗基本相同，都是将死者葬于岩穴之中。这种葬式，通常称为"岩葬"，亦称"悬棺葬"。据今调查，巴蜀地区的悬棺葬，主要分布在两个地方：一是位于长江三峡的奉节、巫山、巫溪三县境内；一是地处南广河流域与长宁河流域之间的高县、筠连、长宁、珙县、兴文五县境内。有关三峡地区岩葬的记载，始于唐代，唐人孟郊《峡哀》诗云："三峡一线天，三峡万绳泉。上仄碎日月，下掣狂漪涟。破魂一两点，凝幽数百年。峡晖不停午，峡险多饥涎。树根锁枯棺，孤骨

---

① 《说郛》卷36李京《云南志略·诸夷风俗》。
② 《蛮书》卷8《蛮夷风俗》。
③ 四川省凉山彝族自治州博物馆：《西昌发现古代火葬墓》，《考古》1984年第11期。
④ 《蛮书》卷8《蛮夷风俗》。
⑤ 《太平寰宇记》卷76《剑南西道·简州》。

裹袭悬。"①《神怪志》也说，唐代的雅州刺史王果"经三峡，见石壁有物，悬之如棺，使取之，乃一棺也。发之，骸骨存焉。有铭曰：'三百年后水漂我。至长江，垂欲堕。欲落不落逢王果'"②。宋人邵伯温《邵氏闻见后录》卷30则说："三峡中石壁千万仞，飞鸟悬猿不可及之处，有洞穴累棺椁，或大或小，历历可数，峡中人谓之仙人棺椁云。"由此可知，唐宋时期，三峡地区的岩葬已经逐渐被神话。位于南广河流与长宁河流域的岩葬，下限在明代，其放置葬具的方法有三种：第一种是在岩壁上凿两三个小洞，插入木桩，然后将棺木放置在木桩上。第二种是将棺木放置在天然洞穴或岩缝内。第三种是把棺木放置在人工凿成的洞穴内。葬具均为木棺，分为整木挖成与木板拼成两种。1974年在珙县清理的10具悬棺中，部分尸骸打掉上颌左右两侧切牙，随葬品中有一双竹筷，上面书写有"阿旦沐"三字③。岩葬附近的岩壁上，大多绘有岩画，部分岩穴墓还有石刻浮雕④。

盘瓠蛮，"其死丧之纪，虽无被发祖踊，亦知号叫哭泣。始死，即出尸于中庭，不留室内。殓毕，送至山中，以十三年为限。先择吉日，改入小棺，谓之拾骨。拾骨必须女婿，蛮重女婿，故以委之。拾骨者，除肉取骨，弃小取大。当葬之夕，女婿或三数十人，集会于宗长之宅，著芒心接篱，名曰茅绥；各执竹竿，长一丈许，上三四尺许，犹带枝叶。其行伍前却，皆有节奏，歌吟叫呼，亦有章曲。传云：盘瓠初死，置之于树，乃以竹木刺而下之，故相承至今，以为风俗。隐讳其事，谓之刺北斗。既葬设祭，则亲疏咸哭。哭毕，家人既至，但欢饮而归，无复祭哭也"⑤。由此可知，盘瓠蛮是实行二次葬。入唐以后，其葬俗有一些改变，据《朝野佥载》卷2记载："五溪蛮父母死，于村外阁其尸，三年而葬。打鼓路歌，亲属饮宴舞戏，一月余日。尽产为棺，于临江高山半筋，凿龛以葬之。自山上悬索下框，弥高者以为至孝，即终身不复祀祭。"《夔州图经》则说："夷事道，蛮事鬼。初丧，鼙鼓以为道哀。其歌必号，其众必跳，此

---

① 《全唐诗》卷381。
② 《太平御览》卷559引。
③ 四川省博物馆等：《巴蜀珙县洛表公社十具"僰人"悬棺清理简报》，《文物》1980年第10期。
④ 重庆市博物馆：《宜宾地区悬棺葬调查记》，《考古》1983年第5期。
⑤ 《隋书》卷31《地理志》。

乃盘瓠、白虎之勇也。"① 夷是指白虎夷，蛮是指盘瓠蛮。由此看来，分布在夔州的盘瓠蛮，应当与同源的五溪蛮一样，也是实行二次葬，先将死者搁于村外，3年之后，于临江高山半腰，凿龛以葬之。由于东晋南北朝时期，盘瓠蛮一直是长江三峡地区居支配地位的部族，因而该地区实行岩葬的部族，应当是盘瓠蛮。只是在北周陆腾平定三峡地区盘瓠蛮的反叛之后，盘瓠蛮中的向氏便南迁到今湖北清江流域，田氏则退缩到今乌江流域，留居三峡一带的冉氏，不仅逐渐汉化，而且在唐代后期也南迁到乌江流域（见第四章第二节）。随着三峡地区盘瓠蛮南迁与汉化，该地区岩葬在唐代也就逐渐衰落，入宋以后，岩墓已成古迹。而在清江流域则出现岩墓，据《大明一统志》卷66《施州卫·陵墓》记载："古蛮王冢。在卫城西南一百二十里。又，城北都亭乡有岩，高百余丈，岩腹有穴一十二，皆藏柩之所，相传以为蛮王墓。"在南北朝后期进入今湖北恩施地区的向氏就曾自称王侯，而施州的设置，也是因向氏率众内附，北周武帝于建德二年（573）置施州。因此，明人所记载的施州古蛮王墓，应当就是实行岩葬的盘瓠蛮向氏首领之墓。至于南广河流域与长宁河流域的岩墓，则是僚人墓葬。

第三节 服 饰

一、汉族服饰

自从汉代按照儒家思想制定衣冠制度以后，人的衣冠服饰便成为其社会地位与权力等级的标志。在两晋南北朝时期，两晋与南朝基本上是沿袭汉、魏衣冠制度，而北方政权则杂采少数民族服饰。隋朝以北齐制度为基础，兼纳南朝服饰，制定冠冕章服制度。唐代沿袭隋朝制度而又有所变化。巴蜀地区先后被西晋、东晋、刘宋、萧齐、萧梁、西魏、北周和隋、唐王朝统治，文武官员皆遵照相关制度的规定着装，有关庶民服饰的限制性规定，多数时间也都得以执行。

---

① 《蛮书》卷10引。

两晋南北朝时期的服饰制度规定，官吏在不同的场合要穿着不同的衣裳，隋唐王朝则将官吏的服饰明确规定为朝服、公服、常服与祭服四类，每类服饰主要由冠、衣服和鞋履组成。

冠是指戴在头上的饰物，其中文臣的冠主要是进贤冠，即古之缁布冠，本为文儒之冠，西汉平帝元始五年（5），令文臣服进贤冠，其中公卿列侯冠三梁、二千石二梁、千石以下一梁，冠的尺度为"前高七寸，后高三寸，长八寸"[①]。前高是指进贤冠前面部分的高度，后高是指进贤冠后面部分的高度，长是指冠梁的长度，而冠梁的数量则是区别尊卑的标志。晋代制度，州刺史戴进贤二梁冠，郡太守或为二梁或为一梁，郡太守以下均戴进贤一梁冠。南朝基本沿袭这一制度。隋朝规定，文官戴进贤冠，从三品以上三梁，从五品以上二梁，流内九品以上一梁。唐高祖武德四年（621）颁布的《衣服令》规定，文官在朝参时皆戴进贤冠，其中三品以上官员所戴的进贤冠为三梁、五品以上为二梁，九品以上为一梁。

武将的主要冠戴是武冠，这本是战国时期赵武灵王仿效胡服制作的一种冠戴，秦灭赵，将这种王冠赐予近臣，汉代则作为武官的冠戴，称为武弁大冠。两晋南北朝隋唐时期，仍然是武官的冠戴，称为武冠，亦称笼冠、武弁。除此之外，武将还有一种武冠，因用鹖鸟作为装饰而被称为鹖冠。这种鹖冠在南北朝时期较为流行，隋代曾取消鹖冠，唐代则将鹖冠作为武士的标志。

两晋南北朝隋唐时期，文武官员所戴的冠，都不是直接戴在头上，而是先在头上戴帻，然后在帻上面加冠。帻，始于战国时期秦国以绛帕作为武将首饰。最初的帻，只是用帕包裹鬓发，使鬓发不至于下垂，后来在额前加一个帽圈，称为"颜题"。汉代将颜题加高，并用巾覆盖在顶上，使原来空顶的帻成为"屋"，其中呈介字形的称为"介帻"，呈平顶状的称为"平上帻"。在汉代，地位卑下的官吏，没有资格戴冠，只能用帻作为首戴，所以蔡邕在《独断》中说："帻，古者卑贱执事不冠者之所服也"[②]。有资格戴冠的官员则是先戴帻，再在帻上加冠，其中文臣所戴的进贤冠与介帻相配合，武臣所戴的武弁大冠与平上帻相配合。两晋南北朝时期，平上帻的样式有所变化，后部加高，中部呈平形，

---

① 《后汉书·志第三十·舆服下》。
② 《后汉书·志第三十·舆服下》注引。

体积缩小至头顶，称为平巾帻，但是冠、帻相配合的规定却没有改变。唐代制度，进贤冠与黑介帻相配，文官服之；武弁与平巾帻相配，武官服之；没有资格服冠的官吏只能用帻，其中流外官，州县佐史、乡正、里正服介帻，品子任杂掌者、民任杂掌无官品者，皆服平巾帻。

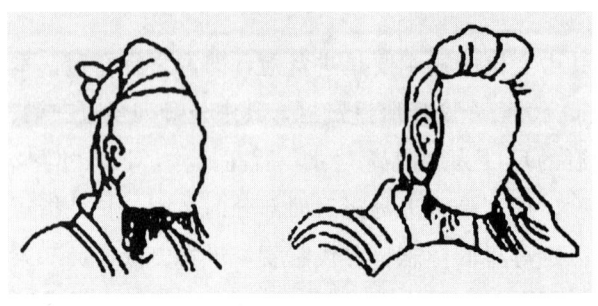

图13—4　晋代的幅巾

巾，原为庶人的首饰。《释名·释首饰》云："二十成人，士冠，庶人巾，当自谨修于四教也。"东汉末年，王公名士多委王服，以幅巾为雅，故袁绍、崔钧等人，虽为将帅，亦用幅巾裹头。晋代以后，巾分为两种：一种是国子太学生与高人道士所著的折角巾，直到隋代，国子生依然服折角巾，只是改称白纱巾；一种是庶人农夫所著的幅巾。直到近代，巴蜀地区的农民，依然用白帕包头，据说是为蜀汉丞相诸葛亮服丧。近人黄炎培曾写诗说："川西男女白缠头，此俗相传念武侯。"事实上，蜀人的白帕缠头，是由汉晋时期的幅巾演变而来。折角巾与幅巾的主要区别在于打结方式不同。折角巾是将四角的巾折成三角巾，由前额向后包头，两角打结，一角垂于脑后；幅巾是将四角巾的两角于脑后打结，另外两角回到头顶打结，俗称幞头。北周武帝创制一种新的幞头样式，将头巾的四个角裁成带状，以二带系于脑后，垂之成飘带状，另外二带"折带反系头上，令曲折附项"，故称"折上巾"①。唐高祖武德四年（621）七月敕："折上巾，军旅所服。"② 其后，无论贵贱，都可以用折上巾作为首饰。

除了用头巾直接幞发的折上巾，隋代还出现一种新的幞发方式。隋炀帝大业元年（605），吏部尚书牛弘上疏，请在幞头里面加一个固定的饰物，覆盖在发髻上，以便用头巾包裹出各种样式，这个覆盖在发髻上的饰物，称为"巾子"。据《唐会要》卷31《巾子》记载："武德初，始用之。初尚平头小样者"。四川邛崃龙兴寺石刻的供养人头像，就是著平头小样巾子。这种巾子较低，顶

---

① 《封氏闻见记》卷3。
② 《唐会要》卷31《冠》。

部呈平形。其后,巾子逐渐增高。武周天授二年(691),则天内宴,赐群臣高样巾子,呼为武家诸王样。中宗"景龙四年三月,内宴,赐宰臣已下内样巾子。

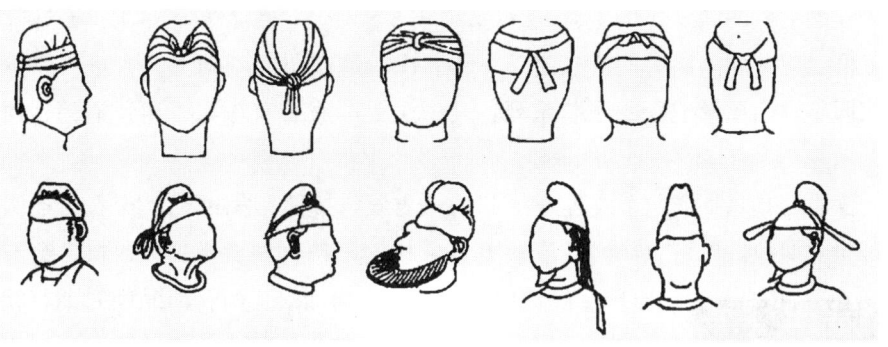

图13-5 隋唐幞头(上排为隋代,下排为唐代)

其样高而踣,皇帝在藩时所冠,故时人号为英王踣样"[1]。玄宗开元十九年(731),"赐供奉及诸司长官罗头巾,及官样圆头巾子"[2]。这种巾子的最大特点是中部凹陷,使巾子呈两瓣状。其后,唐朝官员一直使用官样圆头巾子。唐代后期,还出现一种造型尖直的巾子样式,五代时的前蜀后主王衍就戴这种形如锥状的尖巾。

幞头系在脑后的两根带子,称为幞头脚,最初是软而下垂,唐中宗神龙年间,开始出现用丝弦或铜丝、铁丝为骨架的硬型幞头脚,称为跷脚幞头。唐末五代,跷脚幞头较为流行。

帽,原本是庶人的首饰,但是在晋代,不仅庶人戴帽,士人也往往戴帽,当时的帽皆为圆顶帽。自刘宋以后,帽的样式逐渐多样化,"宋、齐之间,天子私宴,著白高帽,士庶以乌,其制不定。或有卷荷,或有下裙,或有纱高屋,或有乌纱长耳。后周之时,咸著突骑帽,如今胡帽,垂裙覆带,盖索发之遗象也。又,文帝项有瘤疾,不欲人见,每常著焉。相魏之时,著而谒帝,故后周一代,将为雅服,小朝公宴,咸许戴之。开皇初,高祖常著乌纱帽,自朝贵以下,至于冗吏,通著上朝。今复制白纱高屋帽,其服,练裙襦,宴接宾客则服之"[3]。入唐以后,幞头盛行,贵贱皆著幞头,纱帽渐不流行,唐初制定的《衣

---

[1] 《唐会要》卷31《巾子》。
[2] 《唐会要》卷31《巾子》。
[3] 《隋书》卷12《礼仪志》。

服令》规定，只有书算学生与州县学生著乌纱帽。不过，在唐代巴蜀摩崖造像中的供养人，也有著纱帽者。由此可知，唐代虽然流行幞头，但是纱帽并未全废。

两晋南北朝隋唐时期的衣裳，在承袭汉、魏衣服的基础上，大量吸收少数民族服装，由此形成新的服装系列，其中主要的服装有深衣、袍、裲裆、袴褶等。

深衣，是将上衣与下裳连在一起的长衣服。按照儒家理论，深衣的袖圆如规，领方似矩，后背直如绳，下摆平直象权衡，符合规、矩、绳、权、衡五种原理。汉代规定，朝服皆为深衣。两晋南北朝时期，朝服仍然沿用深衣制度，只是将深衣称为单衣。隋、唐时期规定，官吏参加重大政治活动与执行公务必须穿单衣。其中流内官穿著袖口宽大、袖身下部呈弧线状的绛纱单衣；流外官三品以上穿著绯色的绛纱单衣，称为绛公服；流外三品以下和州县佐史、乡正、里正、岳渎祝史、斋郎穿著袖口狭窄、袖身如同直沟的单衣，称为绛褠衣。

袍，也是一种将上衣与下裳连在一起的长衣服，故《释名·释衣服》说："袍，丈夫着，下至跗者也。袍，苞也，苞内衣也"。南北朝时期，袍逐渐成为官吏的常服，庶民亦可穿袍。入隋以后，"百官常服，同于匹庶，皆著黄袍，出入殿省"[1]。隋炀帝大业六年（610），诏令文武官员"五品已上，通著紫袍，六品已下，兼用绯绿，胥吏以青，庶人以白，屠商以皂，士卒以黄"[2]。入唐以后，上圆下方的圆领袍衫成为士庶通用的常服，而袍衫的质地、颜色和装饰则成为贵贱与等级的标志。其中官员穿著用绫、罗、丝布制作的袍衫，并在袍衫的下缘用一幅布接成横襕，用袍衫的质料、花色纹样和横襕的颜色区别官员的品级；庶人穿著用䌷、绢、绝、布做成的缺骻袍衫，即左右

图 13－6 唐代穿裲裆的官吏

———

[1] 《隋书》卷 12《礼仪志》。
[2] 《隋书》卷 12《礼仪志》。

开衩的袍衫，横襕用白色；军将出征作战穿缺骻之服，不在军中则服长袍。

裲裆，即没有衣袖的衣服，只有两片衣襟，一片当胸，一片当背，即后世的背心。裲裆原为一种军装，称为裲裆甲，入晋以后，士庶也穿着用绢帛制作的裲裆。最初是将裲裆穿在里面，"元康末，妇女衣裲裆，加于交领之上"①，即将裲裆穿在交领衣衫外面。南北朝时期，裲裆衫逐渐成为官吏的常服，裲裆甲也成为骑兵的主要铠甲。隋唐时期，裲裆主要是武将的公服。

袴褶，即短衣与裤子。汉代把传统的无裆套裤改为有前后裆的裤子，称为袴，其中短裤称为犊鼻袴。西汉时期的司马相如在临邛酤酒，为了羞辱岳丈卓王孙，便在大庭广众面前只穿一条犊鼻袴洗涤酒具。入晋以后，有裆的裤子被称为袴，通常是与短身而广袖的褶搭配穿着，称为袴褶，凡有兵事，皇帝和文武官员都要穿袴褶。南北朝时期，战乱频繁，袴褶逐渐成为官员的常服。当时的袴有大口与小口两种，其中大口袴较为常用。由于大口袴行动不便，通常要用带子将袴口缚住，这种缚住袴口的袴褶被称为"急装"。隋朝规定，军将皆

图13-7 唐代穿袴褶的侍从

穿大口袴褶。隋炀帝时期，"师旅务殷，车驾多行幸，百官行从，唯服袴褶"②。在唐朝，袴褶的使用范围明显扩大，唐高祖颁布的《衣服令》规定，武官、卫官、朝集从事、州县佐史、岳渎祝史、外州品子、庶民任掌事者，皆穿大口袴，文官骑马亦通服之。"袴褶之制：五品以上，细绫及罗为之；六品以下，小绫为之；三品以上紫，五品以上绯，七品以上绿，九品以上碧。"③ 此外，三品以下、九品以上的流外官穿绯褶大口袴。睿宗文明元年（684）诏："京文官五品

① 《晋书》卷25《舆服志》。
② 《隋书》卷12《礼仪志》。
③ 《新唐书》卷24《车服志》。

已上，六品以下，七品清官，每日入朝，常服袴褶。诸州县长官在公廨，亦准此"①。德宗贞元十五年（674），以袴褶非古礼，禁止官员穿袴褶入朝，但是袴褶作为常服，仍被允许穿著。

两晋南北朝时期的鞋子，主要有履和靴两大类。早在汉代，巴蜀地区就已经将脚上穿的鞋子称为履②，通常分为丝履和麻履两种。此外，蜀中亦有草履。唐初，益州著名的隐士朱桃椎，"尝织十芒履置道上，见者曰：'居士履也。'为鬻米茗易之，置其处，辄取去，终不与人接。其为履，草柔细，环结促密，人争蹑之"③。戎州则有竹麻履，"以慈竹丝为之"④。汉州、遂州又出苓根靸鞋⑤，即用苓根编织的拖鞋。隋唐时期，巴蜀地区的道教石刻造像，脚上多着履，其样式和近代四川的草鞋差不多。靴，其物原为胡狄所用，称为鞾，赵武灵王始服之。两晋南北朝时期，或称鞾，或称靴。隋代规定，穿袴褶必须著靴，而"履则诸服皆用"⑥。入唐以后，"乌皮六合靴，贵贱通用"⑦。

巴蜀妇女的首饰，多与男子相同，也是以幅巾裹头。在隋代和唐代初期，妇女出行，为了防止被人窥视，通常都要戴一种被称为羃䍦的帽子。唐高宗时期，帷帽兴起，逐渐取代羃䍦。"则天之后，帷帽大行，羃䍦渐息。中宗即位，宫禁宽弛，公私妇人，无复羃䍦之制"⑧。在唐人所绘的《蜀道图》中，就有著帷帽的女子。从巴蜀地区摩崖造像中的帷帽形制可以看出，巴蜀的帷帽有硬胎和软胎两种。不过到了唐玄宗时期，帷帽也不流行，"开元初，从驾宫人骑马者，皆著胡帽，靓妆露面，无复障蔽。士庶之家，又相仿效，帷帽之制，绝不行用"⑨。

自晋以来，妇女的朝服，亦为深衣之制。唐代规定："妇人服从夫、子。五等以上亲，及五品以上母、妻，服紫衣，腰襈褾沿用锦绣。九品以上母、妻，

---

① 《旧唐书》卷45《舆服志》。
② 扬雄：《方言》卷5。
③ 《新唐书》卷196《朱桃椎传》。
④ 《蜀中广记》卷68《服用》。
⑤ 《太平寰宇记》卷73、83。
⑥ 《隋书》卷12《礼仪志》。
⑦ 《旧唐书》卷45《舆服志》。
⑧ 《旧唐书》卷45《舆服志》。
⑨ 《旧唐书》卷45《舆服志》。

衣朱衣。流外及庶人不服绫、罗、縠，五色丝鞾、履。凡袒色衣不过是二破，混色衣不过六破"①。然而妇人"既不在公庭，而风俗奢靡，不依格令，绮罗锦绣，随所好尚，上至宫掖，下至匹庶，迭相仿效，贵贱无别"②。其常服，基本上是短襦长裙：上穿小袖短襦，下著紧身长裙，裙腰束至腋下，中用绸带系扎。此外，唐代还规定，士庶女子在室者搭披帛，出嫁则披帔子。由于奢靡之风盛行，妇女多不遵守服饰制度，唐人小说《许老翁传》说，玄宗天宝年间，益州士曹柳某之妻李氏，穿"黄罗银泥裙，五晕罗银泥衫子，单丝罗红地银泥帔子，盖益都之盛服也"③。唐德宗时，剑南西川节度使韦皋为了笼络将士，凡是"军士将吏婚嫁，则以熟彩衣给其夫，以银泥衣给其女氏"④。

二、少数民族服饰

羌族的传统服装是裘褐，即皮衣与毛衣，所以党项羌"男女并衣裘褐"⑤，宕昌羌、邓至羌也是"皆衣裘褐"⑥，位于党项羌西南的诸羌部落，"其风俗略同于党项"⑦，衣着也应当是裘褐。然而党项羌"披毡以为上饰"⑧的习俗，在川西高原的众多部族中较为少见，而在川西南地区却是非常普遍的习俗。

氐人的服饰，据《魏略·西戎传》记载：衣服尚青绛，"其妇人嫁时著衽露，其缘饰之制有似羌，衽露有似中国袍。皆编发"⑨。南北朝时期的仇池氐，"著乌皂突骑帽、长身小袖袍、小口裤、皮靴"⑩。其中突骑帽兴起于后周，其样式类似于隋代的胡帽，垂裙覆带，盖索发之遗象也。而小袖袍、小口裤则类似于吐谷浑的服装。由此可知，氐人的服饰，颇受汉、羌、吐谷浑的影响。入唐以后，氐人的服饰更是明显受到唐装的影响。

---

① 《新唐书》卷24《车服志》。
② 《旧唐书》卷45《舆服志》。
③ 《太平广记》卷31《许老翁》。
④ 《唐国史补》卷中《韦太尉设教》。
⑤ 《旧唐书》卷198《党项传》。
⑥ 《魏书》卷101《宕昌、邓至传》。
⑦ 《隋书》卷83《附国传》。
⑧ 《隋书》卷83《党项传》。
⑨ 《三国志·魏书》卷30注引。
⑩ 《周书》卷49《氐传》。

第十三章 民 俗

吐谷浑部落,原属辽东鲜卑族,有髡头的习俗,故"婚姻先髡头"①。然而当吐谷浑部落来到今甘肃、四川、青海三省交壤的地区之后,习俗逐渐变化,到夸吕为可汗时,已经是"椎髻耗珠,以皂为帽",其妻"衣织成裙,披锦大袍,辫发于后,首戴金花冠。其俗:丈夫衣服略同于华夏,多以罗幂为冠,亦以缯为帽;妇人皆贯珠贝,束发,以多为贵"②,"其男子通服长裙帽,或戴幂䍦;妇人以金花为首饰,辫发萦后,缀以珠贝"③。吐谷浑男子所戴的长裙帽,亦称"大头长裙帽"④,以缯为之。据《魏书》卷101《吐谷浑传》记载,大约吐谷浑的男子也都是"椎髻"之后,再戴长裙帽。妇人辫发,"以多为贵"⑤。近代阿坝地区的藏族妇女,是将发线掺入头发中,编成许多细辫,由前额经两鬓,垂于身后,再辫成一股或二三股,每股发辫上系一长布条,上面饰以银珠、白色贝壳圆片、玛瑙、珊瑚等物,在发辫前面或侧面则饰以银制顶盘。吐谷浑妇女的"辫发萦后,缀以珠贝",大约与此相同,只是发辫前面或侧面的饰物不是银盘,而是金花。吐谷浑的服装,男子"著小袖袍,小口袴"⑥。其形制,大约与汉族的袴褶之服相同。褶是短袍,《急就篇》颜师古注:"褶,谓重衣之最在上者也。其形若袍,短身而广袖,一曰左衽之袍也。"由此看来,小袖袍应当是一种左衽的小袖之褶,小口袴则是指小脚口的裤子。妇人除了穿小袖袍、小口裤之外,也穿裙襦。据此,可以大致了解吐谷浑的服饰:男子椎髻,带长裙帽或幂䍦,上身穿左衽的小袖袍,下身着小口裤;女子将头发编成许多细辫,并用珠贝装饰细辫,编好的细辫缠绕于脑后,以金花作为首饰,传统的女装与男装类似,也是小袖袍与小口裤,后受汉族服饰影响,亦穿襦和裙。

宕昌、邓至的服饰与吐谷浑相同,只是邓至"呼帽曰突何"⑦而已。

位于诸羌部落以南的附国与嘉良夷,"其俗以皮为帽,形圆如钵,或带幂䍦。衣多毛毦皮裘,全剥牛脚皮为靴。项系铁锁,手贯铁钏。王与酋帅,金为

---

① 《后汉书》卷90《乌丸鲜卑列传》。
② 《魏书》卷101《吐谷浑传》。
③ 《晋书》卷97《吐谷浑传》。
④ 《梁书》卷54《西北诸戎传》。
⑤ 《魏书》卷101《吐谷浑传》。
⑥ 《梁书》卷54《西北诸戎传》。
⑦ 《魏书》卷101《邓至传》。

首饰，胸前悬一金花，径三寸"①。《剡源文集》卷4《唐画〈西域图〉记》说得更具体，其王头戴"员皮头帽如钵。项俎铁，下垂至藉皮。服衣裘、牛脚靴，胸悬一员金花。一奴小员皮帽，敛袂受事；一奴曳羃䍦……；裘、靴与王同"。由此可知，附国和嘉良夷的服饰是：头戴圆形皮帽，身穿长袖皮袍，着牛脚靴，项系铁锁，手腕有铁钏。王和酋帅的胸前悬有金花，外出时，戴羃䍦，障蔽全身。吐谷浑的"王公贵人多戴羃䍦"②。附国和嘉良夷也是如此。吐谷浑的妇人以金花为首饰，而附国与嘉良夷则为王与酋帅的胸饰。可以认为，附国、嘉良夷与吐谷浑的服饰，有一些相似的地方。此外，维州风俗，"衣褐羊皮貉。妇人多带金花，串以瑟瑟，而穿悬珠为饰"③。附国与嘉良夷的妇女服饰，或许与此相似。

东女国的服饰，"其王服青毛绫裙，下领衫，上披青袍，其袖委地。冬则羔裘，饰以纹锦。为小鬟髻，饰之以金。耳垂珰，足履靸鞮"④。由此可知，东女国的妇女服饰应当是：内衣为下领衫，下着青毛裙；外服为青袍，其袖委地；脚上穿皮革制成的履，即靸鞮。男子"被发，以青涂面"⑤，身穿长袍，其袖委地，着裤，脚穿皮革制成的履。此外，霸州的"部族男儿毡帽，青毛为衫裤，绯毛为襕，胡卢靴；妇人戴皂绫二尺，如扇子，用竹为扇骨，衣青毛衫，单着青毛裙，不着裤"⑥。霸州部落的男、女均有首服，这和东女国截然不同，但其衣裳却和东女国完全一样，妇女着青毛衫、裙，不着裤，男子则着青毛衫、裤，以绯毛为襕。直到近代，嘉绒人的服饰还基本上是这样：妇女内衣为汗衫，长及于膝，裙子直接套在汗衫上，用线带系之，不着裤。外套为长袍，长将及地，两边开领，腰部系一宽长腰带，绕腰数重，两端在前面纽结。带穗下垂。脚穿长统靴，统高达于膝盖，用线带绑扎，以免下坠。男子则穿汗衫，着裤，外袍极宽大，长过于人，穿着时须以头顶住衣领，俟腰带系好后，始将头上衣领放下，而袍袖亦长及于地，通常是袒右臂，把右袖纳于胸前，塞入腰带间，脚上

---

① 《隋书》卷83《附国传》。
② 《隋书》卷83《吐谷浑传》。
③ 《太平寰宇记》卷77《剑南西道·维州》。
④ 《旧唐书》卷197《东女国传》。
⑤ 《新唐书》卷221上《东女国传》。
⑥ 《太平寰宇记》卷80《剑南西道·霸州》。

亦穿长统靴。

位于川西南的乌蛮七部,"土多牛马,无布帛,男子髽髻,女子被发,皆衣牛羊皮"①。髽髻就是唐人所说的"乌蛮髻"②,其发式是"当额络一髻,不得戴囊角,当顶撮髽髻"③。所谓"皆衣牛羊皮",应当是指披在身上的"毡皮"④。据《岭外代答》卷6《毡》记载:"西南蛮地产绵羊,固宜多毡毳。自蛮王而下至小蛮,无一不披毡者。但蛮王中锦衫披毡,小蛮袒裼披毡尔。北毯厚而坚,南毡之长至三丈余,其阔亦一丈六七尺。折其阔而夹缝之,犹八九尺许。以一长毡带贯其折处,乃披毡,而紧带于腰,婆娑然也。昼则披,夜则卧,雨晴寒暑,未始离身"。髽髻披毡,自晋代以来,便在今川西南和滇东北地区流行。在今云南昭通出土的霍氏墓壁画中,就有众多髽髻披毡的人物。时至今日,四川彝族男子的头上仍然留着一小绺被称为"天菩萨"的头发,身上同样是披毡或披"察尔瓦"。除了披毡之外,勿邓部落中的乌蛮诸姓,"丈夫、妇人以黑缯为衣,其长曳地"。白蛮诸姓,"丈夫、妇人以白缯为衣,下不过膝"⑤。妇人的饰物,据《云南记》说:"新安蛮妇人于耳上悬金环子,联贯瑟瑟,帖于髻侧。又绕腰以螺蛤,联穿系之,谓之珂佩"⑥。新安蛮,当指巂州新安城旁的六姓蛮:"一曰蒙蛮,二曰夷蛮,三曰讹蛮,四曰狼蛮,余勿邓及白蛮也"⑦。由此看来,东蛮诸部妇人的饰物,基本相同。

西蛮中的磨些蛮,"男女皆披羊皮"⑧。由于受吐蕃的影响,"酋长衣虎皮,余皆红巾束发,锦缬袄、半臂"⑨。到了元代,磨些蛮依然是"男女红帛缠头,女人发髻如河西"⑩。河西,即党项羌拓跋氏建立的西夏政权。男子着衣、袴,佩短刀,以砗磲为饰,跣足,外披毡;"妇人披毡,皂衣,跣足,凤鬟高髻。女

---

① 《新唐书》卷222下《南蛮下》。
② 宇文氏:《妆台记》。
③ 《蛮书》卷8《蛮夷风俗》。
④ 《蛮书》卷8《蛮夷风俗》。
⑤ 《新唐书》卷222下《南蛮下》。
⑥ 《太平御览》卷942引。
⑦ 《新唐书》卷222下《南蛮下》。
⑧ 《蛮书》卷4《名类》。
⑨ 《新唐书》卷222下《南蛮下》。
⑩ 《元一统志》卷7。

子剪发齐眉。以毛绳为裙，裸露不以为耻"①。西蛮中的松外蛮，"男子毡革为帔，女衣缬布裙衫，髻盘如髽"②，男女皆赤足。

自晋代以来，广布于巴蜀盆地及盆周山地的僚人，服饰大同小异。戎州的蛮僚，"椎髻跣足，凿齿穿耳，衣绯布、羊皮、莎草"③。泸州的夷僚以斑布为衣，"男则露髻跣足，女则椎髻横居"④。昌州夷僚同样是"男即蓬头跣足，女则椎髻穿耳"⑤。嘉州夷人"椎髻跣足，短衣左衽"⑥。荣州蛮僚"男不巾栉，女衣斑布"⑦。南平僚，"妇人横布二幅，穿中贯其首，号曰通裙。美发髻，垂于后，竹筒三寸，斜穿其耳。贵者饰以珠珰……男女左衽，露发，徒跣"⑧。由此可以得知，僚人的基本服饰是：男女皆椎髻露发，亦即"胎发不剃除，长大而无栉篦，不裹巾，蓬垢髽髻，自古已然，莫可化也，名椎髻"⑨；部分地区的僚人有凿齿习俗；男子短衣左衽，服装以袴褶为主；妇女用竹筒穿耳为装饰，穿著的衣裳，或者是"以裙代褶"，即宋人所说的"仡佬裙"⑩，或者穿著由两幅布制成的通裙，其一当胸，其一当背，无袖或半袖，大约和汉族的裲裆相似；男女皆赤脚。

---

① 李京：《云南志略·诸夷风俗》，《说郛》卷36。
② 《新唐书》卷222下《南蛮下》。
③ 《太平寰宇记》卷79《剑南西道·戎州》。
④ 《太平寰宇记》卷88《剑南东道·泸州》。
⑤ 《太平寰宇记》卷88《剑南东道·昌州》。
⑥ 《太平寰宇记》卷74《剑南西道·嘉州》。
⑦ 《太平寰宇记》卷85《剑南东道·荣州》。
⑧ 《新唐书》卷222下《南平僚》。
⑨ 朱辅：《溪蛮丛笑》。
⑩ 朱辅：《溪蛮丛笑》。

大事年表

公元 265 年　西晋武帝泰始元年

十二月，司马炎篡夺曹魏政权，建立晋朝，史称"西晋"。

公元 279 年　西晋武帝咸宁五年

十一月，西晋大举伐吴。

公元 280 年　西晋武帝太康元年

益州刺史王濬、广武将军唐彬率领巴蜀之卒沿长江东下，首先攻入建业，吴主孙皓投降。西晋统一全国。

公元 283 年　西晋武帝太康四年

六月，牂柯僚 2000 余落内属。

公元 294 年　西晋惠帝元康四年

五月，蜀郡山移，山崩地陷，坏城府及百姓庐舍。

公元 298 年　西晋惠帝元康八年

秦、雍二州所属的略阳、天水、扶风、始平、武都、阴平等 6 郡，因郡土连年军荒，其民入蜀就食。

公元 300 年　西晋惠帝永康元年

十二月，益州刺史赵廞杀害成都内史耿滕、犍为太守李密、汶山太守霍固、西夷校尉陈总，占据成都反叛。赵廞自称大都督、大将军、益州牧。

公元 301 年　西晋惠帝永宁元年

正月，李特率领入蜀就食的六郡流民武装，攻入成都，益州刺史赵廞败死，六郡流民武装大掠成都。

十月，入蜀就食的六郡流民因不愿被遣返回原籍，在李特的率领下，起兵反晋，攻占广汉郡。

公元 303 年　西晋惠帝太安二年

二月，李特战败被杀，其子李雄退保赤祖。

润十二月，李雄率兵攻占成都。

公元 306 年　西晋惠帝光熙元年

六月，李雄在成都即皇帝位，国号大成，改元晏平。

公元 338 年　东晋成帝咸康四年

四月，大成汉王李寿起兵反叛，攻入成都，自立为帝，改国号为汉，改元汉兴。

公元 343 年　东晋康帝建元元年

八月，汉皇帝李寿卒，太子李势继位，大赦。

公元 346 年　东晋穆帝永和二年

十一月，东晋安西将军桓温率领征虏将军周抚，辅国将军、谯王司马无忌，建武将军袁乔征讨汉国，以袁乔领兵 2000 为前锋。

公元 347 年　东晋穆帝永和三年

三月，东晋安西将军桓温攻占成都，汉皇帝李势投降，成·汉亡国。

公元 365 年　东晋哀帝兴宁三年

十月，东晋梁州刺史司马勋反叛，自称梁、益二州牧，成都王。

十一月，司马勋引兵入剑阁，攻涪城，东晋西夷校尉毋丘暐弃城而遁。司马勋遂围益州刺史周楚于成都。东晋大司马桓温任命江夏相朱序为征讨都护，率兵救援周楚。

公元 366 年　东晋废帝太和元年

五月，朱序、周楚连兵攻司马勋于成都，擒司马勋，送桓温斩之。

九月，东晋赦免梁、益二州参与司马勋叛乱的一般人员及胁从者。

公元 370 年　东晋废帝太和五年

八月，广汉李弘自称是前汉国皇帝李势之子，聚众万余人，自称圣王。陇西人赵高则诈称是前大成皇帝李雄之子，聚众攻涪城，东晋梁州刺史杨亮败走。

九月，东晋益州刺史周楚派其子周琼讨平赵高，又遣周琼之子梓潼太守周虓讨平李弘。

公元 373 年　东晋孝武帝宁康元年

十月，前秦皇帝苻坚发兵进攻东晋的梁、益二州。

十一月，前秦军队攻占梁、益二州，东晋梁州刺史杨亮退守魏兴郡新城，益州刺史周仲孙逃到宁州后被撤职。前秦皇帝苻坚随即任命杨安为益州牧，镇守成都；任命毛当为梁州刺史，镇守汉中；任命姚苌为宁州刺史，屯于垫江；任命王统为南秦州刺史，镇守仇池。

公元 374 年　东晋孝武帝宁康二年

五月，蜀人张育自号蜀王，率众围成都。

九月，前秦皇帝苻坚派来救援成都的镇军将军邓羌，会同益州刺史杨安，攻杀张育。

公元 379 年　东晋孝武帝太元四年

三月，东晋派右将军毛武生率兵 3 万进攻巴郡。蜀人李乌聚众 2 万围攻成都，以此响应毛武生。结果毛武生被前秦将领张绍击败，退屯巴东，李乌则被前秦破虏将军吕光杀死。

公元 384 年　东晋孝武帝太元九年

十二月，前秦梁州刺史潘猛放弃汉中，逃奔长安，东晋收复梁州。

公元 385 年　东晋孝武帝太元十年

二月，前秦益州刺史王广率所部逃奔陇西，投靠其兄秦州刺史王统，蜀人随之而去者 3 万余人。东晋收复益州。

公元 405 年　东晋安帝义熙元年

二月，东晋平西参军谯纵率兵攻占成都，杀平西将军、益州刺史毛璩，灭其家，谯纵自称成都王，以谯明子为巴州刺史，屯白帝城。蜀中大乱。

公元 412 年　东晋安帝义熙八年

十二月，东晋太尉刘裕以西阳太守朱龄石为建威将军、益州刺史，率兵伐蜀。

公元 413 年　东晋安帝义熙九年

七月，朱龄石克成都，斩谯纵，益州平。

公元 432 年　刘宋文帝元嘉九年

七月，氐王杨难当派司马飞龙入蜀，利用蜀人对益州刺史刘道济聚敛兴利的不满，招合蜀人，攻杀巴兴县令，驱逐阴平太守。刘道济派兵攻杀司马飞龙。然而五城人赵广、帛氐奴随即也聚众反叛，攻占涪城，于是蜀土侨人和土著居民，一时俱反。

九月，赵广等人奉道人程道养为蜀王，改元泰始，备置百官，并率众 10 余万，围攻成都。

公元 433 年　刘宋文帝元嘉十年

二月，刘道济病死成都，其将裴方明击退围城的程道养。荆州刺史刘义庆以巴东太守周籍之都督巴西等五郡军事，率兵 2000，救援成都。

三月，裴方明与周籍之合兵攻击赵广于广汉，赵广率众退走涪城。

五月，裴方明进攻涪城，赵广等人逃窜山谷。

公元 437 年　刘宋文帝元嘉十四年

四月，赵广、张寻等人投降，程道养为部将王道恩斩杀，余党悉平。刘宋任命辅国将军周籍之为益州刺史。

公元 466 年　刘宋明帝泰始二年

十二月，益州民变，众至 10 万，围攻成都。刘宋明帝派遣益州刺史萧惠开的弟弟萧惠基由陆路前往成都，宣诏赦免萧惠开；派遣萧惠开的族人萧宝首从水路入蜀，慰劳益州。萧宝首欲以平蜀为己功，遂煽动蜀人进攻成都，众至 20 万人，结果被萧惠开打败。萧惠基则率领部曲打败阻挠其前进的蜀人，进入成都。萧惠开奉旨归顺。

公元 502 年　萧梁武帝天监元年

六月，前益州刺史刘季连据成都反叛。

公元 503 年　萧梁武帝天监二年

五月，萧梁益州刺史邓元起克服成都，送刘季连诣建康。梁武帝赦免益州参与刘季连叛乱的一般人员及胁从者。

公元 505 年　萧梁武帝天监四年

正月，萧梁汉中太守夏侯道迁杀氐帅杨灵珍，以郡降于北魏，于是北魏任命尚书邢峦为镇西将军、都督梁汉诸军事，领兵入汉中，支持夏侯道迁。

二月，北魏邢峦入汉中，攻击萧梁设立的各个城戍，所向摧破。巴西郡民严玄思趁机聚众反叛，自称巴州刺史，攻杀萧梁巴西太守庞景民。

四月，北魏邢峦派统军王足攻入剑阁，梁州所辖诸郡，皆被北魏占领。萧梁新任益州刺史萧渊藻杀前任益州刺史邓元起，益州民焦僧护趁机聚众反叛，萧渊藻遣将击破之。

公元507年　萧梁武帝天监六年

八月，北魏梁、秦二州刺史羊祉派遣左校令贾三德率领1万人，开通斜谷旧道，以此加强汉中与关中的联系。

公元533年　萧梁武帝中大通五年

江阳人齐苟儿反叛，聚众10万攻围成都，被萧梁益州刺史萧渊猷击破。

公元552年　萧梁元帝承圣元年

正月，西魏大将军王雄攻取上津、魏兴，以其地置东梁州。萧梁东益州刺史李迁哲兵败投降。

四月，萧梁益州刺史萧纪即皇帝位，改元天正。潼州刺史杨乾运率兵进至剑阁以北，被西魏大将军达奚武大破于白马。

五月，萧梁任命的梁、秦二州刺史萧循以南郑降于西魏，于是剑阁以北，皆入于西魏。

八月，萧纪举兵由外水东下，以萧㧑为益州刺史，守成都。湘东王萧绎遣护军陆法和屯巴峡以拒之。

公元553年　萧梁元帝承圣二年

三月，萧梁元帝萧绎为了牵制率兵东下的萧纪，鼓动西魏伐蜀，于是西魏宇文泰派大将军尉迟迥率兵伐蜀。

五月，萧纪任命的潼州刺史杨乾运以州降于西魏，并导引尉迟迥大军进围成都。

六月，潼州民变，进逼州城，西魏叱罗兴率兵击散之。

七月，萧纪败死于西陵。

八月，萧㧑以成都降于西魏。

公元554年　西魏废帝三年

八月，西魏太师宇文泰命侍中崔猷开回车路以通汉中。

公元566年　北周武帝天和元年

五月，吐谷浑龙涸王莫昌率部落内附，北周以其地置扶州。

九月，信州蛮冉令贤、向五子王等据巴峡反，北周武帝诏开府陆腾讨平之。巴州万荣郡民变，攻围郡城，北周辛昂在通、开二州募集3000人，击散之。

公元570年　北周武帝天和五年

十二月，北周大将军郑恪率师平越巂，置西宁州。

公元571年　北周武帝天和六年

四月，信州蛮渠冉祖喜、冉龙骧举兵反，北周遣大将军赵闿率师讨平之。

公元580年　北周静帝大象二年

六月，北周以柱国、蒋国公梁睿为益州总管。

八月，益州总管王谦举兵不受代，北周以梁睿为行军元帅，率军讨之。沙州氐帅、开府杨永安聚众应王谦，北周遣大将军、乐宁公达奚儒讨之。

十月，梁睿破王谦于剑南，追斩之，传首京师。益州平。

十一月，达奚儒破氐帅杨永安，沙州平。

公元581年　隋文帝开皇元年

九月，以越王杨秀为益州总管，改封蜀王。

公元582年　隋文帝开皇二年

正月，置西南道行台尚书省于益州，以蜀王秀为尚书令。又以兵部尚书元岩为益州总管府长史。

公元583年　隋文帝开皇三年

三月，罢盐井之榷，准许百姓开采井盐。

公元588年　隋文帝开皇八年

十月，隋文帝命晋王杨广、秦王杨俊、清河公杨素并为行军元帅以伐陈。

公元589年　隋文帝开皇九年

正月，隋军攻入建邺，获陈主叔宝。陈国平。

公元584年　隋文帝开皇十四年

九月，以基州刺史崔仲方为会州总管。时诸羌犹未宾附，诏令崔仲方击之，经三十余战，紫祖、四邻、望方、涉题、千碉、小铁围山、白男王、弱水等诸部皆被讨平。

公元601年　隋文帝仁寿二年

七月，以原州总管独孤楷为益州总管。

十二月，前益州总管蜀王杨秀被废为庶人。隋文帝遣司农卿赵仲卿前往益州，清洗杨秀僚属，州县长史，坐者大半。

公元 617 年　隋恭帝义宁元年

十二月，丞相李渊遣赵郡公李孝恭招慰山南，所至皆下。又遣云阳令詹俊、武功县正李仲衮徇巴蜀，下之。

公元 621 年　唐高祖武德四年

九月，诏令夔州总管李孝恭为荆湘道行军总管，李靖为摄行军长史，率巴蜀之兵，讨伐萧铣。

十月，萧铣以江陵降唐。

公元 623 年　唐高祖武德六年

正月，嶲州人王摩沙举兵反叛，自称元帅，改元进通，诏以骠骑将军卫彦率兵讨伐。

九月，邛州僚反，沛公郑元璹讨之；渝州人张大智反，刺史薛敬仁弃城而逃。

十月，张大智入侵涪州，刺史田世康讨之，张大智投降。

公元 624 年　唐高祖武德七年

二月，始州僚反，遣益州道行台仆射窦轨讨之；洋、集二州僚反，攻陷隆州晋城。

四月，通事舍人李凤起击万州反僚，平之。

五月，窦轨破反僚于方山，俘获 2 万余口。

六月，太子中允王珪、左卫率韦挺、天策兵曹参军杜淹，流放嶲州。

七月，嶲州地震山崩，江水咽流。

公元 625 年　唐高祖武德八年

十一月，眉州山僚反。

公元 626 年　唐高祖武德九年

三月，益州道行台尚书郭行方击眉州叛僚，破之。又击叛僚于雅州，大破之，俘获男女 5000 口。

六月，秦王李世民杀太子李建成、齐王李元吉，高祖诏立秦王为皇太子。益州行台仆射窦轨诬陷行台尚书韦云起与太子李建成同反，收斩之。行台尚书郭行方逃奔京师，窦轨追之不及。废益州大行台，改置大都督府。

公元627年　唐太宗贞观元年

二月，分天下为十道，其中剑门关以南称为剑南道。

公元633年　唐太宗贞观七年

五月，雅州道行军总管张士贵击反僚，破之。

十二月，嘉州、陵州僚反，邛江府统军牛进达击破之。

公元635年　唐太宗贞观九年

七月，党项寇叠州。党项酋长拓跋赤辞大败唐赤水道行军总管李道彦于野狐峡，杀数万人。李道彦退保松州。

公元638年　唐太宗贞观十二年

正月，松、丛二州地震，坏人庐舍，有压死者。

二月，巫州僚反，夔州都督齐善行讨平之，俘获男女3000余口。

八月，吐蕃破党项、白兰诸羌，率众20万进攻松州，败都督韩威。诏令吏部尚书侯君集督兵5万救援松州。

九月，唐军败吐蕃于松州城下，吐蕃赞普松赞干布引兵退走。

十月，巴州僚反。

十二月，右武侯将军上官怀仁大破山僚于壁州，俘获男女万余口。

公元639年　唐太宗贞观十三年

四月，右武侯将军上官怀仁击巴、壁、洋、集四州反僚，平之，俘获男女6000余口。

六月，渝州人侯弘仁自牂牁开道，经西赵，出邕州，以通交、桂，蛮、俚降者28000余户。

公元643年　唐太宗贞观十七年

九月，徙废太子李承乾于黔州。

公元645年　唐太宗贞观十九年

右亲卫中郎将裴行方讨伐茂州叛羌黄郎弄，大破之，穷其余党，西至乞习山，临弱水而归。

公元648年　唐太宗贞观二十二年

四月，右武卫将军梁建方率领巴蜀十三州兵击松外蛮，破之。

九月，眉、邛、雅三州僚反，右武卫将军梁建方讨平之。

公元659年　唐高宗显庆四年

二月，左骁卫大将军、安国公执失思力配流巂州。太尉长孙无忌流放黔州。

八月，太子太师于志宁贬为荣州刺史。

公元660年　唐高宗显庆五年

七月，废太子李忠流放黔州，因于太宗时废太子李承乾故宅。

公元661年　唐高宗龙朔元年

二月，以益、绵等州皆言龙见，改元龙朔。

公元663年　唐高宗龙朔三年

四月，右相李义府流放巂州。

公元669年　唐高宗总章二年

七月，剑南益、泸、巂、茂、陵、邛、雅、绵、翼、维、始、简、资、荣、隆、果、梓、普、遂等19州旱，百姓乏绝，总367690户。

公元680年　唐高宗永隆元年

七月，吐蕃以生羌为乡导，攻占茂州安戎城，于是西洱诸蛮皆降于吐蕃。

八月，太子左庶子张大安左迁普州刺史，户部侍郎高审行贬渝州刺史。

十月，零陵王李明因党于废太子李贤，流放黔州。

公元681年　唐高宗开耀元年

十一月，徙故太子李贤于巴州。

公元682年　唐高宗永淳元年

七月，天后武曌命黔州都督谢祐逼零陵王李明自杀，李明之子派刺客杀谢祐，取其首以为祎器。

公元684年　武则天光宅元年

三月，左金吾将军丘神勣奉太后武曌之令，杀废太子李贤于巴州。

公元689年　武则天永昌元年

四月，诛蒋王李恽、道王李元庆、徐王李元礼、零陵王李明等诸子孙，徙其家属于巂州。

七月，纪王李慎被诬告谋反，载以槛车，流于巴州，改姓虺氏。

公元751年　唐玄宗天宝十年

四月，剑南节度使鲜于仲通将兵8万讨云南，与云南王阁罗凤战于泸川，唐军大败，死于泸水者不可胜数。

公元754年　唐玄宗天宝十三年

六月，侍御史、剑南留后李宓率兵7万击南诏于西洱河，粮尽军旋，马足陷桥，为阁罗凤所擒，举军皆没。

公元755年　唐玄宗天宝十四年

十一月，范阳节度使安禄山率蕃、汉之兵10余万，以诛杨国忠为名，起兵反唐。

公元756年　唐肃宗至德元年

六月乙未，凌晨，玄宗逃离长安，前往成都。丙辰，至马嵬驿，从驾将士哗变，杀杨国忠，杨贵妃亦被缢杀。

七月庚辰，车驾至蜀郡，扈从官吏军士到者1300人，宫女24人。

九月，南诏利用安史之乱的机会，攻陷越嶲会同军，进据清溪关。

公元757年　唐肃宗至德二年

正月，丙寅，蜀郡贾秀等5000人谋逆，将军席元庆、临邛太守柳奕讨平之。

六月，南充土豪何滔作乱，执本郡防御使杨齐鲁，剑南节度使卢元裕发兵讨平之。

七月，蜀郡军人郭千仞谋逆，玄宗御玄英楼，六军兵马使陈玄礼、剑南节度使李峘讨平之。

十二月，以蜀郡为南京，并且改蜀郡为成都府。分剑南为东、西川节度，又置夔峡节度。

公元759年　唐肃宗乾元二年

十月，邛、简、嘉、泸、戎等州蛮反。

公元760年　唐肃宗上元元年

九月，南京复为蜀郡。

公元761年　唐肃宗上元二年

四月，梓州刺史段子璋反，自称梁王，改元黄龙。

五月，剑南西川节度使崔光远攻占绵州，斩段子璋。

公元762年　唐肃宗宝应元年

建辰月，奴剌（西羌部落）寇梁州，观察使李勉弃城而逃。诏以邠州刺史臧希让为山南西道节度使。

七月，剑南西川兵马使徐知道叛乱，派兵扼守剑阁，阻止新任剑南西川节度使严武入蜀。

八月，徐知道被其部将李忠厚杀。

十二月，邛州新置镇南军。

公元763年　唐代宗广德元年

十二月，吐蕃陷松州、维州、保州和新筑云山城、笼城，剑南西川节度使高适不能救，于是剑南西山诸州皆入于吐蕃。

公元765年　唐代宗永泰元年

四月，剑南节度使严武去世。

五月，以右仆射郭英义为剑南节度使。

十月，剑南节度使郭英义为其检校西山兵马使崔旰所杀，邛州牙将柏茂林、泸州牙将杨子琳、剑州牙将李昌巙皆起兵讨伐崔旰，蜀中大乱。

公元766年　唐代宗大历元年

二月，命黄门侍郎、同平章事杜鸿渐兼成都尹，持节充山南西道、剑南东川等道副元帅，仍充剑南西川节度使，以平蜀乱。以山南西道节度使张献诚兼充剑南东川节度观察使，邛州刺史柏茂林充邛南防御使，剑南西山兵马使崔旰为茂州刺史、充剑南西山防御使。

三月，山南西道、剑南东川节度使张献诚与剑南西山防御使崔旰战于梓州，张献诚战败，仅以身免。

八月，杜鸿渐入成都，荐崔旰于朝廷，于是唐廷任命崔旰为成都尹、剑南西川节度行军司马。

公元767年　唐代宗大历二年

六月，山南、剑南副元帅杜鸿渐自蜀入朝，以剑南西川节度行军司马崔旰为剑南西川节度观察等使，遂州刺史杜济为剑南东川节度观察等使。

公元768年　唐代宗大历三年

四月，剑南西川节度使崔旰入朝。

五月，泸州刺史杨子琳袭据成都府，朝廷闻之，以崔旰检校工部尚书，改名宁，遣还镇。

七月，崔宁之妾任氏，出家财数十万，募兵数千，攻破杨子琳，收复成都府。

公元779年　唐代宗大历十四年

五月，代宗崩，德宗即位于太极殿。

十月，吐蕃与南诏合兵10万，三道入寇，一道出茂州，一道出扶、文，一道出黎、雅，连陷郡邑。诏发禁兵4000、范阳等镇兵5000，入蜀救援，大破吐蕃、南诏联军。

公元783年　唐德宗建中四年

十一月，剑南西山兵马使张朏率部作乱，攻占成都。剑南西川节度使张延赏逃到汉州，遣鹿头关戍将叱干遂奔袭成都，斩张朏及其党羽。

公元784年　唐德宗兴元元年

三月，德宗由奉天前往南郑。

六月癸丑，诏以梁州为兴元府，南郑县为赤畿。戊午，德宗由兴元府返回京师。

公元793年　唐德宗贞元九年

七月，剑南西山羌女国王汤立志、哥邻王董卧庭、白狗王罗陀忽、弱水王董辟和、南水王薛莫廷、悉董王汤悉赞、清远王苏唐磨、咄坝王董邈蓬、逋租王弟邓告知，率众内附。剑南西川节度使韦皋将其安置于维州和霸州。

公元794年　唐德宗贞元十年

正月，剑南西山羌蛮2万余户归顺唐朝，诏加剑南西川节度使韦皋押近界羌、蛮及西山八国使。韦皋遣其节度巡官崔佐时前往南诏都城羊苴咩城，与南诏国主异牟寻盟于点苍山神祠。异牟寻随即领兵偷袭吐蕃神川节度，夺取铁桥等16城，俘获五王，降其众10余万。

公元797年　唐德宗贞元十三年

五月，剑南西川节度使韦皋收复巂州，画图来上。

公元805年　唐顺宗永贞元年

八月，剑南西川节度使韦皋去世，剑南支度副使刘辟自立为节度留后。韦皋在蜀21年，服南诏，摧吐蕃，蜀人服其智谋而畏其威，画像以为土神，家家祀之。

十月，以中书侍郎、同平章事袁滋为剑南西川节度使，征刘辟为给事中。

十一月，刘辟拒不受征，阻兵自守，袁滋逗留不敢进，诏贬袁滋为吉州刺史。

十二月，刘辟被任命为剑南西川节度使。

公元806年　唐宪宗元和元年

正月，复置斜谷路驿馆。剑南西川节度使刘辟发兵攻占梓州，俘获剑南东川节度使李康，诏令左神策行营节度使高崇文、神策京西行营兵马使李元奕，会同山南西道节度使严砺，讨伐刘辟。

九月，高崇文率兵攻占鹿头关，进克成都。刘辟西奔吐蕃，于羊灌田被擒，押至京师，斩于独柳树下。

公元814年　唐宪宗元和九年

三月丙辰，巂州地震，昼夜八十震，压死者百余人。

公元826年　唐敬宗宝历二年

正月，山南西道节度使裴度奏称，修斜谷路及馆驿皆毕功。

公元829年　唐文宗大和三年

十一月，南诏权臣蒙嵯颠率兵大举入侵剑南西川，袭取巂、戎二州，随即又在邛州以南大败蜀军，进据邛州。诏发剑南东川、山南西道兵救援剑南西川。

十二月，遣使起鄂岳、襄邓、陈许等道兵入蜀救援。南诏军队进攻成都，陷外郭，剑南西川节度使杜元颖退保牙城。同时，南诏军队还入侵剑南东川，入梓州西郭门下营。剑南东川节度使郭钊因军队寡弱，不能战，于是修书以责蒙嵯颠，而蒙嵯颠亦与郭钊修好而退。南诏军队在成都外郭停留十日，因唐朝援军陆续到达，遂掠子女、百工数万人而去。

公元830年　唐文宗大和四年

二月，兴元府新募兵哗变，杀山南西道节度使李绛全家。

公元831年　唐文宗大和五年

九月，吐蕃维州副使悉怛谋降唐，率其众奔成都，剑南西川节度使李德裕派兵入据维州城，并将此事上奏朝廷。宰相牛僧孺反对占据维州，于是诏命李德裕将维州退还吐蕃，并将来降的悉怛谋等人全部交由吐蕃处置。吐蕃将悉怛谋等人全部杀死。

公元842年　唐武宗会昌二年

十二月，吐蕃内乱，落门川讨击使论恐热起兵反叛，击国相尚思罗于薄寒山。尚思罗败走松州，发苏毗、吐谷浑、羊同兵8万，据守洮河。论恐热涉水击之，尚思罗败死，自渭州至松州，所在残破，尸相枕藉。

公元 869 年　唐懿宗咸通十年

十月，南诏骠信坦绰酋龙倾国入侵剑南西川，击破董春乌部。

十一月，南诏军队进攻嶲州，拔清溪关，唐军退守大渡河以北。南诏军队进逼大渡河，同时又分兵开路，翻越雪坡，攻占沐源川。

十二月，南诏军队渡过大渡河，唐定边军节度使窦滂弃军而逃，唐军大败，南诏相继攻占犍为、嘉州、邛州。

公元 870 年　唐懿宗咸通十一年

二月，南诏进攻成都，不克，剑南东川节度使严庆复率领援蜀诸军屡败南诏军，迫使南诏国主酋龙退兵。

公元 873 年　唐懿宗咸通十四年

五月，南诏入寇剑南西川和黔南地区，黔中经略使秦匡谋兵少不敌，弃城奔荆南。

六月，敕斩黔中经略使秦匡谋，籍没其家赀。

公元 874 年　唐僖宗乾符元年

十一月，南诏入寇剑南西川，北渡大渡河，击败唐防河都知兵马使、黎州刺史黄景复，占领黎州，入邛崃关，攻雅州。成都惊扰，剑南西川节度使牛丛婴城自守，并将成都城外民居全部焚毁。诏发河南、山南西道、剑南东川兵救援成都，并以天平节度使高骈诣剑南西川制置蛮事。

公元 875 年　唐僖宗乾符二年

正月，进攻雅州的南诏军队，得知高骈入蜀，遂引兵退去。高骈到达成都后，发兵 5000 追击南诏军队至大渡河，擒其酋长数十人，押至成都斩首。随即修复邛崃关、大渡河诸城栅，又筑城于戎州马湖镇和沐源川，各置兵数千人戍守。

四月，突将哗变，剑南西川节度使高骈厚以金帛赏之，悉还其职名、衣粮。

六月，剑南西川节度使高骈捕杀突将及其亲属数千人。

公元 876 年　唐僖宗乾符三年

十月，剑南西川节度使高骈筑成都罗城，周长 25 里。

公元 880 年　唐僖宗广明元年

十二月，黄巢率兵入长安，僖宗经骆谷，逃到兴元府。

公元881年　唐僖宗中和元年

正月，僖宗由兴元府逃到成都。

七月，剑南西川黄头军使郭琪，因不满权阉田令孜薄待蜀军，率部作乱，焚掠成都坊市，随即被剑南西川节度使陈敬瑄的大将安金山击溃。

公元882年　唐僖宗中和二年

三月，邛州牙将阡能聚众反叛，横行于邛、雅二州之间，攻陷城邑，所过涂地。

十月，涪州刺史韩秀昇、峡路贼屈从行起兵反叛，阻断峡江路。

十一月，都招讨指挥使高仁厚平定阡能之乱。

公元883年　唐僖宗中和三年

三月，剑南西川行军司马高仁厚平定韩秀昇、屈从行之乱。

十二月，忠武大将鹿晏弘攻占兴元府，驱逐山南西道节度使牛勖，自称留后。

公元884年　唐僖宗中和四年

二月，剑南东川节度使杨师立起兵反叛。

六月，剑南东川留后高仁厚攻克梓州，杨师立自杀，以高仁厚为剑南东川节度使。

十一月，权阉田令孜招降占据兴元府的鹿晏弘大将王建、韩建、张造、晋晖、李师泰，养为假子，使各将其众，号称随驾五部。随即发禁军讨伐鹿晏弘，鹿晏弘放弃兴元府，率部东出，攻陷襄州，山南东道节度使刘巨容逃奔成都。

公元885年　唐僖宗光启元年

正月己卯，僖宗自成都起程返回京师。

十二月，河东节度使李克用率兵进逼京师，权阉田令孜胁持僖宗逃到凤翔。

公元886年　唐僖宗光启二年

三月，僖宗到达兴元府。剑南西川节度使陈敬瑄攻杀剑南东川节度使高仁厚。

十二月，田令孜前往成都，依附其兄陈敬瑄。

公元887年　唐僖宗光启三年

三月，利州刺史王建发兵袭取阆州，驱逐刺史杨茂实。

十二月，占据阆州的王建，伙同剑南东川节度使顾彦朗，合兵5万，进攻成都，不克。

公元888年　唐僖宗文德元年

二月，僖宗去世，三月，其弟李杰继位，是为昭宗。王建大掠剑南西川，十二州皆被其患。

六月，昭宗以宰相韦昭度为剑南西川节度使，兼两川招抚制置等使，征陈敬瑄为龙武统军。

十二月，剑南西川节度使陈敬瑄不受代，诏削陈敬瑄官爵，以韦昭度为行营招讨使，山南西道节度使杨守亮副之，剑南东川节度使顾彦朗为行军司马，王建为永平军节度使，充行营诸军都指挥使，讨伐陈敬瑄。

公元891年　唐昭宗大顺二年

三月，因韦昭度率诸道兵10余万讨伐陈敬瑄，3年不能克，馈运不继，朝议息兵，于是制复陈敬瑄官爵，令顾彦朗、王建各自率兵归镇。

八月，王建逼走韦昭度后，攻克成都，剑南西川节度使陈敬瑄投降。

十月，诏以王建为剑南西川节度使。

公元894年　唐昭宗乾宁元年

五月，剑南西川节度使王建攻陷彭州，杀威戎军节度使杨晟。

公元897年　唐昭宗乾宁四年

十月，剑南西川节度使王建攻占梓州，剑南东川节度使顾彦晖自杀。

公元901年　唐昭宗天复元年

闰月，道士杜从法以妖言诱昌、普、合三州民作乱，王建发兵讨伐。

七月，剑南西川龙台镇使王宗侃等讨平杜从法之乱。

公元902年　唐昭宗天复二年

八月，王建发兵攻占兴元府，山南西道节度使李继密投降。

九月，武定军节度使李敬思以洋州降于王建。

十月，王建发兵攻占兴州。山南西道之地，皆归王建。

公元907年　唐哀帝天祐四年

四月，朱温篡唐，国号大梁，改元开平。

九月，王建在成都称帝，国号大蜀。

后 记

《四川通史》第三卷在1993年出版后,至今已有16年。在此期间,一批高水平的论著先后问世,而作者也对这个时期的四川历史有了更深的认识。此次修订,主要就是增加学术界新的研究成果和作者对若干问题的新认识。由于作者水平有限,不当之处,在所难免,尚望读者不吝赐教。

李 敬 洵

2009年2月10日